가정생활과 인간관계

김형태 저

태영출판사

머리말

이건 하나만으로도

나에게는 사랑하는 가족이 있습니다.
나는 우리 가족을 언제라도 만날 수 있습니다.
이 하나가 나에게 얼마나 큰 기쁨인 줄 이제야 알았습니다.

나에게는 사랑하는 가족이 있습니다.
나는 우리 가족과 언제라도 전화를 할 수 있습니다.
이 하나가 나에게 얼마나 큰 즐거움인 줄 이제야 알았습니다.

나에게는 사랑하는 가족이 있습니다.
내가 우리 가족 중 한 사람에게 편지를 보내면 곧 답장을 받을 수 있습니다.
이 하나가 나에게 얼마나 큰 행운인 줄 이제야 알았습니다.

나에게는 사랑하는 가족이 있습니다.
나는 우리 가족에게 언제라도 선물을 보낼 수 있습니다.
이 하나만으로도 내가 얼마나 대단한 사람인 줄 이제야 알았습니다.

나에게는 사랑하는 가족이 있습니다.
나는 우리 가족과 언제라도 같이 식사를 할 수 있습니다.
이 하나만으로도 내가 얼마나 복받은 사람인 줄 이제야 알았습니다.

나에게는 사랑하는 가족이 있습니다.
나는 우리 가족에게 나의 아픔을 낱낱이 이야기할 수 있습니다.
이 하나만으로도 내가 얼마나 행복한 사람인 줄 이제야 알았습니다.

하나님께서는 우리에게 가정과 교회라는 두 기관을 만들어 주셨다. 이는 일평생 membership을 유지해야 되는 기관이다. 그래서 '교회 같은 가정, 가정 같은 교회'는 소중한 명제이다. 교회도 가정도 십자가의 구조, 즉 수직적 관계와 수평적 관계의 조화로 되어 있다. 그러나 현대 가정과 가족들의 인간관계는 많은 문제를 갖고 있다. 그래서 교육이나 목회 그리고 사회학의 주요 관심 영역이 되고 있다.

서구인들은 중산층의 정신적 기준을 다음과 같이 들고 있다.

① 자타가 인정할 만한 자기 집안의 독특한 요리솜씨가 있을 것.
② 가족 모두 외국어 한두 개를 할 수 있을 것.
③ 유행이나 선전에는 둔감할 것.
④ 속옷 차림으로 손님을 맞는 법이 없어야 할 것.
⑤ 속옷 빨래를 남의 눈에 띄는 곳에 널지 않을 것.
⑥ 남의 주장을 끝까지 들어 줄 수 있을 것.
⑦ 징징거리며 우는 소리를 하지 않을 것.
⑧ 자기 집안의 고유한 전통적(문화적) 행사가 있을 것.
⑨ 아이들의 응석을 받아 주지 않을 것.
⑩ 남의 아이도 잘못하면 내아이처럼 꾸짖을 수 있을 것.

우리나라 가정들도 이런 종류의 건전가정 기준을 갖게 했으면 좋겠다.

창세기는 6대 가정 — 아담, 노아, 아브라함, 이삭, 야곱, 요셉의 가정 — 이야기로 구성되어 있다. 계속되는 이스라엘과 팔레스타인의 중동문제도 거슬러 올라가면 아브라함과 사라/하갈의 부부문제요, 이삭과 이스마엘의 형제문제에서 유래된 것이다. 사무엘상 1~2장을 보면 두 가정, 즉 명문대가인 엘리와 시골 촌민인 엘가나의 가정이야기로 출발한다. 그러나 시간이 지나면서 두 가정은 X자의 상승곡선과 하강곡선으로 교차되어 간다. 자녀교육(사무엘/홉니, 비느하스) 때문이다. 이러한 사실들은 오늘날 우리들이 '가정을 어떻게 관리하고 섬길 것인가?', '부부관계, 부모-자녀관계, 형제·동서관계, 고부관계, 시가-처가 관계 등을 어떻게 관리해 갈 것인가?'를 연구하고 토론할 필요성이 있음을 보여 준다.

여기에 편집된 내용들은 각 장별로 독립된 강의 원고들을 종합한 것이다. 따라서 각

장의 내용은 상호 연관된 순서가 아니라 그 자체로 독립되어 있다. 그리고 학문적인 이론보다는 실제생활에 중점을 두었다. 가급적 재미있게 써 보려고 노력하였다. 대학이나 교회에서도 이 문제를 깊이 다루면 좋겠다. 매년 5월을 “가정의 달” 또는 “청소년의 달”로 설정하지만 사실은 1년 내내 가정의 달, 청소년의 달이어야 한다. 가정이라는 기초공동체(cell group)가 건강해야 교회도 지역사회도 국가도 인류도 평화롭게 될 수 있기 때문이다. 나는 오랫동안 결혼과 가정과 인간관계를 연구의 테마로 삼고 여러 책을 읽으며 교회와 사회단체와 대학에서 강의를 하였다. 그러나 이것들은 나의 독창적인 연구나 학문의 소산이 아니라 선현들의 글, 설교나 강의에서 들은 말, 신문과 방송에서 얻은 것들을 종합한 것이다. 그래서 마음 한구석에선 늘 독창적 저술이 아닌 것에 부끄러움이 있었다. 그러던 중 2003. 7. 27 서울여자대학교의 장경철 목사님 설교를 듣고 마음이 편해졌다. 그분은 교수로서의 자기 직분을 “유통업”이라 칭하고 자기의 전공을 “모방과 표절”이라고 말하면서 이 세상에 너무나 좋은 것들을 너무나 적은 수의 사람들만 알고 있는 것이 안타까워 열심히 듣고 읽은 것을 충실히 전달하고 옮겨 줘야 한다고 강조했다. 옳은 말씀이다.

이 책의 많은 부분이 내가 들었거나 읽은 내용들을 재구성한 것이다. 그러니 모방과 표절과 정보의 이동에 불과한 것이다. 그러나 이것들이 “양성3세대” 가정을 공고히 유지시키고, 결혼이라는 사회계약을 사랑스럽게 유지하며 사람과 사람 사이의 만남을 축복과 감사의 관계로 이끌어 준다면 더 이상의 기쁨이 없겠다.

나는 아내 千永春 권사, 아버지 金奉吉 성도, 어머니 金玉植 집사, 장인 千光鉉 박사, 장모 朴信子 권사, 서울대 대학원에서 상담학전공 박사 학위를 받는 딸 金榮嬪과 CEO를 꿈꾸는 사위 金玟永, New York University에서 수학전공 박사 논문을 쓰고 있는 아들 金榮權, 그리고 선생님으로 李善珪 장로님과 李鍾昇 박사님, 그 외에 信仰生活에서 역할 모델이 되어 주신 金森煥 목사님과 金信玉 목사님, 학문활동에서 延文熙 박사님, 李炯得 박사님, 金桂玄 박사님, 李惠星 박사님 등을 만난 것이 행운이었다. 이 책이 만들어지도록 초고를 정리해 준 전병수 제자와 교정을 도와 준 총장실 권선영, 이진 선생의 협조가 있었고 태영출판사 출판부 편집진들의 수고가 있었다. 이 모든 분들께 깊은 감사를 드리며 읽어 주시는 독자에게도 하나님의 사랑이 함께 하시길 빈다.

다시 한번 後漢書의 名句 한절을 외워 본다.

"高樹靡陰, 獨木不林"(위로만 크는 나무는 그늘을 만들지 못하고, 홀로 서 있는 나무는 숲을 이루지 못한다).

2008. 6. 5

한남대학교 총장실에서

김 형 태

차 례

제 1 장

인간관계론

1. 인간 그리고 그들의 만남
2. 바람직한 인간상
3. 인간의 유형
4. 인간관계의 구조와 대화
5. 신앙인의 인간관계

1. 인간 그리고 그들의 만남

'인간이란 무엇인가?" 이는 가장 쉬우면서도 한 마디로는 정답을 말할 수 없는 질문이다. 어릴 때에 '사람이면 다 사람이냐 사람 노릇해야 사람이지(人, 人, 人, 人)'라는 말을 들으며 자라났다. I. Kant의 「논리학강요」에는 네 가지 질문이 제시되어 있는데 ① 인간은 무엇을 알 수 있는가?(인식론) ② 인간은 무엇을 행해야 하는가?(도덕론) ③ 인간은 무엇을 바랄 수 있는가?(종교론) ④ 인간이란 무엇인가?(인간론) 등이다. 앞의 세 가지 질문은 4번째 항의 대답과 함께 생각해야 한다. 1981년 '뿌리깊은나무(출판사)'에서 기획한 책 중 「도대체 사람이란 무엇인가? 사람이 사람인 까닭 열여덟 가지」란 것이 있었다. 개인이나 사회의 구성원이 무엇을 어떻게 바라보고 살아야 할 것인가를 밝히려는 노력의 산물이었다고 생각한다.

인간에 대한 정의와 이해는 보는 이에 따라 사뭇 다를 수 있고 그러기에 부분적으로는 모두 맞지만 완전한 하나의 대답은 영원히 찾기 어려울 수도 있다. 고고학자는 진화하는 사람, 신경생리학자는 뇌가 있는 사람, 한의학자는 우주와 꼴이 닮은 사람, 생태학자는 매일 32만 명씩 늘어나는 사람으로 정의한다. 물리학에선 자연을 볼 줄 아는 사람, 불교에선 깨닫는 사람, 유교에서는 군자(君子), 기독교에서는 하나님의 형상과 성품을 닮은 사람, 미학에서는 예술의 조건을 갖춘 사람으로 이해한다.

정신분석학에선 무의식의 지배를 받는 자로, 교육학에서는 보는 방법을 배우는 자로, 마르크스주의에선 생산하는 자로, 경제학에선 교환하는 자로, 법학에서는 정의를 실현하는 자로, 정치학에선 권력을 추구하는 자로, 그리고 사회학에서는 역할을 수행하는 자로 인간을 정의하고 있다. 철학하는 사람들 중에서도 인간관의 다양성은 마찬가지이다. Platon은 영혼을 지닌 존재로서의 인간, Aristotle은 이성적 존재로서의 인간, Descartes는 매개자로서의 신을 필요로 하는 인간, Spinoza는 무한자에 접근하려는 인간, Kant는 실천이성으로서의 인간, Shelling은 불안을 동반하고 있는 인간, Schopenhauer는 의지로부터 자유로울 수 있는 인간, Buber는 만남의 존재로서의 인간을 각각 논하고 있다.

지역에 따라서도 다르다. 미국에선 훌륭한 개척자적 사회인, 유럽에선 신사적인 교양인, 러시아에선 유능한 생산인, 일본에선 和, 忠, 恩을 지닌 덕성인, 스위스나 독일에선 3안사회(三安社會－安心, 安定, 安全) 건설인을 이상형으로 생각하고 있다.

성경에서의 인간이해는 하나님으로부터 창조된 존재이며, 관계 즉 하나님과 인간의 관계, 인간과 인간의 관계 속에서 살도록 창조된 존재로 이해한다. 스핑크스의 수수께끼는 "네 발로 걷다, 두 발로 걷다, 세 발로 걷는 존재가 무엇이냐?"는 것이었다. 물론 이의 해답도 '인간'이다.

어떻게 하면 인간다운 인간, 즉 바람직한 인간이 될 수 있을까? 그리고 만나는 사람들과 호의적이고 생산적인 인간관계를 유지 발전시킬 수 있을까 하는 것은 오랫동안 많은 종교인과 교육자들의 관심거리였다. 수단으로 이용하는 관계(I-it)가 아니라 목적으로 섬기는 관계(I-you)를 어떻게 이룰 수 있을까? 나와 상대방이 함께 이기고, 모두가 기뻐할 수 있는 (I am O.K, you are O.K.) 인간관계를 이루어 축복을 누리는 공동체를 이루어 가는 길은 무엇인가? 공생적 합일(symbiotic union)을 이루는데 love, sadism, masochism 중 어느 관계를 통해서 이룰 것인가? 자기 고유의 개성을 발휘하면서도 화이부동(和而不同)의 조화를 달성하고 그 결과로서 가족이나 사회 그리고 국가나 인류가 최선의 행복을 누릴 수 있는 길은 무엇인가?

서로 다른 인간들이 만남을 통해 상호성장을 시도한 것은 20세기에 들어와 C. Rogers의 만남 집단(encounter group)이 시작되면서이다. 물론 역사적으로 볼 때는 만남의 개념을 교육학에 도입한 사람은 독일의 철학자 O. F. Bollow이며 그후 Gorgarten이 이를 신학에 활용했고 E. Burner를 거쳐 기독교 교육학자인 Revel L. Howe와 Lewis J. Sherrill에 이르러 인간성장을 위한 만남의 교육이 정립되기 시작했다. 李栗谷 선생도 독서를 하여 이치를 궁구하고 道에 들어가라고 권하면서 "제일 먼저 小學을 읽어 부모를 섬기고, 형을 공경하며, 임금에게 충성하고, 웃어른에게 순종하며, 스승을 높이고 벗과 친하는 도리를 일일이 자세히 음미하여 힘써 행하여야 한다"고 인간관계를 강조했다(擊蒙要訣).

2. 바람직한 인간상

동서양의 교육에서 공통적으로 강조한 것은 조화로운 인간, 즉 균형잡힌 인간상이다. 페스탈로치의 삼육론(三育論)은 知 · 德 · 體의 온전한 발전이었다. 오늘날도 知(지성

인 : 創意), 情(야성인 : 熱意), 意(덕성인 : 誠意)를 균형 있게 갖춘 全人像을 모든 학교 교육에서 목표로 삼고 있으며 이를 더 구체적으로 제시해 소위 8-H 인간상으로서 Head, Heart, Hand, Health, Humble, Humor, Humanity, Hygiene의 8항목을 규정하기도 하고 인간의 9기품(氣稟)으로서 눈에는 총기(聰氣), 몸에는 생기(生氣), 얼굴에는 화기(和氣), 언어에는 재기(才氣), 행동에는 덕기(德氣), 생활에는 윤기(潤氣), 사고에는 용기(勇氣), 처신에는 활기(活氣), 그리고 인품에는 향기(香氣)가 깃들어야 한다고 주장한 이도 있다.

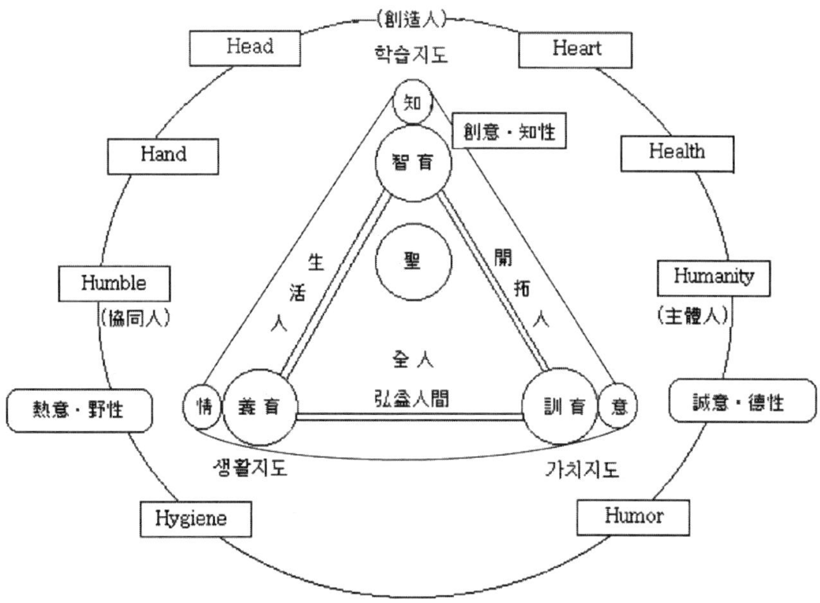

성경에서도 균형잡힌 인간상을 제시하고 있다. 예수님의 어린 시절(눅 2 : 52) 모습은 신체적, 영적, 사회적 성장의 모습(고전 6 : 19-20, 빌 2 : 5, 벧후 3 : 18, 골 3 : 17)을 보여주고 있다. 바울사도는 우리들의 영(spirit)과 혼(soul)과 몸(body)이 온전히 보전되기를 원하고 있다(살전 5 : 23, 롬 12 : 1-2).

신체적

외 모 (딤전 4:12)	육 체 (고전 6:19)
절 제 (고전 9:27)	훈 련 (고전 9:26-27)

정신적

사 고 (빌 4:8)	태 도 (잠 23:7)
동 기 (빌 1:10)	연 구 (딤후 2:15)

신앙적

하나님의 말씀 (딤후 3:15-17)	기 도 (살전 5:17, 빌 4:6-7)
순 종 (요일 5:3)	선 교 (벧전 3:15)

사회적

교 제 (요일 4:4)	활 동 (고전 10:31)
능 력 (고전 4:7)	행 동 (삼상 2:3)

동양교육의 고전인 「대학(大學)」의 수장(首長)편에는 3강령(綱領)(명명덕;明明德, 신민;新民, 지지선;止至善)과 8조목(條目 : 격물;格物, 치지;致知, 성의;誠意, 정심;正心, 수신;修身, 제가;齊家, 치국;治國, 평천하;平天下)이 나오는데, 이는 학문활동(교과교육;格物, 致知)과 덕행활동(생활지도;誠意, 正心, 修身)을 합해서 개인적 차원으로 修己(仁)를 통해 자아실현인이 되라는 것이고 사회봉사활동(노작교육;齊家, 治國, 平天下)을 통해 사회적 차원에서 治人(義)을 이루어 사회봉사인이 됨으로 인류공영을 도모하는 성현군자(성숙한 인간)가 되라는 것이다. 修身을 중심으로 앞의 것들은 向內적이고, 뒤의 것들은 向外적이다. 유학은 원래 內聖外王을 수양목표로 삼았다. 공자는 항상 “자기가 원치 않는 것을 남에게 시키지 말라(已所不欲, 勿施於人)”고 강조했다.

이율곡(李栗谷)의 교육입문서인 『격몽요결』의 지신장 제삼(持身章 第三)에는 바람직한 인격의 조건으로 외형적 인간조건을 규정한 구용자〈九容者 : 족용중(足容重), 수용공(手容恭), 목용단(目容端), 구용지(口容止), 성용정(聲容靜), 두용직(頭容直), 기용숙(氣容肅), 입용덕(立容德), 색용장(色容壯)〉를 조목별로 설명해 놓았고 정신적인 도리와 인간적인 처신을 구사자〈九思者 : 시사명(視思明), 청사총(聽思聰), 색사온(色思溫), 모사공(貌思恭), 언사충(言思忠), 사사경(事思敬), 의사문(疑思問), 분사난(忿思難), 견득사의(見得思義)〉로 구별하여 제시한 것이다. 최근 교육정책자문위원회에서 21세기를 위한 “건강한 한국인상”의 모습에 대해 9개항으로 특성을 제시한 것이 있다.

「大學」에서의 교육이념

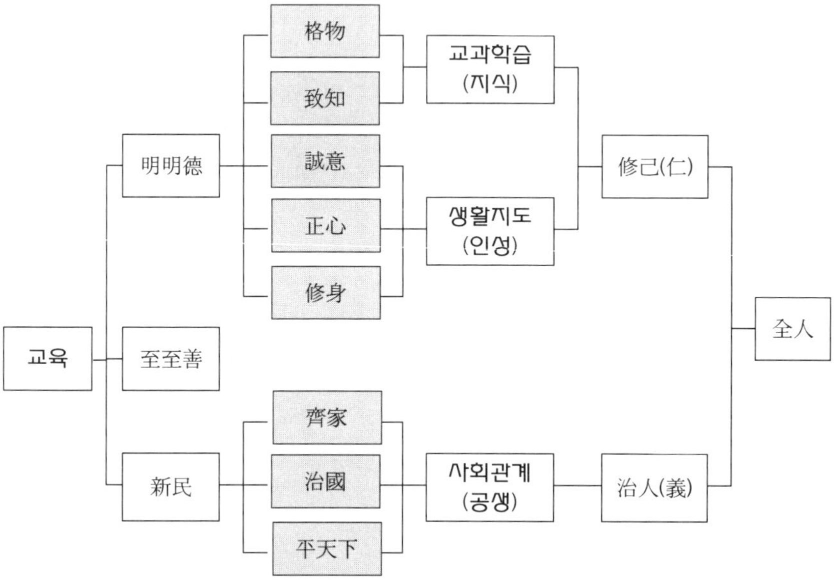

① 인간과 자연을 아끼고 사랑하는 마음을 키운다(인간존중).

② 선을 추구하며 공동체의 유익을 위해 이기적 욕망을 이기는 힘을 키운다 (도덕심, 공공도덕, 극기력).

③ 정서적으로 안정되고 아름다움을 추구하는 마음을 키운다(정신건강).

④ 열린 마음과 창조적 능력을 갖게 한다(개방성, 창의성).

⑤ 미래 투시적 안목으로 변화에 능동적으로 대응하는 힘을 키운다(미래지향성, 진취성).

⑥ 자주, 자율적이며 책임 있는 자유를 행사할 수 있게 한다(자주, 자율, 책임).

⑦ 법을 존중하고 질서를 지키는 민주사회의 책임 있는 구성원을 키운다 (법치사회참여, 준법정신).

⑧ 더불어 잘 살기 위해 협동하고 봉사하는 마음을 키운다(협동봉사).

⑨ 세계 시민적 안목과 책임감을 키운다(세계시민자질).

또 다른 연구 중 한국교육개발원의 연구보고서는 "전인교육을 위한 7개 덕목"을 다음과 같이 정리하여 내걸고 있다.

① 건강한 사람(건강한 신체, 건전한 정신, 강인한 의지, 건강한 생활)
② 도덕적인 사람(올바른 가치관, 인간존중 태도, 인류사랑)
③ 창조적인 사람(기본적인 학습능력, 과학적 사고력, 창의적 생활)
④ 민주적인 사람(민주주의 본질의식, 민주시민 생활의 내면화, 민주주의적인 절차와 과정의 존중)
⑤ 심미적인 사람(문화의식, 미적 감수성, 예술활동의 생활화)
⑥ 기술적인 사람(생활기술의 습득, 생활정보의 활용, 건전한 직업의식)
⑦ 자주적인 사람(자아정체감, 의사결정 능력, 진취적인 정신, 지도능력 배양)

이 외에도 Maslow가 말하는 "자아실현인", Rogers가 제시한 "만족한 역할수행자 (fully functioning person)", Fromm이 제창한 "생산적 인격", Allport가 논한 "성숙한 인격", 그리고 우리나라 교육에선 홍익인간(弘益人間)을 규정하여 실현시켜 보려고 노력하는 것이다.

모든 가정에서 부모들이 전인교육을 원하면서도 과잉보호와 무규범적 방목을 한다. 모든 학교에서 전인교육을 내걸고 있지만 실제는 입시위주의 주지주의 교육, 암기와 4지택1형의 객관식 시험범위를 벗어나지 못한다. 사회지도자들은 사회정의와 민주주의 실현을 공언하지만 비리와 변칙이 성공하는 경우를 너무 많이 보여 준다. 따라서 청소년들은 칠무(七無) 현상, 즉 無氣力, 無感動, 無關心, 無責任, 無禮節, 無目的, 無革新의 현상을 나타내고 있는 것이다. 혹자는 청소년의 3대 위기로 정체감의 위기(identity crisis), 통합성의 위기(integration crisis), 그리고 적합성의 위기(adequacy crisis)를 논한 경우도 있다. 이상과 현실은 멀다. 부모와 교육자들은 이 틈새에서 당혹해 하고 있다. 당위성과 현실성 사이에서 상호모순을 경험한다. 교육받은 대로 살면 손해 본다는 인식이 우리 사회의 기본틀을 흔들어 놓는 것이다. 깨달은 대로, 느낀 대로 살아갈 수 있는 사람을 교육해야 한다. 요즘엔 기회만 주어지고 비밀만 보장된다면 누구라도 한탕 할 준비를 갖추고 있다. 결국 범법자가 따로 있는 게 아니라 우리 모두가 잠재적인 범법자요, 가해자이면서 동시에 피해자인 셈이다. 경제적으로 풍요해도, 정치적으로 민주화되어도 인간의 내면, 즉 속사람의 변화가 없으면 박한상 군처럼 친부모를 살해하고 김성복 교수처럼 아버지를 죽이며, 지존파 흉악범처럼 무차별 살상을 저지르고, 법관이 되고 교수가 되어도 돈만 준다면 비리를 범할 수 있는 파괴적인 인간이 계속 나올 수 있다.

3. 인간의 유형

일찍이 F. Bacon은 인간의 유형을 거미형, 개미형 및 꿀벌형으로 나눈 바 있다. 그 의미는 "있어서 안될 사람, 있으나 마나 한 사람, 꼭 있어야 될 사람"인 것이다. Lamasteiner는 혈액형에 따라 인간을 나누고, Hippocrates는 체액기질에 따라 다혈질형 · 점액질형 · 담즙질형 · 우울질형으로 나누기도 했다. Sheldon은 형태기질설에 따라 내배엽 · 중배엽 · 외배엽형으로 구분하였으며 Kretschmer는 체격에 따라 세신형(細身型) · 비만형(肥滿型) · 투사형(鬪士型)으로 나누고 있다. Jung은 내향성과 외향성으로 나누었고(MBTI 16개 유형), Freud는 Id형 · Ego형 및 Superego형으로 구분하였으며, Spranger는 생활방식에 따라 이론형, 경제형, 심미형, 사회형, 권력형 및 종교형으로 구분하고 있다. 이렇듯 인간의 유형은 천인만색(千人萬色)일 정도로 다양한 것이다. 지문이 똑같은 사람이 나올 확률은 600억 분의 1이라고 한다(개성).

4. 인간관계의 구조와 대화

1) 인간관계의 구조

동양의 오복, 불교에서의 3재 8난을 피하는 것이 모두 복이지만, 만남의 축복이 제일 큰 복이다. 성공을 위해선 천시(天時)보다 지리(地利), 지리(地利)보다 인화(人和)가 더 중요하다고 한다.

옛글 逸周書엔 "겨울날의 양지와 여름날의 그늘엔 부르지 않아도 사람들이 모인다(冬日之陽, 下陽之陰, 不召而民自來)"는 말이 있다. 또 史記에는 "복숭아와 오얏(자두)나무는 말이 없지만 그 나무밑엔 저절로 길이 생긴다(桃李不言, 下自成蹊)"는 말이 있다. 인간이 멋있으면 그 주위에 사람들이 모이게 되어 있다.

종교(religion)와 관계(relation)는 그 어원이 같다고 한다. 그래서 "관계가 없으면 종교도 없다(No relation, no religion)"는 말이 생겼다. 종교는 곧 관계, 즉 하나님과 나와의 관계, 나와 이웃과의 관계로 요약될 수 있다. 이 두 관계 중 인간관계의 구조를 알아보고자 한다.

1955년 Joseph Luft와 Harry Ingham이 제시한 마음의 창문(Johari window)이란 것이 있다. 이는 인간관계 속에서 자기의 입장을 어떻게 유지하고 이해하는가에 따라 관계구조를 4개의 창문격자처럼 구분해 놓은 것이다.

(1) 공개된 영역

Open area, Public area 혹은 Area of free activity이다. 나도 남도 똑같이 알고 있는 영역으로서 오해의 소지는 거의 없고 이해의 폭은 넓다. 허물 없고 대하기가 편안하다(approachable). 인관관계를 가장 효율적으로 맺을 수 있는 영역이다.

(2) 무지한 영역

자기의 행동스타일, 언어적 버릇, 장·단점 등에 대해 자신은 타성에 젖어 익숙해졌거나 feedback을 받은 적이 없어서 자각하지 못하고 있는데 남들은 그 실체나 특이함을 뻔히 알고 있는 영역이다.

(3) 비밀 영역

자기 자신은 알고 있으나 남에게는 공개되거나 소개한 일이 없는 특성을 Hidden area, Avoided area, Private area, Closed area로 부른다. 비밀영역이 클수록 남들은 나의 실체를 정확히 모르기 때문에 커뮤니케이션이 부자유해진다. 우렁 속처럼 처신하는 사람은 친구를 구하지 못한다.

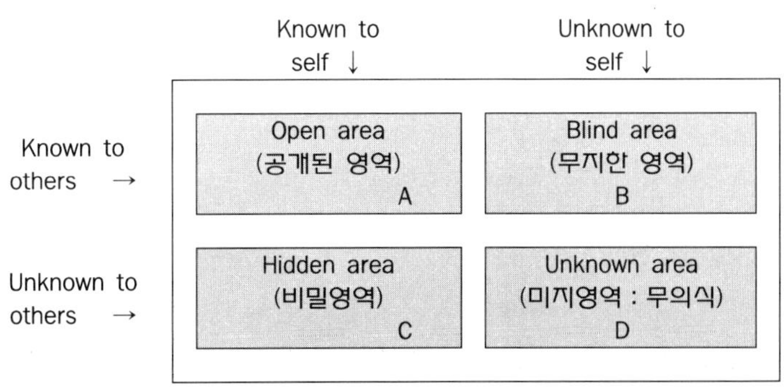

(4) 미지 영역

이는 무의식을 가리킨다. 나도 남도 모르고 있지만 나의 특성으로 실재하는 한 부분이다. Dark area, Unknown area로서 인간관계에서는 가장 어려운 부분이며 자기가 모르니 공개도 하기 어렵고, 남도 모르니 지적이나 충고를 받을 수도 없는 영역으로서 제한 없이 실수나 오해가 생길 수 있는 영역이다.

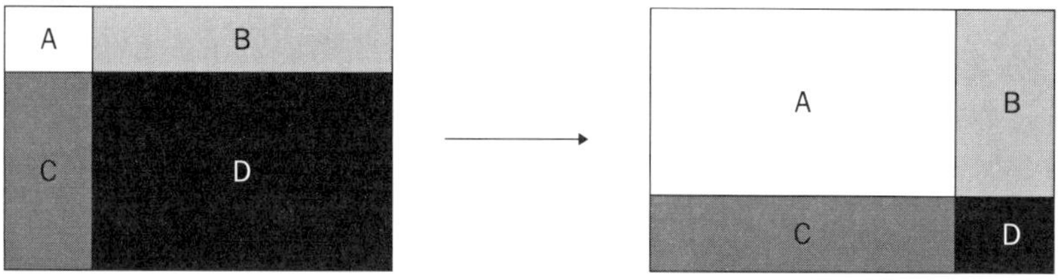

(비효율적인 인간관계) (효율적인 인간관계)

구성원들이 처음으로 만났거나 오래 되었어도 상호관계 없이 독자적으로 지내면 비효율적인 인간관계가 된다. 즉 공개된 영역은 좁고 미지의 영역은 넓어 서로 어색하고 잘 모르겠고, 대하기가 거북하여 최소한의 교류만 생기고 그것도 사무적인 업무 형식으로 이루어진다. 서로 실수하지 않으려고 노력하다 보니 도움을 주고받기가 어렵고 물과 기름같이 각각 도는 인간관계의 구조를 갖는다.

그러나, 시간이 지나고 상호작용이 증대되어 자기공개(self-disclosure)가 점점 많아지고, 부담 없이 부정적인 지적이나 충고(feedback)까지 받아들이다 보면 효율적인 인간관계로 진전된다. 그러면 마음이 통하고 손발이 맞고 이제 공동의 업무를 상호협력하여 수행할 수 있는 공동체의식(team spirit)이 생긴다. 서로 농담과 욕을 주고받으면서도 상처를 받지 않을 정도가 된다. 서로의 성장에 도움을 줄 수 있고 부담 없이 만나기를 원하면 화이부동(和而不同)으로 작업수행을 할 수 있다. 심리적인 거리가 가까워져서 얼굴을 마주 보고(面對面) 대화를 하면 여러 가지 차이점이 있어도 극복할 수 있다. 즉 대화의 수준이 깊어진다(요삼 13-14). 인간관계에서의 대화 수준은 다음과 같다.

2) 대화의 요령

언어 심리학자들의 연구 결과 나(I) 중심에서 너(You) 중심으로 갔다가 우리의식(We

feeling)으로 발전할수록 인간관계가 바람직하게 성장하는 것이라고 한다.

① 1차원의 대화(cliche level) 가벼운 일상사	입과 입의 대화
② 2차원의 대화(gossip level) 제3자에 대한 보고	
③ 3차원의 대화(idea level) 생각과 의견	머리와 머리의 대화
④ 4차원의 대화(feeling level) 느낌과 정서	가슴과 가슴의 대화
⑤ 5차원의 대화(peak level/guts level)	인격과 인격의 대화

정신건강이 좋을수록 그의 언어에 1인칭 대명사를 적게 사용한다고 한다. 1940년대에 미국의 언어학자가 당시 권력자들의 연설문을 분석한 결과 히틀러는 53단어 중 1단어 꼴로, 무쏠리는 83단어 중 1단어 비율로, 루즈벨트는 100단어에 1단어 정도, 그리고 챔벌린은 294마디에 1마디 정도로 1인칭 단어(I, my, me, mine)를 사용했다고 한다. 자아의식이나 자기 중심성이 강할수록 인간관계에서는 독점적이고, 이기적이며 배타성을 갖게 되어 바람직하지 못한 것이다. 할 말과 안 할 말을 분별해서 하는 것도 성공적인 인간관계에 있어서 중요하다.

사회, 직장에서의 인간관계는 1950년대 미국의 Western Electric Company의 Hawthorne 실험의 결과에서부터 관심을 끌기 시작했다. 현대 기업현장에서는 인사관리기술에 중점을 두며 인화(人和), 의사소통, 직장의 안정, 능동적 참여, 팀정신 개발을 강조한다. 성서적인 인간관계는 하나님과 인간, 인간과 인간의 화목을 목적하여(엡 2 : 14-16) 몸의 각 지체들이 유기적인 연합으로 하나됨을 상징하고(롬 12 : 14-20, 롬 15 : 5-6, 고후 5 : 19) 있다.

인간관계에선 특히 언어로 이루어지는 커뮤니케이션이 중요하다. '동냥은 못 주나마 쪽박을 깨지 말라', '남아일언중천금(男兒一言重千金)', '말 한 마디에 천냥 빚을 갚는다', '때에 맞는 말 한 마디는 은쟁반에 담은 금사과(잠 25 : 11)', '유순한 대답은 분노를 삭힌다(잠 15 : 1)'는 말들이 언어소통의 중요성을 가리킨다. 달나라를 갔다 오는 것이 인간이지만 약할 때는 미풍에 나부끼는 낙엽소리에도 상처를 받을 수 있는 것이다. 성경(마 5 : 37)에서도 Yes와 No를 분명히 말하고 필요 없는 말은 덧붙이지 말라고 일렀다.

약이 되는 말들을 찾아보자

감사합니다.
인상이 좋으시군요.
수고하셨어요.
손이 참 예쁘시군요.
잘 되시지요?
좋은 날이 오겠지요.
사랑합니다.
생각날거예요.
참 잘 꾸미셨어요.
그 참 좋은 생각이네요.
그 용기 대단하군요.
사진보다 실물이 더 아름답군요.
목소리만 들어도 누군지 알겠어요.

좋아 보이네요.
소식 기다렸어요.
역시 네가 최고야.
그 옷 잘 어울리네요.
분위기가 좋군요.
그래, 네 말이 맞아.
참 아름답네요.
이 정도면 넉넉합니다.
잊지 않겠습니다.
좋은 시간 가졌습니다.
기도하겠습니다.

보고 싶었습니다.
언제 뵈어도 한결 같으시군요.
잘 참으셨습니다.
그래도 전 믿을 수 있어요.
건강해 보이시네요.
넌 참 좋은 아이다.
말씀 감사합니다.
제 잘못입니다.
다 하나님 은혜지요.
끝까지 해 보겠습니다.
제가 한 번 해 보겠습니다.
당신과 악수하면 힘이 나요.
제가 양보하겠습니다.

독이 되는 말들을 찾아보자

글쎄요, 제 버릇 남주나.
내 그럴 줄 알았지.
집 구석 잘되어 간다.
죽지 못해 삽니다.
차라리 죽는 게 나아.
실망했습니다.
될 대로 되라지.
너 죽고 나 죽자.
어휴, 미치겠네.
빌어먹기 딱 좋겠다.
출신 성분이 의심스럽구먼.

믿기 어려운데요.
네 주제에 뭘 안다고.
유치하게 시리.
답답하네요.
쳇, 이것도 선물이라고.
살맛 안 납니다.
오늘만 날이냐?
왜 나만 자꾸시켜요.
눈꼴사나와 못 봐주겠어.
어째 꼬락서니가 그 모양이냐.
어디 골탕 한 번 먹어 봐라.

이젠 지쳤어.
내 손에 장을 지질란다.
네가 뭘 할 수 있겠어.
바람 잘 날 있겠어요.
또 잔소리.
어차피 버린 놈.
돼지같이 처먹기만 한다.
너만 고생했냐?
하는짓 보니 뻔할 뻔자군.

자녀(제자)들에게 상처를 줄 수 있는 말들도 생각해 보자.

(1) 칭찬의 10가지 원칙

칭찬이나 격려도 아무렇게나 해서는 안 된다. 격려에도 법칙이 있다.
켄 블렌차드는 격려의 법칙에 대해 다음의 10가지를 제시한다.

- 칭찬할 일이 생겼을 때 즉시(격려)하라.
- 잘한 점을 구체적으로 칭찬(격려)하라.
- 가능한 한 공개적으로 칭찬하라.
- 결과 보다는 과정을 칭찬하라.
- 사랑하는 사람을 대하듯 칭찬하라.
- 거짓없이 진실한 마음으로 칭찬하라.
- 긍정적으로 관점을 전환하여 칭찬할 일을 찾아서 칭찬하라.
- 일의 진척 사항이 여의치 않을 때 더욱 격려하라.
- 잘못된 일이 생기면 관심을 다른 방향으로 유도하라. 즉, 잘못된 일에 시간을 허비하지 않도록 만들라.
- 가끔씩 자기 자신을 스스로 칭찬하라. 자신을 칭찬할 줄 모르는 사람은 다른 사람도 칭찬할 줄 모른다.

격려는 우리의 삶을 꽃피게 만드는 힘을 가지고 있다.

격려는 우리에게 무엇인가 할 수 있게 하고, 동기를 부여하고, 힘을 주고, 즐겁게 등을 떠밀어 주고, 세워 주고, 용기를 준다. 이 모든 결과는 아주 작은 시간과 관심에서 비롯된다.

(2) 교감을 증진하는 대화 요령

- 충분히 생각하고 따뜻하게 말하라.
- 진지하게 경청하고 상대방에게 말할 기회를 주라.
- 개인의 이익에 따른 문제에는 흥분하지 말고 냉철하되, 공동의 이익이나 진실에 따른 문제에는 설득력 있게 흥분하라.

- 요점을 확인하면서 말하라.
- 입장을 바꿔 생각하고 말하라.
- 유머를 사용하라.
- 현장에서는 적의(敵意)를 피하라.
- 또 대화하고 싶어 할 수 있도록 여운을 남기라.
- 협조를 구하는 식으로 말하라.
- 정확하게 전달하라.

(3) 인간관계 개선법

- 사람들을 환영하라. 환영의 말을 하는 것만큼 사람들을 기분 좋게 하는 것은 없다.
- 사람들을 웃음으로 대하라.
- 친절하게, 그리고 도움이 되도록 하라.
- 사람들을 그 이름으로 부르라. 가장 감미로운 음악은 자기 이름을 부르는 소리다.
- 성심껏 행하라.
- 진정으로 사람들에게 관심을 가지라. 하려고만 한다면 모든 사람을 좋아 할 수 있다.
- 칭찬에 관대하라. 비판은 조심스럽게 하라.
- 다른 이들의 감정을 잘 고려하라. 그리하면 고맙게 생각할 것이다.
- 다른 사람의 견해에 대해 신중하라. 논쟁에는 세 가지 면이 있다. 너의 것, 다른 친구의 것, 그리고 올바른 것.
- 봉사는 민첩하게 하라. 인생에서 가장 가치 있는 일은 우리가 남을 위해 일하는 것이다.

(4) 대인관계 증진법

- 내 일에 마음을 쏟고 남의 일에는 수군거리지 않는다.
- 남에 대해서 좋지 못한 감정을 마음에 담아 주지 않는다.
- 항상 웃음을 보인다.

- 남에 대해서는 절대 관용, 나에 대해서는 절대 엄격하게 한다.
- 내 의견만 내세우지 않는다.
- 정당하게 산다.
- 성급한 성격을 죽인다. 이웃을 용서하고, 사죄를 하나님께 간구한다.
- 아침마다 확신으로 용기 있게 생활을 시작한다.
- 가치 있는 명분을 위해서는 과감하게 행동한다.
- 자랑하지 않고 기도에 힘쓴다.

(5) 충고의 요령

- 상대의 자존심을 상하지 않게 한다.
- 가능한 한 멀리 돌려가며 이야기한다.
- 명령이 아니라 사랑으로 이야기한다.
- 상대에게 기대를 건다.
- 자신의 실패담을 먼저 이야기한다.
- 장황하지 않게 간결한 충고를 한다.
- 친근하게 개인적으로 이야기한다.
- 충고한 것을 다른 사람에게 이야기하지 않는다.
- 흥분하지 않도록 따뜻하게 이야기한다.
- 입장을 바꾸어 놓고 이야기한다.

(6) 충고할 때 삼가할 말

- '잘 해봐라'는 비꼬는 말
- '난 모르겠다'는 책임 없는 말
- '그건 안 된다'는 소극적인 말
- '네가 뭘 아느냐'는 무시하는 말
- '바빠서 못 한다'는 핑계의 말
- '잘 되어가고 있는데 왜 바꾸느냐'는 안일한 말
- '이 정도면 괜찮다'는 타협의 말

- '다음에 하자'는 미루는 말
- '해보나 마나 똑같다'는 포기하는 말
- '이젠 그만 두자'는 의지를 꺾는 말

(7) 호감을 얻는 방법

- 다른 사람에게 진심에서 우러나오는 관심을 가지십시오.
  (동료들에게 관심이 없는 사람은 자기도 인생의 어려움을 당하고 다른 사람들에게도 해를 끼치는 사람입니다. 인간의 모든 실패가 이런 유형의 인물에게서 나옵니다.)
- 항상 미소를 지으십시오.
  (사람의 인격에서 가장 빛나는 점은 사람을 사로잡는 미소입니다. 미소의 효과는 보이지 않지만 강력합니다.)
- 사람의 이름을 항상 기억하십시오.
  (사람의 이름은 당사자에게는 모든 언어 중에 가장 중요하고 감미로운 소리입니다. 사람들은 자기들의 이름을 자랑스럽게 여기기 때문에 어떠한 대가를 치르더라도 그 이름을 영원히 남기고 싶어합니다.)
- 훌륭한 경청자가 되십시오.
  (다른 사람의 관심사를 화제로 삼는다는 것은 두 사람 모두에게 유익을 갖다 줍니다.)
- 상대방에게 진심으로 자신감을 느끼도록 해 주십시오.
  (사람은 누구나 자신의 진정한 가치를 인정받기 원합니다. 누군가 그를 존경한다고 느끼게만 해 준다면 패배자도 승리자로 변할 수 있습니다.)

(8) 사람을 돌보는 법

- 관심을 가지는 일이다. 부정적인 면이 아니고 긍정적인 면에 관심을 가지라.
  (예 : 얼굴의 표정을 보고 '무슨 근심이 있느냐? 지난 주일 결석했을 때 무슨 일이 있었느냐?'하고 전화 또는 만남을 가진다.)
- 상대방의 실패와 낙심에 대해 당신이 걱정하고 기도하고 있음을 말로 표현하라.
- 상대의 중요한 문제해결을 위해 당신이 가진 힘을 다하여 사용하라.
- 항상 언제 어디서나 미소로 대하라.

- 무엇보다도 멘토는 믿음직한 친구이고, 그 우정은 상호적인 것이 되어야 한다.
- 스스로 문제를 발견하고 해결할 수 있도록 도와 주라.
- 상대의 어떤 문제라도 비난하려 하지 말고 들어주고 이해하려는 태도를 가져야 한다.
- 모든 면에서 긍정적인 언어를 쓰고 격려가 되는 말을 하여 위로와 용기를 주라.
- 좋은 일이나 신앙의 진보를 발견하면 즉각 칭찬하고 격려하라.
- 멘토는 자기 노출과 자기 개방이 있어야 대화가 된다. 완벽주의를 버려라.
- 멘토의 역할은 섬기는 사명임을 자각하라. 우리가 무엇이 되는 목적은 그 무엇이 되는 데 목적이 있는 것이 아니고, 다른 사람을 섬기고 나눔에 그 가치가 있음을 알아야 한다.

(9) 자녀들이 가장 싫어하는 말

- 공부 좀 해라. 공부 좀!
  (공부하라는 부모의 잔소리는 말 그대로 잔소리로 그칠 뿐만 아니라 자녀의 의욕을 꺾어 놓는다.)
- 동생이 뭘 배우겠어 네가 잘 해야지.
  (이런 말은 형제간의 쓸데없는 경쟁심과 시기심을 부채질한다. 자녀들 개개인의 개성과 인격을 존중하면서 자녀들을 사랑하고 인정한다는 사실을 보여 주자.)
- 커서 뭐가 될래?
  (이런 말을 들을 때 자녀들은 자신에게 부모가 실망하고 있다는 것을 느끼며 자신에 대한 확신을 갖지 못한다.)
- 넌 왜 맨날 그 모양이니?
  (자녀들은 부모가 인정해 줄 때 가장 큰 지지를 받는다.)
- 한 번만 더 그래 봐라, 가만두지 않을테니.
  (부모가 자녀들에게 하는 위협은 일시적으로는 부모가 원하는 행동을 이끌어 낼 수 있을지라도 아이의 마음 속에 절대로 반성 같은 건 생기지 않는다.)
- 옆집 애는 이번에도 1등 했다더라.
  (다른 사람이 나를 나보다 뛰어난 타인과 비교하는 이야기를 들으면 더 나아지고 싶다는 생각보다 타인과 비교하는 그 상대가 미워진다.)
- 내가 못 살아.

(푸념이나 넋두리보다 설득에 기초한 분명하고도 일관된 제안이 필요하다.
- 어디서 말대꾸야!
(자녀들이라 할지라도 무시당하는 것은 결코 기분 좋은 경험이 아니다.)
- 왜 그렇게 버릇없이 구니?
(자녀에게 예의를 가르치기 위해서는 부모가 먼저 적절한 모델이 되어야 한다.)
- 넌 왜 매일 돈타령이니?
(자녀가 스스로 경제관념을 익힐 수 있도록 어렸을 때부터 용돈을 주고 스스로의 책임하에 쓸 수 있도록 도와 주는 것이 좋다.)

"때에 맞는 말 한 마디는 은쟁반에 담아 놓은 금사과 같다"는 말이 있다.

말, 언어, 대화가 이렇게 중요한 것이다. 부드러운 말과 예의바른 말은 인간관계와 회의에서의 타협, 중재 등 곳곳에서 효력을 발휘한다.

後漢書에도 "柔能制剛, 弱能制剛(부드러움이 단단함을 제압할 수 있고, 약함이 강함을 제압할 수 있다)"이란 말이 있다.

"對人春風, 持己秋霜(남을 대할 때는 봄날처럼 품어 주고 제 식구 대할 때는 서릿발 같이하라)"이란 말도 사람을 대하고 인간자세를 한 수 가르쳐 주는 명언이다.

(10) 자녀들에게 상처를 주는 100가지 말

자존심에 상처를 입히는 말	1. 쓸모없는 녀석 같으니라고. 2. 좀 배워라. 배워! 3. 어디서 말대꾸야. 4. 넌 심부름 하나 제대로 못하니? 5. 버릇없이 어른들 얘기 끼여드는 게 아니야. 6. 공부도 못하면서 무슨 오락이야. 7. 잘했구나, 그런데 영철이는 몇 점 맞았니? 8. 우리 애는 아직 철이 없어요. 9. 그런 시시한 음악 좀 듣지 마라. 10. 네 누나가 너만할 때는 너보다 똑똑했는데. 11. 옆집 애는 이번에도 1등 했다더라. 12. 딴 거 들어. 13. 오빠는 남자잖아.

자율성을 해치는 말	14. 숙제부터 해. 15. 쓸데없는 것 좀 사지마. 16. 지금은 속셈학원을 다니란 말야. 17. 엄마 말이 맞아, 그 옷은 네게 어울리지 않아. 18. 만화만 보지 말고 책 좀 읽어라. 19. 더 먹으라니까. 20. 딴 데로 새지 말고 곧장 와! 21. 넌 왜 맨날 돈타령이야! 22. 한 번만 더 반찬 투정하면 다신 밥 안 줄 거야. 23. 용돈 까먹지 마. 24. 오늘만 특별히다.
의욕을 상실하게 하는 말	25. 공부 좀 해라. 공부 좀. 26. 잘 했구나. 27. 당장 하지 않고 뭘 꾸물대! 28. 네가 웬일이냐? 공부를 다 하게. 29. 학교 가서 선생님 말씀 잘 들어야 돼, 안 그러면 혼나! 30. 당장 안 일어날 거야! 31. 너희 선생님은 왜 그런다냐? 32. 멋부리지 말고 공부나 해. 33. 꾸물대지 마, 이 게으름뱅이야. 34. 넌 머리가 좋으니까. 35. 뭘 또 사 달래? 36. 그런 건 꿈도 꾸지마.
잘못된 가치관을 심어주는 말	37. 그게 얼마짜린데 잃어버려! 38. 울지마! 엄마가 또 사주면 되잖아. 39. 아무도 안 보는데 뭐 어떠니? 40. 집 잘 보고 있으면 맛있는 거 사줄게. 41. 제발 말 좀 들어라. 42. 못써, 그런 말하면. 43. 넌 허구한 날 맞고 들어오니? 44. 잘났어, 정말. 45. 너희 아버지 같은 사람은 되지 마라. 46. 너희 어머니 같은 사람은 되지 마라. 47. 당신 탓이야. 48. 공부만 잘 하면 해 달라는 것 다 해 줄게. 49. 남의 집에서만이라도 조용히 못하겠니? 50. 넌 텔레비전이 친구지.

자신감을 없애는 말	51. 넌 정말 구제불능이야. 52. 이 바보야! 이것도 몰라. 53. 인사도 제대로 못하니? 54. 넌 이것밖에 못하니? 55. 커서 뭐가 될래! 56. 무슨 말을 하는 거야, 좀 똑똑히 말해 봐. 57. 거봐, 내가 뭐랬니. 58. 누굴 닮아서 그렇게 못생겼니? 59. 애들 주제에 뭘 안다고 나서니? 60. 왜 맨날 그 모양이니? 61. 네가 한두 살 먹은 어린애냐!
창조성을 없애는 말	62. 네가 뭘 안다고 그래. 63. 하늘이니까 파랗지. 64. 틀렸어, 이건 이렇게 하는 거야. 65. 그런 건 크면 다 알게 돼. 66. 엄마 지금 바빠. 67. 쓸데없는 짓 하지 말고 공부나 해. 68. 남자처럼 굴지 마.
부담을 주는 말	69. 엄마한테는 너밖에 없어. 70. 착한 어린이는 그러는 게 아냐. 71. 네가 이세상에서 최고야. 72. 다 널 위해서야. 73. 꼴이 그게 뭐냐! 74. 동생에게 양보 좀 해. 75. 학원비가 얼만데 수업을 빼먹어. 76. 좀 큰 포부를 가져 봐. 77. 무슨 애가 그렇게 말이 많니.
불안에 빠지게 하는 말	78. 실패하면 안 돼. 79. 너 같은 애는 엄마 자식이 아니야! 80. 내가 못 살아. 81. 놔두고 가버릴 거야. 82. 뛰지 말아라. 83. 말 안 들을 거면 없어져 버려! 84. 그런 위험한 놀이는 하지 마. 85. 돌아다니지 말고 집에만 있어. 86. 다리 밑에서 주워 왔지. 87. 한 번만 더 그래 봐라, 가만두지 않을 테니. 88. 조용히 좀 못해!

반항하게 하는 말	89. 왜 그랬어? 빨리 말 못해. 90. 방 좀 치우면 어디 덧나니? 91. 동생이 뭘 배우겠니? 네가 잘 해야지. 92. 네가 그랬지? 바른 대로 말 못해! 93. 아빠 들어오시면 혼내 주라고 할거야. 94. 정말 엄마 말 안 들을 거야! 95. 어딜 갔다가 지금 오는 거야. 96. 왜 맨날 그런 친구들이랑 어울리니? 97. 또 무슨 말썽을 피우려고 그래? 98. 넌 착한 아이니까 엄마 말 잘 들을 수 있지? 99. 큰 소리를 꼭 쳐야 말을 듣니? 100. 엄마가 어렸을 때는 말야.

5. 신앙인의 인간관계

1) 기독교와 인간관계

하나님께서는 "이웃을 사랑하라는 계명을 주셨고, 예수님께서는 이웃을 네 몸과 같이 사랑하라"는 말씀을 새 계명으로 주셨다. 그리스도인의 삶은 하나님과 이웃과 관계의 삶을 바르게 가지는 삶이다. 하나님을 사랑한다고 하면서 이웃을 사랑하지 않는다면 그것은 거짓된 삶일 뿐이다. 그리스도인이 바라는 성경적인 인간관계는 바로 이웃과의 관계를 복음적으로 다시 정립하는 관계가 되어야 한다. 좋은 스승을 만나야 제대로 배우게 된다. 좋은 동반자를 만나야 그가 가는 길이 행복하게 된다. 좋은 친구와, 좋은 이웃을 만나야 삶이 고독하지 않다.

그리스도인의 인간관계란 무엇인가?

(1) 단순히 사이좋게 지내는 것만을 말하지 않는다.

성도인 우리도 세상 사람들과 같이 단순히 사이좋게 지내는 것으로 잘못 생각하고 있다. 사이좋게 지내는 것이 나쁘다는 말은 아니지만 그리스도인의 인간관계를 말할 때는 차원이 달라야 한다. 그것은 하나님 안에서의 인간관계요, 하나님 나라의 삶 속에서의 인간관계이어야 한다는 것이다. 인간이란 단어는 원래 '사람과 사람 사이'를 나타낸다. 인간은 나면서부터 필연적으로 사람과의 관계를 맺으며 살아간다. 서로를 필요로 하기 때문이다. 그래서 인간을 가리켜 사회적 동물, 사회적 존재라고 한다. 그러나 인간관계는 단순히 사람과 사람 사이의 관계를 말하는 것이 아니라, 그 관계를 통해서 서로를 살리는 관계를 조성함으로써 사람이 사람답게 살 수 있게 만드는 것을 말한다.

원래 사람이라는 말은 삶, 그리고 사랑과 서로 연관되어 있다. 삶에서 사람이나 사랑이 파생되었다고 말해도 틀리지 않는다. 사람이란, 이처럼 사랑이 파생되었다고 말해도 틀리지 않는다. 사람이란, 이처럼 서로 사랑의 관계를 정립해 나감으로써 삶을 삶답게 만든다. 성경적 인간관계는 이 삶의 관계를 그리스도의 방법으로 정립해 나가고, 그 정립과정을 통해 결국 하나님의 나라를 세우는 데 목적을 두고 있다.

(2) 그 목표는 천국시민의 삶에 있다.

성경적인 인간관계는 심리학이나 심리적 훈련이 아니라 하나님 나라 시민으로서 올바른 관계를 세워 나가는 것이다. 우리는 인간관계를 논함에 있어서 그 목적을 분명히 하지 않으면 안 된다.

인간관계를 흔히 human relation이라 하지만 성경에서는 "코이노네오, 코이노니아, 코이노코스, 승코이노에오" 등 여러 헬라어를 사용한다. 이것은 기본적으로 성도들의 교제을 의미한다. 하나님의 백성들이 그리스도 안에서 교제를 나누며 함께 하나님 나라를 이루는 것이다. 갈라디아서에 보면 "가르침을 받는 자는 말씀을 가르치는 자와 모든 좋은 것을 함께 하라(갈 6 : 6)" 이것은 성도들이 사도의 가르침을 받은 후 얼마나 하나님 나라의 삶을 살고자 했는가를 보여 준다.

(3) 인간관계가 깊어지면 깊어질수록 나눔의 삶으로 변화한다.

그리스도인 사이에 인간관계가 깊어지면 여러 모로 삶의 모습이 달라진다. 그 가운데 가장 큰 변화의 모습은 나누는 삶으로의 변화이다. 성경은 "성도들의 쓸 것을 공급하며 손 대접하기를 힘쓰라(롬 12;13)"고 말하고 있다.

2) 신앙인의 바람직한 인간관계

(1) 사람을 잘 만나야 한다.

우리는 날마다 숱한 사람을 만난다. 그 날 그 만남은 우리의 운명과 인생에 중요한 영향을 끼친다. 그래서 만남의 축복이 제일 중요한 목이다.

추하고 어두운 과거를 가졌던 사마리아의 한 여인은 수가성 우물가에서 예수님을 만나고 그 날로 구원받고 전도자가 되었다.

간음행위를 하다가 적발되어 돌에 맞아 죽게 된 한 여인 역시 성전에서 예수님을 만나 목숨도 구원받고 성녀가 되었다.

12년 동안 혈루증으로 고생하던 어떤 여인은 길에서 예수님을 만나고 병고침을 받았다.

순진한 어부였던 베드로는 어느 날 갈릴리 바다에서 고기를 잡다가 예수님을 만나 그의 제자가 되었고 세계역사의 유명한 지도자가 되었다.

최대의 기독교 핍박자로 부상했던 사울이 다메섹 도상에서 예수님을 만나고 세계 최대의 선교사가 되었다. 사도행전 3장에 앉은뱅이는 그 날 거기서 기도하러 올라가는 베드로를 만나 40년 한을 풀고 걷게 되었다.

여자를 잘 만나 성공한 남자가 있는가 하면, 남자를 잘 만나 호강하는 여자도 있다. 여자 잘못 만나 인생을 망친 남자가 있는가 하면 남자 잘못 만나 한평생을 좌절 속에서 허우적거리는 여자도 있다. 그런가 하면 교인 잘못 만나 많이 고생하는 목사가 있는가 하면, 목사 잘못 만나 인생의 길에서 방황하는 교인도 있다. 직장에서 상사를 잘 만나 성공한 사람도 있고 부하를 잘못 만나 실패한 사람도 있다.

누구를 만나느냐가 중요하다. 직장인은 술꾼을 만나면 술꾼되고, 노름꾼을 만나면 노름꾼이 된다.

우리가 선교해야 할 대상은 사람이다. 그런데 주님은 그 사람들을 삼가라고 하신 것이다. “사람들을 삼가라 저희가 너희를 공회에 넘겨 주겠고 저희 회당에서 채찍질하리라(마 10 : 17)”라고 말씀하신다. 그것은 사람이란 필요한 존재이면서도 고통스러운 존재이기 때문이다. 개나 돼지나 닭 때문에 속상하고 고통당하는 경우보다는 사람 때문에 속상하고 고통스럽고 손해 보는 경우가 더 많다.

광야 40년 동안 모세의 행적을 살펴보면 이리나 전갈이나 독수리나 뱀 때문에 위기를 겪고 고통을 당했던 적은 별로 없다. 그러나 사람 때문에 고통받고 어려움을 겪은 것은 수를 셀 수 없었다. 애굽의 바로왕이 모세를 죽이려 했다. 그의 형 아론과 누이 미리암이 그를 괴롭혔다. 고라와 그의 일당들이 그를 괴롭히고 반역했다. 한 마디로 사람이 모세를 괴롭혔다.

바울의 경우도 예외는 아니다. 하나님을 모르는 이방인들이 그를 괴롭힌 것이 아니라, 동족이며, 선민인 유대인들이 그를 괴롭혔다.

40년 목회하다가 은퇴하신 어느 목사님이 쓰신 글 속에 “조심해야 될 사람”이라는 항목이 있었다.

첫째, 말이 많은 사람

둘째, 앞에서 칭찬하고 뒤에서 흉보는 사람

셋째, 매사를 반대만 하는 사람(부정적인 사람)

넷째, 성직을 소홀히 취급하는 사람

다섯째, 의도적으로 남을 괴롭히는 사람

여섯째, 겉과 속이 다른 사람

일곱째, 성직을 감투로 생각하는 사람

여덟째, 남을 대접하지 않고 대접받기만 좋아하는 사람

아홉째, 세상을 사랑하는 사람

열째, 말로만 큰 소리치고 일을 하지 않는 사람

이상 열거한 열 가지 항목에 속하지 않는 사람이 몇이나 있을지 의문이다.

사람 때문에 성공하고 행복해지는 경우가 있는가 하면 사람 때문에 고통당하고 실패하고 손해 보고 길이 막히는 사람도 있다.

사람이 귀하다고 아무나 만날 수는 없지 않는가?

노처녀가 결혼이 급하다고 아무나 배우자로 정할 수는 없지 않는가? ‘만남’은 그 사람의 평생을 결정한다. 그러기에 선택과 결정은 신중하고 지혜로워야 한다.

(2) 좋은 인간관계는 어진 마음에서 이루어진다.

우리는 창세기의 아브라함과 롯의 인간관계에서 많은 것을 배우게 된다. 아브라함과 조카 롯이 소유가 많아서 동거할 수 없게 되었다.

아브라함은 조카 롯에게 "우리는 한 골육이라 나나 너나 내 목자나 네 목자나 서로 다투지 말자. 네 앞에 온 땅이 있지 아니하냐 나를 떠나라 네가 좌하면 나는 우하고 네가 우하면 나는 좌하리라" 혹시 여러분 중에 다투며 사는 분이 있는가? 욕심을 줄이라, 마음을 비우라, 양보해 보라, 그리고 평화를 얻기 바란다. 아브라함은 양보의 사람이었다. 아브라함은 하나님과의 관계도 좋았지만 사람과의 관계도 좋은 사람이었다.

어진 마음은 근본적으로 두 사람 또는 그 이상의 사람들이 모여 사는 곳에 반드시 있어야 할 윤리규범이다. 사랑이 없는 곳은 마치 살벌한 맹수들의 세계와 같다.

(3) 성실과 유능은 발전하는 인간관계의 초석이다.

성(誠)은 언(言)과 성(成)이 합해서 이루어진 것이다. 말한 바를 이루어지도록 행동하는 것이 참다운 인간관계를 만든다. 현대사회는 성실하고 유능한 일꾼을 찾는다. 유능하나, 불성실하다면 조직사회에 해충과 같은 존재가 된다. '不誠無物'을 기억하자.

(4) 사랑은 모든 인간관계를 아름답게 한다.

사랑은 본시 서로 위하고 아끼는 마음이다. 사랑에는 결코 거짓이 없고 악이 없으며, 오직 진실과 아름다움이 있을 뿐이다.

"사랑은 오래 참습니다. 사랑은 친절합니다. 사랑은 자랑하지 않습니다. 사랑은 교만하지 않습니다. 무례히 행하지 않습니다. 자기만의 이익을 구하지 않습니다. 성내지 않습니다. 남의 악행을 기억하지 않습니다. 그리고 진리와 함께 즐거워 합니다(고전 13 : 4-6)." 아름다운 사랑의 헌장이다.

(5) 겸손은 인간관계의 미덕이다.

"겸손은 마음으로 각각 자기보다 남을 낫게 여기고(빌립보서 2 : 3)"

남이 나의 장점이나 재능을 추켜세워 주면 머리를 한 번, 그리고 두 번 추어주면 두 번 수그려야 한다. 사람은 시기심, 질투심을 갖기 일쑤여서 모처럼 다른 사람의 장점을 추어주다가도 자만심이 발동하면 그 장점 자체를 미워하게 된다. 겸손을 모르는 사람은 자기를 과대평가하게 되어 패망으로 끝나고 만다.

(6) 인사는 인간관계의 시발점이다.

인사는 타인과 더불어 맺는 인간관계의 교량 역할을 한다. 인사는 바둑처럼 인사를 받는 사람은 반드시 답례를 하게 되는데 이 때 인사를 먼저 한 사람 쪽으로 이끌려 가게 되므로 선수를 잡은 사람에게 유리하게 될 수 있는 가능성이 크다.

먼저 손 내밀고 먼저 인사하는 사람이 항상 한 수 위에 있는 것이다.

(7) 칭찬은 인간관계의 활력소이다.

인간성의 가장 깊은 원리는 칭찬받고자 하는 욕망이다. 사람은 세상에 태어나면서부터 이내 다른 사람으로부터의 인정을 희구한다.

즉 어린아이는 태어나자마자 운다. 엄마에게 자기를 보살펴 달라는 표시이다. 인정에 대한 욕망은 한평생을 두고 지속되는 것이며 더욱이 그것은 대단히 강하게 작용한다. 사람을 칭찬할 때에는 때에 맞게 하는 것이 효과적이다.

(8) 개인 이해와 인간대우를 하라.

'나'라는 존재가 가장 존귀한 '나'로서 남에게 이해되고 지극히 존엄한 인간으로서의 대우를 받을 때 나의 모든 것을 상대방에게 주저 없이 준다.

나폴레옹 장군은 오스트리아와 유럽의 패권을 판가름하는 전쟁에서 일개 하사에게 사신(私信)을 직접 전해 주어 장병의 사기를 드높였다.

개인 이해의 한 수단으로 상대방 이름을 외워 불러 주면 효과적이다.

(9) 상대방의 자존심을 상하게 말라.

자존심은 곧 생명이다. 그 누구도 자기 자존심을 상하게 하는 사람에게 호감을 가질 수 없고 그에게 협조할 수 없는 것이다. 카네기의 1급 참모인 챨스 슈어브는 직원들의 자존심을 상하지 않게 하면서도 직원들을 잘 다스린 것으로 유명하다.

(10) 상대방의 말을 잘 들어라.

인간관계는 의사소통으로써 이루어진다. 인간은 자신의 활동시간의 70%를 의사소통에 소비한다. 이 중 45%는 남의 말을 듣는 데, 30%는 말하는 데, 16%는 독서하는 데, 9%는 글을 쓰는 데 소비한다고 한다.

남의 말은 청취(hearing)할 것이 아니라 경청(listening)해야 한다.

(11) 동기유발을 잘하라.

어떤 사람에게 자기가 원하는 어떤 행동을 시키고자 할 때는 그에게 그 행동을 하고자 하는 마음을 일으키게 하는 것이 가장 중요하다.

(12) 덕스러운 언어 생활을 하라.

에베소서 4 : 29을 보면 "무릇 더러운 말은 너희 입 밖에도 내지 말고 오직 덕을 세우는 데 소용되는 대로 선한 말을 하여 듣는 자들에게 은혜를 끼치게 하라"고 했다.

모든 생물은 자신의 존재나 의사나 감정을 표현하는 독특한 방법들을 가지고 있다. 소리를 지른다든지, 낄낄거린다든지, 몸짓을 하고 꼬리를 흔든다든지, 꿈틀거린다든지 하여튼 각기 나름대로의 표현 방법을 가지고 있다.

그러나 언어 표현 방법은 인간만이 지니는 고유한 축복이다. 초목이나 짐승이나 곤충에게는 정돈되고 조직화된 언어가 없다. 사람만 말을 하고 사는 것이다.

그러나 또한 그 말이라는 것 때문에 사람만 상처받고 감정이 상하고 고통을 겪게 된다.

가령, 길거리를 지나가는 개를 향해 "저 개새끼 가!"라고 소리지른다고 해서 개가 두 눈을 부릅뜨고 달려든다든지, 싸우고 덤비지는 않는다. 반대로 개더러 선생님이라고 불렀다고 해서 그 개가 꼬리를 흔들거나 점심을 사는 것도 아니다.

이유는 언어를 통한 의사 전달이 안 되기 때문이다.

그러나 지나가는 사람더러 개새끼라고 부른다면 대판 싸움이 벌어질 것이다.

에베소서 4 : 29는 두 가지를 교훈하고 있다.

첫째는, 더러운 말은 입 밖에도 내지 말라는 것이다.

더럽다는 것은 부패했다. 쓸모없다. 유익하지 않다는 뜻이다. 마태복음 15 : 11에서 주님은 "입에 들어가는 것이 사람을 더럽게 하는 것이 아니라 입에서 나오는 그것이 사람을 더럽게 하는 것이니라"고 말씀하셨고, 15 : 19에서는 "마음에서 나오는 것은 악한 생각과 살인과 간음과 음란과 도적질과 거짓 증거와 훼방이니"라고 하셨다. 아름다운 것은 다른 사람에게 덕이 되고 유익하지만 더러운 것은 다른 사람에게 해가 되고 덕이 되지 않는다. 그 사람의 마음이 썩어 있으면 더러운 말이 나올 수밖에 없다. 야고보서 1 : 19을 보면 "사랑하는 형제들아 너희가 알거니와 사람마다 듣기는 속히 하고 말하기는 더디 하며 성내기도 더디 하라"고 했다.

우리 사회에서 언어의 순화운동이 일어나야 한다. 사회 불신과 불안이 고조될수록 은어나 비어 혹은 속어가 유행하는 법이다. 최근엔 문자 메시지에 국적없는 말들이 퍼지고 있다. 국어의 오염이 심각하다. 우리 그리스도인들부터 말 아닌 말, 덕스럽지 않은 말, 유익하지 않은 말을 하지 말자. 그리고 그리스도인으로서의 품위를 손상시키는 용어는 사용하지 말자.

둘째는, 선한 말을 하여 듣는 자들에게 은혜를 끼치게 하라는 것이다.

바클레이(Barclay)는 "은혜란 언제나 사랑스럽고 매력이 넘치는 말이다. 다시 말하면 내가 사랑하는 마음으로 말 할 때, 그 말은 은혜로운 말이 되고, 매력 넘치는 말이 되는 것이다.

내가 던진 말 한 마디 때문에 다른 사람이 상처를 받거나 깊은 고뇌에 빠진다면, 그 말은 은혜도 아니고 매력도 아니다. 우리의 말로 가정과 교회를 은혜롭게 하자. 그리고 우리 사회를 은혜롭게 만들자.

당신이 좋은 이유들

· 힘든 직장생활에도 항상 점심시간을 이용해 성경을 읽는 남편이 믿음직스럽다.
· 물질에 시험 들지 않도록 기도에 열심을 내는 모습이 자랑스럽다.
· 노래하는 걸 좋아하지 않으면서도 내가 부탁하면 불러 주어서 고맙다.
· 아이와 나를 위해 마음을 읽어 주려고 대화하기를 좋아한다.
· 오래오래 살자며 운동을 권할 때마다 사랑하는 마음이 전해져 흐뭇하다.
· 꼭 필요할 때만 승용차를 쓰고 대중교통을 이용하는 건강한 정신을 갖고 있다.
· 초보 운전 때도 화내지 않고 친절하게 가르쳐 주는 좋은 선생님이다.
· 직장에서 맛있는 것 먹으면 가족들이 생각나서 외식을 시켜 주는 배려가 고맙다.
· 자기는 시장 옷을 고집하면서 나보고는 좋은 옷 사 입으라고 할 때 사랑스럽다.
· 잠자리에 들기 전 기도를 하고 잠깐씩 팔베개를 해 주어 좋다.
· 새벽에 일어나면서 이불을 따뜻하게 덮어 주고 나가는 그이가 고맙다.
· 작은 식사도 감사히 먹고, 쓰레기도 잘 버려 주고, 음식을 남기지 않아서 좋다.
· 항상 시골에 계시는 장모님을 걱정하며 힘이 되어 드리려는 정성이 좋다.
· 정기적으로 헌혈을 해서 좋다.
· 사람들 앞에서 날 칭찬해 줄 때 자부심을 느끼게 된다.
· 내가 하는 말을 잘 들어 주어 말하는 나를 신나게 해 준다.
· 꼼꼼하게 잘 챙기는 습관, 예컨대, 차계부까지도 빠뜨리지 않고 정리한다.
· 어디를 가든, 어디서든 전화를 자주 걸어 주어 고맙다.
· 두 아이들의 머리를 손수 잘라주어 좋다.
· 가족들과 함께 기타 치며 노래하며 율동까지 하니 보기 좋다.

제 2 장

21세기의 가정교육

1. 교육의 중요성
2. 교육의 개념
3. 가정교육
4. 자녀교육을 위한 지침들

1. 교육의 중요성

브란트 전 독일수상은 국력평가척도로 19세기는 국방력(무기보유량), 20세기는 경제력(GNP), 21세기는 교육력(도덕적 리더십)을 지적했다. J. F. Kennedy 대통령도 교육력부총리로 격상시킨 바 있다. 이제 교육의 중요성을 생각해 본다.

조선시대 규장각 학사인 윤행임(尹行恁)은 8도인의 성격과 인물평을 다음과 같이 서술했다. ① 경기의 견인이 없으면 경제력은 발전할 수 없다고 지적했다. 우리나라도 교육부장관을 도 사람들은 도성과 왕궁이 있어 생활수준이 높고 외부와의 왕래가 잦아 유행에 민감하고 멋내는 데에 으뜸이다(鏡中美人). ② 강원도 사람은 과묵하고 자비로운 성격이다(岩下老佛). ③ 충청도 사람은 산과 물이 좋고 느긋하여 둥근 달처럼 모나지 않은 양반성품으로 후덕하다(淸風明月). ④ 함경도 사람은 물불 가리지 않는 용맹과 불굴의 정신으로 오랑캐와 싸워왔고 무인이 많다(泥田鬪狗). ⑤ 평안도 사람은 변방이라 용맹과 박치기 정신이 있다(猛虎出林). ⑥ 황해도 사람은 거친 돌밭을 일구는 소처럼 우직하고 성실하며 근검절약형이다(荒田耕牛). ⑦ 전라도 사람은 바람에 하늘거리는 실버들 같이 붙임성과 친절함이 있고 부러지지 않는 불굴의 정신이 있다(風前細柳). ⑧ 경상도 사람은 높고 험준한 산처럼 선이 굵고 굳은 의지의 사람이다(泰山喬嶽 또는 雪中孤松).

같은 나라 안에서도 지방에 따라 자연환경과 역사적 상황에 따라 주민들의 성격이 다른 것이다. 성격은 장단점이 있어 우열보다 차이 측면에서 이해하는 것이 좋다. 장점은 살리고 단점은 조절하는 것이 교육이다. 침은 입 속에 있는 한 문제가 없으나 밖으로 나오면 추한 것이 된다. 단점도 이와 같은 것이다.

1910년 경술국치 후 10년 뒤 지성인들의 반성과 함께 춘원(春園) 이광수(李光洙)는 민족개조론을 제창하여 다음과 같은 조선인의 고질적인 병을 고치자고 했다.

① 거짓말과 속임수 ② 공상공론(달 보라고 손가락질 하니 달은 안 보고 손가락만 본다). ③ 표리부동 ④ 겁이 많고 결단력이 부족함 ⑤ 공사구분을 못함 ⑥ 전문가(전문성)의 부족 ⑦ 낭비습관 ⑧ 위생관념의 부족

또한, 육당(六堂) 최남선(崔南善)은 '역사를 통해서 본 조선인의 단점'을 다음과 같이 제시했다.

① 유약하고 퇴영적임 ② 굴욕을 참고 견딤 ③ 사회적 응집력과 민족적 단결이 안됨. ④ 양심과 용기의 부족 ⑤ 무관심 ⑥ 철저하지 못함 ⑦ 형식주의 ⑧ 사대주의 ⑨ 실질무시 ⑩ 피와 땀과 기술을 천시함.

그 후 90여 년이 지났어도 이 문제들이 완전히 개선되지 못했다. 사람의 변화가 이렇게 어려운 것이다. 2000년대 세계시민으로 살기 위해 우리와 우리 자녀들은 국제화와 지방화(glocalization)의 양방향에 적응해야 한다. 국제예절(도덕), 생존능력(기술), 커뮤니케이션 능력(언어), 전향적 개척(비전) 등을 갖추어야 한다. 이는 가정, 학교, 사회의 교육을 통해 해결해야 한다.

2. 교육의 개념

W. Churchill은 "지식수준이 높은 나라는 망할 수 있어도 교육수준이 높은 나라는 망하지 않는다"고 했다. I. Kant는 "인간은 교육을 통해서 인간이 될 수 있다"고 지적했다. 여기서의 교육과 교육수준이 무엇인가?

① '가르치다'는 갈다(磨), 가르다(別), 치다(調)의 뜻을 갖고 있고, '배우다'는 배다(胎 - 양적 증대, 내면화 - 질적 심화)란 말과 유관하다. 인격화(人格化), 가치화(價值化), 생활화(生活化)된 가르침은 교육수준이고, 단순한 지식에 머물면 지적 수준인 것이다.

② 교육은 인간행동을 바람직한 쪽으로 변화시키기 위한 계획적인 작업이다(정범모).

③ 교육은 하고 싶은 것(싶다)과 해야 하는 것(답다)의 갈등 속에서 현실적 욕구보다 당위적 사명을 따라갈 수 있도록 자기조절 능력을 길러 주는 것이다.

이해보다 공익, Like-dislike보다 Right-wrong에 의해 살아가도록 훈련돼야 지록위마(指鹿爲馬)의 실수를 극복할 수 있다. '무욕(無慾)이 대욕(大慾)', '훈수바둑이 선수바둑보다 한 수 위'란 말을 생각해 보자. 사심이 없을 때만 길이 보인다.

④ Education의 어원은 "속의 것을 꺼내 준다"는 뜻으로서 잠재력의 개발을 뜻한다. 인간은 가능성과 개별성의 존재이다. 가능성은 개발해야 되고, 개별성은 다양한 사회에서 적재적소에 배치하기 위해서 존중되어야 한다. 인간은 천차만별이다. 자기의 소질과 흥미를 존중해야 된다. 전부(全部) 아니면 전무(全無 ; All or Nothing)라는 사고방식은

더 이상 통용되지 않는다.

3. 가정교육

부모 없는 자녀가 없듯이 가정교육이 없는 지도자도 있을 수 없다. 세계적으로 유명한 가정교육의 모델 하나가 미국의 조나단과 사라의 가문이다. 가난했던 신랑 조나단과 신부 사라를 위해 그 부모가 통나무를 베어 지어 준 신접살림집인 시골마을 통나무집이 지금은 유명한 관광명소가 되었다. 5대에 걸친 그 후손들 중 유명인이 많기 때문이다.

부통령 1명, 주지사 3명, 대도시 시장 3명, 대학총장 13명, 목사 89명, 의사 68명, 교수 66명, 의대학장 1명, 법대학장 1명, 차관급 고급공무원 83명, 변호사 139명, 판사 33명 등이다.

반대로 마크 쥬크스라는 좋지 못한 가정을 만든 사람이 있었다. 그의 후손들을 조사해 보니 300명이 일찍 죽고, 100명이 평균 13번이나 교도소에 들어갔고, 190명의 창녀가 있었고, 100명의 술주정꾼이 있었다. 그의 후손들은 사회와 국가에 유익은 주지 못하고 국가의 재정을 3억 불이나 축내는 사람들이었다.

무엇이 되었다는 것을 보는 것이 아니라, 그들이 덕망 높고 가정적으로 행복하며 인류를 위해 헌신하는 사람들이었거나 거꾸로 불행하게 만드는 것을 보는 것이다.

미국의 월스트리트 저널에 이런 광고문이 실려었다. "만약에 그대가 낙심했거든 이런 사람을 생각해 보십시오. 학력은 초등학교를 중퇴하고 시골에서 구멍가게를 열었지만 그나마 파산했습니다. 남으로부터 빌린 돈을 갚는 데 15년이 걸렸습니다. 상원의원에 입후보했지만 2번이나 낙선, 하원의원 선거에서도 2번 낙선했습니다. 역사에 남는 연설을 했지만 그 당시의 청중들은 별로 관심을 보이지 않았습니다. 신문으로부터는 연일 비난을 받았고, 나라의 절반은 그를 벌레처럼 싫어했습니다."

에이브러햄 링컨의 이야기이다. 그러나 그가 죽은 지 100년이 지나도 미국과 세계는 그를 존경한다.

미국의 역사학자 58명이 모여 41명의 미국 전·현직 대통령을 평가하여 훌륭한 대통령과 끔찍한 대통령을 가려냈다. 도덕성, 위기관리 능력, 국제관계, 행정능력, 비전, 정의추구, 시대상황에 맞는 통솔력 등 10개 항목을 100점 만점으로 평가했다.

도덕성에서 1등은 조지 워싱턴이고(98.1), 꼴찌는 클린턴(19.5)이다. 전체 종합 1등은 링컨(900/1000)이다. 링컨은 재임 중 남북전쟁으로 인해 고생을 많이 했고 호의호식하지 못했다. 짧게 보면 불행한 대통령이었지만 길게 볼 때 성공한 대통령이다. 카터 대통령도 재임 때보다 퇴임 후에 더 인정을 받는다. "놀음판 돈은 초저녁이 아니라 새벽에 봐야 안다"는 말과 같다. 이들의 공통점은 가정교육에서 훌륭한 부모, 확고한 가훈, 교육적 분위기가 있었다는 것이다.

조지 · 부시 대통령도 오늘이 있기까지 Faith(신앙), Family(가정), Friend(친구) 등 3F의 도움이 컸다고 고백한다. 특히 할머니인 도로디 부시 여사는 손자에게 "당당해라. 약자를 도와 주라. 승리했다고 뽐내지 말라. 실패했다고 비겁하지 말라"고 강조했고 저녁식사 때도 꼭 넥타이를 매고 식사하도록 강한 훈련을 시켰다.

Bonnie Angelo가 쓴 「First Mothers/대통령을 키운 어머니들」이란 책을 보면 대통령의 어머니들은 출신 배경이나 빈부차이는 다양했지만 자녀교육엔 공통점이 있었다고 한다. 즉 ① 자신과 자녀의 교육에 대한 깊은 관심, ② 옳고 그름을 판단케 하는 근본적 가치들에 대한 믿음, ③ 강한 자부심을 강조했다. 그리고 자녀의 독서지도에 열성을 보여 영웅전을 읽혔고 명확한 도덕적 기준을 갖고 스스로를 통제케 했으며 양심을 지킬 수 있도록 강한 긍지를 심으려 했다. 퇴근하면 책을 읽어 주고 남에 대한 배려와 친절을 가르치려고 애썼다.

이제 구체적으로 가정교육과 부모역할을 생각해 보자.

1) 바람직한 부모역할

21세기의 성숙한 인간을 기르기 위해 바람직한 부모역할의 예로써 영국 Wesley 가문의 자녀 양육법을 소개한다. 수잔나 웨슬리는 19명의 자녀를 기르면서 다음과 같은 자녀 양육법을 고안했다.

① 간식을 주되 정시의 식사를 소홀히 먹을 정도로 주지 말라.
② 약을 먹일 때 불평하지 않고 먹도록 하라.
③ 어린이가 자기의지를 억제하고 그의 영혼을 구원할 수 있도록 하나님과 함께 일하라.

④ 어린이는 7시간 취침하게 하라.
⑤ 말을 배울 때, 매일 기도하는 법을 가르쳐라.
⑥ 가정예배를 드리는 동안 조용히 있도록 지도하라.
⑦ 울면서 달라고 할 때는 주지 말고 편안한 모습으로 달라고 할 때만 주라.
⑧ 죄가 되는 일을 용납하지 말고 반드시 벌을 주라.
⑨ 거짓말을 막기 위해 솔직히 고백하고 뉘우친 것은 처벌하지 말라.
⑩ 한 가지 잘못에 대해 두 번 혼내지 말라.
⑪ 착한 행위를 권하고, 그렇게 했을 때는 상을 주라.
⑫ 가장 작은 물건까지도 소유권을 인정하고 존중해 주라.
⑬ 어린이와의 모든 약속은 어김없이 실천하라.
⑭ 훈계를 두려워하도록 가르쳐라.

(1) 부모의 가정목회

가정은 작은 교회이다. 부모는 이 교회의 목회자이다. 목회자에게는 좋은 목회 계획이 있어야 한다.

① 예수 그리스도가 온 가족 모두의 생애에 인도자가 되심을 알게 하는 부모
② 우리 스스로 그리스도를 따르며 사는 본보기를 삶으로 보여주는 부모
③ 새벽 기도와 가정 예배가 가정 교회를 올바르게 이끌어 갈 수 있는 기본임을 일깨워 주는 부모
④ 영의 양식이 아닌 육의 양식을 위한 식사 시간 전후에 성경 낭독과 기도를 하는 부모
⑤ 주일 예배는 온 가족이 함께 하나님께 영광을 드리는 시간으로 지키는 부모
⑥ 식탁에서 영적인 기쁨의 주제와 가족의 신앙 생활을 증진시키는 말을 하는 부모
⑦ 가정에 식구들이 읽어야 할 꼭 필요한 서적과 신앙을 위한 기독교 서적을 준비할 수 있는 부모
⑧ 자녀들이 주일 학교와 각종 교회 프로그램에 빠지지 않도록 물심 양면으로 도와주는 부모
⑨ 자녀들이 어렸을 때부터 헌금 생활을 철저하게 할 수 있도록 교육하는 부모
⑩ 말씀을 읽고 암송하는 것을 일생의 과업으로 알고 지도하는 부모

(2) 태어날 아기를 위한 10계명

① 태어날 아기가 태중에 있을 때부터 부모는 더욱 열심 있는 신앙생활을 한다.
② 정신적으로 화평한 분위기를 만들어 주도록 노력해야 한다.
③ 아내의 신체 조직에 큰 변화가 생기면서 힘이 들기 때문에 과도한 육체적 일을 피할 수 있는 배려가 있어야 한다.
④ 체력을 유지하기 위해서는 좋아하는 음식은 물론이지만 영양분이 많은 음식물을 제공할 수 있는 체계적인 계획이 수립되어야 한다.
⑤ 아내에게도 평소에 있지 않던 이상한 식성이 생길 수 있으나 이럴 때는 태아에게 영향을 미칠 수 있는 자극적인 것들을 멀리 할 수 있는 의지를 키우도록 노력한다.
⑥ 처음 아기를 갖는 경우에는 임신 그 자체에 대한 두려움이 있을 수 있기 때문에 경험자를 찾아가 정신적인 위안을 얻는 방법을 강구하는 것도 좋다.
⑦ 아기가 태어난 후에 필요한 것들을 미리 준비할 수 있는 여유를 갖는다.
⑧ 분만 후에 얼마 동안 누가 어떤 방법으로 산후 조리를 해 줄 것인지를 계획해야 한다.
⑨ 임신 중에 받는 상처는 오래 가는 법이기 때문에 되도록 마음에 상처를 주는 말이나 행동은 삼가야 한다.
⑩ 분만실에 남편이 들어 가는 것은 부부 서로는 물론 담당 의사하고도 상의하는 절차를 밟아야 한다. 장점도 있고, 단점도 있기 때문이다.
⑪ 먹고 싶은 것이 있다면 빚을 내서라도 사다 주어야 한다. 그것도 한때이기 때문이다.
⑫ 집안의 분위기나 기타 임신한 아내의 외로움을 달랠 수 있는 아이디어가 남편에게 있어야 할 것이다.

(3) 십대 자녀를 가진 부모를 위한 열 가지 지혜

십대들의 사랑은 자기 자신에 대한 사랑이 최고이다. 부모는 자녀에게 있어서 과거이지만, 부모들에게 있어서 자녀들은 미래이다.

부모들의 현재는 자신에게는 중요하지 않은 흘러간 옛날이지만 자녀들에게는 약진의 발판으로 삼을 만한 멋지고 중요한 경험이라는 것을 잊지 말아야 할 것이다.

① 과거 속에만 파묻혀 살지 말고 현재를 함께 사는 자녀들과 세대차를 좁히도록 노력하라.
② 함께 목표를 세우고 성취를 위해 기도와 말씀의 옷을 입혀 주라.
③ 하나님의 계획에 대한 놀라운 청사진을 볼 수 있는 믿음을 키워 주어라.
④ 자녀들 앞에서 비굴한 모습을 보이지 말아라.
⑤ 권위 있는 부모가 되어야 하며 자녀들 앞에서 한 말에는 반드시 책임을 지도록 하여라.
⑥ 사랑이 충만한 말과 행동으로 자녀들을 대하라.
⑦ 칭찬과 훈계는 철저히 구분하되 그 목적을 잃지 않도록 올바르게 행동하여라.
⑧ 모든 것은 말이 아닌 행동으로 모범을 보여라.
⑨ 성문제에 대해서는 철저한 원칙 속에서 대화의 문을 열어라.
⑩ 이룰 수 없는 높은 목표 때문에 괴로워하거나 다그치지 말라.

(4) 멋진 대화를 나누기 위한 열 가지 지혜

① 자녀들의 무언의 대화에 관심을 가져야 한다. 부정적인 것일수록 그들은 무관심해 오기 때문이다.
② 자녀들과 대화를 나눌 때에는 그들의 입과 귀에 하는 것보다는 눈과 마음으로 하는 습관을 길러야 한다.
③ 대화를 할 때에는 자녀들을 어루만져 주어 온몸으로 하나됨을 보여 준다.
④ 자녀들이 말하면서 부모를 만질 수 있는 기회를 만든다.
⑤ 자녀들의 생각을 부모의 결론으로 유도하는 말을 하지 않는다.
⑥ 자녀들이 말할 때는 모든 것을 중지하고 경청하는 모습을 보인다.
⑦ 보충 질문을 해서 해결하려는 동참 의지를 나타낸다.
⑧ 할 수 있다면 기도로 끝내고 항상 옆에서 지켜 보고 있다는 확신을 갖게 한다.
⑨ 자녀들이 스스로 해결할 수 있다는 자신감을 키워 준다.
⑩ 자녀들이 말할 때에는 절대로 막지 말고 끝까지 들어 주는 성의를 보인다.

(5) 멋진 대화가 있는 이상적인 부부

① 남편이 말할 때는 고개를 끄덕이면서 맞장구를 칠 것.

② 누군가가 말을 하고 있을 때 중간에 끼어들지 말 것.
③ 말을 할 때는 웃으면서 정이 드는 말을 골라 할 것.
④ 자존심을 상하게 하는 말은 살맛까지 떨어지게 하므로 조심할 것.
⑤ 마음에 들지 않는 말이라도 그 앞에서 면박을 주지 말 것.
⑥ 나만 말하고 끝내지 말고 상대방에게도 말할 기회를 줄 것.
⑦ 했던 말, 하고 있는 말은 더 이상 반복하여 말하지 말 것.
⑧ 말할 때는 유머를 섞어 재치가 넘치는 화법을 구사할 것.
⑨ 말할 때 얼굴을 찌푸리거나 침이 튀지 않게 할 것.
⑩ 거짓말은 애당초 나의 입가에 가까이도 하지 말 것.

2) 자녀들이 원하는 자녀교육

미국 시카고 경찰청에서 제시하는 바 자녀들이 원하는 자녀교육 방법이 있다.

① 나를 버릇없게 기르지 마세요.
내가 요구하는 것을 전부 가질 수 없다는 것을 나도 잘 알고 있어요. 다만 엄마・아빠의 마음을 떠보는 것 뿐이에요.

② 나를 단호하게 대하는 것을 두려워하지 마세요.
나는 그것을 더 좋아해요. 그래야 내가 어떻게 행동해야 할지 알게 되죠.

③ “엄마, 아빠 미워!”라고 말하는 것에 너무 당황하지 마세요.
정말로 미운 것은 아니에요. 단지 엄마・아빠가 나에게 한 일에 대해 미안해 하기를 바라는 마음에서 한 짓이지요.

④ 내가 사사롭게 아파하는 것에 대해 너무 신경 쓰지 마세요.
지나치게 신경 쓰면 더 아픈 척 할거예요.

⑤ 내가 얼마나 빠른 속도로 자라는지 잊지 마세요.
엄마・아빠가 나에게 보조를 맞추는 것이 어려울 테지만 제발 보조를 맞추도록 애를 써 주세요.

⑥ 성급하게 약속하지 마세요.
약속을 해 놓고 안 지키시면 나는 엄마・아빠를 불신하게 되며 기분 또한 우울해져요.

⑦ 내가 잘못한 행동에 대해 이유를 지나치게 캐묻지 마세요.

내가 왜 그런 행동을 했는지 나 자신도 모를 때가 있거든요.

⑧ 정직하라고 너무 강요하지 마세요. 그러면 도리어 쉽게 거짓말을 하게 되죠.

⑨ 내가 '솔직한' 질문을 할 때 답을 회피하지 마세요.
나는 더 이상 묻지 않고 대신 다른 곳에서 답을 찾을 거예요.

⑩ 나에게 사과하는 것이 엄마·아빠의 위신에 손상되는 일이라고 생각하지 마세요. 오히려 정직하게 사과하실 때 나는 엄마·아빠에게 놀랄 만큼 따뜻함을 느낀답니다.

⑪ 내 스스로 할 수 있는 것을 대신해 주지 마세요.
그러면 나는 마치 아기처럼 엄마·아빠가 계속해서 모든 것을 해 주시기를 바랄 거예요.

⑫ 따뜻한 사랑으로 많이 이해해 주고 격려해 주지 않으면 내가 잘 자랄 수 없다는 것을 잊지 마세요. 엄마·아빠에게 꼭 이런 말을 해야 할 필요는 없겠지요.

호태석·황정혜 부부는 「청지기 훈련을 위한 부모교육」에서 인성훈련의 방법으로 ① 인간의 존엄성을 가르쳐라. ② 공동체의식을 심어 줘라.

또 생활훈련의 방법으로 ① 역사의식을 심어 줘라. ② 질서의식을 훈련시켜라. ③ 이웃과 더불어 사는 훈련을 시켜라. ④ 환경을 극복하는 극기훈련을 시켜라. ⑤ 예의범절을 가르쳐라. ⑥ 준법정신을 가르쳐라. ⑦ 노동의 가치를 깨우쳐 줘라. ⑧ 성실한 삶을 살게 하라고 권한다.

"우리 아들들은 어리다가 장성한 나무 같으며 우리 딸들은 궁전의 식양대로 아름답게 다듬은 모퉁이 돌과 같으며(시 144 : 12)"

그러므로 부모들은 가정에서 자녀들을 잘 가르칠 책임이 있다. 성경은 부모에게 "너희 자녀를 노엽게 하지 말고 오직 주의 교양과 훈계로 양육하라, 너는 마음을 다하고 성품을 다하고 힘을 다하여 네 하나님 여호화를 사랑하라 오늘날 내가 네게 명하는 이 말씀을 너는 마음에 새기고 네 자녀에게 부지런히 가르치며 집에 앉았을 때에든지 길에 행할 때에든지 누웠을 때에든지 일어날 때에든지 이 말씀을 강론할 것이며(엡 6 : 4, 신 6 : 5-7)"라고 말씀하고 있다.

3) 자녀들이 원하는 부모역할

① 관심을 가지고 필요한 대로 도와 주는 부모 : 지나친 관심을 갖는 '귀찮은 부모,

극성스런 부모'가 아니라 필요한 때만 도움을 준다.

② 자녀가 하는 말을 들어주고 이해하려는 부모 : 들어주고, 설명할 기회를 주고, 그들의 경험과 눈높이에서 이해하도록 노력하자. 바른말을 말대꾸로 생각지 말고 1 : 1의 파트너십을 갖도록 한다.

③ 있는 그대로 사랑하고 받아 주는 부모 : 잘못과 실패가 있어도 사랑한다. 조건부 사랑이 아니라 자녀이기에 사랑한다. 항상 피난처가 되고 후원자가 되어 주자.

④ 신뢰해 주는 부모 : 믿어 주는 만큼 성장한다. "집안에 도둑이 있으면 그에게 금고 열쇠를 맡겨라."는 말이 있다. 월급총액을 금고에 넣고 누구든지 필요한 대로 쓰라고 하면 오히려 돈이 절약된다고 한다.

⑤ 자녀를 성인과 같이 대접해 주는 부모 : 십대 청소년의 인격적 독립성과 자율성을 인정해 주자. 어릴 때는 통제해도 클수록 풀어야 한다. 유대인은 12세가 되면 성년식을 하고 어른 대접을 한다고 한다.

⑥ 공정하게 교육하고 벌을 주는 부모 : 교육과 상벌은 공정하고 분명해야 한다. 자녀에게 시킬 일과 시켜선 안 될 일을 구분해야 한다.

⑦ 좋은 성격을 가진 행복한 사람으로서 자녀들에게 단란한 가정을 마련해 주는 부모 : 모범을 보여줌으로 행복을 직접 누리고 실행함이 좋다. ○○의 아들(딸)임을 자랑스럽게 느끼도록 긍지를 갖게 해 주자.

⑧ 잘못을 시인하는 부모 : 체면과 위신 때문에 억지로 순종을 강요하지 말자. 솔직하고 정직하며 실수를 인정할 때 훨씬 인간적이고 신뢰롭다.

⑨ 장래운명을 예정하지 않는 부모 : 미래를 예단하지 말고 굳이 예언하려면 긍정적으로 '자성예언'을 해 주자.

⑩ 삶의 본이 되는 부모 : 보여주는 교육, 신앙이나 가치관을 정확히 실천하는 부모, "나를 닮아라"하고 말할 수 있는 부모로 살자.

4) 신앙에 기초한 가정교육

1996년 John Hulley는 「Comets, Jews and Christians」란 책에서 노벨상 수상자를 분석했다. 종교별 분포로는 기독교(64%), 유대교(22%), 가톨릭(11%), 기타(13%)의 순서로 나타났다. 기타는 정통기독교(1.6%), 불교(0.9%), 힌두교(0.8%), 모슬렘(0.1%)이었다.

인구 비례로 노벨상 수상자를 많이 낸 나라는 ① 스위스 ② 스웨덴 ③ 덴마크 ④

네덜란드 ⑤ 영국 ⑥ 미국 ⑦ 독일 ⑧ 벨기에 ⑨ 프랑스 ⑩ 오스트리아, 헝가리 ⑪ 핀란드 ⑫ 캐나다 ⑬ 노르웨이 ⑭ 오스트레일리아 ⑮ 알젠틴 ⑯ 남아공, 이태리, 포르투칼, 일본, 러시아, 스페인, 인도, 중국 순이었다. 이 중 ①, ②, ③, ④, ⑤, ⑥, ⑦, ⑫, ⑬, ⑭, ⑯ 등은 기독교 국가들이고 ⑧, ⑨, ⑩, ⑪, ⑮, ⑰, ⑱ 등은 가톨릭 국가들이며 나머지는 기타에 속한다.

과학분야에서 인구 백만 명당 노벨상 수상자는 유태교(3.9명), 기독교(0.7명), 가톨릭(0.06명), 정통 기독교(0.03명), 불교(0.01명), 힌두교(0.006명), 모슬렘(0.001명) 순이었다.

위에 제시한 사례로 볼 때 21세기의 지도자를 기르려면 지금까지의 한국교육은 방향전환을 해야 할 것이다.

정부에서도 신지식인을 기르자고 한다. 신지식이란 가치창출에 필요한 지식을 생성 · 저장 · 활용 · 공유하는 자이다. 이를 위한 정신자세, 습관, 기본능력을 갖추어 주자는 것이다. 계급적 개념에서 기능적 개념으로 지식 보유량에서 부가가치 창출여부로 事物知에서 方法知 중심으로 특정 그룹에서 사회 모든 구성원으로 generalist에서 specialist로 바꾸자는 것이다. 교수, 학자, 의사 등이 중요했던 사회에서 모든 분야의 숙달자 중심사회로 바꾸자는 것이다. 그러나 이런 흐름 밑에는 하나님 앞에서 진솔한 사람 자체의 갱신과 변화와 제자리 찾기, 즉 신앙에 기초한 인간회복이 전제되어야 한다.

현대인의 십계명은 다음과 같다.

① 하나님만 참신인 줄 알라.

② 하나님 한 분에게만 예배하라.

③ 하나님의 이름을 거룩하게 하라.

④ 주일을 거룩하게 지키고 안식을 취하라.

⑤ 부모를 공경하여 인륜 도덕을 바로 세우라.

⑥ 생명을 사랑하고 약자를 보호하라.

⑦ 순결을 지켜서 가정을 보호하라.

⑧ 부지런히 일하여 남을 도우라.

⑨ 참된 말을 많이 하여 다른 사람의 유익을 도모하라.

⑩ 탐욕을 다스리고 자연을 보호하라. 등으로 다듬고 싶다.

이제 우리는 하나님사랑, 이웃사랑, 자연사랑을 통해 기본적 영성을 가꾸어야겠다.

63kg 몸무게를 가진 인간을 물질적 가치로 보면 1.8ℓ짜리 18병의 수분, 세수 비누 5장 만들 지방질, 연필심 200개 분량의 탄소, 성냥골 2000개비에 해당하는 인, 설사약 1봉지 분량의 마그네슘, 대못 1개 분량의 철분, 기타 20종류의 미량 성분을 갖고 있다고 한다. 현금으로 환산하면 45,000원어치 물건이다. 그러나 그는 120년 정도의 자연수명 가능성이 있고, 150억 개의 기억 소자와 300조의 세포로 되어 있고 206개의 뼈, 656개의 근육, 1만 종류의 냄새를 구분하는 코, 1만 분의 1의 요철을 감지하는 손가락, 섭씨 1천 분의 4도 온도변화를 느끼는 입술을 갖고 있다. 실로 놀라운 존재가 아닌가?

교육 패러다임의 전환을 논할 때 우리는 능력과 인성(신앙)을 함께 보아야 한다. 인성이 결여된 채 능력이 증가되면 도둑질을 하게 된다. 현재 실존 인물 중에 이러한 예는 얼마든지 볼 수 있다.

어느 외국인의 눈에 비친 한국인의 질서의식은 ① 식당에서 아이들이 뛰어다녀도 말리는 부모 없고, ② 결혼식 도중 휴대폰 계속 울려도 끄지 않으며, ③ 회의 중에도 자기들끼리만 소곤소곤하고, ④ 부부동반 초청해도 남편만 오기 일쑤고, ⑤ 걸을 때 남과 부딪치거나 말거나 무신경이며, ⑥ 밥을 너무 빨리 먹어 상대방을 긴장시킨다고 한다. 이게 바로 우리들의 모습인 것이다.

이제 부모들과 교사들이 다시 시작해야겠다. 20세기의 실패와 부족을 극복하고 21세기 지도자를 기르기 위해 가정교육과 학교교육의 새 판을 짜야겠다. 부모들은 ① 사랑이 넘치는 행복한 가정을 만들자. ② 부모 자신이 먼저 본보기가 되자. ③ 올바르고 흡족한 사랑을 표현하자. ④이웃을 사랑하고 돕는 마음을 일깨우자. ⑤ 자녀 스스로 할 수 있는 일은 돕지 말자. ⑥ 자녀와 함께 좀더 많은 시간을 보내자. ⑦ 자녀의 개성을 존중하고 살려주자. ⑧ 자녀 스스로 할 수 있는 일은 돕지 말자. ⑨ 책임감을 키워주고 책임을 지게 하자. ⑩ 명령과 강요보다 자율적 삶을 길러 주자.

영국은 완벽한 시민으로 기르기 위한 [citizenship 교육]을 하고, 프랑스는 [프랑스 시민강좌]를 통해 문화인을 기르며, 미국은 [PAX AMERICANA 정신교육]을 한다. 예수님의 청소년 교육(눅 2 : 52)을 본받아 건강, 지혜, 신앙, 인간관계의 4주 덕목을 균형 있게 길러 주자. 꿀벌은 4200번 왕복하여 꿀 한 숟가락을 얻는다고 한다. 미켈란젤로는 '최후의 심판'을 그리기 위해 8년간 2000번의 스케치를 했고, 괴테는 「파우스트」를 23세에 시작해 82세에 완성했다고 한다. 조급함과 "빨리빨리"를 벗어나 마지막에 웃을 수 있는 사람, 아니 죽은 뒤에까지 존경받는 지도자를 길러 내자. 이는 영원을 사모하는 사람만이 할 수 있는 일이다. 왜냐하면 교육은 본질상 미래와 영원을 지향하는 작업이기 때문이다.

작은 실천으로 함께하는 아버지 되기 10계명

- 자녀의 친구 이름을 기억하자.
- 자녀의 장점 3가지 이상을 알고 있자.
- 자녀와 식사할 때는 신문이나 TV를 보지 말자.
- 아버지가 무슨 일을 하는지 자녀에게 이야기해 주자.
- 아내와 의견이 달라도 자녀 앞에서는 아내를 존중하자.
- 자녀의 잘못에 대해 서로 책임을 전가하는 말을 피하자.
- 자녀교육에 대해 아내와 함께 의논하자.
- 자녀의 선생님께 감사의 전화, 편지를 보내자.
- 지역사회의 교육환경 개선에 관심을 갖자.
- 자녀문제에 관심 있는 부모들과 함께 자녀를 위한 행사나 모임에 적극 참여하자.

5) 부모역할의 유형

Kahlil Gibran이 쓴 「부모 되는 법(On Parenting)」을 보자.

당신의 자녀는 당신의 자녀가 아닙니다.
그들은 하나님의 아들, 딸들입니다.
비록 자녀들이 당신과 함께 있지만, 그들은 당신의 소유물이 아닙니다.
당신의 생각을 자녀에게 주려고 하지 마세요.
왜냐하면 자녀들은 자신의 생각을 갖고 있기 때문입니다.
당신은 자녀들의 몸을 집에 둘 수는 있지만, 그들의 정신을 속박할 수는 없습니다.
왜냐하면 자녀의 정신은 내일의 집에 살고 있기 때문입니다.
그 집은 당신이 방문할 수 없고, 꿈 속에서조차 갈 수 없는 내일의 집입니다.
부모가 자녀들처럼 되려고 노력할 수는 있지만,
자녀들을 당신처럼 만들려고 하지는 마십시오.

"내 자식 내 맘대로"

정성희 (동아일보 사회2부차장 : 2003. 7. 24)

기자로서 어떤 사건을 바라볼 때는 늘 냉정해야 하지만 드물게는 그럴 수 없는 경우도 있다. 바로 어린이들이 관련된 사건 사고이다. 99년 경기 화성시에서 발생한 씨랜드 어린이 화재 참사, 최근 인천의 한 아파트에서 30대 주부가 세 자녀를 밀어뜨린 뒤 투신한 사건 등이 그렇다.

아직 어리지만 본능적으로 죽음을 직감하고 "엄마가 우릴 죽이려 한다"고 울부짖었다는 초등학교 1년생 맏딸의 모습이 떠올라 며칠째 잠을 설치고 있다.

얼마 전에는 경북 포항시에서 "살림을 잘 못한다"며 시어머니와 자신을 늘 비교하고 질책하는 남편 때문에 괴로워하던 주부가 1, 3세 두 아들을 질식시켜 죽이고 자신도 목을 매 자살했다.

며칠 전 광주에서는 아버지의 학대 때문에 아동학대예방센터에 맡겨졌던 초등학교 5학년 남자 어린이가 "아버지에게 돌려보내겠다"는 센터 직원의 말을 듣고 고층 아파트에서 뛰어내려 숨지기도 했다. 아버지는 "아이를 잘 키워 보려 그랬다"며 뒤늦게 후회의 눈물을 흘렸다.

이런저런 이유로 부모가 아이들을 죽음으로 내몰고 때로는 저승길에 동반하는 이런 끔찍한 현상에 대해 사회학자들은 '자식을 부모의 소유물로 보는 한국의 독특한 현상'이라고 진단한다. 자살을 택하면서 아이들을 함께 죽일 때의 심정은 "부모 없이 자라게 하느니 차라리 함께 죽는 것이 낫다."는 심리가 작용하고 있다는 것이다.

이런 현상이 빚어진 데는 극심한 경쟁구조 속에서 사회안전망을 제대로 작동하지 못한 우리 사회의 책임이 적지 않지만 저변에는 "내 자식은 내 맘대로 해도 된다"는 부모의 의식이 깔려 있기 때문이다.

자식을 하나의 인격체로 보지 않는 현상은 교육 현장에서 두드러지게 나타난다. 한국에서는 '자식의 점수가 엄마의 점수'이다. 자식이 대학에 떨어지면 부모가 죄인이나 된 듯 고개를 못 든다. 부모의 입김은 자녀가 성인이 되어서까지도 계속되는 경우가 많다. 심지어 부모가 자녀의 배우자를 고르는 일도 여전하다. 오죽하면 결혼을 둘러싼 부모의 갈등이 21세기에도 드라마의 단골 소재가 될까.

최근 '촛불시위'를 비롯한 각종 시위현장에 어린 자녀를 동반하고 참여하는 모습도 사뭇 충격적이다.

이는 아이를 민주사회의 바른 구성원으로 양육하는 것과는 다른 문제다. 아직 판단력이 성숙되지 않은 나이에 예민한 사안에 대해 부모의 사고방식을 강요하는 것 자체가 하나의 '폭력'이 될 수도 있기 때문이다.

하나같이 힘겨운 시대라고 한다. 그렇다고 아이들을 부모의 삶에 대한 희생양으로 삼을 수는 없다. 육신은 부모가 주었지만 삶은 그들의 것이기 때문이다. 그래서인지 몰라도 현대의 성서라고 불리는 산문시집 『예언자』의 저자 칼릴 지부란의 시는 요즘 더욱 가슴에 와 닿는다.

'그대들의 아이라고 해서 그대들의 아이는 아닌 것 / 아이들이란 스스로 갈망하는 삶의 딸이며 아들인 것 / 그대들을 거쳐 왔을 뿐 그대들에게서 온 것은 아니다 / 그러므로 비록 지금 그대들의 소유는 아닌 것을'.

('아이들에 대하여' 중에서)

다음은 Norman Wright와 Rex Johnson이 만든 것으로 자녀양육 스타일을 알아보기 위한 설문지이다.

부모 역할 유형	해당란 ○표
1. 잔소리하지 말고 꾸물대지 말고 지금 당장 가서 자!	
2. 약속을 어겼으니 규칙대로 오늘 저녁은 굶어야 해!	
3. 또 어겼구나! 어떻게 된 일인지 같이 이야기(해결)하자.	
4. 늦게 잤으니 늦게 일어날 수밖에 없지. 할 수 없지.	
5. 내가 한 번 해봐(네가 해결해!). 나는 지금 시간 없어.	
6. 닥치지 못해! 어른한테 대들어? 그래, 엄마, 아빠가 누구 때문에 이 고생하는 줄 알아?	
7. 어젯밤 늦게까지 안 자더니……. 아빠, 엄마는 할 일이 있어. 네 일은 네가 알아서 해봐.	
8. 뭐야? 좀더 조심해서 할 수 없어?	
9. 늦게까지 내버려 두고 싶지만 네가 잠을 못 자면 내 마음이 아프단다.	
10. 또 늦잠이야? 너는 매일 그 모양이니?(이유를 묻지 않는다)	
11. 우선 감정을 가라앉힌 다음에 이 일에 대해 의논하기로 하자.	
12. 참, 공부하기 어렵지? 그것을 이겨야 해.	
13. 얘야, 식기 전에 밥 먹어라. 따뜻하게 먹어야 살로 가지.	
14. 너는 내가 바보같이 보이니? 아니, 엄마·아빠가 허수아비로 보여?	
15. 또 걸렸구나. 이번에는 내가 도와 주마. 그 다음에 더 좋은 방법이 없는가 생각해 보자.	
16. 제발 화 좀 내지 말아라. 못 견디겠다. 짜증 부린다고 해결되니?	
17. 이유 없다. 시키는 대로 해(하라고 하면 해!).	
18. 너는 결코 실수해서는 안 된다. 네가 책임을 진 이상 네가 다해.	
19. 네 친구들과 놀러간다고 허락받기 전에 먼저 어디로, 무엇을 하러 가는지 자세히 이야기해 주겠니?	
20. 좀 빨리 해라. 꾸물대면 엄마가 늦는다. 아니면 나중에 해.	

이상의 질문에 답했다면 다음의 번호들은 자신이 어떤 유형에 속하고 있는가를 나타내 주고 있다.

권위주의형/율법주의형	-----	1, 2, 6, 17, 18
방 임 형/기분파형	-----	5, 7, 8, 10, 14
허 용 형/과보호형	-----	4, 12, 13, 16, 20
민 주 형/신뢰형	-----	3, 9, 11, 15, 19

① **권위주의형** : 권위적인 양육 스타일을 지닌 부모는 자녀가 첫째로 복종해야 한다고 생각한다. 부모들은 자신의 약점을 감추는 데 있어서 아주 방어적이고 자녀들의 의견을 너무 쉽게 무시한다.

이렇게 자란 자녀들은 경직되고 자신감이 부족해 자기 학대를 많이 하는 것으로 나타난다. 이런 양육방법에 의해 자라난 자녀들은 부모에 대한 적대감, 나이에 대한 편견, 반사회적 행동(절도, 거짓말, 싸움, 폭행), 사회적으로 고립되어 있는 느낌, 친구와 또는 이웃과 원만히 사귀지 못하는 등의 특징을 보여 준다. 나아가 부모에 대한 적개심이 극도의 분노로 축적되어 일시에 폭발할 가능성도 있다.

② **방임형** : 방임형 양육 스타일의 부모들은 자녀들이 원하는 대로 다해 주어야 한다고 생각한다. 이렇게 양육된 자녀들은 사회생활에 필요한 규율이나 윤리를 제대로 배우지 못하게 되어 여러 사람과 어울려 지낼 때 남을 잘 도와 주지 못하거나 윤리적 기준을 세우지 못하는 등 반사회적인 행동을 하기 쉽다.

③ **허용형** : 허용형 양육 스타일의 부모들은 자녀에 대한 지나친 낙관을 갖는다. 따라서 자녀는 마음에 없으면서 부모를 기쁘게 하려는 연극도 할 수 있으며, 마음 깊은 곳으로부터는 사랑 받는다는 느낌을 갖지 못할 수도 있다.

④ **민주형** : 민주적인 부모들은 자녀의 능력과 방법을 인정하면서 동시에 부모로서의 엄격한 규율을 갖고 있다. 이런 환경에서 자란 자녀는 남을 위해 봉사하고 사람들에 관심을 가지며 고립되지 않고 신앙적으로 삶으로써 가족이나 직장에서 인간관계가 원만하고 항상 감사를 느낀다. 협동심과 창의성 및 자기존중감을 개발한다.

6) 부모역할 유형에 따른 자녀의 행동특성

교육 태도	내 용	자녀 행동 유형
배척형	· 감정으로 자녀들을 대한다. · 자녀를 미워한다. · 자녀를 무시한다. · 자녀와의 접촉을 피한다. · 가혹한 벌을 가한다.	· 다른 사람의 말을 귀기울이지 않는다. · 불안감과 실패감에 휩싸인다. · 자신의 잘못에 대해 변명하기에만 급급하게 된다. · 공격적 행동과 비행을 저지른다. · 애정이 각박해진다. · 주위 사람들과 화합하지 못한다.
편애형	· 특정 자녀만을 사랑하고 편든다. · 다른 형제와 비교하여 비난하고 공격한다. · 다른 형제를 본받으라고 강요한다.	· 질투심이 강해진다. · 형제간에 싸움이 잦아지고 형제를 미워한다. · 가정 밖으로 방황한다.
방임형 기분파형	· 상대해 주지 않는다. · 간섭하지 않는다. · 칭찬도 꾸중도 하지 않는다. · 비웃는다.	· 자기 중심적이 된다. · 제멋대로 하고 반성하지 않는다. · 부도덕한 행위를 하게 된다. · 기존 권위에 반항한다.
권위주의형 율법주의형	· 자녀의 현상에 불만이다. · 자녀의 의사와 행동을 반대한다. · 결점을 찾아 비난한다. · 의사를 무시하고 부모의 의도만을 강요한다. · 부모의 만족과 요구만을 충족하려 한다.	· 욕구불만이 높고 신경질적인 성격이 된다. · 자신감이 없어진다. · 불안과 염려의 강박경향이 더해진다. · 신경성 증후가 나타난다(야뇨증). · 실패감, 죄책감에 빠진다.
민주형	· 자녀들과 대화한다. · 가족회의를 갖는다. · 자녀의 개성을 존중한다. · 합리적으로 문제를 해결한다.	· 모든 식구가 의무와 할 일을 갖는다. · 가정에 대해 긍지를 갖고 있다. · 자기 의견을 솔직히 표현한다. · 가정에서 새 힘을 얻는다. · 대화를 통해 문제를 해결한다. · 협동과 창의성이 계발된다.

허용형 과잉보호형	· 맹목적으로 사랑한다. · 극도로 희생한다. · 불필요하고 과도한 근심을 한다. · 지나치게 멋대로 내버려 둔다. · 징계하기를 주저한다. · 모든 일을 대신해 준다.	· 정서적 성숙이 늦고 부모에게 의존한다. · 부모의 지배에서 벗어나지 못한다. · 안하무인(眼下無人)격의 건방진 행동을 한다. · 독립성의 결여로 사회적응이 어려워진다. · 부모를 부담스럽게 생각하기도 한다. · 변명만 일삼는 무책임한 인간이 된다.
우리집유형		

"황금 백만 냥이 자녀 하나 바로 기름만 못하다(黃金百萬兩, 不如一敎子)"는 말이 있다. 呂氏春秋의 不苟論에도 "땅 천리를 얻는 것이 훌륭한 사람 한 명 얻는 것만 못하다(得地千里, 不若得一聖人)"란 말이 있다. 貞觀政要에도 "천하를 안정시키려면 반드시 제몸부터 바르게 해야 한다. 제몸이 바른데 그림자가 굽을리 없고, 위에서 다스려졌는데 아래에서 어지러울리 없다(若安天下, 必須先正其身, 未有身正, 而影曲, 上治而下亂者)"고 했다.

부모된 자, 형님과 누나된 자는 자녀와 동생들을 올바로 길러 내어 인격자가 되고 유능한 인재가 되도록 돌보는 것이 최고의 애국임을 명심하자. 우리나라는 자연자원이 부족한고로 인적자원을 잘 길러 내어 국가의 부가가치 창출을 높이는 길만이 세계에서 살길이다.

4. 자녀교육을 위한 지침들

1) 임산부의 태교방법

① 임신을 기쁘고 감사하게 받아들여라.

② 항상 마음을 평화롭게 다독여라.
③ 매일 아기를 위한 명상을 하라.
④ 산전 진찰은 철저히 받아라.
⑤ 나쁜 생활습관을 고쳐라.
⑥ 많이 걸어라.
⑦ 단백질, 철분, 엽산을 많이 먹어라.
⑧ 좋은 소리를 듣고, 좋은 글을 읽어라.
⑨ 복식호흡을 이용한 심호흡을 많이 하라.

2) 자녀교육 10계명

① 지식보다 지혜를 가르쳐야 한다.
② 모든 일을 스스로 즐겁게 하도록 가르쳐야 한다.
③ 보는 교육보다는 생각하는 교육을 시켜야 한다.
④ 더 잘할 수 있다는 자신감을 키워 주어야 한다.
⑤ 불필요한 고집은 어릴 때 고쳐져야 된다.
⑥ 사랑과 채찍을 조화시켜 가르쳐야 한다.
⑦ 자녀를 구박하지 말아야 한다.
⑧ 항상 용기를 북돋워 주어 적극적인 사고를 갖게 해 주어야 한다.
⑨ 최선을 다하면 보람이 있다는 사실을 가르쳐 주어야 한다.
⑩ 가장 중요한 것은 신앙을 갖게 해 주는 것이다.

3) 자녀 양육 10지침

① 아이들과 함께하는 시간을 가질 것.
② 아이들에게 모범을 보일 것.
③ 아이들에게 살아가는 지침을 마련해 줄 것.
④ 다채로운 활동을 계획하고 실천할 것.
⑤ 아이들을 주 안에서 따끔하게 훈계할 것.
⑥ 아이들에게 하나님에 대한 신앙을 가르칠 것.

⑦ 아이들과 대화를 많이 할 것.
⑧ 아이들과 함께 여행을 할 것.
⑨ 아이들의 문화를 이해할 것.
⑩ 아이들에게 용기와 격려를 줄 것.

4) EQ를 높이는 10원칙

① 자녀들과 함께 유머를 나눠라.
② 자녀들에게 책을 읽어 주어라.
③ 자녀들에게 집안 일을 거들게 하라.
④ 자녀들에게 집에서 만든 음식을 먹이라.
⑤ 자녀들에게 신체적 접촉으로 사랑을 자주 표현하라.
⑥ 자녀들에게 즐겁게 노는 것을 가르쳐라.
⑦ 자녀들에게 힘든 과제를 수행할 기회를 제공하라.
⑧ 자녀들을 끊임없이 격려하라.
⑨ 자녀들과 더불어 자주 여행을 하고, 다른 가족들과 어울릴 기회를 제공하라.
⑩ 자녀들에게 기도를 가르쳐라.

5) 부모소원 10개항

① 꿈을 크게 가지라.
② 존경하는 인물을 정하고 그대로 닮으려고 노력해라.
③ 현실에 안주하기보다 새로움의 긴장을 추구하라.
④ 솔직하게 감사할 줄 아는 인간이 되라.
⑤ 남보다 잘난 아이보다는 남과 다른 아이가 되라.
⑥ 강한 것만이 남성적인 것은 아니다. 때로는 울 줄도 아는 아들이 되어라.
⑦ 친구는 너의 인격을 비추는 거울이다.
⑧ 친구를 폭넓게 사귀고, 친구의 장점을 서슴지 말고 자신의 것으로 받아들여라.
⑨ 너의 가치관으로 세상을 판단하지 말아라.
⑩ 사람을 '있는 그대로' 평가하는 안목을 길러라.

6) 청소년 자녀교육 10개항

① 자녀가 좋은 친구를 사귀도록 친절하게 자문을 해 준다.
② 자녀와 일정한 시간을 정해 놓고 진지하게 대화를 나눈다.
③ 술, 담배, 늦잠 등 나쁜 습관을 갖지 않도록 평소에 철저히 지도한다.
④ 미래의 비전과 희망을 말할 때는 관심을 갖고 들어준다.
⑤ 약속을 잘 지키고 시간을 적절히 활용하도록 도와 준다.
⑥ 건전한 이성교제를 하도록 부드럽게 유도한다.
⑦ 세상 만물을 창조한 절대자에 대한 믿음을 갖게 한다.
⑧ 가족의 소중함을 어려서부터 인식시킨다.
⑨ 밝고 긍정적인 인생관을 갖도록 지도한다.
⑩ 부모가 먼저 감사와 봉사의 삶을 보여 준다.

7) 입시생 자녀교육 요령

① 뇌파람(뇌+신바람)을 선물하라. 조용한 음악을 들으며 마음을 정리할 수 있도록 도와 주라. 또 유머와 웃음을 자주 나눈다.
② 건강한 식단을 짜라. 음식은 성격을 결정 짓는다. 고단백질 음식과 정성어린 요리로 자녀를 최고의 왕자, 공주로 대우해 준다.
③ 따뜻한 말을 던져 주라. '힘들지', '엄마가 대신할 수 있으면 좋으련만', '좀 쉬었다가 하지 그러니' 등의 말을 건넨다.
④ 깜짝 아이디어를 총동원 하라. 핸드폰에 응원가 남기기, 등교길 신발 속에 용돈 집어넣기, 책가방 속에 성경구절 써넣기, 학교로 편지 보내기, 친척들의 격려 엽서 띄우기 등으로 사랑을 나눈다.
⑤ 함께 산책을 하거나 짧은 여행을 하라. 가벼운 쇼핑, 미용실, 재래시장, 고아원 돌아보기 등도 좋다.
⑥ 입학하고자 하는 대학 교정을 함께 찾아간다. 그리고 기도하라. 기도를 통해 자녀의 마음 속에 비전을 심어 준다.
⑦ 교회가 주최하는 수험생을 위한 기도회를 소중히 하라.

⑧ 정보를 함께 나누라.

8) 신입생 자녀교육 요령

① 규칙적인 생활을 할 수 있도록 지도하라.
② 시간을 사용하는 방법을 훈련하라.
③ 자기 스스로 할 수 있게 하라.
④ 학교와 교사를 좋아하게 만들라.
⑤ 공부보다 학교생활에 흥미를 갖도록 재미를 발견해 주는 일이 필요하다.
⑥ 학교 급식과 자녀의 식단에 신경을 쓰라.
⑦ 친구들과 사이좋게 사귈 수 있도록 지도하라.
⑧ 예의바른 자녀가 될 수 있도록 도우라.
⑨ 양보를 가르쳐라.
⑩ 자녀에게 꿈을 갖게 하라.

9) 청년 자녀교육 요령

① 모든 사람들로부터 호감받는 사람이 되도록 하십시오.
(그리하면 사람들은 당신을 성공의 길로 끌어올려 줄 것입니다.)
② 당신이 자진해서 우정을 맺으십시오.
(기회가 있거든 당신을 사람들에게 소개하십시오. 그리고 상대방의 이름은 곧 암기하여 상대방도 당신의 이름을 기억하게 하십시오.)
③ 모든 사람에게는 각각 개성이 있고, 누구에게나 장점과 단점이 있다는 사실을 명심하십시오.
(누구나 완전하기를 기대해서는 안 되고 단점을 인정하고 용납할지언정 남을 개혁시키는 개혁자가 되려고 해서는 안됩니다.)
④ 상대의 좋은 점과 칭찬할 점을 찾도록 노력하십시오.
(다른 사람에게 긍정적인 생각을 가지면 긍정적인 결과를 얻기 마련입니다.)
⑤ 대화 중에는 다른 사람에게 말을 양보하도록 힘쓰십시오.
(상대방으로 하여금 그의 견해, 그의 의견, 그의 가족, 그가 한 일을 말하게 하십시오.)

⑥ 어떤 경우에도 친절 위주로 하십시오.
(그러면 상대방에게도 좋은 감정을 주고 당신에게도 좋은 감정을 줍니다.)
⑦ 당신이 실패했을 때 절대 다른 사람을 원망하지 마십시오.
(이것이야말로 가장 중요한 원칙이란 사실을 명심하십시오.)

10) 자녀를 망가뜨리는 방법

① 자녀가 사방에 흩어 놓은 물건을 꼬박꼬박 치워 주라.
(이 아이는 커서도 모든 책임을 남에게 전가할 것이다.)
② 밥투정, 옷투정 등 불평을 할 때는 모두 들어 주라.
(이기적인 사람으로 변할 것이다.)
③ 자녀 앞에서 자주 부부싸움을 하라.
(자녀는 결국 포악한 사람이 될 것이다.)
④ 아이가 선생님을 욕할 때 맞장구를 치라.
(부정적인 사고를 지닐 것이다.)
⑤ 잘못을 저질러도 대충 넘어가라.
(나중에 더 큰죄로 보답할 것이다)
⑥ 요구하는 것은 무엇이든지 들어주라.
(점점 목소리가 커질 것이다.)
⑦ 종교교육을 시키지 마라.
(멋대로 살아갈 것이다.)
⑧ 늦게 귀가해도 무관심하라.
(방탕의 길로 빠질 것이다.)
⑨ 자녀 앞에서 불평을 늘어 놓으라.
(아이는 매사를 부정적으로 바라볼 것이다.)
⑩ 항상 우울한 표정을 지으라.
(아이는 비관론자가 될 것이다.)

11) 신뢰받는 자녀를 기르는 방법

① 절제하라 – 말을 생각해서 하고 행동을 절제하라.

② 침묵하라 – 쓸데없는 말을 많이 하지 말라.
③ 결단력을 가지라 – 해야 할 일은 반드시 하라.
④ 근면하라 – 열성적이고 부지런하라.
⑤ 성실하라 – 모든 일에 정직하라.
⑥ 약속을 지키라 – 자신이 한 약속은 반드시 지키는 정확한 사람임을 알게 하라.
⑦ 침착하라 – 덜렁댄다는 인상을 주지 말라.
⑧ 청결하라 – 신체와 의복, 생활주변을 항상 청결하게 하라.
⑨ 겸손하라 – 나를 내세우려 하지 말라.
⑩ 사람에게 친절하라 – 보기에 아름답고 감동을 준다.

12) 자녀 성공기원 10개 권면

① 시간의 가치 – 낭비하지 말라.
② 인내력의 가치 – 포기하지 말라.
③ 열심히 일하는 즐거움 – 나태하지 말라.
④ 단순원리의 존엄성 – 복잡하지 않게 하라.
⑤ 인격의 가치 – 반드시 정직하라.
⑥ 친화력의 가치 – 무관심하지 말라.
⑦ 직업에 대한 소명의식 – 책임을 회피하지 말라.
⑧ 경제생활의 미덕 – 낭비하지 말라.
⑨ 참을성의 미덕 – 조급하지 말라.
⑩ 기술개발 – 연습을 쉬지 말라.

13) 성공인생의 10계명

① 행복한 마음으로 일어나라.
② 아침부터 잘 때까지 자신에게 긍정적인 말을 하라.
③ 자신의 멋진 계획을 만들고 그것을 세분하라.
④ 모든 힘과 노력을 현재 가장 중요한 계획에만 집중시켜라.
⑤ 모든 개인적인 관계 속에서 좋은 것만을 찾아라.

⑥ 느긋하고 다정한 태도를 취하라.
⑦ 어느 정도 모험은 기꺼이 감행하라.
⑧ 행동하라. 미루지 말라. 지금 곧 하라.
⑨ 성공한 사람이나 낙관적인 사람과 사귀라. 그런 책만을 읽으라.
⑩ 누군가가 나의 배후에서 계속 지원하고 계심을 믿으라.

14) 지혜로운 인생처세훈

① 사람들에게 먼저 말하라.
(모든 사람, 특히 당신이 알지 못하는 사람들에게 말하라. 유쾌한 인사의 말만큼 멋진 것은 없다.)
② 사람들에게 미소 지으라.
(미소는 가장 값비싼 자산 중의 하나이다. 그 자산을 이용하라! 웃는 데는 돈이 안 든다.)
③ 사람들의 이름을 부르라.
(어떤 사람의 귀에건 가장 달콤하게 들리는 음악은 자신의 이름을 부르는 소리이다. 그 사람의 이름을 모르거든 먼저 당신 자신을 소개하라.)
④ 친절하고 도움을 주는 태도를 취하라.
(친구를 원한다면 친구가 되는 법을 배우라. 사람들은 모두 친구를 필요로 한다.)
⑤ 진실하라.
(당신이 하는 모든 일은 당신에게 정말 기쁨이 되는 일임을 상대방이 알 수 있도록 말하고 행동하라.)
⑥ 사람들에게 순수한 관심을 가지라.
(모든 사람을 좋아하려고 애써 보라. 그러면 모든 사람들이 다 당신을 좋아할 것이다.)
⑦ 다른 사람의 감정을 상하지 않도록 행동하라.
(의견의 충돌이 벌어지는 데에는 보통 세 사람이 있기 마련이다. 그것은 당신, 상대방, 그리고 옳은 사람이다. 이 세 국면 모두를 보려고 노력하라.)
⑧ 섬기는 일을 빈틈없이 하라.
(남을 위해 어떤 일을 하는가 하는 것은 인생에서 아주 중요한 일이다. 자기

자신을 주려고 노력하라. 이는 즐거운 일이다.)

15) 첫 만남의 요령

① 먼저 밝게 인사한다. 밝은 인사는 모든 사람을 안심시킨다.
② 상대방을 잘 관찰하고, 접근방법을 파악한다.
③ 상대방이 공감하는 화제를 찾기 위해 은근히 떠본다.
④ 되도록 상대방이 쉽게 대답할 수 있는 얘깃거리를 제공한다.
⑤ 상대방의 취미나 자랑하고 싶은 것에 주목한다.
⑥ 상대방에게 피해가 될 것 같은 생각이 들면 무리하게 말을 걸지 않는다.

자녀가 마음에 들지 않을 때

제가 낳은 아이들이 도무지 맘에 들지 않습니다.
그들이 제 마음을 채워 주기를 얼마나 기도했는지 모릅니다.
그들이 저의 밝은 등대이기를,
저의 끝없는 노래이기를
간절히 바라고 있음에도
그들은 저를 채워 주지 않습니다.

이제는 그들이 아닌 제가 변화될 수 있기를
기도하게 하소서.
제 욕심의 빛깔대로 그들을 마구 덧칠하려는 짓은
그만 두게 하시고 그들에게는 그들대로의 그윽한 빛깔,
산뜻한 빛깔이 숨어 있음을 알아보게 하소서.

제가 어린싹을 보며 꽃을 피우지 않는다며,
또는 새가 아님을 알면서도 날지 못한다며
슬퍼하는 일이 없게 하소서.
아이들이 아직은 꽃피지 않아도.

머지않아 나름의 향기를 드러낼 것이고,
아직은 날지 못해도 언젠가는 나름의 하늘에
밝게 닿을 것임을 믿고 기다리게 하소서.
서로가 감당하지 못할 기대로써
함께 참담히 무너지고 마는 일이 없게 하시고,
하나님께서 고유하게 마련하신 그들의 빛깔대로
평화로이 바라보는 기쁨을
저로 하여금 누리게 하여 주소서.

생활성서 〈기도가 그리운 날에는〉 중에서

전천후 감사

주님 때때로 병들게 하심을 감사합니다.
이로 인해 인간의 약함을 깨닫게 해 주시기 때문입니다.
가끔 고독의 수렁에 내던져 주심도 감사합니다.
이것은 주님과 가까워지는 기도이기 때문입니다.
일이 안 되게 틀어주심도 감사합니다.
그래서 나의 교만이 반성될 수 있기 때문입니다.
아들, 딸이 걱정거리가 되게 하시고
부모와 동기가 짐으로 느껴질 때도 있게 하심을 감사합니다.
그로 인해 인간된 보람을 깨닫게 되기 때문입니다.
먹고 사는 데 힘겨웁게 하심을 감사합니다.
눈물로서 빵을 먹는 심정을 이해할 수 있기 때문입니다.
불의와 허위가 득세하는 시대에 태어난 것도 감사합니다.
이로 인해 하나님의 의가 분명히 드러나기 때문입니다.
땀과 고생의 잔을 맛보게 하심을 감사합니다.
그래서 주님의 사랑을 진실로 깨닫기 때문입니다.
주님! 이 모든 일로 감사할 마음을 주심을 감사합니다.
이 모든 일로 하나님과 가까워지는 계기가 되기 때문입니다.

제 3 장

사랑이 샘솟는 가정

1. 사랑
2. 가정의 정의
3. 남녀의 차이
4. 부부관계의 실제

1. 사 랑

1) 사랑의 가정

"영혼 없는 몸은 사람이 아니듯 사랑 없는 가정도 가정이 아니다(에이브리)."

"연기나 재채기를 감추기 어렵듯 사랑의 감정도 오래 감출 수 없다(독일 속담)."

"사랑은 동그라미를 닮았다. 동그라미엔 끝이 없다(러시아 격언)."

"인간의 모든 실패는 '받는 것 보다 주는 것이 더 행복하다'는 사실을 모르기 때문에 온다(아들러)."

이렇게 사랑은 가장 소중한 것이면서 가장 흔하게 듣는 말이다. 공기 · 물 · 햇빛처럼 너무 자주 들으니 귀한 줄을 모른다. 희랍인들은 사랑의 종류를 구별했다. 육체적 정욕과 탐욕(epithumia), 남녀의 연애 · 정신적 사랑(eros), 부모 · 자녀의 공동체적 사랑(storge), 학문이나 물건에 대한 애착과 우정(phileo), 조건 없는 절대적 · 신앙적 사랑(agape) 등이다.

E. Fromm은 「사랑의 예술」에서 사랑의 단계를 관심(concern)→이해(understanding)→존경(respect)→책임(responsibility)→희생(giving)으로 구분했으며 미숙한 사랑은 "필요하기 때문에 그를 사랑하고", 성숙한 사랑은 "사랑하기 때문에 그를 필요로 한다"고 논했다. 생텍쥐페리는 "초보적 사랑은 서로 맞보면서 상대방으로부터 사랑을 갈구하고, 고급적 사랑은 나란히 서서 제 3의 목표를 향해 동행하는 것으로 사랑을 확인한다"고 가르쳤다. 예를 들어, 부부의 사랑은 컴퍼스의 두 다리(脚)처럼 상호의존적인 동반관계요, 고급사랑이어야 한다.

이 밖에도 사랑의 정의로는 '부드럽게 되는 것', '가만히 있지 못하는 것', 'makes something grow', '7대 영양소의 하나', '온전하게 매는 띠', '주고받는 것', '눈물의 씨앗', '거룩한 낭비' 등이 있다. 성경의 정의를 보자. "사랑은 오래 참고 온유하며 시기하지 않고 자랑치 아니하며 교만하지 않고 무례하지 않으며 자기의 유익을 구하지 않고 성내지 아니하며 악한 것을 생각지 아니하며 불의를 싫어하며 진리와 함께 기뻐한다. 사랑은 모든 것을 참고 믿으며 모든 것을 바라고 견딘다(고전 13 : 4-7)."

사이토 시게타(齊藤茂太)는 사랑받는 사람들의 9가지 공통점으로 ① 완고하지 않은 사람, ② 무리가 없는 사람, ③ 무리하게 요구하지 않는 사람, ④ 기다릴 줄 아는 사람, ⑤ 혼자서도 즐길 수 있는 사람, ⑥ 지난 일을 잊어 버리는 사람, ⑦ 넘어져도 다시 일어서는 사람, ⑧ 의지가 되는 사람, ⑨ 다른 사람을 높여 주는 사람 등을 들고 있다.

2) 샘솟는 가정

이는 자기발전적 현상, 즉 외부의 자극이나 도움이 없어도(in spite of) 스스로 행동하고 움직이는 삶의 역동성이다. "샘이 깊은 물은 가뭄에도 메마르지 아니하니 꽃도 좋고 열매도 많다"는 옛 글 그대로이다. 하나님은 믿음의 조상 아브라함의 가정에 복의 근원, 즉 샘솟는 복을 계속 보장해 주셨다. 샘물은 퍼낼수록 계속 새 물이 고이는 법이다. 오히려 아껴 두면 썩는다. 샘솟는 복을 누리는 자는 다음과 같은 사람들이다.

① 친구의 사업이나 자녀가 성공했을 때 내 일처럼 흐뭇함을 느낀다.
② 남을 위해 돈이나 시간을 쓸 때 아깝지 않고 기뻐한다.
③ 자녀들이 정상적으로 성장하고 있는 것만으로도 늘 감사한다.
④ 식사 때마다 먹는 음식 하나하나에 대해 고마워한다.
⑤ 자연의 아름다움을 느끼며 새소리, 꽃과 풀의 생김새에 감탄한다.
⑥ '모자란다', '더 있어야 하겠다'는 생각보다 '이만하면 충분하다'고 느낀다.
⑦ 남을 비평하고 헐뜯는 횟수보다 칭찬하고 격려하는 횟수가 더 많다.
⑧ 과거나 현재를 후회하기 보다 내일에 대한 소망을 갖고 다짐한다.
⑨ 사람 앞에 보이는 모습보다 하나님께 보이는 모습을 더 생각한다.
⑩ '잘사느냐'보다 '바르게 사는가'에, '무엇을 가졌느냐'보다 '무엇을 나누어 줄 수 있는가'에 대해 더 관심을 갖는다.

샘솟는 복은 부귀(富貴), 다남(多男) 등 물질적 소유나 삼재팔난(三災八難)을 모면하는 소극적 안일함이 아니다. 어려워도 올곧게 사는 것, 온유하고 순결한 것, 마음이 깨끗하고 정직한 것, 정의를 위해 핍박받는 것, 하나님의 뜻에 합하는 것이다(마 5 : 3-12, 시 1편).

3) 자족하는 가정생활

우리는 보잘 것 없는 승리라도 진지하게 받아들여야 한다. 아무리 적은 진전이라도 그것이 올바른 방향을 향하고 있을 때에는 거대한 진전이 된다. 하나님께서는 우리가 얼마나 왔는가에 관심이 있는 것이 아니라 우리가 어디를 향하고 있는가에 관심을 두신다. 우리가 어떠한 진전에도 기뻐해야 할 필요가 있으며, 모든 문제를 해결할 때까지 만족할 수 없다는 태도를 버려야 한다. 우리는 아무리 작은 승리일지라도 자녀의 승리를 기뻐함으로써 자녀에게 보다 인자한 부모가 될 필요가 있다. 이것을 위해서 몇 가지 실제적인 방법을 소개하겠다.

① 무엇보다도 당신을 이해하는 사람들과 함께 자신이 승리할 것을 나누라. 아무리 보잘 것 없는 진전이라도 나누라.

② 친구에게 대하듯 자신을 대하라. 부정적인 자아상을 소유한 사람은 친구들에게보다 자신에게 수천 배는 더 가혹하게 대한다. 그러나 남들에게 하는 것만큼 당신 자신에게도 좋은 친구가 되라.

③ 여러 가지 방법으로 자신을 축하하는 법을 배워라. 축하라는 것이 항상 파티를 열거나 피자를 먹어야 하는 것은 아니다. 우리는 자신에게 한턱 내는 것을 배울 필요가 있다. 우리는 조용한 장소를 찾아 찬송가를 부르거나 승리에 관한 시편 한 구절을 읽을 수도 있을 것이다. 자신의 삶을 긍정적으로 즐길 수 있어야 한다. 만약 우리가 우리 자신의 삶을 즐길 수 없다면 무엇 때문에 다른 사람들이 삶을 즐기도록 도와야 하겠는가? 충족감을 느끼며 사는 데는 수많은 방법들이 있으며, 하나님과 이웃을 위해 봉사하는 것이 중요한 것이다. 그러나 하나님의 창조물 중 하나로 사는 데서 오는 만족감도 있는 것이다. 하나님은 우리에게도 즐겁게 살도록 모든 것을 주셨다.

④ 부부로서 성 관계를 즐기라. 부부라는 테두리를 벗어나지 않으면 얼마든지 즐길수록 좋은 것이다.

⑤ 부부로서 함께 맛있는 음식을 만들어 먹고, 외식을 통하여 음식을 나누며 즐겨라.

⑥ 사랑하는 친구들을 초대해 의미 있는 시간을 즐겨라.

⑦ 가족과 함께 오락과 스포츠를 즐겨라.

⑧ 재미있는 취미활동과 여가선용을 즐겨라.

하나님은 이 모든 것을 우리에게 주셔서 누리게 하셨다.

당신의 가정은 다음 중 어디에 속하는가 생각해 보자.

① 가족들의 표정이 밝고 의사소통이 편안하며 집안에서 웃음소리가 자주 들린다.
② 가족들 사이에 관심을 표현하고 친하며 서로의 필요에 대해 민감한 반응을 보인다.
③ 가족 간에 표정이나 친밀한 대화는 많지 않으나 서로 필요할 때는 말한다.
④ 잔소리나 침묵이 많고 꼭 필요한 일도 서로 나누지 않는다.
⑤ 서로 무시하고 큰소리가 가끔 나며 필요한 일들도 나누지 않는다.
⑥ 서로 의사소통이 막혀 있고 금방이라도 분노가 폭발할 듯 불안하다.
⑦ 서로가 힘으로 물리적 공격을 하며 누군가의 마음, 몸, 물건에 상처를 준다.
⑧ 사는 의미를 느낄 수 없어 함께 사는 것보다 헤어지는 것이 나을 것 같다.
⑨ 위협을 느끼거나 불만을 견딜 수 없어 실제로 집을 나간 적이 있다.

앞으로 갈수록 좋은 가정이요, 뒤로 갈수록 불행한 가정이다.

2. 가정의 정의

하나님은 인류의 최초 가정을 직접 만드셨다. 창조 역사의 소감으로 계속 "보시기에 좋았다"고 했는데 유일하게 "보시기에 좋지 않았다"는 것이 하나 있었다. 바로 아담이 홀로 있는 것이었다. 그래서 돕는 배필(the better half)을 만드셨고, '뼈 중의 뼈, 살 중의 살'로서 서로 적합하고(suitable), 서로 상응하며(corresponding), 서로 감당할 수 있는(adequate) 일심동체가 되게 했다. 남자는 부모를 떠나 아내와 연합하여 둘이 한 몸을 이루었고 그들은 벌거벗었으나 부끄러워하지 않는 유일한 인간관계가 되었다. 아내에 대한 'Honey', 'La bonne'의 호칭을 생각해 보자.

'나라'를 표현할 때 서양에선 'STATE(토지)'로 동양에선 '國家(가정조직의 확대)'로 한다. 서양인은 땅(영토)만 있으면 국가가 되는 것으로 알고, 동양인은 가정조직이 기초가 된다고 생각했다. 동양에선 효(孝)와 충(忠)을 같은 맥락에서 이해한다. '구충신효자지문(求忠臣孝子之門)'이나 군부부형(君父夫兄) 중심사상이 나온 이유이다. '자효쌍친락 가화만사성(子孝雙親樂, 家和萬事成)'도 우리들의 문화를 표현하는 격언이다.

'가정적'이라는 말은 칭찬이다. 어느 인간이든지 평생 소속되는 기초 조직이기 때문이다.

부모 – 자녀(수직적 관계)와 남편 – 아내(수평적 관계)의 십자가 구조가 가정의 기본 모델이다.

가정은 house가 아니라 home이어야 한다. 가정은 사회, 국가의 기본단위이다. 가정이 건실하면 다른 기관이 무너져도 재건이 가능하다. 그러나 가정이 붕괴되거나 와해되면 국가가 발전해도 모래 위의 집처럼 오래 가지 못한다. 박한상 군의 부모는 100억 재산을 모았어도 가정관리에 무능해서 실패한 인생이며, 김성복 교수는 상처받은 인격으로 아버지를 살해했다.

건강한 가정의 15가지 특징을 열거하면 다음과 같다.

① 대화를 나누며 상대방의 말을 경청한다.
② 서로를 인정해 주고 지원해 준다.
③ 서로에 대한 존중을 가르친다.
④ 신뢰감을 발달시킨다.
⑤ 유희감각과 유머감각을 지니고 있다.
⑥ 공동의 책임의식을 발휘한다.
⑦ 옳고 그름에 대한 판단을 가르친다.
⑧ 관습과 전통이 넘치는 강한 가족의식을 발달시킨다.
⑨ 가족 간 조화로운 상호작용을 지닌다.
⑩ 종교적 교제를 함께 나눈다.
⑪ 서로의 사생활을 존중한다.
⑫ 다른 사람에게 봉사하는 것을 가치 있게 여긴다.
⑬ 식탁에서의 대화를 권장한다.
⑭ 휴가시간을 함께 나눈다.
⑮ 문제를 곧바로 인정하고 그 문제에 대한 도움을 구한다.

에드워드 퓨링톤은 행복한 가정의 9개 원리를 ① 체육관(건강한 육체를 길러 주는 곳), ② 등대(인생의 항로를 제시해 주는 곳), ③ 운동장(마음놓고 뛰놀 수 있는 곳), ④ 공장(각자마다 할 일감이 있는 곳), ⑤ 공회당(터놓고 이야기할 수 있는 곳), ⑥ 비밀결사(가정의 비밀을 대외로 공개하지 않는 곳), ⑦ 협동적 동맹(함께 문제를 풀어가는 곳), ⑧ 피난 항구(지친 식구들이 쉴 수 있는 곳), ⑨ 성전(함께 예배를 드리는 곳) 같은 곳이어야 한다고 제시하고 있다. 부부는 알고 살려고 할 때 실패한다. 그냥 믿고 살아야 성공한다.

1) 가정헌장

새로운 세기를 맞으면서 인류는 금빛 찬란한 미래를 꿈꾸고 있다. 그런데 그 꿈의 실현을 위한 터전인 가정은 갈수록 허물어져 가고 있으며, 이로 인해 인류의 미래는 불확실성에서 벗어나지 못하고 있다. 이러한 현실은 가정 제도를 세운 창조자의 창조질서를 거스르는 반생명적 현상이며 나아가 인류문명을 파국으로 이끄는 위기적 징후이다.

이에 가정을 지키고 보전하는 일은 이 시대의 그 어떤 일보다 소중하고 시급한 것이다. 가정은 온 가족이 함께 가꾸어 가는 생활의 보금자리일 뿐만 아니라 궁극적으로 인류문명의 실질적인 산실이기 때문이다. 이런 이유에서 우리는 가정의 중요성, 가정의 존재의의, 가정의 기능, 가정 구성원들의 의무 등을 밝히는 가정헌장을 마련하였다. 이 가정헌장의 정신이 우리 모두의 삶의 나침반이 될 때 이 땅의 가정들이 굳건하게 설 수 있을 것이다.

가 정 헌 장

· 가정은 인간이 태어나서 성장해 나가는 생명의 터전으로 하나님이 창조하셨습니다. 그래서 가정에는 소중한 생명의 터가 마련되어야 하고 그 생명이 올바르게 양육되는 보살핌이 있어야 하며 분명한 성장 목표가 있어야 합니다.

· 가정은 신앙의 출발이자 도달점입니다. 그래서 가정에는 기도 소리와 성경 말씀을 읽는 소리, 그리고 신앙에서 우러나오는 사랑의 행동이 있어야 합니다.

· 가정은 가족을 보호하는 피난처이자 쉼을 제공하는 보금자리입니다. 그래서 가정에는 이해와 용서, 위로와 격려 그리고 일과 헌신이 있어야 합니다.

· 가정은 부모가 모범으로 자녀를 가르치고 양육하는 교육의 현장입니다. 그래서 가정에는 일치된 말과 행동이 있어야 하며, 모든 부모는 자녀에게 신실한 믿음과 올바른 세계관을 심어 주어야 합니다.

· 가정은 부모를 공경하고 부모의 노후를 평안하게 해드리는 효의 실습장입니다. 그래서 가정에서는 자녀를 향한 내리사랑과 부모를 향한 치사랑이 원만하게 교류되어야 합니다.

· 가정은 부부가 서로 존중하고 사랑하며 남편과 아내로서의 의무를 다하는 사랑의 터전입니다. 그래서 가정에서 갈고 닦은 사랑과 이해로 소외된 이웃에게 사랑을 나누는 사랑의 나눔터가 되어야 합니다.

· 가정은 건강한 가정문화를 창조하고 이를 이 땅위의 가정에 보급하는 근원지가 되어야 합니다. 그래서 하나님이 창조하신 가정에는 늘 새로운 꿈과 도전이 있어야 합니다.

(1) 聖스런 家庭

① 결혼을 하기 전에 신체적, 지적, 정서적, 영적으로 성숙한 상태에서 출발되었고 그 상태를 항상 유지하려고 노력하고 있는가? (롬 12 : 1～2)
② 한 남자와 한 여자가 결혼을 통해서 하나된 관계는 일회적인 것이 아니라 영원한 관계임을 알면서 하나님의 뜻이 부부생활 속에 나타나고 있는가? (마 19 : 4～6)
③ 행복한 가정의 목표를 성경 말씀 속에서 세운 후 날마다 기도로 점검하면서 살고 있는가?
④ 사람은 누구나 실수할 수밖에 없다. 잘못을 저지른 후 서로에게 고백하고 함께 하나님 앞에 고백하면서 재기하는 삶을 살고 있는가? (고전 10 : 13)
⑤ 가정을 위해서 누군가 겸손과 자기 희생과 봉사를 통하여 사랑의 순교자적인 삶을 살아 주기만 바라는가, 아니면 내가 그 일을 감당하려고 하는가?

(2) 幸福한 家庭

행복한 가정 그 곳은 순간순간 생기가 넘치는 활력이 있어야 하며, 희망과 기쁨이 가득한 곳이어야 하며, 다음과 같은 변화가 발견되는 곳이 되어야 한다.

· 가정은 아름답고 포근함이 있는 따뜻한 곳
· 왕인 남편과 여왕인 아내와 왕자와 공주가 있는 궁궐
· 근심, 걱정이 치료되는 소문난 병원
· 맛있는 식사를 언제나 거저 먹을 수 있는 멋진 식당
· 실수가 용납되는 인생훈련소

· 건강한 육체가 단련되는 체육관
· 피곤한 몸을 쉬게 하는 특급 호텔
· 각자가 맡은 자기 일거리와 함께 행복을 만들어 가는 행복 조립공장
· 인생 행로에서 옳고 그름의 판단력을 길러 주는 이정표
· 하나님의 자녀들이 모여 기도하는 교회
· 자기의 주장과 다른 사람의 의견을 비교하고 토론하며 결정하는 의사당
· 개인적인 관계에서 알게 된 비밀이 끝까지 지켜지는 고해소
· 모든 것을 배울 수 있는 좋은 학교
· 원하는 것을 구할 수 있는 백화점

이렇게 가정은 완성된 곳이 아니라 완성을 향하여 가는 과정에 있어야 한다. 당신의 가정은 이 역할이 잘 이루어지고 있는가?

(3) 행복한 가정생활의 지혜

① 당신과 나는 이 세상에서 가장 이상적인 부부일 뿐만 아니라 우리 가정처럼 기쁨이 넘치는 가정은 별로 없을 것이라는 만족을 간직하며 산다.

② 가족끼리 만나면 항상 기뻐하고, 모일 때나 흩어져 있을 때나 쉬지 말고 기도하고, 범사에 하나님과 가족 모두에게 감사가 넘치게 한다.

③ 가정 예배는 행복의 문을 여는 천국 열쇠라는 확신을 가지고 밥 먹는 시간이나 잠자는 시간을 전후하여 가족 예배를 드린다.

④ 상대방을 볼 때 항상 장점이라는 안경을 끼고 바라보고 단점은 되도록 기억조차 하지 않는다.

⑤ 하루에 한 가지라도 나는 이 가정을 위해서, 남편과 아내를 위해, 부모를 위해, 자식을 위해서 무엇을 했는가? 그 작은 기쁨의 순간을 적는 행복 일기를 쓴다(온 가족이 한 권에 함께 쓰는 것이 바람직하다).

⑥ 식사 전에 드리는 기도는 가족 중의 한 사람이 대표로 하지만, 끝날 때는 각자가 감사 기도하는 것을 잊지 말고 실천한다.

⑦ 자녀를 꾸짖을 일이 있을 경우에는 다른 가족들이 보는 앞에서 할 것이 아니라 방문을 잠그고 일 대 일로 한다.

⑧ 매월 행복한 가정을 위해서 해야 할 계획을 마련한다(기도 계획, 구매 계획, 축하

계획, 외식 계획 등등).

⑨ 화목한 가정과 친교를 나누기 위해 한 달에 한 번 정도는 다른 가정을 초청하거나 초청받아, 가서 함께 어울리면서 그 가정의 장점을 본받을 수 있는 기회로 삼는다.

⑩ 하루를 살면서 가정에, 부부간에, 자녀와의 관계와 자녀들끼리 부끄러운 일이 있거든 잠자리에 들기 전에 해결하고 들어가게 한다.

2) 남편과 아내의 인간관계

연애는 술 취한 상태, 결혼은 술 깬 아침의 두통, 이혼은 두통 때문에 먹는 아스피린이란 말이 있다. 결혼의 조건으로 A(Age), B(Beauty), C(Condition), D(Degree), E(Economy), F(Faith), G(God)가 합해져야 H(Happiness), I(Ideal), J(Joy)가 가능하게 된다. 이 세상에서 제일 어려운 것은 '대머리에 핀 꽂기'란 말이 있다. 그보다 더 어려운 것이 인간관계요, 인간관계 중 가장 기본적인 것이 부부관계이다. 그래서 배우자를 잘 만나는 것은 가장 확실한 축복이다(잠 31 : 10).

이처럼 부부는 서로 평생 동안 영향을 미치는 인간관계이다.

우리는 결혼대상자를 선정할 때 어떤 것들을 살펴보았으며 우선 순위를 어떻게 결정했는가? 어떤 사람이 가장 큰 영향력을 행사했는가 검토해 보자. 건강, 학벌, 경제력, 성격, 신앙, 연령, 용모, 가문, 애정, 궁합, IQ 중 어떤 것을 기준으로 선택했는가? 결혼 당시와 비교해 지금 어떤 변화가 일어났는가? 그때 기분과 지금의 느낌은 달라지지 않았는가? 살아오는 동안에 이혼을 생각해 본적은 없는가? 다시 태어나 결혼한다면 현재의 배우자인가, 다른 어떤 사람인가? 이런 것은 부질없는 질문 같지만 우리의 결혼생활을 사랑이 샘솟는 가정으로 가꾸고 유지하기 위해서 한 번은 짚어 보고 넘어갈 항목들인 것이다. 남편과 아내가 서로 앉아 커피 한 잔을 나누며 진솔하게 나누어야 할 대화의 소재인 것이다.

· 처음 만났을 때보다 좋아진 점은 무엇인가?
· 결혼 초기에 비해 나빠진 점은 무엇인가?
· 배우자의 어떤 점을 칭찬할 수 있는가?
· 고쳤으면 좋겠다고 느낀 점은 어떤 것인가?
· 고맙게 느끼고 있는 점은 어떤 것인가?

· 배우자한테 어떤 말을 들을 때 가장 기쁘고 행복한가?
· 배우자한테 어떤 말을 들을 때 가장 속상함을 느끼나?
· 배우자의 장점과 단점을 하나씩 지적해 보자.

배우자는 어떻게 보면 영원한 타인일 수 있다. 가장 가깝게 느끼면서도 가깝게 하기에는 너무나 먼 당신일 수도 있다. 그래서 촌수를 따질 수가 없어 '무촌지간'이라고 불렀나보다. 남녀관계는 신비한 것이다. 알다가도 모를 것이 그것이고 상식적으로 그럴 수가 있느냐고 하면서 그럴 수 있는 것이 또한 남녀관계이다.

· 10대의 남녀는 서로가 꿈 속에서 그리며 산다.
· 20대의 남녀는 신이 나서 산다.
· 30대의 남녀는 환멸을 참으면서 산다.
· 40대의 남녀는 체념하고 산다.
· 50대의 남녀는 서로 가엾어서 산다.
· 60대의 남녀는 없어서는 안 되어 산다.
· 70대의 남녀는 고마워서 산다.

나 자신은 어떤 경우에 속하는가 생각해 보자.

부부문제는 영원한 수수께끼 같은 것이다. 한 개인과 가정의 유지에 절대로 중요한 요소이다. 한 예로, '대전생명의 전화'에서 8년간 전화 상담한 총 45,466건을 문제 영역별로 보면 다음과 같다.

① 법률문제(7562건) – 이혼수속(2491), 교통사고(1221), 임대관계(1158), 동성동본(239)
② 부부문제(7294건) – 배우자부정(3602), 폭력(886), 성생활(703)
③ 가족갈등(6057건) – 가족갈등(2720), 자녀교육(1448), 노인문제(401)
④ 남녀문제(5038건) – 연애(1463), 육체관계(1391), 결혼(1012)
⑤ 인생문제(3045건) – 종교(1814), 고독(517), 삶의 의미(435)

부부관계나 가족간 인간관계(부모 – 자녀, 고부간, 동서간, 시누이 – 올케, 형제간)가

인간의 삶에 있어서 얼마나 중요한가를 쉽게 알 수 있다. 남편들은 진정 남의 편(아내편)에 서서 생각하고 처신하는가? 아내들은 진정 안해(집안의 태양)로서 집안 분위기를 위해 자기 기분과 언행을 조심했는가? 그래서 결혼(結婚)을 결혼(結魂)까지로 승화시켰는가? 멍에를 같이 멘 소처럼 방향과 보폭을 공유했는가? 2인 3각 경기하듯 발걸음을 맞추었는가? 컴퍼스의 두 다리같이 상대방의 결점을 나의 결점으로 생각하고 감싸주었는가?

Washington Irving의 「Sketch Book」에서 그려낸 '아내'의 내용 〈굴참나무와 담쟁이 넝쿨〉처럼 살아오고 있는가를 검토해 보자.

남자와 여자는 머리를 길렀거나 젖가슴이 크다든지, 수염이 나거나 골격이 장대한 것 등의 신체적 차이만 있는 것이 아니다. 여러 가지 면에서 서로 다르다. 이 엄연한 차이를 우리는 흔히 망각하고 산다. 남편(아내)도 나와 똑같을 것으로 착각하고 내 입장과 내 기분을 기준으로 하여 말하고 생각하고 처신한다. 그러나 세상에서 이만큼 큰 착각이 또 있을까? 남자와 여자는 공통점보다 차이점이 더 많다. 절대로 같을 수가 없다. 아무리 과학이 발달해도 아무리 여자가 바지를 입고 남자가 머리를 길러도 같아질 수가 없다. 남녀의 차이를 알고 존중하자.

· 남자가 독립적이라면, 여자는 의존적이다.
· 남자가 경쟁적 – 목표지향적이라면, 여자는 수용적 – 동기지향적이다.
· 남자가 공격적이라면, 여자는 양육적이다.
· 남자가 죄의식을 느낄 때, 여자는 수치심을 느낀다.
· 남자가 지배적이고 우월성을 추구할 때, 여자는 복종적이고 열등감을 느낀다.
· 남자가 포괄적이라면, 여자는 작은 일에 세심하게 집착한다.
· 남자가 물건지향일 때, 여자는 사람지향이다.
· 남자는 활동을 함께 함으로 친구가 되지만, 여자는 감정을 함께 나눔으로 친구가 된다.
· 남자는 여성에 대한 매력을 시각과 후각으로 느끼는데, 여자는 남성매력을 청각과 촉각으로 감지한다.
· 남자는 사실에 집착할 때 여자는 느낌에 집착한다.
· 남자가 순발력이 뛰어나다면, 여자는 직관력에서 뛰어나다.

여기에다 동양과 서양, 기성세대와 신세대, 지역 간, 가문 간 또 성장배경이나 개인성격에 따라 차이점은 훨씬 더 커질 수 있다. 그럼에도 불구하고 화이부동(和而不同)할 수 있다. 거문고의 줄처럼 같은 음을 내진 않으나 어울려 질 수 있다. 여기에 결혼의 신비가 존재하는 것이다. 1+1=2가 아니라 1+1=1인 결혼공식이 존재한다. 그래서 서양인들은 배우자를 'the better half'라고 부른다.

Kahlil Gibran의 「예언자」에서도 〈결혼〉에 대해 다음과 같이 언급하고 있다.

서로 사랑하라, 그러나 사랑으로 얽어매지는 말라. 차라리 그대들 영혼의 두 기슭 사이에 출렁이는 바다가 있게 하라. 서로의 잔에 술을 채우되 잔 하나에서 함께 마시지는 말라. 서로가 자신의 빵을 주되 같은 조각을 먹지는 말라. 함께 노래하고 춤추며 즐기되 그대들 각자가 따로 있게 하라. 비록 같은 가락을 울릴지라도 현악기의 줄들이 서로 간섭을 받지 않듯이 그대들의 마음을 주라. 그러나 서로서로 그 마음을 지니려고 하지 말라. 오직 '생명'의 손만이 그대들의 마음을 간직할 수 있나니, 함께 서라. 그러나 너무 가까이는 서 있지 마라. 성전의 기둥들도 서로 떨어져 서는 것이요, 참나무와 삼나무도 서로의 그늘에선 자라지 못하기에.

3. 남녀의 차이

1) 남자와 여자의 차이

Billy Graham은 "남편과 아내는 인격적 가치와 존엄성에서 평등하다. 남자와 여자는 지성적으로나 양심적으로 지위나 특권, 자유나 행복을 누릴 권리에서 평등하다"고 말했다.

원론적인 면에서 남녀는 이와 같이 평등하지만 기능적인 면에서는 불평등하다. 성경에서도 여자(아내)를 '더 연약한 그릇(벧전 3 : 7)'으로 표현했다. 여자는 신체적으로 더 연약하고 남자는 심리적으로 더 연약하다. 둘 다 상처받기 쉬운 약점들이 있다. 따라서 부부관계는 서양적인 대결관계나 동양적인 종속관계를 극복해 신앙적인 보완관계로 유지되어야 할 것이다.

남자와 여자는 신체구조가 다르고, 호르몬도 다르다. 남성호르몬은 안드로겐(androgen)이고, 여성호르몬은 에스트로겐(estrogen)이다. 심리적인 반응도 다르다. 남성이 시각과 후각 지향적인데 반해 여성은 청각과 촉각 지향적이다. 남자는 보고 냄새 맡는 것에 쉽게 영향을 받지만, 여자는 귀로 듣고 몸으로 접촉하는 데 더 민감하다. 남자가 객관적인 사물감각(sense of thing)에서 유능하다면 여자는 인격감각(sense of person)에서 더 발달되어 있다. 예를 들어, 저녁식사 때 아내가 차려준 밥상의 돼지고기 요리를 먹다가 남편이 "여보, 이 고기 어디서 샀어요?"하고 물으면 아내는 즉시 "왜, 맛이 없어요?"라고 응답한다. 객관적인 정보를 묻는 데 주관적 감정으로 응답하는 것이다.

남자는 정의와 객관성의 문제를 중심으로 생활을 구성할 때, 여성은 감정과 애정의 문제를 중심으로 삶을 이끌어 간다. 남자는 성공 지향적이고 공격적이고 지배욕구가 강하다. 또, 남자는 객관적이고 논리적이라 합리적 판단을 하려고 한다. 반면에, 여자는 관계 지향적이라 정서적이고 구체적이며 매사를 직관적이고 인정면에서 판단하려 한다.

남자는 활동이나 운동만 같이 해도 친해질 수 있으나, 여자는 얼굴을 마주 보고 감정을 나누어야 친해질 수 있다. 남자들끼리는 같은 공간에 존재하는 것으로 친해질 수 있으나, 여자들끼리는 마음이 통하지 않으면 가까이 있어도 친해지지 않는다. 남자들이 "골치가 아프다"고 말할 때 여자들은 "가슴이 답답하다"고 말한다.

남자들의 대화 주제는 정치와 스포츠와 사업인데 반해, 여자들의 대화 소재는 반찬거리와 자녀이야기 또는 남편의 건강 문제들이다. 남자는 존경받고 싶어할 때 여자는 보호받고 싶어한다. 남자는 질문을 싫어하나 여자는 질문을 많이 한다. 낯선 곳을 운전하며 찾아갈 때 남자들은 몇 번씩 동네를 돌면서도 혼자 찾아가려 하고, 여자는 몇 번씩 물어가며 쉽게 찾아가려 한다. 남자는 상대방을 이기거나 지배하기 위한 대화를 많이 하는데, 여자는 관계를 맺거나 유지하는 방편으로 대화를 한다.

아내는 어떤 대화를 통해 그냥 공감하고 위로해 주기를 바라는데, 남편은 실제적인 해결책을 제시하려고 애를 쓴다. 그래서 아내는 자기를 이해하지 못하고 가르치려 든다고 불만을 갖는다. 그냥 들어주기만 해도 될 일이었는데 말이다. 남자들은 사실과 정보, 결과를 얻기 위해 대화를 하는데, 여자들은 감정과 자초지종, 과정을 말하기 위해 대화한다.

부부의 성생활에서도 남녀의 차이는 많다. 남자는 충동적이고 짧은 시간에 흥분하기 때문에 냄비 같다고 할 수 있다. 여자는 정서적이고 천천히 흥분하기 때문에 다리미 같다고 한다. 남자들은 성에 대해 말할 때 대개는 실제보다 과장하거나 허풍을 떠는 경우가 많다. 남자는 sex를 목표로 관계를 참아내고, 여자는 관계를 목표로 sex를 참아낸다. 남자는 성적인 사랑을 통해 애정을 확인하나, 여자는 애정을 확인해야 성적인 단계로 발전할 수 있다고 본다.

남자는 객관적이고 인지적인데 반해, 여자는 주관적이고 감정적이다. 남자가 "나는 생각한다. 고로 존재한다"라고 말하면 여자는 "나는 관계를 맺는다. 고로 존재한다"고 말할 것이다. 남자는 "우리"라는 울타리가 없어도 "나"로서 존재하나, 여자는 "우리"가 있어야 비로소 "나"로서 존재한다.

남편들은 성적인 만족을 주는 아내, 여가활동을 함께 해 주는 아내, 매력 있는 여인으로서의 아내, 집안살림을 잘 해 주는 아내, 칭찬을 잘 해 주는 아내를 요구하는데 반해, 아내들은 사랑을 잘 표현하는 남편, 대화상대가 되어 주는 남편, 투명하게 마음을 나누는 남편, 가정이나 자녀에 관심 있는 남편을 요구한다.

바울 선생이 에베소 교회의 교인들에게 쓴 편지 중 남편과 아내들에게 제시한 생활표준(엡 5 : 22-33)을 깊이 연구하자. 아내들이여, 남편들이여 "사람이 부모를 떠나 그 아내와 합하여 그들이 한 육체가 될지니 이 비밀이 크도다. 그러니 아내를 사랑하고, 남편을 경외하라"는 것이다.

남자와 여자는 그 차이점을 이해하고 서로 존중할 때 양성평등의 인간관계가 되는 것이다.

2) 남녀의 나이 계산법

우리나라에는 독특한 남녀의 나이 계산법이 있다. 주역(周易)에 의하면, 여자 나이는 7단위로 계산하고, 남자 나이는 8단위로 계산한다. 물론 여기서의 나이는 어머니 뱃속의 열 달을 한 살로 치는 우리나라 나이다. 출생 이후부터 계산하는 서양식 나이는 태아의 능력을 인정하지 않는 것인데, 현대과학에 의하여 태아도 능력이 있음이 확인되고 그래서 태교를 인정하게 됨에 따라 동양의 나이 계산법이 새로운 의미를 갖게 되었다.

여자 아이는 일곱 살(7×1=7)이 되면 자아가 싹트고 "싫어" 소리를 하게 되니, 이것을 '미운 일곱 살'이라 한다. 이 때부터는 이치에 맞는 말에만 따라오므로 팥을 콩이라 해도 믿는 여섯 살까지의 조기교육을 잘 해야 되며, 따라서 가정교육이 중요하다. 남자 아이는 여덟 살(8×1=8)이 되어야 자아가 싹트고 "싫어"소리를 하므로 어렸을 때는 여자가 조숙하다. 이 나이부터는 말만 안 듣는 것이 아니라 막연하나마 이성에 대한 관심이 생기므로 '남녀칠세부동석(男女七歲不同席)'이라 하여 조심시켰던 것이다.

여자는 평균적으로 열네 살(7×2=14)이 되면 초경이 시작되는데 이것은 아기를 낳을 수 있다는 뜻이므로 초경이 시작되면 어른으로 대접한다. 남자는 열여섯살(8×2=16)이 되면 아버지가 될 수 있는 능력이 생기므로 남녀 모두 육체적 성숙이 이루어진 그 이듬해 음력 정월의 좋은 날을 가려 특별한 예식(관례와 계례, 성인식)을 갖추어 어른 대접을 했던 것이다.

원래 우리 민족은 댕기민족이다. 지금부터 약 110년 전 일제가 단발령으로 머리를 자르게 하기 전까지 수 천년 동안 남녀 모두 댕기머리를 땋고 있다가 육체적 성숙이 이루어지면 머리를 올려서 애와 어른의 구별로 삼았다. 음양사상에서 남자는 남쪽 남자를 좋다 하고, 여자는 북쪽 여자를 좋다(南男北女)고 하는데 얼굴에도 남북이 있어 이마를 남(南), 턱을 북(北)이라 한다. 그러므로 남자는 이마가 잘 생겨야 좋다 하며 머리를 올릴 때도 남자는 이마 위로 올려 상투라 하고, 여자는 머리 뒤로 올려 쪽이라 한다. 상투 위에 모자 쓰는 것을 관례(冠禮)라 하고 쪽에 비녀 지르는 것을 계례(笄禮)라 하며, 남자는 아이 때 입는 사규삼을 벗고 옷을 세 번 갈아입는데 첫 번째는 선비가 평상시에 입는 심의에 복건을 쓰며 두 번째는 선비가 외출할 때 입는 도포에 갓을 쓰며, 세 번째는 과거에 장원급제하면 입게 되는 어사복, 즉 앵삼에 복두를 쓴다.

선비로서 갖추어야 할 옷차림이 끝나면 술을 한 잔 내리고 이름대신 쓰는 자(子)를 지어 주는데 이 때부터는 어른들도 반말을 하지 않고 '하오'나 '하게'를 해서 사춘기 동안 어른 연습을 제대로 시킨다.

여자는 21세(7×3=21)부터 혼인을 해서 아기를 낳게 하고, 남자는 24세(8×3=24)부터 혼인을 하게 한다. 결혼적령기 여자가 28세(7×4=28)가 되도록 초산이 이루어지지 않으면 노산이라 하는데 이런 경우 의술이 발달되지 않은 때라 아기를 낳다가 잘못되는 수가 있으므로 노산을 꺼렸으며, 남자의 경우는 32세(8×4=32)가 넘어야 결혼이 늦는다고 하였다.

여자는 35세(7×5=35)가 되면 자기 몸의 어느 구석엔가 흰털이 난다 하여 육체적으로 쇠하기 시작함을 뜻했으며, 남자의 경우는 40세(8×5=40)가 되어야 흰털이 나서 성생리상 남자가 늦게 늙기 때문에 여자를 몇 살 아래로 해서 혼인을 했던 것이다. 여자는 42세(7×6=42)가 되면 늙는 것을 자각하게 되는데 남자는 48세(8×6=48)가 되어야 늙는 것을 느끼기 때문에 젊어서 밖으로 돌던 남편들도 50이 되면 가정 중심으로 돌아온다고 했다.

여자는 49세(7×7=49)가 되면 폐경이 되어 갱년기가 시작된다. 이 때에는 안면홍조증, 요실금, 정서적 허무감, 골다공증 등의 신체변화가 생긴다. 그래서 50이 넘어 아기를 낳는 일은 거의 없다. 그러나 남자는 64세(8×8=64)까지 아기를 낳을 수 있다고 한다.

간혹 70세에도 아기를 낳을 수 있는 경우가 있다. 그래서 남자는 56세(8×7=56)가 되어야 육체적으로 쇠하는 것을 확실히 자각하게 된다고 한다.

이처럼 남녀간 생애주기와 건강곡선이 다르기 때문에 서로 상대방의 형편을 잘 이해해야 한다.

3) 남자와 여자의 미묘한 차이

- 여자는 싼 것이면 필요가 없어도 사고, 남자는 필요한 것이면 빚을 내서라도 산다.
- 여자는 자칫 취미에 빠져들기 쉽고, 남자는 취미를 즐기는 데 그친다.
- 여자는 젊었을 때의 자기 자신을 과시하면서 즐기고, 남자는 오히려 부끄러워하는 경향이 있다.
- 여자는 언제나 젊게 보이고 싶어하는데, 남자는 나이 들어 보이고 싶어한다(노인은 제외).
- 여자는 많은 사람들 앞에서도 눈물을 흘리지만, 남자는 사람이 없는 곳에서 운다.
- 여자는 옆집에서 오디오를 샀기 때문에 사고, 남자는 옆집에 오디오가 없기 때문에 산다.
- 여자는 어떤 행동을 하기 전에 핑계를 생각하고, 남자는 행동을 한 뒤에 합리화시키려고 애쓴다.
- 여자는 관심이 있는 것에 무관심한 척하지만, 남자는 즉각 손을 내미는 경향이 있다.
- 여자는 욕구불만을 채우기 위해 먹을 때가 많고, 남자는 배를 채우기 위해서 먹는다.
- 여자는 사람들이 많은 관광지에 가려 하고, 남자는 인적이 드문 곳에 가려고 한다.
- 여자는 눈앞의 이득에 솔깃해지고, 남자는 장래의 이득을 생각한다.
- 여자는 사랑에서 증거를 원하고, 남자는 구체적 물질이나 사랑의 말이 없어도 통한다고 생각한다.
- 여자는 이따금 약자를 두드리는 데에 쾌감을 느끼고, 남자는 강자를 두들겨 주는 데에 쾌감을 느낀다.
- 여자는 분위기로 음식점을 고르고, 남자는 맛으로 고른다.
- 여자는 자기가 한가하다는 데서 엘리트 의식을 느끼고, 남자는 바쁘다는 데서 엘리트 의식을 느낀다.

- 여자는 자기의 실수를 눈물로 얼버무리고, 남자는 실수를 웃음으로 넘기려고 한다.
- 여자는 사랑의 증거로 남자에게 애착을 느끼지만, 남자는 그와 같은 사랑의 증거로 열이 식는다.
- 남자는 자기 비밀보다 남의 비밀을 잘 지키지만, 여자는 남의 비밀보다 자기의 비밀을 더 잘 지킨다.
- 남자는 자기를 사랑해 주지 않았던 여자에 대해 격앙하지만 곧 포기해 버린다. 여자는 버림받으면 그렇게 떠들지는 않지만 오랫동안 위로될 수 없는 생각을 가슴에 안는다.
- 여성은 연애에 있어서 대개의 남성보다도 철저하나 우정에 있어서는 남자가 여자보다 뛰어나다.
- 마음에도 없는 것을 말하는 것은 여자에게 있어서 그다지 힘든 일이 아니며, 마음먹은 것을 말하는 것은 남자에게 있어서 그다지 힘든 일이 아니다.
- 남자는 미워하는 것을 알고 있다. 여자는 싫어하는 것밖에 모른다.
- 남자는 개개의 여자에 대해서 여자이기 때문에 사랑하지만, 여자 쪽에서는 개인으로서의 남자, 즉 유일하고 특별한 사람밖에는 사랑하지 않는다.
- 남자는 자기가 존경하는 인간을 그리워하고, 여자는 자기가 존경하는 사람만을 사랑한다.
- 남자는 늘 여자의 첫째 애인이 되고 싶어하고, 여자는 남자의 마지막 애인이 되고 싶어한다.
- 남자는 사랑을 사랑하는 데서 시작하여 여자를 사랑하는 것으로 끝나고, 여자는 남자를 사랑하는 데서 시작하여 사랑을 사랑하는 것으로 끝난다.
- 여자는 자기를 웃긴 남자 이외에는 거의 생각해 내지 않고, 남자는 자기를 울린 여자 이외에는 생각해 내지 않는다.
- 남자는 구하지 않아도 연애를 찾아내지만, 여자는 때때로 연애를 찾아 헤매지만 발견하지 못한다.
- 남자는 사랑을 받고 있는 줄 알면 기뻐하지만, 그렇다고 번번이 "나는 당신을 사랑합니다"라는 말을 듣는 날엔 진절머리를 내고 만다. 여자는 날마다 "당신을 사랑합니다"라는 말을 듣지 못하면 혹 남자의 마음이 변하지는 않았나 하고 의심을 갖는다.
- 사랑은 남자에게는 소나기 같은 것이지만, 여자에게는 죽음이나 삶 둘 중의 하나이다.
- 여자는 실패담을 좋아하고, 남자는 성공담을 좋아한다.
- 여자는 선수를 보기 위해 스포츠를 구경하고, 남자는 경기를 보기 위해 스포츠를 구경한다.

· 여자는 행동하기 전에 핑계를 생각하고, 남자는 행동한 후에 손해 본 것을 맞추려 한다.
· 여자는 떼를 지으며 지내는 속에서 안심하고, 남자는 홀로 있게 되었을 때 한숨 돌린다.
· 여자는 남자를 사랑하게 되면 거짓말을 하고, 남자는 사랑하지 않게 된 여자에게 거짓말을 한다.
· 여자는 남성상(男性像)을 미리 정하고, 남자는 첫눈에 반한 여자가 이상형이 된다.
· 여자는 상대방의 행동에 속고, 남자는 상대방의 칭찬하는 말에 속는다.
· 남자는 추상적인 것을 찾고, 여자는 구체적인 것을 찾는다.
· 여자는 남자 앞에서 알 수 없는 여자임을 가장하고, 남자는 여자 앞에서 자기 신분이 뚜렷한 것임을 강조한다.
· 여자는 일단 친해지면 무엇이든 얘기할 수 있는 사이가 되고 싶어하고, 남자는 얘기하지 않아도 알 수 있는 사이가 되고 싶어한다.
· 여자는 미남에 몰리고, 남자는 미녀를 경원한다.
· 여자는 구제받기 어려운 남자에게 반하고, 남자는 괜찮은 여자에게 반한다.
· 여자는 대화를 즐기고, 남자는 대화로 배운다.
· 여자는 곁에 앉아 설득할 때 약하고, 남자는 정면으로 설득할 때 약하다.
· 여자는 타인의 얘기를 마음으로 듣고, 남자는 머리로 듣는다.
· 여자는 실행하기 전에 말하고, 남자는 말하기 전에 실행한다.
· 여자는 자신의 가치를 높이려고 보석을 지니고, 남자는 하나의 재산으로 보석을 지닌다.
· 여자는 사랑을 위해 지혜를 잃어버리지만, 남자는 사랑을 위해 지혜를 짜낸다.
· 여성은 직장에서 좋은 인간관계를 찾고, 남자는 일하는 보람과 좋은 대우를 바란다.
· 여자는 키스할 때 마음을 찾고, 남자는 성적 자극을 찾는다.
· 여성은 경험을 숨기려고 하고, 남자는 미경험을 숨긴다.
· 남자는 이성으로 감성을 파괴하고, 여자는 감성으로 이성을 흐리게 한다.
· 미래가 없는 남자는 과거도 볼 것이 없고, 과거가 많은 여자는 미래에 볼 것이 없다.
· 남자는 신체에 이끌리지만, 여자는 분위기에 이끌린다.
· 여자는 악마가 기른 천사이고, 남자는 천사가 기른 악마이다.
· 남자는 아무도 사랑해 보지 않은 여자를 사랑해 보고 싶어하고 여자는 모든 여자들이

선망의 눈길로 보내는 남자와 사랑해 보고 싶어한다.

· 남성의 성감대는 중앙집권적이고(성기중심), 여성의 성감대는 지방분권적이다.
· 남자는 실속이 없이 곧 죽어도 큰소리치는 귀여운 존재이고, 여자는 실속도 없이 자존심만 세우는 허영에 넘치는 존재이다.
· 남자는 의리에 약하고, 여자는 칭찬에 약하다.
· 남성은 쉽게 웃지만 울기는 어렵고, 여성은 쉽게 울지만 진심이 아니면 웃지 않는 경향이 있다.
· 여자는 더 사랑해 주는 남자에게, 남자는 더 잘 존중해 주는 여자에게 끌린다.
· 남성의 오르가즘은 1회 섹스에 1회 뿐이지만, 여성의 오르가즘은 1회 섹스에서도 1회 이상 느낄 수 있다.
· 남자는 집을 만들고, 여자는 가정을 만든다.
· 남자의 동정은 남자나 여자 모두 대수롭게 생각하지 않지만, 여자의 순결은 여자보다 남자가 더 소중하게 생각한다.
· 여자의 판단력은 가슴에서 위로 올라가지 않지만, 남자의 판단력은 그 이상 올라간다.
· 여자는 다시 태어난다면 남자로 태어나고 싶다는 사람이 많지만, 남자는 여자로 태어나고 싶다는 사람이 없다.
· 여자는 남자와 결혼하지만, 남자는 일과 결혼한다.
· 어머니는 20년을 걸쳐 소년을 사나이로 만드는데, 한 여자는 20분이면 남자를 바보로 만든다.

4. 부부관계의 실제

1) 부부 싸움의 요령

(1) 두 사람이 동시에 화를 내지 말라.

던지는 사람이 있으면 받는 사람이 있어야 한다. 두 사람이 동시에 던지면 받을 손이 없다. 화를 내야 할 경우라면 교대로 하라.

(2) 집에 불이 났을 때 이외에는 고함을 지르지 말라.

음성은 둘이 모일 때 점점 커지는 버릇이 있다. 저쪽에서 소프라노로 나오면 베이스로 화음을, 테너로 나오면 낮은 엘토로 하모니를 내라.

(3) 눈이 있어도 흠은 보지 말며, 입이 있어도 실수를 말하지 말라.

상대방의 장점을 보고 결혼한 사람보다 자기와 비슷한 단점을 발견하고 결혼한 사람이 지혜롭다. 사랑의 안경으로 보면 흠은 매력이며 실수도 구수하다.

(4) 아내나 남편을 다른 사람과 비교하지 말라.

아내를 어머니와 비교해 생각한다든지 남편을 친정 아버지나 오빠와 비교해 보는 것은 아직 어른이 되지 못한 증거이다. 결혼 전의 이성친구와 비교해 보는 것은 유령을 끌어들여 자멸을 원하는 것과 같다. 가정에서 내 남편, 내 아내가 최고라는 긍지를 갖고 살라.

(5) 아픈 곳을 긁지 말라.

한 번에 한 가지 주제만 갖고 싸우라. 기왕 긁으려면 가려운 곳을 긁어라. 상처는 싸매 주는 것이지 바악박 긁는 것이 아니다. 함께 산다는 것은 등 뒤의 가려운 곳을 긁어 주고 아픈 상처를 감싸 주는 관계이다.

(6) 분을 품고 침실에 들지 말라.

싸우다가 밖으로 나가지 말라. 분은 하루를 넘기면 이틀을 가고 이틀을 넘기면 나흘간 지속하는 기하급수적 성격이 있다. 확대를 막는 비결은 그 날 잠들기 전에 푸는 것이다.

(7) 처음 사랑을 잊지 말라.

물리적 행동이나 위협을 삼가라. 연애 시절 혹은 결혼 초기의 로맨틱한 기분과 달콤한 일들을 가끔 회상하는 것이 애정생활 지속의 묘약이 된다. 결혼식을 마치는 목사의 축도는 이제 로맨스가 끝났다는 뜻이 아니라 로맨스가 영원히 머물러 있기를 비는 기원이다.

(8) 결코 단념하지 말라.

너무 가열되면 일정기간 생각한 다음 다시 다루어라. “부부싸움은 칼로 물 베기”란 우리 속담을 생각하라. 큰 것 같아도 지극히 작은 것이 부부의 불화이다. 복잡하게 얽힌 것 같아도 쉽게 풀어지는 것이 부부의 사이이다. 내가 먼저 풀려고 하면 뜻밖에 실마리가 빨리 풀린다. 기다리는 것은 금물, 먼저 웃고 손을 내밀자.

(9) 숨기지 말라.

자녀들이 안 보는 데서 싸워라. 부부 사이에 숨기는 것이 얼마나 되느냐 하는 것이 애정의 척도이다. 숨기는 것은 버릇이 된다. 나중에는 별 것 아닌 것까지 비밀에 붙였다가 불씨를 만든다. 부부는 서로 진솔하고 신뢰성이 있어야 한다. 다른 주머니를 차는 것도 숨김의 하나이다.

(10) 본래의 중매자를 따돌리지 말라.

남자와 여자를 짝지어 주신 이는 하나님이시다. 가정에는 부부 이외에 또 한 사람 창조자 하나님이 계신다. 부부를 간섭하려는 것이 아니라 사랑의 중개인 역할을 하신다. 그분을 따돌릴 때 애정의 반석에 금이 가기 시작한다. 그렇기 때문에 부부는 즐거울 때나 괴로울 때나 함께 손을 잡고 기도하는 믿음의 가정을 만들어야 행복이 샘솟는다.

2) 부부싸움 10계명

① 충돌을 침묵으로 피하지 말아야 한다. 남편과 아내는 침묵이 최소한의 고통을

주기 때문에 침묵한다. 어쩌면 과거에 상대방이 잘 들어주지 않아서 침묵할 수도 있다. 그러나 상대방이 용납하고 위협하지 않는다면 침묵한 사람은 말을 하기 시작할 것이고 대화는 성립될 수 있다.

② 감정은 쌓아 두지 않아야 한다. 우리의 감정은 올바른 방법으로 표현되어야 한다.

③ 가능하면 부부싸움할 장소를 미리 정해 두어야 한다.

④ 문제를 이야기하고 상대방의 인격을 공격하지 않아야 한다.

⑤ 배우자에게 감정을 폭발하지 말아야 한다. 자신이 상대방을 통해서 무엇을 느꼈는지를 정확하게 이해하고 그것을 명백하게 표현할 수 있어야 한다.

⑥ 문제를 다루어야 한다.

⑦ 해결책을 말해야 한다.

⑧ 상대방을 비판하지 말아야 한다.

⑨ 농담과 유머를 구별해야 한다.

⑩ 마지막으로 상대방에게 잘못했을 때는 그것을 인정하고 용서를 구해야 한다.

3) 부부싸움의 10가지 유의사항

① 부부싸움을 할 때는 시간과 장소를 정해야 한다. 두 사람이 합의할 수 있는 시간과 장소를 약속해야 한다.

② 부부싸움을 할 때 싸우게 된 현재의 문제만 가지고 싸워야 한다. 그래서 부부가 미리 정해야 한다. 싸우더라도 싸우게 된 그 문제만 가지고 싸우며, 어떤 경우라도 서로의 인격을 건드리지 않겠다고 결심해야 한다. 절대로 옛날에 잘못한 것은 꺼내지 말아야 한다. 중요한 것은 현재 지금이 중요하다. 지나간 과거를 다시 떠오르게 할 필요는 없다. 그러므로 현명하게 현재 당면한 문제만 가지고 이야기해야 한다. 부부싸움을 할 때 가장 치사한 것은 나이를 가지고 따지는 것과 학벌을 가지고 따지는 것과 돈을 가지고 따지는 것이다. 이것이 부부싸움의 원리이다.

③ 부부싸움을 할 때는 진짜 문제가 무엇인지 진술해야 한다. 나를 기분 나쁘게 한 행동이 무엇이며, 그 행동으로 말미암아 나의 감정이 어떻게 변했으며 그것이 어떻게 나에게 영향을 미치고 있는지를 분명히 말해야 한다. 문제가 무엇인지 분명히 노출시켜야 한다.

④ 부부싸움을 할 때에는 '나'라는 진술문을 사용해야 한다. '너'라는 진술문은 상대방을 판단하고 정죄하는 식의 진술이 되기 때문이다.

'나'라는 진술문은 우리의 입장을 중립적으로, 비판단적으로 합리적으로 진술하는 것이다. '당신이 며칠째 늦게 들어오니까 불안하기도 하고 나는 버림받은 기분이 들어요'라고 말하는 것이다.

⑤ 부부싸움을 할 때에는 솔직한 감정을 표현해야 한다. 우리는 좋은 감정과 나쁜 감정이 있다고 가르침을 받았기 때문에 이것은 쉬운 일이 아니다. 사실 감정은 비윤리적인 것이다.

느낌은 느낌이다. 사실을 보고하는 것이 중요하다. "그런, 즉 거짓을 버리고 각각 그 이웃으로 더불어 참된 것을 말하라. 이는 우리가 서로 지체가 됨이니라(엡 4 : 25)."

⑥ 부부싸움을 할 때에는 경청해야 한다. 경청한다는 것은 상대방의 생각과 감정이 어떠한가를 발견하기 위해 관심을 기울인다는 뜻이다.

⑦ 부부싸움을 할 때에는 과거를 들추지 말아야 한다.

⑧ 부부싸움을 할 때에는 정정당당하게 싸워야 한다. 여자는 입으로 싸우는데 남자가 주먹으로 맞서는 것은 유치하고 비겁한 일이다. 상대방의 부모, 인격, 신앙 같은 일신상의 일을 거론하지 말아야 한다. 그것은 급소를 때리는 것이나 다를 것이 없다. 가능하면 손을 마주 잡고 눈을 들여다 보고 싸워야 한다. 그러면 싸움은 곧 끝나게 되어 있다.

⑨ 부부싸움을 할 때에는 침착함을 잃지 말아야 한다. 만일 갈등이 싸움으로 치닫는 것 같으면, 휴전을 선언하는 것이 좋다. 서로 합의한 시간까지 연기하는 것이다.

⑩ 부부싸움을 하더라도 절대로 따로 자지 말아야 한다. 싸움에 시작이 있으면 끝이 있어야 한다. 특히 남자가 싸움의 끝을 책임져야 한다. '여보, 내가 잘못했어' 하면서 남자가 먼저 사과해야 한다. 바람직한 부부싸움을 위한 지침이 있다. 결코 비교하지 말아야 한다. 결코 정죄하지 말아야 한다('당신 나쁜 사람이야'). 결코 명령하지 말아야 한다('당신은 이것만은 바꾸어야 해'). '한 번만 더 하면 그냥 두지 않겠어'라고 위협하지 말아야 한다. 동시에 두 사람이 말하지 않아야 한다. 법정에서는 결코 두 사람이 동시에 이야기하지 않는다. 상대방의 말을 가로채거나 끼어들지 말아야 한다.

4) 아내에게 사랑받는 방법

① 아내가 좋아할 일을 하루에 한 가지씩 생각해 보라.

② 꽃을 찾아다니는 나비가 되지 말라. 계속 추구하는 남자는 다 망한다.
③ 아내의 실수는 단 둘이 있을 때 충고하되, 침실에 들어갈 때는 절대 하지 말라.
④ 아내의 인격을 존중해 주어라. 더욱이 자녀 앞에서!
⑤ 아내를 다른 사람 앞에서 여편네, 밥쟁이 등으로 부르지 말라.
⑥ 아내의 등급은 남편이 만든다(마누라, 여편네, 사모님, 부인)
⑦ 당신의 아내를 세계 최고의 미녀로 만들어라. 당신은 미녀와 살 것이다.
⑧ 아내의 마음에 상처를 주는 농담이나 행동을 삼가라.
⑨ 아내를 하루에 한 번이라도 칭찬해 주라.
⑩ 아내의 등을 토닥거려 주며 "수고했다"라고 귓속말을 해 주라.
⑪ 아내가 해 주길 바라지 말고 스스로 먼저 해 보라.
⑫ 아내에게 즐겁고 보람있는 이야기를 해 주라.
⑬ 아내의 나쁜 점 보다는 좋은 점을 보도록 노력하라.
⑭ 건강한 남편이 되라. 건강이 있는 곳에 행복이 있다.
⑮ 술, 담배를 줄이고 그 돈을 가정 행복에 사용하라.
⑯ 아내가 살찌거나 야위는 것은 남편인 당신의 책임이다.
⑰ 아내에게 폭력을 행사하지 말라. 미련한 자가 폭력을 쓰는 것이다.
⑱ 바깥에서의 일은 집에 가지고 가지 말라. 집은 당신의 성역이다.
⑲ 아내를 깊이 사랑해 주라. 여자는 사랑을 받고 싶어한다.
⑳ 아내가 기다린다. 늦을 것 같으면 사전에 연락해 주라.
㉑ 절대 비교하지 말라. 못난 이는 일평생 비교하다가 불행한 일생을 마친다.
㉒ 신앙생활을 하라. 신앙생활은 행복의 지름길이다.
㉓ 당신이 갖고 있는 것은 아내의 것이다. 아내한테 있는 것은 당신의 것이다. 아무 곳에나 엉뚱한 데 사용하지 말라.
㉔ 일생 동안 아내를 사랑하고 아내를 위해서 건강을 사용하라.
㉕ 여자는 모든 면에 연약하므로 난폭하게 다루지 말라. 여자는 사랑과 분위기에 약하므로 사랑과 분위기를 적절히 사용하라.
㉖ 아내의 개성과 위치를 존중해 주고 키워 주도록 하라.
㉗ 가정에서 난폭한 독재자가 되지 말라. 말로가 불쌍해진다.
㉘ 아내가 없을 경우를 생각해 보라. 앞이 캄캄할 것이다.
㉙ 아내를 위하여 당신의 일생을 바쳤다고 해서 아무도 당신을 비웃지 않는다.
㉚ 날마다 마치 최후의 순간이 찾아온 것처럼 생각하라. 그리고 따뜻한 키스를 해

주라. 가끔 안아 주라.
㉛ 외식이나 등산을 1년에 몇 번이라도 계획해 보아라.
㉜ 결혼기념일과 아내의 생일을 잊지 말라. 5,000원 짜리라도 좋다.
㉝ 가정경제는 아내가 맡게 하여 보람을 갖게 하라.
㉞ 대화의 시간을 가지라. 대화가 없으면 가정 분규가 일어난다.
㉟ 완전주의를 버려라. 세상에 당신 마음에 100% 맞는 사람은 존재하지 않는다.
㊱ 너무 예리하게 살지 말고 따뜻한 남편이 되라.
㊲ 아내가 만든 음식에 감사하라.
㊳ 살림살이는 아내에게 일임하여 주관하게 하라.
㊴ 아내의 취미를 존중하고 그 취미를 키워 주라.
㊵ 집안의 의식주를 책임질 수 있어야 한다.
㊶ 외도가 없어야 한다.

5) 남편에게 사랑받는 방법

① 남편이 물건을 사다주면 고맙다는 인사를 할 줄 알라.
② 남편이 흥분했을 때는 맞서지 말라. 동시에 화를 내면 끝장이다.
③ 남편의 실수에 대한 충고는 아무 때나 하지 말라.
④ 남의 남편과 자기의 남편을 비교하여 말하지 말라.
⑤ 남편보다 더욱 시댁을 위하라. 훌륭한 며느리가 훌륭한 아내다.
⑥ 남편 앞에서 친정오빠나 아버지 자랑을 하지 말라.
⑦ 남편이 밤늦게 돌아오면 불을 켜고 기다려라.
⑧ 남편의 의복에 때가 묻은 것은 아내의 책임이다.
⑨ 남편을 즐겁게 할 일을 항상 생각하라. 남편을 위로해 주라.
⑩ 남편의 좋은 점을 자주 칭찬해 주라. 남편에게 용기를 북돋아 주라.
⑪ 부지런하라. 일찍 일어나라, 근면은 여자의 미덕이다.
⑫ 남편의 시중은 아내인 당신이 직접하라. 최고의 멋진 여비서처럼!
⑬ 음식준비에 정성을 기울이고 남편 건강에 최대한 신경을 써라.
⑭ 남편이 남에게 자랑스럽게 보일만한 것을 사주라.
⑮ 가정이 어려울 때 짜증내지 말고 도리어 어진 아내가 되라.

⑯ 남편이 손님을 데리고 왔을 때는 위신을 세워 주어라.
⑰ 가정의 분위기를 항상 밝게 만들라. 여자의 상냥함이 최대의 멋이다.
⑱ 이발소 아가씨보다 더 멋진 안마를 할 줄 아는 아내가 되라.
⑲ 부정한 수입을 경계하라. 아내의 허영이 남편을 망친다.
⑳ 여자는 여자다워야 사랑을 받는다. 여자가 남자다우면 안 된다.
㉑ 남편에게 애정이 담긴 눈길을 보내라. 남편의 관심을 뺏기지 말라.
㉒ 여자의 지나친 결백성은 병이다. 약간의 비밀은 매력 포인트다.
㉓ 남편이 피곤할 때 남편의 발을 씻어 주라. 발은 피로회복의 지름길이다.
㉔ 남편의 잘못에 대하여 관대하게 대하라.
㉕ 원만한 부부생활은 서로의 인격을 존중하는 데서 싹튼다.
㉖ 남편을 성공시키는 천재가 되라. 바보 온달도 부인 때문에 성공했다.
㉗ 잘 사는 이웃을 부러워하지 말라.
㉘ 즐거운 대화는 길게 하고 언짢은 이야기는 짧게 끝내라.
㉙ 식탁에서는 남편이 평소 듣지 못했던 뉴스나 정보를 전해 주라.
㉚ 남편을 위해 간절히 기도할 줄 아는 아내가 되라.
㉛ 당신 나름대로 특별한 특기를 가져라(운전, 매듭, 예능).
㉜ 남편 앞에서 최대의 섹시함을 보여라. 매력을 지녀라.
㉝ 남편이 요구할 때 특별한 경우를 제외하고는 최대의 쾌락을 즐겨라. 그것은 두 사람만의 특권이다.
㉞ 못난 이는 남의 집 행복만 보는 것이다. 당신 가정에 행복의 샘을 파라.
㉟ 출퇴근할 때 반드시 배웅을 해 주라. 누구도 욕하지 않는다.
㊱ 남편은 가정의 왕이다. 행복한 가정을 원하거든 하루 빨리 왕위쟁탈전을 끝내라. 왕이 있어야 왕후가 있다.
㊲ 아내는 자신과 가정을 꾸미는 재치와 아이디어를 가져야 한다.
㊳ 남들 앞에서 남편의 결점을 늘어놓거나 지나친 자랑을 하지 말라.
㊴ 남편에게 할 말이 있을 때는 먼저 남편의 심리 상태를 파악하라.
㊵ 중요한 가정문제를 결정할 때에는 남편의 의사를 최대한 존중하라.
㊶ 남편의 수입에 맞춰 규모 있게 살림을 꾸리고, 월말에 그 달 수지결산을 알려 주라.

6) 남편의 자기평가 항목

송길원 목사의 「행복의 수레바퀴」를 중심으로 요약하여 소개하려고 한다.

① 이름은 곧 인격이다. 나는 아내의 이름을 다정하게 불러 주는가?

② 부부란 마주 보면 한없이 가까운 사이지만 돌아 누우면 지구를 한 바퀴 돌아와야 만난다. 나는 잠자리에서 너무 쉽게 등을 돌려 잠들지 않는가?

③ 아내에게도 배움을 통한 성장의 기회를 주는가? 세상에서 가장 심각한 두뇌 유출처는 부엌 개수대다. 수많은 여성들의 기지와 꿈과 재능이 개수대를 통해 흘러 나가고 있다.

④ 속옷이나 양말을 뒤집어 놓지 않는가? 당신의 아내는 노예가 아니라 신부여야 한다. 아내의 가사노동을 덜어줄 줄 아는 이가 참된 신사다.

⑤ 실망했다는 말을 너무 쉽게 쏟아 놓지는 않는가? 메아리쳐 돌아오는 것은 한숨밖에 없다.

⑥ 자신의 기호식품(술, 담배 등)을 가족들도 좋아할 것이라는 착각에 빠져 있지는 않는가? 가족들마다 기호식품은 다를 수 있다.

⑦ 한 마디 따뜻한 말이면 삼동(三冬)을 훈훈하게 할 수 있다. 아내에게 "고맙다"고 말해 준 적이 있는가?

⑧ 아내의 신체적 약점을 꼬집어 놀려 대지는 않는가? 입술의 30초가 가슴의 30년이 된다.

⑨ 직장(회사)일을 핑계삼거나 거짓말로 상가집 가출(?)을 시도하지 않는가? 거짓은 반드시 불신이란 열매를 맺는다.

⑩ 자꾸만 과거를 캐묻지 않는가? 과거 캐묻기는 자살행위나 마찬가지다.

⑪ 아내에게 화장품을 사준 적이 있는가? 가장 좋은 화장품은 애정표 화장품이다.

⑫ 하루 중 아내와 눈을 한 번이라도 맞추어 보았는가? 눈길을 주지 않는 동안 아내의 마음은 메말라 간다.

⑬ 아내에게도 사생활이 있다는 것을 인정해 주었는가? 가장 기분 나쁜 말은 "어디 싸돌아 다녔느냐?"는 말이다.

⑭ 결혼이란 처음에는 얼굴을 보고 만났다가 나중에는 소리가 들리고 마지막 남는 것은 마음이라고 한다. 나는 아내의 마음을 읽어 주고 있는가?

⑮ "당신 고마워", "다 당신 덕분이야" 이 한 마디를 던져 보았는가? 생명의 잉태는

말 한 마디로 시작된다.

⑯ 잘못했음을 알게 되었을 때 "미안해"라고 사과했는가? 초라한 승리자보다 떳떳한 패배자가 되어라.

⑰ 아내의 감정을 다치게 하는 침실 폭력은 없었는가?

⑱ 아빠가 자녀들에게 줄 수 있는 최고의 선물은 그 자녀들의 어머니를 사랑하는 것이다. 출퇴근 때 아내를 껴안아 주었는가?

⑲ 아무것도 겨냥하지 않으면 아무것도 명중시킬 수 없다. 나는 가족들에게 명확한 목표를 제시해 주었는가?

⑳ 일어나자마자 이불을 개켜 주었는가? 예수님도 부활하자마자 자신을 덮었던 수건을 개켜 놓고 나오셨다.

㉑ 식사시간에 신문을 펴들고 있지는 않는가? 가려진 얼굴 속에서 읽혀지는 것은 절망밖에 없다.

㉒ 아내가 가장 듣기 좋아하는 말은 "내가 다시 태어나도 당신을 선택할 수밖에 없어"란 한 마디다. 아내한테 사랑을 확인시켜 주며 사는가?

㉓ 아내가 아플 때 약을 사다 주며 어루만져 주었는가? 마음이 말하지 않으면 몸이 말한다. 몸이 말하지 않으면 위장이 점수를 매긴다.

㉔ 처가에도 시댁과 같이 용돈을 주거나 똑같은 비율로 안부를 묻는가? 처가가 무시될 때 아내는 한없는 절망을 되씹는다.

㉕ 외출할 때 화장할 시간을 배려해 주었는가? 바로 그 시간이 당신의 인내와 사랑이 테스트되는 순간이다.

㉖ 아내한테 별도의 품위 유지비를 지출해 보았는가? 조그마한 사업체에도 기밀비가 있고 판공비가 있는 법이다.

㉗ 아내는 매달 한 번씩 홍두깨비 마술에 걸린다. 바로 그 날을 알고 있으며, 그런 날 부엌에 들어가 물장구(설거지)를 치는 여유를 보였는가?

㉘ 가만히 누워 잔심부름(물, 신문 등)을 시키지는 않았는가? 아내는 당신의 비서가 아니다.

㉙ TV 채널권을 독점하지는 않는가? 작은 배려가 사람을 감동시킨다.

㉚ 밥숟갈을 놓고 먼저 일어서 버리지는 않는가? 가장 외로운 여자란 버림받은 여자가 아니라 식탁에 내팽개쳐진 여자다.

㉛ 예고 없이 손님을 데리고 들어와 아내를 당황케 하지는 않는가? 준비 없이 맞는 손님은 뒤꼭지까지 미워지는 법이다.

㉜ 아내는 가장 좋은 사업의 동반자와 같다. 의논 없이 독단적으로 결정 내리고 일방적인 통보를 하지는 않는가?

㉝ 결혼기념일, 생일 등을 기억해 주었는가? 아내에게 있어 결혼기념일이나 생일 등은 곧 생존의 의미와 같다.

㉞ 가정은 쉼터지 일터가 아니다. 집에 들어와서까지 직장일을 연장시켜 놓지는 않는가?

㉟ 아내는 총알받이가 아니다. 곤란한 일을 아내한테 미루어 희생양을 삼지는 않는가?

㊱ 돈은 애정의 표시가 된다. 아내의 가계부를 훔쳐보거나 감사하듯 따져 묻지는 않는가? 아내가 진짜 듣고 싶어하는 말은 "힘들지 않아?" 이 한 마디다.

㊲ 부부의 삶이란 눈 높이, 키 높이, 귀 높이를 맞추는 것이다. 보행 중 아내보다 먼저 걸어가 버리지는 않는가?

㊳ 교육은 공육이다. 자녀가 아플 때나 성적이 좋지 않을 때 아내의 책임으로만 돌려대지 않는가?

㊴ 아내와 동행 중 다른 여자들을 넋이 빠져라 쳐다보지는 않는가? 가장 큰 경멸은 바로 그 눈길로부터 시작된다.

㊵ 식탁에서 함부로 방귀를 뀌지 않는가? 불청객을 반기는 사람은 아무도 없다.

㊶ 아내한테 함부로 반말을 쓰지는 않는가? 말투는 곧 그 사람을 드러낸다(Your speech betray you).

(1) 돌팔이 남편을 면하기 위한 10방법

① 남편이라는 이름을 제멋대로 하는 '독재자'로 착각하지 말자.

② 남편의 모범을 보일 수 없거든 침묵하고 기도부터 시작하라.

③ 남편은 전매 특허된 독점권을 가진 의사 결정권자가 아님을 시인하자.

④ 남편의 결정이 다 옳지 않아도 가족은 그저 따르게 됨을 명심하라.

⑤ 남편은 지도자이기에 앞서서 가족들의 가치를 인정하는 자세를 갖자.

⑥ 남편은 먼저 가족 구성원 개개인의 욕구를 이해하는 자세를 갖자.

⑦ 남편은 가족들의 기본적인 요구를 채워 줄 의무가 있다.

⑧ 남편은 가족들의 개인적인 목표 달성을 위한 모든 도움을 주어야 한다.

⑨ 남편은 가족들이 자기의 능력을 충분히 발휘할 수 있도록 최선의 노력을 다해 주어야 한다.

⑩ 남편은 가족들이 허심 탄회하게 자기의 모든 것을 말할 수 있는 대화의 장을 마련해야 한다.

(2) 아내를 감동시키는 방법 10가지

① 처음에 가졌던 관심과 사랑이 변하지 않게 하라.
② 아내에게 있었던 기념일(세례, 약혼, 결혼, 생일)을 기억하라.
③ 아내의 외모와 옷차림에 관심을 보여라.
④ 아내가 만든 음식을 먹으면서 칭찬을 아끼지 말라.
⑤ 매사를 아내와 상의하고 대화를 통해서 결정하도록 하라.
⑥ 아내의 마음에 상처를 주는 말은 농담이라도 하지 말라.
⑦ 문제 앞에서는 남편이 먼저 양보하라.
⑧ 가정 경제는 아내에게 일임하고 믿어라.
⑨ 아내의 여가 활동에 관심을 가져라.
⑩ 아내의 건강에 관심을 갖고 기쁨과 슬픔을 나누려는 마음을 표현하라.

7) 아내의 자기평가 항목

① 칭찬은 귀로 먹는 보약이다. 남편에게 칭찬을 해 주었는가?
② 비교는 비참함을 낳는다. 다른 남자들과 비교하는 말을 하지는 않았는가?
③ 이를 닦고 침실에 들었는가? 탈무드에는 남편은 구취(입냄새)를 가진 아내와 결혼을 파기하고 이혼해도 좋다고까지 말하고 있다.
④ 남편의 지갑을 뒤지지는 않았는가? 작은 불씨가 큰 화재를 일으킨다.
⑤ 너무 재촉하고 다그치지는 않았는가? 제트기도 나는 데는 시간이 걸린다.
⑥ 키스는 한순간이지만 요리는 영원하다. 밥상에 사랑과 정성이란 양념을 넣었는가?
⑦ 부스스한 얼굴로 남편을 쳐다보지는 않았는가? '준비된 얼굴'에 돌아오는 것은 언제나 사랑이다.
⑧ 자녀들 앞에서 남편을 흉보지 않았는가? 가장 훌륭한 교육은 아버지를 큰 바위 얼굴로 만들어 주는 일이다.
⑨ 늦잠이나 낮잠 자는 것을 게으르다고 비꼬지 않았는가? 위대한 삶은 의문

부호나 마침표에 있지 않고 쉼표에서 비롯된다.

⑩ 남편 앞에서 함부로 드러눕거나 뱃살을 내비치지는 않았는가? 최소한의 품위와 절제된 행동이 행복을 가져다 준다.

⑪ 차를 운전하는 남편에게 이래라 저래라 간섭하지는 않는가? 그럴 것 같으면 차라리 직접 운전하라.

⑫ 출근하는 남편을 정성스레 배웅했는가? 옆집 강아지 쳐다보듯 하면 결국 돌아오는 것은 '똥'밖에 없다.

⑬ "말끝을 좇는 멍멍개가 되지 말고 마음을 덮치는 사자가 되어라"는 말이 있다. 감정대로 내뱉지는 않았는가?

⑭ 남편의 일에 작은 관심을 주었는가? 지나친 간섭도 문제지만 무관심은 가장 큰 형벌이다.

⑮ 침실에서 남편을 쉽게 거절하지는 않았는가? 잘못된 거절은 성범죄의 원인이 된다.

⑯ 엄마의 미소는 절망의 골짜기에 띄워 놓은 일곱 색깔 소망의 무지개다. 나는 미소로 가족들을 맞이하는가?

⑰ 스타킹을 벗어 경대 위에 올려놓지는 않았는가? 경대와 빨래통은 구별되어야 한다.

⑱ 아빠가 자녀를 야단칠 때 끼어들지는 않았는가? 자녀들로 하여금 줄타기를 하게 하는 것은 위험하다. 차라리 같이 야단쳐라.

⑲ 피는 건드려서는 안 된다. 혹 시댁 식구들을 비난하지는 않았는가?

⑳ 남편을 이웃 사람들에게 흉보지 않았는가? "두루 다니며 한담하는 자는 남의 비밀을 누설하나 마음이 신실한 자는 그런 것을 숨기느니라(잠 11 : 13)".

㉑ 부부싸움에 있어 지구전은 소모전일 뿐이다. 침묵으로 남편을 모질게 고문하지는 않았는가?

㉒ 문제 인간은 없다. 인간이 가진 문제만 있을 뿐이다. 나는 남편을 문제 인간으로 취급하여 그 약점을 지나치게 꼬집지는 않았는가?

㉓ 몸매를 가꾸는 일을 게을리하지 않는가? 중년의 아름다움은 미모가 아니라 자신을 가꾸는 마음에 달려 있다.

㉔ 월급봉투를 받아들고 감사하다는 말을 전했는가? 남편은 집안의 머슴이 아니라 왕이어야 한다. 남편은 하늘보다 높다.

㉕ 아내는 남편에게 생명유지 장치와 같다. 남편보다 먼저 잠자리에 드러누워

잠들어 버리지는 않는가?

㉖ 말을 끝맺기도 전에 가로막지는 않는가?

㉗ 남편의 말을 건성으로 듣지는 않는가? "적당한 말로 대답함은 입맞춤과 같으니라(잠 24 : 26)", "온유한 입술에 악한 마음은 낮은 은을 입힌 토기니라(잠 26 : 23)".

㉘ "To rule is to serve!(지배한다는 것은 섬기는 것이다)". 남편에게 참된 서비스 정신으로 다가가 보았는가? 가장 좋은 서비스는 플러스 원 서비스다. 하나 더 보태 주라.

㉙ 아름다운 여인은 하루에 세 번 화장(아침화장, 퇴근화장, 침실화장)한다. 부스스한 얼굴로 남편을 맞이하지는 않았는가?

㉚ 정직은 최선의 무기다. 생활비 등을 잘못 쓰고 핑계대거나 변명하지는 않았는가?

㉛ 시어머니를 비난하지는 않았는가? 남편에게 가장 큰 격려는 시어머니와 정답게 사는 것이다. '시'자를 빼고 나면 모두가 한 가족이 된다.

㉜ Wife란 life가 되기도 하지만 knife가 되기도 한다. 남편에게 격려의 말을 자주 하는가? "여보, 힘내세요", "나는 당신을 믿어요", "여보, 자녀들이 당신 존경하는 것 아시지요?"

㉝ 20대가 하는 것이 화장이고 30대는 분장, 40대는 변장, 50대는 환장이라는 우스갯소리가 있다. 혹시 찌푸린 얼굴을 보이지 않았는가? 이제는 화장품이 아니라 표정으로 승부를 걸어라.

㉞ 침실에서 남편을 화나게 하지는 않았는가? 화난 상태에서는 발기조차 안 된다.

㉟ 남편에게 공손하게 대답했는가? 악처는 소크라테스 부인 한 사람으로 족하다.

㊱ 여자는 순종함으로 명령한다. 남편의 말을 고분고분 들어주었는가?

㊲ 남편의 호주머니에 가족사진을 넣어 주는 아내야말로 현명한 지혜자이다. 남편에게 가족사랑을 상기시켜 주었는가?

㊳ 생일날 남편을 저울질하지는 않았는가? 큰 일을 하는 남자일수록 작은 일에 소홀하기 쉽다. 아예 적극적으로 나아가라. "여보, 오늘 내 생일인 것 기억하시죠?"

㊴ 초심으로 살면 평생이 신혼이다. 나는 신혼의 약속을 잊어버리지 않았는가? "슬플 때나 기쁠 때나 병들 때나 건강할 때……."

㊵ 남편의 옛날 일을 자꾸만 들추지 않는가? '낚시 금지'란 상표가 붙은 용서야말로 최상품이다.

평등부부 선언문(평등부부 십계명)

1. 결혼은 부부공동체를 이루는 것임을 명심하고 자유와 평등의 이념에 기초하여 공동체의 목표에 대한 합의를 이루도록 한다.
2. 모든 의사결정 과정이 어느 한쪽의 독단으로 이루어지지 않고 이견이 발생할 때는 민주적인 접근 방법으로 대화를 통해 해결하도록 노력한다.
3. 재산형성 과정에서 부부가 공동으로 책임지고 합심해서 노력하며, 양측이 같은 비중으로 재산을 소유하도록 서로 배려한다.
4. 가사노동을 각자의 적성과 직업에 따라 나누어 하도록 한다.
5. 자녀교육에 함께 참여하여 평등한 시민으로 키우도록 노력한다.
6. 부부가 각자의 자아를 존중해 주고, 배우자의 자아실천을 위해 적극적인 도움을 주도록 한다.
7. 독립적인 의식을 가지고 자기의 삶을 영위해 나가되, 부부간의 조화로운 관계를 유지하도록 노력하고, 서로의 취미활동을 공유한다.
8. 가정의 행복과 안녕만이 아니라 평등하고 민주적인 복지사회를 위하여 관심을 가지고 봉사하도록 한다.
9. 부부 사이에 갈등이 발생할 경우, 이를 해소할 수 있는 적절한 의사소통의 경로와 방법을 가져서 해결의 길을 찾도록 노력한다.
10. 양가의 부모와 친인척에 대해 원만한 관계를 유지하도록 격려, 배려한다.

현숙한 여인의 조건

- 우선 한국의 전통적인 식단이라 할 수 있는 음식의 종류를 적어 본다. 기본적인 장류인 간장, 된장, 고추장, 막장, 집장, 청국장 등과 김치의 종류인 배추김치, 무김치, 총각김치, 물김치, 파김치, 오이김치, 가지김치 등 종류를 다 적고 난 후에 스스로 할 수 있는 음식과 할 수 없는 음식을 파악해 본 후에 자기 성찰을 해 본다. 단 성찰로 끝날 것이 아니라 할 수 있도록 노력을 기울이자.
- 계절마다 나오는 채소로 김치나 밑반찬 만드는 방법을 알아둔다. 계절마다 한 가지씩만 익혀도 1년이면 4가지의 음식이 나올 것이다.
- 특히 가문이 자랑삼아 온 밑반찬이 무엇인가를 생존해 계시는 어른을 통하여 알아보아야 하지만 그렇게 할 수 없을 경우에는 다른 일가 친척을 찾아가 도움을 청하도록 한다.
- 계절에 따라 준비할 수 있는 음식을 알아두며 시기와 구입 장소 및 보관 방법을 알아두는 지혜도 필요하다.
- 재료는 준비되었으나 그 방법을 모를 때에는 알고 있는 분을 모시거나 찾아가서 습득할 수

있는 기회를 만들어야 한다.
- 우리 집안의 음식뿐만 아니라 각 지방의 음식들(춘천 닭갈비, 막국수, 전주 비빔밥 등)을 만드는 방법도 틈틈이 알아서 식탁 위에 별미로 올려놓는다.
- 가장 좋은 방법은 가족을 위한 연중, 월별, 주간 식단표를 만들어서 실시하되 가족 중에 특별한 날(세례일, 생일, 기타 기념일)에 별난 음식을 선보일 수 있는 기회를 삼도록 한다.
- 재정적인 문제가 어렵지 않을 범위에서 이것 저것을 다양하게 만들어 보는 모험이 필요하다. 거기에서 자기만의 특유한 요리가 발견될 수도 있으니까.
- 음식을 만들기 전에 반드시 기도하는 습관을 가진다. 음식을 통해서 가족들에게 기쁨과 건강을 가져다 줄 수 있도록 기도한 후에 음식을 만드는 주부라면 다른 면은 보지 않아도 짐작할 수 있을 것이다.
- 음식에 대한 모든 것(종류와 만드는 법)을 적은 노트와 그 음식이 완성되었을 때의 모습을 사진으로 찍어서 자료를 정리해 두었다가 다음 세대에게 물려줄 수 있도록 한다.

8) 부부의 성생활 10계명

'성화만사성(性和萬事成)'이다. SEX는 창조사역에 동참하는 것이므로 성맹(性盲)이 되지 않아야 한다. 송길원 목사는 bed time이 bad time이 되지 않도록 노력하라고 일러준다. 성은 부부간에 이루어지면 할수록 축복이고 부부관계 이외에서 이루어지면 단 한 번이라도 죄악이다.

(1) 남성들이 참고할 일

① 선심후생(先心後生) 작전을 펴라.

한자로 성(性)은 마음(心)이 먼저고 몸(生)은 나중이다. 마음이 열리면 몸은 저절로 열린다. 그러므로 몸을 열기 전에 마음부터 열어라. 기술이나 기법보다 더 중요한 것은 사랑하는 마음이다.

② 작은 말로 상처를 주지 말라.

말 한 마디의 상처가 평생을 괴롭힐 수 있다. 신체적인 약점을 지적하거나 모욕적인 언어로 상대방의 마음을 짓밟지 말라. 지나친 농담도 성적 희롱이 될 수 있고 혐오감을 불러일으킬 수 있다.

③ 성감대부터 잘 찾아라.

성감대란 프랑스어로 '성행위의 준비'란 의미를 갖는다. 실제로 여성에게는 수백 개의 성감대가 있다. 여성에게 성적 쾌감이 가장 큰 곳부터 찾아라. 그러기 위해서는 여러 코스의 성감대 지도를 잘 연구해 두는 것이 좋다.

④ 초인종을 누르고 들어가라.

성의 초인종은 클리토리스다. 그러므로 전희를 잊지 말라. 남성들은 5분 이내에 성관계를 원하지만 여성은 최소한 15분이 지나야 준비가 된다.

⑤ 강한 것보다 부드러운 것이 낫다.

여성들은 강한 자극에 끌리기보다 부드러운 터치에 매혹 당한다. 강한 자극은 오히려 불쾌감을 줄 수도 있다. Tender(부드럽게), Loving(사랑), 그리고 Care(돌봄)로 아내를 대하라.

⑥ 규칙적으로 아내와 만나라.

시도 때도 없이 도전하는 것보다 합의된 한 번의 만남이 아내를 감동시킨다. 계획에 따라 움직여라. 더구나 남성은 사용하지 않으면 약해진다.

⑦ 운동을 게을리하지 말라.

술이나 담배를 끊어라. 골초들의 정자를 현미경으로 조사해 보면 200마리의 정자 중 199마리가 졸고 있다고 한다. 보신탕이나 정력제보다 좋은 것은 평소의 유산소 운동이다.

⑧ 성생활은 AS가 필수다.

끝나자마자 코를 골고 잠에 빠져들거나 이내 돌아눕는 행동은 아내에게 강간당했다는 불쾌감을 줄 수 있다. 좀더 아내와 눈빛을 맞추고 부드럽게 속삭이는 대화를 나누는 것이 성행위의 '애프터서비스'이다.

⑨ 홈런보다는 안타를 노려라.

항상 홈런을 날릴 수는 없다. 점수를 올리는 데는 번트나 플라이 볼이 더 효과적일 때도 있다. 중요한 것은 무리하게 배트를 휘두르지 말고 상대방의 약점을 골라 공격을 결정지으라는 것이다.

⑩ 아내를 존중하라.

성은 한 사람만의 집착으로 완성되지 않는다. 또한 생명을 다루는 성스러운 부분이기에 경박한 마음으로 대해도 안 된다. 따라서 자신만의 생각을 고집하지 말고 아내의 감정 상태와 느낌을 존중해 주는 것이 좋다.

(2) 여성들이 참고할 일

① 성은 하나님의 선물이다.

성행위란 남성과 여성을 연결해 주는 언어이며 두 사람 간의 사랑의 표현이자 새로운 생명을 창조하는 행위이다. 그러므로 본능충족 이상의 메시지가 담겨야 한다. 성으로 남편을 축복할 수 있는 아내는 가장 아름다운 여인이다.

② 성에서도 남녀평등을 실천하라.

끌려가는 사랑은 노예의 사랑이다. 수동적이기보다는 능동적으로 나아가라. "여자는 절대로 자기의 성적 느낌을 이야기해서는 안 된다"는 따위의 고정관념이나 편견을 없애는 일에서부터 성적 자결권은 보장된다. 그러므로 연극적 테크닉으로 자신을 감추기보다 자신의 의사를 분명히 하는 것이 좋다.

③ 남편을 화나게 하지 말라.

화난 상태에서는 발기조차 안 된다. 남편의 자존심을 잘 세워 주어 항상 용기를 갖게 하라. "남자가 그것도 하나 못하고", "당신 잠자리에서 별로인 것 알아요." 등의 말로 상처를 주거나 화나게 하지 말라. 잦은 잽도 KO펀치 못지않게 남편을 쓰러지게 만들 수 있다.

④ 잠자는 숲 속의 공주보다 꽃 파는 아가씨가 행복하다.

잠자는 숲 속의 공주가 되지 말라. 성행위는 여성에게 더할 나위 없는 스포츠다. 몸에 필요한 분비물이 원활히 분비될 뿐 아니라 질의 형태를 유지하도록 하는 데 최선의 방법이기 때문이다. 또 생리주기를 규칙적으로 만들고 몸매를 아름답게 가꾸어 주기도

한다. 그래서 성행위는 에어로빅보다 더 중요한 운동이다.

⑤ 성적 차이를 존중하라.

여성에게 있어 성은 9개월 동안 지속되지만 남성에게는 9분 동안이다. 남편의 성적 욕구는 건초더미에 불을 지피는 것과 같다. 남편에게 있어 성적 자신감은 자신의 자존감을 결정짓는다. 따라서 성적 트러블은 차이를 존중해 주는 것에서 극복된다.

⑥ 반드시 오르가즘만이 좋은 것은 아니다.

오르가슴 강박관념은 오히려 섹스를 망친다. 섹스란 오르가즘에 그 목표가 있기 보다 사랑의 대화와 친밀감에 그 목적이 있다. 그러므로 오르가슴에 도달하지 않아도 그 자체에 감사를 드려라.

⑦ 거절의 지혜를 잘 터득하라.

잘못된 거절은 성범죄의 원인이 된다. 대화로 남성다움을 채워 주고, 보챌 때는 다독거려 주라. 뿌리쳐야 할 경우에 마음의 상처 없이 그로 하여금 절제하도록 도와 주라.

⑧ 성적 치유를 경험하라.

성희롱의 경험이라든지 부정적 이미지(섹스는 추하다는 생각, 자신이 추하게 보인다는 생각)나 성에 대한 환상(영화 속의 주인공과 같은 로맨스)에서 벗어나라. 성 관계에는 어떤 모범 기준도 없으며 둘만의 기준이 가장 최고의 것이다.

⑨ 즐거운 성을 위한 요령을 가져라.

성은 의무도 무기도 아니다. 성을 의무방어전으로 치르지 말라. 남편의 성욕을 채워 주기 위해서가 아니라 즐거움을 함께 누리기 위한 부부 스포츠와 레크리에이션이 되도록 하라.

⑩ 성지식을 쌓아 가라.

누구나 춤을 추고 노래 부를 수 있다. 그러나 더 잘 추고 더 잘 부르기 위해서는 별도의 교육과 연습이 필요하듯 완전한 성을 위해서는 특별한 교육이 필요하다. 기회가 닿는 대로 건강한 성지식을 쌓을 수 있도록 책을 읽는 것이 좋다.

(3) 성생활의 지혜

· 가시적으로 확인된 공감대가 형성되게 한다.
· 먼저 서로가 깨끗이 준비하는 노력을 한다.
· 부부가 쓰는 방은 항상 안전한 곳이어야 한다. 불안한 곳에서는 불안한 결과가 있을 뿐이다. 외부의 소음이나 접근이 차단되어야 한다.
· 성생활이 시간과 장소나 횟수까지 기계적으로 정해진 틀을 따라서 행하여지게 해서는 안 된다.
· 성생활이 상대방에게 고통을 주는 일이 없도록 해야 한다.
· 정상적인 성행위가 아닌 변칙적인 행위가 습관화 되어서는 안 된다.
· 부부는 상대방에 대한 생리적인 구조나 반응을 잘 알아두는 지혜가 필요하다(남성심리, 여성심리 등).
· 아름다운 성생활 자체가 시간적 · 공간적 여유 속에 이루어질 수 있도록 배려해야 한다.
· 성생활이 주는 기쁨을 함께 도달하고 함께 나누도록 노력한다.
· 아름다운 마무리는 남자의 노력이 좌우한다는 것을 잊지 말아야 한다.

9) 부부의 경제생활 10계명

돈이 행복을 보장하진 못한다. 행복이 돈을 보장할 수는 있어도, 적은 수입으로도 웃으며 사는가 하면 호의호식하면서도 불행한 사람들이 있다. 돈은 행복의 필요조건이다. 충분조건으로 착각하지 말자. 그러나 돈 때문에 많은 부부싸움이 발생한다. 따라서 돈 다루는 것도 사랑이 샘솟는 가정의 한 요소일 것이다.

(1) 돈을 우상으로 섬기지 않는다.

십계명의 첫 번째는 하나님 외에 다른 신들을 섬기지 말라는 것이다. 돈만 있으면 무엇이든 할 수 있다는 식의 물질만능주의도 알고 보면 일종의 우상이다. 돈 때문에 강도짓을 하고 스스로 목숨을 끊는 것도 돈이 우상이 되고 있다는 증거다. 흔들리는 가정경제를 일으켜 세우려면 먼저 돈에 대해 초연할 수 있는 자세가 필요하다. 돈은 좇아갈수록 달아나지만 멀찌감치 거리를 두고 관리할 때 모여들기 때문이다.

(2) 행복의 개념을 바로 한다.

물질은 행복한 삶을 살아가도록 도울 수는 있으나 행복 자체가 될 수는 없다. 가난하다는 것은 돈이 없는 것이지 그 사람이 형편없다는 뜻은 아니다. 성경은 "다투는 여인과 함께 큰 집에서 사는 것보다 움막에서 혼자 사는 것이 나으니라(잠 21 : 9)"고 가르친다. 그러므로 편안(comfort)보다는 평안(peace)을 선택하는 것이 좋다.

(3) 자족하는 마음을 배운다.

풍요에 처할 줄도 알고 궁핍에 처할 줄도 아는 자족의 마음을 배워야 한다. 어려울 때일수록 가족의 화목이 빛을 발하는 법이다. 아침마다 거울을 보며 이렇게 외쳐 보자. "나는 부자다", "나는 행복하다". 그만큼 마음도 부유해질 것이다.

(4) 가정에서 '아나바다'를 실천한다.

'아(아껴 쓰고) 나(나눠 쓰고) 바(바꿔 쓰고) 다(다시 쓰는)'는 가정에서부터 시작되어야 한다. 미국 가정은 평균적으로 TV를 11년, 냉장고를 15년, 세탁기는 13년, 가스레인지는 18년을 사용한다는 점을 기억하자.

(5) 삼사일매(三思一買)란 말이 있다.

세 번 생각하고 난 다음에 한 번 구매하라는 뜻이다. 가정경제를 일으켜 세우기 위해서도 세 번 생각하고 한 번 구매하는 습관을 들여야 한다. 지갑을 열기 전에 먼저 '이것이 꼭 필요(need)한지, 아니면 욕망(desire)에 의한 것인지'를 생각해야 한다. 그래야만 열등감에서 비롯된 과시소비, 무비판적인 모방소비, 무계획적인 즉흥소비를 줄일 수 있다.

(6) 어릴 때부터 자녀에게 경제개념을 심어 준다.

10대는 이미 소비주체가 되었다. 기업마다 10대를 대상으로 판촉전을 벌이고, 10대가 주도하는 소비문화가 어른의 소비문화를 앞서가고 있을 정도다. 이런 때일수록 자녀들 스스로 돈의 가치를 깨닫고 지혜롭게 관리하는 요령을 기를 수 있도록 적당한 교육이 필요하다. 집안에서 용돈을 스스로 벌게 하거나 용돈 가계부를 적도록 하는 것도 좋은 방법이다.

(7) 공동가계부를 적는다.

가계에 비자금을 두지 말라. 불투명한 재정이 가정경제를 좀먹는다. 자녀들도 볼 수 있도록 가계부를 공동으로 작성하라. 가장 이상적인 방법은 냉장고에 매달 수입과 지출을 공동 기록할 수 있는 가계부를 붙여 놓는 일이다.

(8) '이 달의 알뜰상'을 시상한다.

일하기 싫거든 먹지도 말아야 한다. 성경은 이른다. "게으른 자는 개미에게 가서 배우라". 때문에 우리는 열심히 일하여 번 정당한 수입에 관심을 가져야 하며 재물을 지혜롭게 관리하여 유용하게 쓸 줄도 알아야 한다. 이를 위해 물과 전기를 아끼는 등 절약 운동에 앞장선 알뜰 주부나 절약 남편을 골라 이 달의 알뜰상을 시상해 보라. 온 식구들이 절약 운동에 앞장서게 될 것이다.

(9) 불로소득을 기대하지 않는다.

다른 사람을 속이거나 빼앗는 방법으로 모은 재물은 수입이 아니라 오히려 손해다. 처음엔 수입이 생긴 것 같지만 그런 돈은 이내 새어 나가게 마련이다. 하나님께서는 불의한 방법으로 모은 재물을 용납하시지 않기 때문이다. 부당한 방법으로 생긴 재물은 속히 돌려주고 정당한 노력을 기울여 번 돈으로 소득을 삼아야 한다. 물론 복권이나 경품, 부동산 투기나 불필요한 신용카드 사용도 금해야 한다.

(10) '하나 빼기 전략'을 시도한다.

조선시대에 벼슬을 지낸 이규완은 무엇이든 한 가지씩 줄여 쓰는 '하나 빼기 철학'으로 사람들의 존경을 받았다. 집도 한 칸 낮게 짓고 옷도 한 치수 작게 만들어 입었다. 마찬가지로 집안의 온도를 1도라도 낮추거나 반찬의 가짓수를 한 가지 줄이고, 전화통화도 1분씩 줄여 짧게 하거나 TV시청을 한 시간씩 줄이는 등 무조건 하나씩 빼는 '생활 다이어트'를 시도해 보라.

10) 부부의 언어생활 10계명

부부관계에 대화는 필수요소이다. 그러나 어떤 가정은 '대화'를 "대놓고 화내는 것"으로 착각하기도 한다.

① 상대의 말이 끝나기 전까지 대답하지 말고 경청하는 자가 되라(잠 18 : 13, 약 1 : 19).
② 말하기를 더디 하고 먼저 생각하라. 말하기를 너무 서두르지 말라. 당신이 말하는 것을 상대방이 수용하고 이해할 수 있는 방법을 사용하여 말하라(잠 15 : 23, 28, 21 : 23, 29, 약 1 : 19).
③ 언제나 진실을 말하되 사랑 안에서 하고 과장하지 말라(엡 4 : 15, 25).
④ 상대방이 지쳐 버릴 만큼 침묵을 사용하지 말라. 당신이 그때 왜 말을 주저하게 되었는지 설명하라.
⑤ 다투지 말라. 다투지 않고도 동의하지 않고도 표현할 수 있다(잠 17 : 14, 20 : 3, 롬 13 : 13, 엡 4 : 31).
⑥ 화를 내면서 대답하지 말라. 부드럽고 친절한 응답을 훈련하라(잠 14 : 29, 15 : 1, 25 : 15, 29 : 11, 엡 4 : 26, 31).
⑦ 당신에게 잘못이 있을 때 그것을 인정하고 용서를 구하라(약 5 : 16). 상대가 당신에게 잘못을 고백할 때, 당신은 그를 용서한다고 말해 주라. 용서받음이 서로에게 확인되는 것이 부부관계에 있어 중요함을 명심하라(잠 17 : 9, 엡 4 : 32, 골 3 : 13, 벧전 4 : 8).
⑧ 잔소리(쟁쟁거림)를 하지 말라(잠 10 : 19).
⑨ 상대방을 비난하지 말고 오히려 그를 회복시키려 하고 격려해 주라(롬 14 : 13, 갈 6 : 1, 살전 5 : 11). 만일 상대가 말로 공격하거나 비난하더라도 동일한 방법으로 대응하지 말라(롬 12 : 17, 벧전 2 : 23, 3 : 9).
⑩ 상대방의 의견을 이해하려고 노력하라. 차이를 수용하라. 그리고 그의 장점에 대해

관심을 두라(엡 4 : 2, 빌 2 : 1-4).

대화할 때 장소나 시간이나 분위기는 아주 중요하다. 또 대화할 때는 상대방의 입장을 먼저 배려하는 마음 씀씀이가 필요하다. 진실보다 더 위대한 힘은 없다. 모든 대화는 진실의 토대 위에서 진솔하게 하여야 하고 논쟁이나 변명을 하지 않아야 한다. 또 잘못은 잘못이라 솔직히 시인하여야 한다.

효과적인 대화를 위한 10가지 지침을 보자.

① 평소 서로에게 따뜻한 말을 하라.

부부 사이의 따뜻한 말은 피로를 제거해 준다. 좋은 정서와 사랑의 기쁨을 알게 한다.

② 서로를 자주 칭찬하라.

부부는 서로를 칭찬하여야 한다. 음식이나, 옷매무새나, 칭찬할 수 있는 요소를 개발한다고 하는 것은 서로를 새로운 시각으로 보게 한다.

③ 사랑한다는 말을 자주 하라.

"사랑한다"는 말을 자주 사용할 때, 마음이 포근해진다. 안심이 되고 여유가 생긴다. 사랑한다고 고백을 한 사람을 생각케 한다.

④ 불평스러운 일의 경우 직설적으로 표현하지 말고 우회적인 말로 부드럽게 표현하라.

불평스러운 일이라 하여 불평한다고 해서 개선이 되는 것은 아니다. 불평스러운 일도 불평스럽지 않게 우회적으로 이야기할 때 상대방이 수용할 가능성이 높아진다.

⑤ 상대방의 약점이나 결점을 지적하지 말라.

상대방이 가지고 있는 약점이나 결점은 그를 만나기 이전부터 그에게 있던 것들이다. 그러므로 결혼과 동시 우리는 그 결점이나 약점도 수용하고 이해하여야 한다.

⑥ 상대방의 실수를 기분 나쁘지 않게 지적하라.

실수를 하지 않는 사람이 어디 있는가? 실수를 하였을 경우 상대방이 지적하지 않아도 본인은 위축하게 되어 있다. 이 때 그를 오히려 이해하고 용기를 주는 것이 자신을 위한 길이다.

⑦ 즐거운 유머 감각을 지니라.

유머는 부부 사이의 즐거움일 수가 있다. 부부는 상대방에게 혐오감을 주지 않는 즐거운 말로 서로를 아껴 주는 감각이 필요하다.

⑧ 둘만의 비밀을 담은 즐거운 용어를 개발하라.

부부의 삶은 비밀스러운 보석을 캐는 것과 같은 삶이어야 한다. 그러므로 남들이 모르는 둘 만의 즐거운 비밀을 갖는 것이 바람직하다.

⑨ 상대방의 말을 기분 좋게 들어주라.

부부는 서로의 이야기를 기분 좋게 들어주어야 한다. 때로 너무 자질구레한 이야기일 수도 있다. 그러나 그 이야기를 들어주지 않으면 어디에 가서 할 것인가? 남편의 이야기를 아내가 들어주지 않거나 아내의 이야기를 남편이 들어주지 않으면 부부 사이는 소원하게 된다.

⑩ 그것은 "내 실수였다. 내 탓이었다"는 말을 적절하게 사용하라.

상대방이 실수했을 때는 "그게 당신의 실수가 아니야. 내가 좀 더 신경을 썼더라면 그런 일이 일어나지도 않았을 거야. 내가 원인제공자지. 미안해요."라든가 "그것보다는 내 생각에는 이렇게 하는 것도 좋았을 것 같은데?"하는 의견을 제시하는 식의 가벼움으로 상대의 실수를 지적해 주는 것이 좋다.

"현명한 자와 책상을 마주 보고 하는 일대일의 대화는 10년간에 걸친 독서보다 낫다"는 말이 있다. 그만큼 좋은 대화는 많은 것을 수용케 하고 알게 한다.

◎ 부부 사이의 바람직하지 않은 대화 태도는 다음과 같다.

① 회피형 : 방을 떠나거나 잠을 자버리거나 바쁜 척하는 사람
② 가짜 적응형 : 양보하거나 아무 일도 아닌 것 같이 행동하는 사람
③ 주제변경형 : 대화가 갈등영역에 접근할 때마다 주제를 바꾸는 사람
④ 상대 마음을 엉터리로 읽는 형 : 상대방의 마음을 다 읽고 있다는 태도를 취하는 사람
⑤ 보따리를 메고 다니는 형 : 화가 났을 때 바로 표현하지 않고 차곡차곡 보따리 속에 쌓아 두었다가 한꺼번에 마구 퍼붓는 사람
⑥ 허리 아래를 치는 형 : 상대가 가장 민감하게 생각하는 약점, 즉 외모, 가정배경, 과거의 행동 등을 들추는 사람
⑦ 움켜쥐는 형 : 분노를 직접 표현하는 대신 밥을 안 해 주거나 성행위를 거부하거나 인사를 안하는 등 상대가 원하는 행동을 움켜쥐고 놓아주지 않는 사람
⑧ 항상 옳다고 주장하는 형 : 상대의 말을 전혀 들으려 하지 않고 무조건 자신이 옳다고 말하는 사람
⑨ 애정 고집형 : '우리가 정말 사랑한다면 이런 게 뭐가 문제야' 식으로 사랑이 모든 걸 해결해 준다고 주장하는 사람

⑩ 비위만 맞추는 형 : 상대의 비난을 견디지 못해 항상 기쁘게만 해 주려고 하는 사람

언어는 예술이다. "동냥은 못 주나마 쪽박을 깨지 말라"라는 명언이 있다. 언어는 신비한 힘을 발휘한다. 훌륭한 사람은 사상을 말하고 보통사람은 사건을 말하나, 못난 사람은 사람을 말한다. 일본에 1 · 2 · 3 대화법이란게 있다. "내말은 1분 이내로 끝낼 것, 상대방은 2분 이상 말하도록 허용할 것, 상대방이 말하는 동안 3번 이상 고개를 끄덕여 공감을 표시할 것"이다. 듣는 것의 중요성을 지적한 것이다. 판단하며 듣거나, 대화를 재촉하거나, 속단하거나, 자기 말만 계속하거나, 딴 일하며 듣거나, 반대의 말을 생각하며 듣는 것은 좋은 태도가 아니다. 마음을 열고 신뢰감을 갖고 친근하게 듣는 것이 좋다. 우리 대화는 사실 언어에서 감정 언어로, 폐쇄 언어에서 개방 언어로, 부정 언어에서 긍정 언어로, 추종 언어에서 이해 언어로, 명령 언어에서 권면 언어로, 위협 언어에서 설명 언어로, 직접 언어에서 간접 언어로, 혀의 언어에서 몸의 언어로, 죽이는 언어에서 살리는 언어로 바꾸어 행복과 성공을 만드는 언어로 가꿔야 한다. 행복한 가정생활도 언어를 통해 만들어진다.

· LOVE(Laugh-Obedience-Victory-Enrichment), FAMILY(Father And Mother, I Love You).
· 뼈 없는 혀는 작고 연약하지만 모든 것을 박살내고 죽일 수 있다(그리스 속담).
· 혀는 군마 보다 빠르다(중국속담).
· 유순한 대답은 분노를 쉬게 하여도 과격한 말은 노를 격동시킨다(잠 15 : 1).
· 지혜자의 혀는 지식을 선히 베풀고 미련한 자의 입은 미련을 쏟는다(잠 15 : 2).
· 미련한 자의 입술은 다툼을 일으키고, 그 입은 매를 자청한다(잠 18 : 6).
· 경우에 합당한 말은 아로새긴 은쟁반에 금사과와 같다(잠 25 : 11).
· 어리석은 자는 그 분노를 다 드러내어도 지혜로운 자는 그 분노를 억제한다(잠 29 : 11).
· 말은 고통과 고민을 고치는 의사이다(빅토르 위고).
· 결혼이 위기에 처했다는 초기 신호는 부부의 상호비난이다(고트먼).
· 언중유골, 남아일언중천금(言中有骨, 男兒一言重千金).

놀만 라이트 박사의 부부대화 십계명

① 헤어졌다 다시 만날 때는 따뜻한 미소로 맞으라.
② 피곤하거나 감정적으로 흥분된 상태에 있을 때는 심각한 문제를 다루지 말라.
③ 가능하면 논쟁의 여지가 있는 문제를 다루는 시간을 정하라.
④ 상대방이 말을 다하기까지 인내심을 가지고 끝까지 경청하라.
⑤ 상대방이 말할 때 "예, 알아요, 이해합니다" 등 적절하게 동의하라.
⑥ 말이나 표정이나 몸짓으로 상대방의 이야기를 수용하라.
⑦ 상대방이 나를 위한 일을 했을 때는 칭찬을 하거나 감사하라.
⑧ 사소한 일이라고 애매하게 표현하지 말고 구체적으로 표현하라.
⑨ 대답할 때는 알아듣기 쉽게 명확하게 지루하지 않게 하라.
⑩ 상대방이 무슨 말을 하는지 이해가 되지 않을 때는 밝은 표정으로 다시 한 번 말해 주기를 요청하라.

(1) 남편의 기를 살리는 말 10가지

① 내가 시집 하나는 잘 왔지.
② 당신은 다른 남자들과는 수준이 달라요.
③ 다시 태어나도 당신과 결혼할 거예요.
④ 당신과 함께 있으면 시간 가는 줄 모르겠어요.
⑤ 내가 시어머니 복 하나는 타고 났지.
⑥ 우리 자녀는 당신 닮았나 봐요. 저렇게 똑똑한 걸 보니…….
⑦ 당신은 어쩜 그렇게 못하는 게 없어요?
⑧ 당신, 언제나 날 지켜줄 거죠?
⑨ 죽을 때까지 당신을 왕처럼 모실거예요.
⑩ 당신이 원하는 것은 뭐든 할 거예요.

(2) 아내의 기를 살리는 말 10가지

① 당신 요즘 왜 그렇게 예쁘지?
② 내가 처복 하나는 타고 났지?

③ 당신은 뭘 입어도 맵시가 있어.
④ 당신이 만들어 준 음식 먹다가 다른 데 선 못 먹겠어
⑤ 이만큼 사는 게 모두 당신 덕분이야.
⑥ 당신 살림살이하는 데는 타고 났나 봐.
⑦ 우리 장모님 같은 분이 어디 또 있을라구.
⑧ 자녀들이 저렇게 잘 자라는 것은 모두 당신 덕분이라구.
⑨ 당신은 쳐다보고만 있어도 마음이 편안해져.
⑩ 당신 잠든 모습은 정말 천사 같다니까!

(3) 남편의 기를 죽이는 말 10가지

① 당신 식구들은 왜들 그래요?
② 아는 건 고함치는 것밖에 없지.
③ 자녀들이 뭘 보고 배우겠어요. 좀 제대로 해요.
④ 저러고도 안 잘리는 게 신기하지.
⑤ 옆집 남자는 돈 잘 벌어. 성실해. 좀 배워요, 배워.
⑥ 남자라고 성질머리는 밴댕이 속 같아 가지고.
⑦ 자녀들도 당신 들어오면 다 피하는 거 알아요?
⑧ 내가 미쳤지. 그때 그 사람하고 결혼하는 건데.
⑨ 당신은 크게 되기 텄어요.
⑩ 아는 건 반찬 투정 뿐이지.

(4) 아내의 기를 죽이는 말 10가지

① 하루종일 뭐했어. 왜 집안이 이꼬라지야.
② 화장품만 바르면 뭐해. 호박이 수박되냐?
③ 그 엄마의 그 딸이라더니, 뭐 제대로 할 줄 아는 게 있어야지.
④ 딴 여자들 하고 다니는 것 좀 봐.
⑤ 좀 징징거리지마. 집구석에 들어오면 편안한 날이 있어야지.
⑥ 당신도 돈 한 번 벌어 봐. 얼마나 치사한지.

⑦ 뭘 안다고 따져. 가만히 있기나 해.
⑧ 도대체 할 줄 아는 게 뭐야?
⑨ 작작 좀 먹어. 바지 터지겠어.
⑩ 얘들이 웃겠다. 애들 부끄럽지도 않아?

(5) 부부 사이에 피해야 할 말 10가지

① 하는 일마다……당신은 장모님과 어찌 그리 똑같지?
② 다른 여자들은 그렇지 않던데…….
③ 내가 돈 벌어 오면 됐지 자녀까지 돌보라고?
④ 물론 남자와 여자는 동등하지 그러나 여자란…….
⑤ 어머니가 그러는데 그건 당신 잘못이라는 걸.
⑥ 일요일에는 잠이나 자야겠어.
⑦ 기분이 어떠냐고? 도대체 내 기분이 어땠으면 좋겠어?
⑧ 여자 태도가 그게 뭐야?
⑨ 근사한 다른 남자를 찾아보시지 그래.
⑩ 글쎄, 말하고 싶지 않다니까!

11) 부부의 감정관리 10계명

(1) '참자!' – 그렇게 생각하라.

감정관리는 최초의 단계에서 성패가 좌우된다. '욱'하고 치밀어 오르는 화는 일단 참아야 한다. '忍中有和'라는 교훈을 생각하고 10초 동안만 참자.

(2) '원래 그런 거'라고 생각하라.

예를 들어, 남편(아내)이 아이들의 속을 상하게 할 때는 저이는 '원래 저런 사람이야'라고 생각하라.

(3) '웃긴다'고 생각하라.

세상은 생각할수록 희극적 요소가 많다.
괴로울 때는 심각하게 생각할수록 고뇌의 수렁에 더욱 깊이 빠져 들어간다.
'웃긴다'고 생각하며 문제를 단순화시켜 보라. 일주일만 지나면 별것 아닌 일이 된다.

(4) '좋다. 까짓것'이라고 생각하라.

어려움에 봉착했을 때는 '좋다. 까짓것'이라고 통 크게 생각하라.
크게 마음먹으려 들면 바다보다 더 커질 수 있는 게 사람의 마음이다.

(5) '그럴만한 사정이 있겠지'라고 생각하라.

억지로라도 상대방의 입장이 되어 보라.
'내가 저사람이라도 저럴 수밖에 없을 걸'.
'뭔가 그럴만한 사정이 있어서 저럴 것'이라고 생각하라.

(6) '내가 왜 당신 때문에'라고 생각하라.

당신의 신경을 건드린 사람은 마음의 상처를 입지 않고 있는데, 그 사람 때문에 당신이 속을 바글바글 끓인다면 억울하지 않은가.
'내가 왜 당신 때문에 속을 썩어야 하지?'-그렇게 생각하라.

(7) '시간이 약'임을 확신하라.

지금의 속상한 일도 며칠, 아니 몇 시간만 지나면 별것 아니라는 사실을 깨달아라. 너무 속이 상할 때는 '세월이 약'이라는 생각으로 배짱 두둑히 생각하라.

(8) '새옹지마'라고 생각하라.

세상만사는 마음먹기에 달렸다.

속상한 자극에 연연하지 말고 '세상만사 새옹지마'라고 생각하며 심적 자극에서 탈출하려는 의도적인 노력을 하라.

(9) '즐거웠던 순간'을 회상하라.

괴로운 일에 매달리다 보면 한없이 속을 끓이게 된다.
즐거웠던 지난 일을 회상해 보라. 기분이 전환될 수 있다.

(10) '눈을 감고 심호흡'하라.

괴로울 때는 조용히 눈을 감고 위에서 언급한 아홉 가지 방법을 활용하면서 심호흡을 해보라. 그리고 치밀어 오르는 분노는 침을 삼키듯 '꿀꺽' 삼켜 보라.

12) 부부역할 고등고시 채점

다음 질문은 Thomas A. Campion이 쓴 「언제가 남편(아내)을 위한 마지막 때였는가(When Was the Last Time for Husbands〈Wives〉)」를 참고하여 만든 것이다.

(1) 나는 몇 점짜리 남편인가?(지난 한 달간 생활을 평가해 보자)

① 아내와 함께 기도했는가?
② 자녀들 앞에서 아내를 칭찬했는가?
③ 화장실 등 집안 청소를 도와 주었는가?
④ 결정을 하기 전에 아내의 의견을 들었는가?
⑤ 가족과 함께 교회에 나왔는가?
⑥ 아내에게 키스를 해 주었는가?
⑦ 개인적으로 아내를 칭찬해 주었는가?
⑧ 아내에게 뜨거운 사랑을 베풀어 주었는가?
⑨ 아내나 자녀들과 함께 가끔 외식을 하며 대화했는가?
⑩ 아내에게 정성어린 카드를 보냈는가?

⑪ 아내가 외출할 수 있도록 자녀들을 돌보아 주었는가?
⑫ 식사를 준비한 일이 있는가?
⑬ 가족(아내)과 함께 휴가를 다녀왔는가?
⑭ 가계부를 결산해 보았는가?
⑮ 자녀들을 훈계하였는가?
⑯ 가족과 함께 저녁을 먹는가?
⑰ 자녀들에게 사랑을 전했는가?
⑱ 아내와 좋은 의미의 열띤 대화를 나누었는가?
⑲ 가족과 함께 게양을 했는가?
⑳ 슈퍼마켓에 쇼핑을 갔었는가?
㉑ 보다 나은 남편이 되기 위해 무엇을 해야 할 것인가 아내에게 물어 보았는가?
㉒ 아내가 차를 탈 때 문을 열어 주었는가?
㉓ 아내에게 데이트를 요청했는가?
㉔ 아내에게 친어머니보다 더 사랑한다고 말했는가?
㉕ 아내가 요청하지 않아도 집안 잡일을 했는가?
㉖ 아내에게 마음대로 쓰도록 돈을 주었는가?
㉗ 아내에게 꽃을 선물했는가?
㉘ 아내가 아름답다고 고백했는가?
㉙ 저녁에 TV를 보지 않고 가족과 함께 시간을 보냈는가?
㉚ 직장에서 아내에게 전화를 걸어 사랑을 전했는가?
㉛ 직장에 다녀와서 포옹을 해 주었는가?
㉜ 자녀들과 기도했는가?
㉝ 당신과 결혼한 게 큰 행운이었다고 아내에게 고백했는가?
㉞ 요즘 자녀들이 어떻게 지내는지 물어 보았는가?
㉟ 자녀나 아내의 말을 경청했는가?
㊱ 아내와 산책을 했는가?
㊲ 설거지를 도와 주었는가?
㊳ 아내의 생일이나 결혼기념일을 기억하는가?
㊴ 어떠한 일이 있어도 아내를 끝까지 신뢰하고 사랑하는가?
㊵ 아내의 과거의 잘못을 되풀이하여 말하지 않았는가?
㊶ 식사 전에 가족과 함께 기도를 드리는가?

㊷ 아내가 하고 싶은 일을 하도록 해 주었는가?
㊸ 가족과 함께 가정예배를 드렸는가?
㊹ 하나님께 남편과 아빠로서 사명을 다하도록 기도했는가?
㊺ 아내에게 사랑한다고 고백했는가?

합계(해당 문항수×2+10점) : 점

0～50점 : 낙제남편 50～ 70점 : 보통남편

70～90점 : 우수남편 90～100점 : 최고남편

(2) 나는 몇 점짜리 아내인가?(지난 한 달간 생활을 평가해 보자)

① 시어머니와 포옹을 했었는가?
② 남편과 유익한 대화를 나누었는가?
③ 성생활에 보다 적극적이었는가?
④ 남편이 직장에 갔을 때 그를 위해 기도했는가?
⑤ 냉장고에 남편이 좋아하는 음식을 채워 놓았는가?
⑥ 남편의 수입에 만족하다고 감사했는가?
⑦ 남편이 직장에 나갈 때 키스해 주었는가?
⑧ 집 밖의 활동이나 친교를 잘하고 있는가?
⑨ 늘 기분이 좋고 평안한가?
⑩ 다른 사람 앞에서 남편을 비판하지는 않는가?
⑪ 남편이 자는 데 귀찮게 하지는 않았는가?
⑫ 자녀를 훈계하는 데 남편을 도왔는가?
⑬ 남편이 직장에서 돌아와 스트레스를 풀 수 있는 기회를 주었는가?
⑭ 시가 식구들을 이해하고 용납하고 있는가?
⑮ 남편을 판단하기 전에 말하는 것을 조심스럽게 경청하는가?
⑯ 집안을 깨끗이 잘 정리하는가?
⑰ 남편이 기대하지 않을 때 키스를 해 주었는가?
⑱ 나의 일보다 남편이나 자녀를 먼저 생각하는가?
⑲ 남편을 존경하고 있다는 것을 표현하고 있는가?
⑳ 남편과 함께 말씀과 기도의 시간을 갖고 있는가?

㉑ 남편과의 성생활을 만족하게 즐기고 있는가?
㉒ 남편이나 자녀들의 비판을 기분 좋게 받아들이는가?
㉓ 남편이 몰두하는 일에 관심을 보여 주는가?
㉔ 남편의 차를 청소해 주었는가?
㉕ 나의 취미생활을 가지고 있는가?
㉖ 체중 등 외모에 관심을 갖고 있는가?
㉗ 남편에게 부부생활의 만족을 표현했는가?
㉘ 나의 현재의 위치에 보람을 느끼고 있는가?
㉙ 남편의 기분이 안 좋을 때 사랑을 베풀어 기분을 풀어 주었는가?
㉚ 남편의 농담을 잘 받아 주는가?
㉛ 남편이 자랑스럽다고 말한 적이 있는가?
㉜ 가정 일에 피곤을 느끼지는 않는가?
㉝ 남편이 퇴근할 때는 통화하던 전화를 끊는가?
㉞ 화가 났을 때 분노나 침묵보다는 조용히 대화를 하는가?
㉟ 남편이 좋아하는 옷을 입는가?
㊱ 남편이 직장에서 돌아올 때 미소로 맞이하는가?
㊲ 성생활을 무기로 삼지는 않는가?
㊳ 남편의 과거의 잘못을 들먹이지는 않는가?
㊴ 쇼핑을 나가기 전에 남편과 의논하는가?
㊵ 아내와 엄마로서의 현재의 역할에 만족하는가?
㊶ 남편이 늦게 집에 돌아올 때 이해해 주는가?
㊷ 남편의 리더십에 확신을 가지고 있는가?
㊸ 남편의 실망된 행동을 용납하고 있는가?
㊹ 남편의 피로를 안마 등을 통해서 풀어 주었는가?
㊺ 남편에게 사랑한다고 고백했는가?

합계 (해당 문항수×2+10점) : 점

0～50점 : 낙제아내	50～ 70점 : 보통아내
70～90점 : 우수아내	90～100점 : 최고아내

13) 부부 간의 유머

(1) 당신의 사랑을 느낄 때

김 인 숙

당신의 사랑을 느낄 때
난 한 줌의 소금이
되고 싶습니다.
은혜 가운데 맛을
고르게 하고 자신은 녹는
한 줌의 소금이.

당신의 사랑을 느낄 때
난 한 다발의 안개꽃이
되고 싶습니다.
장미꽃을 받쳐
더욱 돋보이게 하고
조연으로 만족하는
겸손한 안개꽃이.

당신의 사랑을 느낄 때
나 한 은쟁반이
되고 싶습니다.
믿음 소망 사랑의
열매를 담은 은쟁반이

당신의 사랑을 느낄 때
난 속삭이며 흐르는
시냇물이 되고 싶습니다.
즐거운 노래로
산새들의 합창에 반주하는 시냇물이.

당신의 사랑을 느낄 때
난 한 그루의 나무가
되고 싶습니다.
주님을 향해
늘 깨어 있는 푸른 나무가.

당신의 사랑을 느낄 때
난 아름다운 별의 무리가
되고 싶습니다.
밤하늘을 쳐다보는
모든 이에게
꿈을 주는 별의 무리가.

(2) 돈으로 살 수 없는 것

· 돈으로 아름답고 푹신한 침대 커버를 살 수는 있지만, 달콤한 숙면을 살 수는 없습니다.
· 돈으로 좋은 책을 살 수는 있지만, 사고하는 머리를 살 수는 없습니다.
· 돈으로 먹을 것을 살 수는 있지만, 식욕을 살 수는 없습니다.
· 돈으로 아름다운 장식품을 살 수는 있지만, 내면의 아름다움을 살 수는 없습니다.

· 돈으로 훌륭한 아파트를 살 수는 있지만, 따뜻한 가정을 살 수는 없습니다.
· 돈으로 몸에 좋은 약을 살 수는 있지만, 건강을 살 수는 없습니다.
· 돈으로 골동품을 살 수는 있지만, 좋은 예술품을 감상하는 안목과 교양을 살 수는 없습니다.
· 돈으로 오락을 즐길 수는 있지만, 행복을 살 수는 없습니다.
· 돈으로 할 수 있고, 살 수 있는 것은 많지만, 그것을 누릴 수 있는 마음은 결코 살 수 없습니다.

(3) 사랑의 비결

기 자	선생님 댁의 부부간 사랑의 비결은 무엇입니까?
소방관	우리는 별빛처럼 반짝이는 불빛이 모든 것을 태워 버리는 화염으로 바뀌지 않도록 자나깨나 조심합니다.
목 수	튼튼한 기초가 가장 중요합니다.
교 사	서로가 상대방에 대해 연구하고 이해하려고 노력합니다.
전기공	단선이 될 가능성은 있지만, 언제든지 바로 연결할 수 있도록 늘 다른 선을 준비해 놓습니다.
숙박업자	따뜻한 환경, 즐거운 분위기, 사적인 비밀을 보장합니다.
약 사	사랑이라는 영양제를 매일 빠뜨리지 않고 처방합니다.
열 차 기관사	항상 생각합니다. 동반자와 함께 하는 즐거운 여행이 힘들고 멀고 고독한 여행으로 변하지 않도록 하기 위해 내가 뭘 해야 할지를…….
집배원	사랑이 늦지 않고 무사히 배달되도록 늘 근면· 성실하게 일합니다.

(4) 간 큰 남자

· 아침에 밥 달라고 식탁에 앉는 남자
· 아내가 잔소리 좀 한다고 말을 끊는 남자
· 아내의 눈을 똑바로 쳐다보며 말대꾸하려 드는 남자

· 반찬투정하는 남자
· 아내에게 전화를 건 남자한테, 누구냐고 묻는 남자
· 외출하고 귀가한 아내에게 행선지를 물어 보는 남자
· 아내가 칫솔을 변기에 빠뜨렸다고 인상을 쓰는 남자
· 술친구를 집에까지 데려오는 남자
· 아내가 보는 신문을 빼앗아 낱말풀이하는 남자
· 같이 야한 비디오를 보고도 그냥 곯아떨어지는 남자
· 병원에 가서 엑스레이를 찍어 보니 실제로 간이 부어 있는 남자.
· 자녀들에게 모처럼 용돈 한 번 주면서, "너 엄마가 좋아, 아빠가 좋아 ?"하고 묻는 남자
· 결혼한 지 한참이 지나도록 수첩의 여자 전화번호를 지우지 않는 남자
· 아내 앞에서 여성지 속옷 광고를 뚫어져라 응시하는 남자
· PC통신에 정기적으로 '간 큰 여자 시리즈'를 올리는 남자

(5) 간 큰 여자

· 아침밥을 안 챙겨 주는 여자
· 신혼여행 첫날밤에 과거의 남자를 고백하는 여자
· 회사일로 녹초가 된 남편에게 초저녁부터 '그것'을 하자고 떼쓰는 여자
· 첫날밤 행사를 치르는 데 테크닉이 월등하게 뛰어난 여자
· 남편이 프로야구를 보고 있는데, 연속극을 보자며 채널을 돌리는 여자
· 남편이 외박을 하면 직장 동료에게 전화를 하여 알리바이를 캐는 여자
· 낮에는 기죽은 척 지내다가도 밤에는 꼭 '여성상위'를 실천하려 드는 여자
· 외출할 딸의 옷을 차려입고 나가는 여자
· 출장 떠난 남편이 전화를 하면 꼭 자정이 넘어서야 전화를 받는 여자
· 남편도 O형, 자기도 O형이면서 A형인 자녀를 낳아 놓고 끝끝내 우리 자녀라고 우기는 여자
· 애 키운다고 남편을 큰애 취급하려 드는 여자
· 밤마다 본전을 뽑으려고 남편이 원치도 않는 갖가지 보약을 해다 먹이는 여자
· 남편 수입이 적다며 "당신은 집안 일이나 해요, 내가 나가서 벌 테니까"하는 여자
· 몰래 남편 앞으로 생명보험을 들어 놓은 여자

(6) 간 큰 시어머니

· 새벽에 출근하는 남편한테 꼬박꼬박 아침밥을 챙겨 먹이라는 시어머니
· 아들 장가 보내면서 집안일 하나 가르치지 않은 시어머니
· 아침에 출근할 때마다 자녀 간식비를 타내는 시어머니
· 낮에 아들 직장 찾아가서 점심 얻어먹고 용돈까지 타내는 시어머니
· 병든 시아버지의 병수발을 며느리에게 맡긴 채 동네 친구들과 단풍놀이 가는 시어머니
· 틈만 나면 아들을 붙잡고, 다 늙도록 해외여행 한 번 못해 봤다고 푸념하는 시어머니
· 먼 친척이 상을 당했다며, 만삭의 며느리더러 가서 일손을 거들라고 시키는 시어머니
· 아픈 곳도 없이 젊고 팔팔하여 며느리보다 오래 살 것 같은 시어머니
· 아들이 바람을 피우는 데도, "다 내 아들이 잘나서 그런 것 아니냐"며 오장육부를 뒤집어 놓는 시어머니
· 휴일 아침마다 전화해서, "내 지금 그리로 갈 테니, 음식 너무 장만하지 말아라" 하는 시어머니

(7) 천생연분

· 화장실에 들어갈 때 치마 먼저 올리고 문을 여는 성급한 여자와 화장실에서 나올 때 문을 먼저 열고 바지지퍼 잠그는 느긋한 남자
· 손톱 밑의 때를 빨간 메니큐어로 감추는 여자와 일주일 전에 감은 머리를 무스와 젤로 위장하는 남자
· 퐁퐁으로 머리감고 샴푸로 설거지하고 린스로 헹구는 여자와 빨래비누로 세수하고 세수비누로 빨래하는 남자

(8) 협박

편지 한 통 배달하느라 외딴 섬의 먼 등대까지 꼬박 하루 걸려 배를 저어간 집배원이 투덜거렸다. 그러자 등대지기가 한 마디 했다. "자꾸 불평하시면 일간지 신문을 신청할 겁니다".

(9) 우표를 붙이는 이유

우체국 직원이 손님에게 말했다. “이 편지에는 우표 한 장을 더 붙이셔야겠네요. 중량 초과라구요” 그러자 손님이 물었다. “우표를 붙이면 더 무거워질텐데요”.

(10) 잘해도 걱정

학점이 늘 1.8～1.9 사이를 오가던 달수가 2.2를 받자 그의 친구가 말했다. “달수야 축하한다. 드디어 2.0 고지를 넘었구나”, “난 지금 걱정이야”, “왜 ? ”, “우리 부모님은 2.0이 만점인 줄 알고 계시거든”.

(11) 우리 애는 백발백중

“골목에서 댁의 자녀가 내게 돌을 던졌어요.”
“맞았나요 ? ”
“맞지는 않았지만 맞을 뻔 했다구요.”
“그럼, 우리애가 아니에요. 우리 애는 백발백중이라구요.”

(12) 말

부주의한 말 한마디가 싸움의 불씨가 되고, 잔인한 말 한 마디가 삶을 파괴한다. 쓰디쓴 말 한 마디가 증오의 씨를 뿌리고, 냉정한 말 한 마디가 사랑의 불을 끈다.

은혜스런 말 한 마디가 길을 평탄케 하고, 즐거운 말 한 마디가 하루를 빛나게 한다. 때에 맞는 말 한 마디가 긴장을 풀어 주고, 사랑의 말 한 마디가 축복을 준다.

(13) 氣를 살리고 북돋아 주는 방법

① 표정으로 氣를 넣어 주라 : 밝은 표정, 따스한 표정, 부드러운 표정, 반가운 표정, 그윽한 표정, 사려 깊은 표정, 편안한 표정으로 대하라.

② 항상 보아 주어라 : 보아 주지 않는 것은 몰라보는 것이며 이 세상에 몰라주는 사람을 좋아할 사람은 아무도 없다.

③ 항상 들어주어라 : 사람은 누구든 자기 말을 들어줄 때 좋아한다.

④ 자존심을 건드리는 말을 삼가라.
⑤ 항상 격려해 주어라.
⑥ 칭찬해 주어라.
⑦ 감사하다는 말을 하라.

(14) 이럴 때는 황당

① 여자친구 놀려 주려고 밤 12시에 전화해서 "흐흐흐흐……살~려줘……" 한참 쇼하고 있는데 알고 보니 번호 잘못 눌렀을 때
② 시험 전날 공부하기 싫어서 밤새 컨닝 페이퍼 만들었는데, 다음날 오픈 북으로 시험볼 때
③ 채팅에서 몇 시간만에 간신히 여자 하나 꼬셨는데, 갑자기 정전되어서 컴퓨터 꺼졌을 때
④ 청계천에서 몇 만 원 주고 야한 비디오 사왔는데, 끝까지 돌려 봐도 텔레토비만 나올 때
⑤ 계란 부치고 김치 볶아 놓고 맛나게 상 차려 놨는데, 밥통에 밥 없을 때

이혼부모의 자녀양육에 관한 권고문

- 벌어지고 있는 일들을 자녀에게 솔직하게 말해 줄 것.
- 자녀들 앞에서 한쪽 부모를 비난하지 말 것.
- 자녀에게 다른 한쪽 부모와 좋은 관계를 유지하도록 할 것.
- 부모의 자녀양육 · 방문 일정을 명확하고 이해하기 쉽게 할 것.
- 이혼으로 인한 생활변화를 최소화할 것.
- 자녀들 때문에 이혼한 것이 아니라는 점을 분명히 할 것.
- 한쪽 부모에게 하고 싶은 말을 자녀를 통해 전달하지 말 것.
- 어른들 다툼에서 자녀들이 멀찍이 떨어져 있게 할 것.
- 자녀들에게 일관성 있게 행동할 것.
- 아이들을 사랑하고 있음을 다시 확실히 해 둘 것.

(서울가정법원 정상규 판사)

두 사람

이제 두 사람은 비를 맞지 않으리라.
서로가 서로에게 지붕이 되어 줄 테니까.
이제 두 사람은 춥지 않으리라.
서로가 서로에게 따뜻함이 될 테니까.
이제 두 사람은 더 이상 외롭지 않으리라.
서로가 서로에게 동행이 될 테니까.
이제 두 사람은 두 개의 몸이지만
이제 두 사람 앞에는 오직
하나의 인생만이 있으리라.
이제 그대들의 집 속으로 들어가라.
함께 있는 날들 속으로 들어가라.
이 대지 위에서 그대들은
오랫동안 행복하리라.

– 아파치족 인디언들의 결혼 축시 –
(신랑 신부 행진 때 주례가 읽어 줄 수 있다)

어린 눈이 당신을 보고 있다.

여기 어린 눈이 있어 당신을 지켜본다.
밤이나 낮이나 당신을 지켜보고 있다.

여기 어린 귀가 있어
당신이 하는 모든 말들을 남김없이 듣고 있다.

여기 어린 손이 있어
당신이 하는 모든 일을 따라 하고 싶어한다.

그리고 여기 당신처럼 될 날을 꿈꾸는

어린 소년이 있다.
당신은 그 어린 친구의 우상이며,
그에게 있어 당신은 세상에서 가장 지혜로운 사람이다.
그의 어린 마음은 당신에 대한 어떤 의심도 일으키지 않는다.
그는 무조건 당신을 믿으며,
당신이 말하고 행동하는 모든 것을 받아들인다.
그는 당신처럼 어른이 됐을 때
당신이 하던 방식 그대로 행할 것이다.

여기 당신이 항상 옳다고 믿는
커다란 눈의 어린 친구가 있다.
그의 눈은 언제나 열려 있고
그는 밤이나 낮이나 당신을 지켜본다.
당신은 날마다 당신이 하는 모든 행동 속에서
하나의 본보기가 되고 있다.

여기 어른이 되어 당신처럼 되기를
기다리고 있는 그 어린 소년에게

- 마음을 열어 주는 101가지 이야기 중 -

【 승자(勝者)의 마음 】

제 1 장

· 승자는 실수했을 때 '내가 잘못했다'고 말한다. 패자는 실수했을 때 '너 때문에 이렇게 되었다'고 말한다.
· 승자는 입에서 솔직이 가득하고, 패자는 입에서 핑계가 가득하다.
· 승자는 '예'와 '아니오'를 확실히 말하고, 패자는 '예'와 '아니오'를 적당히 말한다.
· 승자는 어린 자녀에게도 사과할 수 있고, 패자는 노인에게도 고개를 못 숙인다.
· 승자는 넘어지면 일어나 앞을 보고, 패자는 넘어지면 일어나 뒤를 본다.

제 2 장

· 승자는 패자보다 더 열심히 일하지만 시간의 여유가 있고, 패자는 승자보다 게으르지만 늘 '바쁘다 바쁘다'고 말한다.
· 승자의 하루는 25시간이고, 패자의 하루는 23시간 밖에 안 된다.
· 승자는 열심히 일하고 열심히 놀고 열심히 쉰다. 패자는 허겁지겁 일하고 빈둥빈둥 놀고 흐지부지 쉰다.
· 승자는 시간을 관리하며 살고, 패자는 시간을 끌며 산다.
· 승자는 시간을 붙잡고 달리며, 패자는 시간에 쫓기며 달린다.

제 3 장

· 승자는 지는 것도 두려워하지 않는다. 패자는 이기는 것도 은근히 염려한다.
· 승자는 과정을 위해서 살고, 패자는 결과를 위하여 산다.
· 승자는 순간마다 성취의 만족을 경험하고, 패자는 영원히 성취의 만족을 경험하지 못한다.
· 승자는 구름 위의 태양을 보고, 패자는 구름 속에 비를 본다.
· 승자는 넘어지면 일어서는 쾌감을 알고, 패자는 넘어지면 재수를 한탄한다.

제 4 장

· 승자는 문제 속에 뛰어드나, 패자는 문제의 변두리에서만 맴돈다.
· 승자는 눈을 밟아 길을 만드나, 패자는 눈이 녹기를 기다린다.
· 승자는 무대 위에 올라가며, 패자는 관객석으로 내려간다.
· 승자는 실패를 거울로 삼으며, 패자는 성공을 휴지로 삼는다.
· 승자는 바람을 돛을 위한 에너지로 삼고, 패자는 바람을 보면 돛을 거둔다.
· 승자는 파도를 타고, 패자는 파도에 삼켜진다.
· 승자는 돈을 다스리고, 돈은 패자를 다스린다.
· 승자의 주머니 속에는 꿈이 있고, 패자의 주머니 속에는 욕심이 있다.

제 5 장

· 승자가 즐겨 쓰는 말은 '다시 한 번 해 보자'이고, 패자가 자주 쓰는 말은 '해 봐야 별 수 없다'이다.
· 승자는 차라리 용감한 죄인이 되고, 패자는 차라리 비겁한 요행을 믿는다.

· 승자는 새벽을 깨우고, 패자는 새벽을 기다린다.
· 승자는 달려가며 계산하고, 패자는 출발도 하기 전에 계산부터 한다.

제 6 장
· 승자는 다른 길이 있을 것이라고 생각하나, 패자는 길은 하나뿐이라고 생각한다.
· 승자는 더 나은 길이 있을 것이라고 생각하나, 패자는 갈수록 태산일 것이라고 생각한다.
· 승자의 방에는 여유가 있어서 자기 자신을 여러 모양으로 변화시켜 본다. 패자는 자기 하나가 꼭 들어갈 만한 상자 속에서 스스로를 가두어 놓고 산다.

제 7 장
· 승자는 등수나 상과는 관계없이 달린다. 그러나 패자의 눈은 줄곧 상만을 바라본다.
· 승자의 의미는 모든 달리는 코스에, 즉 평탄한 신작로와 험준한 고갯길 전체에 깔려 있다. 그러나 패자의 의미는 오직 결승점에만 있다.
· 승자는 꼴지를 해도 의미를 느끼나, 패자는 1등을 차지했을 때만 의미를 느낀다.
· 승자는 달리는 도중 이미 행복하다.
그러나 패자의 행복은 경주가 끝나 봐야 결정된다.

제 8 장
· 승자는 자기보다 우월한 자를 보면 존경하고, 사람으로부터 배울 점을 찾는다. 패자는 자기보다 우월한 자를 만나면 질투하고, 그 사람의 갑옷에 구멍난 곳이 없는 지 찾으려 한다.
· 승자는 자기보다 못한 자를 만나도 친구가 될 수 있으나, 패자는 자기보다 못한 자를 만나면 즉시 보스가 되려고 한다.
· 승자는 강한 자에게는 강하고, 약한 자에게는 약하다.
패자는 강한 자에게는 약하고, 약한 자에게는 강하다.

제 9 장
· 승자는 몸을 바치고, 패자는 혀를 바친다.
· 승자는 행동으로 말을 증명하고, 패자는 말로 행위를 변명한다.
· 승자는 책임지는 태도로 살며, 패자는 약속을 남발한다.
· 승자는 벌받을 각오로 결단하며 살다가 영광을 받고, 패자는 영광을 위하여 꾀를

부리다가 벌을 받는다.

- 시드니 해리스 칼럼에서 -

실패의 의미

1. 실패는 당신이 실패자임을 의미하지 않는다.
   - 그것은 당신이 아직 성공하지 못하였음을 의미할 뿐이다.

2. 실패는 당신이 아무것도 이루지 못하였다는 것을 의미하지 않는다.
   - 그것은 당신이 무언가 새롭게 배웠다는 것을 의미한다.

3. 실패는 당신이 바보라는 것을 의미하지 않는다.
   - 그것은 당신이 많은 신념을 가졌음을 의미한다.

4. 실패는 당신의 체면이 손상된 것을 의미하지 않는다.
   - 그것은 당신이 보다 큰 시도를 하고자 함을 의미한다.

5. 실패는 당신이 소유하지 못했음을 의미하지 않는다.
   - 그것은 당신이 다른 방법으로 무언가 해야 된다는 것을 의미한다.

6. 실패는 당신이 열등하다는 사실을 의미하지 않는다.
   - 그것은 당신이 완전하지 못함을 의미한다.

7. 실패는 당신이 인생을 낭비했다는 것을 의미하지 않는다.
   - 그것은 당신이 새 출발해야 할 이유가 있음을 의미한다.

8. 실패는 당신이 포기해야 한다는 것을 의미하지 않는다.
   - 그것은 당신이 더욱 열심히 해야 한다는 것을 의미한다.

9. 실패는 당신이 결코 하지 못함을 의미하지 않는다.
   - 그것은 약간 오랜 시간이 필요할 것임을 의미한다.

10. 실패는 하늘이 당신을 버렸음을 의미하지 않는다.
    - 그것은 하늘이 오히려 더 큰 생각을 가지고 있음을 의미한다.

<연령에 따른 적절한 운동>

연 령	특 징	권장되는 운동 및 운동량
10대	신체 급성장 운동능력 급속히 향상	지구력, 근력, 유연성, 순발력을 골고루 발달시키는 강도 높은 운동(달리기, 줄넘기, 에어로빅, 수영 등 유산소 운동과 축구를 비롯한 각종 구기 종목)
20대	왕성한 활동기 25세 이후 생리적 노화 시작	지구력, 근력 강화, 규칙적인 유산소 운동과 함께 스트레칭, 근력 운동
30대	노화와 체력 감소가 진행되는 시기	20대와 비슷하되 자신의 체력 변화를 고려할 것. 운동은 매주 3회 할 것.
40대	노화 현상 뚜렷 성인병이 나타나기 시작	운동강도는 운동 중 대화가 가능할 정도. 운동횟수를 매주 4~5회로 늘일 것. 유산소 운동과 함께 여성은 근력 운동에 주력
50대	심혈관계 질환 등 성인병 증가	운동하기 전에 체력검사. 운동강도는 운동 중 대화가 가능할 정도. 유산소 운동 외 근력 운동, 유연성 운동을 주 3~2회씩
60대	정신적 노화가 현저해짐	걷기, 수영, 고정식 자전거 등 안전한 유산소 운동. 매일 정기적인 스트레칭
70대	골량 감소	축구, 테니스, 스키, 웨이트트레이닝은 피함. 스트레칭 강화, 마무리 운동을 꼭 할 것.
80대	근육위축 심폐기능 감소	관절을 유연케 하는 스트레칭을 아침 저녁 20분씩, 스포츠 경기엔 참가하지 말 것.
90대	근육위축 심폐기능 감소	기구 없는 근력 운동(다리 10초간 올리기) 등 유산소 운동은 걷기가 좋음

※ 주 : 2001. 3. 19. 중앙일보 p. 9

부부 권태기를 극복하는 18가지 방법

1. 첫 사랑을 회복한다. 처음 만났을 때의 좋았던 감정을 기억한다.
2. 생각을 변화시켜 일상생활에서의 사랑의 감정을 회복한다. 상대의 가장 좋은 점을 기록해 한 주에 한 번씩 약 10분간 묵상한다. 상대에 대한 부정적인 감정이 사라지게 될 것이다.
3. 미래에 다가올 행복한 부부상을 생각하고 지갑 속에 배우자의 사진을 넣어 둔다.
4. 남편과 아내가 깊은 사랑의 관계를 이루기 위해서는 깊은 대화를 나눌 수 있어야 한다.
5. 등산, 운동, 영화관람, 음악감상 등의 문화생활을 하고 부부가 함께 자원 봉사 활동이나 교회봉사를 해서 서로에게 헌신하는 방법을 배운다.
6. 남편의 출퇴근 때 기쁨으로 대한다. 남편이 제일 참기 힘든 것은 무시당하는 것이다.
7. 남편이 집안을 좀 어지럽혀도 묵인하고 치워 준다.
8. 직장일로 남편이 스트레스를 받고 귀가할 때 고충을 이해하고 이야기를 들어준다.
9. 남편이 좋아하는 음식을 자주 해 준다.
10. 외모에도 신경을 써 신혼시절의 매력을 유지하도록 노력한다.
11. 남편을 자녀들 앞에서 칭찬해 준다. "당신의 밥 먹는 모습만 봐도 정말 복스럽다", "나는 당신이 자랑스럽다" 등.
12. 아내가 말하면 결론부터 말하라고 다그치지 말고 자상하게 들어준다.
13. 고부간의 갈등이나 시댁, 처가 사이에 갈등이 있을 때 아내의 입장을 이해하고 아내편이 된다.
14. 말이나 신체 접촉으로 애정을 표현한다.
15. 다른 여성의 매력을 아내와 비교하지 말고 다른 여성보다 아내의 뛰어난 점을 칭찬한다.
16. 아내만을 위해 용돈을 준다.
17. 가정살림의 고충을 알아준다.
18. 결혼기념일과 아내의 생일을 기억해 두었다가 선물을 한다.

–「가정행복지수 높이는 66가지 지혜」에서 발췌

오늘 하루도 이렇게

매일 아침 기대와 설렘을 안고 하루를 시작하게 하여 주옵소서.
항상 미소를 잃지 않고 나로 인하여 남들이 얼굴 찡그리지 않게 하여 주옵소서.
하루에 한번쯤은 하늘을 쳐다보고 드넓은 바다를 상상할 수 있는 마음의 여유를 주시고
일주일에 몇 시간은 한 권의 책과 친구와 가족과 더불어 보낼 수 있는
오붓한 시간을 갖게 하여 주옵소서.
작은 일에 감동할 수 있는 순수함과 큰 일에도 두려워하지 않고
담대할 수 있는 대범함을 지니게 하시고
적극적이고 치밀하면서도 다정 다감한 사람이 되게 하여 주옵소서.
솔직히 시인할 수 있는 용기와 남의 허물을 따뜻이 감싸 줄 수 있는 포용력과 고난을
끈기 있게 참을 수 있는 인내를 더욱 길러 주옵소서.
나의 반성을 위한 노력을 게을리하지 않게 하시고
매사에 충실하여 무사안일에 빠지지 않게 해 주시고
매일 보람과 즐거움으로 충만한 하루를 마감할 수 있게 하여 주옵소서.

〈좋은 글 제보 / 서희건설 광양사업소 토목팀 최종두〉

1년 내내 줄 수 있는 19가지 선물

① 미소를 보낸다.
② 예고 없이 키스를 해 준다.
③ 다정히 안아 준다.
④ "오늘 멋있어 보이네요."라고 말해 준다.
⑤ 외로워 보이는 아이에게 말을 붙여 본다.
⑥ "좋은 아침!"이라고 말한다.
⑦ 옛 친구에게 뜻밖의 편지를 보낸다.
⑧ 아침 일찍 만나는 사람에게 재미있는 이야기나 농담을 들려준다.
⑨ 청구서를 제 날짜에 처리한다.

⑩ 문제가 있는 사람에게 충고하는 대신 같이 해결하려고 애써 준다.
⑪ 아내에게 아름답다고 말한다.
⑫ 부탁은 공손히 한다.
⑬ 설명은 참을성 있게 한다.
⑭ 우산을 같이 쓴다.
⑮ 열심히 듣는다.
⑯ 길에 쓰레기가 떨어져 있으면 피해 가지 말고 주워서 버린다.
⑰ 자신만만하게 걷는다.
⑱ 매일 한 사람에게서 아름다운 면을 찾도록 한다.
⑲ 오래된 원한은 잊어버린다.

〈좋은 글 제보 / 서희건설 의정부 녹양아파트 현장 최원진 대리〉

제 4 장

가족상담의 이해

1. 서 론
2. 가족상담의 개념
3. 가족상담 주요 이론
4. 상담자의 역할
5. 요 약

1. 서　론

일반적으로 상담활동은 상담자와 내담자 둘 사이의 관계에서 이루어지는 인간관계와 의사교환으로 본다. 반면, 가족상담은 상담자와 내담자의 일 대 일이 아닌 내담자를 가족 전체로 확대하는 2인 이상 내담자와의 관계에서 이루어지는 집단관계이다. 일반적인 상담들은 개인의 내적 문제에서 부적응의 원인을 찾고 그 속에서 해결책을 찾아 주려고 하지만, 가족상담에서는 내담자와 그를 둘러싼 가족구성원 간의 관계에서 부적응의 원인을 찾고, 그 속에서 해결책을 찾아 주려고 한다. 따라서 가족상담에서는 개인과 가족구성원 간의 관계를 중시한다.

가족상담이 가족구성원 간의 관계를 중시하는 이유는 첫째, 개인이 태어나 처음으로 만나는 인간관계의 장이자 평생 동안 영향을 주고받을 수밖에 없는 장이라는 점, 둘째, 가족이란 혈연이나 결혼 또는 입양 등을 기반으로 이루어진 공동체적 상호유대의 장이자 정서적 융합의 성격을 띠며, 인간의 본능 중 소속감을 갖고 애정을 받고 싶어하는 욕구를 지속적으로 충족시켜 주는 주요 원천이라는 점, 마지막으로 가족관계나 구조의 문제 또는 급격한 변화 등은 개인의 성격이나 성장과정에 많은 영향을 끼친다고 보기 때문이다.

가족은 구성원의 연령이 바뀌면서 자체적인 변화를 가져오게 되며 계속하여 가족 밖 환경의 영향도 받게 된다. 현대사회의 다양한 변화가 가족의 기능과 구조적인 면에서도 많은 변화(핵가족의 증가, 이혼율의 증가, 가족구성원의 대화 결여 등)를 초래하였고, 청소년의 여러 가지 일탈행동 및 문제를 일으키는 원인으로 지적되고 있다. 그래서 이미 서구 선진국에서는 가족상담을 상담의 전문분야로 분리시키고 실제적으로 많은 발전을 해왔다. 그에 비해 우리나라의 경우 가문과 가족의 단결력을 중요시하는 유교 문화권에 있음에도 불구하고 가족문제에 대한 상담 및 치료가 아직 정착되지 못하고 있다. 이 장에서는 가족상담의 기본적인 개념과 그 발달 과정, 그리고 대표적인 가족상담의 이론과 그 과정을 살펴보기로 한다.

2. 가족상담의 개념

1) 가족 및 가족관계의 중요성

(1) 가족관계

인간이 최초로 사회적 관계를 학습하는 장으로서 인간관계, 문제해결의 방법을 비롯한 가치관, 태도 등을 형성시키는 장이다. 가족관계에서의 성공이 없으면 사회생활과 직장에서의 성공도 의미가 없다.

(2) 부모-자녀관계

① 자녀의 성격 형성

부모의 양육태도가 자녀의 성격을 형성시키는 중요 요건이 된다. 다음의 〈표 1〉은 부모의 양육태도에 따른 가족구성원의 형태와 자녀의 성격을 비교한 것이다.

② 정체감 형성

정체감은 개인의 사회적 행동을 결정짓는 것으로서 아동기 때 부모의 가치, 태도, 행동이 자녀의 역할 및 책임감에 영향을 준다.

Maslow는 부모에게서 존중을 받으며 자라 정서적으로 안정된 자녀는 원만한 성격의 발달을 통해 자존감을 형성하게 되고, 곧 성숙한 욕구의 발달을 가져온다고 보았다.

표 1 부모의 양육태도와 자녀의 성격

부모의 양육태도	가족적 요인	자녀의 성격(반응)
과보호형 익 애 형	독자, 장녀, 말자 늦둥이, 무남독녀, 난산아, 신체적 장애아, 편모	의뢰심, 고립, 퇴영(소아)적, 신경질, 조숙, 침착성, 독자성, 인내심 결여, 자기 중심성, 비사교성, 책임감 부족, 협동심 희박, 욕구불만 및 갈등이 심함

거부형 방임형	부부의 불화, 별거, 이혼, 맞벌이 부부, 다자녀, 경제적 빈곤	공격적 난폭, 반항적, 가학적, 자기비하, 어른에 대한 관심 및 애정에 대한 과민성, 안정감, 인내심 결여, 소극적 태도(합리화, 고립, 도피, 열등감, 무관심)
지배형	자녀에 대한 과잉기대, 부모가 성취 못한 야심(자녀를 통한 대체욕구)	엄격형－수동적 순종, 예의, 의존성, 자발적 독자성 부족, 표리적 성격, 아동성 결여, 열등감 권위에 대한 비굴, 아첨, 약자에 대한 교만 지배성
간섭형	보수적, 봉건적, 가문가풍, 열등감, 허영심이 심한 부모	기대형－도피성(냉성, 가출, 불량성, 자살), 불안감, 만족감, 성취감 결여
민주형	가정의 합리적 민주적 분위기	활동성, 독창성, 독립성, 솔직성, 사교성, 협동심, 친절성
전제형	가정의 보수적 전제적 분위기	겉으로는 복종심, 예의가 바르나 뒤에서는 의존성, 반항적, 불순종, 정서적 불안정이 심하다. 지배적 자기중심성

2) 가족상담의 개념

미국 정신의학협회(American Psychiatric Association)에서는 가족상담에 대해서 “가족 중에 한 사람 이상을 한 회기에 동시에 상담하며 상담은 지지적 · 지시적, 또는 해석적일 수 있다. 가족 중 한 사람의 정신장애는 다른 가족들에게도 존재할 수 있으며 상호관계와 기능에 영향을 줄 수 있다”라고 정의하고 있다.

Goldenberg & Goldenberg는 가족상담이란 “가족성원들로 하여금 가족의 역기능적인 의사교류 유형을 개선시킬 수 있도록 도와 줌으로써 현재 가족체계 내의 연동적인 정서적 문제를 찾아 개선시키려는 일종의 심리상담기법”이라고 정의하였다.

Zuk는 가족상담의 목표를 “가족성원들 사이의 병리적 관계인 불균형을 변화시켜서 새로운 형태의 관계를 맺게 하는 것”이라고 규정했다.

Robinson은 가족상담자의 역할을 “가족을 하나의 단위로 보고 가족성원에게 증상을 유발시키는 가족의 행동유형을 분리, 변화시켜서 개인으로 하여금 가족에게서 분리되고 독립되어 성숙해지며 또래집단과 정서적 유대를 맺을 수 있도록 도와 주는 것”이라고 정의하였다. 그에 의하면, 가족상담이란 “가족구성원 개인이 나타내는 정신적 증상이나 문제행동이 가족을 구하기 위한 구조신호로 간주하여 가족전체를 하나의 단위로 보고 가족 내의 상호작용의 향상에 개입해 가는 상담 수단의 총칭”으로 개인의 병리나 증상

또는 부적응 행동은 발생 원인이 그 개인에게만 있는 것이 아니라 그러한 증상을 낳게 한 가족 전체 또는 부분적인 상호작용에 기인한다는 점을 전제로 한다.

3) 개인상담과 가족상담의 비교

일반적으로 활용되는 개인상담과 가족상담과의 차이를 비교해 보면 〈표 2〉와 같다.

표 2 개인상담과 가족상담의 비교

	개인상담(치료)	가족상담(치료)
치료 단위 및 대상	· 개인 · 개인의 내적, 심리적 요소	· 가족 · 가족성원의 관계 및 기능
진단 과정	· 문제의 원인을 개인의 정신내적 과정에서 파악하고 그 원인의 결과를 증상으로 본다.	· 개인의 증상을 체계에 대한 반응인 가족상호작용의 역기능적 산물로 본다. · 현재 가족 상호작용 유형과 기능에 중점을 둔다.
상담의 목표	· 상담자와 내담자 사이에 상담적 전이 관계를 통하여 내담자가 문제의 원인에 대한 통찰력을 갖도록 돕는다.	· 가족구조와 가족기능상의 장기적 변화가 궁극적 목표이다. · 가족 전체가 각자의 역할과 기능을 수행할 수 있게 가족성원과 전체가 성장토록 한다.
상담자의 역할	· 상담자가 문제의 진단자, 해결자	· 상담의 전문가는 바로 가족구성원들이다. · 상담자는 위기조정자, 조력자, 객관적 지각자, 교사, 환경조정자, 안내자이다.
문제에 대한 상담 대상의 변화	· 문제에 대한 변화가 상담 시간 내에 특정한 개인 안에서 일어난다고 본다.	· 개인 및 가족의 변화가 상담시간 내가 아닌 가정과 지역사회 내에서 그들 각자의 위치를 통하여 일어난다고 본다.

상담 과정	· '왜'라는 질문 · 직선적인 원인, 결과적 사고 A→B / A→B→C (개인의 행동은 그 내적 사건이나 과거의 행동이나 사건 등 외적 요인에 의해 형성되는 것으로 개인과 개인의 구체적 행동과 내적 사건들에 초점을 둔다.) · 개인=전체	· '무엇이, 언제, 어떻게'라는 질문 · 순환적 원인론(상호의존관계) (어떤 문제행동은 가족구조 내에 있는 하위체계들과 가족관계 속에서 생기는 상호작용을 통해서 나타나는 것이라고 본다.) A ⇆ B (A와 B는 상대방의 원인적 요인, 다른 사람에게도 영향을 주는 관계 상황) · 개인 = 부분

4) 가족상담의 발달 배경

가족상담의 시작은 제2차 세계대전 직후 미국 내의 여러 지역에서 실시된 자선사업을 통해 어려움을 겪는 가족을 서비스 대상으로 다루기 시작한 데서 시작되었다. 후에 Freud의 Oedipus complex 치료(심리분석이론)가 가족상담 및 치료의 시발점이 되어 정신의료 사회사업가들이 환자의 질병치료를 위한 가족상담 및 치료를 실시하게 되었다. 그런데 가족 연구의 초점이 정신분열증에 있었기 때문에 정신분열증 가족구성원이 있는 가족만을 관심 대상으로 개별적인 가족구성원과 상담자와의 개별상담(1 대 1의 상담관계) 형태를 취하게 되었다. 그러다가 가족생활교육운동, 결혼상담운동, 아동상담운동의 형태로 발전되어 가족에 대한 계속적, 집중적 서비스보다는 개인상담치료의 과정 중 부수적 방법의 하나로 실시하였다.

그러나 정신분열증 환자와 그 가족 및 비행청소년을 치료하는 데 있어서 전통적인 정신치료의 원칙을 적용하는 데는 많은 한계가 나타나고 있었다.

즉, 한 개인의 문제가 그 개인을 둘러싸고 있는 가족구성원들과 연관되어 있기 때문에 가족구성원 전체를 치료의 대상으로 포함시키지 않고서는 한 개인의 문제를 해결하는 데는 한계가 있음을 깨닫게 된 것이다. 따라서 이의 해결을 위해 가족구성원 전체를 치료 대상으로 삼는 새로운 시도로 '가족치료'란 이론적 기반을 구축하여 여러 학자의 광범위한 연구, 치료자들의 임상 경험들을 통해 발달하였다. 즉, 기존의 개인중심 치료에서 벗어나 전체 가족구성원에 개입하기 위한 새로운 전략과 기술로 발전된 가족상담 또는 가족치료가 발달하게 된 것이다.

현재는 가족상담의 형태를 이루는 체계이론적 접근법과 행동주의적 접근법과 같은 혁신적인 접근법들이 개발되었다.

우리나라에 가족상담이 처음 소개된 것은 1970년대였으나 1980년대에 이르러서야 여러 학자들의 관심과 연구 및 임상이 시작되었으며, 1988년에 한국가족치료학회가 창설됨에 따라 학회 세미나, 워크숍, 학회지 발간과 대학 내 학과 개설 등이 이루어지게 되었다. 이제는 아주 중요한 상담영역으로 정착됐으며 학회 활동도 매우 활발해지고 있다.

3. 가족상담 주요 이론

가족상담의 여러 이론들은 인간행동이 과거의 사건들에 의해 영향을 받는 성격의 산물이라기 보다는 개인을 둘러싼 환경 간의 상호작용에 더 크게 영향을 받는다고 본다. 그 중에서도 가족이란 환경과의 관계 속에서 문제를 파악하는 데 공통점을 갖고 있다. 단지 가족구조, 의사소통, 조직, 규칙을 규제하는 과정들, 생태학적 또는 사회망관계, 또는 세대간의 양식 등 오랜 시간에 걸쳐서 발달한 체계들 중 어느 부분을 더 강조하는가에 따라 그 기법들에 차이가 나타난다. 여기서는 많이 활용되는 가족상담 이론인 세대간 가족상담, 의사소통 가족상담 그리고 구조적 가족상담 이론들에 대해서 살펴보기로 한다.

1) Bowen의 세대간 가족상담 이론

세대간 가족상담 모형은 정신분석학에서 비롯된 이론이다. Bowen의 가족체계 이론은 연구대상을 가족의 2세대와 3세대까지(확대가족) 확장시켜 그 속에서 일어나는 삼각관계, 부부연합, 상호작용에 관심을 두고 있다. 그는 가족이란 하나의 감정교류의 단위체계로 서로 상호 맞물린 관계이므로 다세대간의 역사적 관점을 통해서 이해되어야 한다고 본다.

(1) 이론적 배경

1950년 Bowen은 정신분열증 환자와 관련된 가족구성원들에 대한 개별치료를 하면서 환자의 가족을 포함시켰을 경우 치료의 효과가 더 있음을 알게 되어 환자와 가족 사이의 '정서적 밀착'에 흥미를 갖기 시작했다. 즉, 그 당시 정신분열 환자와 그의 어머니 사이의 공생관계에 대한 초점에서 점차 넓어져 다른 전체 가족(형제)과 친척들까지 환자의 정서에 직간접으로 관련되어 있음을 발견하게 된 것이다. 그래서 전체 가족정서체계의 일부로 개인의 정신질병을 치료하기 위해 가족전체를 치료할 수 있는 치료접근법의 필요성이 대두되었다. Bowen이 내린 결론은 다음과 같다.

① 한 가족구성원의 정신분열증은 병리적 가족체계의 증상이다.

② 개인의 증상은 그가 속한 정서체계와 관련지을 때만 설명이 가능하다.

③ 기능장애를 유발하는 역기능적인 역동성이 정신분열증 환자 가족에게만 있는 것이 아니라 정도는 약하지만 정상 가족에게도 존재한다.

④ '가족(정서적 관계체계)'이란 상호 관련된 관계망으로서 가족역사 분석을 위해 가장 기초적인 체계이다.

(2) 주요 개념

① 자아분화(differentiation of self)

정서적 기능과 지적 기능(feeling process and intellectual process) 사이에 융합이나 분화의 정도에 따라 개인을 규정하는 것으로서 지적 체제와 정서과정을 구분할 수 있는 능력 또는 진짜 자기와 가짜 자기의 구분을 말한다.

• 핵심목표 : 미분화된 가족자아집합체(undifferentiated family ego mass)로부터 벗어나도록 돕는다.

• 정서적 지적 기능(emotional-intellectual functioning)의 범주화

- 0～25 : 융합이 심함. 주위사람의 감정과 반응에 민감하고 의존적, 타인에 정서적으로 애착, 욕구결핍시 불안해 함.

- 25～50 : 자아정체감이 불분명. 자기신념과 의견은 있지만 긴장, 스트레스에 쉽게 영향 받음. 우울증, 성격장애, 불안제거를 위해 약물사용의 가능성.

- 50～75 : 불안이 발생해도 지적 체계가 자율적으로 통제함. 독립적으로 의사결정함.
- 75～100 : 현실적으로 존재하기 어려움.

② 삼각관계(triangulation)

삼각관계는 세 사람 사이에 불안에 의해 형성되는 체계이다. 즉, 두 사람 간의 정서적 체계에 긴장감과 갈등이 생기고 불안이 커지면 제 삼자를 관계 속에 끌어들여 두 사람에게 있던 갈등을 제 삼자에게 전이함으로써 두 사람의 체계를 유지하려고 하고 그 결과 삼각관계를 형성한다. 이것이 불안과 긴장, 스트레스 감소에 도움을 주기도 하지만 분화가 낮은 구성원에게서는 오히려 정서체계의 혼란을 야기시킬 수도 있다. '부－모－자' 삼각관계가 가족체계 안에서 가장 흔한 삼각관계이다.

③ 핵가족의 정서적 체계(nuclear family emotional system)

'부모－자녀' 사이의 가장 기본적인 정서적 기능의 형태는 과거 세대가 반복되는 것으로 다음 세대에서도 반복될 것으로 본다. 이 때 핵가족은 두 배우자 각자의 생활방식과 각자의 가족에게서 발달된 분화수준을 가지고 시작하며, 대부분 분화수준이 같은 배우자를 선택하는 경향이 있다.

분화수준이 낮은 부부는 정서적 융합이 강하여 지배자－순종자의 관계가 될 수도 있다. 분화수준이 높은 부부일수록 융합의 정도가 낮아 혼란이 적다.

④ 가족의 투사과정(family projection process)

'부－모－자'의 삼각관계에서 특히 자녀를 낳고 주로 양육을 하는 어머니가 자신의 미성숙함과 정서적 분화의 부족에서 나타나는 감정적인 갈등과 불화를 다른 가족구성원 특히 선택된 자녀에게 투사하게 되며, 이는 동정, 걱정, 과보호 등의 형태로 나타나게 된다.

여기서 가족투사 과정의 주된 초점이 된 자녀를 '삼각관계 자녀(triangled child)'라 하는데 주요한 정서적 손상을 일으키거나 어떠한 결함이나 만성적 질병 혹은 무능성을 유발할 수 있다.

⑤ 다세대간 전이과정(multiple generation transmission process)

자녀들의 자아분화 정도는 현재 속해 있는 세대에서만 형성되는 것이 아니고, 과거의 여러 세대를 거치는 동안에 전승되어 온 가족투사 과정에서 형성된 것이다. 즉, 주요 대상이 되는 자녀가 부모와의 정서적인 관련의 정도에 따라 자기분화의 수준이 결정된다고 본다.

⑥ 형제순위 또는 출생순위(sibling position)

Toman은 출생순위가 각 개인의 성격적인 특성과 밀접한 관련을 맺지만 부모로부터의 투사과정이나 자기분화에 따라 다른 성격적 특성을 보인다고 하였다.

예를 들면, 장남이나 장녀가 막내와 같은 성격을 띠는 것은 부모로부터의 투사가 심했기 때문이다. 또한, 장남이나 장녀가 지배적인 성격을 갖고 있는 것은 손상된 가족의 기능을 조절한 증거일 수 있다.

⑦ 정서적 단절(emotional cutoff)

'정서적 단절'은 정서적 과정에 관한 개념으로서 성인이 되어 원가족을 떠날 때 그들이 부모와의 관계에서 과거에 해결하지 못한 정서적 애착을 처리하는 과정을 다루는 것으로 현세대에 자신의 삶을 적응하기 위해 과거로부터의 자신을 분화시키는 방법을 의미한다.

부모에 대해 해결하지 못한 정서적 애착의 정도가 부모와 사는 동안 부모로부터 격리, 위축, 부모로부터 멀리 달아나는 것, 부모가 중요시하는 것을 부정 혹은 거부하는 것으로 나타날 수 있다. 따라서 성인이 되어 결혼을 통해 새로운 가족을 형성하기 전에 자율적인 자아의 확립이 중요하다.

(3) 상담 목표

세대간 가족상담의 궁극적 상담목표는 내담자 개개인의 성장과 자기 분화를 돕는 데 있다. 즉, 가족구성원간 감정적 삼각관계나 세대간의 감정 투사를 통해 개인이 분화하지 못하게 되는 원인들을 탐색하여 가족자아 집합체로부터 개인을 해방 분화시킴으로써 개인의 성장과 분화가 원활히 일어날 수 있게 하는데 있다.

가족구성원의 분화는 우선 가족체계 내의 삼각관계로부터 이탈하는 것이다. 즉, 가족은 하나의 체계이므로 하나의 삼각관계 작용이 변하게 되면 가족 전체에 변화를 일으킨다고 보았다.

(4) 상담방법 및 기법

① 가족평가(진단)

현재 일어나는 일에 대한 객관적이고 정확한 평가를 통해 가족체계의 기능을 이해하는 것이 중요하다.

㉠ 현재문제의 역사 : 증상이 무엇인가, 증상을 가진 사람은 누구인가, 증상이 언제 발생하였는가, 임상적 과정이 어떤 것인가에 초점을 둔다.

㉡ 핵가족의 역사 : 두 부모가 만난 시점에서 현재 시간까지를 평가한다. 둘이 만났을 때의 연령, 직업, 구혼기간의 상황, 결혼, 첫자녀 출생 이전의 시기, 자녀출산이 가족에게 미친 영향, 각 자녀의 현재 기능, 가족이 살아온 장소와 이사 기간 그리고 이사했을 경우 확대가족과의 거리 등이 중요 평가 영역이다. 이 모든 자료들은 집합적으로 핵가족 정서체계의 양상을 보여 준다.

㉢ 남편과 아내의 확대가족체계의 역사 : 남편과 아내 각각의 형제출생순위, 가족에서의 형제간의 정서적 과정, 부모의 과거와 현재의 기능, 부모의 건강, 교육, 직업, 결혼역사와 형제와 관련된 영역, 남편 또는 아내의 가족 분화수준을 평가하기 위해 남편 출생가족의 과거와 현재의 상대적 안정성과 불안정성 평가, 확대가족과의 물리적 거리, 출생가족과 남편의 정서적 접촉의 질 평가, 확대가족의 사건, 사망, 이혼 등 자료를 수집한다.

㉣ 가족도표 작성 : 3세대 이상에 걸쳐 가족구성원에 관한 정보와 그들 간의 관계를 도표로 기록하는 것으로써 지도를 보듯이 한눈에 가족구성원간의 관계를 볼 수 있다. 이것은 반복적 경향의 가족유형을 발견하거나 평가 및 치료에 용이한 지침으로 활용된다.

② 상담기법 및 방법

㉠ 두 성인과 상담자의 삼자관계체계(전형관계)

- 성숙하고 분화가 잘된 배우자를 선정하여 일정기간 상담을 진행함으로써 가족의 수보다는 오랫동안 지속된 정서적 삼각관계를 깨뜨릴 수 있는 사람이 바로 가족 내에 있는 가족구성원이라고 본다.
- 두 사람의 성인과 자신을 포함한 삼자관계의 상황에서 상담을 하는 것으로써 비록 지적된 내담자가 어린이(IP)라 하더라도 문제의 근본 원인이 부모에게 있다고 본다.

- 불안이나 가족구성원간 장애가 있는 가족체계에 중요한 타인(친구, 선생, 성직자 등)의 참여가 가족구성원간 관계를 수정시킬 수 있다고 가정함으로써 그 중요한 타인이 삼각관계에 빠져들지 않은 상태로 그 역할을 담당할 수 있다고 본다.

㉡ 이상적인 상담방법

- 강한 정서적 표현이 없는 조용하고 직접적인 상담
- 정서적으로 상담자는 탈삼각관계를 유지
- 부부간에 일어날 수 있는 정서적 긴장을 피하기 위해 각자 서로에게 말하지 않고 상담자에게 말하게 한다.
- 각 배우자가 표현한 생각을 되도록 해석하지 않는다.
- 부드러운 질문을 통해 감정을 완화시키고 부부로 하여금 어려움을 야기시킨 원인에 대해 생각하도록 한다.
- 서로를 질책하거나 해결책을 얻으려고 일치를 도모하지 않고, 각자의 관계에서 어떤 역할을 하는지를 탐색하는 데 초점을 두도록 권한다.
- 가족에 따라 5~10회 또는 20~40회의 상담을 필요로 하는 경우가 있다.

2) Satir의 의사소통 가족상담 이론

의사소통 가족치료 이론은 California의 Palo Alto에 있는 Mental Research Institute (MRI)에서 1960년을 전후해 발달한 것으로 의사소통 과정에 초점을 두는 접근법이다. 즉, 가족체계 내에서 현재 일어나고 있는 상호작용에 초점을 두고 언어적, 비언어적 의사소통을 연구함으로써 가족체계를 파악할 수 있다는 것을 전제로 한 이론이다. 대표적으로 D. Jackson, J. Haley, V. Satir 등에 의해 많은 연구가 이루어졌다.

(1) 의사소통 이론의 기본 명제

① 모든 행동은 의사소통이다(침묵, 의기소침 등도 의사소통의 하나이다.).

② 모든 의사소통은 '내용(정보전달)'과 '관계(정보가 받아들여지는 방법, 인간관계)'의 두 가지 차원을 가지고 있다.

예) "창문을 좀 열어 주시겠어요?" → 동등관계

"그 창문을 좀 여시오" → 상하관계

③ 의사소통은 중단 없이 계속되는 순환적 상호교환의 연속이다.

④ 의사소통은 언어적, 비언어적 체계를 가지고 있으므로 모든 행동과 의사소통은 '상황' 안에서 검토되어야 하며 상황에 대한 고려 없이는 완전한 이해가 있을 수 없다.

예) 눈물 ; 감격 또는 슬픔 / 미소 ; 용납 또는 경멸적인 거부

⑤ 의사소통 유형은 의사소통이 일어나는 상황 내의 환류(feedback)로 인해 반복된다. 의사소통이란 관계를 규정하고 정해진 규칙에 따라 가족규칙을 형성(언어+비언어)하는 것으로서 가족구성원의 행동을 형성시킨다.

예) 앉는 배열과 자세 ; 경계, 위계, 연합, 삼각관계 등

자녀 보는 눈길, 남편 의식하는 부인 목소리, 부모 눈치를 보는 자녀 ; 역할, 규칙, 분위기, 위계 등을 나타냄.

(2) 의사소통 이론의 주요 개념

① 순환적 원인론(circular causality)

가족체계는 상호작용하는 개인들의 집단으로서 한 가족구성원의 변화는 다른 가족구성원들에게 영향을 주고 나아가 가족 전체에 영향이 전파된다.

② 역설적 의사소통

여러 경로를 통해 일어나는 의사소통은 메시지가 항상 일치하기보다는 수정, 보완, 강화, 부정되는 수가 많다.

③ 이중구속

한 사람이 다른 사람에게 논리적으로 상호 모순되거나 일치하지 않는, 즉 두 가지 메시지를 동시에 전달하는 것이다.

④ 가족규칙(family rules)

가족규칙은 가족구성원들의 행동을 규정, 제한하는 등 가족생활을 이끌어 가는 가족구성원의 역할, 활동, 행동 등 중요한 것들에 대한 상호간 기대를 부여함으로써 안정된 체계의 유지를 위한 가족의 상호작용과 기능을 규정한다.

⑤ 가족항상성(homeostasis)

가족체계는 지속적인 상호작용 체계의 안정된 상태를 유지하려는 속성을 지니는데 이를 항상성이라 한다.

⑥ 대칭적 관계와 보완적 관계

의사교환자가 흔히 경쟁자 관계 속에서 반응이 있는 쪽에 영향을 주고 다시 다른 한쪽의 반응을 상승시키는 효과를 가져와 언쟁과 싸움형태로 발전하는 경우가 대칭적 관계이며, 의사교환자가 우월－열등관계일 경우 다른 한쪽을 보완하는 경우가 보완적 관계이다.

(3) 의사소통 가족상담의 상담 목표

의사소통 가족상담의 상담 목표는 가족구성원 간의 자아존중감을 높여 주어 가족체계 내의 잘못된 의사소통을 인식하게 하고 그런 역기능적인 의사소통을 성장지향의 방향으로 교정함으로써 가족구성원들이 건강하게 상호작용을 유지하도록 돕는 데 있다.

(4) Virginia Satir 이론체계

① 의사소통 이론

㉠ 가족생활의 가장 기본적인 기능인 네 가지 측면(자기가치, 의사소통, 가족규칙, 사회와의 연결성)의 하나로 간주된다.

㉡ 정상가족 : 가족의 기능을 잘 수행하고 있으며 표면상 어떤 증상이나 문제가 없고, 활력이 있으며 가족구성원들이 높은 자기가치 감정을 가지고 있으며, 의사소통이 직접적 구체적으로 정직하고 명확하며 가족규칙은 융통성이 있고 적절하여 변화를 받아들이고, 사회와의 관계에 개방적, 희망적인 경향을 보인다.

㉢ 문제가족 : 자기가치 감정이 낮고, 의사소통은 간접적이고 애매 모호하며, 가족규칙은 경직되고 비인간적이어서 타협이 불가능하고, 사회와의 관계도 두렵고 산만, 비난적이다.

㉣ 상호작용적인 상황에서의 모든 행동은 의사전달 가치를 가지고 있고, 가족관계 속에서도 의사소통 과정을 만들어 낸다.

㉤ 의사소통은 경제 사회적 계층이 어떠하든지 간에 기본적으로 인간관계를 필요로 하는 인간의 정서적 관계를 의미한다고 봄으로써 의사소통의 정적 또는 감정 측면을 강조하였다.

② 주요개념

㉠ 자아존중감 : 인간의 기본욕구이다. 자기 자신에게 가지는 애착, 사랑, 신뢰, 존중, 가치로움을 의미하는 것으로서 핵심적이고 기본적인 개념으로 사용된다. 자기가치감과 존중감은 주로 부모와의 관계를 중심으로 하여 이루어지는 것으로 부모가 자녀를 가치 있는 인간으로 생각하고, 자녀에 대해 만족하고 있음을 보여주며, 부모로서 부부로서 기능적인 남녀관계를 보여줄 때 자기존중 감정을 얻게 된다. 반면에 부모가 부적절한(역기능적) 의사소통의 모델을(심한 욕설, 부적절한 용어 사용) 계속하면 아동의 자부심 발달이나 부모와의 의사소통 과정을 통한 자기상을 만들어 가는 데 장애를 초래하게 된다.

㉡ 의사소통 : 언어적 의사소통 뿐만 아니라 비언어적 의사소통까지 포함하는 것으로서 상호작용이나 상호교류(interaction or transaction)를 의미하며 메시지를 주고받는 사람들이 사용하는 모든 상징들과 암호들을 포괄한다.

㉢ 역설적 의사소통(대화)의 유형 : 스트레스를 받고, 자존심이 상하거나, 가치상실, 두려움, 보복의 걱정, 관계 단절을 두려워한다. 짐이 되고 싶지 않은 상황에서 언어적 메시지와 비언어적 메시지 의미 등이 불일치함으로써 역설적인 의사소통이 나올 수 있다. Satir는 역설적 의사소통의 유형을 다음과 같이 네 가지로 분류하였다.

• 회유형(placating) : 자신을 무가치하게 여기고 다른 사람들이 요구하는 대부분의 것에 동의하거나 상대방이 원하는 대로 행동하고, 희생적이며 다른 사람을 화나게 하지 않으려고 노력하면서 잘못되어 가는 모든 것을 자신의 책임으로 돌리려고 한다.

• 비난형(blaming) : 다른 사람을 비난하는 것을 통해 상대방을 통제하려하는 사람으로서 자기주장이 강하고 독선적, 명령적, 지시적, 적대적, 권위적, 폭력적이다. 흔히 잘못을 남의 탓으로 여기고 다른 사람의 가치를 무시하지만, 그들 자신의 내면은 외롭고 긴장감으로 가득 차 있으며 남을 비난하는 것은 도움을 구하기 위한 행동으로 해석된다.

• 초이성형(computing) : 모든 일을 비판, 분석, 비평하는 등 지나치게 이성적 · 합리적이며 객관적인 자료나 논리에 근거해서 의사소통을 하고, 항상 올바른 것을 추구함

으로써 모든 일에 있어서 완벽함을 추구(비인간적 인격으로 보임)한다. 때로 자기 자신과 다른 사람을 위해 필요한 자신의 정서적 감정을 숨기게 되는데 대체로 내면은 약해서 감정적으로 상처받기 쉬운 사람이 사용하는 역기능적 의사소통 유형으로 분류된다.

- 산만형(distracting) : 말하거나 행동하는 것이 다른 사람과 일치하지 않고 상황에 맞지 않는 말을 하며 비합리적이고, 책임 없는 말을 하며, 다른 사람의 질문을 무시하고 신체 부위를 계속 움직이는 등 주의 산만한 반응을 계속한다. 내면적으로 외로움과 공허감을 느끼지 않도록 끊임없이 움직이며 다른 사람을 혼동시키게 된다.

위의 네 가지 의사소통의 유형은 자신의 전체 혹은 부분을 숨기는 방법으로 감정을 숨김으로써 상처 입지 않기 위해 사용하는 방어기제이다. 거의 낮은 자아존중 감정을 가지고 있어 성숙을 방해하는 요소가 된다.

③ 상담목표

궁극적으로 인간으로서 좀더 충분히 발전하기 위한 개인의 잠재력을 증진시켜 성숙하도록 하는 것으로써 가족구성원들의 성숙 정도를 발전시키기 위해 무엇보다 가족의 직접적이고 분명하고 정직한 의사소통 능력을 향상시킴으로써 자기가치, 자아존중 감정을 갖도록 하여 자아성장을 추구하는 것이다.

3) Minuchin의 구조적 가족상담 이론

(1) 이론적 배경

Minuchin의 구조적 가족상담은 1970년대 미국에서 가장 인기 있고 영향력 있는 상담기법으로 알려져 있었다. Minuchin은 개인에게 초점을 두되 가족 내의 개인에게 초점을 두었다. 이 때 가족은 하나의 전체이면서 부분들로 나뉘는 구조를 가지고 있으며, 가족의 문제는 가족구조 내의 질병이 존재하기 때문이라고 본다. 따라서 가족의 조직 또는 구조를 변화시키는 것에 관심을 두고, 그 가족조직의 구조변화는 조직 내의 구성원들의 위치, 역할, 기능을 변화시킨다고 믿는다.

(2) 주요개념

① 구조

가족 내 상호작용의 형태로 보이지 않는 일련의 기능적 욕구로서 가족구성원끼리의 상호작용법과 연속성, 반복, 예측되는 가족행동 등을 조직한다. 가족의 구조란 서서히 형성되어지는 것으로 가족구성원들 간의 위계구조(부모와 자식의 다른 수준의 위치) 속에서의 상호작용과 가족상호 간에 갖는 기대로 인해 습관화된 역할, 규칙, 양식들을 의미한다. 가족이란 밖으로 큰 사회의 다른 체계(상부체계)와 안으로는 여러 소체계(하위체계)로 구성되어 있다.

② 가족의 하위체계

㉠ 부부하위체계 : 배우자 간에 상호보완과 적응이란 기술을 필요로 하는데 이 때는 각자의 입장을 서로 존중하면서 상대방이 성공적으로 기능하는 행동양식을 발전시킬 수 있도록 합류하고 협조하는 것을 의미한다. 이 때 부부하위체계는 내부적으로 적절한 경계선이 형성되어야 하지만 또한 외부적으로도 다른 체계(부부－시어머니 또는 부부－첫자녀)로부터 적절한 경계가 형성되어야 한다.

㉡ 부모하위체계 : 첫자녀가 태어나면서 형성되는 체계로서 자녀의 발달에 따른 자녀양육, 지도, 통제 또는 부모로서 가족규칙 설정 등의 기능을 요구한다. 이 때 부부하위체계를 특징짓는 상호간의 정서적 지지를 적절하게 함으로써 자녀를 사회화하는 것이 중요하다.

㉢ 형제하위체계 : 형제들과의 상호작용 속에서 서로 지지, 분화, 희생자가 되기도 하는 과정을 통해 협동, 협상, 경쟁, 반대, 친구 만드는 방법, 자신을 보호하는 방법 등을 배운다.

③ 가족구조 내의 경계선

가족 간에 분화 정도, 즉 가족원 간의 허용할 수 있는 접촉의 양과 종류 또는 침투성(얼마나 자유롭게 서로 관여할 수 있는가)을 규정하는 가족규칙이다. 이 때 가족이 적절한 기능을 유지하기 위해선 하위체계의 경계선을 분명히 하고 지나친 방해 없이 각자의 기능을 발휘할 수 있도록 규정해 주어야 한다.

㉠ 밀착된 경계선(enmeshed boundary) : 가족구성원 사이의 구분이 분명치 않고 거리감이 거의 없으며 강한 소속감 때문에 자율성 또는 자발적인 문제 대처를 방해받는다. 경계선이 심하게 밀착된 경우 한 구성원의 행동이 즉각적으로 다른 구성원에게 영향을 준다.

㉡ 유리된 경계선(disengaged boundary) : 가족구성원들 사이의 경계가 경직되고 분명하여 침투가 불가능하다. 즉, 각자 자율적으로 기능할 수 있는 독립성을 지니지만, 소속감이 부족하고 도움이 필요할 때 원조를 요청할 능력이 부족하다. 의사소통에 어려움이 있으며 가족의 기능을 수행하기 어렵다.

㉢ 명확한 경계선(clear boundary) : 하위체계 간의 이상적인 경계로서 가족구성원들이 서로 지지적이고 돌보며 상호 간의 자율성도 존중한다.

④ 정상적 가족

가족구성원 간의 경계가 분명하고 '우리'라는 집단에 소속된 의식을 가지고 있으면서 자의식을 잃지 않는, 즉 각자의 개성을 잃지 않고 동시에 가정에 대한 소속감도 유지함으로써 바람직한 가족기능이 이루어지는 가족이다.

(3) 상담방법

① 합류

상담자가 가족 간의 상호교류에 합류함으로써 기계적 혹은 조작적인 행동을 통해 가족구성원들이 의도적으로 반응하도록 요구하는 등 가족구성원들 상호 간의 상호교류를 다루는 기법이다.

㉠ 유지 : 가족구조에 대한 충분한 이해와 분석을 통해 가족구성원의 상호작용을 파악하고 더불어 있는 그대로의 가족구조를 유지시키면서 가족구성원과의 접촉을 유지하는 것이다.

㉡ 추적 : 가족의 의사소통과 행동 내용을 추적하고 계속하도록 권장하고, 내담자가 말하는 것에 대해 도전 혹은 강요하지 않고, 오히려 반복 질문, 관심 표현(네, 그러세요)을 통해 이야기를 지속할 수 있도록 조정한다. 가족의 구조, 의사소통의 유형, 생활구조, 가족의 가치, 속성 등의 파악에 유용하다.

㉢ 모방 : 상담자는 가족들이 의사소통하는 속도, 행동적인 방법, 말하는 태도, 몸짓에 적응하고 가족의 의사소통 유형이나 행동 또는 내용(나도 성격이 급해요. 우리

집에도 그와 비슷한 일이 있어요)의 모방을 통해 가족에 합류하면서 가족구성원들이 동일시하게 되는 자기노출(self-disclosure)의 형태를 취한다.

② 가족 상호교류 유형의 실연

가족구성원들이 상담자에게 설명하는 것을 실제 당사자에게 직접 이야기하도록 격려하는 것이다. 예를 들면, 상담자가 내담자(아내)에게 "그 점에 관해 직접 남편에게 이야기해 보시지요"라고 말함으로써 내담자로 하여금 자연스럽게 갈등을 해소할 수 있도록 유도한다.

③ 과제수립

가족구성원 상호 간에 자연스럽게 이루어질 수 없는 행위를 실연해 보도록 하는 것으로서 가족의 상호교류를 증진시키고 변화를 유도하기 위해 사용되는 기법이다.

예) 상담시간 : "위치를 바꾸어 좀더 가까이 앉으세요", "3분 동안 방해하지 마세요."

상담 후 : 소리지르고 짜증내는 자녀에 대해, 불평하는 어머니에 대해, 소리지르지 않고 말하는 시간의 상황 관찰해 오기 → 자녀가 바람직하게 말할 때 칭찬하고 끝까지 들어 주기 등의 과제부과

④ 분위기 조작 / 재명명

예를 들면, 사춘기 자녀를 복종하게 하려고 지나친 통제를 가하는 어머니 앞에서 그 자녀로 하여금 공격적인 반응을 나타내게 함으로써 자녀에게 자율권을 부여하고 결국 어머니가 부드러운 태도를 보일 수 있도록 조작하여 변화의 인식을 하도록 한다. 또는 지배적인 분위기에 관해서 다른 명칭을 붙이기도 하는데, 지나친 간섭을 하는 어머니에 대해 "자녀에 대한 관심의 표현"이라고 불러줌으로써 자녀들에게 눈에 보이지 않는 실제 감정을 부각시켜 '어머니 – 자녀' 사이의 새로운 교류 유형을 촉진시킨다.

(4) 상담의 목표

구조적 가족상담의 궁극적 상담 목표는 가족의 구조를 재구조화하는 것이다. 구체적인 목적으로는 첫째, 역기능적인 상호교류 유형을 변화시키기 위해 가족구성원의 위치를 변화시키고 부모하위체계를 강화하는 것, 둘째, 명확하고 융통성 있는 경계선을 만드는 것, 셋째, 좀더 효과적으로 적응할 수 있는 대안을 발견하고 동원하는 것이다.

이를 위한 상담자의 개입 단계는 첫째, 지도자의 위치에서 가족에 합류한다. 둘째, 가족구조를 조사하고 평가한다. 셋째, 구조를 변형시키기 위해 환경을 조성하는 것이다.

4. 상담자의 역할

일반적으로 가족상담에서 요구되는 상담자의 역할은 다음과 같다.

① 교사로서의 역할

② 조정자로서의 역할, 조력자로서의 역할

③ 객관적 지각자로서의 역할

④ 안내자로서의 역할

⑤ 환경조정자로서의 역할 등이라고 할 수 있다.

또한, 가족상담자는 '중립적인 자세'를 잃지 말아야 한다. 어느 가족구성원이나 특정한 하위체계의 편이 되어서는 안 되며, 가족구성원에 대한 어떤 종류의 도덕적 판단도 하지 말고 가족의 의식, 감정수준과 다른 수준에서 전체구조를 바라보면서 가족 스스로 가족 자체 내 문제해결에 대한 자신감을 되찾도록 도와야 한다.

상담자가 가족상담에 임할 때 발생될 수 있는 문제점에는 다음과 같은 것들이 있는데 상담자는 이를 항상 유념하고 상담에 임해야 한다.

① 지나치게 많은 자료가 제공될 때

② 상담자에 대한 저항이나 열정이 느껴질 때

③ 가족에 대한 존중과 관심이 결여될 때

④ 상담자가 한 가족구성원의 편을 들 때

⑤ 한 가족구성원이 가족의 변화에 저항하려 할 때

⑥ 한 가족이 변화에 참여하지 않을 때

⑦ 상담자가 재판관 역할을 할 때

⑧ 상담자가 스스로를 보호해야 할 때(상담시간)

5. 요 약

가족상담은 기본적으로 개인이 변화되기 위해서는 그 개인이 살아가면서 관계를 맺고 있는 가족의 분위기와 맥락을 변화시켜야 한다고 봄으로써 개인의 심리적 갈등은 물론 인간관계까지 다룬다. 개인의 발달과정에서 가족으로부터 받는 크고 작은 문제들이 점차 악순환을 반복하게 되면 결국 심각한 문제행동을 낳게 된다. 비유컨대, “먹에 가차우면 검게 된다(近墨者黑)”, “나무가 크게 되길 바라는 자는 반드시 그 뿌리를 튼튼하게 해야 한다(求木之長者, 必固其根本)”, “삼밭 속의 다북쑥은 돌보지 않아도 곧게 자라고, 개흙 속의 흰 모래는 가만히 두어도 검게 된다(蓬生麻中, 不扶而直, 白沙在涅,與之俱黑/荀子)”, “낙락랑송도 밑에서 뿌리가 썩으면 위에서 잎사귀가 시든다(百仞之松, 本傷於下而末槀於上/呂氏春秋)”, 기름진 토양에서 자란 고구마와 달리 거친 땅에서 자란 고구마는 표면에 검게 홈이 패이고, 속심이 생긴다’라고 했다. 상담의 행위 자체가 인간관계와 의사소통을 주 골자로 하듯이, 가족 속의 개인들은 본질적으로 가족성원들과의 상호작용을 통해 자신의 사회화는 물론, 성숙을 하게 된다. 그러나 거친 땅처럼 생활의 터가 어려운 가족공동체 속에 오랫동안 노출되면 많은 문제점을 낳고, 근본적인 문제가 해결되지 않는 한 개인의 문제행위를 변화시키기가 힘들다. 따라서 위에서 살펴본 가족상담 이론들과 상담의 과정에서는 상담의 주요 관심을 개인 차원에서 가족구성원들의 문제로 확대함으로써 가족구성원들 전체의 노력을 통한 해결을 추구하고 있다.

우리 나라의 경우 전통적으로 가족구성원 간에 명확하게 지위와 역할이 규정되어 있으며 가족의 단결을 강조하는 특성 때문에 가족의 구조나 가족구성원들 간의 상호관계가 상대적으로 더 중요하다. 게다가 현대사회의 구조변화와 가족의 유형 변화는 가족 세대 간의 혼동과 불일치를 더욱 가중시키고 있다. 특히 청소년 문제가 증가함에 따라 가족상담 및 치료의 요구가 증가했다고 본다. 따라서 종교단체와 사회복지기관에서 이 문제를 더 심도 있게 다루어야 되겠다. 최근 ‘가정 같은 교회, 교회 같은 가정’ 운동과 “가정 바로 세우기 운동” 같은 것은 이런 관점에서 중요하다고 본다.

가족상담 활동자료

가족상담의 실제 연습 1

(이태웅 · 송헌복 '부부세미나'에서 발췌)

1 부부간의 대화법

A. 상처를 미연에 방지하기 위해서는 각자가 상대방의 관점에서 보는 것이 필요하다. 상대방의 유익을 먼저 생각한다 / 상대방의 감정을 이해한다 / 상대방의 요구를 이해한다.

◎ 남편이 아내에게서 원하는 것

[평가] • 남편 - 얼마나 받고 있나 • 아내 - 얼마나 주고 있나

[남편 - 얼마나 받았나]		[아내 - 얼마나 주었나]
1 2 3 4 5 6 7 8 9 10	(1) 자녀에게 필요한 것을 준비한다.	1 2 3 4 5 6 7 8 9 10
1 2 3 4 5 6 7 8 9 10	(2) 따뜻한 태도를 갖는다.	1 2 3 4 5 6 7 8 9 10
1 2 3 4 5 6 7 8 9 10	(3) 친절과 깊은 이해심을 갖는다.	1 2 3 4 5 6 7 8 9 10
1 2 3 4 5 6 7 8 9 10	(4) 아내로부터 인정받는다.	1 2 3 4 5 6 7 8 9 10
1 2 3 4 5 6 7 8 9 10	(5) 가정을 잘 관리한다.	1 2 3 4 5 6 7 8 9 10
1 2 3 4 5 6 7 8 9 10	(6) 도덕적인 기준을 늘 높게 갖는다.	1 2 3 4 5 6 7 8 9 10
1 2 3 4 5 6 7 8 9 10	(7) 개성미를 잃지 않는다.	1 2 3 4 5 6 7 8 9 10
1 2 3 4 5 6 7 8 9 10	(8) 자기관리를 잘한다. - 건강관리를 잘한다. - 아름다움을 유지한다. - 자기발전을 계속한다.	1 2 3 4 5 6 7 8 9 10
1 2 3 4 5 6 7 8 9 10	(9) 가정의 영적 분위기를 조성한다.	1 2 3 4 5 6 7 8 9 10

1 2 3 4 5 6 7 8 9 10	⑽ 동료의식을 준다.	1 2 3 4 5 6 7 8 9 10
1 2 3 4 5 6 7 8 9 10	⑾ 성적 요구를 충족시킨다.	1 2 3 4 5 6 7 8 9 10
1 2 3 4 5 6 7 8 9 10	⑿ 자녀를 잘 지도한다.	1 2 3 4 5 6 7 8 9 10
1 2 3 4 5 6 7 8 9 10	⒀ 격려해 준다.	1 2 3 4 5 6 7 8 9 10
1 2 3 4 5 6 7 8 9 10	⒁ 아내에 대한 자부심을 갖게 해 준다.	1 2 3 4 5 6 7 8 9 10
1 2 3 4 5 6 7 8 9 10	⒂ 시부모를 각별히 대접한다.	1 2 3 4 5 6 7 8 9 10

☞ 훌륭한 아내가 있는 가정은 남편의 안식처이다.
그런 가정의 남편은 ① 어려운 강물을 건널 수 있는 용기를 얻는다. ② 새로운 힘과 희망을 얻는다.

◎ 아내가 남편에게서 원하는 것

[평가] • 아내 - 얼마나 받고 있나 • 남편 - 얼마나 주고 있나

[아내 - 얼마나 받았나]		[남편 - 얼마나 주었나]
1 2 3 4 5 6 7 8 9 10	(1) 가정에서 어려운 일을 해 준다.	1 2 3 4 5 6 7 8 9 10
1 2 3 4 5 6 7 8 9 10	(2) 보호를 해 준다.	1 2 3 4 5 6 7 8 9 10
1 2 3 4 5 6 7 8 9 10	(3) 재정적인 면을 채워 준다.	1 2 3 4 5 6 7 8 9 10
1 2 3 4 5 6 7 8 9 10	(4) 사랑을 느끼도록 말로 표현해 준다.	1 2 3 4 5 6 7 8 9 10
1 2 3 4 5 6 7 8 9 10	(5) 감정적인 해소를 시켜 준다.	1 2 3 4 5 6 7 8 9 10
1 2 3 4 5 6 7 8 9 10	(6) 육체적으로 친밀감을 느끼게 해 준다.	1 2 3 4 5 6 7 8 9 10
1 2 3 4 5 6 7 8 9 10	(7) 결정할 수 없는 면을 정해 준다.	1 2 3 4 5 6 7 8 9 10
1 2 3 4 5 6 7 8 9 10	(8) 창의력을 가지고 자기 자신을 표현하도록 돕는다.	1 2 3 4 5 6 7 8 9 10
1 2 3 4 5 6 7 8 9 10	(9) 지적으로 자신을 표현하게 돕는다.	1 2 3 4 5 6 7 8 9 10
1 2 3 4 5 6 7 8 9 10	⑽ 친절한 태도를 갖는다.	1 2 3 4 5 6 7 8 9 10
1 2 3 4 5 6 7 8 9 10	⑾ 영적으로 지도력을 발휘한다.	1 2 3 4 5 6 7 8 9 10
1 2 3 4 5 6 7 8 9 10	⑿ 로맨스를 갖게 해 준다.	1 2 3 4 5 6 7 8 9 10
1 2 3 4 5 6 7 8 9 10	⒀ 격려해 준다.	1 2 3 4 5 6 7 8 9 10
1 2 3 4 5 6 7 8 9 10	⒁ 자신이 필요한 존재임을 느끼게 해 준다.	1 2 3 4 5 6 7 8 9 10
1 2 3 4 5 6 7 8 9 10	⒂ 친정식구들에게 사실을 그대로 말한다.	1 2 3 4 5 6 7 8 9 10
1 2 3 4 5 6 7 8 9 10	⒃ 매력적이라는 사실을 알려 준다.	1 2 3 4 5 6 7 8 9 10

☞ 훌륭한 남편이 있는 가정은 아내의 일터와 보금자리이다. 이런 가정에서 아내는 계속 발전한다.

〈워크숍〉 자신이 기록한 것을 보고 남편은 아내에게, 아내는 남편에게 자신이 불충분했던 점들에 대해서와 앞으로 어떻게 이를 개선할 것인가를 편지로 쓰십시오.

◎ 부부 대화의 정도 측정

숫자의 평균을 내어 우리 부부의 대화 정도를 평가해 보고 개선점을 찾아보자.

◎ 부부 대화의 모형 측정

공격형, 묵상형, 아첨형, 수선형, 설득형

※ 결혼생활—"두 사람 모두 승리할 수 있는 유일한 경기(Norman Wright)"

위의 정의에서 생각나는 점들 "경기", "승리"를 주제로 토론해 보자.

◎ 기술 발견

- 남편이나 아내의 꿈에 대해 의견을 나누어 본다.
- 남편이나 아내의 기대에 대해 서로 확인해 본다.
- 남편이나 아내의 감정을 솔직히 표현해 본다.
- 남편이나 아내의 잠재력을 평가해 본다.

◎ 연합을 촉진하는 경험으로 자라온 배경을 이야기해 보자.

정확히 "아는 것"은 이해와 용납의 기초가 된다.

- 감정을 서로 나누기
  (심각한 의미와 감정을 서로 이야기하는 것 → 가장 깊숙한 형태의 친밀감)
- 감정을 나누었을 때의 기분을 말해 보자.
- 감정을 나누고 싶은 때가 언제인가?
- 감정을 나눌 수 있는 분위기가 어떤 것인가?
- 감정을 나눌 수 있는 대상은 누구 누구인가?
- 감정을 파묻어 두었을 경우엔
  - 상태 ……
  - 반응 ……
  - 결과 ……

- 감정을 나누는 대화의 요령
  - 나는 좌절감을 느낄 때 보통……
  - 배척을 당하면 나는……
  - 나는 지금……
  - 나는 처음 만나는 사람을 대하면……
  - 나를 초조하게 만드는 상황에서는……
  - 나는……감정을 느낄 때 다른 사람의 도움이 가장 필요하다.
  - 가장 불편한 모임에서 나는……느낌을 갖는다.
  - 나는……때에 가장 편안하게 느낀다.
  - 나 자신이 싫어질 때 나는……느낀다.
  - 내가 가장 말하기 두려워하는 것은……
  - 나는 지금……을 느끼고 있다.

◎ 기대와 소원 말하기

- 남편이 해 주기를 바라는 것을 말해 보자.
- 남편이 하지 않기를 바라는 것은 무엇인가?
  - 전달할 수 있는 기회는?

  - 전달할 수 있는 때는?

  - 전달할 수 있는 방법은?

◎ 사랑의 모습을 나눈다.

사랑의 표현법

• 남편이 나를 사랑한다고 표현하는 방법 5가지 :

• 내가 남편을 사랑한다고 표현하는 방법 5가지 :

◎ 양성에 대한 생각을 서로 나눈다.
내가 생각하는 남성다움은?

내가 생각하는 여성다움은?

◎ 칭찬하는 표현 개발하기
"회전하는 대화" Hernan Green(손과 손, 무릎과 무릎, 눈과 눈)
언어표현법, 비언어표현법으로 실천해 보자.

◎ 인격의 통합을 바라본다.

부부는 하나의 단위이다.

자신의 특성을 5가지씩 적어서 모두 합쳐 본다.

어떤 가능성이 있을까? 성장 잠재력을 열거해 보자.

◎ 신뢰를 평가하고 쌓아간다.

게임 : 장님 인도하기(5분 산책)

- 언제, 왜 남편을 신뢰하는가?
- 언제, 왜 남편을 불신하는가?
- 신뢰의 감정과 표현의 증진을 위한 계획

<정서지수 측정법>

다음 물음에 솔직하게 대답하고, 그 이유를 아래에 쓰십시오.

* 1~9 중 한 숫자를 쓰십시오. 질문에 대해 수긍하는 강도가 강할수록 번호가 높아지는 것입니다.

1. 화를 잘 낸다. (　　)
   왜 :
2. 근심이 많다. (　　)
   왜 :
3. 불안하다. (　　)
   왜 :
4. 불만스럽다. (　　)
   왜 :
5. 앞날이 걱정된다. (　　)
   왜 :
6. 남이 잘 되는 것이 싫다. (　　)
   왜 :
7. 지금 생활이 만족스럽지 않다. (　　)
   왜 :
8. 직장 생활이 짜증스럽다. (　　)
   왜 :
9. 주변 사람 모두는 나의 경쟁자다. (　　)
   왜 :
10. 비난받는 것이 두렵다. (　　)
    왜 :
11. 일이 잘 되지 않아 짜증스럽다. (　　)
    왜 :
12. 보기 싫은 사람이 너무도 많다. (　　)
    왜 :

합계 :

*총점이 12점에 가까울수록 정서지수는 높아지고, 108점에 가까울수록 낮아집니다.

가족상담의 실제 연습 2

2 신뢰 증진을 위한 대화법

- 나는……때에 당신이 나를 가장 신뢰한다고 느낀다.
- 나는……때에 당신이 나를 가장 신뢰하지 않는다고 느낀다.
- 당신이 나를 신뢰할 때 나는……느낀다.
- 나는 당신이 나를 신뢰하지 않을 때마다……느낀다.
- 우리가 불신하는 실제적 이유는……이다.
- 당신이……하면 불신을 전달하는 것이다.
- 당신이……하면 신뢰를 전달하는 것이다.
- 나는……으로써 나에 대한 당신의 신뢰를 증진시킬 수 있다고 생각한다.
- 나는……으로써 당신에 대한 나의 신뢰를 증진시킬 수 있다고 생각한다.

◎ 친밀감을 평가하고 이해한다.

성의 친밀감 10 ├─┼─┼─┼─┼─┼─┼─┼─┼─┼─┤ 0

감정적인 친밀감 10 ├─┼─┼─┼─┼─┼─┼─┼─┼─┼─┤ 0

일의 친밀감 10 ├─┼─┼─┼─┼─┼─┼─┼─┼─┼─┤ 0

위기의 친밀감 10 ├─┼─┼─┼─┼─┼─┼─┼─┼─┼─┤ 0

헌신의 친밀감 10 ├─┼─┼─┼─┼─┼─┼─┼─┼─┼─┤ 0

영적 친밀감 10 ├─┼─┼─┼─┼─┼─┼─┼─┼─┼─┤ 0

지적 친밀감 10 ├─┼─┼─┼─┼─┼─┼─┼─┼─┼─┤ 0

◎ 부정적인 감정을 나눈다.

말하지 않은 갈등과 나쁜 감정을 쌓아 두지 말고 솔직히 표현해 본다.

◎ 다음 말 중에서 가장 적합하다고 느껴지는 표현은

① 당신이 그렇게 나를 찢어 놓으니 불쾌하군요.

② 당신은 언제나 나를 꼼짝 못하게 하는 것 같아요.

③ 당신은 무엇이든지 잘 알고 계시잖아요, 그렇지요?

④ 저런, 내가 원더우먼이 아니라서 안 됐군요.

⑤ 당신이 그런 말을 하면 배신당한 느낌이 들어요.

◎ 부정적인 감정 표현 훈련

- 당신은 경솔해요 ⇨

- 아니 왜 이렇게 소리를 지르고 야단이에요? ⇨

- 아휴 못살겠어! ⇨

- 꼴도 보기 싫어요! ⇨

- 당신 정말 너무해요! ⇨

- 아니 어쩌고 어째요? ⇨

- 어떻게 그런 실수를 할 수 있어요? ⇨

- 다 집어치워요! ⇨

- 그래요, 당신이 언제나 최고지요 뭐! ⇨

- 알았어요, 알았어! ⇨

가족상담의 실제 연습 3

3 부부 관계 진단과 목표 설정

1. 당신의 부부관계에 있어서 가장 개선되어야 할 부분은 무엇인가?

2. 지금 현재 최우선권을 두고 있는 것은 무엇인가?

3. 어떤 분야가 가장 쉽게 개선될 수 있는가?

4. 어떤 분야가 개선되는 데 가장 많은 시간이 걸릴까?

5. 단기 목표로 개선될 수 있는 것은 어떤 면이 있을까? (몇 개월 정도로)

6. 장기 목표로 세울 수 있는 것은 어떤 것일까? (1년 이상)

【행복한 부부대화를 위한 가이드 라인】

「욥기 19 : 2」 너희가 내 마음을 번뇌케 하며 말로 꺾기를 어느 때까지 하겠느냐?

「잠언 18 : 21」 죽고 사는 것이 혀의 권세에 달렸나니 혀를 쓰기 좋아하는 자는 그 열매를 먹으리라.

「야고보서 3 : 8-10」 혀는 능히 길들일 사람이 없나니 쉬지 아니하는 악이요, 죽이는 독이 가득한 것이라. 이것으로 우리가 주 아버지를 찬송하고 또 이것으로 하나님의 형상대로 지음을 받은 사람을 저주하나니, 한 입으로 찬송과 저주가 나는 도다. 내 형제들아, 이것이 마땅치 아니하니라.

「베드로 전서 3 : 10」 그러므로 생명을 사랑하고 좋은 날 보기를 원하는 자는 혀를 금하여 악한 말을 그치며 그 입술로 궤휼을 말하지 말고 악에서 떠나 선을 행하고 화평을 구하여 이를 좇으라.

1. 상대의 말이 끝나기 전까지 대답하지 말고 경청하는 자가 되십시오(잠 18 : 13, 약 1 : 19).
2. 말하기를 더디 하시고 먼저 생각하십시오. 말하기를 너무 서두르지 마십시오. 당신이 말하는 것을 상대방이 수용하고 이해할 수 있는 방법을 사용하여 말하십시오(잠 15 : 23, 28, 21 : 23, 29 : 20, 약 1 : 19).
3. 언제나 진실을 말하되 사랑 안에서 하시고 과장하지 마십시오(엡 4 : 15, 25, 골 3 : 9).
4. 상대방이 지쳐 버릴 만큼 침묵을 사용하지 마십시오. 당신이 그때 왜 말을 주저하게 되었는지 설명하십시오.
5. 다투지 마십시오. 다투지 않고도 동의하지 않음을 표현할 수 있습니다(잠 17 : 14, 20 : 3, 롬13 : 13, 엡 4 : 31).
6. 화를 내면서 대답하지 마십시오. 부드럽고 친절한 응답을 훈련하십시오(잠 14 : 29, 15 : 1, 25 : 15, 29 : 11, 엡 4 : 26, 31).
7. 당신에게 잘못이 있을 때 그것을 인정하고 용서를 구하십시오(약 5 : 16). 상대가 당신에게 잘못을 고백할 때 당신은 그를 용서한다고 말해 주십시오. 용서받음이 서로에게 확인되는 것이 부부관계에 있어 중요함을 명심하시기 바랍니다(잠 17 : 9, 엡 4 : 32, 골 3 : 13, 벧전 4 : 8).
8. 잔소리(쟁쟁거림)를 하지 마십시오(잠 10 : 19).
9. 상대방을 비난하지 마시고 오히려 그를 회복시키려고 하고 격려해 주십시오(롬 14 : 13, 갈 6 : 1, 살전 5 : 11). 만일 상대가 말로 공격하거나 비난하더라도 동일한 방법으로 대응하지 마십시오(롬 12 : 17, 벧전 2 : 23, 3 : 9).
10. 상대방의 의견을 이해하려고 노력하십시요. 그리고 그의 장점에 대해 관심을 두어 보십시오(엡 4 : 2, 빌 2 : 1–4).

<가정의 변천>

	전통적인 가정	현대적인 가정	성경적인 가정
가정의 권위	남편이 머리 됨 아내의 복종 남성 위주	권위가 없음 아무도 복종하지 않음 자기본위	그리스도 중심 남편-아내 연합 서로가 연합
역할과 적응	역할의 분리 어머니 전담 자녀 양육 운명적 결정	역할의 혼동 방임주의적 자녀 양육 미확정	역할의 분화·협동 (differentiation) 민주적인 자녀교육
부부 대화	일방적 대화 (talking at spouse) 고정됨 위축	선포식 대화 (talking past spouse) 공격적 협박	양방적 대화 talking with spouse 경청 수용
헌신	결혼이란 제도	자기 만족	그리스도와 서로에게
성생활	의무적 (남성 쾌락 위주)	자기 중심적 (자기 쾌락 위주)	헌신적 (상대 위주)

가족상담의 실제 연습 4

4 커뮤니케이션 연습

· 상대방의 입장에서 생각해 보자.
· 진실된 말, 상황에서 알맞은 말, 듣는 이에게 유익한 말만 골라서 하자.

◎ 감정 표현 돕기

감정을 용납한다.

㈎ 자녀 : 나는 아기가 미워.
부모 :

㈏ 자녀 : 생일파티가 아주 시시했어.
부모 :

㈐ 자녀 : 화가 나서 죽겠어. 다른 애들도 다 떠들었어. 선생님은 나만 야단쳐!
부모 :

◎ Case Study

직장에서 일어난 사건 : 오전에 상관이 어떤 일을 부탁했다. 곧 해 내려고 했는데 계속 바빠서 그만 퇴근할 때까지 마칠 수가 없었다. 그것을 안 상관은 벌컥 화를 내면서 소리를 질렀다.

"내가 당신에게 공연히 월급을 주는 줄 알았소?"

그는 설명을 들으려고도 하지 않고 문을 꽝 닫고 나가 버렸다. 옆의 동료는 못들은 척하고 있었다. 잔뜩 화가 나서 퇴근하는 길에 친구를 만나 그 사건을 털어놓게 되었다.

다음 반응 중 어느 것이 가장 도움이 될까 생각해 보라.

㈎ 감정 부인

"그렇게 화낼 것 없어. 화내는 사람이 바보지 뭘. 아마 온종일 피곤해서 그럴거야. 그런 일쯤 아무 것도 아니야. 자 한번 웃어 봐……. 웃는 모습이 훨씬 아름답다니까."

▶ **반 응 :**

㈏ 철학적 반응

"자, 인생이란 다 그런 거야. 세상 사는 것이 뭐 언제나 내 마음대로 되는 것은 아니지 않아? 세상에서는 완전한 것이 없는 법이야."

▶ **반 응 :**

㈐ 충 고

"아마 어떻게 해야 할지 알거야. 내일 아침 상관에게 가서 '죄송합니다'라고 말하고는 얼른 일을 해서 갖다 드려. 아무리 급한 일이 있어도 그 일부터 하면 되지 뭘. 그리고는 아무일 없었던 것처럼 잊어버리고 자기 일만 열심히 하면 되지 않겠어?"

▶ **반 응 :**

㈑ 질 문

"상관이 특별히 부탁한 일을 잊어버릴 만큼 바쁜 일들이 무엇이었어? 곧 그 일을 해 주지 않으면 상관이 화낼 것을 몰랐었어? 전에도 그런 일 있었나? 상관을 따라 나가서 설명을 좀 하지 그랬어!"

▶ 반 응:

㈒ 상대방을 옹호함

"상관의 그런 반응을 이해할 수 있겠어. 그는 아마 큰 고민이 있었을지도 몰라. 그가 더 자주 화를 내지 않는 것을 다행으로 알아야지."

▶ 반 응:

㈓ 동정

"어머나, 너무나 안 됐어. 세상에 그런 대우를 받다니. 나 같으면 울어 버렸을 거야."

▶ 반 응:

㈔ 서툰 심리분석가

"네가 그렇게 화 나는 진짜 이유는 네 상관이 어렸을 때의 네 아버지 모습을 대신하기 때문이 아닐까? 어렸을 때 너는 아마 아버지를 기쁘게 해 드리지 못할까봐 염려했을 거야. 상관이 꾸지람을 할 때 어렸을 때의 아버지에 대한 두려움이 되살아난 거지 안 그래?"

▶ 반 응:

㈕ 감정이입식 반응(상대방의 감정에 맞는 어조로)

"저런, 정말 견디기 어려웠겠구나. 다른 사람 앞에서 특히 그렇게 하루 종일 일한 다음에 그런 대우를 받는다는 것은 견디기 힘든 일이거든!"

▶ 반 응:

가족상담의 실제 연습 5

5 감정 다루는 법

1. 주의력을 집중해서 귀를 기울여 준다.
2. “오우”, “저런”, “음” 등으로 상대방의 감정을 인정해 준다.
3. 상대방의 감정을 말로 표현해 준다.
4. 상대방의 소원을 환상적으로 말해 준다.

◎ 협조 구하기

자녀에 대한 부모의 반응

㈎ 비난과 정리

문고리에 더러운 손자국

“또 더러운 손으로 만졌구나. 넌 언제나 그 버릇을 고칠래?
도대체 어떻게 된거야 ?……얼마나 말해야 알아듣겠어?……”

▶ 자녀의 감정 :

㈏ 별명 붙이기

“이렇게 날씨가 추운데 그런 얇은 옷을 입고 나서? 바보 같으니라고?”

“내가 해줄게. 네가 뭐 만질 줄이나 아니?”

“먹는 꼴좀 봐. 정말 돼지 같구나?”

“이 방이 이게 뭐니? 꼭 쓰레기통 속에 들어온 것 같애!”

▶ 자녀의 감정 :

㈐ 협박

“한번 더 해 봐라. 때려 줄거야.”

“당장 껌을 뱉지 못하겠어? 안 뱉으면 내가 입을 벌려서 끄집어 낼 테니까.”

“셋 셀 동안 얼른 옷 갈아입고 나와. 조금만 늦으면 안 데리고 갈테야.”

▶ 자녀의 감정 :

㈑ 명령

“당장 방을 치워!”

“이 짐을 좀 받아 줘. 얼른!”

▶ 자녀의 감정 :

㈒ 강의와 설교

“그렇게 책을 내동댕이치는 것이 올바른 행동이니? 생각해 봐. 다른 사람이 네 책을 네 앞에다 던지면 어떤가? 남에게 대접을 받고자 하는 대로 먼저 대접하라고 했잖아.”

▶ 자녀의 감정 :

㈓ 경고

“정신차려, 떨어지겠다.”

“조심해! 자동차에 치일라.”

“올라가지 말아라! 떨어지고 싶으니?”

"스웨터를 입어. 입지 않으면 감기 걸려."

▶ 자녀의 감정 :

(사) 순교자적 언급

"제발 좀 소리지르지 말아! 엄마가 병이 날 지경이야……
엄마가 심장마비라도 일으키면 어떻게 할래?"

"네가 엄마가 된 다음에 보렴. 그러면 아마 얼마나 힘든지 알거야."

"이 흰 머리카락 안 보여? 다 너 때문이야. 너 때문에 명이 짧아진다니까."

▶ 자녀의 감정 :

(아) 비교

"왜 좀 형처럼 못하니? 형은 무엇이든지 미리미리 해 놓지 않니!"

"영희처럼 예쁘게 앉아 봐요. 너는 하는 것이 영희 발바닥에도 못 미치겠다."

"동생만도 못하니? 동생은 더 어린데도 혼자 다 했지 않니?"

▶ 자녀의 감정 :

(자) 빈정거림

"아니 뭐라고? 내일이 시험인데 책을 학교에다 두고 왔어? 정말 똑똑하시군!"

"아니, 이 더운 데 그 옷차림이 뭐니? 아주 멋있구나 멋있어!"

"이걸 숙제라고 해 놓았어? 네 선생님은 꼬부랑 글씨도 읽을 줄 아시나 보지?"

▶ 자녀의 감정 :

가족상담의 실제 연습 6

6 협조를 구하는 법

1. 묘사한다. 내가 본 것, 혹은 문제를 말한다.
   "젖은 수건이 침대 위에 있구나!"

2. 정보를 제공한다.
   "젖은 수건 때문에 침대가 젖고 있네."

3. 한 마디로 말한다.
   "수건!"

4. 자신의 감정을 말한다.
   "엄마는 축축한 침대는 질색이야!"

5. 메모를 적는다(수건걸이 위에).
   "젖은 수건은 여기 널어 주세요!"

◎ 징계하지 않는 방법

책망하는 이유들

- 나는 나의 자녀들을 언제, 무엇 때문에, 어떻게 책망하고 있는가?

- 위의 경우 책망하지 않고 달리 대할 수 있는 방법이 없을까?

◎ 징계대신 사용할 수 있는 기술들

① 부모를 도울 수 있는 구체적인 방법을 제시한다.
② 강한 어조로 꾸지람을 한다(인격을 공격하지는 않는다).
③ 기대하는 바를 말해 준다.
④ 자녀에게 어떻게 보상하는가를 보여 준다.
⑤ 선택의 기회를 준다.
⑥ 행동을 취한다.
⑦ 자녀로 하여금 자기 잘못으로 인한 결과를 맛보게 한다.

【협조를 구할 때 주의할 점】

㈎ 묘사한다.

순수하게 자녀의 도움이 필요할 때 사용해야 한다.

예) 추운 날 현관문 근처에 서 있는 아버지. 아들이 문을 열어 놓고 들어간다.

아버지 : "문이 열렸구나."

아 들 : "아빠가 좀 닫으면 안 돼요 ? "

㈏ 정보를 제공한다.

자녀가 일생 동안 사용할 수 있는 정보를 알려 준다(내적 자신감이 생기도록).
"어른들도 내가 일단 알기만 하면 책임감 있게 행동한다고 나를 믿어 주는구나."
뒤에 모욕적인 언급이 따르지 않도록 주의한다("~ 그렇게 말해도 모르니 ? "
"~ 넌 정말 구제 불능이야!").

㈐ 한 마디로 말한다.

자녀가 주도권을 쥘 수 있는 기회를 준다.
자녀의 이름을 부르지 말라.
"○○○!" – 자녀가 자기 이름을 좋지 않은 상태와 연결시키게 됨.

㈑ 자신의 감정을 말한다.

자녀들이 그 감정을 무시한다면 ?
자신의 감정을 존중받는 자녀들은 남의 감정도 존중해 준다.
민감한 자녀 – 감정을 되받게 됨.
감정 표현 → 기대를 언급
예) 네가 동생에게 나쁜 말을 하니까 엄마가 화가 난다. → 동생에게는 좀더 부드러운 말을 쓰면 좋겠구나.

㈒ 메모를 적는다.

자녀들 – 부모로부터 편지를 받는다는 것을 기뻐한다.

(청소년 자녀들과의 대화 수단)

위의 기술을 사용할 때 자녀들이 언제나 올바른 반응을 보이는 것은 아니다. 우리의 목적은 자녀들의 기계적인 순종이 아니다.

◎ 우리 자녀들에게 가장 좋은 것

① 자녀들의 기를 죽이는 상처를 주지 않고 그들의 자존감을 높여 줄 것.
② 자녀들이 자신과 남을 귀히 여기어 협조하도록 격려하는 정서적 분위기를 조성할 것.
③ 자녀들과 인격적인 대화를 나눔으로써 그들도 그러한 자세를 갖게 할 것.

가족상담의 실제 연습 7

7 사례 연구

◎ 철이의 이야기

나는 방과 후 친구들과 운동장에서 놀고 싶습니다. 나는 집에 8시까지 가야 하는 것을 알고 있지만 놀다 보면 자주 잊어버려요. 어제도 그저께도 늦었기 때문에 엄마는 몹시 화를 내셨지요. 나는 또 엄마가 소리지르실까봐 오늘은 늦지 않겠다고 생각했는데 놀다가 친구에게 시간을 물어 보니까 벌써 6시 20분이라고 했어요. 막 집으로 달려왔지요. 엄마에게 시간을 물어 보았을 때 벌써 늦었다고 설명했습니다.

◎ 엄마의 반응

〈A〉 더 이상 변명할 것 없어. 난 이제 더 이상 널 믿을 수 없어. 오늘도 벌을 받아야 해. 오늘부터 일주일 동안 텔레비전을 못 보게 할 테야. 엄마가 집에 없을 때에도 아줌마에게 지키도록 할 테니까. 오늘도 저녁식사가 다 끝났으니까 네 방으로 가.

▶ 철이가 혼자 하는 말:

〈B〉 오! 철이야, 뛰어오느라고 땀이 났구나. 자아 이 수건으로 땀을 씻어라. 다시는 늦지 않겠다고 약속해. 이 엄마가 신경이 곤두서서 못 살겠다. 어서 손씻고 밥 먹어야지. 다 식었을 텐데. 다시 데워 줄까?

▶ 철이가 혼자 하는 말:

〈C〉 그렇게 애를 썼다니 정말 기쁘구나. 그렇지만 아직도 엄마는 마음이 썩 좋지가 않구나. 다시는 그렇게 걱정하고 싶지 않다. 집에 6시까지 꼭 와야 해. 우리는 저녁 식사가 다 끝났단다. 밥이 하나도 안 남았구나. 그렇지만 냉동실에 어제 먹고 남은 피자 한 조각이 있으니까 네가 좋다면 먹도록 해라.

▶ 철이가 혼자 하는 말 :

◎ 과제

① 한 주간 동안 자녀들을 징계하지 않고 교육하는 수단을 사용해 보라. 어떤 방법을 사용했으며 자녀들의 반응은 어떠했을까?

② 우리 가정에 종종 일어나는 문제를 어떤 방법으로 해결할 수 있을까를 생각해 보라.

◎ 징계 대신 예방

① 자녀의 인격을 공격하는 대신 나의 감정을 강력하게 표현한다.

"새로 산 가위가 물에 젖어서 녹이 난 것을 보니 정말 화가 나서 못 견디겠어!"

② 내가 기대하는 바를 말한다.
"엄마 물건은 썼으면 꼭 제자리에 갖다 놓도록 해!"

③ 자녀에게 어떻게 하면 깨끗하게 할 수 있는가를 가르친다.
"지금 이 가위는 수세미로 닦아 내고 기름칠을 좀 하면 훨씬 나아질 거야."

④ 자녀에게 선택의 여지를 남긴다.
"엄마 물건을 쓰고 제자리에 놓든지, 아니면 다시는 쓸 수 없어. 네가 결정해."

⑤ 행동을 취한다.
자녀 : 엄마 왜 바느질 그릇을 감추어 놓았어요?
엄마 : 네가 그 이유를 말해 보렴.

⑥ 문제해결의 단계로
"네가 남의 물건을 쓰고 제자리에 놓아서 남이 필요할 때 쓸 수 있도록 하기 위해 어떻게 하면 좋을까?"

가족상담의 실제 연습 8

8 칭찬하는 법

◎ 다음과 같은 칭찬을 받을 때 마음 속으로 어떤 생각이 들까?

① 갑자기 손님이 오셔서 집에 있던 라면을 끓이고 계란을 넣어 내놓았다.
손님 : 요리 솜씨가 대단하시군요.
▶ 내적 반응 :

② 집에서 입던 바지에 스웨터를 걸치고 시장에 나갔다가 남편 친구를 만나 인사했다. 그 날 저녁 만찬 초대에서 바로 그 사람을 다시 만나게 되었다. 그 사람이 다가와서 아래위로 쳐다보면서 "부인은 언제나 옷을 우아하게 입으시는군요."
▶ 내적 반응 :

③ 수영 강습을 시작한지 3개월. 간신히 물에 뜰 수 있는 정도가 되었다. 겨우 물 속에서 헤엄을 치고 나오는데 함께 수영 강습을 받던 친구가 말한다.
"운동신경이 아주 많이 발달하셨군요!"
▶ 내적 반응 :

④ 시장에서 생선을 샀다. 도미를 두 마리 골랐다. 생선 장수 아저씨 "참 잘 고르셨습니다.", "좋은 생선 잡수실 줄 아시는군요!"

▶ 내적 반응 :

◎ 자녀에게 칭찬해 주었는데 자녀의 반응이 좋지 않은 상황을 말해 보라.

예) 그림을 가지고 온 자녀

자녀 : 엄마, 이 그림 어때요?

부모 : 아, 너무 잘 그렸구나.

자녀 : 이 그림 좋아요?

부모 : 좋으냐고? 너무나 멋있는데…… 기가 막혀!

자녀 : 별로 좋아하지 않는군요. 그렇지요?

◎ 칭찬할 때 생각해야 할 두 가지

① 어른은 자기가 보거나 느낀 것을 긍정적으로 묘사한다.

② 칭찬을 들은 후에 자녀가 자기 자신을 칭찬할 수 있어야 한다.

예) 4살 박이 아들이 유치원에서 연필로 이리저리 긁적거린 종이를 보이면서

아들 : 엄마 나 그림 잘 그렸지?

엄마 : 그럼, 참 잘 그렸구나. 아주 멋있는데…….

아들 : 엄마 나 그림 잘 그렸지?

엄마 : 자, 보자. 여기는 이렇게 동그라미도 있고 여기는 둥글게 그린 선들이구나.

아들 : 그래요. 내가 동그랗게 그렸어요.

엄마 : 어떻게 그렇게 할 수 있었어?

아들 : 내가 미술가야.

◎ 과제

① 내 자녀에 대해 내가 좋아하는 점은?

② 나의 자녀가 최근에 잘한 일을 내가 언급해 주지 않은 것은?

③ 묘사적 칭찬 기술을 발휘해서 나의 자녀에게 어떻게 말할 수 있을까?

【칭찬과 자존감】

◎ 평가하지 말고 묘사한다.

① 자기가 본 바를 묘사한다.
예) "바닥은 깨끗하고, 이부자리는 예쁘게 개켰고, 책들은 선반에 나란히 꽂혀 있구나!"

② 자신이 느낀 바를 묘사한다.
예) "이 방에 들어오니까 기분이 좋은데!"

③ 칭찬할 만한 자녀의 행동을 한 마디로 요약해서 말한다.
예) "옷은 옷장에, 손수건은 윗서랍에, 양말은 아랫서랍에 예쁘게 정리해 놓았구나. 그런 것 보고 깔끔하다고 한단다."

〈칭찬할 때의 주의사항〉

가정 안에서 내가 자녀들에게 주고 있는 것 음식, 잠자리, 의복 ……

· 신체적인 면 :
· 정신적인 면 :
· 사회적인 면 :
· 영적인 면 :

① 칭찬은 자녀의 연령과 능력에 맞는 것이어야 한다.
"매일 이를 꼭꼭 닦는구나!"
- 4살짜리에게는 긍지를 느끼게 하는 말
- 10대에게는 모욕적인 말을 금한다.

② 과거의 실패나 약점에 초점을 맞춘 칭찬은 피한다.

"너 지난번에 산수에서 10개나 틀렸더니 이번엔 잘했네."

⇨ "이번엔 산수 공부를 열심히 했구나."

"이제야 그 곡을 바르게 치는구나."

⇨ "그렇게 힘있고 박자를 고르게 치니까 참 듣기 좋구나!"

"오늘은 단정하게 입었구나. 어떻게 그런 옷을 골랐지?"

⇨ "그 스커트에 블라우스는 너한테 참 잘 어울리는데!"

③ 과도한 칭찬은 자녀가 스스로 성취하려는 의욕을 저지한다.

"넌 정말 피아노에 소질이 있어. 카네기홀에서 연주할 날이 올거야."

④ 자녀가 어떤 행동에 대한 칭찬을 들으면 똑같은 행동을 계속 반복한다는 사실을 기억할 것. 처음 휘파람 소리를 낼 줄 알게 되었을 때 "야, 너 휘파람을 불 줄 아는구나!" 하면 그는 적어도 닷새 동안은 휘파람을 불어댈 것이다.

【칭찬이 좋은 30가지 이유】

① 칭찬은 바보를 천재로 만든다.
(말도 못하고 듣지도, 보지도 못하던 헬렌켈러에게 기적을 만들어 주었다.)

② 칭찬을 하면 꼭 칭찬들을 일을 한다. 칭찬하고 칭찬하라.

③ 한 마디의 칭찬이 건강을 심어 준다. 몸에서 엔돌핀이 생성되기 때문이다.

④ 칭찬을 받으면 발걸음이 가벼워지고 입에서 노래가 나오는 법이다.

⑤ 칭찬은 상대방에게 기쁨을 준다.

⑥ 본인도 모르고 있는 부분을 찾아 칭찬하라. 그 기쁨은 10배, 100배로 증폭된다.

⑦ 자기 자신을 칭찬할 줄 아는 사람이라야 남을 칭찬할 수가 있다.

⑧ 아무리 나쁜 사람이라도 칭찬거리를 찾다보면 무수한 칭찬거리가 나타난다.

⑨ 칭찬은 자신을 기쁘게 하고 상대방을 행복하게 하는 공동 승리를 안겨 준다.

⑩ 누구를 만나든지 칭찬으로 시작하여 칭찬으로 끝내라. 이 세상이 기쁜 세상이 된다.

⑪ 운동선수는 응원소리에서 힘을 되찾고 사람은 칭찬을 들으며 자신감을 갖는다.

⑫ 미운 사람일수록 칭찬을 해 주어라. 언젠가 나를 위해 큰 일을 해 줄 것이다.

⑬ 칭찬하는 데는 비용이 들지 않는다. 그러나 큰비용으로 해결할 수 없었던 부분까지도 해결해 준다.
⑭ 칭찬은 어떤 훈장과도 비교할 수 없을 정도의 큰 훈장이다.
⑮ 칭찬은 보물찾기와 같다. 보물은 많이 찾을수록 좋은 것이다.
⑯ 칭찬은 사랑하는 마음의 결정체이고, 비난은 원망하는 마음의 결정체이다. 한 방울의 꿀이 수많은 벌을 끌어 모으지만 1만 톤의 가시는 벌을 모을 수 없다는 서양속담이 있다.
⑰ 칭찬은 적군을 아군으로 만들고 원수도 은인으로 만든다.
⑱ 고객만족, 고객감동을 내세우지만 칭찬은 이 두 가지를 모두 만족시키고도 남는다.
⑲ 목마른 사람에게 물을 주는 것이 공덕이다. 사람은 너나없이 칭찬에 목마름을 느끼고 있다. 칭찬으로 변화시키지 못하는 것은 어떤 것으로도 변화시키지 못한다.
⑳ 10점을 맞다가 20점을 맞는 것은 대단한 향상이다. 칭찬을 듣고 또 들으면 30점이 되고 50점이 되다가 끝내는 100점이 되어 버린다.
㉑ 칭찬은 불가능의 벽을 깨뜨리는 놀라운 힘이 있다.
㉒ 자기를 사랑하는 사람만이 남을 칭찬할 수 있다. 먼저 자신을 사랑하라. 사랑의 눈이 만들어지면 장점만 보이는 것이다.
㉓ 상대방의 약점을 보려고 하지 말라. 약점만 찾다보면 약점만 보이는 것이다.
㉔ 사람의 참모습은 칭찬에서 나타난다. 칭찬을 통해서 행복한 가정, 신나는 세상이 펼쳐진다.
㉕ 칭찬은 부정적이고 소극적인 마음을 긍정적이고 적극적인 사고로 바꿔 준다. 내가 말하는 한마디 칭찬이 의식개혁의 시작이다.
㉖ 칭찬은 웃음꽃을 피우게 하는 마술사이다. 이 세상에서 가장 아름다운 꽃은 웃음이다.
㉗ 내가 칭찬을 하면 상대방도 칭찬을 되돌려 준다. 칭찬을 주고받는 세상이 지상천국이다.
㉘ 칭찬을 받으면 더 잘하려는 노력을 하게 된다. 더욱더 칭찬을 받고 싶은 마음이 10배의 능력을 만든다.
㉙ 칭찬을 받으면 앞길이 환하게 열린다. 마음을 열고 활력 있게 행동하면 불가능도 가능으로 바뀌어진다.
㉚ 칭찬을 하다 보면 네가 내가 되고 내가 네가 되어 모두 하나가 된다.

【가족 생활주기별 상담계획】

가족생활주기 별로 구분하여 가족들의 주증상, 가족의 문제, 상담기법과 상담효과에 대한 견해를 살펴보면 다음과 같다(정문자 · 김연희, 2000 인용).

생활주기	내담자의 주증상	가족 문제	가족 상담 모델	상담 기법	상담 횟수	결과에 대한 상담자의 견해
결혼적응기	부부갈등 (애정표현)	·	해결 중심적	척도질문 기적질문 긍정적 인정 변화확신	3	부부 각자가 변화를 위해 노력하였으며, 상대방의 작은 변화로 인해 다시 상대방이 변화하게 됨으로써 상호작용을 개선하고 변화의 확신을 갖게 되었다. 자신들을 능력 있고 사랑이 큰 부부라고 인정해 준 것을 통해 두 사람의 관계를 발전시켜 보겠다는 의지를 표명한다.
	· 가정에 불성실 · 부정적인 사고방식 · 불신감 · 불안정한 생활패턴	· 부모에 대한 양가 감정을 투사 · 부부성격 차이	전략적	· 지지기법 솔직한 표현 · 긍정적 인식	12	공감대를 형성함으로써 서로가 상대방을 이해하며 IP가 자발적으로 자신의 이야기를 시작했고, 직장생활에서 오는 갈등에 대해서도 스스로 해결의 희망이 있음을 알게 하였다. 본가와의 갈등이 있더라도 편안한 감정을 유지하고, 감정을 잘 다스릴 수 있음을 강조하였다.
	· 반복적 아내구타 · 부인과의 갈등 · 이혼불안 · 직장상사와의 갈등	· 의사소통 단절 · 형제간 열등감 · 부모의 과잉기대	인지 행동	· 과제제시 · 구체적 행동제시 및 실연 · 의사소통 · 서로인정하기	5	문제를 객관적으로 보고 부부간의 대화에 대한 해결방안도 찾고, 이를 실천하는 것에 성패 여부가 달려 있음을 인식하도록 하였다. IP가 권위적 사고 방식에 도전하여 인식을 변화시키도록 하였고, 권위적 태도가 관계에 미치는 부정적

생활주기	내담자의 주증상	가족 문제	가족 상담 모델	상담 기법	상담횟수	결과에 대한 상담자의 견해
						인 결과를 깨닫도록 하였다. IP에게 무조건적으로 의존했던 생활이 잘못 되었다는 것을 알게 되었으며, 독립된 생활을 통해 안정을 되찾을 수 있었다.
결혼적응기	· tic증상 · 집착적 · 지나친 잔걱정	· 과잉기대 · 엄격함 · '큰애노릇' 강조	해결 중심적	· 긍정적 재구성 · 긍정적 행동 · 관계성 질문 · 기적질문 · 예외질문	3	부모가 IP에게 미친 영향을 발견, 가족 환경의 맥락을 인식하게 되었다. 함께 시간 보내기, IP의 행동 재해석, 부부 대화 등을 통해 자신들의 행동을 변화시키고 IP의 행동을 긍정적으로 해석하였다. 호전된 부부관계가 자녀와의 관계에도 긍정적인 영향을 주었다. 가족의 변화 의지가 가장 큰 치료의 요소가 되었다.
자녀아동기	· 부산함 · 행동상의 문제	· 의사소통 단절 · 母과잉 보호 및 과잉개입 · 母 자신감 결여	단기 (MRI)	· 태도 명료화 · 긍정적 해석 · 의도 이해하기 · 긍정적 인정	9	초기에 제시되었던 문제에 대한 치료를 통해 새로운 상호작용의 유형을 만들고 연쇄적인 상호변화를 가져왔다. 가족원 모두의 노력을 강조하였다.
	· 위축된 행동 · 또래관계, 하고 싶은 놀이를 스스로 하지 못함	· 부부간 의사소통 단절 · 母과잉 불안	단 기 (MRI)	· 과제제시 · 과잉개입 탈피 · 재구조화 · 의사소통 개선	5	IP의 어머니가 남편과의 관계에서 자신감을 회복하면서 남편과의 관계에서 연쇄적 상호관계를 보였던 것과 IP의 위축행동 등이 개선되었다. 남편에 대한 태도를 변화시키도록 유도하면서 역기능적 상호작용을 변화시키려는 노력을 격려하였다.

생활주기	내담자의 주증상	가족 문제	가족 상담 모델	상담 기법	상담횟수	결과에 대한 상담자의 견해
자녀아동기	· 과다행동 · 부적응 행동 · 집단생활에 부적합한 행동	· 과잉기대 엄격함 · '큰애노릇' 강조	전략적	· 갈등연쇄 파악 · 역설과제 · 긍정적 행동 · 삼각관계 분리	9	부부간의 양육태도의 불일치로 인한 부부관계의 지위가 불균형을 이루면서 악순환이 지속되었던 경우였기 때문에 IP의 문제행동이 회복되어 부부관계 개선과 부부지위 정립에 영향을 주었다. 또한 IP에 강화되어 IP에 대한 양육이 균형을 이루게 됨으로써 해결되었다.
	· 실어증 · 또래와 어울리기를 싫어함 · 경기를 일으킴	· 세대간 경계 · 삼각관계 · 의사소통 문제	구조적	· 대화 추적 · 불균형 기법 · 재조직화 · 유지기법 · 상호교류 파악	10	어머니의 과잉보호와 아버지의 무관심에 대한 저항적 증상으로 IP의 실어증이 나타났다. 아버지, 어머니, IP간의 삼각관계를 완화시키고 가족 내의 경계를 증진시킴으로써 가족교류유형을 변화시켜 가족구조를 재구조화하였다. 가족공동과제를 통해 상호교류형태를 변화시키고, 이로써 해결될 수 있었다.
	· 신체적 장애(구순구개파열)	· 장애아 출산 · 父의 입양 추진 · 母와 아동 분리	절충적	· 감정표현 · 감정인정 · 긍정적 격려 · 위기직면	6	가족들이 모두 원하던 이민이었으나 IP의 장애로 아버지가 IP를 거부하였지만, 아버지로 하여금 IP를 아들로 받아들이고 양육하게 되었다. 장애아의 출생으로 인한 가족의 위기를 가족구성원들이 노력과 합의하에 극복하였다.

생활주기	내담자의 주증상	가족 문제	가족 상담 모델	상담 기법	상담횟수	결과에 대한 상담자의 견해
자녀아동기	· 출산 · 우울증 · 불안감 · 남편에 대한 의심	· 의사소통 문제 · 성격 차이 · 시누이 과잉역할	경험적	· 의심요인 제거 · 역할규정을 위한 가족의 규칙 설정 · 긍정적 인식 · Touch 기법	8	결혼기념 여행이 부부에게 획기적인 계기가 됨으로써 만족을 느끼게 되었고 IP가 개별화되어 갔다. 자부심이 낮고 남편에 대한 망상, 남편의 비언어적 의사소통이 IP의 불안을 촉진시켰다. 그러나 상담과정을 통해 남편과의 대화가 더욱 기능적으로 되었고, IP의 불안 우울 성향은 감소되었다.
	· 부부간 폭력 · 친정母 거처에 대한 갈등 · 자녀출산의 부담감	· 친정 母와의 관계 정비 · 폭력적 싸움 · 친정식구들과 남편의 의사소통	문제 해결	· 경청하기 · 비언어적 메시지 · 개방적 질문 · 폐쇄적 질문 · 요약하기	·	Brainstorming이 잘된 사례였다. IP의 어머니는 오빠의 집으로 옮겼고, 집단의 응집력과 집단원들의 적극적 참여가 효과적이었다. 문제 정의 단계에서 더 시간을 할애하고 여러 의사소통 기술이 필요하였다.
자녀청소년기	· 도벽 · 학습부진 · 친구관계 부적응 · 우울증		해결 중심적	· 잠재력 인정 · 변화를 인식 · 척도질문	2	자신의 능력과 감정에 대한 인정으로 내담자는 자신의 가능성에 기대와 의지를 나타냈고, 성공적인 경험을 근거로 희망을 갖게 되었다. 어머니도 불안감이 감소, 성공적 경험으로 안정을 이루었다.
	· 산만 · 충동적 · 수동적 · 거짓말 · 반항 · 집의 돈을 가져감	· 부부간 교육 견해 불일치 · 母의 잦은 체벌 및 불평	해결 중심적	· 척도질문 · 예외질문 · Coin toss 과제	8	좋은 생각의 실천과 부모의 노력을 인정하였다. 익숙한 자신의 행동으로 만들도록 하였다. 이 때까지의 변화를 인정하는 한편, 앞으로도 계속 변화하는 것이 중요하다는 것을 강조하고, 공동의식의 필요성

생활주기	내담자의 주증상	가족 문제	가족 상담 모델	상담 기법	상담 횟수	결과에 대한 상담자의 견해
자녀청소년기	· 이해력 부족					을 제시하였다. 작은 변화에도 확신을 갖게 되어 향상되었고, 어려움이 있다 해도 스스로 해결할 수 있다는 확신을 갖게 되었다.
	· 도벽 · 거짓말 · 부산한 행동 · 불안	· 父의 가정에 대한 무관심 · 祖母의 낭비벽 · 母가 생계유지	경험적	· 의사소통 검토 · 목표설정 · 의사소통 점검	9	경제적 갈등을 표현하게 함으로써 현재의 수입으로는 생활이 불가능함을 인식하도록 하였다. 가족의 느낌 및 바람을 구체화하도록 하였다. 의사소통기법으로 IP의 문제행동이 감소했으며, 문제의 초점을 가족, 부부의 문제로의 전환, 의사소통의 활용에 협조적이었으나 아직 할머니에 대한 가족의 태도가 변화되지 않았다.
	· 잦은 가출	· 父의 내성적 · 父의 무책임 · 母의 주장이 강함	경험적	· 상호작용 파악 · 문장완성 기법 · 연합게임	16	IP의 재가출, 거짓말의 수치심 등을 설명하고, 어머니의 체벌을 지적하며, 부부간 의사소통규칙을 세우고 따르도록 하였다. 가족원들이 서로 명백한 메시지를 전달하고 부부싸움이 감소하였다.
	· 공격적 행동 · 폭력행위	· 父의 구타 · 父의 외도 · 삼각관계	Bowen	· 문제명명, 해석 · 가족투사 관찰 · 분화정도 향상 · 역할기능 분석	·	부모의 영향으로 IP의 부모가 부적절한 부부관계를 형성하여 IP의 발병 원인으로 작용되었으며, 형제간의 유리, 스트레스를 초래하였다. IP와 부모가 새로운 관계를 정립하고, 아버지의 의존성 감소, 어머니의 관계 증진으로 정서체계가 지지체계로 환원되었다.

생활주기	내담자의 주증상	가족 문제	가족 상담 모델	상담 기법	상담 횟수	결과에 대한 상담자의 견해
	· 성적부진 · 피해의식 · 정신분열 적 증상	· 부부싸움 · 오빠와의 관계 · 경제적 문제	Bowen	· 무인도 이야기 · 지지적 치료 · 탈삼각화, 분화	·	IP의 오빠가 경제적 환경에서 오는 자존심의 파괴를 두려워하는 심한 불안을 나타내었으며, 이에 대한 방어기제로 공격적 행동이 나타났다. 점차 가족 내의 역할과 위치를 찾아가면서 탈삼각화가 이루어지고 권위가 회복되면서 각자의 역할에 성공하였고 치료가 성공적으로 마무리될 수 있었다.
자녀청소년기	· 공격적 행동 · 열등감 · 조울증 · 피해의식	· 경제적 곤란 · 고부갈등 · 의사소통 단절	전략적	· 연쇄과정 분석 · 위계구조 형성 · 지시적 과제	4	부부간의 대화, 가족의 구조를 재형성하고, 세대간 관계를 해결하였다. 부모의 문제로 인한 IP의 부적응 행동을 긍정적으로 해석하려는 시도를 하였다. 이를 통해 IP의 행동에 대한 인식이 바뀌고, 부부간의 관계 개선을 위한 가족관계의 재정립이 이루어져 IP의 문제 행동은 점차 감소하였다.
	· 정신분열적 증상 · 자살시도 · 자해행위	· 의사소통 문제 · 양육태도 불일치	의사 소통	· 인식게임 · 의사소통 개선 · 대화계기 마련 · 양육태도 일치 · 방안모색	8	부부의 비난 감소, 대화를 통해 상호 이해, 수용의 태도를 확인하였다. 부부간의 문제가 해결되면서 IP의 치료가 호전되었다. IP의 퇴원 후의 계획에 대해 함께 이야기하였다. 가족간 활동을 통해 서로 대화를 확장할 것을 제안함으로써 치료를 종결하였다.

생활주기	내담자의 주증상	가족 문제	가족 상담 모델	상담 기법	상담 횟수	결과에 대한 상담자의 견해
자녀청소년기	· 이해력 부족 · 학습부진 · 지나친 의존성 · 비자발성	부모와의 관계	해결 중심적	· 예외질문 · 기적질문 · 척도질문	6	IP가 스스로 행동하는 변화에 대해 수량화하였다. 간단한 행동은 쉽게 치료되었으나, 스스로 학습하기, 남과 어울리기 등의 행동은 최후의 치료목표로 설정하였다. IP의 변화로 가족도 변화하였다.
	· 학교거부 · 사고장애 · 공격적 행동 · 소외감 · 충동적 · 판단력의 저하 · 여성적 행동	· 父양육 태도 · 폭력 · 부부갈등 · 모자간 밀착 · 양육방법 불일치	구조적	· 합류, 적응 실연기법 · 과제제시 · 깨뜨리기 · 경계 만들기	·	부부 갈등, 세대간 연합 등으로 부자간에는 애정, 지지가 부족한 반면, 모자 체계는 자율이 부족하여 IP가 어머니에게 의존함으로써 독립성을 잃게 되었으나 치료를 통해 아버지의 영향력을 향상시키고, 분리된 부자간의 경계를 회복시키고, 모자간 적절한 분리로 독립심과 자율성이 회복되었다.
	· 우울증 · 시험불안 · 성적에 불만족 · 시험 전 신체적 증상 · 대인관계 문제 · 월경장애	· 의사소통 단절 · 母와의 관계 · 祖母의 과보호	문제 해결	· as-if 행동하기 · 환기법 · 지지 격려	10	자신에 대해 부정적인 인식을 갖고 있었으나 지지적 치료와 객관적 관점을 통해 자신감을 회복하여 남학생에 대한 집착적인 감정이 사라지고 객관적으로 문제를 보게 되었으며 감정을 처리할 수 있게 되었다. 학업에 더욱 적극적으로 임하게 되었고 친구 및 어머니와의 관계도 많이 호전되었다.
자녀독립기	· 학교기피 · 대인관계 문제 · 자살기도	· 부부간 경직된 경계 · 부부간 불만	구조적	· 모방기법 · 실연기법 · 불균형기법 · 정점에 재도전	12	가족 내부의 정서적 접촉 증대로 가족원들을 재구조화하고, 형제 하위체계를 분명히 하였다. IP의 문제를 새롭게 인식하여 치료될 수 있었다.

생활주기	내담자의 주증상	가족 문제	가족 상담 모델	상담 기법	상담 횟수	결과에 대한 상담자의 견해
		· 고부간 갈등 · 정서유대 결여		· 현실도전 기법		
	· 불면증 · 감정조절 문제 · 과대행동 · 과대망상	· 부부간 밀착 · 역기능적 구조 · 사회화 부족	구조적	· 불균형 기법 · 현실도전 기법 · 긍정적 환류 · 모방기법	10	세대간의 경계를 명확히 하고, 부모 하위체계 간의 제휴를 증진시켜 가족구조의 상호교류 유형이 변화되고 IP의 증상도 경감될 수 있었다.
자녀독립기	· 주위산만 · 학교기피 · 잦은가출 · 비행행동 · 약물남용	· 부모와의 삼각관계 · 소외감 · 가족체계 문제	구조적	· 실연기법 · 상호보완 · 현실도전 기법 · 긍정적 관점	·	재혼가족으로써 부부 하위체계 간의 경직된 경계를 보이며 분리된 가족 형태였으나, 부모 하위체계 간의 제휴를 통해 형제 하위체계에 변화를 시도하였다. 세대간의 가족 투사가 강했기 때문에 가족구성원들과의 분리가 나타났고 어려운 과정을 거쳤으나, 가족원들이 현실을 인식하고 서로에 대한 관계의 재정립의 변화를 인식한 것이 큰 변화라고 생각된다.
	· 함묵증 · 정신분열적 증상	· 父의 불성실 · 부부간 갈등 · 역기능적 관계	의사 소통	· 문제 · 명료화 · 의사소통 열기 · 과제제시 · 긍정적 지지	10	부부간 의사소통 문제에 대한 인식 변화로 행동의 변화와 가족구성원과의 관계정립을 도모함으로써 가정의 분위기와 아버지에 대한 불만으로 인한 IP의 증상을 감소시킬 수 있었다. 성숙한 부부의 의사소통 관계는 사랑과 신뢰를 바탕으로 이룰 수 있다고 말하고 함께 노력할 것을 제안하였다.

생활주기	내담자의 주증상	가족 문제	가족 상담 모델	상담 기법	상담 횟수	결과에 대한 상담자의 견해
						교육과 지시를 통해 부부는 각자의 의사소통 유형을 인식하고 보다 성숙한 의사소통 유형을 학습, 행동화할 수 있었던 것으로 평가된다.
자녀독립기	· 부부갈등 (성격 차이) · 잦은 부부 싸움	· 건강 · 재정문제 · 부인의 신경성 다리장애	Bowen	· 갈등인식 · 적극적 경청 · 차이인정	21	서로의 차이점을 인식하지 못하여 대화가 단절되고 갈등을 나타내었으나 서로 이해하고 수용할 수 있는 준비를 갖추기 시작하였다. 변화된 모습에 대해 격려하고 서로 격려와 지지를 해나갈 것을 권유하였다. 다시 갈등이 있을 수 있음을 이야기하고, 서로 간의 노력이 중요함을 인식하도록 하였다.
노년기	· 아들의 알코올 의존 행동 · 불면증 · 남편의 외도로 인한 양가 감정 · 불안감	· 남편 외도 · 원가족 갈등 · 결혼한 자녀와의 지나친 밀착	절충적	· 긍정적 인식 · 예외질문 · 기적질문 · 변화 발견 · 역기능적 역할에 대한 대결	33	지나친 불안감으로 경직되고 산만한 가족관계를 가져온 것으로 인해 IP가 가지고 있던 문제들을 스스로의 변화를 통해 재인식할 수 있도록 함으로써 가족관계를 재정립하였다. 가족 안에서 감정적 표현보다는 인지적 통찰에 초점을 두고 감정적 지지를 유지함으써 IP의 변화가 가족체계에 영향을 주었음을 알게 하였다. 지속적으로 가족 내에서의 정서체계를 이해하도록 하면서 부부 각자의 자아분화 수준을 높이는 방향으로 이끌어 간 것이 효과적이었다.
	· 죽음의 두려움	·	절충적	· 지지하기 · 격려하기	4년	IP의 삶에 대한 애착 때문이었는지, 죽음에 대한 두려움 때

생활주기	내담자의 주증상	가족 문제	가족 상담 모델	상담 기법	상담횟수	결과에 대한 상담자의 견해
노년기				· 경청하기 · 관계개선	간수회	문인지 긴 투병생활 동안 IP는 어느 누구보다도 자신의 생애 대해 스스로 책임지려고 노력했고, 거의 남의 탓을 하지 않았다. IP의 이야기를 경청하는 것으로 많은 갈등과 내재되어 있던 감정들을 순화시킬 수 있었고 편안한 죽음을 맞이하기까지의 시간을 잘 마무리하게 되었다.
	· 과음 · 폭언 · 폭행 · 이혼위기	· 의사소통 · 역기능적 관계 · 부부간 이해부족 · 부부갈등	단기 가족 치료	· 순환적 질문 · 긍정적 의미 의사소통 접근 · 상호작용 접근 · 척도질문 · 예외질문	21	IP의 과음이 부부갈등의 문제임에 따라 갈등에 대한 치료를 계획하였다. 개입단계에서 IP가 치료에 개입하도록 하였다. 전반부에서는 부부갈등이 자녀들에게 노출되었던 것에 대해 부모와 분리된 상담을 진행하였으며 후반부에는 부모와 함께 치료에 참여하였다. 마무리 단계에서 시어머니의 참석으로 재산을 둘러싼 가족들 간의 갈등이 노출되었다. 앞으로 지속적인 접근이 필요하다.

이런 사람이 되게 하소서

· 그리우면 그립다고 말할 줄 아는 사람
· 불가능 속에서도 한 줄기 빛을 보기 위해 애쓰는 사람
· 다른 사람을 호탕하게 웃길 줄 아는 사람
· 세련된 옷차림이 아니더라도 편안함을 줄 수 있는 사람
· 노래를 썩 잘하지 못해도 부를 줄 아는 용기 있는 사람
· 어린아이와 노인들에게 좋은 말벗이 될 수 있는 사람
· 음식을 먹음직스럽게 잘 먹는 사람
· 철따라 자연을 벗삼아 여행할 줄 아는 사람
· 다른 사람의 자존심을 지켜줄 줄 아는 사람
· 때에 맞는 적절한 말 한 마디로 마음을 녹일 줄 아는 사람
· 외모보다는 마음을 읽을 줄 아는 사람
· 친구의 잘못을 충고하고 자신의 잘못을 시인할 줄 아는 사람
· 용서를 구하고 용서할 줄 아는 사람
· 새벽공기를 좋아해 일찍 눈을 뜨는 사람
· 남을 칭찬하는 데 인색하지 않은 사람
· 덥다고 춥다고 솔직하게 말할 줄 아는 진실한 사람
· 어려운 이웃을 돌아보며 자기에게 자신감을 가질 줄 아는 사람
· 어떠한 형편에서든지 자족할 줄 아는 사람

주여! 은총을 베푸사 이런 사람이 되게 하소서

전통적인 가정과 현대적인 가정의 비교

전통적인 가정	→	현대적인 가정
1. 남편이 모든 것을 결정한다.	→	남편과 아내가 의논해서 결정한다.
2. 성에 의한 고정된 역할이 있다.	→	개인적 선택과 능력에 따라 역할이 다르다.
3. 남편은 부양자, 아내는 가정 주부	→	융통성 있는 역할 배분
4. 남편이 성생활을 주도하고 아내는 순종	→	부부 중 아무나 성적으로 접근을 한다.
5. 기본적으로 결혼은 위계질서를 형성하는 것	→	결혼은 동등한 동반자 관계를 수립하는 것
6. 율법적 원칙과 규칙을 따라 문제를 해결한다.	→	개인 및 서로의 필요에 따라 문제를 해결한다.
7. 자녀에게 남편은 권위와 훈계 자녀들은 어머니와 더 가깝다.	→	부모 모두에게 동일한 권위가 있고 동시에 모두와 가깝다.
8. 남편이 종교적인 가장이다.	→	부부가 종교적 기능을 공유한다.
9. 남편은 계속하여 공부할 수 있으나 아내에게는 필요치 않다.	→	부부 모두가 공부할 수 있다.
10. 남편의 직업에 따라 거주지를 결정한다.	→	거주지의 결정은 형편과 모두의 입장에 따라 결정한다.

제 5 장

성경적 가정생활

1. 가정에서의 인간관계
2. 가정문제에 대한 잘못된 견해
3. 가정에 대한 성경적 원리와 적용
4. 부부가 사랑하는 방법
5. 신앙적인 자녀양육원리
6. 다음의 질문에 서로 의견을 나누어 보자.

이 세상에 가정의 배경 없이 존재하는 사람은 아무도 없다. 사람은 누구나 가정의 산물이요, 대부분의 사람들은 나이가 들면 자기 자신의 가정을 만든다. 이렇듯 가정이 우리 인간에게 가장 기본적인 것임에도 불구하고 역사상 완전한 가정은 존재하지 않았다. 죄인들로 구성되었기에 불협화음이 끊이지 않는 곳이 바로 가정이기도 하다. 가정에서 우리가 부딪히는 문제들은 일일이 열거할 수도 없을 만큼 많지만, 이 장에서는 부부관계, 부모와 자녀관계, 노부모와 자녀된 부부의 관계 등 세 부분으로 나누어 성경적 입장에서 간단히 살펴볼 것이다.

1. 가정에서의 인간관계

1) 남편과 아내의 관계

유교적인 전통 아래 이어져 내려오던 부부관계는 이제 많이 변화됐다. 기독교가 우리나라에 들어오면서 여성에게 교육의 기회가 주어졌고 그 후 많은 여성 지도자들이 배출되었다. 그러나 20세기 후반에 여성해방운동의 물결이 우리나라에 영향을 미치기 시작하면서 여러 가지 유익한 면과 함께 그 파괴적인 힘도 발휘하게 되었다. 여성해방운동이 지니는 문제점 중의 하나는 이 운동으로 인해 가정생활이 와해될 우려가 있다는 것이다. 따라서 양성평등교육이 잘 진행되고 착근되어야 하겠다.

전통적인 부부간의 윤리는 남편 위주로 되어 있었기 때문에 남편은 자신이 원하는 대로 할 수 있었지만 아내는 무조건 참아야만 했다. 그래서 도로시 새이어(Dorothy Sayer)의 말대로, "여자도 인간인가?"라는 의문이 대두되기도 하였다.

여성해방운동가들이 말하는 것은 결국 "당신 자신의 삶을 찾아라. 더 이상 남편에게 복종할 필요가 없다. 남자들처럼 너 하고 싶은 대로 하라"이다. 눌려 살아온 여성들은 이 말 속에 숨겨 있는 독을 인식하지 못한 채, 쪼그라든 어깨를 펴고서 남자들과의 경쟁관계에 들어갔다. 더 이상 남편 밑에서 고통을 당할 필요가 없게 되었다. '이혼'이라는 단어가 이제는 친숙하게 들리는 말이 되었다. 이혼의 상처로 신음하는 사람들이 나날이 늘고 있다. 이혼한 여성들은 과연 자신의 삶을 찾았는가? 이혼으로 그들이 얻은 것이 과연 무엇인가? 진정한 자유와 해방인가?

2) 부모와 자녀의 관계

최근의 정돈된 양성평등사상을 지지한다. 그러나 점진적인 변화를 추구해야 한다.

여권신장 운동의 영향으로 이혼이 늘어나면서 그 사이에 있는 자녀들이 큰 피해를 입어 왔다. 부모의 사랑과 교육이 결핍된 자녀들이 쉽게 탈선할 수 있는 것은 당연한 일이다.

자녀들이 잘못되도록 하는 또 한 가지는 물질주의적 사고이다. 현재 우리가 당면하고 있는 물질주의 사상은 "돈이면 다 된다"는 생각을 사람들에게 심어 주어 돈을 버는 데만 온 관심을 쏟게 만들었다. 그 결과 자녀보다 돈이 더 중요하게 되었다. 하루 빨리 자동차를 사고 집을 사서 안락한 삶을 누리려는 부모의 욕구가 부모의 사랑과 관심을 기다리는 자녀의 욕구보다 중요하게 부각된 것이다.

동네의 골목골목에는 저녁 늦게까지 놀거나 서성대는 자녀들이 많다. 결혼한 여성이 직장에 나가는 것을 반대하지 않는다. 그러나 돌보아 주는 사람 없이 길에서 방황하는 자녀들의 희생을 하루 빨리 잘 살고 싶어하는 부모의 욕심보다 가볍게 여겨서는 안 된다고 생각한다.

얼마 전 미국의 유명한 보컬 그룹(New Kids on The Block)이 왔을 때 한 소녀가 실신하고 마침내 사망한 사건을 그저 하나의 뉴스거리로 흘려 버려서는 안 된다. 우리 자녀들의 관심이 그 곳에 머물러 있는 동안 우리 부모들은 무엇을 하고 있었는지 생각해 보아야 한다. 소위 '나 자신의 삶을 찾으러 갔었는지', 아니면 '자녀에게 좀더 좋은 환경을 마련해 주기 위해'라는 거룩한(?) 목적으로 돈 버는 것에 온 정신을 빼앗기고 있지는 않았는지 우리 자신들에게 되물어야 한다. 가정이 자녀들 생활의 구심점 역할을 하지 못하게 되면 자녀들은 주위의 나쁜 환경에 영향을 받게 될 것이다.

3) 노부모와 자녀 부부와의 관계

예로부터 시부모 모시는 일은 별로 인기가 없는 일이었다. 될 수 있으면 차남에게 시집을 가려고 하지 종손이나 장남에게는 선뜻 시집가려고 하지 않는 것이 우리나라 여성들의 보편적인 소망이었다. 생각해 보면 어처구니없는 일이다. 어릴 때부터 부모에게 의지하다가 이제 결혼을 했다고 부모를 부담스러워하는 것은 도리가 아니다.

우리나라에서 고부 관계가 노골적으로 악화되기 시작한 때는 전통적인 유교 정신이 허물어지면서부터이다. 젊은 며느리의 목소리가 높아져서 며느리의 눈치를 보는 시부모가 나날이 늘고 있다. 아들 부부와 같이 사는 것이 괴로워서 가출하는 노인들, 가족이 없다고 속이면서 양로원에 들어가는 노인들도 생겼다. 아예 노부모를 버리는 젊은 부부들까지 있다. 이들은 훗날 자녀들에게 버림을 당하지 않을 자신이 있는가?

국가가 노인들을 위한 사회복지제도를 점점 확대하고는 있지만, 제도에 우선해서 사람들의 생각이 바뀌지 않는 한 우리 사회는 날로 험악해질 것이다.

평균수명이 계속 늘어 노령화 인구는 점증한다. 따라서 핵가족, 단세대 가족에서 노인들의 문제를 더 이상 남의 문제로 봐선 안 된다. 노인문제는 내일의 내모습임을 명심해야 한다.

2. 가정문제에 대한 잘못된 견해

앞의 문제들에 대한 해결 방법을 놓고 여러 학자들과 사회 각 계층의 사람들이 의견을 내놓고 있다. 우리는 전문가들의 말이라면 덮어놓고 그대로 믿어 버리는 경향이 있다. 그러나 우리는 그들의 말에서 옳고 그른 것을 판단하여야 한다. 성경 말씀을 기준 삼아 그들의 사상을 검증해야 하는 것이다.

1) '가정에서 남녀의 역할분담이 이루어져야 한다'는 견해

여성들의 지위가 높아짐에 따라 한편에서는 상실된 남성의 권위가 회복되어야 한다고 주장하고 있다. 남편은 바깥일을 하고 아내는 집안 일을 하는 역할분담을 성경적인 것으로 착각하고 있는 사람들도 있다. 여자는 남자의 '돕는 배필'로 만들어졌으니 남편을 섬기고 순종하는 일이 마땅하다고 한다. 그러나 이 견해는 남자들이 역사적으로 누려 온 기득권을 성경에서 말하는 가정의 '머리'로서 갖는 '권위'라는 개념과 동일시하는 오류에서 비롯된 것이다. 남편이 가정에서 설거지하고 아기 기저귀를 갈아주는 일은 남자의 권위에 전혀 손상을 입히지 않으며, 이런 일을 하지 않는다고 해서 남자의 권위가 더 높아지지도 않는다. 성경은 남녀의 역할 분담에 대해 거의 말하고 있지 않으며, 성경의 '권위'는 역할 분담과는 관계가 없는 것이다.

2) '자녀들 교육은 전문 교육기관에 맡기라'는 견해

부모들이 자신의 일로 혹은 '경제적 안락'이라는 우상을 찾아 바쁘게 사는 동안 자녀들은 혼자 남게 된다. 그리고 자녀들 앞에는 입시경쟁이라는 장애물이 버티고 서 있다. 이 때 흔히 듣는 교육적 조언은 '자녀들 교육은 전문 교육기관에 맡기라'는 것이다. 교육 전문가들이 부모보다 백 배 낫다는 것이다. 이 말은 자신 없는 부모들에게 매우 그럴 듯하게 다가온다. 이제 겨우 말을 배우기 시작하는 자녀도 종일 놀이방에서 지낸다. 초등학교에 다니는 자녀들 중 대여섯 군데의 학원을 다니는 자녀들도 적지 않다. 부모들은 자녀들의 과외비를 충당하기 위해 더 많은 돈을 벌면서도 전문가들에게 자녀를 맡기고 있다는 생각에 위안을 받는다.

그러나 우리는 자녀들이 누구인가를 생각해 보아야 한다. 자녀들이 과연 하나님의 형상으로 대접을 받고 있는지, 아니면 하나의 기계로 취급되고 있는 것은 아닌지……. 하나님의 뜻에 합당한 자녀로 키우려는 부모의 바람은 크지만 실제로 부모가 그 자녀의 교육에 과연 얼마나 큰 영향을 미치고 있는가? 성경은 교육의 주체를 부모 그 중에서도 아버지라고 말하고 있다(신 6 : 7, 엡 6 : 4).

우리 자녀들을 누구에게 맡긴다는 것은 굉장히 조심스러운 일이다. 전문가라고 해서 우리 자녀들의 영혼을 바로 인도하리라고 과신해서는 안 된다.

3) '결혼은 부모로부터 떠나는 것, 그러므로 분가해서 살아야 한다'는 견해

이 견해는 "이러므로 남자가 부모를 떠나 그 아내와 연합하여 둘이 한 몸을 이룰지로다(창 2 : 24)"라는 말씀을 문자적으로만 해석한 데서 연유한 것이다. 그래서 어떤 사람들은 결혼을 하면 꼭 분가해야 한다고 생각한다.

결혼을 하면 정신적으로, 육체적으로, 경제적으로 부모로부터 독립하여야 한다. 계속해서 부모에게 의지한다면 그 새 가정은 제대로 서지 못할 것이며, 가정의 '머리'인 남편의 권위도 축소될 것이다.

성경은 결혼 한 후에 꼭 부모와 같이 살아야 한다거나 따로 살아야 한다거나 하는 구체적인 지침을 가르쳐 주지는 않는다. 그러나 부모를 공경할 것을 명령하신 하나님께서 돌보아 드려야 하는 노부모로부터 무조건 떠나라고 말씀하실 리가 없다.

4) '이 방법을 따르라 그러면 행복할 것이다'라는 견해

행복한 가정을 위해 다른 사람들이 사용했던 방법을 따르는 것이 도움이 될 수도 있다. 문제가 되는 것은 지나치게 방법을 강조하는 것이다. 이것은 자칫 하면 율법주의가 되기 쉽다. 어떤 희생을 감수하더라도 그 규칙들을 지켜야 한다면, 그것은 수단을 강조한 나머지 목적을 상실해 버리는 일이 된다. 가정은 기계들의 집합체가 아니라 다양한 인격들이 모인 공동체이므로 단순한 방법만으로 유지될 수가 없다.

3. 가정에 대한 성경적 원리와 적용

1) 태초의 결혼

「창세기 1 : 27」에 보면 사람이 하나님의 형상대로 만들어졌으며, 사람이 남자 혹은 여자 단성으로만 만들어지지 않고 남자와 여자의 양성으로 만들어졌다고 나와 있다. 그리고 그 남자와 여자는 한 몸이 되었다(창 2 : 24). 이것이 바로 태초의 결혼이었다.

결혼이라는 관계는 하나님이 고안해 내신 제도로서 세 분의 인격이 한 분 하나님으로 이루어지는 삼위일체의 통일성과 다양성을 가장 잘 반영하는 것이다. 한 남자와 한 여자가 결혼해서 하나가 됨과 동시에 두 사람의 인격의 다양성을 체험하게 된 것이다. 여기에서 하나가 된다는 것은 육체적으로 하나가 되는 것 뿐 아니라 남편과 아내로서의 삶을 함께 경험하는 것을 의미한다.

결혼 전까지 남자와 여자는 자기대로의 삶의 목표를 위해 살아왔다. 그러나 결혼한 후에는 삼위의 세 분이 같은 목적으로 일하시듯 두 사람이 같은 목표를 가지고 살아야 한다. 그리고 동시에 서로가 가지고 있는 개성과 특징들을 함께 누리며 살아간다.

그렇다고 독신으로 지내면 완전한 인격체가 아니라는 의미는 결코 아니다. 우리는 한 가족 안에서만 관계를 갖도록 창조된 것이 아니라, 그 이상의 보다 폭넓은 관계를 갖도록 창조되었기 때문에 독신으로 남아 있을 수도 있다. 독신자도 독립된 완전한 인격체이며 하나님의 은사를 받은 사람이다(고전 7 : 1-7).

2) 권위에 대한 이해

우리 머리 속에 쉽게 떠오르는 '권위자'의 모습이란 다른 사람보다 윗자리에 앉아서 굽실거리는 아랫사람들에게 명령을 내리는 모습일 것이다. 이것은 권위에 대해 우리가 잘못 이해하고 있다는 것을 말해 준다. 그러나 성경에서 말하는 권위는 이것과는 전혀 다르다. 단지 인간의 타락으로 인해 권위는 잘못 사용되고 있을 뿐이다. 「에베소서 5 : 2」에 나오는 남편은 아내의 '머리'라는 말을 신분상 남편이 아내보다 우월한 위치에 있는 것으로 오해한 것이다.

인간의 타락으로 인해 하나님은 인간을 저주하셨다. 바로 「창세기 3 : 16」이다.

"너는 남편을 사모하고"에서 '사모함'의 의미는 '남편의 권위에 도전하여 남편을 누르려 한다'로 해석될 수 있다. 그리고 "남편은 너를 다스릴 것이니라"는 말씀은 '아내를 내리누른다'는 의미이다. 이처럼 인간의 타락으로 인해서 남편과 아내는 서로 상대를 누르려고 권위 쟁탈 전쟁을 벌이게 된 것이다. 그러나 창조시의 가정은 이와 전혀 달랐으며, 하나님은 이 저주를 없애시기 위해 예수 그리스도를 보내셨다.

'권위'를 뜻하는 '머리'의 개념은 타락 이전의 창조 때로 거슬러 올라간다(고전 11 : 3). 이 권위 구조의 모범은 삼위일체이다. 삼위의 머리는 하나님이시다. 그러나 삼위는 동등하시다. 마찬가지로 가정에서의 머리는 남편이지만, 남편과 아내와 자녀들 모두는 동등하다. 모든 남자가 모든 여자에게 '머리'가 되는 것은 아니다. 이것은 오직 가정과 교회에서만 국한된다.

그런데 현재 우리 가정에서는 이 권위를 올바르게 행사하지 못하는 데서 문제가 일어나고 있다.

첫째로, 권위는 하나님의 말씀의 권위 아래서 행해져야 한다. 남편이나 부모가 하는 일들이 혹은 정해 놓은 규칙들이 하나님의 말씀에 어긋나지 않는가? 우리는 누구나 잘못을 저지를 수 있다. 그러나 잘못되었을 때는 누구든지 어떤 사람에게라도 사과해야 한다. 악인이 권세를 잡으면 백성이 탄식한다(잠 29 : 2). 우리의 가정에서 남편과 부모가 가지고 있는 권위는 어디로부터 온 것인지 깊이 깨달아야만 한다.

둘째로, 권위는 가족들을 위해 행사되어야 한다.

성경은 "그리스도를 경외함으로 피차 복종하라(엡 5 : 21)"고 말한다. 이 말씀은 남편과 아내, 부모와 자녀, 그리고 주인과 종 모두에게 적용된다. 즉, 다른 사람을 위해 자기를 희생하라는 말씀이다. 우리가 이렇게 해야 하는 이유는 그리스도가 그렇게 하셨기 때문이다.

그런데 실제로 우리의 생활은 어떠한가? 남편은 "오늘 나는 아내로부터 무엇을 받을까?"를 기대하고 아내는 "오늘 내 남편은 나에게 무엇을 해 줄까?"를 기대한다. 남편이 아내에게 복종한다는 의미는 아내를 위해 자기 자신을 희생한다는 뜻이다. 그러면 아내도 남편에게 순종하기가 쉬워진다.

「에베소서 6 : 4」에는 "아비들아 자녀를 노엽게 하지 말고 주의 교양과 훈계로 양육하라"고 되어 있다. 부모가 이렇게 하면 자녀들도 부모에게 순종하기가 쉬워진다.

여성해방운동에는 긍정적인 면도 있다. 가령, 남녀는 동등하므로 동등한 일에 대해 동등한 임금을 지불하라든지, 동등한 기회를 부여하라는 점 등이다. 그러나 자기중심적인 생각을 가지고 자기 이익만을 위해 싸우는 것은 잘못된 것이다. 남녀는 차별을 해서는 안 된다. 그러나 차이에 대한 구별은 필요한 것이다.

3) 자녀훈계 문제

많은 부모들은 단순히 자녀를 '기른다'고만 생각한다. 그러나 부모는 자녀의 삶에 기꺼이 '동참'하여야 한다. 부모는 자녀의 삶 전체에 기꺼이 동참해야 하며, 자녀를 위해 재물과 제 몸까지 허비해야 한다(고후 12 : 14-15). 많은 사람들이 사업이나 종교 혹은 정치에 헌신한다. 그런데 부모가 무엇 때문에 자녀들을 위해 자신을 헌신하지 못하겠는가?

부모의 사랑과 관심, 시간을 간절히 원하는 자녀들 앞에는 무서운 세속 사상이 수단 방법을 가리지 않고 유혹하고 있다. 자녀들과 함께 유익하고 재미있는 책을 읽어야 한다. 자녀들의 눈이 텔레비전이나 저질 비디오 프로그램 앞에 멍청하게 고정되어 있지 않도록 해 주어야 한다. 자녀들이 쓰레기 같은 저질 세속 문화 속에서 허우적거리지 않도록 지도해야 한다.

자녀들이 "모든 이론을 파하며 하나님 아는 것을 대적하여 높아진 것을 다 파하고 모든 생각을 사로잡아 그리스도에게 복종케(고후 10 : 5)" 할 수 있도록 도와 주어야 한다. 그리하여 자녀들이 "이 세대를 본받지 않고 마음(지성)을 새롭게" 하여서 하나님의 뜻을 분별하도록 해야 한다.

부모들은 자신들의 삶에서 우선 순위를 바로 정해야 한다. 다른 어떤 일들보다 자녀들을 섬기고 그들을 위해 희생하는 일이 우선되어야 한다.

4) 노부모와 자녀된 부부

십계명에는 분명히 "네 부모를 공경하라"는 말씀이 있다. 구약뿐 아니라 신약 성경에도 부모를 공경하라는 말씀이 여러 번 나온다.

산업사회에 들어오면서 직업을 따라 이동하는 까닭에 옛날처럼 고향에서 계속 머물러 살며 부모님과 함께 사는 일은 적어졌다. 요즘에는 노부모나 자녀된 젊은 부부나 따로 사는 것을 편하게 여기는 풍조도 생겨났다. 사실 3세대가 같이 사는 것은 그리 쉽지 않다. 그렇게 되면 가족 중의 어느 누구도 제 마음대로 할 수 없는 것이 사실이다.

그러나 우리는 돌봄이 필요한 사람을 도와야 한다. 자기 가족은 더욱 그러하다. 예수님은 부모님을 제대로 섬기지 않는 유대인들을 책망하셨다. "사람이 아비에게나 어미에게나 말하기를 내가 드려 유익하게 할 것이 고르반 곧 하나님께 드림이 되었다고 하기만 하면 그만이라 하고…… 하나님의 말씀을 폐하며 또 이 같은 일을 많이 행하느니라(막 7 : 11-13)."

효도에 관한 말씀도 있다. "만일 어떤 과부에게 자녀나 손자들이 있거든 저희로 먼저 자기 집에서 효를 행하여 부모에게 보답하기를 배우게 하라. 이것이 하나님 앞에 받으실 만한 것이니라(딤전 5 : 4)". 우리는 노부모님과 같이 살 수도 있고 형편상 따로 살 수도 있다. 그러나 부모님을 섬기는 일은 꼭 해야 하는 일이다.

부모님을 모시고 살 때에 주의해야 할 한 가지를 지적한다면, 부모님을 섬기되 하나의 대가족인 동시에 부모님 가정과 자녀된 젊은 부부가 만든 새 가정, 이 두 가정의 독립성이 유지되어야 한다는 점이다. 젊은 부부는 노부모님의 자녀이지만, 그들 자신의 가정에서는 권위를 가지고 있어야 한다. 이런 의미에서 「창세기 2 : 24」의 "남자가 부모를 떠나"라는 말씀이 해석되어야 한다고 생각한다. 물론 한 가정인 동시에 두 가정을 운영하기란 쉽지 않다. 각 가정마다 그들의 형편에 맞추어야 하며 가족들의 이해를 구해야 할 것이다.

노부모님은 자녀의 가정이 갖는 권위를 인정해야 한다. 결혼한 자녀에게 깊은 사랑과 관심으로 기도와 조언을 해 주어야 하지만, 결혼한 자녀가 꾸민 가정의 결정권을 가로채서는 안 된다.

그리고 젊은 부부의 가정은 부모님을 존경하며 섬겨야 하지만, 자신들의 가정이나 자녀에 관한 문제를 부모님이 대신 결정하시도록 의존하여서는 안 된다. 이 점은 부모님을 모시고 있지 않는 가정에도 똑같이 적용된다.

어느 문제나 그러하지만 부모님을 모시고 사는 문제에는 굉장한 인내와 함께 지혜가 필요하다. 하나님께 지혜를 구해야 한다. "너희 중에 누구든지 지혜가 부족하거든 모든 사람에게 후히 주시고 꾸짖지 아니하시는 하나님께 구하라. 그리하면 주시리라(약 1 : 5)."

이상에서 가정에서의 문제점들과 함께 성경에서는 이에 대해 무엇이라고 말씀하시는지 간략하게 살펴보았다. 가정은 우리의 습관과 사고 방식이 깊이 뿌리박고 있는 곳이다. 그러기에 하나님의 말씀을 안다고 하더라도 우리의 생각과 습관을 하루아침에 바꿀 수는 없다. 한 가지 잘못된 것을 고치는 데는 부단한 노력과 오랜 시간이 필요하다. 설령 아무리 많이 알고 있더라도 행하지 않으면 또한 소용이 없게 된다(마 7 : 21). 그러므로 포기하지 말고 끝까지 인내하며 실천하는 것이 중요한 것임을 잊지 말아야 한다.

4. 부부가 사랑하는 방법

1) 남편이 아내를 사랑하는 방법

(1) 사랑을 전하는 방법 중에서 가장 간단하면서도 가장 많이 무시되고 있는 방법은 말로 나타내는 것이다.

① "사랑해요 여보"라는 말을 천하게 생각하여 그 말을 전혀 사용하지 않는 남편들이 있다.

② 어떤 남편들은 그 말이 진기한 도자기라도 되는 것처럼 특별한 경우에만 사용하고 아내가 "나를 사랑하세요?"라고 물을 때만 사용한다.

③ 실제로 이러한 말들을 당신 가정에서 많이 들을 수 있어야 한다. 대부분의 여자들은 남편의 사랑을 말로서 확인하고 싶어한다.

(2) 당신은 아내의 여러 가지 욕구를 충족시켜 줌으로써 사랑할 수 있다(디모데전서 5 : 8 ; 요한일서 3 : 17 ; 에베소서 5 : 28).

당신 아내가 여러 가지 욕구를 가지고 있음을 기억하라. 아내는 육체적, 정서적, 지적, 사회적, 오락적, 영적 욕구 등을 가지고 있다. 아내의 모든 욕구들에 대하여 관심을 가져 주지 않는다면 당신은 아내를 사랑하는 사람이 될 수 없다.

(3) 당신은 아내를 보호해 줌으로써 아내를 사랑할 수 있다(에베소서 5 : 28).

① 당신의 아내는 육체적인 보호를 필요로 한다. 아내는 자신이 육체적으로 감당할 수 없는 것들을 하려고 애쓰고 있을지 모른다.

② 아기를 갖거나 아이들을 돌봐야 하는 일도 어떤 경우에는 아내를 해칠 수 있다. 다른 사람들의 터무니 없는 비판이나 기대도 아내로서는 감당할 수 없는 것일 수 있다.

③ 아내는 여러 가지 면에서 보호를 필요로 하며 훌륭한 보호자가 됨으로써 당신의 사랑을 나타낼 수 있다.

(4) 당신은 아내가 가사나 맡겨진 책임을 잘 감당할 수 있도록 도와 줌으로써 아내에게 사랑을 표현할 수 있다.

① 때로 남편들은 설거지를 하거나 집 청소를 하거나 애들을 돌봐 주고 쇼핑하는 일들은 남자가 하는 일이 아니라고 생각한다.

② 어떤 남편들은 "여자가 할 일"이라고 생각되는 일에는 손가락 하나 까딱하지 않는다. 아내는 집안 저쪽에 있는데 아기가 방안의 남편 곁에서 울기 시작할 때가 있다. 그러나 남편은 왜 우는가 들여다 보려고도 하지 않고 "여보, 아기가 우니 와서 좀 어떻게 해 봐요"하고 불러댄다. 아내는 하던 일을 멈추고 그 곳으로 곧장 가야 한다. 이런 일들이 자주 일어나면 아내는 "남편은 나를 진정으로 사랑하지 않아. 말로는 사랑한다고 하지만 정말 사랑한다면 나를 도와 주려고 할텐데"라고 생각하기 시작한다.

(5) 당신은 아내를 위해 희생함으로써 당신의 사랑을 표현할 수 있다(에베소서 5 : 25, 빌립보서 2 : 5, 6).

① 직장에서 완전히 지쳐 집에 돌아오면 당신은 의자에 주저 앉아 신문이나 TV를 보거나 책을 읽기 원할 것이다. 그런데 당신 아내는 다른 생각을 가지고 있다. 당신과 이야기를 하고 싶어한다든가 나가서 외식을 하고 그 다음엔 쇼핑을 하기 원한다. 당신이 동반해 주길 원한다.

② 이럴 때 자신이 원하는 것과는 정반대이지만 아내가 원하는 것을 해 줄 때 "난 정말로 당신을 사랑해"라고 큰소리로 말해 주고 있는 것과 같을 것이다.

(6) 당신은 자신의 삶을 아내와 같이 나누도록 허락함으로써 아내를 사랑할 수 있다(베드로전서 3 : 7-"은혜로 생명을 같이 유업으로 받을 자들").

① 얼마 전에 나는 결혼 생활에 심각한 문제를 가진 한 부부를 상담했다. 그들과 이야기하면서 나는 그 부인이 남편의 삶에서 완전히 소외된 것으로 느끼고 있음을 발견했다. 아내는 남편에 관해서 그의 과거나, 내적인 감정이나, 희망, 인생의 꿈 등에 대하여 전혀 모르고 있었다. 아내는 자신이 어떤 낯선 사람과 살고 있는 듯하게 느껴졌다. 왜냐하면 남편은 전혀 자신을 열어 보이지 않았기 때문이다. 그 아내는 남편이 정말 자기를 생각하고 있는지, 정말 자기를 사랑하고 있는지 도무지 믿어지지가 않았다.

② 이와 같은 상황에 놓여진다면 대부분의 여자들은 사랑을 느끼지 못한다. 대개 남편이 모든 것을 아내에게 터놓고 마음을 열어 놓을수록 아내는 남편이 자기에게 관심을 가져 주고 사랑하고 있다고 느낀다.

(7) 당신은 아내를 다른 사람들 특히 다른 여자와 비교하지 않음으로써 사랑을 표현할 수 있다.

① 남편들은 아내에게 모자라는 어떤 능력이나 혹은 자신들이 좋아하는 어떤 특색이나, 성질, 용모 등을 자주 지적한다.

② 남편의 의도는 아내들이 좀 변해 주거나 나아지도록 노력해 줄 것을 기대해서 하는 말이지만 아내는 그것을 멸시로 받아들인다. 아내는 자신이 아닌 다른 사람이 자기 남편을 더 즐겁게 해 주며 또 자기보다 남편에게 그 사람이 더 중요하거나 매력적이라고 생각한다.

(8) 당신은 당신과 예수 그리스도의 관계를 제외하고는 아내가 당신의 인생에서 가장 중요하다는 것을 확인해 줌으로써 당신의 사랑을 표현할 수 있다.

① 아내는 당신의 일보다도 우선적이며 애들이나 부모나 집, 취미, 골프 게임보다 더 먼저 생각해야 한다는 것을 알 필요가 있다. 그리스도와의 관계를 제외하곤 누구보다도, 무엇보다도 아내를 더 좋아한다는 것을 알릴 필요가 있다.

② 그런 사실을 아내가 알면 안심할 것이다. 당신이 자기를 사랑한다고 믿을 것이다.

③ "그리스도를 빼고는 아내가 내 인생에서 제일이다."라고 말하기는 쉽다. 그러나

남편들은 진정으로 아내가 남편의 인생에서 으뜸인가를 다시 생각해 보아야 한다. 자기 자신에게 다음 질문들을 해 보면 정말로 당신 아내가 당신의 삶에서 첫째인가 그렇지 않은가를 알 수 있을 것이다. 아내와 이야기하는 것인가? 아내와 성 관계를 갖는 것인가? 나의 욕구를 채우는 것인가? 다른 사람들을 돕는 것인가? 가족들의 요구인가? 다른 사람들에게 감사하는 것인가? 아내와 이야기하는 것인가? 다른 사람의 의견이나 아내의 의견이나 생각인가?

(9) 당신은 아내에게 충분히 부드럽고 존경하는 마음으로 기사도의 정신을 갖고 예의 바르게 대함으로써 아내에 대한 당신의 사랑을 표현할 수 있다(에베소서 5 : 28; 골로새서 3 : 19; 고린도전서 13 : 4, 5).

① 아내에 대하여 농담을 하거나 다른 사람들 앞에서 아내를 깎아내리는 말을 하지 말라. 아내가 실수를 저질렀거나 어떤 사항을 잘못 인용했거나 다른 사람들에게 그녀가 바보스럽게 보일 일을 하거나 말할 경우에도 조용히 아내에게 이야기하라. 그리고 아내의 실수가 다른 사람들에게 해를 끼치게 될 경우에만 그렇게 하라.

② 부드럽고 존경하는 태도로 아내에게 말하라. 아내에게 신사가 되라. 귀에 거슬리는 말과 지나친 발언을 하지 말라.

③ 아내를 귀중한 보석 다루듯이 하고 석탄 찌꺼기와 쓰레기통처럼 대하지 말라. 아내를 값비싸고 가치 있으며 민감한 악기를 다루듯이 하고 싸구려로 쓸모없이 굴러 다니는 연장을 다루듯이 하지 말라.

(10) 당신은 아내에게 감사를 표현하고 만족할 정도로 충분히 칭찬해 줌으로써 아내를 사랑할 수 있다(베드로전서 3 : 7 ; 잠언 31 : 28).

① 당신을 즐겁게 해 주려고 아내가 애쓰는 것을 주의 깊게 관찰하라.

② 아내가 당신을 위해 하는 사소한 일들을 비웃거나 과소 평가하지 말라.

아내의 요리와 세탁과 당신의 육체적 욕구를 만족시켜 주는 일 뿐만 아니라 아내의 통찰력과 생각과 질문과 기도와 성격과 의견과 교제 등에 대해서 감사와 존경을 표시하라.

③ 남자들은 아내에게 또한 아내에 대해 칭찬을 한다든가 고마움을 표현하는 일이 거의 드물다. 이것을 해결하는 데 도움이 되는 방법 중에 하나는 당신의 아내에게 고마움을 느끼는 90~100가지의 일들을 조목조목 써서 목록을 만드는 것이다. 이렇게 고마움을 표현할 방법들을 찾아 실천해 보라.

2) 아내가 남편을 사랑하는 방법

(1) 가정을 안전한 장소로, 즉 격려와 위로와 이해와 피난처의 장소로 만들어 줌으로써(잠언 31 : 11, 20) 남편을 도와야 한다. 남편에 대한 농담이나 남편을 깎아 내리는 말을 쓰지 말라. 남편의 단점이나 실수 혹은 실패 등을 계속 상기시키지 말라. 절대적으로 필요한 때에만 남편의 잘못을 지적하고 고치게 하라. 가정을 무질서와 혼돈으로 가득한 수라장이 되지 않도록 하라. 그러나 또한 가정을 모든 것이 항상 깨끗하고 흠이 없이 정돈되어야 하는 전시장으로도 만들지 말라. 남편은 편히 살 수 있는 곳으로서의 가정을 원하지 결코 방문하는 전시장 같은 곳으로서의 가정을 원하지 않는다.

(2) 믿을 수 있고 의지할 수 있는 아내가 됨으로써 남편을 도울 수 있다(잠언 31 : 11, 12).

(3) 선량한 태도를 계속 유지함으로써 남편을 도울 수 있다(잠언 31 : 26, 28, 29; 야고보서 3 : 13~18; 빌립보서 4 : 4).

(4) 사랑스러운 태도로 솔직하고 열려있는 마음으로 남편과 의논함으로써 남편을 도울 수 있다(에베소서 4 : 25).

(5) 아내로서의 위치와 소유물과 임무에 만족함으로써 남편을 도울 수 있다(빌립보서 4 : 6~13; 히브리서 13 : 5, 16).

(6) 오래참고 관대하며 용서함으로써 남편을 도울 수 있다(에베소서 4 : 2, 31, 32; 골로새서 3 : 12~14).

(7) 남편의 문제와 관심거리에 관심을 보임으로써 남편을 도울 수 있다(빌립보서 2 : 3, 4).

(8) 근면하고 검소하며 부지런하고 의욕적이며 창조적인 남편 팀의 일원이 됨으로써 남편을 도울 수 있다(시편 128;3, 잠언 31 : 10~31).

(9) 꼭 필요할 때 사랑스러운 태도로써 남편에게 의견을 제시하고, 충성하고, 교정해 줌으로써 남편을 도울 수 있다(잠언 31 : 26).

(10) 자신을 아름답게, 특별히 속사람을 아름답게 보존함으로써 남편을 도울 수 있다(베드로전서 3 : 3~5).

(11) 늘 성령이 충만할 수 있도록 영적 생활을 게을리하지 말아야 한다(벧전 3 : 1, 2, 7).

(12) 자녀를 양육하는 일에 남편과 협조함으로써 남편을 도울 수 있다(에베소서 6 : 20, 잠언 31 : 26~28, 디모데전서 5 : 13, 14).

(13) 자녀에게 아버지에 대한 충성심을 길러줌으로써 남편을 도울 수 있다. 남편을 대하는 아내의 태도를 통해서 자녀는 아버지를 대하는 태도를 배운다. 아내에게 남편의 지도력에 대한 존경이나 믿음이 결여되어 있다거나 아내가 남편이 한 일 또는 하지 않은 일에 대하여 불평을 하면 아버지가 자녀에게 강한 영향력을 끼칠 수 없다. 아내는 자녀이거나 다른 사람이거나 간에 남편을 대항하는 어느 누구의 편도 들어서는 안 된다. 아내는 자녀를 훈육하는 데 있어서 남편을 지지해 주고 협조해 주어야 한다. 자녀 훈육에 있어서 서로 다른 의견을 가지고 있을 때에는 아이들이 없는 곳에서 그 문제를 의논해야 한다.

(14) 남편에게 감사함으로써 남편을 도울 수 있다. 남편을 향한 고마움은 자유롭게 여러 가지 방법으로 표현되어야 한다(로마서 13 : 7).

(15) 남편이 내린 결정에 대하여 신뢰를 보여줌으로써 남편을 도울 수 있다. 남편의 결정에 대해 경멸하거나 신뢰하지 않거나 염려하거나 심하게 반대하면 남편이 우유부단해지고 방어적이 되며 또 반항적이 될 수 있다. 만일 중요한 일에 있어서 남편이 지혜로운 결정을 내렸는지 의심이 가면 아내는 자신이 모르는 사실도 있고 또 남편이 진정으로 부부 두 사람을 위해 최선의 것을 원한다는 가정하에 진지하게 물어 봐야 한다(고린도전서 13 : 4~8).

3) 부부의 의사소통 요령

(1) 문제가 있을 때 아내와 남편은 기꺼이 그 문제에 대한 자기의 책임을 인정해야 한다(창 8 : 8 - 19, 잠언 20 : 6).

(2) 아내와 남편 둘 다 변화되어야 한다(요 5 : 6, 마 5 : 23~26).

(3) 감정이 상하는 말들은 서로 피해야 한다. "당신은 정말로 나를 사랑하지 않아", "당신은 언제나……", "당신은 어느 것 하나 제대로 못해", "흥 제겐 상관 없어요" 등

(4) 자신의 감정, 말, 행동, 반응 등에 책임을 져야 한다. 상대편에게 책임을 전가하지 말라. 화가 났다고 절제없이 내뱉고 우울해지는 것은 책임감이 없는 행위이다(갈 6 : 5, 약 1 : 13~15).

(5) 과거에 나누었던 일들을 다시 꺼내지 말라(엡 4 : 26).

(6) 한 번에 한 문제씩 다루라.

한 문제를 해결하고 다음 문제로 옮겨 가라. 한꺼번에 여러 문제를 해결하려고 하지 말라(마 6 : 34).

(7) 과거가 아닌 현재의 상황에서 문제를 다루라. 현재의 문제해결에 도움이 되지 않는 한 과거의 일은 들추지 말라(빌 3 : 12~14, 렘 31 : 34, 사 43 : 25).

(8) 문제의 부정적인 면보다 긍정적인 면에 중점을 두라(빌 4 : 8).

(9) 말이 아닌 다른 방법으로 의사소통하는 것을 배우라(마 8 : 1, 2, 14, 15, 시32 : 8)

(10) 서로에게 사려와 관심을 표현하라. 당신의 활동들을 상대편에게 이야기하라. 상대편이 하고 있는 말을 집중해서 듣고, 이해하며, 그 뒤에 숨어 있는 뜻에 맞춰 반응을 보이라. 남편이 작은 일을 가지고도 자제를 못하고 흥분한다면 그는 "난 오늘 직장에서 정말 기분 나쁜 일이 있었어, 아무도 나를 알아주지 않는 단 말이야"라고 말하고 있는 것과 같다. 또는 남편이 "당신은 날 사랑하지 않지 ? "하고 말할 때는 실제로 그는 "나는 정말로 사랑이 필요하오", "나는 사랑을 못 받아서 죽을 지경이오"라고 말하고 있는 것이다(요 1 : 45-47에서 예수님의 예를 보라. 막 5 : 1-15, 요 11 : 20-35).

(11) 마태복음 7장 12절에 있는 황금률을 실천한다. 당신의 배우자가 진실을 말해주기를 원하는가 ? 당신의 의견을 물어 주기를 원하는가 ? 어려울 때 도움받기를 원하는가 ? 꾸밈없이 자연스럽게 되길 원하는가 ? 당신이 주는 도움이나 서비스를 알아 주며 고맙게 생각해 주기를 원하는가 ? 그렇다면 당신이 원하는 그대로 당신의 배우자에게 그렇게 하라.

(12) 누가복음 6장 35절 말씀을 실천하라.

"오직 너희는 원수를 사랑하고 선대하며 아무것도 바라지 말고 빌리라"

4) 남편과 아내가 함께 연구할 과제

(1) 대화의 길이 막혔을 때 일어나는 일

① 논쟁이 해명되지 않는다(잠 18 : 17).

② 잘못된 생각들이 고쳐지지 않는다.

③ 싸움과 실수들이 화해되지 않는다(마 5 : 23～26).

④ 혼란과 무질서가 생긴다(고전 14 : 33, 40).

⑤ 문제에 대한 어떤 결정을 지혜롭게 할 수 없다(잠 18 : 13).
⑥ 깊고 친밀한 관계를 유지하는 데 방해가 된다(암 3 : 3).
⑦ 권태, 불만, 좌절이 생긴다.
⑧ 서로 간의 문제가 쌓여 장벽이 높고 깊어진다.
⑨ 좀 더 자극적인 일들을 찾게 된다.
⑩ 서로를 진실로 알 수 없다.
⑪ 영적인 도움을 받지 못한다.

(2) 의사소통의 방법

- 말은 의사소통의 한 통로에 불과하다.

① 시각적인 언어(윙크, 눈을 감는 것 등)
② 말로 표현하는 언어(거친 목소리, 부드러운 목소리 등)
③ 편지나 글로 표현하는 언어
④ 미소, 찡그림(얼굴표정)
⑤ 몸으로 표현(손, 발 등등)
⑥ 출석, 결석
⑦ 만짐, 두드림, 껴안음
⑧ 도와줌
⑨ 선물을 줌
⑩ 각자 가진 달란트를 사용함
⑪ 기꺼이 하거나 혹은 억지로 함
⑫ 상대방의 말을 경청 혹은 무관심

(3) 의사소통의 여러 단계

① 진부한 표현, 상투적인 문구
② 관심 없는 대화
③ 정보나 사건에 관한 이야기
④ 용기와 격려를 주는 대화

⑤ 생각, 의견, 감정, 판단 등을 서로 나누는 대화
⑥ 계획하고 결정하는 대화
⑦ 잘못을 교정해 주고, 교훈을 주며, 도전을 주는 대화
⑧ 반대 의견이나 논쟁을 위한 대화

(4) 과거에 당신의 대화를 방해했던 요인들을 생각해 보라.

싸움이 일어났을 때나 혹은 대화의 길이 막혔을 때를 생각해 보고 왜 그랬는지를 분석하여 적어 보라.

1. ____________________

2. ____________________

3. ____________________

4. ____________________

5. 신앙적인 자녀양육 원리

당신의 배우자와 같이 다음 내용들을 토의해 보자. 이 원리를 참고로 하여 여러분의 자녀양육에 대한 노력을 평가해 보자. 당신에게 부족한 원리나 또는 실패하고 있는 원리에 ○표를 하고 그 부족한 부분의 원리들을 기도제목으로 삼아 하나님의 도움을 구하기 바란다.

(1) 자녀가 태어나기 전에 그 자녀를 위하여 기도하며 출생 후에도 그를 위하여 계속 기도하라(삼상 1 : 11, 27, 28, 시 71 : 6, 갈 1 : 15, 딤후 1 : 5).

(2) 당신이 자녀를 향한 당신의 기대를 검토해 보라. 그 기대들이 과연 현실적인가?

성경적인가를 평가해 보라.

(3) 조건 없이 자녀를 사랑하라(신 7 : 7, 요일 4 : 19, 4 : 10).

(4) 자녀를 칭찬할 수 있는 기회를 찾으라. 자녀를 인정하고 있다는 당신의 마음을 자주 표현하라(빌 1 : 3, 살전 1 : 2, 살후 1 : 3).

(5) 자녀들의 좋은 점들을 먼저 인정해 주고 그 다음에 잘못을 비판하라.
(고전 1 : 3-13).

(6) 중대한 문제가 아니면 자녀들이 스스로 결정을 내리도록 자유를 주라. 부모들의 목표는 자녀가 부모에게 의지하도록 하는 것이 아니라(잠 22 : 6, 골 1 : 27-28, 엡 4 : 13-15, 6 : 4) 그리스도 안에서 성숙하게 자라도록 돌보는 것이다.

(7) 자녀들을 다른 사람들과 비교하지 말라 (갈 6 : 4, 고후 10 : 12-13, 고전 12 : 4-11).

(8) 자녀들을 조롱하거나 흉보지 않는다. 자녀들을 얕잡아 보지 말라. 그를 "바보, 못난이, 어리석은 놈"이라 부르지 않도록 주의하라(마 7 : 12, 엡4 : 29-30, 골 4 : 6, 잠 12 : 18, 16 : 24).

(9) 다른 사람들 앞에서 쓸데없이 꾸중하지 말라(마 18 : 15).

(10) 부모들이 실천하지 못하는 것들을 지키라고 협박하거나 강요하지 말라(마 5 : 37, 약 5 : 12, 골 3 : 9).

(11) 자녀들의 요구에 "안돼"라고 말하는 것을 두려워하지 말고 당신이 안 된다고 할 때는 정말 안 된다는 것을 설명해 주라(창 18 : 19, 잠 29 : 15, 22 : 15, 삼상 3 : 13).

(12) 자녀가 문제를 가지고 있거나 자녀 자신이 문제일 때, 흥분하지 말며 자신을 잃지 말라. 소리를 지르거나 고함치거나 악을 쓰지 말라(엡 4 : 26-27, 고전 16 : 14, 딤후 2 : 24-25).

(13) 모든 것이 다 잘될 것이라는 믿음과 기대를 자녀에게 전하라. 자녀에 대하여는 포기해 버렸고 자녀는 실패작이라고 하면서 체념한다는 것을 말로나 행동으로 결코 내보이지 않는다. 소리를 지르거나 고함치거나 악을 쓰지 말라(몬 21, 고후 9 : 1-2, 고전 13 : 7).

(14) 자녀에게 무엇인가를 기대하고 있다는 사실을 분명히 표현하라. 잠언서의 대부분은 아버지가 아들에게 주는 특수한 권고이다.

(15) 자녀의 조언을 무시하지 않는다. 가족 행사를 의논할 때는 그들과 같이 의논하라(롬 1 : 11-12, 딤후 4 : 11, 딤전 4 : 12, 요 6 : 5).

(16) 여러분이 자녀에게 실수했을 때 그것을 인정하고 자녀에게 용서를 구하라(마 5 : 23-24, 약 5 : 16).

(17) 서로 의견을 나눌 수 있는 가족회의를 가지라.

a. 가족의 목적

b. 가족 활동

c. 휴가

d. 예배

e. 가사 일의 분담

f. 훈련

g. 불평

h. 건의

i. 문제점, 어려움

자녀로부터 좋은 의견이나 도움을 받아들이라(시 128, 약 1 : 19).

(18) 자녀의 감정을 평가하여 그것들을 더욱 개발할 수 있도록 자녀를 격려해 주라. 한 가지로 시작하여 여러 가지 면들에 대해서 발전하도록 격려하라 (딤후 1 : 6, 4 : 5, 벧전 4 : 10).

(19) 부드러움과 사랑으로 대하라. 자녀에 대한 사랑을 말로나 행동으로 자유롭게 표현하라(고전 13 : 1-8, 16 : 14, 요 13 : 34-35, 살전 2 : 7-8).

(20) 칭찬할 만한 일을 했을 때는 칭찬을 하라. 특별히 그의 태도나 노력이 마땅히 그래야 할 내용의 것일 때 잘했다는 것과 옳았다는 것을 그가 알도록 하라(살전 1 : 3-10, 빌 1 : 3-5, 골 1 : 3-4, 엡 1 : 15).

(21) 자녀의 학업, 성적, 운동능력, 의상, 외적인 미, 지능보다는 그리스도인다운 태도와 성품에 대하여 더 관심을 두라(삼상 16 : 7, 갈 5 : 22, 23, 벧전 3 : 4-5, 잠 4 : 23, 마 23 : 25-28).

(22) 자녀들과 함께 즐거운 시간을 많이 가지라. 재미있는 시간을 많이 갖도록 하며 특별한 행사들도 많이 가지라. 가족들이 다같이 즐길 수 있는 일들을 계획적으로 만들라(잠 5 : 15-18, 엡 6 : 4, 골 3 : 21, 전 3 : 4, 눅 15 : 22-24, 잠 15 : 13, 17 : 22).

(23) 공정하고 꾸준하며, 성실하게, 미루지 말고 즉시 훈계하라. 그러면 자녀들이 책임감을 배우게 될 것이다(잠 13 : 24, 삼상 3 : 13, 잠 19 : 18, 22 : 15).

(24) 자녀도 하나님이 지으신 인격체인 동시에 매일 자라고 발달해야 하는 인격체임을 기억하라. 자녀양육은 많은 시간이 필요하다는 것을 잊지 말라 (엡 6 : 4, 잠 22 : 6, 갈 6 : 9, 고전 15 : 58, 사 28 : 9-10)

(25) 당신의 신념대로 꾸준하게 생활하라. 자녀들은 당신의 말을 듣는 것보다 당신의

행동에서 더 많이 배울 것이다(신 6 : 4-9, 살전 2 : 10-12, 빌 4 : 9, 딤후 1 : 5-7).

(26) 자녀들이 이 세상에서 뿐만 아니라 내세에서 살도록 자녀를 준비시켜야 할 책임이 있다는 것을 깨달으라(엡 6 : 4, 신 6 : 4-9, 시 78 : 5-7, 딤후 3 : 15-17).

(27) 당신 자녀들의 욕구, 느낌과 두려움, 의견들에 대해 민감하라(마 18 : 10, 골 3 : 21).

(28) 자녀를 진정으로 소중히 여기고 언제나 그 모습 그대로 용납하라(마 18 : 5-6).

(29) 노엽게 하거나 분통이 터지게 하는 말들을 피하라(잠 15 : 1, 엡 4 : 31-32).

(30) 매일 자녀들과 성경을 읽고, 강론하며 기도를 쉬지 말라(신 6 : 4-9, 딤후 3 : 15, 엡 6 : 4, 시 1 : 1-30, 78 : 5-8, 119 : 9-11).

(31) 교회의 예배와 봉사에 가족 전체가 적극적으로 참여하라(히 10 : 24-25, 엡 4 : 11-16).

(32) 가정을 손님대접의 중심지가 되게 하고 자녀들이 많은 그리스도인들과 자주 접촉할 수 있는 곳으로 만들라(롬 12 : 13, 히 13 : 1-2, 왕하 4 : 8-37).

(33) 자녀들이 그들의 문제와 어려움, 관심거리 등을 가지고 쉽게 접근해 오도록 하라. 그들의 말을 잘 들어주는 사람이 되라.

자녀들이 부모들과 함께 대화하기를 원할 때 자녀들의 말을 집중해서 들어주라. 자녀의 마음을 떠보려 하거나 말을 방해하지 말고 비판하지 말라. 자녀의 관심사에 대해서 관심을 가지라. 그러나 그런 관심들이 올바른 것이 되도록 기도하라. 당신이 비록 바쁘더라도 자녀가 당신을 필요로 할 때는 응할 수 있도록 하라(약 1 : 19-20, 3 : 13-18, 사 3 : 16-18, 고전 9 : 19-23, 빌 2 : 3-4).

(34) 자녀를 예수 그리스도의 구원에 참여하도록 인도하라. 당신의 자녀를 그리스도 앞에 인도하기 위해서 노력하라. 자녀를 그리스도께로 인도하기 위해서는 어떠한 일도 감당하라. 하나님께서 구원하시며 죄를 깨닫게 하시며 회개와 믿음을 주실 것이다. 그러나 기도와 성화된 행실로서 하나님의 구원에 이를 수 있는 환경을 만들어 주라(딤후 3 : 14-17, 1 : 5-7, 엡 6 : 4-9, 마 10 : 13-14, 롬 10 : 13-17, 고전 1 : 18-21).

6. 다음의 질문에 서로 의견을 나누어 보자.

(1) 당신은 왜 자녀를 갖기 원하십니까?

(2) 자녀를 몇 명 원하십니까? 나이 터울은?

(3) 자녀양육을 위해서 가장 으뜸되는 목적은 무엇이라고 생각하십니까?

(4) 당신 가정의 가훈은 무엇입니까?

(5) 자녀를 양육할 때 부모로써 가장 어려운 문제는 무엇입니까?

(6) 당신의 가족 전체가 참여할 수 있는 프로그램이나 행사는 무엇입니까?

(7) 당신 가족이 효율적으로 전도할 수 있는 방법은 무엇입니까?

(8) 당신 가족이 모든 면에서 더 건강한 가족, 더 좋은 이웃들이 되기 위해 해야 할 일들은 무엇입니까?

(9) 당신은 어떻게 배우자와 단 둘이서 의미 있는 시간을 가지며 어떻게 자녀들과 함께 뜻깊은 시간을 마련합니까?

(10) 가족의 가치관에 대해서 의논하십시오. 당신의 가족에게는 무엇이 옳고 그른가를 어떻게 정하고 있습니까?

(11) 적절하게 지도하면서 가정을 떠날 수 있도록 준비시키는 방법은 무엇입니까?

(12) 당신 부모의 자녀양육 개념은 당신 배우자 부모의 개념과 어떻게 다릅니까? 당신은 당신 부모의 개념에 대해 찬성하십니까? 당신은 참으로 심각하게 당신의 개념들이 성경적인가를 검토해 봅니까?

(13) 당신 가정을 안식처로 만들려면 어떻게 해야 합니까?

(14) 최근 출산율이 급감하는 사실을 어떻게 생각합니까?

(15) 출산기피 현상이 10년 뒤, 20년 뒤에는 교회에 어떤 영향을 미치겠습니까?

(16) 건전한 혼인질서의 정착을 위해 교회가 할 일이 무엇입니까?

제 6 장

이성교제와 결혼

1. 남녀의 사귐
2. 데이트 요령
3. 결혼의 지혜
4. 맞선 볼 때 나눌 수 있는 대화의 예
5. 성경에 제시된 결혼의 의미

1. 남녀의 사귐

"금강산도 멀리서 볼 땐 아름다우나 바싹 가보면 소똥, 말똥 다 있다"는 말이 있다. 가까운 곳의 보물을 놓치지 말라. 원래 결혼은 동창생, 같은 교인, 한 동네 사람 등 공통분모가 많을수록 더 안정적이다. 생면부지의 사람과는 성격의 조화나 공감대 영역을 확보하기가 그만큼 어렵다.

교육심리학자 Hurlock의 설명에 따르면 이성에 대한 의식은 다음과 같이 단계적으로 발달한다고 한다.

① 성적 길항기(age of sex antagonism) : 초등학교 시절로 특별한 이유도 없이 남녀가 잘 싸운다.

② 성적 혐오기(age of sex aversion) : 초등학교 상급생에서 중학생 시기인데 덮어놓고 상대를 혐오하며 그 정도는 여자쪽이 더 심하다. 남자를 "징그럽다, 동물같다"는 식으로 생각한다. 서로 무시하고 경원하며 멀리하려고 한다. 내면의 호기심을 숨기려는 반작용의 표현인 것이다.

③ 이성 애착기(age of crush) : 사회적으로 비난받거나 불안하지 않은 상대에게 접근하는 데 주로 사촌오빠나 집안아저씨 등 연장자에게 접근하는 시기이다. 그래서 일명 송아지 사랑의 시기(age of calf love)라고도 한다.

④ 강아지 사랑의 시기(age of puppy love) : 같은 나이또래를 좋아하고 그들에게 접근하는 소위 사춘기 연애시기이다. 낭만적 감정이 생기고 잘 보이려고 애쓰며 집단 형태로 남녀가 공동 데이트를 하는 시기이다. 용모에도 점점 신경을 쓴다.

⑤ 낭만적 사랑의 시기(age of romantic love) : 1대 1의 안정된 관계를 갖게 되어 steady going 단계에 들어간다. 여러 사람끼리 만나지 않고 단둘이만 은밀하게 만나고 싶어한다. 초기에는 platonic love를 추구하다가 점점 성적 관계를 갈망하는 erotic love로 발달되어 구애단계에서 구혼의 단계로 발전한다. 책임 있는 사랑을 해야 되는 시기이다.

2. 데이트 요령

Lock는 "데이트란 아주 즐겁기는 하지만 깊은 commitment 없이 젊은 두 남녀 간에 이루어지는 사회적인 만남(social engagement)"이라고 보았다. Rabudo는 "데이트란 결혼할 의사의 언급 없이 이성 간에 만나는 것으로서 구애나 구혼과는 구별된다. 즉 데이트란 결혼할 의무 없이 만나는 것이다"라고 말했다. 그러나 성인남녀의 만남이기에 개념적 정의대로만 되는 것은 아니다. 전기도 양극과 음극이 만나면 스파크가 일어나듯 사람도 청년기에 남녀의 만남은 이론대로만 되지 않는다. 그래서 조심하고 삼가야 할 일이 있다. 늘 신앙 안에서 상대를 존중하고 섬겨야 한다.

특히 남자는 여자를 정복대상이 아니라 존중하고 아끼고 협력할 대상으로 인식해야 한다. 또 남자와 여자의 생리적, 심리적, 사회적 차이를 깊이 고려해야 한다. 남녀의 사랑과 존경심이 촉진제가 되어 교회의 청년부나 청년들의 서클활동이 부흥되고 신앙뿐 아니라 이성을 배우는 교육기회도 되길 바란다. 일반 성인들도 청년들의 건전한 사귐을 잘 도와 줘야 한다. 혹 사귀다가 중단되는 경우에는 상처가 될 수 있고 둘 중 하나는 교회를 떠나게 되는 위험도 있기 때문이다. 「아가서」를 열심히 읽고 가급적이면 속을 아는 사람끼리 더 많은 신앙커플을 이루기를 기대한다.

1) 10대 이성교제시 예의

· 밝고 공개된 장소에서 청소년 남녀가 만나는 것이 떳떳한 행동이다.
· 이성 간의 교제는 벗으로 사귀면 벗으로서, 사랑하는 사이면 사랑하는 사이로서 선이 분명해야 한다.
· 이성 간 서로 희롱하거나 시비를 걸고 언쟁하는 일이 없도록 한다.
· 대화에서 귀에 거슬릴 정도의 반말이나 부자연스러울 정도의 경어는 피하고 서로를 존중하는 부드럽고 아름다운 말을 사용한다.
· 만나는 장소는 부모님의 양해를 얻어 응접실 같은 개방된 장소를 이용하는 것이 좋고, 방에서 만날 때는 출입문을 조금 열어 놓는 것이 예의이다.
· 아무리 가까운 사이라도 거리에서 어깨를 감싸거나 팔짱을 끼고 다니는 것은 다른

사람에게 민망하게 보일 수도 있으므로 조심한다.

2) 20대 이성교제시 예의

· 성년의 남녀는 서로 인격적으로 끌려서 교제하는 것이 자연스럽다.
· 데이트를 청하면 정중하게 대답하는 것이 성숙한 매너이다.
· 완곡한 거절도 교양 있는 매너이다.
· 다시 만나자는 약속에 대한 확실한 대답이 없으면 완곡한 거절이라고 인정하는 것이 세련된 매너이다.
· 서로의 인격을 존중하고 이해심을 넓힌다.
· 대화할 때는 서로를 존중하는 부드럽고 아름다운 말을 사용한다.
· 남자는 단정한 용모와 복장을, 여자는 자연스러운 화장이 좋다.
· 데이트에 쓰는 비용은 서로 분수에 맞게 성의를 다한다.
· 집에서 만날 때는 부모님의 양해를 얻어 만나는 것이 상식이다.
· 학생 시절의 이성교제는 1대 1의 연애감정으로 발전하지 않게 공개적인 집단에서의 만남이 바람직하다.
· 이성에 대한 지나친 관심과 호기심은 소중한 시간과 정신력을 낭비하게 된다.
· 이성친구 앞에서는 몸가짐과 마음가짐을 더욱 조심한다.
· 교제 중 상대가 가정이나 주변으로부터 걱정의 대상이 되지 않도록 한다.
· 이성을 방문하거나 초대시 부모님의 허락을 받도록 하며, 시간과 용건을 분명히 한다.
· 이성친구 간에 사랑을 느낄 때는 솔직하고 진실한 의견 교환을 해서 관계 규정을 정확히 한다.
· 이성친구와의 만남은 늦지 않은 시간에 공개된 장소를 택한다.
· 여자친구를 위험하거나 불미스러운 장소에 데려가지 않는다.
· 이성친구의 신체나 외모에 대해 성적인 평가나 비유를 하지 않는다.
· 불필요한 신체접촉을 삼간다.
· 이성교제시는 성의 순결을 지켜야 한다. 일시적 충동에 의한 탈선은 커다란 불행을 초래한다.

남녀 교제에 대한 자기 분석 테스트

1. 이성과 같이 있을 때 얼마나 자연스러움을 느낍니까?
   ⓐ 극히 ⓑ 보통 ⓒ 보통 이하

2. 나의 교제의 경험은 충분하다고 생각하십니까?
   ⓐ 충분 ⓑ 보통 ⓒ 불충분

3. 남녀 교제를 통해서 나의 인격 중 어떤 면이 개선되었다고 생각하십니까?
   ⓐ 영적인 면 ⓑ 지적인 면 ⓒ 정서적인 면
   ⓓ 기타(구체적으로 :)

4. 현재 내가 데이트하고 있는 사람을 위해 공헌하고 있다고 생각하는 것은 무엇입니까?
   ⓐ 영 적 :
   ⓑ 지 적 :
   ⓒ 정서적 :
   ⓓ 사회적 :

5. 내가 미래의 배우자에게 기대하는 인품의 특성이나 특질은 무엇입니까?

6. 현재 나의 데이트 시간 중에 육체적인 면은 어느 정도의 비중을 차지하고 있습니까?
   ⓐ 매우 많은 편 ⓑ 어느 정도 ⓒ 전혀 없다

7. 현재의 교제하는 상대를 나는 어떤 관계로 보고 있습니까?
   혹 상대방은 나를 어떻게 보고 있습니까?
   ⓐ 결혼 반려자 ⓑ탐색 중 ⓒ 결혼과 무관한 우정
   ⓓ 기타

8. 나의 데이트와 교제의 대상은 한 사람에게 국한되었습니까?

(그렇다면 이유는 무엇입니까? 이것이 최선의 방법이라고 믿는 이유가 있습니까?)

9. 나의 데이트 파트너의 약점은 무엇입니까? 그것을 서로가 터놓고 얘기해 보았습니까? 어떻게 변화되어 가고 있습니까?

10. 나의 감정이 우정이 아닌 관계로 나를 이끌고 가는 경우는 없습니까?

11. 나는 불가능한 것을 시도하고 있지는 않습니까? 나는 그것을 극복할 수 있습니까?

12. 현재 교제하는 이성과 영적인 문제에 대하여 인생의 목적이나 비전을 이야기할 때 비슷한 점을 발견했습니까?

【성장을 위한 과제】

– 미혼자를 위하여

① 당신이 이성과의 교제에서 최대의 수확을 거두고 있는지 다음의 자기 분석 테스트를 해 보라.
② 현재의 관계를 평가해 보는 데 참신하고 진지한 도움을 줄 수 있는 분과 자기 분석표의 결과를 가지고 토의해 보라.
③ 당신 자신의 생각으로는 어떤 면에 변화가 필요하다고 생각되는가? (가능한 한 구체적으로 리스트를 작성해 보고 필요한 조치를 즉시 취하도록 하라.)

다음과 같은 조치를 취할 수도 있다.

a. 교제를 끝내는 것

b. 같이 만나서 시간 보내는 방법을 바꾸는 것

c. 현재 만남의 목적을 솔직하게 얘기해 보는 것

d. 잘못된 함정에서 피할 수 있는 길을 모색하는 것

e. 남녀 교제에 대한 기존의 개념을 바꾸는 것

④ 데이트의 경험을 가지고 있지 않다면 마일즈(Herbert J. Miles)박사의 「The Dating Game」이 실제적인 안내서가 될 것이다.

- 기혼자를 위하여

① 현실적이 되라. 당신은 과거로 되돌아가서 다시 시작할 수 없다. 성숙이란 현재와 함께 시작해서 미래를 향해 나아가는 것이다.

② 과거의 실패들을 고백하며, 하나님께 용서를 구하라. 용서받을 것을 계속해서 고백하되 생각하지 말라. 그런 흉상은 땅 속에 묻어 버려라.

③ 당신의 결혼을 최대의 것으로 만들어 보겠다는 마음으로 이 책에 수록된 내용들을 순수한 마음으로 연구하라.

④ 인생 선배의 입장에서 다음 세대 또는 후배 미혼자들에게 좋은 안내자의 책임을 수행하라. 남녀 교제와 데이트에 대한 본 내용을 미혼 형제 자매들에게 가르쳐 주라.

【결혼을 앞둔 딸에게 주는 열 가지 지혜】

약혼은 각자의 선택에 대한 기쁜 확인의 기간이다. 이 기간 동안 결혼할 당사자는 물론이지만 양가의 부모들도 미래의 생활을 서로 의논하고 확인하고 정신적(육체적은 제외)으로 하나되어 가는 과정이 되게 해야 한다.

① 약혼 기간을 적당히 정해야 한다. 약혼은 꼭 있어야 하는 절차는 아니다. 그러나 결혼 당사자와 양가의 사정에 의해서 필요하다고 생각될 때 약혼을 거행할 수

있다. 가능하면 교회의 목사님과 상의해서 간소하게 진행하는 것이 좋다.

② 결혼식은 언제, 어디서, 어떤 규모로 할 것인지를 정한다. 교인인 경우엔 교회에서 목사님의 주례로 하는 것이 바람직하다. 날짜나 시간을 정할 때도 결혼 당사자(특히 신부의 형편) 사정과 참석하는 사람들의 편의를 고려한 결정이 되도록 해야 한다.

③ 신혼 여행지를 결정한다. 우리나라의 결혼 풍속이 주말에 신혼 여행지로 떠나는 것을 선호하는 경향이 있으나 주말에는 모든 것들이 복잡하기 때문에 본의 아닌 불상사가 발생할 수 있다. 더욱더 중요한 것은 결혼 첫 주일부터 주일 예배에 빠지는 일이 없도록 해야 한다. 만에 하나 신혼 여행지에서 주일을 보내게 된다면 주일 낮 예배를 드릴 수 있도록 그 지역 교회를 미리 알아 두어서 주일을 범하는 신혼부부가 되지 않도록 한다.

④ 신혼 여행 때에 너무 무리를 하지 않도록 한다. 대부분은 일생에 한번 있는 일이라고 하여서 처지에 맞지 않는 무리한 일정을 보내려고 한다. 되도록 알차고 검소하게 보내는 방법이 훗날에도 많은 추억거리로 남게 될 것이다.

⑤ 배우자의 예물이나 예단에 대하여 미리 준비한다. 사랑은 주는 것이다, 그렇다고 각자의 처지를 무시한 선물은 금물이다. 작은 것이지만 진실된 사랑이 담긴 것이 정성이 없는 많은 것보다 유익할 것이다. 자기의 신분을 과시하기 위한 허풍을 주님은 축복의 손으로 어루만져 주시지 않을 것이다. 또한 혼수에 너무 많은 무리가 있어서는 안 된다. 원칙이 있는 것은 아니다. 혼수에 대해서 만큼은 당사자들끼리 냉정하게 머리를 맞대고 계획을 짜야 한다.

⑥ 행복한 결혼 생활은 멋진 성생활과 비례하는 것이다. 알아야 할 것은 아는 지혜가 좋은 법이다. 어떤 경우에도 하나님의 뜻이 자신들의 육체적인 만족을 위해서 포기되어서는 안 된다.

⑦ 결혼 후 어디서 어떻게 살 것인가를 결정해야 한다. 이 문제는 당사자들의 의견보다는 부모님의 의견을 존중하는 선에서 결정되어야 한다. 효도하는 부모를 본 자녀들은 훗날 본대로 실천할 저력이 생기기 때문이다.

⑧ 결혼 후에 있을 경제적인 문제에 대해서 미리 준비해야 한다. 가장 멋진 결정은 별난 것보다는 보통 사람들이 행하는 보편적인 길을 걸어 가는 것이 최상의 지름길임을 잊지 말라. 보통 결정에는 실패도 보통 실패가 되지만, 별난 결정에는 실패도 별난 실패가 되어서 헤어날 수 없는 수렁이 될 수 있다.

⑨ 직장 생활을 어떻게 할 것인지는 결혼 전에 결정한다. 배우자의 직장 생활이나 부업 선택에 대한 명확한 결정은 각자 스스로가 내려야 할 사안이지만 항상 배우자의

의견이 존중되어야 함을 잊어서는 안 된다. 물론 어려운 일이다. 그러므로 기도와 면밀한 사전 검토가 수반되어야 하고 일단 내린 결론 앞에는 기쁜 승복이 있어야 한다. 즉 기쁜 마음으로 임하라는 것이다. 하나님과 가정을 위해서 나의 선택이 최선의 선택이 아니었다는 판단이 설 때는 언제든지 최선의 선택을 우선으로 하는 태도가 중요하다. 직장과 부업의 선택이 생애의 반려자를 선택하는 것과는 다르기 때문이다. 차선이 우선이 되어서는 안 된다.

⑩ 결혼식 당일의 모든 프로그램을 누가 어떻게 주관할 것인가를 결정한다. 고집불통 보다는 양보가 우선된 결정이 되도록 해야 한다. 특히 주례자를 따로 모실 사람을 선정하여 결례가 되지 않도록 당사자와 양가 부모가 유념해야 한다.

3. 결혼의 지혜

현대 사회에는 유물론적인 집(house)은 있으되 유심론적인 가정(home)이 없다고 한다. 예식장에서 30분도 채 안 되는 통과의례로 덜컥 남편이 되고 아내가 되는 데 그 이후 이혼과 재혼을 빈번히 하여 가정제도와 부부관계가 혼란을 겪고 있다. 옛말에 "이발을 하면 하루가 기쁘고 목욕을 하면 일주일이 기쁘고 말을 타면(현대엔 새차를 사면) 한 달이 기쁘고 집을 새로 지으면 일년이 기쁘고 결혼을 하면 평생이 기쁘다"고 했다. 그러나 다른 면도 있다. "항해를 떠나려면 한 번 기도하고 전쟁에 나가려면 두 번 기도하고, 결혼을 하려면 세 번 기도하라"는 말도 있다. 결혼의 양면을 지적하는 말이다.

1) 옛날의 결혼

결혼 생활에 대해 우리나라 옛날 교훈을 같이 생각해 보고자 한다.

소혜왕후(昭惠王后) 한씨(韓氏)가 엮은 내훈(內訓)에는 '함께 걷는 유별(有別)의 길'이라 하여 부부(夫婦)의 도리를 다음과 같이 가르치고 있다.

《이야기 1》

여교(女敎)에 이르기를 아내가 비록 남편과 더불어 동등하다고는 말하지만 남편은 분명 아내의 하늘이다. 그러므로 아내는 마땅히 남편을 공경하여 섬기기를 그 아버지에게 하듯 할 것이다.

몸을 다소곳이 하고 자기의 뜻을 나직이 하며, 거짓으로 중히 여기는 척하지 말 것이며, 오직 순종할 뿐 감히 거슬리는 일이 없도록 해야 한다.

남편의 가르침과 경계함을 듣되 성인(聖人)의 글귀를 듣듯이 새겨들어야 하며, 몸은 보배로이 여기어 구슬같이 소중히 여겨 조심조심 지켜가야 할 것이니, 감히 방자(放恣)하게 구는 행위는 있을 수도 없는 일이거니와 무엇을 감히 믿고 감행할 수 있다는 말인가?

진실로 남편에게 허물이 있을 때라도 부드러운 말로 완곡하게 그 허물을 간(諫)하고, 이로움과 해로움을 살펴가면서 설득할 것이며, 온화한 얼굴빛으로 공손한 말씨를 써야 할 것이다.

만일 남편이 몹시 화를 낼 경우에는 기다렸다가 기분이 풀렸을 때 다시 간(諫)한다.

남편의 직분을 마땅히 존중하여야 하며, 아내는 모름지기 나직이 낮추어야 하는 것이다.

부부는 함께 호적에 오르고 함께 늙어 가는 사이이니 결코 짧은 인연이 아닌 것이다.

그러므로 아무리 솜털처럼 작은 일이라도 반드시 남편에게 알리고 물어서 처리해야 한다.

어찌 감히 잠깐이나마 제멋대로 하리오? 제멋대로만 한다면 그건 사람이 아닌 것이다.

시집의 허물을 친정부모에게 말하지 말 것이다. 이는 다만 친정부모에게 시름을 끼쳐 드리는 일이 될 뿐이다. 이야기를 한다고 한들 또 무슨 도움이 되겠는가?

일단 시집을 가면 죽기살기로써 할 것이니 여자는 남자의 집을 제 집으로 삼는 법이니 시집으로 가는 것을 "돌아갔다"고 하는 것이다.

그렇건만 만일 이러쿵저러쿵 시집 허물을 이야기한다면 그것은 말이나 소만도 못한 짓이다.

한 집안을 일으키고자 한다면 화목(和睦)과 순종(順從)을 일삼아야 한다.

이것은 무엇으로써 이루게 되는가?

그것은 오직 서로 공경(恭敬)함으로써만 가능한 것이다.

《이야기 2》

부부의 도(道)는 서로 음양(陰陽)이 잘 맞는 데 있으며, 하늘과 땅의 신령에게까지 사무치니 진실로 하늘과 땅의 넓고 큰 뜻이며, 인륜(人倫)의 큰 법도인 것이다.

그러므로 예기(禮記)에서는 남녀의 사귐을 귀하게 여겼고, 시경(詩經)에서는 관저편(關雎篇)을 두어 부부의 화락한 금슬을 중요시하고 있는 것이다.

남편이 어질지 못하면 아내를 거느리지 못하고, 아내가 어질지 못하면 남편을 섬기지 못한다.

남편이 아내를 거느리지 못하면 위엄과 체통이 무너지고 아내가 남편을 섬기지 못하면 의리가 무너지나니 이 둘을 견주어 보면 그 쓰임은 한 가지이다.

오늘날의 군자(君子)들을 살펴보건대, 아내를 거느리지 못하면 안 되는 것과 위엄을 갖추지 못하면 안 되는 것만 알고 있을 뿐이다.

그래서 남자들만 가르쳐 서전(書傳)으로 몸가짐을 익히게 할 뿐, 여자가 남편을 받들어 섬겨야 하는 것과 예의가 있어야 된다는 것에 대해서는 그다지 알지 못하고 있다.

이와 같이 오직 남자만을 가르치고 여자를 가르치지 않는 것은 역시 피차에 대한 헤아림이 부족하기 때문이다.

예기(禮記)에도 "여덟 살이 되면 비로소 글을 가르치기 시작하고, 열 다섯 살이 되면 학문에 뜻을 두게 된다"고 하였다. 그런데 유독 여기에 따르지 않고 있으니 이래서야 어찌 행위의 준칙(準則)이라 할 수 있으며 천리(天理)의 정도(正道)라고 할 수 있겠는가?

《이야기 3》

음(陰)과 양(陽)은 성질이 다르고, 남자와 여자는 행동이 다르다. 양은 강(剛)한 것으로 덕(德)을 삼고, 음은 부드러운 것으로써 용(用)을 삼는다. 따라서 남자는 강한 것을 귀하게 여기고 여자는 약한 것을 아름답게 여긴다.

이 때문에 항간에 전해오는 말이 있다.

"이리 같은 아들을 낳고서도 오히려 유약할까봐 두려워하고, 쥐 같은 딸을 낳고서도 오히려 호랑이가 되지 않을까 두려워한다."

그러니 몸을 닦음에는 공경(恭敬)만한 것이 없고, 강(强)한 것을 피하는 데는 순(順)한 것보다 나은 것이 없다.

그래서 "공경하고 순종하는 것은 아내로서의 큰 예의이다"라고 하는 것이다.

무릇 '공경'이란 다른 것이 아니라 '오래 참고 이겨내는 것'을 말하며, '순종'이란 다른 것이 아니라 '관대하고 여유 있는 것'을 일컫는다.

오래 참고 죽을 때까지 사이좋게 서로 떨어지지 않고 방안에서 맴돌며 지내기 때문에 마침내 친압(親押)하게 되어 흉허물 없는 마음이 생겨나게 되는 것이다. 그런데 흉허물이 없는 마음이 생겨나면 말을 함부로 하게 되고, 말을 함부로 하게 되면 행동이 방자해지며,

방자한 행동이 생겨나면 남편을 업신여기는 마음이 생기게 되는 것이다.

이는 자기 분수에 만족할 줄 모르는 까닭이다.

대체로 일에는 굽은 것(曲)과 곧은 것(直)이 있고, 말에는 옳은 것(是)과 그른 것(非)이 있다.

곧은 사람은 다투지 아니할 수 없고 굽은 사람은 굽은 것을 밝혀 내지 않을 수 없으니, 다투고 밝히려면 분노하는 일이 생겨나게 되는 것이다.

이는 낮은 것을 숭상하고 공경할 줄 모르기 때문이다.

남편을 업신여기고 절제할 줄 모르면 꾸짖음이 뒤따르고, 분노를 억누르고 삭여내지 못하면 매질이 뒤 따르게 된다.

모름지기 부부라고 하는 것은 의리로써 화친하고 은혜로써 좋게 화합하는 것이거늘, 매질이 행해진다면 무슨 의리가 있겠으며 꾸짖음이 끊이지 않는다면 무슨 은혜로움이 있겠는가? 은혜와 의리가 다 없어져 버리면 부부는 헤어지지 않을 수 없게 된다.

《이야기 4》

남편은 아내를 여의면 다시 장가들 수 있다는 준칙이 있으나 여자는 두 번 시집간다는 기록이 없다. 그래서 "남편은 하늘이다"라고 이른다. 하늘에서는 본래 도망칠 수 없는 것이요, 남편은 애초부터 떨어질 수 없는 것이다. 행동이 신(神)의 뜻에 어긋나면 하늘이 벌을 내리고, 예의에 허물이 있으면 남편이 박하게 대한다. 그러므로 〔여헌(女憲)〕에 이르기를; "한 사람에게서 뜻을 얻으면 영원히 한 사람에게서 일생을 끝마치는 것이다. 또한 한 사람에게서 뜻을 잃으면 영원히 막히게 된다." 이 말을 가지고 미루어 보더라도 불가불 마음을 하나로 굳히지 않으면 안 되는 것이다. 그러나 그 사랑을 얻으려는 사람이 상대에게 아첨하는 말과 아리따운 교태를 꾸며서 구차스럽게 친한 척하는 것은 좋지 않다. 진실로 마음을 온전하게 하고 안색을 바르게 하여서 예의에 두루 맞도록 갖추어야 하는 것이다. 귀로는 더러운 말을 듣지 않게 하고, 눈으로는 사악한 것을 보지 않도록 하며, 외출할 때 몸치장을 지나치게 하지 않으며, 집안에 있을지라도 어느 정도는 몸단장을 하며, 무리를 지어 작당을 하지 않으며, 남의 집을 엿보는 일이 없도록 한다면 이는 곧 마음을 온전히 하고 안색을 바르게 하는 '전심정색(專心正色)'하는 것이다. 무릇 사람의 행동에는 움직여야 할 때와 움직이지 않고 조용히 있어야 할 때가 있는데, 이를 분별하지 못하고 가볍게 행동하여 예의에 벗어난다거나, 보고 듣는 것이 들쭉날쭉 주관을 잃고 흔들린다거나, 집안에 있을 때는 머리를 흩트리고 볼품없는 엉성한 꼴을 하고 있다가 밖에 나갈 때는 요조숙녀인 양 요란하게 모양새를 꾸민다거나, 말해서 아니 되는 것을 함부로 지껄인다거나, 보아서는 아니 되는 것을 기를 쓰고 보는 것은 옳지 못한 일이다. 이렇게 되는 것은 모두 마음이 온전하지 못하고 안색이 바르지 못한 증거인 것이다.

이런 가르침이 현대 가정 생활과 부부 도리에 액면 그대로 적용될 수 없는 것은 당연하다. 다만 예로부터 조상들이 지키고 존중해 온 기준들을 참고하자는 것이다.

2) 현대의 결혼

중국 흑룡상성 할빈시에 있는 조선족 제 1중학교 도서관에 갔다가「중국조선어문」(2001. 4)에 나온 "부부간 삼가야 할 어법"을 읽었다. '① 리혼하자. 갈라서자. ② 등신이다, 맹추다. ③ 애초에 내가 눈이 멀었지. ④ 아무개 남편 좀 보아요. ⑤ 썩 물러가 영영 집에 오지 말아. ⑥ 닥쳐. ⑦ 당신이 상관할 바 아니야. ⑧ 보라, 당신이 화장한 꼬락서니를. ⑨ 그 사람 보고파.' 등이 제시되어 있었다. 인간관계와 의사소통의 문제를 강조하고 있었다. 부부라는 인간관계는 서로 이해하고 사랑하고 돕는 것이다. 그것이 가능하기 위해 언어생활이 매우 중요하다.

【월터 트로비쉬의 배우자 선택원리】

① 당신들은 사랑을 함께 나눌 수 있어야 한다.

사랑은 공유할 필요가 있다. 당신은 배우자가 될 사람과 서로 사랑을 주고받을 수 있어야 한다. 관계라는 것은 때때로 일방적인 것이 될 수 있다. 즉, 한 사람은 주기만 하고 한 사람은 받기만 하기 때문에 주기만 하는 사람이 받기만 하는 상대방과 하루 저녁을 보내고 나면 완전히 녹초가 되어 버리는 것이다. 만일 당신들의 관계가 이러하다면 주의하라. 그것은 파괴적인 관계가 될 가능성을 내포한 관계이다. 왜냐하면 어느 누구도 상대방에게 자신의 감정으로 계속해서 쏟기만 하면서 살 수는 없기 때문이다. 두 사람의 사랑은, 온갖 방법을 다하여 서로를 창조적인 사람으로 만들고 서로에게 새로운 활력과 기쁨을 주는 것이어야 한다. 즉 서로가 힘을 북돋아 주어야 하는 것이다.

② 당신들은 서로를 깊이 존경해야 한다.

당신은 지금 배우자가 될 사람이 장래 당신 자녀의 아버지나 어머니가 되기를 원해야 한다.

상대방을 자랑스럽게 생각해야 한다. 당신은 당신이 존경하는 사람들, 즉 당신의 부모나 제일 친한 친구에게 배우자를 기꺼이 소개할 수 있어야 한다. 배우자와 함께 그러한 사람들을 만나는 것을 부끄러워해서는 안 된다.

③ 당신들은 배우자의 연약한 습관들을 용납할 수 있어야 한다.

사람은 누구나 한두 가지 이상의 나쁜 습관을 가지고 있다. 우리는 종종 결혼이 주위의 상황을 변화시킬 수 있고 배우자의 나쁜 습관이 고쳐질 수도 있다고 믿는다. 그러나 그것을 배우자에게 기대하지는 말라. 진짜 문제는 '당신이 배우자의 나쁜 습관을 참으면서 살 수 있는가'이다. 지금 당신이 배우자 될 사람의 나쁜 습관을 좋아하지 않는다면 5년 후에는 배우자의 습관을 훨씬 더 싫어하게 될 것이다.

④ 당신들은 서로 부부싸움을 한 후에 화해할 수 있어야 한다.

당신은 배우자가 될 사람과 다투어 본 적이 있는가? 그렇다면 다투고 난 후에 진정으로 상대방을 용서할 수 있었는가?

이상적인 남편의 조건

남성으로서 정신이 건강하고 다른 사람을 잘 도와 주고 이해심이 깊으며, 지배적이거나 독단적인 태도를 취하지 않고 동정심이 있는 친절한 남성입니다. 정서가 안정되어 있어 감정의 기복이 심하지 않은 남성입니다. 우월감이나 열등감 때문에 허세를 부리지 않고, 자기의 위치를 올바르게 파악할 줄 알며, 남의 충고나 비판에도 진지하게 귀를 기울일 줄 아는 남성입니다. 자주성과 독립심이 강하고, 판단력과 실천 능력이 있어 어떠한 곤경에 처해도 남에게 의지하지 않고 자기 힘으로 해결할 수 있는 남성입니다. 되는 대로 일을 처리하지 않고 계획을 세워 모든 일에 책임감을 가지고 있는 남성입니다. 쉽게 흥분하거나 냉정하지 아니하고 고집스럽지 않으며 비뚤어진 성격을 갖지 않은 남성입니다. 지나치게 인색하지는 않지만 낭비하지 않으며 착실히 일해서 돈을 벌려고 하는 남성입니다. 모든 도덕적 규범을 지키고, 욕망을 지배할 줄 알아, 유혹에 말려들지 않으며 자기에게는 엄격하되 다른 사람에게는 관용을 베푸는 남성입니다.

이상적인 아내의 조건

여성으로 성격이 원만하고 정서가 안정되어 있으며, 쉽게 토라지지 않고 화를 내지 않으며, 항상 명랑하고 즐거운 여성입니다. 이해심이 깊고 협조를 잘하며 봉사의 즐거움을 아는 여성입니다. 가정을 잘 관리하며, 가정을 안식처로 만들 줄 아는 지혜가 있는 여성입니다. 돈을 절약할 줄 알며 허영심의 포로가 되지 않은 여성입니다. 자기 중심적인 생각에서 벗어나 다른 사람의 입장을 고려할 수 있는 여성입니다.

4. 맞선 볼 때 나눌 수 있는 대화의 예

처음으로 맞선을 보는 자리에서 다음과 같은 질문들을 활용해 보는 것도 상대방을 이해하는 방법일 것이다.

① 당신이 겪었던 일 중에서 가장 예기치 못했던 일은 무엇입니까?
② 가장 숙련되게 배우고 싶은 분야는 어떤 분야입니까?
③ 만일 하루 동안 최고권력자가 된다면 즉시 바꾸고 싶은 것들이 무엇입니까?
④ 서로 돕고 있는 사람들에 대한 이야기를 알고 계십니까? 예를 들어 이야기해 봅시다.
⑤ 겪은 일 가운데 가장 악몽 같은 일에 대해 이야기해 봅시다.
⑥ 여행하면서 목격했던 일 중 가장 특이했던 일은 무엇입니까?
⑦ 여행 경험 가운데 가장 최악의 경험은 무엇입니까?
⑧ 아버지의 가장 훌륭한 점은 무엇이었습니까?
⑨ 가장 배우기 어려웠던 것과 가장 쉬운 것은 무엇입니까?
⑩ 읽은 책 중 가장 '인간적 성숙'을 가져오게 한 책은 무엇입니까?
⑪ 당신의 마음을 변화시키는 것은 무엇입니까?

⑫ 지난 10년 동안 본인이 어떻게 성장되었다고 생각합니까?
⑬ 만일 당신이 성적표를 없앨 수 있다면 그렇게 하시겠습니까?
⑭ 배웠던 선생님들 중 가장 훌륭한 분은 누구입니까? 그 선생님께서는 어떤 분이며, 왜 그가 가장 훌륭하다고 생각하십니까?
⑮ 과거에 알았던 사람을 다시 만날 수 있다면 누구와 만나겠습니까?
⑯ 당신이 알고 있는 분들 중 가장 도덕적인 분은 누구입니까?
⑰ 당신이 배웠던 것 중 가장 어려운 과목은 무엇입니까?
⑱ 처음부터 끝까지 혼자 다녔던 여행이 있습니까? 언제? 왜?
⑲ 당신의 모습이 가장 멋있게 나온 사진은 무엇입니까?
⑳ 당신의 인생에서 발생된 사건들 중 인생의 앨범에 담고 싶지 않은 사건이 있습니까?
㉑ 당신이 흥분하여 이성을 잃고 침착해지기 위해 다른 사람들의 도움이 필요했던 일을 이야기해 보십시오.
㉒ 당신이 가끔 실수하는 것은 무엇입니까?
㉓ 범죄의 희생자가 되어 본 적이 있습니까? 그 때에 무엇을 가장 바랬었는지 이야기해 보십시오.
㉔ 새로운 환경이나 세계를 접했을 때 당신 자신에게 도움이 되는 적응기술은 어떠한 것이 있습니까?
㉕ 학창 시절 중 가장 잊지 못할 경험은 무엇입니까?
㉖ 어머니의 가장 본받을 점은 무엇입니까?
㉗ 당신이 경험한 세상에서 가장 큰 모험은 무엇이었습니까?
㉘ 학창 시절 중 최고의 경험은 과연 무엇입니까?
㉙ 형제 자매로부터 얻은 삶의 지혜는 무엇이라 생각합니까?
㉚ 당신이 자제할 수 없는 가장 어려운 상황은 어떤 것입니까? 가장 잘 관리할 수 있는 상황은?
㉛ 자신이 가장 어리석다고 여겨진 때는 언제였습니까?
㉜ 만일 살 수 있는 날이 1년만 남았다는 것을 알았을 때, 무엇을 하고 지내겠습니까?
㉝ 현재까지 살아오면서 당신의 감정을 가장 많이 흔들어 놓았던 사건이나 상황은 무엇이었습니까?
㉞ 다른 사람을 멀리하고 싶을 때 당신은 어떻게 합니까?
㉟ 당신의 가장 멋있는 모습은 어떤 것입니까?

㊱ 신체 중 어떤 부분을 가장 먼저 바꾸고 싶습니까?
㊲ 자기 자신을 표현할 수 있는 세 가지 단어를 골라 보십시오.
㊳ 명절에 가정에서 만드는 독특한 음식이 있습니까?
㊴ 어떠한 기술이 당신의 생활에 가장 도움을 준다고 생각하십니까?
㊵ 현재 할 수는 없지만 당신이 하고 싶은 것은 무엇입니까?
㊶ 당신이 다른 사람들에게 해 주고 싶은 봉사는 과연 무엇입니까?
㊷ 어릴 적에 받아보았던 크리스마스 선물 중 가장 좋았던 선물은 무엇이었습니까? 어른이 된 현재 가장 좋은 선물은?
㊸ 혼자서 하는 일은 어떤 일입니까?
㊹ 당신의 배움의 방법과 형태는 무엇입니까? 어떻게 그 방법을 알게 되었는지 예를 들어 보십시오.
㊺ 가족 외에 어린 시절 가장 인상에 남는 사람은 누구입니까?
㊻ 부모나 가족 이외에 당신에게 가장 많은 영향을 주었던 세 사람의 이름을 말해 보십시오.
㊼ 만일 이제 대학을 졸업했다면, 무슨 직업을 택하시겠습니까? 그 이유는 무엇입니까?
㊽ 만일 당신이 다음 생애에 또 살 수 있다면 어떤 삶을 살고 싶으십니까?
㊾ 다른 사람을 볼 때 어리석다고 여겨지는 것은 어떤 모습입니까?
㊿ 시간, 돈, 편의 등이 전혀 문제가 되지 않는다면 당신이 하고 싶은 일 세 가지는 무엇입니까?
51 만일 음식이 충분히 제공되는 곳에서 당신이 1년 동안 혼자 살아야 한다면 어떤 것을 그 곳으로 가져가겠습니까? (5가지)
52 당신이 되돌아가서 사람들과의 관계를 다시 맺을 수 있다면 전과는 다르게 어떻게 하시겠습니까?
53 당신의 경험 중 가장 호화스러웠던 것은 무엇입니까?
54 학교를 결석했던 일이 있다면 무엇 때문이었습니까?
55 어머니가 해 주셨던 충고 중 가장 훌륭한 것은 무엇이었습니까? 아버지의 충고는?
56 가족들이 당신에게 부탁하는 편입니까? 아니면 당신이 도움을 청하는 편입니까?
57 좋은 인간관계를 맺기 위해 가장 중요한 것은 무엇이라고 생각하십니까?
58 10년 전과 비교해서 현재 다소 두렵게 여겨지는 것은 무엇입니까?
59 당신의 상사가 변화되었으면 좋겠다고 하는 부분은 어떤 것이며 변하지 않았으면

하는 부분은 무엇입니까?
(60) 어떻게 두려움을 없애거나 조절하십니까?
(61) 다시 태어난다면 어느 나라에 태어나고 싶습니까?
(62) 당신 자신을 바꾸기 위해 사용하는 방법은 어떤 것들이 있습니까?
(63) 카드빚을 줄이기 위해서는 어떻게 해야 한다고 생각하십니까?
(64) 당신이 알고 있거나 겪은 사람 중 최고는 누구입니까?
(65) 시간을 거슬러 올라가 선생님을 다시 만날 수 있다면 누구를 만나고 싶고, 또 만났을 때 무슨 말을 하고 싶습니까?
(66) 여행 중 최고의 여행은 어떤 것이었습니까?
(67) 동료들은 당신의 강점을 무엇이라고 말해 줍니까?
(68) 과거에는 몰랐지만 세월이 지남에 따라 깨달은 것이 있다고 합시다. 만일 당신이 18세로 돌아간다면 이러한 깨달음을 바탕으로 자기 자신에게 어떻게 충고해 줄 것입니까?
(69) 누군가 당신을 흥분시키려고 한다면 어떤 방법을 사용하는 것이 가장 쉬운 방법입니까?
(70) 성공의 징표를 가정에서 찾는다면 어떤 것들이 있습니까?
(71) 가장 두려워하는 것은 무엇입니까?
(72) 겪은 일 중 가장 어려웠던 것은 무엇입니까?
(73) 만우절에 속이거나 속아 본 경험이 있습니까?
(74) 당신의 생애에서 가장 귀중한 사람 두 사람은 누구입니까?
(75) 당신이 좀더 자신을 잘 관리할 수 있다면 어떻게 하시겠습니까?
(76) 가장 기억에 남는 여행지는 어디입니까?
(77) 가장 경이로운 경험을 이야기해 보십시오.
(78) 현재 갖고 싶은 것 세 가지를 빨리 나열해 보십시오.
(79) 여행에서 알고 있어야 한다고 생각되는 점은 무엇입니까?
(80) 당신의 삶을 만족시키고 있는 세 가지를 나열해 보십시오.
(81) 가장 자랑스러워하는 것은 무엇입니까?
(82) 당신의 직장에서 한 가지를 변화시킬 수 있다면 무엇을 바꾸겠습니까?
(83) 직장과 가정에서 당신의 모습이 어떻게 다르다고 생각하십니까?
(84) 직장 상사 중 최고는 누구였다고 생각하십니까? 그것은 왜?
(85) 당신이 가졌던 직업 중에서 최고의 직업은 무엇이었습니까?

⑯ 음식점에서 경험한 최악의 서비스는 어떤 것이었습니까?
⑰ 당신이 받았던 것 중 최고의 성적은 무엇이었습니까? 어떻게 그러한 성적을 받았다고 생각하십니까?
⑱ 당신의 가족이 성취한 최고의 성과나 업적은 무엇입니까?
⑲ 당신에 대한 첫인상을 무엇이라고 말합니까?
⑳ 크리스마스 선물을 사기 위해 어떻게 하십니까?
㉑ 선택이나 결정을 할 때 어떤 방식을 사용하십니까?
㉒ 지니고 있는 보물 중 가장 소중한 것 두 가지는 무엇입니까?
㉓ 당신이 되고 싶은 세 가지를 빨리 나열해 보십시오.
㉔ 만일 가장 호화스런 행사를 기획한다면 어떻게 하시겠습니까?(자금은 무한정이나 공간은 제한될 경우)
㉕ 의미 있거나 기억에 남는 어릴 적 경험을 이야기해 보십시오.
㉖ 다음 생에 다시 태어난다면 무엇으로 태어나겠습니까?
㉗ 당신의 생애에서 계속 따라 다니는 어떤 것이 있습니까?
㉘ 밤에 반복적으로 꾸는 꿈이 있었습니까?
㉙ 자신에게 가장 부담스러울 때는 언제라고 생각하십니까?
⑽ 감정이 조절되지 않을 때 어떻게 처리하십니까?
⑽ 입시에 떨어지거나 학점 때문에 유급을 당한 적이 있으십니까? 그 사연을 이야기하고 그 사건이 자신에게 어떻게 도움이 되었는지 이야기해 보십시오.
⑽ 인생의 방향을 완전히 전환했을 때를 이야기해 보십시오. 왜? 그 결과는?
⑽ 범죄나 사건의 증인이 되어 본 적이 있으십니까? 그때 당신의 역할에 대해서 이야기해 주십시오.
⑽ 좋아하는 음식이나 물건은 무엇입니까?
⑽ 알고 있는 사람들 중 진짜 기이한 사람이 있습니까? 어떤 사람인지 설명해 보십시오.
⑽ 당신이 생각하기에 가장 아름다운 휴가는 어떤 것입니까?
⑽ 함께 차를 타고 여행할 때 옆 좌석의 사람들이 당신에게 해 주는 말이나 행위 가운데 두 가지만 말해 보십시오.
⑽ 당신 가족만이 갖고 있는 독특한 점은 무엇입니까?
⑽ 나이가 들면서 걱정하고 있는 것은 무엇입니까?
⑽ 당신은 자신의 삶을 어떻게 변화시키겠습니까? 시도한 적이 있었던 민간요법이나

방법은 어떤 것들이 있습니까? 자세히 설명해 보시고 그 성공담에 대하여 이야기해 보십시오.

⑪ 초등학교 때 배웠던 가장 중요한 교훈은 무엇입니까? 중학교 때는? 고교시절엔? 대학에선?

⑫ 이루었거나 이루지 못한 희망이 있습니까?

⑬ 의사소통이 가능한 외국어는 어떤 것들이 있습니까?

⑭ 신체 일부와 대화할 수 있다면 어떤 것과 말하시겠습니까? (다리, 뇌, 심장 등)

⑮ 어린 시절을 연상시키게 하는 어떤 것이 있습니까? 그것이 어떤 것이며 무슨 기억을 연상시킵니까?

⑯ 당신이 먹어 본, 집에서 만든 명절 음식은 무엇이 있었습니까?

⑰ 하고 싶은 일 세 가지만 빨리 나열해 보십시오.

⑱ 하기 싫어하는 세 가지는 무엇입니까?

⑲ 가장 아끼는 옷은 어떤 것입니까?

◆ **차인표 씨가 부인 신애라 씨에게 보낸 감동적인 편지를 소개한다.**

사랑하는 여보에게

여보, 오늘 드디어 우리 집 계약을 했죠. "당신이 원하는 건 뭐든지 다 해줄 수 있다, 다 들어주겠노라"고 큰소리치면서 결혼한지 6년 2개월 만에 당신이 그렇게 원하던 우리 집이 생겼네요. 아까 집을 함께 둘러보면서, 당신은 무엇을 생각했나요? 나는 요 예전에 우리 결혼하던 시절을 생각했어요. 아주 오래 전도 아닌, 불과 몇 년 전인데 참 아득하게 느껴지네요. 금반지 한 개 달랑주고, 나는 공짜로 당신과 결혼을 했어요. 이등병 때 한 결혼이지만, 자신 있었어요.

제대만 하면, 정말 당신을 행복하게 원하는 건 무엇이든지 들어주면서 여유롭게 살 자신이…… 그런데, 그게 아니네요. 나만 여유롭게 살았네요. 당신은 억척스럽게 살았네요. 며칠 전, 1년 만에 친구 부부와 노래방에 갔을 때 , 당신은 "요즘 노래를 아는 게 없다."면서 당황해 했었죠? 나는 속으로 더 당황했어요. 당신이 모르는 최신곡들, 나와 연애할 때 두 시간을 불러도 다 못 부를 정도로 많은 노래를 알던 당신이었는데, 왜 노래를 못 부르게 되었나요? 그동안 무얼 했나요?

결혼 6년, 나는 어느 새 못난 남편이 되어 있네요. 런닝머신에서 5분도 뛰지 못하고 헐떡거리는 당신에게 "마라톤 대회 나가야 하니 아침 일찍 인절미 구워 달라"고 부탁하는 철없는 남편이 되어 있네요. 우리 생생한 젊음들끼리 만나서 결혼을 했는데, 그새 왜 나만 이리 잘 뛰고, 잘 놀게 되었나요? 내가 운동하고, 노래 부르는 동안, 당신은 무얼 했나요?

당신은 정민이 낳고 놀아 주고, 밥 먹이고, 기저귀 갈아 주고, 목욕시키고, 동화책 읽어 주고, 그러면서 내 얼굴 피부 나빠졌다고 억지로 피부과 데려가 마사지 받게 하고, 젊게 보여야 한다고 백화점 데려가 청바지 사 주고 당신은 아줌마면서, 나는 총각처럼 만들려고 애쓰면서 살죠. 당신은 농담처럼 우리 집에는 아기가 둘이 있다고, 근데 큰애가 훨씬 키우기 힘들다고 말하죠. 신혼시절 당신의 수호천사가 되겠다고 큰소리쳤던 나는, 결혼 6년 만에 당신의 큰아기가 되어 있네요. 미안해요.

난 당신의 큰아기인 게 너무나 행복했지만, 당신은 참 힘들었죠. 앞으로는 당신이 나의 큰아기가 되세요. 서툴지만, 노력하는 당신의 아빠가 될게요. 나는 당신을 작년보다 올해 더 사랑합니다. 어제보다 오늘 더 사랑하구요, 오늘보다 내일 더 많이 사랑할 겁니다. 당신은 어느 새 존경하는 내 어머니의 모습을 닮아 있네요. 당신 옆에 오래 있을게요. 당신은 오래만 살아주세요. 더 많이, 더 깊게 사랑할 수 있도록……

5. 성경에 제시된 결혼의 의미

기독교 가정사역연구소에서 쓴 「신랑 · 신부에게(1998)」라는 책에는 신앙인들이 알아야 할 결혼의 의미를 가르쳐 주고 있다. 그 내용을 발췌하여 여기에 소개하고자 한다.

1) 모든 결혼은 기적인가?

결혼은 인간의 필요에 의해 만들어 낸 제도가 아니라 하나님께서 고안해 내신 방법이다. 메마른 우리 마음에 배우자에 대한 사랑이 싹트기 시작한다는 것이 실로 기적같은 일일뿐만 아니라 서로에게 단점이 있다는 것을 알면서도 한 가정을 이루어 평생을 함께 살기로 약속한다는 것 자체가 기적과 같은 일이기 때문이다.

어떤 평론가는 "결혼을 꿈꾸는 사람은 모두 기적의 주인공과 같다"며 "현대인들은 매일 수백 건의 기적이 일어나는 역사적인 현장에서 살고 있다"고 말하기도 했다. 또 결혼은 하나님이 허락하지 않으시면 결코 이루어질 수 없는 불가능한 일이라는 말도 있다.

그만큼 결혼은 거룩한 사건이며 일평생을 두고 유효한 언약이라고 할 수 있다. 즉 영속성을 갖는다는 뜻이다. 또 결혼은 남자와 여자라는 동등하고 독립된 인격체가 하나로 연합하는 것이고, 연합은 사람의 힘으로 해체할 수 없는 하나의 공동체를 말한다.

그래서 결혼의 주관자는 남자와 여자가 아니라 하나님이시다. 부부됨을 인정하는 분도 남자와 여자를 창조하신 하나님이시고, 최초의 결혼식을 시작하신 분도 하나님이시다.

그런데도 현대인들은 자기의 감정과 요구가 충족되지 못하면 쉽게 나누어질 것을 생각하곤 한다. 결혼은 배우자의 장점과만 연합하는 것이 아니라 이미 배우자의 부족함과도 연합한 것임을 깨닫지 못하고 있기 때문이다.

본래 결혼은 하나님 앞에서 양가의 모든 것과 연합하는 것을 말한다. 결코 부분적이거나 환경에 따라 변화되는 조건부 형태의 부분적 연합이 아니다. 따라서 결혼을 통해 남자와 여자는 어떻게 하나됨을 유지하며 가장 아름다운 하나됨이 어떤 모습인지를 생각하며 노력해야 한다.

세계적인 심리학자인 존 파월(John Powell)은 성경이 말하는 결혼에 대해 다음과 같이 설명하고 있다.

"성경에 나타난 남편과 아내의 연합과 상호 교류는 너무나 깊고 너무나 전적인 포용을 뜻하기 때문에 그 말의 가장 완전한 의미에서 볼 때 그것은 서로가 자신을 온통 다 내어 주는 것을 말한다."

2) 왜 결혼을 해야 하는가?

결혼을 하는 목적은 사람마다 다를 수 있다. 서로 꿈꾸는 목표가 다르고 성향과 개성이 다르기 때문이다. 그러나 그리스도인들은 목적과 동기가 선하여야 하며 하나님의 뜻에 합당하여야 한다. 창세기 2장 18절은 "인간은 돕는 배필을 얻어 행복을 추구하기 위해 결혼해야 한다"고 말했고 말라기 2장 14, 15절은 "경건한 자손을 얻기 위하여", 고린도서 7장 9절은 "음행을 방지하기 위하여 결혼한다"고 했다.

"여호와 하나님이 가라사대 사람의 독처하는 것이 좋지 못하니 내가 그를 위하여 돕는 배필을 지으리라 하시니라(창 2 : 18)".

"너희는 이르기를 어찜이니까 하는도다. 이는 너와 너의 어려서 취한 아내 사이에 여호와께서 일찍이 증거하셨음을 인함이니라. 그는 네 짝이요. 너와 맹약한 아내로되 네가 그에게 궤사를 행하도다 여호와는 영이 유여하실지라도 오직 하나를 짓지 아니하셨느냐 어찌하여 하나만 지으셨느냐. 이는 경건한 자손을 얻고자 하심이니라, 그러므로 네 심령을 삼가 지켜, 어려서 취한 아내에게 궤사를 행치 말지니라(말 2 : 14, 15)".

"만일 절제할 수 없거든 혼인하라, 정욕이 불같이 타는 것보다 혼인하는 것이 나으니라

(고전 7 : 9)".

이 외에도 결혼을 통해 서로에게 믿음의 덕을 보이고 하나님의 사랑을 가정 안에서 실천하는 훈련을 해야 한다는 가르침도 있다.

"남편된 자들아 이와 같이 지식을 따라 너희 아내와 동거하고 저는 더 연약한 그릇이요 또 생명의 은혜를 유업으로 함께 받을 자로 알아 귀히 여기라. 이는 너희 기도가 막히지 아니하게 하려 함이라"는 베드로전서 3장 7절의 말씀이 그것이다.

이를 한 문장으로 요약하면 "결혼을 통해 서로 연합하여 하나님을 사랑하듯 서로를 사랑하고 생활 속에서 범죄할 수 있는 일들을 예방하여 경건한 삶을 살아가는 것"이 그리스도인의 결혼 목적이라고 할 수 있다. 시대가 아무리 변했다 할지라도 이러한 원칙에는 변함이 없어야 한다. 그리스도인들이 결혼하는 우선 순위 역시 이러한 목표에서 벗어나지 않아야 한다. 그 다음에 우리의 삶을 더 풍요롭게 할 수 있는 세세한 약속들을 계획하고 성취해 나가는 것이 바람직하다.

3) 혼인 예식의 성경적 의미

"리브가를 불러 그에게 이르되 네가 이 사람과 함께 가려느냐. 그가 대답하되 가겠나이다. 그들이 그 누이 리브가와 그의 유모와 아브라함의 종과 종자들을 보내며 리브가에게 축복하여 가로되, 우리 누이여 너는 천만 인의 어미가 될지어다. 네 씨로 그 원수의 성문을 얻게 할지어다. 리브가가 일어나 비자와 함께 약대를 타고 그 사람을 따라가니 종이 리브가를 데리고 가니라(창 24 : 58-61)."

성경에 언급된 첫 번째 혼인 예식은 창세기 2장 24절에 나오는 아담과 하와의 연합이다. 여성의 창조와 결혼, 가정이라는 절차는 모두 아담이 혼자였기 때문에 시작된 것이다. 하나님께서 아담을 지으셨으나 사람이 독처하는 것이 좋지 못하다는 것을 감지하시고 결혼이라는 제도를 만드셨기 때문이다(창 2 : 18). 이것은 사람이란 결혼과 가정에서 발견될 수 있는 친밀함을 필요로 한다는 것을 지적해 주고 있다. 마르쿠스 바르트(Marcus Barth)는 '연합한다(히브리어, dabay)'라는 말은 헬라어로 '자발적이고 열정적이고 가까운 관계'를 의미하는 것으로 사람의 영혼과 육체를 다 포함하는 관계를 말한다고 결론지었다.

구약 학자들은 크리스천들이 부부간의 친밀감을 강조하기 전부터 이 사실을 깨닫고 있었다. 1888년에 프란츠 델리취(Franz Delitzsch)는 "결혼이란 가장 친밀하고 인격적이고 영적이고 육체적인 연합관계"라고 했다. 드라이버(S. R. Driver)역시 지적인 친밀감을 강조하며 다음과 같이 말했다.

"하와는 아담을 여러 가지 방식으로 돕는 배필이 되어야 하며, 동시에 동료가 되어 주되, 생각을 교환할 수 있으며, 또 다른 측면에서 지적인 동등자가 되어 돕는 배필이 되어야 한다." 그는 또 남편과 아내 사이의 애착이 부모 자녀 간의 애착보다 더 강하다고 결론 내렸다.

결혼에 대한 동반관계의 개념을 좀더 증명해 주는 구절은 구약의 뒷부분에서 발견된다. 하나님은 아내를 "네 짝이요, 너와 맹약한 아내"라고 말씀하신다(말2 : 14). 잠언 2장 17절은 방탕한 아내가 자기의 '짝'을 버렸다고 우리에게 말해 준다. 히브리 단어 알루프(aloof)를 번역하기 위해서 'partner'라는 말을 쓰는 것은 사람들을 오도할 수 있다. 알루프란 사람이 가질 수 있는 가장 가까운 관계를 의미하는 것으로 다른 곳에서는 "친한 벗"이라고 번역되어 있기 때문이다(잠 16 : 28, 17 : 9).

아가서는 결혼의 개념에 친밀함을 주입시킬 수 있는 더 많은 증거를 제시하고 있다. 이 노래가 어떻게 해석되든지 간에 이 노래는 부부의 사랑을 찬양하고 있으며, 오늘날에도 결혼식에서 유대인들에 의해 사용되고 있다. "이는 나의 사랑하는 자요, 나의 친구라(아 5 : 16)"고 여자가 남자에 대해 말한다. 서로에게 드러난 것에 감탄하여 남자는 여자를 바위 틈의 비둘기처럼 여기며 "나로 네 얼굴을 보게 하라, 네 소리를 듣게 하라(아 2 : 14)"고 권유한다.

이제까지 결혼의 친밀함에 대해 우리가 증명한 이유는 하나님의 창조 목적 안에 결혼이라는 과정이 포함되어 있기 때문이다. 만일 하나님의 구속적인 목적이 더 우선한다는 주장을 따라야 한다면 우리는 이제 결혼 관계의 친밀함이 하나님의 새 창조 안에 포함되어 있는지 물어 봐야 할 것이다. 다음의 주장들은 그렇다는 것을 보여줄 뿐 아니라, 남편과 아내 관계의 신적이고 영적이며 영원한 기초는 우리가 요즈음 결혼에 부여하는 어떠한 낭만적인 측면보다도 더 소중한 것임을 나타내고 있다.

그 다음으로 성경에 등장하는 결혼 이야기는 리브가와 이삭의 결혼이다.

그리고 이들의 결혼 이야기는 현대 그리스도인들이 결혼에 대해 논할 때 반드시 참고해야 할 귀중한 자료가 되고 있다.

우선 리브가의 결혼은 너무나도 간결하게 시작됐다. 리브가의 부친과 오빠가 리브가를 이삭에게 시집보내는 것이 합당하다고 생각했을 때, 리브가에게 이렇게 묻는 것으로 결혼이 결정됐기 때문이다. "네가 이 사람과 함께 가려느냐?" 이 때 리브가는 대답했다. "가겠나이다(창 24 : 58)."

이것이 이삭과 리브가의 결혼성사에 오고간 절차의 전부였다.

한편 리브가가 떠날 때 그녀의 가족은 전통적인 표현 대로 많은 자녀를 가질 것이며 승리하는 생활을 하기 바란다는 말로 축복했다.

"우리 누이여 너는 천만 인의 어머니가 될지어다. 네 씨로 그 원수의 성문을 얻게 할지어다(창 24 : 60)."

그리고 이삭이 약혼 선물로 보내온 금반지 혹은 귀고리 및 두 개의 금팔지를 끼고 리브가는 하녀들과 더불어 가나안에 있는 이삭의 집으로 떠났다. 긴 여행 끝에 리브가는 이삭이 그녀의 일행을 맞으러 걸어오는 것을 보고 약대에서 내려 면사포를 취하여 스스로 가리었다(창 24 : 65)고 전해진다.

이제 성경에 나타난 결혼 예식에 대해 구체적으로 살펴보며 오늘날의 혼인문화를 생각해 보겠다.

(1) 신랑, 신부의 단장

신부는 일반적으로 공주의 옷처럼 수놓은 옷을 입고(시 145 : 14), 보물로 단장하고(사 61 : 10), 베일을 썼다. 때로 흰옷을 입었다는 기록도 찾아볼 수 있다(계 19 : 8). 전통적인 신부의 띠를 허리에 두른 신부는(사 49 : 18) 면사포로 자신을 가리는 게 보통이었다. 이 때 신랑은 가장 좋은 옷을 입었으며 제사장처럼 머리를 사모로 단장하는 게 당시의 전통이었다(사 61 : 10, 아 3 : 11).

(2) 들러리와 친구들

성경에 등장하는 결혼 이야기에도 이미 들러리가 있었던 것으로 전해진다. 물론 지금과 마찬가지로 이들의 역할은 혼인 예식의 분위기를 한층 북돋우는 것이었다. 이러한 풍속은 아는 사람을 길에서 만나면 상대방을 축복해 주는 이스라엘 사람들의 생활 습관과도 연결되는 것 같다.

그리고 들러리는 신랑이나 신부의 동료들로서(시 45 : 14, 삿 14 : 20, 요 3 : 29) 결혼이 축제가 되도록 하였다. 한편 성경은 들러리들의 기쁨과 즐거움을(시 45 : 15) 어두움에서 빛 가운데로, 영적 사망에서 영생으로 나아가는(요 3 : 29) 천국 시민의 행렬에 빗대어 비유적으로 기록하고 있다.

(3) 혼인행렬

결혼하는 날 저녁에 신랑과 그 친구들은 신부의 집으로 행진해 간다(마 25 : 1-13), 혼인 만찬은 대개 신부집에서 열리는데 형편에 따라서 장소를 바꿀 수도 있다(창 2 : 22, 삿 14장, 시 45 : 14, 마 22 : 1-14). 신랑이 신부를 호위하고 다시 자기 집이나 자기 부모의 집에 돌아와서 혼인 만찬을 가질 수도 있다(시 45 : 14 이하, 마 22 : 1-14). 밤인 경우에는 등불이 준비되었으며(마 25 : 7), 혼인행렬에는 노래, 음악, 춤 등이 수반되어 흥을 북돋웠다(렘 7 : 34).

요즘 결혼식을 앞두고 신랑과 신부 친구들이 함께 모여 잔치를 벌이는 경우도 이러한 전통에서 비롯됐다고 볼 수 있다.

(4) 혼인 피로연

피로연은 대개 신랑집에서 열리곤 했다(마 22 : 1-10, 요 2 : 9). 종종 밤에 열렸고(마 22 : 13, 25 : 6) 많은 친척과 친구들이 참석하기 때문에 포도주가 쉽게 동이 나기도 했다(요 2 : 3).

만일 어떤 사람이 결혼 피로연에 초대받았는 데도 그 초대를 거절한다면 이는 상대방에게 일종의 모욕적인 행위로 받아들여질 수 있었다(마 22 : 7).

그래서 일단 초대에 응한 손님들은 정성껏 예복을 입어야 했다(마 22 : 11, 12).

한편 특별한 경우에는 피로연이 신부집에서 열릴 수도 있었다(창 29 : 22). 계시록의 저자는 그리스도와 그의 성도가 하늘에서 영광 중에 모이는 장면을 어린 양의 혼인 잔치에 비유하기도 했다(계 19 : 9).

(5) 신부 가리기

구약성경에서 두 경우에(룻 3 : 9, 겔 16 : 8) 남자가 자기 옷자락으로 여자를 가려 주는 장면이 묘사되어 있다. 이는 아마도 신랑이 신부를 자기의 보호 아래 둔다는 표시일 것으로 해석된다. 예를 들어, 룻은 그의 옷을 덮음으로써 보아스의 보호를 받게 되었다.

이 외에도 신랑이 신부를 취하여 그의 옷으로 덮어 주는 전통은 신랑, 신부 두 사람이 사랑의 일치를 이룬다는 의미도 갖고 있다(한 이불 속).

(6) 축사

성경에 등장하는 결혼식에서는 부모와 친구들이 신혼 부부를 축복해 주며 그들의 행복을 기원하는 풍습이 있었다(창 24 : 60, 룻 4 : 11).

리브가를 떠나보내면서 자손 번성과 장막의 터를 넓히기를 축복한 것이 좋은 예이다. 가족들의 축복 내용은 이미 아브라함의 가정에 주신 약속들과(창 22 : 17)일치하지만 자녀를 떠나보내며 장차 되어질 일들을 축복함으로써 독립된 인격체로서 새가정을 이루게 하였던 것이다.

(7) 언약

성경이 씌어진 당시에도 신랑과 신부가 서로의 신실함을 약속하는 언약의 순서가 있었던 것으로 보인다. 이러한 언약은 잠언 2 : 17, 에스겔 16 : 8, 말라기 2 : 14 등에 함축되어 등장한다. 그러나 이 서약은 결혼하는 사람과 사람 사이의 언약이 아니라 하나님이 증인이 되시고(말 2 : 14), 하나님이 직접 그 언약을 체결해 주시는 주인공으로 등장한다.

마가복음 10장 9절은 "하나님이 짝지어 주신 것을 사람이 나누지 못할지니라(막 10 : 9)"고 못박고 있다. 재미있는 것은 이 본문에 사용된 관계대명사가 단수로 쓰였다는 점이다. 즉 마가복음의 저자는 '부부는 둘이 아니요, 벌써 하나인 것'을 알고 있었고, 동사 역시 부정과거형으로 되어 있어 다시는 돌이킬 수 없는 영원한 짝지음임을 시사하고 있는 것이다.

여하튼 부부는 하나님이 짝지어 주신 것이다. 이와 같은 신앙이 있어야만 이혼을 막을 수 있다. 왜냐하면 그 기원이 창조자이신 하나님께 있으므로 피조물인 사람이 이를 파괴할 수 없기 때문이다.

(8) 결혼의 폐회식

성경이 말하는 결혼식의 끝맺음은 단순한 결혼 예식의 마지막 순서가 아니라 신랑, 신부가 신방으로 들어가 첫날밤을 맞이하는 시간까지를 의미했다.

따라서 결혼 예식 순서가 끝나고 나면 신랑, 신부가 즉시 신방으로 안내됐다. 때때로 부모(창 29 : 23)나 혼인집 손님들(마 9 : 15)이 신랑, 신부를 신방까지 직접 안내하기도 했다. 그리고 신방에 들어선 신랑, 신부는 동침하기 전에 우선 기도를 드리도록 되어 있었다.

(9) 처녀성 증명

구약시대 당시에는 신부가 처녀라는 사실을 입증하는 특별한 순서가 마련되어 있었다. 신부의 처녀성을 증명하기 위해 처녀라는 표가 있는 속옷을 증거물로 제시했던 것이다(신 22 : 13-21). 만일 이러한 증거를 제시하지 못하는 여성에게는 더 이상 신부로서의 자격이 주어지지 않았다. 그 동안 양쪽 집안 사이에 오고간 모든 혼담은 무효가 되고 신랑측에서 이에 상응한 보복을 가해도 신부측에선 아무 할말이 없도록 되어 있었다. 지나치게 엄격하고 가혹하게 이러한 풍습이 지켜졌던 것이다. 오늘날도 이와 비슷한 풍습이 일부 중동 지방에서 계속되고 있다.

(10) 혼인 축하연

혼인 축하연은 한 주간(창 29 : 27, 야곱과 레아) 또는 두 주간 계속되는 것이 보통이었다. 이 기간 동안에는 신랑, 신부의 혼인을 축하하는 모든 사람들이 마음껏 먹고 마시고 즐기도록 모든 것이 풍족하게 제공됐다. 때론 음악(시 45편, 78 : 63)과 삼손의 수수께끼 같은 농담(삿 14 : 12-18) 등이 수반됐다는 기록도 찾아볼 수 있다.

오죽하면 1년에 몇 번씩 반드시 금식하도록 되어 있는 유대인들이 혼인 축하연 기간만은 예외로 여겨 금식을 면제해 줄 정도였다. 예수님께서도 “당신의 제자들은 왜 금식 기간에 금식을 하지 않느냐”며 따지고 드는 바리새인들에게 “혼인 축하연 기간 중에 금식을 하는 사람도 있느냐”고 반론을 제기하신 적이 있다.

4) 신랑의 의미

히브리어로 신랑이라는 말은 ‘할례받은 자(circumcized)’를 뜻하고 장인은 ‘할례 베푸는 자(circumcizer)’이고 장모란 할례 베푸는 자의 여성형이다.

태어난 지 8일만에 행하는 할례는 은혜의 계약 속에 이 아이를 집어 넣는다는 뜻이다. 이제는 이 아이가 교회의 회중에 들어가는 예식과 성도의 교제에 들어간다는 뜻이다. 그래서 할례는 계약의 백성이 되는 사인이다. 그는 하나님의 법을 배우고 그래서 그 계약을 받아들이게 된다. 그러나 그가 완전한 계약 백성으로 받아들여지는 것은 오직 결혼으로만 가능하다. 한 남자에게 자기 딸을 주기 전 그 청년의 능력에 대해 부모들은 만족해야 할 뿐 아니라 청년의 신앙을 눈여겨 보게 된다. 한 가정의 가장으로서의 하나님 앞에서 책임을 다할 수 있는지에 대해서 살펴보는 것이다. 즉 왕과 선지자와 제사장의 직분을 다할 수 있는지를 알아본 후 제사장과 레위인들의 조사를 거쳐 다시 한번 장인과 장모될 사람들이 그 청년의 할례 여부를 조사해 본다.

그리고 난 후 자기 딸과의 결혼을 승낙하면 그제서야 비로소 '할례받은 자'가 되는 것이다. 그의 할례는 육적으로나 영적으로 참된 것으로 인정을 받게 됨으로써 참 계약 백성이 되는 것이다. 그래서 신랑의 대명사가 '할례받은 자'가 되는 것이다.

5) 신부의 의미

신부에 대한 히브리어의 뜻은 '완성자(the complete)' 또는 '완전한 자(perfected one)'이다. 그러므로 여성에게 있어 결혼은 완성과 성숙을 뜻하는 것으로 보아야 할 것이다. 즉 육체적으로나 감정적으로 성숙한 여인으로 완성되는 것이 결혼이고 이러한 절차를 통과할 자격을 갖춘 여인을 신부라고 불렀던 것이다.

룻기에 사용된 신부라는 히브리어는 룻과 시어머니의 관계가 단순한 고부관계가 아니라 하나님의 섭리에 의한 관계임을 보여주는데 강조점이 있다.

6) 결혼 서약의 의미

결혼에 있어서 '계약'과 '언약'의 차이점은 무엇이겠는가?

결혼식장에서 신랑과 신부의 가족이나 친지들이 중앙 통로를 중심으로 양쪽에 앉는 이유는 무엇일까? 축의금 관리가 쉽기 때문이 아니다.

그러면? 양쪽 가문을 비교해 보기 위해서인가? 관습을 따라. 그것도 아니다. 그렇다면?

결혼은 언약이라는 관점에서만 그 의미가 나타난다. 무슨 말인가?

구약성경에 하나님과 아브람이 언약을 체결하는 장면이 매우 흥미롭다(창 15장). 준비된 짐승들마다 중간을 쪼개고, 그 쪼갠 것을 서로 마주 놓았다. 그리고 그 사이를 지나는 것으로 언약이 체결되었다. 이는 고대 근동 지방에서의 습관이었다. 이러한 행위는 언약이 파괴될 때 자신이 그 고기와 같이 쪼개어질 것임을 맹세하는 행위였다. 이처럼 언약은 책임이 뒤따랐다.

때문에 중앙 통로를 중심으로 신랑과 신부의 가족과 친지, 나아가 하객들이 나누어 앉는 것은 결혼을 통한 언약 체결을 위해 그들이 희생 제물이 된다는 것을 상징하는 것이다. 그래서 결혼 서약을 할 때 "죽음이 우리를 갈라놓을 때까지"라고 고백하는 것이다.

유대인들의 대부분이 룻기에서 인용하기를 좋아한다. "당신이 가는 곳에 나도 가고 당신이 유숙하는 곳에 나도 유숙하겠나이다"라는 구절이다. "당신의 백성이 나의 백성이 되고 당신의 하나님이 나의 하나님이 되시리니 당신이 죽으시는 곳에서 나도 죽어 거기 장사될 것이라. 만일 내가 죽는 일 외에 당신을 떠나면 여호와께서 내게 벌을 내리시고 더 내리시기를 원하나이다(룻 1 : 16-17)". 룻이 시어머니 나오미를 향해 드리는 고백문의 내용 중 어머니를 남편으로 대체한 것이다.

부부를 갈라놓을 수 있는 것은 죽음밖에 없다.

7) 웨딩 드레스가 흰색인 이유는?

수세기 동안 흰색은 순결과 정절을 상징해 왔다. 중세에는 색이 관심의 초점이 아니었고 오히려 옷감의 질이나 장식을 더 중요하게 여겼다.

영국과 프랑스에서는 결혼식 때 흰옷을 입는 풍습이 16세기 작가들에 의해서 처음 언급되었다. 흰색은 신부의 처녀성을 시각적으로 보여주는 선언이었는데, 그것은 너무나 명백하고 공개적인 선언이었기 때문에 모든 사람들이 공감한 것은 아니었다.

18세기 후반에 이르러서는 흰색이 결혼식의 표준색이 되었다. 패션 역사가들은 이렇게 된 이유는 당시의 모든 가운이 흰색이었기 때문이라고 주장하고 있다. 그리고 흰색은 정자의 기본색이었다.

1813년 흰색 웨딩 가운과 베일을 담은 패션 그림이 영향력 있는 프랑스 잡지〈〈부인저널 Journaldes Dames〉〉에 최초로 실렸다. 그 때부터 이 스타일이 결정되었다.

8) 신랑이 신부보다 먼저 입장하는 이유는?

창세기 2장을 보면 아담을 잠들게 하시고 아담의 갈비뼈를 취하시어 하와를 창조하신 하나님은 독처하는 아담에게로 하와를 인도하셨다. 아담은 하와를 보며 "이는 내 뼈 중의 뼈요, 살 중의 살이라"고 고백하면서 탄성을 질렀다.

이것이 오늘날 결혼식에서 신부보다 신랑이 먼저 입장하는 전통을 만들어 낸 것이다. 하나님께서 아담을 위하여 돕는 배필을 지으셨고 아담이 그 하와를 돕는 배필로 영접하였던 것처럼, 신랑이 먼저 입장하여 하나님이 주신 돕는 배필을 맞아들이는 것이다.

9) 신부의 아버지가 신부와 함께 입장하는 이유는?

결혼식에서 예식 파괴 현상은 이미 확산 추세라 할 수 있다. 야외에서 하는 가든 결혼은 고전에 속하고 이제는 등산결혼, 수중결혼에다 공중 곡예결혼이 시도되는가 하면 동호회원들끼리 모여 주례자 없이 결혼을 끝내 버리는 등 결혼 신풍속이 쉴새없이 생겨나고 있다.

전통적 결혼식장에서도 그 순서에 변화가 나타나기 시작했다. 즉 결혼서약을 주례자의 말에 수동적으로 "예"로 답하기보다 스스로 마이크를 잡고 하객들 앞에서 고백하는 일도 생겨나고 있다. 여기에다 결혼식 순서 가운데 신랑, 신부가 한꺼번에 입장하는 동시입장이 늘고 있다. 아버지의 손에 이끌려 신랑에게 '인계'되는 것 같아 싫다는 것이다. 더구나 양성 평등을 주장하는 목소리가 높아지면서부터 남녀가 동시에 입장해야 한다는 주장도 늘고 있다. 굳이 이런 평등사상이 아닐지라도 동시 입장에는 나름대로 사정이 있는 것 또한 사실이다.

이를테면 아버지가 계시지 않는 경우에는 함께 들어설 사람이 없어진다. 그래서 집안의 삼촌이나 어른을 형식상 아버지로 모시고 들어서는 경우가 있는데 평소 교제도 없던 분과 순서만을 위해 손을 붙잡고 들어서는 것이 못내 어색하다는 점이다. 여기에다 아버지가 신랑에게 신부를 인도해 주는 일을 가부장적 제도의 부산물로 치부하는 데 그 문제의 본질이 있지 않나 싶다. 마치 누구한테 '넘겨지고', '팔려지듯' 취급받고 싶지 않아서이기도 할 것이다.

그러나 오랫동안 지켜온 이런 전통 속에는 우리가 헤아리지 못하는 중요한 의미가 있음을 알 필요가 있다. 딸을 데리고 입장하는 아버지의 손길에는 딸에 대한 아버지의 자긍심이 있다. 즉 "나는 이제까지 내 딸을 최선을 다해 양육해 왔으며 이제야말로 온전히 한 가정을 이룰 만큼 성숙했음을 인정한다"라는 아버지의 확인이 담겨 있는 것이다.

여기에다 신부를 데리고 인도해 온 장인 어른께 인사를 드리며 신부의 손을 붙잡는 신랑 역시 "장인 어른 못지않게 최선을 다해 아내를 돌보며 아름다운 가정을 꾸리겠다"는 약속을 하면서 고개 숙여 그 동안의 수고에 대한 감사를 드리게 되는 것이다. 이러한 전통은 또 신부가 아버지의 보호에서 벗어나 이제는 남편의 보호와 돌봄 아래 놓이게 되었음을 의미하는 행위이기도 하다. 차라리 요즘은 신부를 한 남성으로부터 또 다른 남성에게로 넘기는 것이 아니라 오히려 양친 모두가 결혼을 통해 자녀들의 결혼을 후원하겠다는 것을 상징하기도 한다.

따라서 결혼식 순서는 결코 두 사람만의 순서일 수 없다. 거기에는 부모에 대한 감사가 있는가 하면 하나님과 하객들 앞에서 선언이 있기도 하다. 하객들은 이런 순서에 동참하면서 그들을 격려하고 위하여 기도하게 된다. 그러므로 전통적인 순서가 옳다든지 신풍속도가 나쁘다든지 하는 문제보다 그 순서에 담긴 의미를 이해하는 일이 훨씬 더 중요하다고 할 수 있다.

그러므로 이 말을 기억하기 바란다.

"화려한 결혼식은 사랑을 보증해 주지 못하지만 사랑은 결혼을 보증해 준다."

순서가 아니라 순서에 담긴 참된 의미들을 찾아보는 데에서 좋은 해답이 있을 것이다.

10) 신부의 베일 혹은 면사포의 의미는?

신부가 쓰는 베일은 본래 기혼 여성과 미혼 여성을 구분하기 위한 것이었다. 고대 로마에서는 노란색이 신부의 예복색으로 통용되었다. 그리고 플라메움(flammeum), 즉 불꽃 빛깔의 노란색 베일이 신부의 얼굴을 가리는 게 전통이었다.

패션 역사가들은 얼굴을 가리는 베일은 전적으로 남자들이 만들어 낸 것이며, 결혼한 여자나 독신 여자를 겸손하고 순종적으로 만들고 다른 남자들 눈에 띄지 않게 하려는 의도에서 고안된 가장 오래된 장치라고 주장하고 있다. 또 오랜 역사를 거치는 동안 신부의 베일은 우아함과 겸손과 애도의 상징으로 사용되어 왔지만, 베일이야말로 여자들이 자신들을 위해 만들지 않은 유일한 의류라는 지적도 있다.

동양에서도 이보다 먼저 베일이 사용된 흔적이 있다. 적어도 4000년 전에 동양에서 시작된 베일은 독신 여성에게는 수줍음의 상징으로, 결혼한 여성에게는 남편에 대한 순종의 상징으로 사용되어 왔다. 이슬람교에서는 여자가 집 밖으로 나갈 때 머리와 얼굴의 일부를 반드시 가리도록 되어 있었는데 남성들이 만든 이러한 규칙이 점점 더 엄격해져 여자는 눈만 빼고 다 가리도록 했다.

한편 북유럽 국가에서는 덜 엄격한 방법으로 베일을 사용했다.

그 곳에서는 납치된 신부만이 베일을 썼다고 한다. 색은 중요하지 않았다. 기원전 4세기 그리스인과 로마인들 사이에서는 환히 들여다보이는 베일이 결혼식 때 유행했다고 한다. 이 때 베일은 핀이나 리본으로 머리에 고정시켰다.

11) 결혼 반지의 의미는?

"무엇보다도……그대(신랑)는 신부를 위해서 깨뜨릴 수 없는 신뢰를 보존하도록 하고, 또 흠없는 순결을 보존하도록 하라."

결혼 반지가 갖는 의미를 비유적으로 표현하고 있는 말이다. 이처럼 결혼 반지는 두 사람의 마음을 영원한 끈으로 묶고 보존하는 것이다.

어떤 사람은 "이것은 마치 낙원을 지키도록 마련된 천사의 화염검 같다.…… 순결은 사랑의 보증이며, 또 성전의 비밀과 같은 모든 신비로움을 보존해 준다. 이 자물쇠 아래 가족들의 안전, 애정의 연합, 순간적인 불화의 치유가 담겨 있다"면서 결혼 반지의 중요성을 강조했다.

결혼 반지에 많이 사용되는 다이아몬드는 사랑의 영원함을, 진주는 순결을, 루비는 정열을, 사파이어는 성실함을, 에메랄드는 행복을 상징하는 보석으로 사랑스러운 신부에게 참으로 잘 어울린다. 하지만 언제부터인가 이 결혼 예물의 의미가 두 사람의 사랑의 정표라기보다는 허례 허식의 상징이 돼 가는 것 같아 안타깝다. 예로부터 우리나라에서는 사주함 안에 사주와 청홍 옷감만을 넣어 신랑, 신부의 화합을 기원하는 검소함을 미덕으로 여겼고, 예물도 시어머니가 며느리에게 은가락지, 금가락지를 물려 주어 삶의 지혜를 함께 간직하게 했다. 그런데 오늘날은 때때로 사랑의 깊이보다도 물질적인 것을 더 중시하는 것 같다.

요즘 웬만한 사람들은 하나같이 결혼 예물로 다이아몬드 반지를 선호한다. 그러나 정작 그 다이아몬드 반지의 의미를 아는 사람은 많지 않다.

세상에서 가장 강한 물질인 다이아몬드(diamond)의 어원은 고대 그리스어의 아다마스

(adamas)라는 말에서 유래되었다. 아다마스는 '정복되지 않는다'는 뜻으로, 그 당시 다이아몬드는 군주들이 싸움터에 나갈 때 정복당하지 않겠다는 신념의 부적이었다. 그 뒤 중세 유럽의 한 가문에서 다이아몬드가 결혼 반지로 사용되면서 커팅 기술과 세공술의 발달과 함께 '영원한 사랑'을 상징하게 된 것이다. 한편 반지 모양이 동그란 것은 처음과 끝이 없다는 영원함의 상징이며, 결혼 반지를 왼손 약지에 착용하는 전통은 심장에서 나온 혈관이 왼손 약지를 통하여 흐른다고 생각해 왔던 고대 이집트인들의 믿음에 의해 생겨난 것이다.

결혼 예물은 모든 보석 장신구 중에서 가장 의미 있고 소중한 필수품이다. 그런데 그 의미도 모른 채 남들이 하니까 나도 한다는 식의 그릇된 발상은 참으로 안타깝기 그지없다. 흔히 다이아몬드 반지는 비싸고 큰 것만을 최고라 여기지만 작고 귀여운 다이아몬드 반지는 그 나름대로 가격도 저렴하고 앙증맞다. 또한 두 사람만의 의미를 담아 진실을 상징하는 가닛(garnet)이나 화합의 뜻이 담긴 페리도트(peridot) 같은, 비싸지 않으면서도 가치 있는 준보석들을 이용하는 것도 좋은 방법이다.

그리고 보석 장신구의 선택은 그 사람의 개성과 피부색, 패션 감각, 화장법 등이 충분히 고려된 상태에서 이루어져야 한다. 충동적인 이끌림으로 잘못 구매한 보석 장신구는 단지 장롱 속의 금붙이에 지나지 않는다.

얼마 전 시어머니에게서 물려받은 보석을 결혼 예물로 재 세팅하며 기뻐하던 어느 신부의 센스있는 선택이 잔잔한 여운을 남긴다.

12) 들러리에게 신부가 꽃을 던지는 이유는?

들러리를 세우는 것은 고대 로마에서 전해 온 듯한데 로마에서는 신부의 가족 가운데에서 10명의 증인을 세워서 보호하게 했다. 혹은 강제로 여자를 잡아다가 결혼을 하던 시대에는 여자를 잡는 일을 돕기 위해 동원된 사람들이었다.

또한 신부가 결혼을 마치고 나와서 꽃다발을 던지는 관습은 14세기 프랑스에서 유행했던 풍습이다. 신부의 양말을 묶는 끈을 빼앗으면 행운이 온다고 해서 결혼식에 참석했던 친구들이 열심히 빼앗았다고 한다. 이것이 15세기에 와서는 신부가 양말을 던지는 좀더 편리한 풍속으로 변하였고 현대에 와서는 좀더 쉽게 꽃다발을 던지는 풍습으로 변한 것이다.

13) 결혼식에서 신랑과 신부는 왜 손을 잡고 있어야 하는가?

결혼식에서 신부는 신랑의 오른손을 잡는다. 이것은 육체적 결합의 상징이다. 두 사람이 그들의 육체를 통해 결혼 제도가 허락하는 한계 안에서 결합을 실현함으로써 그들 사이에 있던 장벽이 무너지고 하나 되는 것을 상징한다. 그들 사이에 하나의 공동체가 형성된 것을 상징하는 것이다. 어떤 교회에는 확증의 표시로 손 위에 손을 올려 놓는 의식도 있고, 손을 맞잡음으로써 사회공동체로, 연합체로 결합된 하나의 몸이 되는 것을 상징하기도 한다.

이처럼 결혼 예식은 그 순서마다 갖는 의미가 다 정해져 있다. 그 의미를 알고 실천할 때 결혼 예식은 더욱 풍성해질 것이다. 그러나 이러한 의식의 의미를 잃어버리고 겉치레에만 열중한다면 그것은 가장 소중한 것을 빼놓고 껍데기로만 결혼하는 것과 같다.

그러므로 이 말을 명심해 두기 바란다. 가장 중요한 것은 신랑과 신부의 사랑이다. 진정한 사랑은 두 사람이 맺는 서약의 가장 본질적인 부분이고 이러한 사랑이 있어야만 "진실한 사랑으로 내게 생명 주시는 날까지 내 배우자만을 사랑하겠노라"는 서약이 효력을 갖게 되는 것이다.

– 기독교가정사역연구소 –

정리 : 이의수 연구원

황필호의 결혼을 위한 고린도전서 13장

"만약 내가 외국어를 배우지 않고도 말할 수 있거나, 천지간의 모든 언어를 말할 수 있으면서도 다른 사람들을 사랑하지 않는다면 나는 오직 시끄럽게 떠드는 것 뿐이로다. 만약 내가 예언하는 재능이 있어서 미래에 일어날 모든 것을 알며, 모든 것에 대하여 모든 것을 알면서도 다른 사람을 사랑하지 않는다면, 그것이 무슨 소용이 있겠는가. 비록 내가 산을 옮길 만한 재능을 가지고 있다 해도 사랑이 없다면 아무런 소용이 없느니라. 만약 내가 가진 모든 것을 가난한 사람들에게 주고, 복음을 전파하기 위하여 산 채로 화형을 당하면서도 다른 사람들을 사랑하지 않는다면 그것은 아무런 가치가 없느니라. 그러므로 믿음과 희망과 사랑은 항상 있어야 할 것이지만, 그 중에서 가장 위대한 것은 사랑이니라."

송길원의 부부대화 기도문

"하늘에 계셔서 우리의 말하는 바를 들으시는 아버지여, 저희의 아름다운 대화로 주님의 이름이 거룩히 여김을 받으시오며, 성육신 하시면서까지 인간의 대화를 원하신 하나님의 말씀이 저희에게 임하옵시며, 하늘의 뜻이 저희에게 나타나 저희로 옳은 것과 그른 것을 구분할 수 있게 하시옵소서. 오늘날 우리에게 나눌 수 있는 건전한 의견을 주옵시고, 어제의 잘못된 생각을 용서하여 주시며, 서로의 견해 차이로 갈등에 휩싸이지 않도록 이해하게 하옵시고, 또한 충돌과 불일치로부터 건지시옵소서. 이는 모든 의견의 결정권과 참된 지혜가 아버지께 영원히 있음이니이다. 아멘."

송길원의 '가정생활 8복'

"결혼 전과 결혼 후의 관심과 사랑이 변함없는 자들에게 복이 있나니 천국이 저희 것임이요. 상대방의 성장이 더디어도 참고 기다리는 자에게 복이 있나니 저희가 위로를 받을 것임이요. 서로가 서로를 세워 주며 섬기며 신앙 안에서 성숙해 가는 부부들에게 복이 있나니 저희가 땅을 기업으로 받을 것임이요. 먹고 마시는 일과 현재 살고 있는 주택에 불평 없이 만족하며, 하나님 나라와 의를 구하는 부부들에게 복이 있나니 저희가 배부를 것임이요. 시어머니를 긍휼히 여기고 자기보다 못한 이들과 가정들을 돌아보는 이들에게 복이 있나니 저희가 긍휼히 여김을 받을 것임이요. 과거를 논하지 않고 편견 없이 서로를 받아들이는 자들에게 복이 있나니 저희가 하나님을 볼 것임이요. 부부싸움과 다툼으로 받은 상처나 아픔에도 불구하고 먼저 화해하는 자가 복이 있나니 저희가 하나님의 아들이라 일컬음을 받을 것임이요. 가정의 어려운 일과 위기인 실업과 건강 악화와 자녀문제가 닥쳐도 낙심하지 않고 소망 속에 사는 자들에게 복이 있나니 천국이 저희 것임이라."

라인홀드 니이버의 기도문

20세기의 저명한 신학자인 라인홀드 니버는 이렇게 기도했다.

하나님이시여
제가 변화시킬 수 없는 일에 대해서는
그것을 받아들일 수 있는 평정과 여유를 주시고
제 힘으로 고칠 수 있는 일에 대해서는
그것을 고칠 수 있는 용기를 주시옵소서
그리고 이 두 가지 차이를 깨달아 알 수 있는
지혜를 허락해 주시옵소서

이 세상에는 당신이 고칠 수 없는 것들이 많이 있다.

① 당신이 날씨를 고칠 수 있습니까?
② 당신이 시계의 똑딱똑딱하는 소리를 고칠 수 있습니까?
③ 당신이 과거를 고칠 수 있습니까?
④ 당신이 다른 사람의 의지를 고칠 수 있습니까?
⑤ 당신이 옳은 것과 그른 것을 고칠 수 있습니까?
⑥ 당신이 불치의 환자에게 다가오는 죽음을 고칠 수 있습니까?
⑦ 당신이 사랑하는 사람이 죽었다는 사실을 고칠 수 있습니까?

그러므로 지혜롭게 판단해야 한다. 에너지를 아끼자. 갈등을 멈추자.

당신이 고칠 수 없는 것은 당신이 있는 그대로 용납하라. 받아들인다는 것은 필연적인 것에 대한 도전을 멈춘다는 의미이다. 당신이 받아들이면 당신의 상처는 서서히 아물게 된다. 무엇이든지 고칠 수 없는 것은 하나님께 맡기자. 싸움을 멈추라. 일단 싸움을 멈추면 불안은 사라지고 평화가 찾아온다. 고칠 수 없는 것을 받아들이는 사람에게 하나님은 놀라운 평화를 주신다.

당신은 다음의 것들을 변화시킬 수 있다.

① 당신은 당신의 태도를 변화시킬 수 있다.
② 당신은 당신의 성격을 변화시킬 수 있다.
③ 당신은 당신의 나쁜 습관을 변화시킬 수 있다.
④ 당신은 당신의 직업을 바꿀 수 있다.
⑤ 당신은 너무 늦기 전에 결혼할 수 있다.
⑥ 당신은 당신의 불안전한 것을 완전한 것으로 바꿀 수 있다.

단 3초만 시간을 내면 따뜻한 세상을 만들 수 있다.

3초 안에 따뜻한 세상 만들기

① 엘리베이터를 탔을 때 닫기를 누르기 전 3초만 기다리자. 정말 누군가가 급히 오고 있을지도 모른다.
② 출발신호가 떨어졌는데 앞 차가 서 있어도 클랙션을 울리지 말고 3초만 기다려 주자. 그 사람은 인생의 중요한 기로에서 갈등하고 있을지도 모른다.
③ 내차 앞으로 끼어드는 차가 있으면 3초만 서서 기다리자. 그 사람의 아내가 정말 아플지도 모른다.
④ 친구와 헤어질 때 그의 뒷모습을 3초만 보고 있어 주자. 혹시 그가 가다가 뒤돌아 봤을 때 웃어줄 수 있도록…….
⑤ 길을 가다가 아니면 뉴스에서 불행을 당한 사람을 보면, 잠시 눈을 감고 3초만 그들을 위하여 기도하자. 언젠가는 그들이 나를 위해 기꺼이 그리할 것이다.
⑥ 정말 화가 나서 참을 수 없을 때라도 3초만 고개를 들어 하늘을 보자. 내가 화낼 일이 보잘 것 없는 일이 아닌지…….
⑦ 차창으로 고개를 내밀다가 한 아이와 눈이 마주쳤을 때 3초만 그 아이에게 손을 흔들어 주자. 그 아이가 크면 분명 다른이에게도 그리할 테니까.
⑧ 죄짓고 감옥가는 사람을 볼 때 욕하기 전 3초만 생각해 보자. 내가 그 사람의 환경이었다면 어떻게 되었을까.
⑨ 아이가 잘못을 저질러 울상을 하고 있을 때 3초만 말없이 웃어 주자. 잘못을 뉘우치며 내 품안으로 달려올지도 모르니까.

⑩ 아내가 화가나서 소나기처럼 퍼부어도 3초만 미소짓고 들어 주자. 그가 저녁에 넉넉한 웃음으로 커피 한 잔을 만들어 줄지 모르니까.

당신은 하나님이 창조하신 아름다운 모습으로 하나님의 도우심 가운데서 매일매일 변화되도록 지어졌다.

행복한 결혼을 위한 40가지 조언

다음은 윌리암 쿠르차의 행복한 결혼을 위한 40가지 조언이다. 이 조언대로 살고 있는지를 점검하고 이대로 살지 못하고 있다면 이유가 무엇인지를 구체적으로 생각하라. 그리고 조언대로 실천해 보자(주계영, 2001, 크리스천 결혼교실 p. 139-140)

① 부부가 함께 신앙생활에 힘써라.
② 서로의 습관이나 취미를 인정하고 이해하라.
③ 만족과 불만을 스스럼없이 자연스럽게 표현하라.
④ 실질적인 공통의 소망과 목표를 가져라.
⑤ 기념일을 잊지 말고 축하하라.
⑥ 서로에게 감사하되 구체적으로 분명하게 하라.
⑦ 자기의 매력을 계속 증폭시켜라.
⑧ 서로의 건강에 관심을 가져라.
⑨ 서로의 인격을 존중하고 개인 생활을 인정하라.
⑩ 친절하고 부드러운 말투와 둘만의 비밀스러운 은어나 표현을 개발하라.
⑪ 서로의 약점을 보완해 주며 부드럽게 충고하라.
⑫ 가구나 의상 등 기본이 되는 생활용품의 쇼핑을 함께 하라.
⑬ 부부 간에 친구와 같은 우정을 가져라.
⑭ 갈등은 필연적으로 생긴다. 양보하고 타협하라.
⑮ 직장에서 있었던 일이나 가정에서 있었던 일들을 자연스럽게 나눠라.
⑯ 일상사를 화제 삼아 늘 대화하라.
⑰ 사회 활동에 참여하라.
⑱ 서로의 의상이나 치장에 관심을 가져라.
⑲ 가사나 자녀양육에 힘을 모으고 분담하라.
⑳ 서로의 소유를 숨기지 말라.
㉑ 자기의 생각이나 취미, 습관이나 기호를 절대시하지 말라.

㉒ 함께 독서하는 시간을 갖거나 교양 프로그램을 함께 하는 시간을 가져라.
㉓ 서로 존경하고 예의를 지켜라.
㉔ 갑작스러운 선물 따위로 상대방을 감격시켜라.
㉕ 사소하더라도 새로운 즐거움을 늘 주라.
㉖ 부부 공동의 기념품이나 앨범을 많이 만들어라.
㉗ 체계 있고 질서 있는 생활을 하라.
㉘ 가벼운 운동을 함께 하라.
㉙ 약속은 반드시 지켜라.
㉚ 주위 사람들 앞에서 서로를 존중해 줘라.
㉛ 배우자가 부탁한 것은 꼭 기억하라.
㉜ 둘 사이의 비밀은 둘 사이의 것으로만 지켜지게 하라.
㉝ 상대방에게 말하고 싶은 것은 분명하게 말하라.
㉞ 상대방에 대한 사랑을 숨기지 말고 자랑하라.
㉟ 서로에게 상처가 될 일을 분명히 하고, 하지 말도록 하라.
㊱ 둘 만의 대화 시간을 자주 가려라.
㊲ 상대방을 다른 사람과 비교하거나 저울질하지 말라.
㊳ 생활의 변화와 다양성을 추구하라.
㊴ 함께 여행하고 산책하는 시간을 가져라.
㊵ 바가지를 긁지 말라.

제 7 장

전통적인 혼례절차

1. 전통혼례

혼인은 사회적으로 인정된 이성(남녀) 간의 결합이요, 가통을 잇기 위한 성적 결합이며, 서로 존경하며 분별 있게 평생 동안 고락을 같이하는 인격적 결합이다. 그리고 하나의 가족구성원으로서 특정한 지위를 얻는 것이며, 두 개인 뿐 아니라 양 가족의 사회적 결합이기도 하다.

혼례는 혼인을 이루는 의례와 절차로서 큰 의미를 갖는 경사이므로 예로부터 대례지전(大禮之典)이라 불렸다. 전통혼례는 두 가지로 나눌 수 있는데, 우리 겨레가 역사와 문화를 가꾸어 오는 동안 저절로 정착된 혼인의식이 하나이고 고려말 「주자가례」(朱子家禮)가 유입되면서 배우게 된 유교적 혼인의식이 또 다른 하나이다.

일반적으로 우리의 고대 혼속(婚俗)은 초서혼(招婿婚)이라 일컬어진다. 남녀가 결합해서 부부를 이룬 뒤에 가정생활을 어디서 하느냐에 따라 가취혼(嫁娶婚)과 초서혼(招婿婚)으로 나누는데, 가취혼은 여자가 남자의 집으로 시집가서 그 집 식구로 살아가는 형태이고, 초서혼은 남자가 여자의 집으로 장가가서 그 집 식구로 살아가는 형태이다. 초서혼은 데릴사위 형태인데 옛 기록에 집안에 딸이 있어 장성하면 본채 뒤에 조그만 집을 새로 짓는데 이것을 서옥(婿屋)이라 부른 유래가 있다. 이렇게 처가에서 가정생활을 하면서 자식을 낳게 되고 자식이 장성하면 비로소 처자를 이끌고 자기 집으로 돌아간다는 고대의 모계사회 흔적이라 할 수 있다. 이런 풍속은 고려말 「주자가례」가 유입되어 새로운 의식이 시행된 후에도 일부에서 계속되었다.

전통혼례에서 말하는 육례(六禮)는 「예기」(禮記)에 기록된 고례(古禮)에 의한 것으로 납채(納采), 문명(問名), 납길(納吉), 납징(納徵), 청기(請期), 친영(親迎) 등 여섯 단계의 혼례의식을 말한다. 납채는 신부집 부모가 혼인을 승낙하면 신랑집에서 감사하다는 편지와 함께 간단한 예물을 보내는 의식이다. 문명은 양가에서 서로 이름을 물어 보는 의식인데, 남자집에서는 특히 여자집의 어머니 이름을 물었다. 그 이유는 딸의 교육에 있어서 어머니가 중요한 위치에 있으며 모계의 가풍을 살피는 것이다. 납길은 양가에서 사주(四柱)단자를 보내어 모든 조건이 합당함을 알리는 것이다. 납징은 혼인하게 된 징표로서 신랑집에서 신부집에 폐백을 보내는 의식이다. 청기는 혼례날짜를 정하는 것으로 택일(擇日)·연길

(涓吉)이라고도 한다. 신랑집에서 정해 신부집에 그 가부를 묻는 절차인데, 관례상 결정권은 신부집에 있었다. 그래서 신부측에서 택일을 해 신랑집에 알리는 것이 보편적이다. 친영은 신랑이 신부집으로 가서 신부를 자기 집으로 맞이해 와 의식을 거행하는 것이다. 남자(신랑)가 여자(신부)집으로 가서 신부감을 자기 집으로 맞이해 와서 자기 집 마당 또는 대청에서 교배례(交拜禮)와 합근례(合巹禮) 등 본 예식을 올리게 되는 것이다.

그러나 이 육례는 고대 중국에서 행해졌던 것이고, 「주자가례」나 「사례편람」에서도 그 절차가 번잡하다 하여 의혼(議婚), 납채, 납폐, 친영의 사례(四禮)로 설명하고 있다. 우리나라의 혼례도 대체로 「주자가례」나 「사례편람」에 의거했으나 세세한 절차까지 가례대로 엄수한 것은 아니었다.

「삼국지 위지동이전」(三國志 魏志東夷傳)에 의하면 신부집에서 혼례를 행하고 신부가 자녀를 출산하여 성장한 뒤에야 시가로 간다는 기록이 있는 것으로 보아, 이 때 이미 신랑의 초행(醮行)과 재행(再行)이 있었으며 신부의 우귀(于歸)가 있었다는 것을 알 수 있다.

이 밖에도 대례상의 상차림 내용이나 교배례 · 합근례의 내용도 「주자가례」에는 없는데 예로부터 전승되어 왔다.

현대에도 전통혼례의 풍습이 전해오고 있는데, 현대의 바람직한 전통혼례의 대체적인 의식을 소개하면 다음과 같다.

1) 의혼(議婚)

혼례의 첫의식이다. 「가례」에는 남자 나이 16세부터 30세, 여자 나이 14세부터 20세에 이르면 부모들은 자녀들의 혼인을 의논하였다. 혼기를 맞이한 신랑 또는 신부감을 둔 집에서는 먼저 중매인을 보내서 당사자의 인물, 성행(性行), 학식, 가법(家法), 인품 등을 알아보며 혼담이 오고 가게 해서 여자측의 승낙을 받은 후에 서로 합의가 이루어지면 정혼하는 것이니, 이를 의혼이라 한다. 그러나 혼령(婚齡)에 절대적인 규정은 없고, 현대에는 20세 이상이면 누구나 혼인할 수 있다. 남녀 양가에서 혼담이 이루어지면 먼저 남자측에서 청혼 편지를 보낸다.

"존체 강녕하십니까. 저의 자식이 결혼할 나이가 되었으나 아직 마땅한 자리가 없던 바 근자에 듣자오니 ○동 ○씨네의 따님이 현숙하다 하오니 권유하시어 혼인하도록 하여 주심이 어떠하오리까. 이만 예의를 다하지 못하옵니다."

여자의 집에서는 청혼서를 받고 마음이 있으면 혼인을 허락하는 허혼서를 보낸다. "존체 안녕하신지요. 제 여식의 일, 집안은 보잘 것 없고 누추하온데 이처럼 권하시오니 어찌 감히 듣고 따르지 않겠나이까. 바라옵건대 높이 살피시옵소서."

양가에서 귀중하게 맺는 의혼은 신중히 검토하고 철저히 고려해야 할 절차이다. 오늘날 맞선을 보거나 오랫동안 사귀다가 양가 어른들에게 말씀드리게 되나 양가 부모는 예비 신랑 · 신부의 ① 건강진단서, ② 호적등본, ③ 주민등록사본, ④ 졸업증명서, ⑤ 재직증명서, ⑥ 사진, ⑦ 청혼서 · 허혼서 등을 준비함이 좋다.

이런 서류를 상호 교환하여 충분히 검토한 후 정혼하는 것이 이혼문제도 줄이고 혼례의 사회화도 정착시킬 수 있다.

2) 납채 (納采)

납채란 '채택함을 받아들인다'는 뜻으로서 정혼 또는 약혼(約婚)에 해당된다. 여자의 집으로부터 허혼서를 받은 후 신랑의 집에서 신랑의 사주(四柱)를 편지와 함께 보내는 것을 납채라 하는데 그 서식은 "존체 평안하심을 우러러 바라옵니다. 혼사에 관해서 이미 허락을 내리시니 우리 집안의 행운이옵니다. 이에 강의(剛儀)를 닦고 아울러 사주를 드리오니 혼인일자(택일)를 가르쳐 주시기 바라옵니다"라고 쓰고 이 편지와 함께 신랑의 사주('생년 · 월 · 일 · 시'를 간지로 표시한 것)를 적어 심부름꾼을 시켜 여자집에 보낸다.

3) 연길(涓吉)

신랑집에서 사주를 받은 후 여자집에서는 회답편지를 보내는데 그 내용은 "글월을 잘 받았습니다. 존체 평안하신지 문안 드립니다. 혼사에 있어 강의를 받으니 우리 집안의 행운입니다. 혼인일자를 알려 드리오니 곧 혼례를 치르도록 간절히 바라옵니다."로 쓰고, 이 회답편지와 함께 연길을 적어 보낸다. 연길이란 택일과 같은 뜻으로 신랑의 사주를 받은 신부집에서 여자의 생리나 제삿날 등을 고려해 혼례일을 정해 신랑집에 보내는 것이며 이로써 혼인이 확정된다.

4) 납폐(納幣)

연길의식이 끝나면 신랑집에서 혼서(婚書)와 예물(채단)을 함께 넣어 신부집에 보내는 의식을 납폐라고 한다. 중요한 것은 혼서이다. 이를 예장(禮狀)이라고도 하는데, 일종의 혼인문서이다. 가례의 납폐조(納幣條)에서 납폐의 다과(多寡)에 대하여 "빈부에 따라 적당하게 할 것이니 적어도 두 가지는 되어야 하고, 많아도 열 가지를 넘지 않아야 한다"고 하였다.

채단은 청색과 홍색의 비단 치맛감을 쓴다. 청색 치맛감은 홍지에 싸고 청색 명주실로, 홍색 치맛감은 청지에 싸서 홍색 명주실로 동심결(同心結)을 맺는다. 함 속에 넣고 함겹보로 싸며 무명 여덟자로 함질 끈을 맨다. 근봉(謹封)이라 써서 맨다. 요즘엔 가방으로 함을 대신하는 사람이 많으나 원래식은 아니다.

함은 함진아비에게 짊어지게 하며 혼례식 전달(前月) 또는 일주일 이내에 보낸다. 함을 받는 신부집에서는 대청에 돗자리를 깔고 찹쌀 시루떡(봉치떡)을 놓고 함이 오면 그 위에 올려놓는다. 함을 받는 사람은 신부의 어머니나 다복한 여자가 받는다. 그리고 함진아비를 후하게 대접하여 보낸다.

1. 납폐함 준비 절차

납폐함은 신랑집에서 준비하는데 절차는 다음과 같다.

가. 청혼 예단 준비
① 홍단(紅緞)은 청지(靑紙)에 싸서 홍사(紅絲)로 동심결(同心結)
② 청단(靑緞)은 홍지(紅紙)에 싸서 청사(靑絲)로 동심결(同心結)
③ 혼서(婚書)는 서식에 의해 준비하여 혼서보(婚書褓)나 주머니에 넣어 봉을 꿰어 놓는다.
④ 반지는 황금 쌍가락지나 백금 쌍가락지를 청홍(작은) 겹보자기에 싼다.

나. 함(函) 속에 넣는 순서
① 함 속에 청단을 밑에, 홍단을 위에 넣는다.
② 반지를 넣는다.

③ 혼서를 넣는다.
④ 뚜껑을 덮는다.
⑤ 납폐함보에 싼다.
⑥ 함 띠로 동심결한다.
⑦ 근봉을 펜다.
⑧ 함잡이가 신부집으로 지고 간다.

2. 신부집에서 함받는 절차
① 화문석을 깔아 놓는다.
② 예탁(禮卓)을 놓는다.
③ 예탁보를 덮어 놓는다.
④ 봉치 시루를 놓는다(사용하지 않아도 무방).
⑤ 시루 위에 청홍 보자기를 덮는다.
⑥ 납폐함이 도착하면 예탁 위 또는 봉치시루 위에 얹어 놓고 혼주가 함띠와 함보를 풀은 후 제일 먼저 혼서지를 꺼내어 읽는다.

5) 친영(親迎)

신랑이 신부를 친히 맞이한다는 뜻으로 초행과 전안례, 교배례, 합근례가 여기에 포함된다. 오늘날의 결혼식에 해당된다. 「가례」의 혼인조를 보면 친영은 혼례 중 가장 중요한 부분이다. 혼례식은 신랑집에서 행하게 되어 있다. 이는 신부집에서 혼례식을 행하는 우리나라의 고유 전통과는 상반되는 것이다. 친영의 문제는 중종·명종 때까지 논란이 거듭되다가 전통적인 남귀여가(男歸女家)의 혼속과 중국식의 친영 예를 합한 절충혼이 제시되었다. 이는 반친영(半親迎)이라 하는데 신랑이 신부집에서 대례를 행하되 오래 머물지 않고 3일째 신랑집에서 현구고례(見舅姑禮)를 행하는 것으로 삼일우귀(三日于歸)라고도 한다. 이러한 반친영은 일부 사대부를 중심으로 16세기 이후 시작하여 일반서민들에게 보급된 것은 18세기경으로 추측된다.

혼인날에 신랑측 혼주가 사당에 고하되, "○○의 아들 ○○가 오늘 어느 곳 ○○를 아내로 맞이하려 하니 감회를 이기지 못하겠습니다" 한다. 그리고 아들에게 이르기를 "가서 너의 아내를 맞아 우리 집안을 이어라. 그리고 공경스레 거느리라. 그리하면 떳떳함이 있으리라" 하면 신랑이 "예. 감당하지 못할까 두렵사오니 명하심을 잊지 않겠습니다"

하고 집을 나서 신부집으로 간다.

신부집에서도 사당에 고하되, "○○의 몇 째 딸이 오늘 어느 곳의 ○○에게로 시집가게 되니 감회를 이기지 못하겠습니다" 하고, 신부를 불러 놓고 아버지가 이르기를 "공경하여 밤낮 여자로서의 예를 어김이 없어라" 하고 이어 형제 자매들이 "부모님의 말씀을 잘 들어 조금도 허물이 없도록 하라"고 한다. 오늘날 이 친영의식은 장소가 넓은 야외에서 치르기도 한다. 전통혼례의 의식 절차는 다음과 같다.

(1) 전안례(奠雁禮)

신랑이 신부의 혼주에게 기러기를 전하는 의식을 말한다. 원래 산 기러기를 썼으나 후에 나무 기러기로 대용하게 되었다. 그 뜻은 기러기는 한 번 암수가 짝하면 한쪽이 죽는 경우라도 다시는 새로 짝지지 않는 데서 그 뜻을 취했다고 한다. 즉 신랑이 평생을 함께 하겠다고 맹세하는 신표(信標)라고 할 수 있다. 전안례의 의식순서는 다음과 같다.

① 주혼영서우문외(主婚迎壻于門外) : 주인은 문 밖으로 나가 신랑을 맞아들인다.
② 신랑읍양이입(新郞揖讓而入) : 신랑은 읍하고 안으로 들어간다.
③ 시자집안이종(侍者執雁而從) : 시자는 기러기를 가지고 신랑을 자리로 안내한다.
④ 신랑취전현소(新郞就奠覞所) : 신랑이 전안상 앞으로 간다.
⑤ 신랑북향궤(新郞北向跪) : 신랑은 북쪽을 향하여 무릎을 꿇고 앉는다.
⑥ 신랑포안우좌기수(新郞抱雁于左基首) : 신랑은 기러기를 받아 머리가 왼쪽으로 가게 안는다.
⑦ 치안우지(置雁于地) : 신랑이 기러기를 상 위에 올려놓는다.
⑧ 신랑흥(新郞興) : 신랑은 머리를 숙였다가 일어선다.
⑨ 신랑소퇴재배(新郞小退再拜) : 신랑은 일어났다 두 번 절한다.
⑩ 주혼시자수지(主婚侍者受之) : 신부집 식구가 기러기를 들어 안으로 가져간다.

(2) 교배례

교배례는 신랑과 신부가 맞절하는 상견례이다. 교배례의 순서는 다음과 같다.

① 신랑취초례청(新郞就醮禮廳) : 신랑은 초례청 자리로 동쪽을 향하여 간다.
② 신랑동향립(新郞東向立) : 신랑이 동북쪽으로 약간 돌아서 외면하고 선다.

③ 모도부출포백포이행(姆導婦出布白布履行) : 신부와 수모는 백포 위로 걸어 나와 초례상 서쪽 앞으로 나와 선다.

④ 신랑정면(新郎正面) : 신랑이 신부를 향하여 바로 선다.

⑤ 신랑신부궤(新郎新婦跪) : 신랑과 신부가 무릎을 꿇고 앉는다.

⑥ 진관진세, 신랑관우남, 신부관우북(進盥進洗, 新郎盥于南, 新婦盥于北) : 신랑은 남쪽에 있는 세수대야 앞으로, 신부는 북쪽에 있는 세수대야 앞으로 간다.

⑦ 관세집건(盥洗執巾) : 신랑 · 신부 각각 손을 씻고 수건에 닦는다.

⑧ 신랑신부흥(新郎新婦興) : 신랑 · 신부가 일어선다.

⑨ 신랑읍취석(新郎揖就席) : 신랑이 신부에게 읍을 하고 초례상 가까이 선다.

⑩ 신부선재배(新婦先再拜) : 신부가 신랑에게 먼저 두 번 절한다.

⑪ 신랑답일배(新郎答一拜) : 신랑은 한 번 절하여 답례한다.

⑫ 신부우재배(新婦于再拜) : 신부가 다시 두 번 절한다.

⑬ 신랑우답일배(新郎于答一拜) : 신랑이 다시 한 번 절한다.

⑭ 신랑읍신부각궤좌(新郎揖新婦各跪坐) : 신랑이 신부에게 읍하고 각각 앉는다.

⑮ 시자진찬(侍者進饌) : 시자(수모)가 술잔을 신랑에게 준다.

⑯ 시자각침주(侍者各斟酒) : 시자가 잔에 술을 부어 준다.

⑰ 신랑읍신부제주거효(新郎揖新婦祭酒擧肴) : 신랑은 읍하고 술을 땅에 조금 붓고 안주를 젓가락으로 집어 상 위에 놓는다.

⑱ 우침주(又斟酒) : 시자가 신랑 · 신부 술잔에 다시 술을 부어 준다.

⑲ 신랑읍신부거음부제무효(新郎揖新婦擧飮不祭無肴) : 신랑은 읍하고 술을 마시고 안주를 젓가락으로 집어 먹는다.

신부는 술을 마시되 안주를 먹지 않는다. 이 때는 부제(不祭)라 먼저 번 처럼 술을 땅에 따르지 않는다. 술을 땅에 따르는 의식은 지신(地神)에게 올리는 일종의 제사이다.

(3) 합근례

신랑과 신부가 서로 술잔을 나누는 의식을 말한다. 백년 가약을 맺는 서약의 뜻과 기쁨을 같이하는 합환(合歡)의 뜻이 있다. 원래 표주박 잔을 썼고 청실 홍실로 묶었다. 표주박이 없으면 술잔을 사용하기도 한다.

① 우취근서부지전(又取巹壻婦之前) : 표주박을 신랑, 신부에게 준다.

② 시자각짐주(侍者各斟酒) : 시자가 표주박에 술을 각각 붓는다.

③ 교배상호서상부하(交盃相互壻上婦下) : 신랑의 표주박은 상 위로, 신부의 표주박은 상 밑으로 넘겨 준다.

④ 각거음부제무효(各擧飮不祭無肴) : 신랑, 신부는 서로 바꾼 잔으로 술을 마시되, 땅에 기울여 쏟지 않고, 안주도 들지 않는다.

⑤ 예필철상(禮畢撤床) : 예를 끝내고 상을 치운다.

⑥ 각종기소(各從其所) : 신랑, 신부 각각 처소로 돌아간다.

위와 같은 합근례를 마침으로써 혼례식이 모두 끝난다.

오늘날의 혼례의식과 다른 점은 크고 작은 일을 모두 사당(조상님)에 고한다는 사실과 보내고 맞는 데 있어서 항상 일정한 서식을 매개로 한다는 것이다. 사당에 고한다는 것은 일종의 종교적인 행사로 생명의 근원을 조상에게서 찾는 것이다. 따라서 혼인은 조상의 생명을 연속시키고 나아가서는 자연의 생생(生生)의 이법(理法)을 실현하는 것으로 생각한다. 그리고 서식이나 의식이 매우 복잡하고 형식적으로 보이나 그의 정신을 잘 음미해 보면 인정의 절실함과 우리 의식의 엄숙성을 실감할 수 있다.

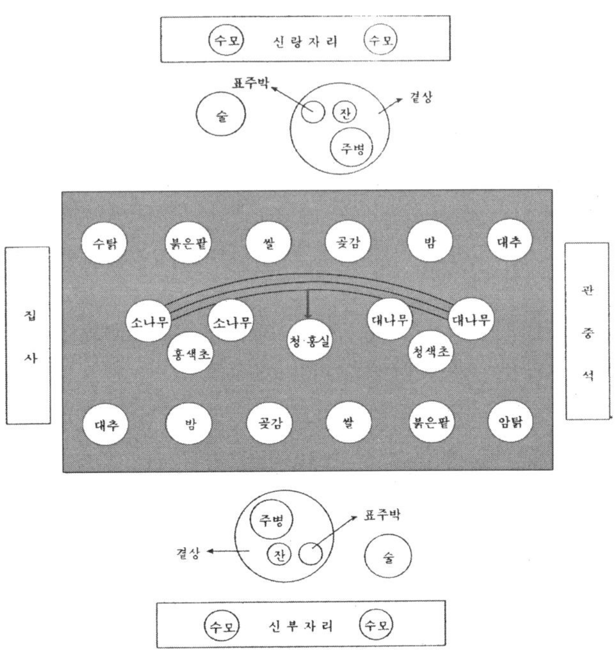

〈전통대례상 진설도〉

요즘의 신식 혼례에 있어서도 의혼, 납채, 연길, 납폐의 예에 따라 혼인을 진행하는 수가 있다.

1. 초례상(醮禮床)

초례 지내는 곳을 초례청이라고도 하며, 초례상 차림은 촛대 한 쌍, 송죽(松竹) 두 꼬지, 백미(白米) 두 그릇, 닭 한 자웅, 청실 홍실을 걸친다. 신랑 · 신부 앞에서는 술상을 놓고, 옆에는 세수 대야(물)와 수건을 준비한다.

2. 전통 혼례복

· 신랑 : 관복, 사모관대, 목화

· 신부 : 노란색 삼회장 저고리, 청색 스란치마, 홍색 스란치마, 원삼, 족두리, 봉띠, 앞댕기, 도투락댕기, 비녀, 연지, 곤지

6) 폐백

혼례식을 마친 후 신부가 신랑집에서 행하는 의식으로 시부모와 시댁 가족을 처음 뵙는 상견례 절차를 폐백례 또는 현구례라 한다.

폐백의식은 현재에도 계속 지켜지고 있는 전통풍습 중 하나로 혼례의식만큼이나 중요하다. 그러므로 올바르게 알고 실행해야 한다. 먼저 폐백음식은 시아버지에게는 대추, 시어머니에게는 편포나 육포를 쓴다. 대추는 홍색 보자기에 싸서 왼쪽(시아버님 앞)에 놓고, 편포나 육포는 청색 보자기에 싸서 오른쪽(시어머니 앞)에 놓아야 한다. 절을 받고 시아버님께서 신부에게 대추를 내리며 첫아들을 낳으라고 말한다. 간혹 대추를 시어머니나 다른 가족이 던지는 경우를 볼 수 있는데 이 대추는 시아버님만 내리는 것이 원칙이다. 시어머니는 육포를 어루만지면서 시부모 바로 섬기는 도리, 형제 · 친척과 화목하는 도리, 자식을 올바르고 훌륭하게 키워 가르치는 도리 등의 덕담을 한다. 육포를 어루만지는 것은 며느리를 보호하고 사랑하는 의미에서다.

예전에는 시아버지는 도덕교육에 대한 지침서나 족자 등을 하사했고, 시어머니는 대대로 물려받은 집안의 상징적인 보석(여러 가지 쌍가락지)을 염낭에 넣어 내리기도 했다. 흔히 보면 시부모나 그 외 가족이 절값을 놓는 경우가 있는데 이것은 잘못된 것이다.

(1) 폐백 준비물

① 육포 : 쇠고기 대접살 7~10근
② 대추 : 7~10되
③ 실백(實柏) : 3홉
④ 술 : 1병, 술병주머니
⑤ 쟁반 : 지름 20~25cm 둥근쟁반 2개
⑥ 청·홍색 두 겹 보자기(90×90) 2장
⑦ 술 주전자나 호리병 1개
⑧ 술잔과 잔대 각각 2벌씩
⑨ 명주실 : 청색, 홍색
⑩ 간지 : 흰색 간지(15×15cm) 2장
⑪ 예탁 : 4인용이나 6인용 큰 상 1개(사각상), 곁상 1개
⑫ 예탁보(큰상보) : 홍색과 청색으로 만든 두 겹 보자기(180×130cm) 1개
⑬ 곁상보(60×60cm) : 1개

(2) 만드는 법과 보자기에 싸는 법

〈대추폐백〉

① 대추 : 냉수에 세 번쯤 비비지 말고 살살 씻어 소쿠리에 건져 물기를 걷는다.
② 양푼에 옮겨 정종을 한 홉 가량 부어 골고루 섞어 따뜻한 곳에 두툼하게 덮어 5~7시간 정도 싸두고 가끔 뒤집어야 한다. 대추는 정한 것으로 골라 붉은실(홍실)로 꿴다.
③ 실백 : 대추와 같은 길이로 꿴다.
④ 준비가 다 되었으면 둥근 쟁반에 중앙에서부터 틀어서 위가 높게 소복이 틀어 올린 후 실백으로 둥글게 틀어 올려 보기 좋게 장식한다.
⑤ 준비된 청홍 보자기에 싼다. 보자기는 청색을 안쪽으로, 홍색을 겉쪽으로 두 겹으로 박고 네 귀에 연두나 초록 술을 달고, 네 귀에는 금전지로 둥글게(하트모양) 재단하여 붙여 박는다.

⑥ 홍색이 겉으로 나오게 대추를 담은 보자기에 싸서 귀를 맞춘 후 매지 않고 간지(15×15cm)에 근봉(謹封)이라고 써서 둥글게 말아 보자기의 귀를 꿴다. 네 귀는 다시 꽃 모양으로 술이 밑으로 늘어지도록 아름답게 펴서 접으면 전체가 홍색이고 위에서 접힌 부분은 청색으로 보인다. 네 귀에는 황색 금지, 술은 녹색, 간지는 흰색, 근봉 글씨는 흰색 간지에 검은색 등이 어우러져 오채색, 또는 오방색이 아름다운 조화를 이루면서 의미 있는 폐백 예단이 된다.

〈편포폐백〉

쇠고기 대접살을 갈아 소금, 후추, 마늘가루, 생강가루 등으로 조미하여 2등분한 다음 둥글게 타원형으로 빚은 것을 싸서 통풍이 잘 되는 곳의 공중에 달아매어 꾸둑꾸둑하게 말린 다음 실백가루를 고기색이 보이지 않도록 골고루 뿌려 놓고 삼색 간지로 돌린 후 쟁반에 담는다. 주로 겨울에 사용하면 좋다.

〈육포폐백〉

① 쇠고기 대접살을 20×10cm 크기와 0.3cm 두께로 저며서 도마에 놓고 빈병으로 가볍게 두들겨 고기를 연하게 손질한다.

② 간장에 참기름·정종을 배합하여 손질된 고기에 발라 채반에 널어 두세 번 꾸둑꾸둑할 때 손바닥에 놓고 두들겨서 손질한다. 색은 대추색처럼 검은 자색으로 광택이 나게 한다.

③ ②의 육포를 2등분하여 각각 청홍실로 묶고 중앙에는 황색실로 묶어서 쟁반에 가지런히 담는다.

④ ③을 준비된 청홍보에 싸는데 홍색이 안으로, 청색이 겉으로 나오게 싸서 놓는다. 방법은 대추와 같다.

(3) 폐백 상차림

① 화문석을 깔고 병풍을 치고 방석을 두 개 배치하고 예탁(큰 사각상)을 놓은 후 붉은 예탁보를 덮는다.

② 예탁 위에 폐백 대추는 왼쪽(시아버님 앞)에 놓고 육포나 편포는 오른쪽(시어머니 앞)에 놓는다.

③ 곁상은 큰상 앞에 놓고 붉은 보자기를 덮은 다음 술잔과 잔대를 각각 두 벌을

놓고 술주전자나 호리병을 오른쪽에 놓는다.

〈신랑 · 신부 복식〉

① 신랑 복식 : 바지저고리, 조끼, 마고자를 입고 그 위에 관복을 입는다. 여기에 관대를 두르고 사모를 쓴다. 그리고 목화를 신는다.

② 신부 복식 : 청색 스란치마는 정상 입기로 하고 홍색 스란치마는 앞이 25cm 정도 올라가도록 입은 다음, 노랑 삼회장 저고리를 입고 활옷을 입는다. 그리고 모은 두 손 위에 세 마 길이의 한삼을 두르고 머리에는 칠보단장(쌩쪽, 용잠, 첩지, 앞댕기, 도투락댕기)을 갖추고 화관을 쓰며, 얼굴에는 연지와 곤지를 찍는다.

③ 수모의 의상 : 청색 치마에 옥색 저고리를 입는다.

〈절 받는 순서〉

절받기 전에 시어머니께서 폐백 보자기를 풀어 놓는다.

① 폐백절은 큰절 네 번이다.

② 시부모님은 병풍 앞에 앉는다.

③ 신부는 복장을 갖춘 차림으로 앞에 서고 양쪽에 수모가 선다(수모 : 신부의 절을 도와 주는 사람).

④ 절받는 순위는 다음과 같다.

- 1순위 : 시부모이며, 절을 받고 시아버님께서 대추를 던져 주며 첫아들을 낳으라고 말한다. 이 대추는 신혼여행을 가서 부부가 먹는다.
- 2순위 : 시조부모 계열
- 3순위 : 큰아버지, 큰어머니, 작은아버지, 작은어머니, 당숙부모, 고모와 당고모 등 동계열 여러 어른
- 4순위 : 시아주버니와 시아주비, 같은 항렬 남자 모두
- 5순위 : 큰동서, 시누이, 사촌누이, 육촌 누이 등 동계열 모두에게 하며 4순위와 5순위는 맞절을 한다.
- 6순위 : 조카들 먼저 한번 절하면 신부가 답배한다.

2. 현대의 혼례

1) 의혼

현대 혼례는 중매혼도 많지만 연애혼이나 절충 혼인도 많다. 중매혼이라 하더라도 신랑과 신부가 맞선을 본 후 혼인을 결정하고 있다.

전통혼례는 신랑집에서 사주를 보내고 신부집에서 이것을 받으면 혼인을 계약한 뜻을 지녔지만, 현대 결혼에서는 양가의 가까운 친척들이 정해진 장소에 모여 약혼식을 거행하기도 한다. 약혼식은 양가의 친척들이 처음 만나는 자리이기 때문에 중매인이나 양가를 잘 아는 사람이 사회를 본다. 사회자는 양가의 친척을 소개하고, 신랑, 신부를 소개한다. 다음에는 신랑 혼주가 신부 혼주에게 사주를 전달하고 예물을 교환한다. 예물로는 반지나 시계 등이 보통이다. 경우에 따라서는 약혼식을 하지 않는다. 이런 경우, 양가의 혼인이 결정되면 신랑집에서 사주를 보내고 신부집에서 택일을 하여 신랑집에 보낸다. 사주와 택일은 전통혼례의 방식을 따른다.

택일이 되면 양가가 상의하여 예물을 준비한다. 신부집에서 보내는 예물은 결혼식 전에 "함 보낸다"하여 신랑의 친척이나 친구들이 짊어지고 신부집에 전한다. 함 보내는 절차는 전통혼례의 납폐에 해당하는 것이다.

2) 결혼식

현대 결혼식은 예식장이나 공당(公堂)에서 주례(主禮)가 주관하여 예식을 행한다. 현대 결혼식은 우리나라의 경우 1960년 이전과 가정의례준칙이 발표된 1961년 그리고 1969년 가정의례준칙의 개정 이후의 결혼식에는 약간의 변화가 있었다. 가정의례준칙에 의해서 달라진 것은 청첩장을 돌리는 행위이나 예식장 입구에서 내빈에게 축하금을 받지 못하게 하고, 또한 답례품을 주지 못하게 한 것이다. 그러나 이러한 행위는 여전히 행해지고 있다.

이 밖에도 결혼식에서 내빈 축사를 일체 금하도록 하여 주례의 주례사만 하였다. 그리고 축가와 들러리의 참석, 예물교환의 절차도 금하였다.

이에 따라 결혼식은 주례의 임석, 양가 혼주의 점촉, 신랑과 신부 입장, 신랑 · 신부 맞절, 혼인서약, 성혼(成婚)선언, 주례사, 내빈에게 신랑 · 신부 인사하기, 결혼행진 등의 순으로 진행된다. 행진이 끝나면 다시 앞으로 나와 기념 사진을 찍는다. 그리고 예식장의 경우 별도로 폐백실이 있어 계속 절차로 폐백례를 거행한다.

3) 후례

현대 결혼식을 마치고 피로연이 끝나면 바로 집에 가는 것이 아니라 신랑 · 신부는 조용히 첫날밤을 지낼 수 있는 곳으로 신혼여행을 떠난다. 보통 3～4일의 신혼여행을 하고 돌아오면 신부집에서 하룻밤을 자고 신랑집으로 가서 폐백을 드리기도 한다.

기독교인들은 예배당에서 예식규범에 따라 성직자(목사)의 주례로 결혼식을 갖는다. 가톨릭교인들은 성당에서 사제의 집례로 혼배성사를 갖고, 불교신자들은 법당에서 정해진 절차에 의해 결혼예식을 갖기도 한다.

어느 경우든지 신랑 · 신부와 양가 혼주는 주례자를 귀빈으로 모셔서 결례가 없도록 해야 한다. 즉 사전에 찾아 뵙고 본인들과 양가에 대한 정보를 드려야 하며 당일 교통편, 식후 식사대접 그리고 돌아가는 교통편을 챙겨야 한다.

신혼여행 후에 결혼식 사진과 간단한 선물을 준비해 찾아 뵙고 매년 결혼기념일 때 감사의 전화를 드리는 것도 바람직하다. 주례자는 신랑 · 신부 두 사람의 평생 결혼생활에 대해 도덕적 책임을 지는 분이기 때문이다. 나의 경험으로 볼 때 많은 경우 주례자에 대해 결례를 범하는데 이는 신랑 · 신부 당사자보다도 양가 부모의 교양과 상식 부족 때문에 발생한다.

제 8 장

남편과 아내의 관계

1. 선조들의 교훈
2. 불 교
3. 성 경
4. 탈무드
5. 기 타
6. 존경받는 남편되기 · 사랑받는 아내되기
7. 성경에서 문제유형별 해답 찾기

Gavy Chapman의 「행복한 가정을 만드는 5가지 사랑」에서도 ① 먼저 섬기는 봉사의 자세와 ② 부부 사이의 친밀감을 강조하면서 42%에 육박하는 이혼율을 낮추고 2인 3각 경기나 컴퍼스의 두 다리처럼 조화로운 부부관계를 가꾸어야 한다고 언급하고 있다.

서로 사랑하여 혼인한 부부라도 저마다 배우자와 자신을 조화시키려고 애쓰지 않으면 안 된다. 두 사람이 각각 훌륭하게 살아왔고 갓 혼인하여 함께 살 무렵에는 상대방의 숨겨진 성격이나 버릇도 즐거운 마음으로 받아들인다.

그러나 오래지 않아 배우자의 좋지 않은 태도가 조금씩 눈에 거슬리기 시작하여, 불평을 하게 된다. 이럴 때에 두 사람은 아무쪼록 저마다 자신의 나쁜 버릇을 고치도록 애써서 말다툼과 불화로 이어지는 일이 없도록 해야 할 것이다. 아무리 작은 일이라도 겉으로 문제가 드러날 때마다 부부가 함께 대화하여 해결해 나가는 것이 바람직하다.

아내나 남편이 미리 의논하지 않고 혼자서 개인 생활을 계획하는 일을 삼가야 한다. 사교 모임의 계획을 세우는 일은 대체로 아내가 맡아 하는데, 아내는 반드시 남편의 처지를 생각해서 계획을 세워야 한다. 결혼 생활에서 아내와 남편이 지켜야 할 가장 중요한 것은 다음 두 가지이다.

첫째로, 지금까지 "나"라고 말하던 것을 "우리"라고 바꾸어 말해야 한다. 둘째로, 부부는 상대방의 프라이버시를 존중해야 한다.

부부간의 극심한 갈등문제가 발생했을 때 이혼을 선택하기도 하지만, 지나고 나서 보면 한 때의 격한 감정 때문에 판단을 그르쳐서 경솔하게 결정한 것임을 깨닫게 되는 안타까운 경우가 적지 않다. 그러나 이혼하는 것밖에 달리 해결 방법이 없다고 판단되면, 서로가 그 사실을 냉정하게 받아들여야 한다. 이혼을 하면 부부 가운데 적어도 한 사람은 상처를 입기 마련이므로, 한쪽은 이혼을 함으로써 홀가분하게 될지라도 그것을 겉으로 나타내어서는 안 된다. 이혼하여 자유로운 몸이 되는 것이 바라던 바였어도 결혼에 실패했다는 사실 자체는 지울 수 없는 아픔이기 때문이다. 이혼한 사람은 스스로가 이혼한 사실을 분명하게 받아들이고 쓸데없이 부끄러워하지 않아야 한다.

이혼서류에 서명하기 전까지는 남자나 여자나 몸가짐을 조심하는 것이 좋다. 다른 이성과 교제하는 일이 생길 수 있으나 사람들의 비난을 받을 만한 행동이거나 곧바로 사랑에 빠져드는 것은 바람직하지 않다. 더구나 두 사람이 이혼에 대해서 구체적으로 타협하고 있는 동안에는 더욱더 몸가짐에 신경을 써야 한다.

그럼, 이제 남편과 아내의 인간관계에 대한 이야기들을 살펴보겠다.

1. 선조들의 교훈

1) 격 언

- 가장 과묵한 남편은 가장 사나운 아내를 만든다. 남편이 너무 조용하면 아내는 사나워진다. — 디즈레일리
- 가정에서 아내에게 기를 펴지 못하고 지내는 남편은 밖에서도 굽실거리며 쩔쩔매게 된다. — 워싱턴 어빙
- 감정의 조화를 위해서 좋은 방법은 부부간에 서로 결점은 이야기하지 말고, 장점만 들어서 칭찬해 주는 일이다. — 펄벅
- 결혼 생활에 있어 불행할 때가 있다. 이러한 때에 좀더 상냥한 아내였으면, 혹은 좀더 훌륭한 남편이었으면, 하고 머리 속에 이상적인 배우자를 그리며 현실의 배우자를 멸시해서는 안 된다. 상대방을 선택하기 이전으로 되돌아가는 것은 문제해결에 아무런 도움도 되지 않는다. 현재의 부족한 아내, 부족한 남편인 그대로 어떻게 화합해 나갈 것인가를 생각해야 한다. 그 고비를 넘지 않고는 누구나 참된 부부애에 도달하지 못할 것이다. — 로렌스 구울드
- 결혼 생활에서 가장 중요한 것은 인내이다. — 체홉
- 결혼 생활은 긴 대화이다. — 니체
- 결혼 생활은 모든 문화의 시작이며 정상(頂上)이다. 그것은 난폭한 자를 온화하게 하고, 교양이 높은 사람에게 그 온정을 증명하는 최상의 기회이다. — 괴테
- 결혼 생활은 참다운 뜻에서 연애의 시작이다. — 괴테
- 결혼 생활의 목표는 부부간의 참다운 애정으로 성욕의 만족을 누리는 것이다. 이런 욕망이 너무 원시적이고 동물적이라 해도 상관없다. 부부가 만족할 수 있는 조건은 첫째, 부부가 서로 가슴에서 용솟음치는 뜨거운 열정을 불꽃으로 반짝이며 만나야 된다. 서로 상대가 없으면 결코 아름다운 열매를 맺을 수 없다는 것을 자각해야 한다. 삶에 대한 희망을 늘 북돋아 줄 수 있는 성생활을 유지해야 한다. 둘째는, 감정이란 공동 생활의 경험에서 생기는 것으로 흔히 부모가 자녀에게 베풀어 주는

애정과 부모끼리 주고받는 애정 속에서 씩씩하고 착하게 자란다는 것을 깨닫고 실천하는 일이다. — 토마스 만

- 결혼 생활의 파탄은 조그마한 문제를 소홀히 하는 데서 일어나기 쉽다. 결혼의 행복은 매우 섬세하여 거친 취급은 금물이다. 느끼기 쉬운 식물은 인정이 없는 손으로 어루만지기만 해도 상처를 입게 되며, 무관심에 의하여 얼어붙고 말며, 의심에 의해서 부서지게 된다. 결혼이라고 하는 행복의 꽃에는 언제나 부드러운 애정을 계속 쏟아야 한다. 따뜻한 인정의 빛을 내리쬐어 줌으로써 그 꽃잎을 활짝 피게 해 주며, 아무런 것에도 흔들리지 않는 '신뢰'의 철벽으로 지켜 주어야 한다. 이렇게 하여 성숙한 결혼이라고 하는 행복의 꽃은 인생의 모든 단계에 향기로운 꽃을 피우며 노년의 쓸쓸함까지도 감미로운 맛으로 감싸게 하는 것이다. — 토머스 스프랏
- 결혼이란 단순히 만들어 놓은 행복의 요리를 먹는 것이 아니라, 이제부터 노력하여 행복의 요리를 함께 만들어 먹는 것이어야 한다. — 피카르
- 결혼이란 하나의 인간관계이다. 그것은 언제나 맛볼 수 있는 달콤한 것이 아니며, 둘이서 창조해 나아가야 한다. — 알랑
- 교양과 가정 환경과 취미는 이런 점에 있어서 잘 어울리는 남녀 간의 사랑은 잘 꼬아진 밧줄과 같이 튼튼하다. — 레싱
- 군자의 길은 그 시작을 부부의 생활에 둔다. — 중국 명언
- 나의 오늘이 있는 것은 모두가 아내의 덕분이다. 연애 시절의 그녀는 나의 가장 친한 친구였으며, 마음 약한 나를 언제나 격려해 주었다. 결혼 후에는 저축에 힘을 썼으며 투자를 잘 해서 재산을 만들어 주었다. 우리에게는 5명의 자녀가 있으며, 아내의 덕분으로 우리집은 언제나 행복하다. 나에게 조금이라도 명성이 있다면 그것은 모두가 아내의 덕분이다. — 데일 카네기
- 남의 취향에 맞는 아내(남편)가 아니라, 자신의 취향에 맞는 아내(남편)를 구하라. — 루소
- 남자가 가지고 있는 최고의 재산 또는 최악의 재산은 바로 그의 아내이다. — 토마스 풀러
- 남자가 자기 가정에 대한 의무를 소홀히 한다면, 강제로라도 그렇게 하지 않도록 해야 한다. — 버나드 쇼
- 남자에게 있어 최고의 재산은 마음씨 고운 아내이다. — 에우리피데스
- 남편 속에는 한 사람의 사나이가 있을 뿐이다. 아내 속에는 한 사람의 남자, 한 사람의 아버지, 한 사람의 어머니가 있으며 다시 한 사람의 여인이 있다. — 발자크

• 남편과 아내는 인륜의 시초이며 온갖 행복의 근원이라, 비록 지극히 친근하고 지극히 밀접하더라도 역시 지극히 바르고 지극히 삼갈 처지이다. 그런데 세상 사람들이 다 예절과 공경을 잊고서 급히 서로 어울려 친해졌다가 드디어는 업신여기고 능멸하는 데 이르러 못하는 것이 없게 되는 것은 다 손님처럼 공경하지 않는 까닭에서 생기는 것이다. — 퇴계 이율곡 〈인륜훈(人倫訓)〉
• 남편들이 보통 친구들에게 베푸는 것과 꼭같은 정도의 예의만을 부인에게 베푼다면 결혼 생활의 파탄은 훨씬 줄어들 것이다. — 화브스타인
• 남편에 대한 슬픔은 팔꿈치 속의 아픔과 같이 매섭고 짧다. — T. 풀러 〈잠언집〉
• 남편은 기본적으로 아내로부터의 '신뢰'와 '믿음'을 힘으로 살아가게 되며, 아내는 남편으로부터의 '관심'과 '표현'으로 살아간다. — 김용삼
• 남편은 때때로 맹인이 되어야 할 필요가 있다. 아내는 때때로 벙어리가 되어야 할 필요가 있다. 그러나 남편과 아내는 둘 다 귀머거리가 되어야 할 때도 있다. — 자녀반 패닌
• 남편을 감화시키지 못하는 아내는 거위나 다름없다. 거위는 애교가 없고, 거칠게 꽥꽥 소리만 지르는 동물이다. 남편의 결점만 꼬집는 아내를 거위에 비유한 말로서 남편의 결점을 조용히 받아들이며 상냥한 마음으로 은근히 감화시키는 것이 아내의 임무라는 뜻이다. — 에센바하
• 남편을 얻으려면 우선 요리를 배워야 하고, 아내와 자녀를 부양하려면 우선 자신의 생계부터 세워야 한다. — 디오도어 루빈
• 남편의 사랑이 지극할 때 아내의 소망은 작아진다. — 체호프
• 남편은 아내를 사랑하고, 아내는 남편을 사랑해야만 행복한 가정을 이룰 수 있다. 가정에서 느끼는 행복은 두 사람의 정신과 인격이 성숙해감에 따라서 점점 견고한 것이 된다. 서로가 그 정신을 높이고 인격을 원숙하게 해 나가다 보면 가정의 행복이 증진되는 것이지, 처음부터 완전히 행복한 자리에서 시작되는 부부는 없는 것이다. — 로렌스
• 남편의 아내에 대한 힘은 아버지나 친구와 같은 힘이어야 한다. 권위를 배경으로 한 폭군적인 힘이어서는 안 된다. — 제레미 테일러
• 남편이라는 것은 아내편에서 보면 하늘처럼 우러러 보며 평생을 살 사람이다. 그렇기 때문에 남편은 존경받을 만한 존재라야 한다. — 맹자
• 대개 결혼의 파탄은 한쪽이 다른 한쪽의 자아를 손상시키는 데서 생긴다. — 알랑

- 대개 사람들은 불화의 원인을 성격 탓으로 돌린다. 부부간의 시비나 친구 간의 시비에 있어서, 상대방의 성격이 좋으니 나쁘니 하면서 성격 탓으로 결론을 짓는데 나는 성격 탓이라고 보지 않는다. 부부간의 싸움을 보면 그 시초는 극히 사소한 일에서 발단된다. 따지고 보면 아무렇지도 않은 일인데 옥신각신하다가 싸움으로 발전된다. 싸움이 없다고 해서 부부간의 애정이 그만큼 깊은 것도 아니고, 싸움이 잦다 해서 부부간의 애정이 엷은 것도 아니다. 그러나 일단 시비가 벌어지고 진전이 되면 서로 별별 소리가 다 튀어 나온다. 부부간의 시비가 잦은 것은 서로 허물없는 사이가 되어, 무슨 말이든지 터놓고 하기 때문이니, 각자의 성격 탓으로 돌릴 일이 아니다. 그렇기 때문에 가정에서 시비를 예방하고, 평화를 유지하려면 최초의 말 한 마디나 또는 최초의 어떤 행동을 조심하는 것이 중요하다. 가정에 풍파를 일으킬 가능성이 있는 언행은 처음부터 하지 말아야 한다. 결코 자기나 남의 행동을 무조건 성격 탓으로 돌리지는 말라. — 알랭
- 대개의 남편들은 그 아내에 대해서 일종의 모성애를 기대하고 있다. 그리고 아내에게 어머니와 비슷한 애정이 부족할 때 불만을 느낀다. 그러나 아내는 어디까지나 아내지, 어머니가 아니라는 것을 알아야 한다. 어머니가 가지고 있던 무한대의 희생과 무비판적인 애정 따위를 아내에게 기대한다면 그 결혼생활은 난관에 부딪칠 것이다. — 로렌스 구읏드
- 동반자를 매도(罵倒)하는 동물은 인간뿐이다. — 아리오스토
- 만약 내세(來世)가 있다고 한다면, 오직 한 사람, 나의 아내였던 사람 이 외에는 어느 누구와도 만나고 싶지 않습니다. 이는 그녀가 내 자신에게서 최상의 본질이며 그녀 없는 나는 이미 완전하지 못하다는 증거입니다. — 힐티
- 무릇 백성이 있은 후에 부부가 있고, 부부가 있은 후에 부자(父子)가 있으며, 부자가 있은 후에 형제가 있다. 한 집안의 친족은 이 세 가지뿐이다. 이에서부터 나아가 구족(九族)에 이르기까지, 모두 삼친(三親)에 근본을 둔다. 그러므로 인륜에 있어서 삼친이 가장 중요한 것이니, 돈독히 해야만 하리라. — 안씨가훈(顔氏家訓)
- 미인은 눈을 즐겁게 하고, 어진 아내는 마음을 즐겁게 한다. — 나폴레옹
- 바보라도 칭찬을 해 보아라. 쓸모 있는 인간이 될 것이다. 부부간의 결합을 굳게 하려면 상대편의 굳은 점을 계속 칭찬해 줄 것이 필요하다. 칭찬을 듣는 쪽은 그 칭찬에 해당되는 사람이 되려고 노력할 것이며, 서로의 인격이 가정의 화목을 위해 다듬어지게 된다. — 힐티
- 부덕(婦德)이라는 것은 정조를 맑게 하고 곧게 지키며, 분수를 지키고 몸을 정돈하며,

행동을 얌전하게 하는 것을 말한다. — 장자

- 부부 사이는 항상 같이 있으면, 오히려 소원해진다. — 몽테뉴
- 부부 사이의 애정이란 서로가 서로에 대해 완전히 역겨워지고 나서 겨우 솟아나기 시작하는 것이다. — S. 모옴
- 부부 생활은 길고 긴 대화 같은 것이다. 결혼 생활에서는 다른 모든 것은 변화해 가지만, 함께 있는 시간의 대부분은 대화에 속하는 것이다. — 니체
- 부부가 마음을 합하여 집을 갖는 것만큼 훌륭한 일은 없다. —호메로스
- 부부간의 대화는 외과 수술과 같이 신중하지 않으면 안 된다. 어떤 부부는 정직이 너무 지나쳐 건강한 애정까지 수술을 하여 그로 인하여 죽어 버리는 수가 있다. — A. 모로아
- 부부간의 화목도 사랑만으로는 부족하다. 어느 정도의 예절이 필요하다. — 알랑 〈행복론〉
- 부부는 덧붙여 말하자면 가위와 같다. — 셸링
- 부부된 자는 의(義)로써 화친하고, 은(恩)으로써 호합(好合)한다. 남편이 아내를 때리면 무슨 의(義)가 있겠으며, 또 꾸짖으면 무슨 은(恩)이 있겠는가. —후한서
- 부부라는 사회에서는 일에 따라 각자가 상대를 돕기도 하고 지배하기도 한다. 따라서 부부는 대등하면서도 다르다. 그들은 다르므로 대등한 것이다. — 알랭
- 부부란 두 반신(半身)이 되는 것이 아니고, 하나의 전체가 되는 것이다. — V. 고흐
- 부인으로서 바느질과 베짜는 것과 음식 만드는 것을 모르면, 그것은 남자로서 시서와 육례를 모르는 것과 같다. — 예기
- 부인이 존경을 받는 곳에서는 신들도 기뻐한다. 그러나 부인들이 존경을 못 받는 데서는 신성한 의식도 헛된 일이다. 만약 아내가 예쁘게 꾸미지 않는다면 그 남편을 즐겁게 하지 못할 것이며, 집안도 즐겁지 못할 것이다. — 마누라 법전
- 불 속을 헤쳐 나가는 듯한 모진 시련을 함께 겪기 전까지는 사랑하는 아내의 존재가 어떤 것인지 알 수 없다. — 워싱턴 어빙
- 사람은 결혼애를 통해서 그 인격을 다듬는다. — 알랑
- 사랑은 욕구와 감정의 조화를 의미한다. 결혼의 행복은 부부간의 화합에서만 생기는 것이다. — 발자크

- 사랑이란 뿌리는 땅 속 깊숙이 박혔지만 가지는 하늘로 뻗은 나무이어야 한다. — B. 러셀 〈결혼과 도덕〉
- 살림을 못하는 여자는 집에 있어도 행복하지 않으며, 집에서 행복하지 못한 여자는 어디를 가도 행복할 수 없다. — 톨스토이
- 삼 주 동안 서로 관찰하고, 석 달 동안 서로 사랑하고, 삼 년 동안 서로 싸우고, 30년 동안 서로 참는다. 그리고 그런 와중에서 태어난 자녀들이 똑같은 일을 반복한다. — 아폴리트 텐
- 선량한 아내는 선량한 남편을 만든다. — T. 헤이우드
- 쉽게 말해, 부부란 쇠사슬로 묶인 죄수이다. 따라서 부부는 발을 맞추고 걷지 않으면 안 된다. — 고리키
- 신혼 여행 그 자체가 커다란 행복을 주는 것은 아니다. 두 사람의 마음의 화합이 잘 되느냐 안 되느냐에 행복의 씨앗이 들어 있다. — 피가르
- 아내가 없는 남자는 몸체가 없는 머리이고, 남편이 없는 여자는 머리가 없는 몸체이다. — 장 파울
- 아내가 이것저것 요구만 하면 남편은 달아날 궁리를 하게 된다. 남자는 강요받지 않을 때 더 많이 베풀려고 한다. — 존 그레이
- 아내는 남편을 빼앗기지 않으려고 필사의 노력을 다한다. 이것이 바로 부부를 일생 동안 맺어 주는 유형의 매카니즘이다. 수없이 많은 이혼과 결혼의 기초를 이루는 감정이 바로 상실감이다. — 프란체스코 알베로니
- 아내는 남편의 눈보다 귀를 즐겁게 하라. — 영국 금언
- 아내는 변함없는 복종을 통하여 남편을 지배한다. — 토마스 플러
- 아내는 신혼과 같은 사랑을 원하고 있지만, 남자는 현실에서 의무와 책임만이 강요되는 가정생활을 한다. 권태는 그렇게 해서 여자들을 우울증에 빠지게 하는 것이다. — 프란체스코 알베로니
- 아내는 젊은 남편에게 있어서는 여주인이며, 중년의 남편에게는 친구, 늙은 남편에게는 간호사이다. — F. 베이컨
- 아내를 눈으로 보고서만 택해선 안 된다. 눈보다는 귀로써 아내를 선택하라. — T. 풀러 〈잠언집〉
- 아내를 다룰 줄 모르는 남자는 참으로 불쌍한 사람이다. — G. 코울리지
- 아내의 덕행은 친절히 보고, 아내의 잘못은 못 본 척하라. — 브라이언트
- 아내인 동시에 친구일 수도 있는 여자가 참된 아내이다. 친구가 될 수 없는 여자는

아내로도 마땅하지가 않다. —윌리엄 펜 〈고독의 과실〉

- 아버지가 아버지답고, 자식이 자식답고, 형이 형답고, 동생이 동생답고, 남편이 남편답고, 아내가 아내답다. 그럼으로써 집안이 편안하다. — 논어
- 어리석은 남편은 아내를 두려워하고, 어진 아내는 남편을 공경한다. — 강태공
- 여성에겐 흔들리기 쉬운 약한 성품만 있는 것이 아니다. 여성의 성품 속에는 희생심, 참고 견디는 힘, 겸손과 신앙, 그리고 지혜롭고 고귀한 요소들이 있고, 특히 여성은 직관으로써 남성의 지식을 능가하는 수가 있다. — 간디
- 우리에게 행복하게 될 권리는 없는 것이며, 다만 행복한 가정을 만들기 위해 노력할 자유만이 있을 뿐이다. — 노오먼 필
- 바람직한 남편은 모든 일에 있어서 아내의 권위를 인정해 주는 남편이다. — 초서〈캔터베리 이야기〉
- 원만한 부부 생활의 비결은 결코 '죽느냐, 사느냐'하는 아슬아슬한 지경에까지 이르지 않도록 하는 것이다. — 도스토예프스키
- 유순하고 정렬(貞烈)한 것은 부인의 덕이요, 부지런하고 검소한 것은 부인의 복이다. — 명심보감
- 이해심이 많은 남편은 절대로 성을 내는 법이 없다. 폭풍에 휩쓸린 뱃사공처럼 이해심이 있는 남편은 돛을 낮춘다. 그리고 형편을 살핀다. 조만간 잠잠해질 때가 있을 것이라고……. — 모로아
- 잘 지어진 작은집, 잘 경작된 작은땅, 그리고 잘 순종하는 작은 아내는 큰 재산이다. — 존 레이
- 절대로 절박한 상황까지 나아가서는 안 된다. 그것이 부부 생활의 첫 번째 비결이다. — 토스토에프스키
- 젊은 벗이여, 집안이 불쾌하다고 한탄하며 집을 빠져나가려고 궁리하고 있는 모양인데, 나는 충고하겠네. 상냥한 아내를 집에 맞이하게! 그렇게 하면 자네는 집안의 구석구석이 기분 좋게 느껴질 걸세. — 뤼케르트
- 정숙한 아내는 남편으로 하여금 아름다운 즐거움을 느끼게 한다. 그러한 아내의 용모는 가장 아름다운 화원과 같고, 그 정신은 가장 유익한 서적과 같다. — 카우레이
- 정숙한 아내의 사랑을 얻는 것이 남자에게는 가장 보람된 일이다. — 카르마 요가
- 좋은 남편이 좋은 아내를 만든다. — 영국 금언집
- 좋은 말은 결코 넘어지지 않는다. 좋은 아내는 결코 불평하지 않는다. — 서양격언

- 좋은 아내가 되는 비결은 단 한 가지, 불평을 말하지 않는 것이다. — 쉬토롬
- 좋은 아내는 남편이 비밀에 붙이고 싶어하는 사소한 일을 언제나 모르는 척한다. 그것이 결혼 생활의 기본 예절이다. — 서머셋 몸
- 좋은 아내를 얻으려면 지참금보다도 좋은 성격을 요구하는 것이 중요하다. — 메난도로스
- 진실하게 맺어진 부부는 젊음의 상실이 불행으로 느껴지지 않는다. 왜냐하면 같이 늙어가는 즐거움이 나이 먹는 괴로움을 잊게 해 주기 때문이다.
  — 모로아
- 집안 일을 이것저것 생각하는 상냥한 주부의 모습은 가장 냉혹한 사나이의 마음도 녹이는 법이다. — 고르츠
- 착실하게 통솔하는 가정에는 다른 곳에서 찾아볼 수 없는 평화가 있다.
  —괴테
- 착한 아내와 건강은 남자에게 가장 훌륭한 재산이다. — H. 스퍼전 〈농부 존〉
- 처자식을 위할 줄 모르는 남편은 집에 숫사자를 키우며 불행의 보금자리를 꾸미는 것과 같다. — 제레미 테일러
- 한 가정의 독특한 성격은 대개 아내에 따라 결정되고 있다. — 하인리히 리트
- 한 몸 둘에 나눠 부부를 만드시니 있을 제 함께 늙고 죽으면 함께 간다. 어디서 망령의 것이 눈흘기려 하느뇨. — 정철 〈송강가사 훈민가〉
- 한 부인이 정숙한 미를 손상시키지 않으려면, 자기가 가진 지식을 오히려 감추는 것이 필요하다. — 오스턴
- 화목한 분위기는 너그러움 속에서 샘솟는 것이며, 내 가정을 화목하게 만들고 싶으면 결심만 있으면 누구나 자기의 마음을 좀더 너그럽게 가질 수 있다. — 힐티
- 행복한 결혼생활을 위한 5계명 — 마크먼 하워드

첫째, 불만은 부드러운 말로 시작할 것, 상대방에 대한 비난은 절대 금물이다.

둘째, 부부란 서로가 영향을 주고받는 관계임을 인정할 것, 여성보다 남성들이 특히 주의해야 할 점이다.

셋째, 상대방의 감정을 자극하는 말은 하지 말 것, '그만 말하고 내 말을 들으라' 는 등의 부정적인 말은 금물이다.

넷째, 우선 흥분을 달래는 방법을 생각할 것, 특히 남성들은 논쟁 중에는 생리적으로 매우 예민한 상태가 되어 관계를 악화시킬 수 있게 되므로 여성쪽에 '최소한 20분간의

휴식'을 제안하는 것이 좋다.

다섯째, 서로 안 맞는 점을 단계적으로 축소할 것, 실제로 금슬 좋은 부부는 갈등이 커질 것 같은 상황에선 유머를 사용하거나 상대방의 뺨에 키스를 하는 등의 행동을 한다.

2) 고사성어

•조강지처(糟糠之妻)

술재강과 겨로 끼니를 이을 만큼 구차할 때 함께 고생하던 아내를 이르는 말.

→ 전한을 찬탈한 왕망(王莽)을 멸하고 유씨 천하를 재흥한 후한 광무제 때의 일이다. 건원(建元) 2년(26), 당시 감찰을 맡아보던 대사공(大司空 : 御史大夫) 송홍(宋弘)은 온후한 사람이었으나 간할 정도로 강직한 인물이기도 했다.

어느 날, 광무제는 미망인이 된 누나인 호양공주(湖陽公主)를 불러 신하 중 누구를 마음에 두고 있는지 그 의중을 떠보았다. 그 결과 호양공주는 당당한 풍채와 덕성을 지닌 송홍에게 호감을 갖고 있다는 것을 알았다. 그 후 광무제는 호양공주를 병풍 뒤에 앉혀 놓고 송홍과 이런저런 이야기를 나누던 끝에 이런 질문을 했다.

"흔히들 고귀해지면 천할 때의 친구를 바꾸고, 부유해지면 가난할 때의 아내를 버린다고 하던데 인지상정 아니겠소?"

그러자 송홍은 이렇게 대답했다.

"폐하, 황공하오나 신은 '가난하고 천할 때의 친구는 잊지 말아야 하며(貧賤之交 不可忘), 술재강과 겨로 끼니를 이을 만큼 구차할 때 함께 고생하던 아내는 버리지 말아야 한다(糟糠之妻 不下堂)'고 들었사온데 이것은 사람의 도리라고 생각되나이다."

이 말을 들은 광무제와 호양공주는 크게 감탄했다고 한다.

•금슬상화(琴瑟相和)

거문고와 비파 소리가 조화를 잘 이룸을 비유한 말.

금(琴)은 거문고, 슬(瑟)은 비파로 이 둘을 탈 때 음률이 잘 어울려 양자의 울림이 잘 화합한다는 뜻으로, 흔히 부부간의 의좋음을 일컫는다.

→ 《시경》 소아(小雅)에 실려 있는 〈상체 – 아가위나무〉는 한 집안의 형제간의 우애를 노래한 것으로, 모두 8절로 이루어져 있다. 그 7절에서 다음과 같이 노래하고 있다.

妻子好合 如鼓琴瑟(아내와 아들이 화합하는 것이, 마치 비파와 거문고를 울림과 같도다.)

兄弟既翕 和樂且湛(형제가 이미 화합하여 화락하고 또 즐기는 도다.)

또 《시경》 국풍의 5절로 이루어진 〈관저〉의 제4절에서도, 이렇게 읊고 있다.

參差荇茶 左右采之(들쭉날쭉한 물쑥을, 좌우로 헤치며 따는 도다.)

窈窕淑女 琴瑟友之(아름다운 아가씨는, 거문고와 비파처럼 즐기는 도다.)

위의 〈상체〉라는 시는 아내와 아들이 잘 조화되는 것은 마치 거문고와 비파가 잘 어울리는 것과 같고, 형제들의 우애가 화락하면서도 즐겁게 조화를 이룬다는 뜻으로, 한 집안의 처자와 형제간의 화락함을 찬양한 것인데, 주로 잔치 때 부르는 노래이다. 또 〈관저〉라는 시는, 들쭉날쭉한 물쑥을 골라서 따는 것과 같이 아리따운 아가씨를 아내로 맞이하여, 거문고와 비파가 잘 조화를 이루듯이, 사이좋게 즐기고 싶다는 뜻의 연가이다.

이 두 시구에서 취하여, 부부간에 화락하게 지내는 모습을 비유하여 "금슬상화"라고 말한다.

•백년해로(百年偕老)

부부가 화락하게 일생을 늙음. 영원히 같이 살자는 부부간의 염원.

→ 한자에서 百은 숫자 '100' 외에 '많다'는 뜻을 나타낼 때가 더 많다. 따라서 백년이라면 굳이 '100년'이라기보다 '오랜 세월', '영원히'라는 뜻이 더 강하다. 해로가 '함께 늙는다'는 뜻이므로 백년해로는 '영원토록 함께 늙어가면서 사이좋게 살자'는 뜻이다. 부부간의 다정함을 뜻한다고 하겠다.

•해로동혈(偕老同穴)

부부가 화목하여, 살아서는 같이 늙고 죽어서는 같은 무덤에 묻힘. 부부 사이의 화목함.

→ 격고(擊鼓)라는 시에, "죽으나 사나 만나나 헤어지나, 그대와 함께 하자 언약하였지. 그대의 손을 잡고, 그대와 함께 늙겠노라". 즉 전선에 출장한 병사가 고향에 돌아갈 날이 언제랄지…… 애마(愛馬)와도 사별하고 싸움터를 방황하면서 고향에 두고 온 아내를 생각하며 지은 노래다. 그러나, "아, 멀리 떠나 우리의 언약을 어기다니"로 끝맺은 병사의

슬픈 노래다.

•원앙지계(鴛鴦之契)

진나라 간보 수신기에 있는 한빙 부부의 슬픈 이야기에서 유래한 말로 금슬이 좋은 부부를 비유하여 이르는 말.

원앙새가 자웅(雌雄)이 언제나 붙어 다니고 떨어지지 않는 데서 나온 말로 '원앙계'라고도 한다.

•유어유수(猶魚有水)

임금과 신하, 부부가 서로 친밀함이 물과 물고기의 관계 같다는 뜻.

•천생연분(天生緣分)

하늘이 미리 마련하여 준 연분. 천생배필(天生配匹)

•어수지친(魚水之親)

임금과 백성이 친밀하다. 부부가 서로 사랑한다.

•파경중원(破鏡重圓)

깨진 거울이 다시 둥근 모습을 되찾았다. 생이별한 부부가 다시 결합한 것.

•현모양처(賢母良妻)

어진 어머니이면서 또한 착한 아내.

•가빈즉 사양처(家貧則 思良妻)

'집안이 가난해지면 어진 아내를 생각하게 된다'는 뜻으로, 집안이 궁해지거나 어려워지면 어진 아내의 내조의 필요성을 새삼 생각하게 된다는 말.

•거안제미(擧案齊眉)

밥상을 눈 위로 받들어 올린다.

즉, 아내가 남편을 지극히 공경하여 받들어 올림을 일컫는 말.

•계명지조(鷄鳴之助)

임금을 받드는 현명한 후비(后妃, 제왕의 배필)의 내조.

•금실지락(琴瑟之樂)

부부 사이의 다정하고 화목한 즐거움.

•백년가약(百年佳約)

부부가 되어 한평생을 함께 살자는 아름다운 약속.

•백주지조(栢舟之操)

백주라는 시에서 유래된 말로 남편을 일찍 잃은 아내가 굳은 절개를 지키는 것을 비유.

•부창부수(夫唱婦隨)

남편이 노래를 하면 아내도 따라서 한다는 뜻.
즉, 남편 주장에 아내가 따르는 것이 부부 화합의 도(道)라는 말.

•부위부강(夫爲婦綱)

아내는 남편을 섬기는 것이 근본이다.

•부언시용(婦言是用)

여자의 말을 잘 들음.

•비익연리(比翼連理)

부부간의 정분이 지극히 다정한 모습을 표현한 말.
비익조(比翼鳥)란 암컷, 수컷이 눈과 날개가 하나씩이라서 짝을 짓지 않으면 날 수가 없는 새. 연리지(連理枝)란 줄기는 두 개지만 맞닿아 가지가 하나로 이어져 있는 나무.
이 두 단어가 합쳐진 말임. 비익조연리지(比翼鳥連理枝)라고도 한다.

•애급옥오(愛及屋烏)

아내가 귀여우면 처갓집 말뚝보고 절을 한다.

•연리지(連理枝)

서로 다른 나무의 가지와 가지가 맞닿아서 서로 결이 통하게 되는 것으로, 보통 효에 결부시켜 이야기하였으나 지금은 흔히 부부간의 깊은 애정을 비유하여 쓴다.

3) 「명심보감」

益智書(익지서)에 云(운),

女有四德之譽(여유사덕지예)하니
一曰婦德(일왈부덕)이요
二曰婦容(이왈부용)이요
三曰婦言(삼왈부언)이요
四曰婦工也(사왈부공야)니라.

▶ 여자는 네 가지 덕의 아름다움이 있으니, 첫째는 부덕(婦德)이고, 둘째는 아름다운 용모이고, 셋째는 여자다운 고운 말씨이고, 넷째는 섬세한 솜씨이다.

婦德者(부덕자)는 不必才名絶異(불필재명절이)라.
婦容者(부용자)는 不必顔色美麗(불필안색미려)요
婦言者(부언자)는 不心辯口利詞(불심변구리사)요
婦工者(부공자)는 不必技巧過人也(불필기교과인야)니라.

▶ 부덕이라는 것은 반드시 재주와 이름이 뛰어남을 말하는 것이 아니요, 부용이라는 것은 반드시 얼굴이 아름답고 고움을 말함이 아니요, 부언이라는 것은 반드시 입담이 좋고 말 잘하는 것이 아니요, 부공이라는 것은 반드시 손재주가 다른 사람보다 뛰어남을 말하는 것이 아니니라.

其婦德者(기부덕자)는 淸貞廉節(청정렴절)하여

守分整齋(수분정제)하고 行止有恥(행지유치)하야
動靜有法(동정유법)이니 此爲婦德也(차위부덕야)요
婦容者(부용자)는 洗浣塵垢(세완진구)하여
衣服鮮潔(의복선결)하며 沐浴及時(목욕급시)하여
一身無穢(일신무예)니 此爲婦容也(차위부용야)요

婦言者(부언자)는 擇師而說(택사이설)하여
不談非禮(부담비례)하고 時然後言(시연후언)하여
人不厭其言(인불염기언)이니 此爲婦言也(차위부언야)요

婦工者(부공자)는 專勤紡績(전근방적)하고
勿好暈酒(물호운주)하며 供具甘旨(공구감지)하여
以奉賓客(이봉빈객)이니 此爲婦工也(차위부공야)니라.

▶ 부덕이라 함은 정조를 깨끗이 하며 절개를 곧게 지키며, 분수를 지키며 몸가짐을 고르게 하고 한결같이 얌전하게 행하고 행동을 조심하며, 행실을 법도에 맞게 하는 것이니 이것이 '부덕'이 되는 것이요, 부용이라 함은 먼지나 때를 깨끗이 하여 옷차림을 정결하게 하며, 목욕을 제때에 하여 몸에 더러움이 없게 하는 것이니 이것이 '부용'이 되는 것이요, 부언이라 함은 말을 가려서 하며, 예의에 어긋나는 말은 하지 않고 꼭 해야 할 때에 말해서 사람들이 그 말을 싫어하지 않는 것이니 이것이 '부언'이 되는 것이요, 부공이라 함은 오로지 길쌈을 부지런히 하며 술을 빚어내기를 좋아하지 아니하고 좋은 음식을 갖추어서 손님을 접대하는 것이니 이것이 '부공'이 되느니라.

此四德者(차사덕자)는 是婦人之所不可缺者(시부인지소불가결자)라
爲之甚易(위지심이)하고 務之在正(무지재정)하니
依此而行(의차이행)이면 是爲婦節(시위부절)이니라

▶ 이 네 가지 덕은 부녀자로서 하나도 빠질 수 없는 것이니 행하기는 매우 쉽고 힘씀이 바른 데 있으니, 이를 의지하여 행하면 이것이 곧 부녀자로서의 범절이 되느니라.

태공이 曰(왈), 婦人之禮(부인지례)는 語必細(어필세)니라.

▶ 강태공이 말하기를, 부인의 예절은 반드시 곱고 섬세해야 한다.

중국의 옛 시인 소동파는 세 명의 첩을 두었다. 어느 날 저녁을 먹고 나서 소동파가 지금 내 뱃속에 무엇이 있느냐고 차례로 물었다. 먼저 한 여자가 가볍게 웃으며 나으리 뱃속에는 방금 드신 저녁밥이 있다고 말했다. 두 번째 여자도 비슷한 대답을 했다. 그러나 마지막으로 말한 조운이라는 여자는 사뭇 달랐다.

"님의 뱃속에는 철(季節) 지난 다른 생각으로 가득 차 있습니다."

사람의 속마음을 읽어 내는 그 말에 소동파는 매우 흡족했다고 한다.

얼마나 사려 깊고 아름답게 말을 하느냐에 따라 세상살이는 매우 즐거울 수도 있다.

賢婦(현부)는 令夫貴(영부귀)요 惡婦(악부)는 令夫賤(영부천)이니라.

▶ 어진 아내는 남편을 귀하게 만들고 악한 아내는 남편을 천하게 만든다.

家有賢妻(가유현처)면 夫不遭橫禍(부부조횡화)니라.

▶ 집안에 어진 아내가 있으면 남편은 뜻밖의 재앙을 당하지 않는다.

할머니가 키운 자녀가 정서적으로 훨씬 안정되어 있다는 말을 들은 적이 있다. 우리네 할머니들은 엄격한 규율보다 한량없는 정으로 자녀를 대한다. 밥투정하는 자녀를 따라다니며 밥을 먹이는가 하면 귀한 물건을 못 쓰게 해도 야단을 치기보다는 자녀 걱정부터 한다. 그러니 자녀의 입장에서 보면 할머니는 자기가 무슨 일을 해도 이해해 주는, 세상에서 유일무이한 존재인 것이다. 이처럼 자신을 전폭적으로 지지하는 사람이 있다는 것은 정서 안정에도 크게 도움이 된다는 설명이다.

남자는 아내 앞에서는 영원히 자녀가 된다고 한다. 집에 어진 아내가 있어서 모든 것을 이해해 주기를 바라는 남자들의 마음을 반영한 말이라고 할 수 있다. 사실 마음이 편해야 일도 즐겁고 모든 일이 순조롭지 않은가.

賢婦(현부)는 和六親(화육친)하고 奸婦(간부)는 破六親(파육친)이니라.

▶ 어진 아내는 친척을 화목하게 하고 간교한 아내는 친척의 화목을 깨뜨린다.

4)「사자소학」

○ "烈女之情은 不更二夫이니라"
— 열녀의 정절은 두 남편을 섬기지 아니 하니라(다른 남편을 섬기지 아니 하니라).

○ "夫婦有恩하고 男女有別이니라"
— 남편과 아내는 은혜가 있어야 하고, 남자와 여자는 분별이 있어야 하느니라.

○ "夫道剛直하고 婦德柔順이니라"
— 남편의 도리는 굳세고 곧아야 하고, 아내의 덕은 부드럽고 순해야 하느니라.

○ "夫唱婦隨 하면 家道成矣이니라"
— 남편이 앞장서고 아내가 뒤따르면, 집의 법도가 이루어지느니라.

5) 삼강오륜

○ 삼강(三綱)
부위부강(夫爲婦綱) : 남편은 아내의 근본이 된다.

○ 오륜(五倫)
부부유별(夫婦有別) : 남편과 아내 사이는 분별이 있어야 한다.

6) 속담

- "아내가 없는 자는 잎과 가지가 없는 나무와 같다."
- "훌륭한 아내는 훌륭한 남편을 만든다." — 이탈리아 속담
- "여편네 활수하면 벌어 들여도 시루에 물 붓기(妻迂財入 譬彼甑汲)" ; 아내가 재물을 어리석게 쓰는 것을 비유하면 마치 시루에 물을 길어 붓는 것과 같다.

- "부부싸움은 칼로 물 베기(夫婦戰 刀割水)" ; 부부간의 싸움은 칼로 물을 가르는 것처럼 서로 간에 미운정 고운정을 쌓아 더욱 정이 두터워지는 결과와 같다는 의미이다.
- 모든 성공의 배경엔 자랑스러운 아내와 놀라운 장모가 있다." — 속담
- "남편은 두레박 아내는 항아리." ; 남편의 마음이 바가지 크기라면 아내의 마음은 항아리 크기라는 뜻으로서 가정에서 아내의 도량이 넓어야 한다는 말이다. — 속담
- 자녀를 잘못 만나도 당대 원수, 아내를 잘못 만나도 당대 원수" ; 부부간의 불화는 심각한 문제이므로 배우자를 고를 땐 신중히 하라는 말이다. — 속담
- "조강지처 버린 놈 치고 잘 되는 법 없다." ; 자기 아내를 아낄 줄 알아야 다른 일도 잘한다는 말이다. — 속담
- A light wife doth make a heavy husband(경망스런 아내는 침울한 남편을 만든다). — 서양속담
- Man's best possession is a sympathetic wife(남자에게 있어 최고의 재산은 마음씨 고운 아내이다). — 서양속담
- No man knows what the wife of his bosom is until he has gone with her through the fire trials of this world(불 속을 헤쳐 나가는 듯한 이 세상의 모진 시련을 함께 겪기 전까지는 자신의 사랑하는 아내의 존재가 어떤 것인지 알 수 없다). — 서양속담
- Wives are young men's mistresses, companions for middle age, and old men's nurses(아내는 젊었을 때 애인, 중년에는 반려자, 노년에는 간호자). — 서양속담

7) 민담, 전설

(1) 다시 살아난 착한 며느리 — 안동민담

아주 가난한 집에 착한 며느리가 시집을 왔다. 어찌나 가난하였는지 끼니 때마다 며느리는 양식 걱정을 하였다. 그래서 어쩌다 양식이 생기면 아끼느라고 밥을 조금밖에는 하지 못했다. 시부모와 남편의 밥을 차례로 뜨고 나면 자기는 밥이 없었다. 그래서 늘 누룽지를 긁어 먹곤 하였는데 그것이 양에 찰리가 없었다.

하루는 밀가루를 물에 개어서 솥뚜껑 위에 붙여 놓았다. 그랬더니 밥솥에서 나는 증기로

알맞게 익어 그걸 뜬어 먹었다.

그 때, 마침 시아버지가 나무를 들여 놓는다고 부엌에 들어 왔다. 이에 당황한 며느리가 그 밀가루 반죽을 그냥 꿀떡 삼켜 버렸다. 그러자 밀가루 반죽이 목에 걸려 넘어가지 않아서 잠시 숨이 끊어져 죽게 되었다.

놀란 시집 식구들이 슬퍼하면서 장사를 치르게 되었다. 워낙 가난한 집안이라서 삼일장도 못하고 그 날로 즉시 갖다 묻기로 하였다. 생시에 며느리가 너무 착하고 공손하였던지라 특히 시어머니가 제일 애통해 하였다. 그러면서 시어머니는 자기가 끼고 있던 옥가락지를 죽은 며느리의 손에 끼워 주었다. 그 날로 산에 갖다 장사를 지냈다.

그런데 그 집 시동생은 없는 살림에 죽은 형수에게 값비싼 옥가락지를 끼워준 게 아깝다고 생각하였다. 그 날 밤 아무도 몰래 무덤을 파헤치고 관 뚜껑을 열었다. 시체는 몸이 불어 손가락에 낀 반지를 뺄 수 없으리 만치 손가락이 굵어져 있었다. 그래서 시동생은 주위에 있는 돌을 집어서 손가락을 찍었다. 손가락을 끊을 작정이었다. 완전히 제정신이 아니었다.

돌로 시체의 손가락을 때렸더니 금새 피가 흘렀다. 그러자 피가 통하게 되었으므로 얹혔던 밀가루가 시원히 내려갔다. 그래서 죽었다고 생각되었던 시체가 살아나게 되었던 것이다. 시동생은 시체가 살아나는 것을 보고 귀신인 줄 알았다. 그래서 집으로 도망해 와서 숨어 있었다.

한편 며느리는 살아났으니 제발로 걸어서 집으로 갔다. 그 집에서는 영문을 몰라서 어리둥절하였다. 이를 보고 며느리가 자초지종을 얘기했다. 그래서 시부모들은 너무 반가워서 잔치를 벌이고 온 동네 사람들을 초대했다.

한편 시동생은 남을 대하기가 부끄럽다며 밖에 나오지를 않았다. 하지만 며느리가 시동생을 몸소 찾아가서 생명의 은인이라며 감사를 드렸다. 그 후에 시동생도 좋은 사람이 되어 행복하게 살았다.

(2) 적서를 구별하지 않은 본 부인 — 안동민담

옛날에 외아들을 가진 선비가 있었다. 그 아들이 커서 어느덧 장가를 가게 되었다. 그러나 아들은 공부할 생각은 않고 늘 장터에 가서 놀다가 집에 돌아오곤 하였다. 그래서 아버지는 아들을 구석진 방에 가두어 버리고 나오지 못하게 했다. 그래서 아들은 늘 방에서 글만 읽게 되었다.

하루는 휴가를 얻어서 장터에 나갔다. 거기에는 서울에서 왔다는 사람이 말을 타고 있었는데, 뒤에는 훌륭한 가마에 색시가 탔고, 그 뒤에 하인들이 십여 명 따르고 있었다.
아들이 그 광경을 보고 있었더니, 말을 탄 사람이 그에게 다가와서 인사를 하고는 색시를 데리고 가서 아내로 삼아 달라고 했다. 그러나 그 아들은 자신에게는 이미 아내가 있고 더구나 웃어른이 계시니 그럴 수 없다고 했다.

그랬더니 그 사람은 다짜고짜로 하인을 시켜서 색시를 죽이라고 했다. 아들은 정말 이러지도 못하고 저러지도 못하고 망설이고 있다가 할 수 없이 색시를 데리고 가기로 했다. 그 행렬은 주막에서 점심을 먹고 서울로 가 버리고 아들과 남은 색시는 앞으로의 일을 걱정했다.

원래 그 색시는 한 번 시집을 갔었는데 남편이 죽고 과부가 되어서 친정으로 돌아와 있었다. 그 것을 본 오라버니가 자기 누이의 모습을 안타까이 여겨서 새신랑을 구하느라고 이리 저리 다니던 중에 우연히 그 사람을 만나게 된 것이다.

사정을 안 아들은 색시를 주막에 두고 집으로 돌아왔다. 아들은 감히 사랑채에는 들어가지 못하고 안채에 가서 자기 아내에게 자초지종을 의논했다. 그랬더니 아내의 성품이 워낙 너그러웠기 때문에 사내가 열 계집마다 하겠냐면서 남편으로 하여금 색시를 소실로 삼기를 허락했다.

그날 저녁에 며느리는 주안상을 마련하여 사랑채로 건너갔다. 시아버지에게 술을 자꾸 권하면서 이런 저런 얘기를 하다가 슬쩍 여쭈어 보았다.

"아버님, 제가 혼자서 아버님을 모시니 어떻습니까?"

그랬더니 술이 거나하게 취한 시아버지는 대뜸 "야야, 둘도 좋다."고 하였다.

다음날 아침, 시아버지는 며느리를 부르면서 문을 열었다. 그랬더니 마당으로 웬 가마가 들어오는 것이 아닌가? 영문을 몰라 눈이 휘둥그레진 시아버지는 며느리에게 어찌된 영문이냐고 물어 보았다. 그랬더니 며느리는 "아버님, 어제 저녁에 둘도 좋다고 말씀하시지 않으셨습니까?"라고 대답하였다. 결국 어젯밤에 둘도 좋다고 한 그 한 마디가 승낙이 된 것이다.

그날부터 두 며느리는 시아버지를 극진히 공경하게 되었고, 아들은 아내 둘을 거느리게 되었다. 이윽고 두 아내는 잉태를 하게 되어 만삭이 되자 같은 날 같은 시간에 분만을 하게 되었다.

이 때 본처는 첩과 같은 방에서 불을 켜지 않고 자녀를 낳게 했다. 그렇게 해서 적자와 서자를 구별할 수 없게 했다.

그 후로 그 집에서는 두 손자가 아무런 탈 없이 무럭무럭 자라서 어느덧 과거에 응시하게 되었다. 두 손자가 나란히 급제를 하여 하향하니 집안에서는 큰 잔치를 벌였다. 그리고 시아버지는 큰며느리의 소견 넓고 영특함을 극구 칭찬했다.

(3) 열부와 열녀 – 보은 민담

먼 옛날 어느 마을에 아름다운 여자가 있었는데 그의 남편은 산에서 약초를 캐서 생활하는 초부였다. 한데 그 동네에는 역시 한 사람의 초부가 있어 두 사람은 항상 함께 산으로 다녔다. 이 친구는 초부의 부인을 탐하여 항상 무슨 흉계를 품고 있었다. 어느 날 두 사람이 깊은 산속에 들어가 잠시 쉬고 있을 때 갑자기 뒤에서 달려들어 초부의 목을 조르자 초부는 입에 거품을 품으며 죽어 버렸다.

친구는 시체를 절벽 아래로 내던지고는 태연한 기색으로 집에 돌아왔다. 그리고 초부의 집으로 가서 "아무게 있는가?"하고 찾았다. 초부의 아내는 깜짝 놀랐다. 날마다 제때에 돌아오던 남편이 오늘은 웬일인지 모르겠다고 되묻자 그는 태연하게 "오늘 나는 급한 볼일 있어 먼저 돌아왔는데 사고가 난 것이 아닌가 모르겠구먼"하고 걱정까지 하였다.

세월이 가고 남편이 죽은 것으로 판단되자 친구를 의심하게 되었으나 증거가 없으므로 어찌할 도리가 없었다. 남편을 잃은 아내는 호구조차 할 도리가 없었다. 이것을 본 친구는 양식과 의복을 공급해 주며 친절을 베풀었고 얼마 후 결혼을 요구하게 되었다.

아내는 가슴 속으로 어떤 결심을 하고 결혼을 승낙하여 아들 삼형제 딸 형제를 낳는 동안 전 남편에 대한 말을 입 밖에 내지 않으므로 그는 지금의 아내를 완전히 믿게 되었다.

그러던 어느 날, 장마철이 되어 처마물이 땅에 떨어져 허연 물거품을 이루는 것을 본 새 남편이 무엇을 생각했는지 "허허"하고 웃었다. 아내는 남편의 웃는 까닭을 물었으나 아무 일도 아니라면서 대답하지 않았다. 아무래도 그 웃음이 이상해서 다시 웃는 이유를 물었다.

"5남매나 낳고 사는 부부 사이에 무슨 못할 말이 있겠는가?"하며 정색을 하고 묻자 남편은 이렇게 대답했다.

"사실은 당신 전 남편은 내가 죽였소. 그놈의 목을 졸라 죽일 때 그 놈이 입에 거품을 물고 죽었는데 지금 처마의 낙수가 거품을 이루는 것을 보니 그 일이 생각나고 인명이란 수포(水泡)와 같은 것이 우스워서 웃는 것이요."

아내는 겉으로는 아무렇지도 않은 것처럼 태연했으나 그 속은 불같은 노여움이 끓어올랐다. 남편이 외출한 뒤 아내는 관가로 달려가 남편을 고발했다. 남편은 법에 의하여 참수되자 부인은 "내 미색으로 인하여 남편을 죽게 했으니 내 어찌 살까보냐"며 스스로 목숨을 끊어 자결하였다.

(4) 남편 따라 죽은 열녀 김씨

안내면 서대리(西大里)에 일제 초기 장덕산이라는 한 농부가 살고 있었다. 이웃 동네 정방리에 사는 광산 김씨네 한 처녀와 결혼하여 신혼생활을 단란하게 하면서 행복하게 살고 있었다. 그런데 호사다마라 했던가. 이 집에 병마가 찾아들어 남편이 병들어 눕게 되니 이 때부터 김씨는 남편 간호에 온 정성을 다하게 되었다. 남편의 병은 십년이 넘게 계속되어 아파서 누워 있는 사람도 고역이지만 십여 년을 남편 병구완에 동분서주한 김씨 또한 병자 이상의 고역의 연속이었다. 그러나 김씨는 한 번도 눈살을 찌푸리거나 불평을 하지 않고 십년을 언제나 똑같이 성심과 정성을 다하여 병간호에 최선을 다하고 또 집안 살림을 이끌어 왔다.

그러나 아내의 이런 병간호에도 불구하고 끝내 남편은 죽고 말았다. 이때껏 그녀에게는 자식도 없었다. 그 후 김씨는 남편 잃은 슬픔으로 식음을 전폐하고 지내다가 결국은 남편 시체 옆에서 나란히 누워 죽고야 말았다.

뒤늦게 이 사실이 널리 알려져 김씨 열녀비가 건립되었고 그 행적을 비문에 기록하여 전하고 있다. 그 후 지난 1977년 비석을 경지정리 관계로 현 위치에 옮겨서 보존하고 있다.

(5) 며느리재에 핀 진달래

옛날 어느 가정에 경사가 났다. 마음씨 착하고 부지런하고 아름다운 며느리를 맞이하여 온 집안이 기쁨에 찼다. 며느리가 어찌나 효성이 지극한지 시부모와도 정이 듬뿍 들었다.

그러던 어느 날, 며느리는 며느리재를 넘어서 그립고 보고 싶던 친정부모와 식구들을 만나기 위하여 근친을 가게 되었다. 남편과 함께 가도록 되었으나, 공교롭게도 남편이 병이 나서 시아버지와 동행을 하게 되었다.

며느리고개를 막 넘는데, 난데없이 소나기가 퍼부어 이들 둘은 비를 피할 곳도 찾기 전에 흠씬 비를 맞고 말았다. 이윽고 날이 갠 뒤에 시아버지는 비맞은 며느리를 쳐다보니 얇은 여름옷이 비를 흠씬 맞아서 몸에 찰싹 붙어 있으므로 여자의 육체 곡선미가 아름답게 구비치고 있음을 보고 흠칫 놀랬다.

며느리도 시아버지의 시선을 따갑게 느꼈지만 산중에서 어쩔 도리가 없었다. 평소 착하고 순한 시아버지가 어찌된 영문인지 갑자기 고약하고 음흉한 생각이 불꽃같이 일어서 며느리를 범하려 했다. 며느리는 잠시만 기다리라 이르고 빠른 걸음으로 낭떠러지로 가서 그 아래로 몸을 날려 목숨을 끊고 말았다. 제 정신으로 돌아온 시아버지는 이 엄청난 실수에 크게 자책했지만, 이미 때는 늦었다.

그 후 이른 봄이면 며느리재 절벽에는 새하얀 진달래가 핀다. 이는 며느리의 억울한 주검의 넋이 화해서 핀 꽃이라 모두 이른다. 그 뒤 그 고개를 며느리재라 이름했다.

(6) 일비장 전설

하서 선생의 손자 중에 김남중이라는 사람이 있었는데 그의 부인은 도학자로 유명한 기대승의 딸이다.

임진왜란 때의 일이다. 정유재란을 맞아 남중은 이미 강원도로 피난을 갔고 기씨 부인은 미처 따르지 못하여 광주로 피난을 갔다. 왜놈들의 만행은 눈으로 볼 수 없을 만큼 지독했으며 부녀자를 강탈하여 추행을 일삼았는데 왜군이 물러갔다는 말을 듣고 기씨 부인은 광주에서 맥동으로 돌아오다 동네 어귀에서 왜놈들에게 붙잡혔다. 팔목을 끌어 잡고 만행을 하려 들자 몸에 지닌 칼로 붙잡힌 팔을 잘라 버렸다. 왜놈들은 정숙한 부인의 태도에 어리벙벙하는 듯했다. 부인은 몸을 더럽히느니보다는 자결할 뜻을 품어 깊은 냇물 속에 뛰어 들었다. 왜군들이 물러간 후에 동네 사람들이 부인의 시체를 건지려 하였으나 찾지를 못하고 잘라버린 팔 하나만 고이 장사 지내 주었다. 비록 팔 하나로 무덤을 만들어 일비장이라고 하나 여인의 붉은 정염은 오랜 세월에도 바래지 않는 바가 아닐 수 없다. 일비장은 조상의 무덤들과 같이 맥동에 있는데 부인이 몸을 던졌던 냇물은 메워져 지금은 논이 되어 흔적을 찾을 길이 없다. 그의 두 아들은 왜병에게 이끌려 일본에 갔는데 그 뒤 소식을 모른다.

다만 일제시대 전북 고부에 하서라는 경찰서장이 있었는데 자기의 조상은 조선사람이라고 했다. 아마 두 자녀는 이름도 모르고 그 때 유명하게 부르던 하서립이라는 말을 기억하여 그렇게 되었는지는 알 수 없으나 일본 어느 고을엔 “하서”라는 성을 가진 자가 많다고 한다.

(7) 육동 비오재와 망부의 한 – 경산전설

비오재는 구룡산의 지산인 해발 300m 지점의 용성면, 속칭 육동에 이르는 고갯길이다. 이 고개는 용성면 부제리와 경계를 하고 있는 산 능선에 개설된 고갯길로 본래는 한 사람이 걸어서 내려올 정도로 좁은 오솔길이었다는데 지금은 2차선으로 아스팔트 포장까지 되어 있어 이 고개를 오르내리는 길손들은, 한때 망부의 한이 서려져 있는 이 고개에 대하여 아는 이가 드물다.

옛날 육동 어느 마을에 가난하지만 단란한 젊은 부부가 살고 있었다 한다. 아내는 마을 품팔이, 베짜기를 하고 남편은 반룡사 근처에서 경주로 넘어가는 왕재를 넘어 멀리 동해 바다 근처의 염전에서 소금을 구입하여 육동 비오재를 넘어 지금의 경산, 대구 일대를 나다니며 소금장수를 하였다고 한다. 부부는 열심히 노력한 덕으로 논 떼기도 사서 모으고 집도 장만하는 등 날마다 깨가 솟아지듯 행복한 나날을 보내고 있었다.

그런데 이 부부가 살고 있는 이웃집에는 행실이 나쁜 노총각이 살고 있었다. 이 총각은 남편과는 어린 시절부터 죽마고우로 지낸 친한 친구였으나, 그는 남보다 게으르고 행실이 나빠 장가를 들지 못하였다. 그는 친구인 이웃 소금장수가 원거리 장사를 나갔을 때면 그의 아내를 찾아와 수작을 부리며 괴롭혀 왔으나 소금장사 아내는 이에 조금도 마음을 두지 않고 굳건하였다. 하루는 노총각이 소금장사를 나서는 그의 남편의 뒤를 몰래 따라가 비오재 근처에서 살해하고 시체를 숨긴 다음 매일 같이 그의 친구 부인을 찾아가 괴롭혔다. 그러나 아내는 조금도 변함없이 남편 돌아오기만 기다리며 열심히 살림살이를 모으고 있는데, 장사 나간 남편이 달포가 넘도록 집에 돌아오지 않자 그녀는 그만 겁이 나기 시작하였고, 기회다 싶어 이웃집 노총각은 계획적으로 찾아가 "이제 당신 남편은 다른 여자를 구해 살림을 차린 듯 하니 나와 결혼하여 살자"하며 젊은 친구의 아내를 겁탈하려 들었다. 이에 그의 아내는 비오재가 있는 곳으로 나가 밤낮으로 남편 돌아오기를 기다리며 천지신명에게 기원을 하였으나 돌아오지 않자 끝내 그녀는 지쳐서 그 자리에서 숨을 거두었다고 한다.

이런 일이 있은 후 이 일대에는 한 마리의 까마귀가 슬피 울며 날아들었다가는 날아가므로 망부를 그리워하는 그의 아내가 까마귀가 되어 이 고개를 맴돌았다하여 이 고개를 비오재라고 부르게 되었다 한다.

(8) 염씨 정열비－경상남도 합천군 초계면 약면리

조선시대 영조 왕 때였다. 경상남도 합천군 약면리라는 마을에 어느 부부가 살고 있었다. 부인은 염씨 부인이라고 불려졌는데 용모가 아름답고 행실이 바르기로 소문이 자자하였다. 그런데 형편이 어려워서 하루하루 끼니를 겨우 이어가고 있었다.

한편 이 마을엔 유가라는 자가 있었는데 음흉하고 인색하기 이를 데 없었다. 그런 유가의 눈에 염씨 부인이 들어왔던 것이다. 그는 아리따운 그 여인을 어떻게 해 볼 작정이었지만 그녀의 남편이 문제였다. 그런 문제를 궁리하던 중 하루는 하인을 시켜 그 남편 되는 사내를 불렀다.

"내가 돈을 빌려 줄 터인데 장사라도 해 볼 생각 없는가?"

"여부가 있습니까요. 그렇게만 해 주신다면 정말 고맙겠습니다."

그리하여 백 냥을 받은 그는 곧 장사 길을 떠났다.

유가는 그 후 염씨 부인에게 곡식을 전해 주고 부인과 자연스레 이야기를 나누며 환심을 사기 시작하였다. 남편이 장사하러 나가면 으레 유가가 찾아 들었다.

그러던 어느 날 유가가 술이 취해 그녀의 집으로 불쑥 들어와 방에 벌렁 누워 잠이 들었다. 평소 많은 도움을 받았던지라 아무 말도 못한 부인은 그저 떨어진 옆자리에서 바느질을 하였다. 술에서 깬 유가는 그녀를 보더니 색정이 끓어 그만 강제로 범하고 말았다.

염씨 부인은 밤새 내내 울었다. 죽을까 생각했지만 너무 분해 그럴 수도 없었다. 그 사실을 모조리 알게 된 그녀의 남편도 역시 분했지만 신세진 것 때문에 어떻게 할 수도 없었다. 한편 유가는 그녀를 완전히 자기의 집으로 불러들이고 싶어했다.

그래서 그녀의 남편에게 돈을 갚으라고 독촉하기 시작했다.

"막상 장사를 해 보았으나 벌기는커녕 밑천도 얼마 남지 않았습니다요. 조금만 더 시간을 주십시오."

그러나 유가는 막무가내였다. 쩔쩔매는 그에게 슬쩍 아내를 주면 없었던 일로 해 주겠다고 하였다.

그런 일을 안 염씨 부인은 도저히 참을 수 없어 관가에 가 모든 걸 다 말하고 도움을 청하였다. 그러나 평소 유가에게 뇌물을 많이 받은 그 고을 수령은 그녀를 쫓아 버렸다. 지나가던 유가는 길거리에 나앉은 그녀를 보자 사람이 많은 앞에서 창피를 주려 했다. 그러자 염씨 부인은 자신의 젖가슴을 자르고는 죽어 버렸다.

이 일이 있은 후 영조대왕은 가슴에 피를 흘리는 여인이 나타나 자신의 억울함을 호소하는 꿈을 꾸었다. 자초지종을 조사한 영조대왕은 그 유가란 자와 고을 수령에게 큰 벌을 내렸다. 이 일이 있은 후 마을 사람들은 염씨 부인을 기리어 염씨 정열비를 세우고 비각까지 지었다 한다.

(9) 홀어머니성(城) – 전북 순창

충신은 두 임금을 섬기지 않고 열녀는 두 아비를 섬기지 않는다 했던가. 전라북도 순창에 있는 홀어머니성의 이야기는 절개 있는 옛 여인들을 대변하는 듯하다.

"할머니, 또 오셨어요?"

"그래, 생각 좀 해 봤나?"

"이제 그만 좀 하세요!"

"박참봉이 누군가! 마음씨 좋고 부자인데다 지체도 높으니……"

오늘도 신씨의 마음을 돌리려고 할머니는 찾아왔다.

신씨는 몇 년 전 남편을 여읜 과부였다. 인물이 뛰어난 그녀는 오로지 남편에 대한 절개를 지키고 있는 터였다. 사실 박참봉이란 자가 신씨를 마음에 두고 있어서 그 할머니를 계속 신씨에게 보냈던 것이다. 신씨는 그런 할머니에게 지쳐 있었지만 마음은 여전히 변함없었다.

한 번은 박참봉이 직접 찾아갔지만 결국 집안으로는 들어가지 못했다. 그런 그는 고민 끝에 한 가지 방법을 생각해 냈다. 내기를 하여 이긴 사람의 뜻에 따르는 것이다. 이 의견은 신씨의 귀에까지 들어갔고 더 이상 시달리기 싫은 그녀는 승낙하였다.

내기는 이러하였다. 박참봉은 석자의 나막신을 신고 한양에 다녀오는 것이고 신씨는 산 위에 한자 정도의 성(城)을 쌓는 것이었다. 그래서 먼저 완수하는 사람이 이기는 것이었다. 내기는 시작되었다.

신씨는 몸에 상처를 입어도 최선을 다했다. 힘이 드는 날이 한 달 두 달이 가고 석 달이 갈 때쯤 그녀는 성을 거의 완성했다. 그런데 완성되는 그 날 박참봉도 돌아왔다. 허나 신씨가 좀 더 빨랐다. 사람들은 신씨의 승리로 여겼다.

"내가 이겼소! 신씨의 옷에는 아직 흙이 묻어 있지 않소." 그랬다.

그녀의 옷엔 흙이 묻어 있었다.

사람들은 다시 박참봉의 승리라며 수군거렸다. 이 상황에서 신씨는 그만 절벽 밑으로 몸을 던지고 말았다.

이렇게 절개 있는 그녀가 쌓은 성을 그 후 홀어머니성이라 부르게 되었다 한다.

(10) 남편을 제대로 보필한 아내 평강공주와 온달

온달은 고구려 평강왕(평원제) 때 사람인데, 얼굴은 못나고 우스꽝스러웠지만 마음씨는 고왔다. 그는 집이 몹시 가난하여 항상 밥을 빌어 어머니를 봉양하였는데 늘상 누더기를 입고 다녀 사람들이 그를 '바보온달'이라 부르며 놀려댔다. 이 때 평강왕에게는 어린 딸이 있었는데 어찌나 자주 울던지 평강왕이 공주의 울음을 그치게 할 요량으로 이렇게 말했다.

"네가 너무 울어서 항상 내 귀를 시끄럽게 하니 너는 커서 사대부의 아내가 되기는 다 틀렸다. 그러니 바보 온달에게나 시집가거라."

왕은 공주가 울 때마다 이런 농담을 던지곤 하였다.

어느덧 공주의 나이가 16세가 되어 혼기가 차게 되자 평강왕은 딸을 상부 고씨에게 시집 보내려 하였다. 그러자 공주가 말하기를

"아버님께서 항상 저에게 말씀하시기를 너는 커서 온달에게나 시집가거라 하셨는데 이제 와서 무슨 까닭으로 말씀을 바꾸십니까? 시정의 필부도 거짓말을 하지 않는데 하물며 대왕께서 거짓말을 한대서야 말이 되겠습니까? 예로부터 '임금은 농담을 하지 않는다.'는 말이 그래서 나온 것 아니겠습니까? 오늘 상부 고씨에게 시집가라 하신 아버님의 말씀이 잘못되었으므로 소녀는 감히 따르지 못하겠습니다."

그러자 평강왕이 불같이 화를 내며 말했다.

"네가 정령 내 말을 듣지 않겠다면 내 딸이라고 할 수 없으니 어찌 같이 살 수 있겠느냐? 그러니 네 마음대로 네 갈 길로 가거라."

그러자 공주는 많은 패물을 갖고 홀연히 궁궐을 빠져 나와 온달의 집을 찾아갔다. 물어물어 그의 집을 찾아간 공주는 눈먼 노모 앞에 엎드려 절을 하며 아들이 있는 곳을 물었다.

이에 공주의 냄새를 맡은 노모가 말했다.

"내 아들은 가난하고 보잘 것 없어 그대같이 귀한 이가 가까이 할 사람이 못됩니다. 지금 그대의 몸에서는 향기가 나고 손은 부드럽기가 솜과 같으니 필시 천하의 귀인인 듯한데 누구의 꼬임에 빠져 여기까지 오게 되었습니까? 내 자식은 굶주림을 참다 못하여 느릅나무 껍질을 벗기려 산속에 간지 오래인데 아직 돌아오지 않았습니다."

공주가 그 집을 나와 산 밑에 이르렀을 때 저만치서 느릅나무 껍질을 지고 오는 온달이

보였다. 공주가 그에게 다가가 자기를 아내로 맞아들일 것을 얘기하니 온달이 화를 내며 말했다.

"이는 어린 여자가 취할 행동이 아니니 그대는 필시 여우나 귀신일 것이다. 그러니 나에게 가까이 오지 말라!" 그렇게 온달이 뒤도 돌아보지 않고 가 버리자 공주는 혼자서 사립문 밖에서 잤다.

그 다음 날, 날이 밝자마자 다시 들어가 모자에게 그간의 자초지종을 얘기하였다. 온달이 우물쭈물 결정을 내리지 못하고 있는데 그의 노모가 말했다.

"내 자식은 비천하여 귀인의 짝이 될 수 없고, 우리 집은 몹시 가난하여 그대가 거처하기에 적당치 않습니다."

그러자 공주가 말했다.

"옛말에 이르기를 '한말의 곡식도 방아를 찧을 수 있고, 한 자의 베도 꿰맬 수 있다'고 하였으니 두 사람이 마음만 맞는다면 빈부귀천이 무슨 상관이겠습니까?"

이렇게 두 사람을 설득한 공주는 가지고 온 패물을 팔아 땅이며 집이며 소와 말 등을 사들였다. 온달이 말을 사러 나갈 때 공주가 이르기를

"말을 살 때는 반드시 나라에서 쓸모가 없다고 내다 파는 말을 사되, 병들고 수척한 말을 사오십시오."

온달이 공주의 말대로 말을 골라 오자 공주는 정성껏 말을 돌보고 길렀다. 그러자 불과 수개월 만에 몰라보게 살찌고 건장한 말이 되었다. 그 무렵 고구려에서는 언제나 3월 3일을 기하여 낙랑 언덕에 모여 사냥하고 거기에서 잡은 돼지와 사슴으로 하늘과 산천의 신령에게 제사를 지냈다.

그날이 되어 평강왕이 사냥을 나가는데 여러 신하와 5부의 군사들이 수행하였다. 이 때 온달도 자기가 기르던 말을 타고 수행하였는데 항상 남보다 앞장서서 달리고 누구보다 많은 짐승을 잡아서 주위에 그를 따를 자가 없었다. 그러자 왕이 친히 그를 불러 이름을 물은 후에 크게 놀라워했다.

이 때 후주(북주)의 무제(우문옹)가 군사를 일으켜 요동을 공격하자 왕은 군사를 거느리고 배사들에서 맞아 싸웠다. 그때 온달이 선봉장으로 나가 적군 수십 명의 목을 베니, 군사들이 그 기세를 타고 공격하여 대승하였다. 이 싸움에서 온달이 세운 공이 혁혁하니 왕이 그를 가상히 여겨 만인 앞에서 "이 사람이 나의 사위다."하고 공표하였다. 또한 사위에 걸맞은 예를 갖추어 그를 대접하고 작위를 주어 대형으로 삼았다. 이 때부터 온달에 대한 왕의 신임이 두터워졌고 온달의 위풍이 더욱 당당해졌다.

평강왕의 뒤를 이어 양강왕(영양제)이 즉위하자 온달은 신라에게 빼앗긴 고구려 땅과

백성들을 되찾아야 한다고 아뢰었다. 신라와의 싸움에 자신을 보내 줄 것을 청하자 왕이 이를 허락하였다. 온달은 싸움터로 향하면서 다음과 같은 맹세를 하였다.

"계립현과 죽령 서쪽의 우리 땅을 다시 찾기 전에는 결코 돌아오지 않겠다."

그렇게 길을 떠난 온달은 아단성 밑에서 신라군과 싸우다가 날아오는 화살에 맞아 아까운 생을 마쳤는데, 군사들이 그를 장사지내려 하자 영구가 움직이질 않았다. 이에 평강공주가 달려와 관을 어루만지며 "생사가 이미 결정되었으니, 아아. 돌아가소서!"하자 마침내 영구가 움직였다. 양강왕이 이 소식을 듣고는 매우 비통해 하였다.

(11) 곽씨전

작자 · 연대 미상의 고전소설. 1권 1책 혹은 3책. 국문필사본. 김동욱(金東旭) 소장본과 박순호(朴順浩) 소장본(곽씨전 단권과 '곽씨젼이라'로 표기되어 있다.) 등 3종이 있다. 이 작품은 민담에 근원을 둔 조선 말기의 열녀형 소설로, 조선시대의 혼인관에 입각한 남장여인의 기행담(奇行譚)이다.

이 작품의 내용은 다음과 같다.

죽마고우인 곽 진사와 김 진사는 딸과 아들을 각각 두었는데 이들을 혼인시키기로 정혼하였다. 이에 김 진사 아들인 김생이 곽 진사를 찾아가는 도중에 주막에서 불량한 주막 주인과 다투다가 살인을 하고 관가로 잡혀 간다.

김생이 이대로 죽으면 신부에게도 원망스러운 혼인이 될 것이니, 곽 진사 댁에 보낸 납채(納采)를 되찾은 뒤에 하옥할 것을 본관에게 부탁해서 허락을 얻는다. 포교와 함께 신부집에 가서 사정을 말하고 정혼이 이루어진 증거로 보낸 예물을 돌려줄 것을 부탁하였으나, 곽 소저가 반대하여 내어 놓지 않는다. 할 수 없이 김생은 감옥으로 돌아와 죽을 날만 기다린다.

독수공방으로 세월을 보내던 곽 소저는 부모의 허락을 얻어 남장을 하고 좋은 말과 돈 3백냥을 가지고 김생을 만나러 길을 떠난다. 먼저 곽 소저는 종자(從者)에게 서방님이 옥 밖으로 나오면 한적한 곳으로 도망시킬 것을 신신당부하였다.

그리고 옥사장(獄舍長)을 만나 자신은 김생의 친구인데 얼굴이나 보게 해달라고 간청했다. 곧 김생을 만난 곽 소저는 평생 같이 살자고 한 것은 어찌된 일이냐며 대성통곡을 한다. 남장을 한 곽 소저를 본 일이 없는 김생이 이상하게 생각할 때, 곽 소저는 그냥 가기 섭섭하다면서 옥졸과 옥사장에게 술을 내준다.

모두 술에 취해서 잠이 들자 자신이 곽 진사의 딸임을 밝히고, 김생에게 옷을 바꾸어 입고 도주할 것을 부탁한다. 그러나 김생은 자기가 죄인이니 벌을 받아야 한다면서 거절하였다. 곽 소저는 자신은 여자이니 훗날 명절마다 밥이나 한 그릇씩 떠놓으면 외로운 혼령은 면할 것이라며 간곡하게 다시 부탁한다.

김생은 깊이 생각한 뒤 어쩔 수 없이 울면서 옷을 바꾸어 입고 나와 대기중인 말을 타고 도주한다. 옥사장이 술에서 깨어 보니 김생은 없고 김생의 친구라는 사람이 대신 있으므로, 옥사장은 본관에게 사실대로 보고한다. 문초(問招)하라는 본관의 명령이 떨어지고, 곽 소저는 전후 사정 이야기를 실토한다.

이에 본관은 크게 감동하여 천자에게 이 사실을 보고하였고, 천자는 조정의 모든 관리들과 함께 칭찬을 한 뒤 곽 소저를 풀어 주고 열녀문을 세우라는 명령을 내린다. 곽 진사와 김 진사는 다시 만나 기쁨을 나누고, 김생과 곽 소저는 부부의 예를 갖추어서 혼인하고 행복하게 지냈다.

뒷날 김생은 과거에 급제하여 현평원을 제수받고, 호의호식하며 대대로 행복하게 살았다.

(12) 남장한 신부

예전에 후처를 얻은 부자가 전처가 낳은 아들을 이웃 마을로 장가보냈다. 신랑의 계모는 은밀히 하인 한 사람을 매수하여 신방에 든 신랑의 목을 베어오라고 했다. 그 하인은 다른 사람의 목을 베어 가지고 가서 계모에게 신랑을 죽였다고 거짓말을 한 후, 신랑을 모시고 멀리 도망을 갔다.

첫날밤에 신랑을 잃고 부정한 여인이라는 누명을 쓴 신부는 남복을 하고 신랑집 근처에 가서 염탐하던 중, 신랑과 함께 달아난 하인의 어머니를 만나 사건의 대강을 짐작하고, 시아버지를 만나 그간의 이야기를 했다. 후처를 문초하여 아들의 죽음이 후처의 소행임을 안 부자는 후처를 벌한 다음, 며느리를 맞아들여 살게 하고는 집을 나가 중이 되었다.

시집으로 온 신부는 첫날밤에 임신이 되어 아들을 낳아 기르며 살았다. 그 자녀가 자라서 그간의 일을 알고는 할아버지를 찾아 나섰다. 그 자녀는 고생 끝에 할아버지를 만나고 아버지도 만나 집으로 와서 잘 살았다.

2. 불　교

1) 테라바다의 불교 : 미얀마 불교의 가르침

남편과 아내의 관계는 처음부터 상하의 관계라기 보다는 서로 존경해야 하는 평등의 관계이다. 남편이 아내를 만족시키는 다섯 가지 방법으로는 ① 예의바르게 행동한다. - 칭찬으로 떠받든다(내 여자라고 함부로 대하지 않는다). ② 깔보거나, 멸시하지 않는다. - 밖에서 번 돈은 모두 아내에게 맡긴다. ③ 아내에게 충성한다. - 다른 여자에게 마음쓰면 안 된다. ④ 아내에게 권위를 부여한다(집과 가정사). - 아내를 사랑하고 존중한다. ⑤ 필요한 옷과 장신구를 사 준다. - 계절이 바뀌면 옷도 바뀐다. 바뀔 때마다 옷을 사 줘야 한다.

한편, 아내가 남편을 돕는 다섯 가지 방법으로 ① 집안일은 완벽하게 해야 한다. ② 남편의 친구와 친척에게 친절해야 한다. - 시부모, 친정부모, 친척들을 모두 똑같이 생각해야 한다. ③ 남편에게 충성한다. - 다른 남자에게 마음 쓰면 안 된다. ④ 집안의 재산을 돌보고 관리해야 한다. - 남편이 번 돈을 함부로 쓰면 안 된다. ⑤ 게으르지 말고, 힘차게 해야 한다. - 항상 부지런해야 한다 등이다. 또한, 여자가 이 세상에서 힘을 얻고, 이 세상을 지배하는 네 가지 자질로 ① 어떤 일이건 자신의 일을 할 수 있다. - 알고 싶어하는 마음으로 일을 한다. ② 사람(하인)을 다룰 수 있고 그들 각각의 임무를 알며, 이러한 것의 진행을 본다. ③ 질병에 대해 알며 음식을 적절하게 분배할 수 있다. ④ 남편이 벌어온 돈, 곡물, 귀중품을 안전하게 지킨다 등으로 되어 있다.

2) 불설선생자경

남편이 아내를 공경하는 데에도 다섯 가지가 있다.

첫째는 서로 상대하기를 예의로써 하는 것이다. 둘째는 위엄을 지키는 것이다. 셋째는 언제나 의식(衣食)을 넉넉히 해야 한다. 넷째는 때를 따라 장엄구를 베푸는 것이다.

다섯째는 집안 일을 맡기는 것이다. 남편은 이 다섯 가지로써 아내를 공손하게 대접해야 한다.

아내는 다시 다섯 가지로써 남편을 공경해야 한다.

첫째는 먼저 일어나는 것이다. 둘째는 나중에 앉는 것이다. 셋째는 부드러운 말을 쓰는 것이다. 넷째는 공경하고 순종하는 것이다. 다섯째는 뜻을 먼저 알아 받드는 것이다.

남편이 아내를 공경스럽게 대접함을 이 같이 하면 그녀는 안온하여 걱정이나 두려움이 없을 것이다.

3. 성 경

1) 성경구절에 나타난 남편과 아내 관계

- (엡 5 : 23-33) 아내를 사랑한 남편은 성자다.
- (엡 5 : 22) 아내들이여 자기 남편에게 복종하기를 주께 하듯 하라.
- (엡 5 : 23) 이는 남편이 아내의 머리됨이 그리스도께서 교회의 머리됨과 같음이니 그가 친히 몸의 구주시니라.
- (엡 5 : 24) 그러나 교회가 그리스도에게 하듯 아내들도 범사에 그 남편에게 복종할지니라.
- (엡 5 : 25) 남편들아 아내 사랑하기를 그리스도께서 교회를 사랑하시고 위하여 자신을 주심같이 하라.
- (엡 5 : 26) 이는 곧 물로 씻어 말씀으로 깨끗하게 하사 거룩하게 하시고.
- (엡 5 : 27) 자기 앞에 영광스러운 교회로 세우사 티나 주름잡힌 것이나 이런 것들이 없이 거룩하고 흠이 없게 하려 하심이니라.
- (엡 5 : 28) 이와 같이 남편들도 자기 아내 사랑하기를 제 몸같이 할지니 자기 아내를 사랑하는 자는 자기를 사랑하는 것이라.
- (엡 5 : 29) 누구든지 언제든지 제 육체를 미워하지 않고 오직 양육하여 보호하기를 그리스도께서 교회를 보양함과 같이 하나니.

- (엡 5 : 30) 우리는 그 몸의 지체임이니라.
- (엡 5 : 31) 이러므로 사람이 부모를 떠나 그 아내와 합하여 그 둘이 한 육체가 될지니.
- (엡 5 : 32) 이 비밀이 크도다 내가 그리스도와 교회에 대하여 말하노라.
- (엡 5 : 33) 그러나 너희도 각각 자기의 아내 사랑하기를 자기같이 하고 아내도 그 남편을 경외하라.
- (벧전 3 : 1) 아내된 자들아 이와 같이 자기 남편에게 순종하라. 이는 혹 도를 순종치 않는 자라도 말로 말미암지 않고 그 아내의 행위로 말미암아 구원을 얻게 하려 함이니.
- (벧전 3 : 2) 너희의 두려워하며 정결한 행위를 봄이라.
- (벧전 3 : 3) 너희 단장은 머리를 꾸미고 금을 차고 아름다운 옷을 입는 외모로 하지 말고.
- (벧전 3 : 4) 오직 마음에 숨은 사람을 온유하고 안정한 심령의 썩지 아니할 것으로 하라. 이는 하나님 앞에 값진 것이니라.
- (벧전 3 : 5) 전에 하나님께 소망을 두었던 거룩한 부녀들도 이와 같이 자기 남편에게 순종함으로 자기를 단장하였나니.
- (벧전 3 : 6) 사라가 아브라함을 주라 칭하여 복종한 것같이 너희가 선을 행하고 아무 두려운 일에도 놀라지 아니함으로 그의 딸이 되었느니라.
- (벧전 3 : 7) 남편된 자들아 이와 같이 지식을 따라 너희 아내와 동거하고 저는 더 연약한 그릇이요, 또 생명의 은혜를 유업으로 함께 받을 자로 알아 귀히 여기라. 이는 너희 기도가 막히지 아니하게 하려 함이라.
- (잠 19 : 14) 집과 재물은 조상에게서 상속하거니와 슬기로운 아내는 여호와께로서 말미암느니라.
- (잠 5 : 18-20) 네 샘터가 복된 줄 알아라. 젊어서 맞은 아내에게서 즐거움을 찾아라. - 사랑스러운 네 암노루, 귀여운 네 암사슴, 언제나 그 가슴에 파묻혀 늘 그의 사랑으로 만족하여라. – 아들아, 어찌 탕녀에게 빠지며 유부녀를 끼고 자겠느냐?
- (잠 11 : 16) 유덕한 여자는 존영을 얻고 근면한 남자는 재물을 얻느니라.
- (고린도전서 7 : 3) 남편은 아내에게 남편으로서 할 일을 다하고 아내도 그와 같이 남편에게 아내로서 할 일을 다하십시오.
- (골로세서 3 : 18-19) 아내된 사람들은 자기 남편에게 순종하십시오. 이것이 주님을 믿는 사람으로서 해야 할 본분입니다. – 남편된 사람들은 자기 아내를 사랑하십시오.

아내를 모질게 대해서는 안됩니다.

2) 「성경」이 말하는 남편과 아내의 관계

성경이 가르치는 남편은 노동자나 독재자, 폭군이 아니라, 한 가정을, 특히 아내를 사랑하고 다스리는 자다. 그리고 그 다스림은 율법적인 억누름이나 강제가 아니라 아내를 가장 행복하게 만들어 주는 사랑의 다스림인 것이다.

애정을 표현하거나 아내를 애정으로 이끄는 일에 서툰 남편들이 이 사랑의 원리와 기술을 익히고 훈련하여 아내를 사랑하기 시작한다면 남편들은 어디에서도 맛볼 수 없는 극진한 행복을 누리게 될 것이다. 하나님께서는 남자가 행복을 얻는 비결을 아내를 사랑하는 길에 두셨기 때문이다. 그러므로 자기 아내를 사랑하는 자는 자기를 사랑하는 것이다(엡 5 : 28).

이 세상의 모든 아내들은 언제나 남편과 함께 있기를 원하며, 남편의 관심과 사랑을 받고 사는 것이 인생 최대의 행복이며 여자로서의 성공이라고 생각하고 있다. 이렇게 아내들은 남편에게 자기의 행복 여부를 전부 걸고 사는 것이다.

(1) 이상적인 남편

하나님은 남자와 여자를 창조하실 때 이들의 완전히 하나됨을 위하여 각자에게 특별한 역할과 의무들을 부여해 주셨다. 질서와 조화의 하나님은 남자와 여자가 하나님이 세우신 질서를 좇아 행할 때에 조화가 이루어지게 하셨다. 특히 아내의 머리인 남편이 먼저 그 역할과 의무를 감당하는 일에 모범이 됨으로써 아내로 하여금 스스로 아내 역할을 잘 감당할 수 있도록 리드해 주어야 한다.

① 남편의 역할 : 아내의 주권자(엡 5 : 23, 고전 11 : 3)

'남편이 아내의 머리'라 함은 아내를 다스리는 권위가 남편 자신에게 있음을 나타내는 말이다. 이것은 외적으로는 아내에 대한 모든 일에 남편이 책임을 진다는 것이고, 내적으로는 아내는 자기의 모든 것을 남편에게 위탁해야 한다는 말이다.

② 남편의 임무 : 아내를 사랑하는 것(엡 5 : 25, 28)

남편은 아내를 사랑하는 자이다. 남편은 아내가 자기 몸의 일부분이기 때문에 아내를 아끼고 사랑함으로 인해서 그녀가 힘있게 자기 존재의 목적을 이루도록 해야 한다. 아내를 사랑하는 것은 구체적으로 그녀를 즐겁게 하는 일이다(신 24 : 5). 이스라엘에서는 신혼의 아내를 즐겁게 해줄 수 있도록 국가적인 의무(일정기간의 병역의무)도 면제해 줄 정도였다.

③ 아내를 귀히 여김(벧전 3 : 7)

아내를 귀히 여기라는 말은 아내를 값지게 여기라는 말이다. 아내는 당신과 가장 많은 시간을 함께 보내야 할 동반자이고, 그 동역의 결과로 함께 생명의 은혜와 상급을 상속받을 영적 동반자이기 때문이다.

④ 아내와 동거함(벧전 3 : 7)

여기에서 아내와 동거하라는 말은 육체적 교섭을 뜻한다. 남편은 아내의 성적 파트너이기도 하다. 그러나 아내와의 성관계는 단지 자신만의 성적 욕구를 충족시키기 위한 것이 아니라 하나님의 창조 질서에 대한 순종으로 아내도 기쁘게 하기 위한 일이어야 한다.

⑤ 아내를 보호하고 필요를 채움(딤전 5 : 8)

남편이 아내의 머리됨은 모든 악한 세력들의 위협과 공격으로부터 아내를 지켜야 하는 책임을 포함한다. 국제적으로나 사회적으로 법질서가 잘 유지되는 시대에는 그렇게 큰 문제가 아니지만, 때로는 개인의 힘으로 아내의 생명과 정조를 보호해야 할 경우에는 그 책임이 남편에게 있는 것이다.

남편이 아내의 머리됨은 그녀를 부양할 책임까지 포함되어 있다. 그녀에게 좋은 것을 먹이고, 좋은 옷을 입히고, 그녀와 동침하는 것은 필수적인 일이다. 구약에서 남자가 여종과 관계했을 때도 이 세 가지는 기본적으로 해결을 해 주어야 했다(출 21 : 11). 아내의 필요를 채우는 정도는 남편의 재산과 생활 형편에 따라 차이가 있을 수 있다. 그리고 기본적인 의식주뿐만 아니라 가끔 각 지역이 갖는 폐쇄적인 환경과 반복적인 생활에서 벗어나는 일, 문화적인 욕구 등도 적절하게 채워 주어야 한다.

(2) 이상적인 아내

당신의 고정관념의 틀에서 벗어나라. 환경을 탓하지 말라. 남편을 탓하지 말라. 하나님은 당신을 위대하게 만드셨다. 장님, 벙어리, 귀머거리였던 헬렌 켈러도 인생이 행복하다고 했다.

① 아내는 하나님의 형상대로 창조된 사람이다(창 1 : 27)

아내가 가진 하나님의 형상 때문에 아내는 하나님을 섬길 특권과 의무가 있다. 그리고 하나님과 같은 수준은 아니지만 창조적인 일을 할 수 있는 능력이 있다. 사랑은 가장 창조적인 일이다. 결혼하여 가정을 이루는 것은 하나님의 형상을 이루어 가는 중요한 일이다.

② 아내는 남편을 돕는 배필이다(창 2 : 20).

아내의 모든 활동은 남편의 조력자로서 그를 돕는 데에 초점을 맞추어야 한다. 남편은 자기의 모든 면에서 아내의 도움을 필요로 한다.

③ 아내는 남편을 나의 주(主)라고 부를 수도 있어야 한다(벧전 3 : 5-6, 창 18 : 12).

아내가 남편의 주권 아래 있어서 나의 주라고 부르며 복종해야 하는 것은 가정의 권위와 질서를 위해서이다. 그 복종은 굴종이 아니라 사랑과 신뢰의 표이다. 남편이 자신을 희생적으로 사랑하여 보호하고 지키는 데 대한 사랑의 보답이다.

4. 탈무드

1) 남자의 여자

착하기로 소문난 어떤 부부가 어쩌다가 이혼을 하게 되었다. 그 후 남편은 곧 재혼했지만 운이 없어서인지 나쁜 여자를 만난 탓으로 그는 새로 얻은 아내처럼 똑같이 나쁜 남자가 되고 말았다. 아내도 이어 재혼했는데, 그녀 또한 나쁜 남자를 만났다. 그러나 그녀의 새로 얻은 남편은 아내처럼 어질고 선량한 사람이 되었다. 남자는 이처럼 언제나 여자에 의해서 달라지게 마련이다.

2) 시집가는 딸에게 주는 현명한 어머니의 당부

사랑하는 딸아, 네가 만일 남편을 왕처럼 받든다면, 너의 남편은 너를 여왕처럼 모실 것이다. 그러나 너의 행동거지가 마치 하녀 같으면 너의 남편은 너를 하녀처럼 다룰 것이다. 만일 네가 너무 자존심을 내세워 남편에게 봉사하기를 꺼려한다면 남편은 힘으로 너를 하녀로 만들고 말 것이다.

네 남편이 자기 친구를 방문하게 될 때는 반드시 목욕을 하고 옷차림을 단정하게 하여 나가게 도와라. 그리고 남편의 친구가 집에 찾아오거든, 온갖 정성을 다해 극진히 대접하여라. 그렇게 하면 남편은 너를 아주 소중하고 고맙게 생각할 것이다.

항상 가정을 위해 마음을 쓰고, 특히 남편의 소지품을 소중하게 다루어라. 그리하면 남편은 네 머리 위에 기쁜 마음으로 왕관을 바칠 것이다.

- 진정 서로 사랑하고 있는 부부라면 칼날 만한 좁은 침대에서도 함께 휴식할 수 있지만, 서로 증오하고 있는 부부라면 폭이 10미터인 침대라도 좁을 것이다.
- 이 세상에서 누구보다도 행복한 사람은 현명한 부인을 가진 남자이다.
- 이유 없이 아내를 학대하지 말라. 하나님은 지금도 당신 아내의 눈물 방울을 빠짐없이 세고 있기 때문이다.
- 이 세상에서 다른 무엇과도 바꿀 수 없는 것은 젊어서 결혼하여 함께 고생해 온 늙은 아내이다.
- 남자에게 있어서의 가정은 곧 아내이다.
- 아내를 선택할 때는 겁쟁이가 되어야 한다.
- 세상에서 가장 행복한 사람은 누구인가? 그는 좋은 아내를 얻은 남자다.
- Sex : '야다(YADA)'라는 말은 히브리어에서는 '섹스' 또는 '상대를 알다'라는 뜻으로 쓰인다. 성서에서의 예를 보면, 아담은 이브를 알고 난 후에 자녀를 낳았다고 기록되어 있는데, 여기에서 '알다'는 말은 성관계를 맺었다는 뜻도 포함되어 있는 것이다. 야다, 즉 섹스는 창조의 행위이므로 이것 없이는 결코 자기 완성을 이룰 수 없다. 섹스는 평생 동안 오직 한 사람의 상대에게만 쓰여지지 않으면 안 된다. 섹스는 자연의 한 부분이므로 성행위 자체가 원칙적인 측면에서 부자연스러울 것은 없다. 섹스는 철저하게 개인적인 관계에서 맺어져야 하며, 친숙한 분위기 속에서 이루어져야 한다. 자신을 억제할 수 없는 곳에서는 섹스를 하지 말아야 한다. 아내의 허락 없이 강제로 아내와 섹스행위를 해서는 안 된다. 아내가 거절하는 데도 힘으로 강요하는 것은 금하게 되어 있다.
- 신은 새 부부가 생길 때마다 새로운 말을 해 준다. '두 사람의 남녀가 서로 결합하면, 그 때부터 지금까지 없었던 새로운 세계가 하나 더 만들어진다'는 격언이 있다. 이 신세계에는 처음 만난 이 두 남녀만의 새로운 말이 생겨난다는 뜻이다.

• 로마 황제가 어느 랍비를 불러 물었다. “남자에게 있어 여자란 얼마나 소중한 존재인가? 유태의 신은 아담을 잠재우고 그의 갈빗대를 빼 여자를 만들었다는데, 그렇다면 유태의 신은 도둑이 아니겠는가?” 성서에 보면, 분명 이브는 아담의 갈빗대로 만들어졌다고 되어 있다. 랍비는 이렇게 대답하였다. “그 현장에 누가 있었다면 경찰에 고발했겠지요. 그런데 어젯밤 우리 집에 도둑이 들어 은수저 대신에 금으로 된 술잔을 놓고 갔습니다.”, “오, 그래. 그거 아주 횡재하였군.” 황제는 창세기 편에서 보듯 처음 태양이 솟아오르는 듯 눈빛을 반짝였다. “예, 그렇습니다. 신께서 이 세상에 여자를 내려 주신 것도 똑같은 경우일 것입니다.” 남자가 여자와 함께 살게 되면 물론 잃는 것이 있다. 수입과 자기만의 자유 같은 것이다. 하지만 그 잃는 것 대신에 금으로 만든 황금잔과 같은 평생의 동반자를 얻은 것이다.
• 섹스는 강에 비유할 수 있다. 너무 세차면 범람하고, 생명을 파괴한다. 알맞은 양이면 생명을 풍요롭게 한다.

5. 기 타

1) 남편은 아내의 머리

① 남편은 아내에게 남편으로서의 의무를 다하고, 아내도 그와 같이 남편에게 아내로서의 의무를 다하도록 하십시오.
② 아내는 자기 몸을 마음대로 주장하지 못하고, 남편이 주장합니다. 이와 마찬가지로 남편도 자기 몸을 마음대로 주장하지 못하고, 아내가 주장합니다.
③ 서로 물리치지 마십시오. 여러분이 기도에 전념하려고 하여, 얼마 동안 떨어져 있기로 합의한 경우에는 예외입니다. 그러나 그 뒤에 다시 합하십시오. 여러분이 절제하지 못하는 틈을 타서, 사탄이 여러분을 유혹할까 염려되기 때문입니다.

2) 아내를 위한 남편의 십계명

① 아내가 하는 모든 일에 관심을 가져라.

② 아내의 생일과 결혼 기념일을 기념해 주라.
③ 남편은 아내의 사랑스러움을 가꾸는 정원사이다.
④ 남편은 주부로서의 아내의 위치를 존중하고 감사하라.
⑤ 남편은 가정의 모든 일에 대해 아내와 대화하라.
⑥ 아내의 마음에 상처를 주는 농담이나 행동을 삼가라.
⑦ 가정 불화의 경우 남편은 한 걸음 아내에게 양보하라.
⑧ 가정경제(살림살이) 문제는 아내에게 일임하라.
⑨ 아내의 취미 생활을 존중해 주며 재능을 키워 주라.
⑩ 남편은 늘 아내를 사랑스럽게 대하라.

3) 남편을 위한 아내의 십계명

① 아내다운 재치와 근면성을 키워라.
② 아내는 부엌에서 기도하고 남편의 식성에 유의하라.
③ 아내는 모임이나 회중 앞에서 수다를 떨지 말라.
④ 남편의 결점을 늘어놓거나 바가지를 긁지 말라.
⑤ 남편에게 할말이 있을 때에는 기회를 잘 선택하라.
⑥ 남편이 갖고 싶어하는 한적한 시간을 존중하라.
⑦ 중요한 가정 문제를 결정할 때 남편의 뜻을 따르라.
⑧ 남편의 수입에 맞춰 절도 있게 살림을 꾸려 나가라.
⑨ 아내는 모든 일을 참아라.
⑩ 아내는 남편을 존중하고 감사하라.

4) 자존심과 부부관계

부부 생활은 물론 인간 관계의 단절은 모두 자존심의 손상에서 비롯된다. 누구나 자기 자신에 대하여는 보다 높은 값을 매기며, 그 값을 에누리하려는 사람을 좋아하지 않는다. 우리는 얼마나 자기 중심적인가? 가족 사진을 찍었을 때 자기 모습을 먼저 보고, 다른 식구를 나중에 살펴보지 않던가? 부부는 영원한 반려자이다. 서로의 자존심을 북돋아 주어야 한다. 아내의 자존심은 남편이 지켜 주어야 하지만, 특히 남편의 자존심은 아내가 지켜 주어야 한다. 타인이 있을 때는 더욱 철저히 지켜 주어야 한다.

5) 아내가 지켜야 할 36훈

1일. 남편이 물건을 사다 주면 고맙다는 인사를 할 줄 알아라.
2일. 남편이 흥분했을 때는 맞서지 말아라. 동시에 화를 내면 끝장이다.
3일. 남편의 실수에 대한 충고는 아무 때나 하지 말아라.
4일. 남의 남편과 자기의 남편을 비교하여 말하지 말아라.
5일. 남편 앞에서 친정 오빠나 아버지 자랑을 하지 말아라.
6일. 남편보다 더 시댁을 위하여라. 훌륭한 며느리 감이다.
7일. 남편이 밤늦게 돌아오면 불을 켜고 기다려라.
8일. 남편의 의복에 때가 묻은 것은 아내의 책임이다.
9일. 남편을 즐겁게 할 일을 항상 생각하라. 남편을 위로해 주라.
10일. 남편의 좋은 점을 자주 여러 번 칭찬해 주어라. 남편에게 용기를 북돋아 주어라.
11일. 부지런하라. 일찍 일어나라. 근면이 여자의 미덕이다.
12일. 남편의 시중은 아내인 당신이 직접 하라. 최고의 멋진 여비서처럼!
13일. 음식 준비에 정성을 기울이고 남편 건강에 최대한 신경을 쓰라.
14일. 남편이 남에게 자랑스럽게 보일 만한 것을 사 주어라.
15일. 가정이 어려울 때 짜증내지 말고 도리어 어진 아내가 되어라.
16일. 남편이 손님을 데리고 왔을 때는 위신을 세워 주어라.
17일. 가정의 분위기를 항상 밝게 만들어라. 여자의 상냥함이 최대의 멋이다.
18일. 이발소 아가씨보다 더 멋진 안마를 할 줄 아는 아내가 되라.
19일. 부정한 수입을 경계하라. 아내의 허영은 남편을 망친다.
20일. 여자는 여자다워야 사랑을 받는다. 여자가 남자다우면 팔자가 세다.
21일. 남편에게 애정이 담긴 눈길을 보내라. 남편의 눈길을 뺏기지 말라.
22일. 여자의 지나친 결백성은 병이다. 약간의 비밀은 매력 요소이다.
23일. 남편이 피곤할 때 남편의 발을 씻어 주어라. 발은 피로 회복의 지름길이다.
24일. 남편의 잘못에 대하여 관대하게 대하라.
25일. 원만한 부부 생활은 서로의 인격을 존중하는 바탕 위에서 싹튼다.
26일. 남편을 성공시키는 천재가 되라. 바보 온달도 부인 때문에 성공했다.

27일. 잘 사는 이웃을 부러워하지 말아라.
28일. 즐거운 대화는 많이 하고, 언짢은 이야기는 짧게 끝내라.
29일. 누구에게든지 남편의 험담을 하지 말아라. 남편을 PR해도 모자라다.
30일. 남편을 위해 간절히 기도할 줄 아는 아내가 되어라.
31일. 당신 나름대로 특별한 특기를 가져라.
32일. 남편 앞에서 최대의 매력을 가지라.
33일. 단둘이의 즐거움을 최대로 누리라.
34일. 못난이는 남의 집의 행복만 보는 것이다. 당신 가정에 행복의 샘을 파라.
35일. 출퇴근할 때는 반드시 SKIN TOUCH 인사를 해 주어라. 누구도 이를 욕하지 않는다.
36일. 남편은 가정의 왕이다. 행복한 가정을 원하거든 하루 빨리 왕위 쟁탈전을 끝내라. 왕이 있어야 왕후가 있는 법이다.

6) 남편이 지켜야 할 36훈

1일. 아내가 좋아할 일을 하루에 한 가지씩 생각해 보아라.
2일. 꽃을 찾아다니는 나비가 되지 말라. 계속 추구하는 남자는 다 망했다.
3일. 아내의 실수는 단 둘이 있을 때 충고하되, 침실에 들어 갈 때는 절대 하지 말라.
4일. 아내의 인격을 존중해 주어라, 더욱이 자녀 앞에서!
5일. 아내를 다른 사람 앞에서 여편네, 밥쟁이 등으로 부르지 말라.
6일. 아내의 등급은 남편이 만든다(마누라 〈 여편네 〈 사모님 〈 영부인).
7일. 당신의 아내를 세계 최고의 미녀로 만들어라. 당신은 미녀와 살 것이다.
8일. 아내의 마음에 상처를 주는 농담이나 행동을 삼가라.
9일. 아내를 하루에 한 번 이상 칭찬해 주어라.
10일. 아내의 등을 토닥거려 주며 "수고했어"라고 귀엣말을 해 주어라.
11일. 아내가 해 주길 바라지 말고 스스로 먼저 해 보아라.
12일. 아내에게 즐겁고, 보람있는 이야기를 해 주어라.
13일. 아내의 나쁜 점보다는 좋은 점을 보도록 노력하여라.
14일. 건강한 남편이 되어라. 건강이 있는 곳에 행복이 있다.

15일. 술과 담배를 줄이고 그 돈으로 가정 행복에 사용하라.
16일. 아내가 살찌는 것은 또 야위는 것은 남편인 당신의 책임이다.
17일. 아내에게 폭력을 행사하지 말아라. 미련한 자가 폭력을 쓰는 것이다.
18일. 바깥에서의 일은 집에 가지고 가지 말라. 집은 당신의 성역이다.
19일. 아내를 깊이 사랑해 주어라. 여자는 사랑을 먹고 사는 존재이다.
20일. 아내가 기다린다. 늦을 것 같으면 사전에 연락해 주어라.
21일. 절대 비교하지 말아라. 못난이는 일평생 비교하다가 불행한 일생을 마친다.
22일. 신앙 생활을 하라. 신앙 생활은 행복의 지름길이다.
23일. 당신이 갖고 있는 것은 아내의 것이다. 아내한테 있는 것은 당신의 것이다. 아무 곳이나 엉뚱한 데 사용하지 말아라.
24일. 건강을 위하여 절제하라.
25일. 여자는 모든 면에 약하므로 난폭하게 다루지 말라. 여자는 사랑과 분위기에 약하므로 사랑과 분위기를 적절히 사용하라.
26일. 아내의 개성과 위치를 존중해 주고 키워 주도록 하라.
27일. 가정에서 난폭한 독재자가 되지 말라. 말로가 불쌍해진다.
28일. 아내가 없을 경우를 생각해 보아라. 앞이 캄캄할 것이다.
29일. 아내를 위하여 당신의 일생을 바쳤다고 해서 아무도 당신을 비웃지 않는다.
30일. 날마다 마치 최후의 순간이 찾아온 것처럼 생각하라. 그리고 가끔 안아 주어라.
31일. 외식이나 등산을 1년에 몇 번이라도 계획해 보아라.
32일. 결혼 기념일과 아내의 생일을 잊지 말라. 비싼 것이 아니라도 좋다.
33일. 가정 경제는 아내가 맡게 하여 보람을 갖게 하라.
34일. 대화의 시간을 가지라. 대화가 없으니 노사분규가 일어난다.
35일. 완전주의를 버려라. 세상에 당신 마음에 맞는 사람에게는 당신도 안 맞는다.
36일. 지나치게 깐깐하게 하지 말고 따뜻한 남편이 되라.

7) 부부 의사소통 기술

- 상대방의 이야기를 묵살하지 않고 경청하여야 한다.
- '나'를 주어로 표현하여야 한다(1인칭 대화법).
- 신체적 언어를 활용하여야 한다(눈, 얼굴표정, 자세).

- 제삼자를 빗대어 말하지 말고 상대방에게 원하는 바를 정확히 전달해야 한다.
- 메시지가 정확히 전달되었는지 확인하고 상대방의 신호를 되받아 주어야 한다.
- 피상적이고 관습적인 혹은 모호한 단어를 의도적으로 사용하지 않아야 한다.
- "문제", "왜", "만일" 등의 부정적인 언어를 사용하지 않아야 한다.
- 감정을 섞지 말고 정보전달을 하거나 질문하는 것이 좋다.
- 선택의 기회를 주어야 한다.
- 자기존중감을 세워 주도록 해야 한다.
- 칭찬과 감사의 표현을 자주 사용하여야 한다.
- 지나간 일들을 들추어 내어 함께 비판하지 않아야 한다.
- 상대방을 배려해 주는 것이 필요하다.
- 상대방의 상태를 점검해 주어야 한다.
- 시간과 장소를 적절히 선택하여야 한다.
- 특별한 사안이 있을 때에 한하여 그 즉시 화를 내는 것이 좋다.
- 무엇에 관해 싸우고 있는지 스스로 분석하여야 한다.
- 협상하는 기술이 필요하다.
- 이기려고 애쓰지 않아야 한다.

【상대방의 말을 잘 듣기 위한 십계명】

「행복한 부부대화의 열쇠」의 저자 노만 라이트는 상대방의 말을 잘 듣기 위한 십계명을 다음과 같이 소개하고 있다.

① 상대방의 말에 미리 판단을 내리지 말라. 당신은 상대방의 이야기를 전적으로 다 알기 전에는 "당신은 지금 어떤 입장에 놓여 있는지 이제야 다 알 것 같군요."라고 판단하거나, 평가를 내려서는 안 된다.

② 상대방의 말에 당신의 생각을 덧붙이지 말라. 당신은 상대방이 이야기한 내용에 "당신이 말한 것이 이런 내용이라면 아마 결론은 이렇게 될 것이다. 그러면 당신은 이렇게 행동해야 한다."라는 말로서 자신의 견해를 첨가해서 단정짓지 말아야 한다.

③ 당신이 들은 것이 그가 이야기한 것의 전부라고 생각하지 말아야 한다. 당신이 그에게서 듣고 이해한 것이 그가 말한 내용의 전부이고 그가 말하고자 했던 것과

꼭 일치한다고 생각하면 오해가 생길 수 있다. 그러므로 "당신이 무슨 이야기를 한다해도 나는 다 알고 있다. 내 귀로 당신이 하는 이야기를 똑똑히 들었으니까?"라고 말해서는 안 된다.

④ 상대방의 이야기를 다른 곳으로 유도하지 말아야 한다. 당신은 상대방의 이야기를 들으면서 다른 생각을 한다거나 관심을 딴 곳으로 돌려서는 안 된다. 당신이 상대방에게 "당신이 그런 말을 하니까, 흥미로운 이야깃거리가 하나 생각나는군요."라고 말해서는 안 된다.

⑤ 상대방이 어떤 말을 하든지 당신은 마음을 닫지 말아야 한다. 상대방의 의견이 당신과 일치하지 않는다거나 또는 당신의 의견과 상반된다고 해도 그의 말을 듣지 않아서야 되겠는가? 그러므로 당신은 상대방에게 이렇게 말하지 말라. "당신이 남녀 차별주의자와 같은 말을 하니 나는 이제 당신의 말을 듣지 않겠다."

⑥ 상대방의 말을 끝까지 들어줘야 한다. 상대방의 이야기가 끝나기도 전에 당신 나름대로 그의 생각을 추측해 내면 상대방은 분명히 마음이 이상할 것이다. 당신은 상대방에게 이렇게 말해서는 안 된다. "당신이 무슨 말을 하려고 하는지 나는 다 알고 있어. 이미 난 당신의 마음을 다 파악했으니까."

⑦ 말하는 사람이 이야기해 준 내용 이 외에는 다른 의미로 해석하지 말아야 한다.

⑧ 상대방이 이야기하고 있는 동안에 미리 그에게 대답을 하거나 아니면 그에게 줄 대답을 준비하지 말아야 한다. 당신은 상대방에게 이렇게 말해서는 안 된다. "당신의 이야기를 다 들어볼 필요가 없어. 나는 미리 그 대답을 알고 있으니까."

⑨ 당신이 상대방의 말을 올바르게 정정해 주는 데 두려움을 갖지 말아야 한다. 만일 상대방이 잘못된 정보나 사실을 이야기할 때는 당신이 이것을 곧 수정하고 계속 이야기할 수 있도록 도와 주어야 한다.

⑩ 상대방과 당신은 공평하게 서로의 말을 들어 주어야 한다. 당신이 상대방에게 자신의 말만 경청해 달라고 요구한다거나, 반대로 상대방의 이야기만 들어 주게 되는 경우 당신은 원만하게 대화를 이루어 나갈 수 없게 된다.

【배우자에게 하늘나라 언어로 말하라】

양은순은 「사랑과 행복의 초대」에서 배우자에게 사용하는 '천국 방언'을 다음과 같이 소개하고 있다.

1 '미안해요'라고 말하라.

우리는 모든 약점과 실수를 가진 부족한 인간이다. 자기의 잘못을 알았을 때 즉시 상대방에게 용서를 구할 줄 아는 사람이 진정으로 아량이 있는 사람이다. 변명하거나 화를 내거나 공격하지 말고 즉시 자기 쪽에서의 잘못만을 사과하도록 해야 한다. 그리고 진심으로 하는 '미안해요'라는 한 마디로 모든 굳어진 분위기가 활짝 펴질 수 있을 것이다.

2 '괜찮아요'라고 말하라.

가정에서 배우자의 본의 아닌 실수는 좀 허용하도록 하자. 가정에서도 어느 정도의 규율과 질서가 필요하다는 것은 사실이지만 엄격한 율법을 정해 놓고 다그칠 때 가정은 쉴 수 있는 곳이 못될 것이다. 그것은 마치 정장을 한 채 잠자리에 드는 것과 같이 피곤하고 부자연스러운 생활이다. 상대방의 실수나 약점이 드러났을 때 '괜찮아요'하는 상냥한 말 한 마디가 모두의 마음을 부드럽게 해 줄 것이다.

3 '좋아요, 해요'라고 말하라.

자신의 의견이 존중되고 용납될 때 그 사람은 더욱 더 생기 있게 되고 창의력은 자꾸 개발될 것이다. 우리는 부부 사이에 배우자의 제안에 대해 우선 긍정적인 반응을 보여야 한다. 그런 다음 부딪히는 문제나 어려움을 함께 나누고 해결하는 적극적이고 창조적인 부부가 되도록 하자.

4 '잘했어요'라고 칭찬하라.

언제나 배우자의 행동이나 결정에 대해 칭찬을 아끼지 말자. 칭찬은 사람을 단련해서 자신감을 길러 주고 마음을 윤택하게 해 준다.

5 '훌륭해요'라고 말하라.

배우자가 한 일을 칭찬할 뿐만 아니라 감탄하고 존경하는 표현이 필요하다. 자기를 신뢰하고 감탄하며 존경하는 사람이 있을 때 생의 의욕이 생기고 보람을 느낀다.

6 '고마워요'라고 감사를 표현하라.

배우자의 작은 성의에도 고마움을 표현할 수 있어야 한다. 결혼 전에는 작은 선물을 받고도 고마워할 줄 알던 사람들이 결혼하면 서로를 당연시하고 고마워하기는커녕 계속 요구만 하게 될 때 생활은 메마르게 되어 어쩌다가 선물을 사들고 온 남편에게 "이것

얼마 주고 사 오셨어요?"라는 반응을 보일 때 마음은 답답해지고 만다.

어떤 자매는 매달 월급을 봉투 채 갖다 주는 남편에게 고맙다는 마음을 표현하고 싶었다. 그 자매는 한 가지 아이디어를 냈다. 예쁜 종이에 고맙다는 표현을 써넣고 성경구절을 적은 다음 '당신을 사랑하는 아내로부터'라고 적어 남편의 월급 봉투와 바꾸었다고 한다. 남편과 아내가 서로 '고맙다'는 표현을 자연스럽게 자주 할 때 그 가정은 따사롭고 풍성하게 될 것이며 감사할 줄 아는 자녀를 기를 수 있다.

7 '사랑해요'라고 고백하라.

가장 중요하고 아름다운 천국 방언이다. 특히 우리나라에서는 사랑하면서도 사랑의 표현을 할 줄 모른다. 어려서부터 습관이 되지 않았기 때문이며 사랑의 표현을 할 줄 모르기 때문이기도 한다. 사랑하는 이로부터 '사랑한다'는 말은 아무리 들어도 싫증이 나지 않을 뿐 아니라 가장 큰 기쁨을 가져다 주는 생의 윤활유가 되기도 한다. 사랑은 단순한 감정이 아니다. 비록 사랑의 감정을 느끼지 못할 때에도 사랑의 표현을 할 때 가정이 다르게 된다.

8) 행복하고 풍성한 결혼생활을 위한 40가지 방법

① 취미와 습관 등에 있어서 서로 동화하라.
② 친절하고 부드러운 말투와 둘만의 은어나 표현을 개발하라.
③ 함께 신앙 생활에 힘써라.
④ 만족과 불만을 부드럽고 진솔하게 표현하라.
⑤ 구체적인 공동의 소망과 목표를 가져라.
⑥ 각종 기념일을 잊지 말고 축하하라.
⑦ 구체적이고 분명한 말과 행동으로 감사하라.
⑧ 자신의 매력을 계속 발전시켜라.
⑨ 서로의 건강을 늘 유의하고 체크해 주라.
⑩서로의 인격과 개인 생활을 보장해 주고 격려하라.
⑪ 서로의 약점을 부드럽게 조언하고 원조하라.
⑫ 가구와 의상, 기본 생필품의 쇼핑은 함께 하라.
⑬ 부부간에 동반자로서의 우정을 형성하라.

⑭ 갈등이 생기는 것을 당연시하고 양보하고 타협하라.
⑮ 직장과 가정의 기본 정보를 서로 알려 주라.
⑯ 일상의 모든 사소한 일까지도 화제 삼아 늘 대화하라.
⑰ 공동 사회 활동을 개발하라.
⑱ 서로의 의상과 치장에 유의해 주라.
⑲ 가사와 자녀양육에 서로 동참하고 분담하라.
⑳ 서로의 소유를 숨기지 마라.
㉑ 자기생각, 취미, 습관, 기호를 절대시하지 마라.
㉒ 공동 독서, 공동 교양 교육 프로그램을 개발하라.
㉓ 서로 존경하고 예의를 갖추라.
㉔ 예측되지 않는 선물을 통해 상대를 감격시켜라.
㉕ 사소하고 새로운 즐거움을 늘 주도록 노력하라.
㉖ 부부 공동의 기념품이나 앨범을 많이 만들라.
㉗ 서로 체계 있고 질서 있는 생활을 하라.
㉘ 가벼운 운동을 함께 하라.
㉙ 약속은 반드시 지켜라.
㉚ 서로를 주위 사람들 앞에서 높여 주라.
㉛ 배우자가 말한 것을 꼭 기억하라.
㉜ 비밀유지가 필요한 일은 절대 비밀을 보장하라.
㉝ 상대에게 말하고 싶은 것은 분명히 말하라.
㉞ 상대에 대한 사랑을 자랑하고 과시하라.
㉟ 금기 사항은 서로 분명히 하고 그것을 지켜라.
㊱ 둘만의 대화시간을 자주 확보하라.
㊲ 상대방을 남과 비교하거나 저울질하지 말라.
㊳ 자주 생활의 변화와 다양성을 추구하라.
㊴ 함께 산책하고 여행하는 시간을 자주 가져라.
㊵ 심한 잔소리를 피하라.

9) 부부싸움의 10가지 도(道)

제1도 : 상대방 특기와 주먹의 강도 등을 미리 아는 것이니 이를 지(智)라 한다.

제2도 : 비록 상대방이 아픈 표정을 짓는다고 해도 이를 과감히 무시하는 것이니 이를 강(强)이라 한다.

제3도 : 때려서 피가 나는 곳은 두 번 때리지 않으니 이를 선(善)이라 한다.

제4도 : 싸움 도중에도 두발이나 의상이 흐트러지면 바로 고치는 것이니 이를 미(美)라 한다.

제5도 : 옆집에서 살림을 부수며 싸우는 것을 안타까워하는 것이니 이를 인(仁)이라 한다.

제6도 : 말리는 사람이 있어도 과감하게 주먹을 날리는 것이니 이를 용(勇)이라 한다.

제7도 : 맞는 쪽보다는 때린 쪽이 먼저 달래야 하는 것이니 이를 예(禮)라 한다.

제8도 : 살림을 부숴도 값나가는 것은 아낄 줄 아는 것이니 이를 현(賢)이라 한다.

제9도 : 주먹을 날리면서도 서로 나를 정통으로 때리진 않겠지 하는 것이니 이를 신(信)이라 한다.

제10도 : 싸움이 끝난 후 잔해 처리나 맞은 곳을 서로 주물러 주는 것이니 이를 의(義)라 한다.

6. 존경받는 남편되기 · 사랑받는 아내되기

1) 존경받는 남편되기

① 아내의 기분을 상하게 하거나 마음에 상처를 주는 언어를 삼가고 항상 이해하면서 예민한 관심을 가지고 심령이 불편하지 않도록 세밀하게 보살펴 주는 남편이 되라.

② 아내를 행복하게 하려고 그리스도 밖에 있는 육신의 정욕과 안목의 정욕과 이생의 자랑을 끌어들이지 말라. 돈을 산더미처럼 쌓아 놓아도 거기에 행복이 없다. 세상 즐거움을 다 누려 보아도 거기에도 행복이 없다. 천하를 정복해도 거기에도 행복이 없다. 하나님을 단호히 거부하고 자신만을 굳게 믿어 봐도 거기에도 행복은 없다. 영원한 행복은 오직 주 안에 있다. 영원한 평화와 만족과 기쁨과 생명도 주 안에 있다.

③ 사랑하는 아내와 함께 행복한 가정을 창조해 가는 남편이 되거라. 가정은 하나님께서 우리 인간에게 주신 가장 복되고 아름다운 최초의 선물이다. 하나님께서 세워 주신 가정은 세초부터 세말까지 변함없이 존재할 것이며 우리 인간은 가정을 떠나서는 전혀 생존할 수가 없다. 그러므로 불안하고 위기에 처한 가정을 속히 치료하고 하나님께서 기뻐하시는 행복한 가정을 건설하고 실현시켜 나가는 것이 가장 시급한 일이다.

④ 아내에게 잘못했을 때 미안하다는 말을 지체하지 말라. 사람은 누구나 다 약점과 실수가 있다. 잘못했을 때는 즉시 아내에게 용서를 구하는 것이 인격을 갖춘 남편의 태도이다. 진심으로 "미안해요"하는 남편의 말 한 마디가 굳어진 분위기를 완전히 풀어 준다.

⑤ 아내가 실수를 하고 남편에게 용서해 달라고 빌 때 곧바로 용서하고 용납하는 말을 지체하지 말라. 아내의 실수와 약점이 드러났을 때 "괜찮아요"하는 남편의 말 한 마디는 아내의 마음을 기쁨과 평안과 행복의 세계로 인도할 것이다.

⑥ 아내가 좋은 일을 했을 때 "참 잘했어요"하는 말을 지체하지 말라. 칭찬과 격려는 아내에게 자신감을 갖게 해 주며 선을 행하는 데 큰 힘이 된다. 지극히 적은 선을 행할 때에도 "참 잘했어요"라는 말을 자주 사용하는 남편이 되어라.

⑦ 아내가 냉수 한 그릇을 가지고 올 때도 "고맙습니다"하는 말을 잊지 말라. 남편의 고맙다는 말 한 마디가 온 가정을 따뜻하게 하고 행복의 수문을 활짝 열어 놓는다.

⑧ 아내를 대할 때는 "여보 사랑해요"하는 말을 잊지 말라. 이 아름다운 언어는 오직 부부만이 가장 밀접하게 나눌 수 있는 대화이다. 부부가 서로 사랑하면서도 표현을 못하는 자들이 있다. 사랑의 언어는 반드시 표현되어야 하고 사랑은 표현될 때만이 놀라운 기쁨과 넘치는 아름다움을 맛보게 된다.

⑨ 아내에게 선을 행하는 남편이 되라. 그러나 사랑이 없는 겉치레의 선행은 아무런 쓸모가 없는 것을 잊지 말라. 사랑으로 행하는 일은 어떤 것이든 결코 보잘 것 없는 것이 아니며 모두 충실한 열매를 맺는다.

⑩ 아내와 대화할 때 교만한 말은 절대 삼가라. 교만한 말은 사람을 거룩하게도, 의롭게도 못한다. 오직 겸손한 언어만이 아내의 마음을 사로잡는다.

⑪ 아내에게 사랑받는 가장 훌륭한 남편은 역시 생명을 다하여 아내를 사랑하는 길밖에 없음을 잊지 말라. 톨스토이가 말하기를 진실한 사랑은 죽음을 막아내는 생명의 방패라고 했다. 이 세상의 모든 허위와 거짓, 위선과 가장, 시기와 질투 속에서도 오로지 하나 순수한 것은 영원토록 고귀하고 깨끗한 사랑뿐이다.

⑫ 아내를 향한 남편의 사랑이 지극할 때 아내는 황금덩어리를 받는 것보다 더 기뻐한다. 이러한 남편이 그저 다정스러운 눈으로 보아 주기만 해도 아내는 그것으로 만족한다. 아내를 사랑하라. 실로 이것이 인생의 전부이다.

⑬ 아내에게 진실한 남편이 되라. 아내의 마음을 사로잡는 것은 부귀나, 명성이나, 권력이나, 지식이 아니요, 오직 진실뿐이다. 진실은 모든 가면을 벗겨 버리고 언제나 아내의 가슴에 평안을 안겨 준다. 실로 인간에게 시간은 생명처럼 귀중하다. 그러나 진실은 그보다 훨씬 더 귀중하다. 그러므로 진실은 인간이 가지고 있는 최상의 것이다.

⑭ 아내의 말을 주의 깊게 듣고, 총명하게 질문하고, 조용하게 대답하고, 그리고 그 이상 아무런 말이 필요 없을 때에는 입을 열지 않는 남편이 인생의 의미를 가장 깊이 깨달은 자이다. 생명이 담긴 진실한 말은 언제나 간단하다. 사랑하는 아내와 대화할 때 혀로만 하지 말고 마음과 머리로 하라.

⑮ 아내에게 덕을 잃지 않는 남편이 되라. 덕이 있는 사람은 결코 그 마음이 거리끼거나 부끄럽지 아니하고, 편협하거나 옹졸하지 아니하며, 넓고, 크고, 깊고, 높고, 길며 항상 평화로운 삶을 살아간다. 도로우가 말하기를 “덕 있는 자에게는 999명의 후원자가 있다”고 하였다.

⑯ 아내의 결점을 기억하거나 들추어 내는 무지한 남편이 되지 말라. 사람은 남의 결점을 들추어 냄으로써 자기의 존재를 돋보이게 하려는 악습을 갖고 있다. 그러나 그렇게 하는 것은 자신의 어리석음과 추악한 결점을 드러내는 것밖에 아무것도 없다. 선량하고 총명한 남편은 언제나 아내의 좋은 점만 발견한다. 그러나 어리석고 미련한 남편은 아내의 결점만 찾기에 급급하다. 자신의 결점 때문에 쓰러져 있는 아내를 일으켜 주지 아니하고 그 위에 무거운 짐을 얹어 놓는 남편은 가장 잔인한 동물에 불과하다.

⑰ 착하고 어진 아내를 괴롭히는 남편은 마치 하늘을 우러러 침을 뱉는 것과 같아서 그 침은 하늘로 올라가지 아니하고 다시 자기에게 떨어지는 것이요, 또한 바람에 거슬려 티끌을 날리는 것과 같아서 그 티끌은 다른 사람에게 가지 아니하고 다시 자기에게 돌아와 붙게 하는 어리석은 짓이다. 그러므로 착하고 어진 아내를 괴롭히는 것은 자기 자신을 자기가 멸하는 것이다.

⑱ 가정의 안락과 행복을 아내에게만 맡기지 말고 남편이 먼저 가정의 평화를 발견하고 이를 구하기에 게으르지 않도록 하라. 가정을 천국과 같은 안식처로 만들기도 하고, 때로는 지옥과 같은 고통의 장소로 만들기도 하는 자가 가정의 주인이 되는 남편이

될 수 있다. 행복한 가정은 언제나 아내와 남편이 따스한 애정의 끈으로 결합되어 있는 가정이다. 진실로 이 하늘 아래서 가정보다 더 즐거운 곳은 없다.

⑲ 아내의 사소한 실수를 보고 분노를 억제하지 못하는 남편은 인격과 수준이 부족하다는 표시이다. 그러므로 자기 자신의 마음에서 끓어오르는 분노의 거친 물결을 막으려고 노력하지 않는 남편은 마치 고삐도 없이 마구 날뛰는 야생마와 같다. 인내하므로 성사되는 일은 많이 있지만 분노함으로써 이루어진 것은 한 가지도 없다. 성자와 현인은 분노하지 않는다.

⑳ 아내에게 뜨거운 사랑과 깊은 존경과 불타오르는 열정을 바쳐 보라. 어느 한 부분도 남겨 두지 말고 모든 것에서 전체를 다 바쳐 보라. 이것이 행함으로만 옮겨진다면 부부의 관계는 날마다 시간마다 측량할 수 없는 영육의 환희로 넘쳐 날 것이다.

㉑ 아내를 지배하고, 다스리고, 정복하려고만 하는 권위의식을 버리고 형언할 수 없는 겸손과 측량할 수 없는 사랑, 이 두 가지만 실천해 보라. 아내에게 하나님만큼이나 존경을 받을 것이다.

㉒ 아내의 마음에 상처를 입혔거나 비록 사소한 일을 가지고 가슴을 아프게 하고 심령에 고통을 끼친 일이 있거나 또한 의식적으로나 무의식적으로 무거운 짐과 불안감을 주어 실망과 낙심의 함정에 빠뜨린 일이 생각나거든 겸손한 마음으로 용서를 구하고 속히 그 아픈 흔적과 상처를 그리스도의 사랑으로 채워 주라. 훌륭한 남편은 자신의 잘못을 깨달았을 때, 곧바로 깊은 회개에 잠기는 자이다.

㉓ 하나님 앞에서만이 아니라 아내 앞에서도 부지런히 자신의 양심을 돌아보라. 항상 마음을 순결하게 하고 깨끗하게 하여 아내에게 질책을 당하거나 비난을 받을 만한 일을 행하지 않도록 하라. 티끌만큼이라도 더러운 마음이나 악한 정욕이 있거든 마음에 숨기지 말고 하나님과 아내 앞에서 진실하게 고백하고 예수님처럼 거룩하게 살아가는 부부가 되라. 양심이 청결한 자는 하나님을 본다.

㉔ 모든 덕에 있어서나, 경건생활이나, 엄격한 자제심이나, 침묵과 비밀을 지키는 일이나, 예의범절에 있어서 아내에게 존경을 받는 남편이 되라. 만일 이러한 생활에서 탈선하여 육체의 쾌락이나 즐기고, 헛되고 더러운 잡담이나 세속적인 것에만 흥미를 느끼고 천박하게 살아가면 만물의 찌꺼기처럼 무가치한 남편이 되어 버린다. 아내에게 권위를 상실한 남편은 인간으로서 생각할 가치조차 없다.

㉕ 아내가 보기에 게으르고 나태하며, 조심성 없고 경솔하며, 성급하고 화잘 내고 분노를 터트리며, 너무 냉담하고 충동적인 행동을 하며, 먹는 것에만 탐하고 남을 함부로 판단하며, 자녀를 가혹하게 책망하고, 경건의 모양과 능력을 모두 상실해

버린 남편이 되지 말라. 혹 이러한 결함들이 있으면 아내와 가족들을 위해서라도 하나님 앞에 마음을 찢고 크게 통회하며, 굳은 결심을 가지고 어두운 생활들을 과감하게 고쳐 나가도록 힘쓰며, 모든 선하고 거룩한 일들을 행함에 진보를 나타내도록 하라. 훌륭한 남편은 아내가 보기에 항상 변함없는 미덕과 지극한 겸손으로 아름답게 단장되어 있는 자이다.

㉖ 육체적인 쾌락이나 세속적인 즐거움을 위하여 아내를 사랑하지 말고 완전한 마음의 평안과 영혼의 기쁨과 구원의 감격을 함께 누리기 위하여 아가페로 사랑하라. 육체의 정욕에 사로잡혀 자신의 욕망이나 욕구만을 채우려고 아내를 사랑한다면 그러한 남편은 항상 육에 속한 것들 위에 머물다가 인생의 끝날에는 견딜 수 없는 고통과 괴로움과 슬픔과 탄식과 후회의 나날을 보내며 세상을 떠날 것이다.

㉗ 자신이 저지른 잘못으로 인하여 아내에게 창피를 당하고, 비난을 받으며, 심한 질책과 부끄러움을 당했다면 이는 아직도 변화받지 못한 세속적인 사람임에 틀림없다. 또한 중생하지 못한 명백한 증거요, 세상 욕심이 아직도 마음 속에 들끓고 있는 남편이며, 항상 자기의 육체만을 기쁘게 하려는 헛된 바람과 어리석은 염려와 근심으로 가득 차 있는 자이다. 지금 당장 주 안에서 성령으로 거듭나고 아내에게 존경과 흠모의 대상이 되는 천사 같은 남편이 되라.

㉘ 아내가 원하는 것은 남편의 훌륭한 덕과 열렬한 경건심만이 아니라는 것을 잊지 말라. 아내가 참으로 원하는 것은 남편이 자신만을 생각하는 이기주의에서 완전히 벗어나 하나님 다음으로 아내를 사랑해 주기를 원하는 것이다.

㉙ 아내 앞에서 항상 겸손한 마음을 지닌 남편이 되라. 아내에게 결점이 있다고 해서 스스로 생각하기를 나는 아내보다 훨씬 낫다고 판단해서는 안 된다. 그 이유는 아무리 자신이 선하고 의로운 사람이라고 할지라도 얼마 동안이나 순한 사람으로 살아갈 것인지 아무도 알 수 없기 때문이다.

㉚ 자신의 의견이나 생각만을 고집하는 남편이 되지 말고 아내의 의견과 충고를 기쁘게 받아들일 줄 아는 여유 있고 겸손한 남편이 되라. 설사 자신의 생각이 옳다고 할지라도 아내의 인격을 존중하는 마음으로 아내의 의견을 따르고자 할 때 오히려 더 큰 사랑을 받게 된다. 그러므로 자신의 의견이나 생각만을 가지고 아내를 충고하고 명령하는 것보다는 아내의 말을 받아들이는 것이 훨씬 더 유익하고 좋은 일이 될 것이다. 상대방의 의견을 무조건 저버린 사람의 마음 속에는 언제나 자만과 고집이 있다.

㉛ 아내의 결점이나 연약한 면을 탓하는 남편이 되지 말고 날마다 자신의 결점을

한 가지씩만 고쳐 나간다면 머지 않아 주님을 닮은 거룩한 남편이 될 것이다. 우리의 인격과 덕성은 날마다 자라나야 한다.

㉜ 아내와 대화할 때 필요 없는 말이나 필요 이상의 말을 너무 많이 하여 귀중한 시간을 허비하지 말라. 도에 지나치게 말하는 것보다 고요하게 명상하고 침묵하는 편이 훨씬 나을 수도 있다. 또한 집밖에 나가서 대중들과 어울려 많은 말을 하는 것보다 집에서 조용하게 지내며 아내와 함께 기도하고 예배하며 찬양하는 시간이 더 유익할 것이다.

㉝ 아내와 함께 평생 동안을 행복하게 살아가는 남편이 되라. 범사에 불만 없이 조화를 이루면서 생명이 다하는 날까지 아름다운 삶을 산다는 것은 결코 쉬운 일이 아니다. 이것은 오직 주안에서만 가능하다. 그러므로 예수 그리스도를 구주로 영접하고 그 안에서 믿음으로 살다가 행복한 최후를 마치는 부부야말로 가장 축복받은 사람이다.

㉞ 사랑하는 아내와 사는 동안 허랑 방탕의 죄를 짓지 않도록 양심과 영혼을 늘 깨우치고 육체의 정절을 순결하게 지켜라. 육체적이고 감각적인 쾌락은 처음에는 매우 달콤하지만 결국에는 양심과 영혼이 다 찢어지고 파괴되어 멸망에 이르고 말 것이다.

㉟ 아내를 위하여 늘 경건하게 무릎 꿇고 기도하는 남편이 되라. 기도하는 시간은 수많은 세상의 기쁨보다도 더 큰 기쁨과 위안을 줄 것이다. 또한 세상 사람들과 억만 마디의 잡다한 말을 하는 것보다 아내를 위하여 기도하는 시간은 단 1분간이라 할지라도 황금만큼이나 귀중한 시간임을 깨닫게 될 것이다. 다시 말하거니와 세속적인 기쁨에 젖어 제멋대로 사는 것보다는 엄격한 규율 아래 인내하며 날마다 거룩하게 살아가는 남편의 모습이 훨씬 더 아내를 기쁘게 해 준다는 것을 알게 될 것이다.

㊱ 아내에게 비난받을 만한 잘못을 저질렀을 경우에는 지체 없이 빨리 고치고 다시는 그러한 일을 하지 않도록 노력하라. 남편이 아내를 바라보는 것같이 아내도 남편을 바라보는 눈이 날카롭다는 것을 명심하라.

㊲ 범사에 추구하는 욕구를 아내가 모두 채워 주기를 바라지 말고 하나님께서 명하신 남편의 의무를 다하라. 만일 성경에 기록된 계명들을 온전히 지키기만 한다면 일찍이 맛보지 못했던 영혼의 잔치를 일생 동안 즐기는 남편이 될 것이다.

㊳ 항상 인생의 마지막 순간을 두고 아내 사랑하기를 잊지 말라. 인생의 무상을 생각하고 하루하루를 아내에게 기쁨과 즐거움을 주면서 살아간다면 이 세상의 어떠한 고난과 역경도 가볍게 느껴질 것이다. 또한 한 시간만이라도 아내에게 유익한 일과 섬기고 봉사하는 일을 한다면 하루를 행복하게 보낼 것이다.

㊴ 선한 양심으로 아내를 깊이 사랑하고 내면적으로 믿음의 광채를 찬란하게 발산하는 남편이 되라. 아내의 목전이 아닌 하나님의 목전에서 순결하고, 겸손하고, 인내하고, 거룩하게 살 때만이 아내로부터 높은 존경과 사랑을 받는다.

㊵ 아내의 마음이 가장 편안하고 안정될 때는 역시 남편의 내적 생활이 잘 정돈되고 정리되어 있을 때임을 잊지 말라. 변덕스러운 날씨처럼 얼굴이 밝았다 흐렸다 하거나 길 잃은 사람처럼 사방을 두리번거리며 방황하는 모습을 아내에게 보여주면 아내는 그런 지조 없는 남편을 절대로 신뢰하지 않는다.

㊶ 아내가 남편의 결점을 알려 주고, 지적해 주고, 깨우쳐 주는 것은 남편인 나를 지극히 겸손하게 만드는 데 아주 유익한 일임을 잊지 말라. 사람이 스스로 자신의 잘못을 겸손하게 받아들이기만 하면 그는 뭇 사람들의 흠모의 대상이 될 것이다. 그러므로 자신이 이 세상에서 가장 부족한 사람이라고 생각하기 전에는 영적 생활에 일체의 진보와 성장이 있을 수 없음을 깊이 명심하라.

㊷ 아내의 마음을 항상 평화롭게 해 주는 남편이 되라. 마음이 평화로운 자와 평화를 전하는 사람은 지식이 많은 사람보다 더 많은 선을 행할 수 있다. 그러나 욕정이 많은 사람은 선한 일도 악으로 만들며 쉽사리 악한 일에 귀를 기울인다. 참으로 마음이 평화로운 남편은 아내를 나쁘게 생각하거나 의심하지 않는다. 그러나 불평과 불만이 많은 남편은 사랑하는 아내에게 많은 의혹과 고통과 눈물과 괴로움을 준다.

㊸ 아내가 선하고 순결하게 살아가기를 원하기 전에 먼저 남편 자신이 선한 행실과 심령의 순결을 보여주며 살아가라. 사람이 내적으로 순결해지기만 하면 모든 사물을 아무런 방해도 받지 아니하고 옳게 바라보고 깊이 생각할 수 있다. 실로 순결한 마음은 천국과 지옥까지도 꿰뚫을 수 있다.

2) 사랑받는 아내되기

① 항상 밝은 모습과 유쾌한 기분을 유지하라. 아내가 넘치는 기쁨으로 충만되어 있으면 남편의 사회적 지위는 향상되고 자녀들은 건강하게 자라며 아내의 인품은 모든 사람들에게 높은 평가를 받는다. 남편의 불쾌한 감정을 남편의 것으로만 간주해 버리지 말고 아내 자신의 어둡고 우울한 마음이 남편에게도 반영된다는 것을 잊어서는 안 된다. 항상 남편의 장점만 보는 습관을 길러라. 가령, 그 장점이 비록 미미하고 지극히 작더라도 확대되면서 모든 결점을 지워 버리는 위대한 힘을 발휘하게 된다.

② 아내는 남편이 자유롭게 농담을 걸 수 있는 부담 없는 상대가 되어 주어야 한다.

너무 틀에 박힌 듯 거북한 느낌을 남편에게 주어서는 안 된다. 자기가 자기 자신에 대하여 자유로운 것과 같이 남편이 아내에 대하여 자유롭게 터놓고 말할 수 있도록 해 주어야 한다. 이렇게 함으로써만 부부가 한 몸인 것을 증명하는 것이다. 남편 앞에서는 언제나 자신을 낮춤으로써 진정으로 남편을 자기 편으로 만들 수 있다. 아내가 자신의 권위나 존엄성을 유지하려고 할 때 남편은 아내로부터 압박감을 느끼고, 보다 자유롭게 남편을 활동할 수 있게 해 주는 여성을 구하게 되는 것이다. 남편에게 부담감을 주지 않는 아내가 되도록 하라.

③ 아내는 남편을 항상 포근하게 감싸 주어야 한다. 감싼다는 말은 여러 분야의 사랑 작용을 의미한다. 가령 남편을 어떤 옷으로 감쌀 것인가를 생각해야 한다. 항상 남편의 의복에 깊은 관심을 두고 와이셔츠 깃에 더러운 때가 묻어 있지는 않았는가, 내의는 더럽혀지지 않았는가를 확인하여 언제나 깨끗하고 품위 있는 옷차림이 되도록 신경을 써야 한다. 또한 남편의 식사에도 관심을 가져야 한다. 그 이유는 음식 솜씨에 따라 밖에서 일하고 귀가하는 남편의 기대가 좌우되기 때문이다. 남편으로 하여금 아내의 얼굴이 떠오르면 아내의 음식 솜씨도 함께 떠오르게 하여라. 남편은 이러한 것에 짙은 매력을 느끼고 가정으로 끌려들어가는 것이다. 매력의 강도는 간단하다. 아내가 정성껏 마련한 매끼니의 식탁을 둘러싸고 온 가족이 함께 사랑을 나누는 모습을 상상만 하여도 저절로 행복감을 느낄 수 있을 것이다.

④ 아내가 자신의 행복을 위해서 아무리 힘쓰고 애써도 부부의 본질은 나누어질 수 없는 동심일체이므로 남편이 행복하게 되지 않는 한 자신도 행복해질 수 없다. 남편이 행복스러운 표정을 지을 수 없다면 아내도 또한 행복해질 수 없다. 동시에 아내가 행복스러운 표정을 지을 수 없다면 남편 역시 행복하게 될 수 없다. 따라서 남편에 대하여 불쾌한 표정으로 대하는 것은 남편을 실망과 환멸의 늪 속으로 밀어넣는 거나 마찬가지이다. 이렇게 되면 남편은 그러한 불행으로부터 벗어나려는 생각이 앞서게 되고 바로 그런 곳에 다른 여자로부터의 유혹이 대기하고 있는 것이다. 그러므로 아내는 남편에게 "나는 당신을 행복하게 해 주려고 항상 노력하고 있어요. 또한 당신이 행복하게만 된다면 나는 무엇이든지 하겠어요. 그리고 당신의 행복을 방해하는 일은 일체 하지 않겠어요." 이런 아름다운 마음과 언어들을 연애 시절에만 하지 말고 결혼 후 천국에 가는 날까지 계속하라.

⑤ 비록 한 몸을 이루고 살아도 남편의 마음을 이해하는 것이 중요하다. 왜냐하면 남편이 아내를 아무리 깊이 사랑하고 있어도 다른 여성의 미에 매력을 느끼는 때가 있기 마련이다. 그러나 남편이 다른 여성에게 매력을 느꼈다고 해서 아내에

대한 애정이 식어 버렸다는 증거는 될 수 없다. 어떤 경우에도 남편이 사랑하는 아내를 끝까지 지키고 있다면 그것은 그 남편이 도덕성이 높고, 의지가 강하며, 아내에 대한 애정이 깊고, 책임감이 강하며, 생리적인 유혹을 완전히 물리치고 있음이 확실하다. 그러므로 남편이 직장일로 혹 귀가 시간이 늦거나 때론 아내를 돌보지 않는 것처럼 보여도 아내는 남편의 애정이 식은 것으로 생각지 말고 사랑하며 남편이 항상 나를 지키고 있다는 믿음을 가지고 일에 열중해야 한다.

⑥ 아내가 하는 일이 단조로움의 연속이라고 불평하거나 아내만이 가정생활의 무거운 짐을 지고 있다는 생각을 해서는 안 된다. 왜냐하면 남편이 하고 있는 일도 매우 단조롭기 때문이다. 매일 똑같은 차편으로 출퇴근한다. 그리고 같은 책상에 앉아서 같은 장부를 펴고 회사의 물품과 금전출납부를 정리한다. 어떤 남편은 매일 같은 차를 운전하는 자도 있고, 같은 기계로 금속을 깎는 직업을 가진 남편도 있다. 더구나 그 자동차도, 금속도 자신의 물건도 아니다. 그것에 비하면 가정에 있는 아내는 자기가 낳은 귀여운 자녀를 기르고, 사랑하는 남편의 뒷바라지를 하는 것이 오히려 더 보람있는 일로 느낄 수 있다. 왜냐하면 가정에서 하는 일들은 모두가 깊은 애정을 포함하는 일이기 때문이다. 그러므로 가정 생활의 일을 마치 노예들이나 하는 일로 착각해서는 안 된다. 비록 가정에서 눈물과 함께 빵을 먹는 생활을 할지라도 보람있는 생을 영위하는 아내가 더 행복한 자이다.

⑦ 아내의 마음 속에 일단 증오심이나 질투심이 싹트기 시작하면 비뚤어진 렌즈를 통하여 사물을 보듯, 만사가 비뚤어지게 보인다. 인과의 법칙은 모든 인간에게 엄중히 작용하는 것을 잊어서는 안 된다. 시기와 질투, 증오와 미움의 씨앗을 뿌려 놓고 사랑과 행복이 돌아오기를 바라는 것은 큰 착각이다. 남편을 미워하고 있으면 남편의 사랑이 자신에게 돌아올 것이라고 생각해서는 안 된다. 토라진 얼굴과 곤두세운 눈썹, 험상궂은 모습과 저돌적인 반항심 등으로 남편에게 대하면서 남편이 자기로부터 멀어진다고 엉뚱한 소리를 지르면 안 된다. 자기가 뿌린 씨앗을 자기가 거두어 들인 것뿐이다. 남편을 미워할수록 그는 더 멀리 도망갈 수밖에 없다. 이유는 증오나 미움은 배척하는 것과 마찬가지이기 때문이다.

⑧ 아내의 다정한 말 한 마디가 남편을 큰 위기에서 구출해 낸다는 것을 잊지 말라. 마치 전쟁터와 같은 사회의 각가지 경쟁에서 실패하고 귀가하는 남편에게 불쾌한 표정으로 대하면 그 순간, 남편은 정신적인 피로를 풀 수 있는 유일한 안식처를 잃어버리고 방황하게 된다. 실로 아내의 다정스러운 말 한 마디는 남편의 온갖 상처를 치료해 주고 내일을 위한 힘찬 용기를 준다. 그러나 이와 반대로 아내의

냉랭하고 무정한 언사나 뾰로통하게 부어 있는 얼굴 등은 남편의 정신적인 피로를 더욱 증가시키고 생활 전선에 뛰어야 할 용기마저 좌절시키며 남편으로 하여금 자살할 경지에까지 몰고 간다. 비록 적을지라도 아내의 다정한 말 한 마디가 남편이 당하고 있는 온갖 아픔과 상처를 치료해 준다는 것을 잊지 말라.

⑨ 아내의 아름다움은 화려한 의상이나 아름다운 육체의 모습에 있지 않다. 마음을 아름답게 지니는 것이 오래도록 남편의 마음을 사로잡는 비결이다. 사실 육체만의 아름다움은 여름의 무화과와 같다. 그것은 조속히 퇴폐하여 사라져 버린다. 그러나 마음과 영이 육체에 반영되는 아름다움은 노인이 되어도 사라지지 않는다. 남편에게 사랑받는 아내는 용모의 아름다움만 가꾸지 않는다. 현숙함과 권위와 지성의 번득임이 있는 아름다움이야말로 남편이 바라는 아름다움이며 숭고함을 느끼게 하는 것이다. 그러므로 아내의 매력은 육체를 눈부시게 단장하는 것이 아님을 잊지 말라. 아름다움이란 곳곳에 생명이 활발하게 표현되어 있어야 한다. 여성에게는 짙은 애정으로 매력 있는 용모와 지성이 넘치는 용모가 있다. 지성적인 내용도 없이 뼈만 앙상한 매력은 남편의 관심을 끌 수가 없다. 아내에게는 맑고, 높고, 풍부한 사랑의 아름다움이 항상 샘물처럼 솟아오르고 있어야 한다.

⑩ 아내의 입에서 나오는 사랑과 칭찬의 말은 남편에게 용기와 희망을 준다. 남편은 이러한 아내의 얼굴을 바라보기만 해도 행복과 광명과 환희를 느낀다. 그러므로 아내는 남편의 기분 변화에 큰 힘이 되어 주어야 한다. 남편이 우울한 기분일 경우에는 즐거웠던 과거의 회상이나 희망적인 장래의 설계 등을 상의하며 남편이 그 희망 실현의 능력이 풍부함을 지적하여 기분 전환을 꾀하는 것이 좋다. 때론 남편이 어린 자녀처럼 될 때는 공연히 쓸쓸해지기 때문이다. 그러한 경우에는 아내가 어머니의 마음으로 남편을 포근하게 안아 주는 것이 좋다. 지혜로운 아내는 때로는 남편의 연인이 되어 주고, 때로는 어머니, 또는 누이와 여동생이 되어 그로 하여금 생기를 되찾도록 최선을 다하는 것이다.

⑪ 남편과 대화할 때는 항상 유쾌하고 쾌활한 표정으로 대화하라. 다정스러운 말은 남편의 기분을 좌우한다. 남편의 마음을 조화 있는 상태로 유지시키려면 말을 부드럽게 하여 다정하고 애정이 충만한 어조로 이야기하여야 한다. 같은 내용의 말이라도 그 어조에 따라 상대의 마음에 쾌감도 주고, 충격을 주기도 한다. 결혼 전에 사용하던 부드럽던 상호 간의 어조가 결혼 후 얼마의 기간이 지나면 자기의 말이 상대의 감정에 어떠한 영향이 미치는 것 등은 조금도 염두에 두지 않고 난폭하고 거칠은 말로 쏘아붙이는 아내도 있다. 결혼생활의 파탄은 바로 이와 같은 간단한 일에서

발생하는 것이다. 꿀과 같이 달콤했던 밀월의 속삭임을 결혼 후 하나님 나라에 갈 때까지 유지할 수 있는 아내야말로 행복한 가정을 이룰 수 있다.

⑫ 아내는 항상 남편을 이해하면서 살아야 한다. 가령, 남편이 즐겨 읽는 책을 읽고, 남편이 만들고 있는 물건을 함께 만들면서 좋은 말벗이 되는 일은 아내로서 마땅히 하여야 할 일이다. 남편과 막힘 없이 대화가 통할 수 있어야 한다. 그것은 아내의 임무이다. 물론 예외도 있지만 아내는 말하기를 좋아하고 남편은 침묵을 좋아한다. 그러므로 남편이 집에 있을 때 침묵을 지킨다고 해서 화가 났다고 생각해서는 안 된다. 오히려 그 반대의 성격을 가질 수도 있기 때문이다. 서로의 성격을 이해하고 서로가 상대방의 자유를 속박하지 않는 가운데 부부의 조화가 이루어진다. 이런 의미에서 부부의 행복은 끊임없는 노력으로 쌓아 올려야 한다. 사랑이란 단순한 감정이 아니라 불굴의 노력 그 자체이다.

⑬ 결혼한 후에는 오로지 남편만을 사랑하라. 사랑은 하나님께로부터 받은 선물 중 최고의 것이다. 왜냐하면 하나님은 사랑 그 자체이기 때문이다. 사랑은 금전으로 살 수 없다. 다만 자신을 희생함으로써 얻을 수 있다. 사랑에는 변명이 없다. 시비를 초월하고 손익을 초월하며 사랑하는 것만이 오직 진실한 사랑이다. 사랑에 계산이 따르면 그 사랑은 이미 변질된 사랑이다. 태양처럼 남편을 사랑하라. 태양은 영원토록 오직 빛을 발하고 있을 뿐이다. 그 빛을 발함으로써 만물을 아름답게 만든다. 칭찬도 이익도 명예도 바라지 않는다. 다만 빛나고 있을 뿐이다. 만물은 그 빛을 받기만 하면 생기를 얻으며 소생한다. 그렇다. 사랑을 주기만 하는 아내, 그는 남편의 영원한 태양이다.

⑭ 하찮은 일이라도 다른 사람들 앞에서 남편을 비판해서는 안 된다. 남편의 약점이나 단점과 과실을 말하기 전에 먼저 자신의 마음 속에 사람을 헐뜯는 천박한 마음이 있음을 발견하고 가슴을 치는 세리처럼 깊은 회개에 잠겨야 한다. 과거에 일어났던 싸움이나, 언쟁이나, 욕설 등을 되새겨서 자신의 마음을 괴롭힐 필요가 없다. 악을 되살리고 상상한들 그것으로부터 선이 나올 리가 없다. 상처 입고, 가슴 아팠던 지난 날의 일로 마음을 계속 괴롭히면 빨리 노쇠하고, 미모도 잃게 되며 인상도 험악해진다. 하찮은 일을 가지고 남편을 나쁜 사람이라고 생각했을 때 자기 자신도 역시 나쁜 사람이라고 생각하면 틀림이 없다. 아무리 아리따운 미인이라도 우울한 표정으로 웅크리고 앉아서 불만을 토하고 있으면 그에게는 아무런 매력이 없다. 어떠한 곤란이라도 그 사람이 참을 수 없을 정도의 곤란은 하나님께서 허락하지 않으므로 하나님을 믿고 미소를 띠며 살아간다면 어떤 곤란과 역경에 처하더라도

반드시 해결할 수 있다.

⑮ 시부모나 남편의 충고를 순수하게 받아들이는 도량이 넓고 큰 아내가 되라. 마음이 좁고, 옹졸하고, 편협한 자 일수록 타인의 충고를 전혀 받아들이지 못한다. 남편에게 책망을 들었을 때 저돌적인 항의나 공격적인 반항심을 일으켜서는 안 된다. 자신의 잘못을 솔직하게 인정하는 현숙한 아내가 되라. 그 이유는 자신이 옳다고 생각한 일도 남편의 입장에서 보면 틀리다는 점을 인정해야 한다. 체험에 의해서 얻은 교훈처럼 소중한 것은 없다. 남편의 책망이나 늙으신 부모의 충고를 낡았다고 무조건 일축해 버려서는 안 된다. 시대의 변천과 함께 필요 없게 되는 경험도 있지만 시대가 아무리 바뀌어도 영원히 변치 않는 깊은 경험도 있다. 부모의 충고나 교훈 중에는 그와 같은 종류의 귀중한 것이 있다는 점을 꼭 명심해야 한다.

⑯ 남편이 실의에 빠져 있을 때 아내의 입에서 던져진 위로와 격려 그리고 사랑의 말 한 마디는 가뭄에 내리는 단비와 같이 고민하는 남편의 마음을 흠뻑 적셔 준다. 가령 실의에 빠져 있는 남편에게 "당신 사정이 매우 딱하게 되었군요. 어느 누구인들 그런 역경을 당하고도 멀쩡할 리가 있겠어요. 부족한 아내라도 내가 당신 곁에 있잖아요. 우리 함께 하나님께 기도하여 이 문제를 해결하도록 합시다." 이런 방법도 결코 나쁘지 않다. 함께 슬퍼하고 울어 주는 아내가 있다는 것만으로도 훨씬 짐이 가벼워지는 것을 느끼게 될 것이다. 이렇게 이해해 주는 아내가 있음을 생각할 때 남편은 어떠한 어려움도 참아 낼 수 있는 용기를 얻는다.

⑰ 결혼의 상대자는 성실한 사람이어야 한다. 아름다운 미모와 뛰어난 재능만 보고 마음을 빼앗기거나 유혹을 당해서는 안 된다. 결혼생활에 가장 중요한 것은 상호간의 존경과 신뢰이다. 아내가 남편을 믿을 수 없게 되면 그에게는 이미 파멸이 다가온 것이며 남편 역시 아내를 믿을 수 없다면 그도 이미 파멸의 구덩이에 빠져 있는 사람이다. 그렇다면 존경과 신뢰는 어디에서 발생하는 것일까? 진실과 정직과 성실하게 그리고 열심히 살아보려고 노력하는 사람이라면 그 사람이 과거에 한두 차례 실패한 일이 있더라도 신뢰할 수 있는 사람이다. 말이 거칠고 탐욕이 가득한 아내일수록 남편의 수입과 경제력을 따진다. 그러나 남편의 수입이 중요한 게 아니고 남편의 양심과 인격과 성실이 중요하다. 결혼 당시에는 굉장한 부호가라 할지라도 결혼 후에는 망조가 들어서 장래를 그르치는 남편도 있고, 결혼 당시에는 말할 수 없이 가난했어도 그것을 훌륭히 이겨내고 성공하는 남편도 있다. 남편의 마음가짐이 훌륭하면 반드시 행복한 날이 올 것을 믿고 살라.

⑱ 무엇보다도 아내는 먼저 남편을 존경해야 한다. 결혼 전부터 존경의 대상이 아닌데도

경제적인 관계로 결혼했다면 그것은 일종의 매매행위나 다름없다. 남편을 존경하란 말은 그의 육체가 훌륭하고 최고 학력을 가진 인격과 식견이 모두 만점이기 때문에 하는 말이 아니다. 그와 같은 완벽한 인간은 이 세상에 아무도 없다. 나름대로 높고 위대한 이상을 품고 그 이상을 향하여 힘차게 전진해 가는 남편이라면 진실로 존경해야 한다. 부부는 서로가 존경할 때만이 최고의 행복을 만끽하게 된다. 그러므로 서로의 존경은 황금마차를 함께 타고 행복의 궁궐로 가는 길이다.

⑲ 사랑하는 남편에게 편지를 쓰고 메모를 남겨 놓는 것도 가정생활을 천국으로 가꾸는 길임을 잊지 말라. 진정으로 사랑하는 사람에게 편지를 쓸 때에는 아무리 긴 문장을 써도 지치거나 피곤을 모르는 것이 보통이다. 그러나 아무 흥미도 없는 필경을 맡아서 글을 쓸 때에는 똑같은 분량이라도 수십 배의 피곤을 느끼게 된다. 사실 애인에게 보내는 편지도 물리학적으로는 엄연한 노동이지만 전혀 피곤을 모르는 것은 사랑의 효력 때문이다. 마치 자식을 위해 밤새워 간호해도 피곤을 못 느끼는 것은 그 곳에 사랑이 작용하고 있는 것과 마찬가지이다. 사랑은 하나님께서 우리 인간에게 주신 최고의 선물이다. 그러므로 사랑하는 마음이 불타고 있는 곳에서는 하나님의 생명이 급히 흐르는 하수처럼 흘러 들어간다.

⑳ 마음이 아름다운 아내는 눈동자도 아름답다. 물론 눈의 아름다움에도 여러 가지가 있다. 밝게 트인 눈동자는 청정하고 티없는 마음을 나타낸다. 아내가 남편을 진실하게 사랑하지 아니해도 눈의 아름다움을 가지고 있는 여인도 있다. 그러한 눈은 음심이 가득한 성적인 매력을 지닌 눈으로서 뭇 남자들을 끌어당기기도 한다. 아무리 아름다운 이목구비를 갖추고 있어도 그 미모가 단순히 남을 유혹하기 위한 성적인 것에 불과하다면 저속한 느낌을 준다. 그러한 미인은 때로는 많은 남성들의 농락거리가 된다. 그것은 그 사람의 심령 깊은 곳에 숭고함이 결여되어 있기 때문에 얼굴 모습에도 그러한 것이 노출되는 것이다. 그러나 성령 안에서 무시로 기도하며 하나님과 교통하는 얼굴이야말로 무한히 고상하고 광채 나는 모습과 아름다운 눈동자를 나타낼 수 있다. 남편의 사랑을 받는 아내는 마음도, 얼굴도, 눈동자에도 아름다움을 가득 채우고 있는 사람임을 잊지 말라.

㉑ 참사랑이란 성적인 애정만이 아니다. 그러므로 남편을 진실하게 사랑한다는 것은 그의 매력적인 미모나 육체의 늠름한 모습을 사랑하는 것이 아니다. 만일 남편의 건강이나 육체미를 사랑하는 것이라면, 남편이 건강을 잃고 병들어 쇠약해진다면 그러한 남편을 사랑할 수 없게 될 것이다. 또한 남편이 세계적인 재벌가이기 때문에 그 경제적인 능력을 보고 사랑한다면 그러한 아내는 남편을 오직 우유를 엄청나게

생산하고 있는 젖소로만 생각하고 사랑할 것이다. 남편을 사랑한다는 것은 위치나 명예를 초월하여 하나님께서 짝지어 주신 한 지체임을 깨닫고 남편 그 자체를 사랑하는 것을 말한다.

㉒ 부지중에 쏘아붙이는 아내의 퉁명스러운 말씨나 아주 사소한 일을 가지고 남편을 형편없는 사람으로 몰아붙이는 행위는 마치 남편에게 독가스를 퍼붓는 것과 같아서 일순간에 가정이 침몰할 수도 있으며 또한 사랑하는 남편을 가정으로부터 추방하여 다른 여자에게로 쫓아 버리는 결과를 가져올 수도 있다. 항상 고운말을 사용하고, 조잡한 행동을 배제하며, 보다 진보적인 생활습성을 찾도록 하라. 만일 아내가 언어동작의 우아함을 잃게 되면 하나님께서 계획하고 창조한 가치 중의 하나를 영원히 잃어버리고 말 것이다.

㉓ 지극히 미미하고 조그마한 부분까지도 세심한 관심을 갖고 남편을 기쁘게 해 주는 자상한 아내가 되라. 남편이 던지는 자극적인 말에도 반발하지 않고, 의견을 순수하게 받아들이면서 어머니 같은 심정으로 포근하게 감싸는 아내는 마치 건조한 사막 속에서의 오아시스 같은 존재이다. 대부분의 여성은 한 남자의 아내가 되고 주부가 되어 버리면 몸도, 마음도, 의복도 가꾸지 않는다. 이러한 아내는 이미 소망의 별이 사라져 버린 사람이다. 그러나 결혼한 후에도 자기 개발의 노력을 계속하고 있는 아내는 확실히 싱싱하게 성장하고 진보하는 아름다움을 가진 아내이다.

㉔ 훌륭한 아내가 되고 훌륭한 어머니가 되려면 남편을 잘 이해하고 자녀를 잘 이해하는 넓은 마음을 가져야 한다. 그러나 남편과 자녀들을 이해하고 도울 수 없다면 그 가정은 이미 망망대해에서 난파해 버린 배와 같다. 그러므로 항상 공부하며 끊임없이 연구하는 아내만이 만인의 존경을 받는 탁월한 여성 지도자가 되는 것이다. 이와 같은 여성은 타고난 용모와는 아무런 관계없이 그가 지니고 있는 인격에서 넘쳐흐르는 지적인 빛이 그녀의 매력을 높여 주는 것이다. 주안에서 남편과 함께 진보를 꾀하는 아내가 되라.

㉕ 쾌활하고, 성실하며, 진실하고, 정직하며, 지혜롭고, 민첩하며, 다정다감하고, 청렴결백하며, 유쾌하고, 침착하며, 차분하고, 신중하며, 온유하고, 겸손하며, 부드럽고, 상냥하며, 친절하고, 온화하며, 충실하고, 평온하며, 활발하고, 자상하고, 현숙하며, 순전하고, 인자하며, 겸비하고, 복종하며, 이해하고, 관용하며, 용서하고, 사랑하며, 낙천적이고, 창조적인 아내가 되라. 이러한 아내 앞에서 남편은 무한한 감동을 받을 것이다.

㉖ 한 가정을 빛내고 행복하게 하는 일은 남편에게 주어진 당연한 의무이지만, 아내에게

도 남편 이상의 책임과 의무가 주어져 있음을 잊지 말라. 어떤 경우엔 아내가 가정을 세우기도 하고 가정을 파괴하기도 한다. 그러므로 행복하고 단란한 가정은 가족구성원의 인격과 질서가 모두 인정을 받고 지켜지는 데서 더욱 튼튼하게 이루어진다. 이런 의미에서 아내와 남편, 아들과 딸의 인격적 동등과 질서의 조화를 균형 있게 이루는 일은 모든 가정에 반드시 필요한 생활구조이다. 이 영광스럽고 아름다운 조각을 자상하고 조밀한 아내가 해야 한다.

㉗ 남편은 언제나 아내와 함께 있기를 좋아한다. 그리고 아내의 아름다움과 쾌활함과 깨끗함과 단정한 모습을 보면 어쩔 줄 몰라하는 별난 희열이 노출된다. 그러므로 남편을 기쁨의 세계로 유도하는 데 성공하는 아내가 되라. 내적으로나 외적으로 남편에게 사랑의 표현을 잘하는 아내가 되어야 한다. 사실 남편을 뜨겁게 사랑하면서도 표현하는 데 익숙하지 못해서 어색해 하는 모습은 아직도 훈련과 습관이 되지 않아서 그렇다. 언제나 어디서나 아내의 입에서 말하는 사랑의 언어는 아무리 듣고 또 들어도 권태와 싫증이 나지 않으며 확실히 인생을 만족케 하고 황홀케 하는 생의 윤활유가 된다.

㉘ 자신이 범하는 실수나 오류를 은폐하거나 변명하지 말고 자기 개혁과 수정에 솔직하고 담대한 아내가 되라. 또한 남편을 지배하고 주장하는 아내보다 언제나 남편의 수하에 들어가서 겸손하게 복종하는 아내가 훨씬 복된 사람이다. 그러므로 남을 지배하는 것보다 복종하고 시중드는 것이 훨씬 평안하고 안전한 삶이다.

㉙ 주어진 상황에서 최선을 다하고 남편이 때로는 아내가 하는 일을 인정하지 않을지라도 낙심과 좌절의 장애물을 힘있게 뛰어 넘어가는 아내가 되라. 또한 과거에 남편과 사소한 문제로 다투고 싸웠던 실수에 대하여 너무 집착하지 말고 미래의 사건에 대하여 불안해 하지 말며 어떠한 문제와 상황에 부딪쳐도 그 문제를 자신의 생애에 가장 위대한 발전의 기회로 생각하고 하나님의 깊은 뜻과 교훈을 찾는 지혜로운 아내가 되라.

㉚ 남편은 아내의 상냥하고 고운 마음씨를 사랑하지 머리 속에 있는 지식을 사랑하지 않는다. 남편을 마음으로 사랑하는 아내가 되라. 남편은 아내의 진실한 사랑을 받고 있음을 느끼고 살아간다. 그러므로 전력을 동원하여 남편을 사랑하라.

㉛ 남편 앞에서 거친 행동을 삼가고 무슨 일이든지 조급하게 하려고 덤비지 말며 매사를 심사숙고하여 남편과 함께 범사를 신중하게 의논하면서 마음에 평화를 누리는 아내가 되라. 또한 지극히 사소하고 하찮은 일로 남편과 다투는 아내가 되지 말고 전투하는 용사처럼 자신과의 싸움에서 승리를 거두는 개선장군과 같은

용감무쌍한 아내가 되어야 한다.

㉜ 남편을 행복하게 하려고 끊임없이 노력하는 것은 아내 자신의 인격을 높이는 일이다. 그러므로 아내는 남편의 노예도 아니며 남편의 비위나 맞추기 위해 고용된 머슴도 아니다. 사랑은 상대에게 봉사하기를 좋아하므로 봉사하는 일을 노예들이나 하는 일로 오해하지 말라. 일방적으로 남편에게 사랑만 받으려고 하면 항상 욕구불만으로 쓸쓸해지기 쉽다. 아무런 보상을 바라지 않는 사랑만이 진정한 사랑의 보상을 받을 수 있다.

㉝ 아내는 되도록 남편이 흥미를 가지고 있는 부분을 깊이 연구하여 남편과 함께 자신도 높은 수준까지 진보하여 남편과의 대화에서 그것을 이해하고 공명할 수 있어야 한다. 이러한 공감대를 이루지 못하고 남편의 진보에서 뒤진 아내는 단순한 가정부가 되거나 남편에게 훌륭한 반려자가 될 수 없다는 열등감을 갖게 된다. 남편은 사회생활의 치열한 생존경쟁에서 타인에게 뒤지지 않으려고 마치 전투하는 병사처럼 여러 분야를 연구하고 개발해야 하므로 자연히 견문이 넓어지고 지식과 함께 교양도 쌓이게 된다. 그런데 아내는 이와 반대로 하루하루를 가사에만 파묻힌 채 전혀 진보가 없다면 그 거리는 더욱 심해져 드디어 행복한 가정이 무너질 수도 있음을 명심해야 한다.

㉞ 어린 자녀는 어머니가 보이지 않으면 울부짖기 마련이다. 마찬가지로 아내가 무단으로 외출하는 것을 남편이 싫어하는 것도 당연하다. 물론 싫어한다고 해서 아내의 자유를 속박하려는 것은 아니다. 이유는 반드시 있어야 할 시간에 아내가 없으면 어머니를 잃은 어린 자녀와 같이 허전하고 쓸쓸하기 때문이다. 그 허전함과 쓸쓸함 때문에 괜히 화를 내는 것이다. 그러므로 외출할 때에는 반드시 외출 목적과 장소를 알려 주는 것이 좋다. 한 곳에만 다녀오겠다고 나간 후에 여러 곳에 들른다면 기다리는 남편이 화를 낼 수밖에 없다. 이유는 아내가 나를 무시했다고 생각할 수도 있고 분명히 아내에게 어떤 비밀이 있다고 오해하게 되어 행복한 부부관계가 금이 가기 시작하는 경우도 있다. 아내를 사랑하는 남편은 아내의 행선지를 자세히 알고 싶어한다는 것을 잊지 말라.

㉟ 자신에게 뭔가 좋은 점이 있다면 역시 남편에게도 더 좋은 점이 있다는 것을 생각하고 언제나 자신 속에 겸손을 간직하는 아내가 되라. 남편의 약점이나 결함을 찾지 말고 장점과 가능성을 찾아 남편을 성공시키는 아내가 되라. 항상 남편을 칭찬하고 격려하며 도와 주는 일에 인색하지 않으며 수고를 아끼지 않는 현숙한 아내가 남편의 사랑을 받는다. 그러므로 언제나 남편을 돕는 배필이 되고 뜨거운 사랑을

표현하는 정서적인 아내가 되라.

㊱ 남편과 함께 사는 동안 외부에 나타나는 덕보다도 더 많고 더 깊은 덕을 내부에 간직한 아내가 되어라. 남편에게 성실한 아내는 많은 말을 필요로 하지 않는다. 그 이유는 성실이란 인간이 갖고 있는 모든 덕 중에 가장 귀중한 보화이기 때문이다. 그러므로 외모만 아름답게 단장하는 것은 남편을 행복하게 만들지 못한다. 속사람을 화려하고 눈부시게 단장하는 아내가 되어야 한다.

㊲ 남편을 내가 생각하는 사람으로 개조시키려는 아내가 되지 말라. 사람을 변화시키시는 분은 오직 하나님밖에 없다. 그러므로 남편에게 고칠 수 없는 성격을 발견했을 땐 하나님께서 그것을 바로 잡으실 때까지 인내하며 기도하는 아내가 되어야 한다.

㊳ 남편이 실망하고 있을 때 용기를 북돋아 주는 것은 금전보다 더욱 큰 가치가 있다. 혹, 부지중이라 할지라도 남편의 마음에 상처가 되는 말을 하는 것은 정신적인 살인행위이다. 그러므로 골수를 찌르는 듯한 언동은 삼가야 한다. 피차 간에 열등감을 느끼고 있는 점에 대해서는 되도록 거론하지 않는 것이 애정이다. 하여간 상대방의 결점을 들추는 일은 하지 않는 것이 좋다.

㊴ 항상 다정하고 사랑이 가득한 어조로 남편과 대화하는 아내가 되라. 아무리 분하고 억울한 일이 있어도 남편의 마음에 독침을 찌르는 말을 해서는 안 된다. 어떠한 사건이 발생해도 부드럽고 따스한 느낌을 주는 말은 남편에게 활기를 주는 동시에 자기 자신도 가슴 설레는 활기에 넘치게 된다. 언어는 창조이므로 부드럽고 애정이 넘치는 표현을 하도록 노력해야 한다. 상대방의 가슴에 사랑의 불을 지르고 마음을 황홀하게 하는 언어의 소유자는 이미 훌륭한 아내가 되어 있는 사람이다. 그러므로 아내는 항상 다정하고 붙임성이 있고 그 동작이나 언어에서 사랑과 인정미가 마치 솟아오르는 샘물처럼 넘쳐흘러야 한다. 따라서 일시적인 아양으로 남편의 눈을 가려서는 안 된다.

㊵ 남편에게 사랑을 받으려면 결코 자기 중심적인 아내가 되어서는 안 된다. 남편과 대화할 때는 자신의 자랑을 피하고 항상 겸손한 태도로 남편의 장점에 관하여 많은 이야기를 하도록 유의하라. 남편의 장점이 아무리 미미하고 사소한 것이라 할지라도 그것을 칭찬하기 좋아하면 장점은 끝없이 확대되고 어느 새 흉한 단점은 영원히 사라지고 없어져 버린다. 마치 빛이 오면 어둠이 사라지듯 말이다.

㊶ 쾌락과 행복은 근본적으로 다르다. 그러므로 아내가 남편으로부터 또는 남편이 아내로부터 쾌락을 끌어 내려고 시도한다면 모두가 실패한다. 참행복은 영적인 것이다. 그래서 진정한 행복은 영육의 생활이 지극히 거룩하고 부부간에 전혀 마찰이

없으며 높은 수준의 질서 위에 구축되었을 때만이 얻을 수 있다. 부부간의 사랑도 마찬가지이다. 참으로 깊고 짙은 사랑은 남편의 육체만을 사랑하는 것이 아니라 그의 생명 전체를 사랑하는 것이다. 이런 의미에서 진정한 사랑은 서로가 상대방의 육체를 쾌감의 대상으로 농락하는 것이 아니며 피차 신뢰하고 존경하고 예의를 갖추는 일이다. 즉, 서로의 육체미나 젊고 늠름한 모습에 반하는 것이 아니라 부부가 함께 늙어서 허리가 굽고 얼굴에 무수한 주름살이 생겨도 그 깊숙한 곳에 스며있는 생명을 사랑할 수 있어야 한다. 참사랑은 육체를 초월하여 깊이 내재하는 영혼의 존귀함을 보는 것이다.

㊷ 아무리 신앙이 깊어 보이는 사람이라도 그에게 금전 취급을 맡겨 보면 그의 신앙과 인격 그리고 마음과 성품을 분명하게 알 수 있다. 마찬가지로 신앙이 깊고 성숙하다고 하는 아내라 할지라도 남편이 안고 있는 숱한 문제를 위하여 눈물로 기도할 수 있느냐의 여부로 그의 신앙의 깊이와 길이와 높이와 넓이를 알 수 있다. 그러므로 남편이 어려운 문제에 처했을 때 신경질이나 짜증을 내지 말고 위로와 격려와 소망과 용기를 보내 주고 간절히 기도하라. 어려울 때 더욱 남편을 사랑해야 한다. 차라리 가난해도 서로 사랑하는 것이 애정이 없이 물질적으로만 풍부한 생활을 하는 것보다 훨씬 행복하다.

㊸ 남편을 위해 무슨 도움을 줄 것인가를 깊이 생각하고 연구하는 아내가 되라. 일생을 남편과 함께 커다란 목표를 가지고 끝이 없는 향상과 진보를 꾀하는 아내가 되라. 이처럼 위대한 꿈을 실현하기 위해서 남편 앞에서 자신을 결코 과대 평가하거나 교만한 마음을 품지 말고 언제 어디서나 남편을 경외하고 복종하는 것이 위대한 지혜요 교양 있는 아내임을 명심해야 한다.

7. 성경에서 문제유형별 해답 찾기

1) 가정 생활에 불만이 있는가?

(1) 행복한 출발

성경에 등장하는 악사가 행복한 적이 있었다고 한다면, 그녀가 종족들 중에서 가장 용감한 젊은이인 옷니엘과 막 결혼했을 때일 것이다. 갈렙의 조카 옷니엘은 이스라엘에서 명성이 가장 높이 올라가고 있었다. 그는 이스라엘 백성을 심판하고 또한 압제자들을 물리친 사사라고 불리는 박력 있는 지도자 중의 한 사람이었다. 이에 더하여, 악사에게는 아버지로부터 결혼지참금으로 남쪽의 값진 땅이 주어졌다. 악사와 옷니엘은 밀월 여행 기간이었으며, 밝은 미래가 그들 앞에 펼쳐져 있었다. 악사는 무척 행복했었을 것이다. 그러나 예상 외로 성경에서는 그녀의 불만스러움을 보여 준다.

(2) 출발 후의 불만

① 자만

성경에 나오는 악사는 단지 자신이 귀중하다고 생각하지 않고, 값을 매길 수 없을 정도로 값지다고 생각하였다. 그녀는 자신이 공주로서 원하는 것은 남편에 의해서 즉시 성취될 수 있을 것이라는 생각을 가지고 결혼 생활에 들어 갔다. 왜냐하면 그녀는 태어날 때부터 육체적으로 아름다워 늘 칭찬을 받았으며, 부모와 세 오빠의 극진한 사랑과 보호를 받았고, 종족 중에서 가장 용감한 사람에게 상금으로 주어진 신부였기 때문이다. 이러한 생각을 가지고 있는 그녀에게는 결혼이란 그녀의 필요들을 성취하는 수단에 불과했던 것이다.

그녀와 비슷한 경우로 희랍 신화에 보면 나르시스라고 불리는 젊은이를 들 수 있다. 그는 잔잔한 연못에 비친 자신의 모습을 보고 자기 자신에게 반하여 눈을 뗄 수 없을 정도였다. 이 신화에서 심리학자들은 '자기도취'라는 용어를 도출했으며, 이 말은 극단적인 자기 존경의 뜻으로 쓰인다.

② 탐욕

악사가 나타내는 두 번째의 건전치 못한 태도는 탐욕이다. 분명히 갈렙은 이 젊은 부부에게 결혼지참금으로 남쪽의 땅을 주었다. 젊은이들이 새로운 삶을 시작하는 것은 쉬운 일이 아니다. 그래서 땅을 준 것이다. 그러나 악사의 반응은 고마워하기는커녕 오히려 더 많은 것을 바랬다(수 15 : 19). 그녀는 물질적인 욕망에 사로잡혔으며 만족할 줄 모르는 욕망의 소유자였다.

오늘날 대개 문제가 되는 핵심은 좀더 좀더 하는 만족할 줄 모르는 욕망이다. 악사가 "나에게 좀더 주시오"를 말한 이 탐욕이 오늘날 수많은 가정에서도 지배적인 태도로 작용한다.

(3) 배워야 할 점

우리가 악사와 옷니엘의 결혼 생활을 살펴보면서 제일 먼저 기억해야 할 것은 결혼이란 “나의 필요를 충족시키기 위함”이 아니라 “상대의 필요를 충족시키기 위한 것”이 되어야 한다는 점이다. 일찍이 예수님께서는 “내게 달라”가 아니라, “주라, 그러면 네게 주어질 것이다”라고 하셨다. 이와 같은 자세로 결혼 생활에 임했을 때, 그 결과는 궁극적으로 부부 모두의 소원을 성취시키는 사랑, 다정함, 관심으로 이어지게 되는 것이다.

또한 우리의 결혼 생활을 탐욕이 지배하지 않도록 해야 한다. 이것은 우리들의 본능 밑바닥에 참으로 제거하기 힘들도록 끈질기게 깔려 있어 우리들의 가치체계를 흐리게 하며, 돈을 수단으로서가 아니라 삶의 목적으로 만들어 버린다. 성경에서는 돈을 “일만 악의 뿌리(딤전 6 : 10)”라고 표현했다. 그리고 “은을 사랑하는 사람은 은으로 만족함이 없고(전 5 : 10)”라고 함으로써 물질에 대한 끝없는 욕망을 표현하고 있다. 그러나 철학자 에피큐러스가 “적은 것에 충분하지 못한 사람에게는 충분할 것이 없다”라고 한 말을 기억하고 하나님은 우리가 가진 모든 것의 소유주이시며, 또한 우리들은 단지 그분의 일을 맡은 청지기에 불과하다는 것을 잊지 않도록 하자.

우리들의 가정은 행복한 가정인가 ? 만족한 부부인가 ? 만약 그렇지 못하다면 분명 둘 중 한 사람, 혹은 두 사람 모두가 악사의 건전하지 못한 태도를 지녔기 때문일 것이다. 이 문제의 해결 방법이란 결혼의 보좌에서 자신과 금전을 끌어 내려 자신을 상호 필요의 목표를 성취하는 데 위탁하고, 하나님의 원리들에 모든 것을 맡기는 것뿐이다.

2) 당신의 잘못도 있다.

‘아담과 하와’에게서 배운다.

(1) 행복한 출발

모든 것은 아담과 하와로 더불어 시작되었다. 그들은 부부로서 첫 출발인만큼 복잡한 인척의 문제라든지 서로에 대한 질투심, 혹은 고부 간의 갈등 같은 것을 모르고 지낼 수 있었다.

성경은 이 새로운 실험에 대해 “여호와 하나님이 가라사대 사람의 독처하는 것이 좋지 못하니 내가 그를 위하여 돕는 배필을 지으리라”고 하였다. 그래서 하나님께서는 아담을 깊이 잠들게 하시고 그의 갈빗대를 하나 뽑아 그것으로 여자를 만드셨다.

이렇게 해서 시작된 첫 부부관계는 아주 좋은 계획으로 여겨졌다. 왜냐하면 그들 자신도 하나님의 지도하에서 그의 계획을 수행하기 위해 소집되었다는 사실을 잊지 않았고, 이것은 사람이 결혼의 축복을 충분히 체험하려고 했던 첫 시도였기 때문이다. 아담과 하와는 함께 행복해 하고, 참으로 하나가 되기를 약속했다. 그러나 창세기 3장을 훑어보면 그러한 계획들이 뜻대로 이루어지지 않았음을 볼 수 있다.

(2) 출발 후의 오류

① 하나님을 생각지 않음

하나님은 아담과 하와를 아름다운 동산에 두시고, 먹을 수 있는 풍성한 음식을 마련해 주셨으며, 저들에게 저들의 시간을 메워 갈 책임을 제시하셨다. 그러나 한 가지 저들의 삶에 제약을 두셨다. “동산 각종 나무의 실과는 네가 임의로 먹되 선악을 알게 하는 나무의 실과는 먹지 말라. 네가 먹는 날에는 정녕 죽으리라(창 2 : 16-17)”.

하나님께서 이 같이 제약을 두신 것은 아담과 하와에게서 무엇인가 빼앗기 위해서가 아니었다. 그들로 하여금 불가피하게 빠질 함정을 놓으려는 의도도 아니었다. 다만, 하나님은 사람이 그 열매를 먹은 후 일어나는 일에 대한 책임을 다룰 수 없다는 것을 아셨기 때문이다.

그러나 결국 아담과 하와는 하나님을 믿지 않고, 그에게 복종하지 않았음을 창세기 3장에서 볼 수 있다. 그들은 가장 중요한 결정을 내리는 과정에서 하나님의 뜻을 생각지 않았던 것이다.

② 특별한 것을 잃음

아담과 하와의 밀월은 끝나고, 그들은 첫사랑을 잃어버렸다. 창세기 2장 25절을 보면 “두 사람이 벌거벗었으나 부끄러워 아니하니라”고 하였다. 서로를 있는 그대로 보고 가면이나 겉치레가 없었으나, 그 누구도 난처해 하거나 부끄러움을 몰랐다. 그러나 다시 창세기 3장 6-7절을 보면 “여자가 그 나무를 본즉 먹음직도 하고 보암직도 하고 지혜롭게 할만큼 탐스럽기도 한 나무인지라 여자가 그 실과를 따먹고 자기와 함께 한 남편에게도 주매 그도 먹은 지라 이에 그들의 눈이 밝아 자기들의 몸이 벗은 줄을 알고 무화과나무 잎을 엮어 치마를 하였더라"고 하였다. 그 순간 아담과 하와는 무엇과도 바꿀 수 없는 귀중한 것을 잃게 되었다. 그것은 바로 하나님만을 경외하는 마음인 것이다.

③ 더 푸르른 초장을 봄

처음에 하와는 천국 같은 정원을 가졌고 하나님의 보호 아래 있었으며, 자신을 사랑해 줄 남편이 있었다. 뿐만 아니라 그녀는 단 하나의 열매만을 제외하고는 동산의 어떠한 나무의 열매라도 먹을 수 있었고, 그녀가 필요로 하는 모든 것을 가졌었다. 그런 면에서 그녀는 하나님의 의중에 꼭 들어맞게 이루어진 결혼을 한 것이다. 그럼에도 불구하고 그녀는 자신이 소유한 것 이외의 쓸데없는 것을 구하고자 하였다. 그래서 결국 그녀는 자신의 손에 쥐어진 행복을 팽개치고 다른 것을 위해 손을 뻗었던 것이다.

④ 다른 사람을 원망함

이 최초의 부부에 대한 이야기는 한 가지 보다 더 중요한 개념이 있다. 아담과 하와는 저들에게 일어난 일에 대해 어떤 책임도 지려고 하지 않았던 것이다. 하나님께서 아담과 하와에게 "어찌하여 이런 일이 일어났는가?"라고 질문하셨을 때, 그들은 다른 이에게 잘못을 미룰 뿐 자신의 잘못을 뉘우치지 않았다.

(3) 배워야 할 점

시편기자는 "여호와께서 집을 세우지 아니하시면 세우는 자의 수고가 헛되며 여호와께서 성을 지키지 아니하시면 파수군의 경성함이 허사로다(시 127 : 1)"라고 하였다. 이 말씀은 우리의 가정을 안전하게 이루기 위하여 가장 필요한 것은 어떠한 것인지 절실히 느끼게 해 주는 말씀이다.

우리의 모든 생활은 하나님의 주권으로 인해 이루어진다는 것을 잊었을 때 가정에는 웃음이 없어지고, 부부관계에 있어서의 예의가 사라지며, 무의미한 대화만이 오가게 된다. 또한 서로에게 관심이 없어지고 다른 사람의 떡이 더 커 보인다는 속담과 같이 다른 가정이 더 원만하고 만족스러워 보이게 된다. 그러나 우리가 기억해야 할 것은 다른 사람의 것을 넘보는 것보다, 비록 잡초가 무성한 풀밭이라도 자신이 해당되는 곳의 정원을 정성껏 가꾸어야 한다는 것이다.

하나님께서는 결혼을 통해 두 사람이 서로에게 기여하는 관계가 되도록 바라셨다. 서로에게 미안하다는 사과의 말을 게을리하지 않기를 바라셨다. 또한 결혼이라는 것이

이중주가 아니라 남자와 여자가 서로 사랑하는 것과 하나님 자신과의 거룩한 삼중주가 되기를 바라셨다. 이것이 하나님께서 의도하셨던 바이며 그가 계획하셨던 바이다.

이러한 하나님의 계획을 한낱 창조물에 불과한 우리들이 저버릴 수 있을까?

3) 권태기에 빠졌는가?

'아브라함과 사라'에게 배운다.

(1) 행복한 출발

결혼 초에는 누구나 단꿈에 누구보다도 자신만이 가장 행복한 사람이라고 생각한다. 그러나 이렇게 행복한 출발에도 불구하고 그 진행과정이 순탄하지만은 않다. 결혼생활에서 가장 심각한 시기는 중년기이다. 이 시기에는 결혼생활이 파탄되든지 아니면 더욱 성숙되는 제2의 단계가 되든지 둘 중의 하나이다. 또한 이 중년기에는 결혼 전, 혹은 신혼 초에 나누던 달콤한 사랑의 대화가 사라지고 웃음도 사라지며, 사랑이라는 말 자체에 대해 몹시 둔감해지는 때이기도 하다. 창세기 16장에 나오는 아브라함과 사라의 사이가 이와 같은 중년기의 기간이라 할 수 있다.

(2) 출발 후의 권태

중년기에 들어 부부관계를 파탄에 이르게 하는 첫째 동기는 먼저 육체적인 문제들이다. 본문(창 16 : 2, 창 17 : 17, 창 18 : 11-12)은 모두 아브라함과 사라가 나이가 점점 들면서 체험한 불가피한 육체적인 문제들을 암시한다. 사라는 아기를 가질 수 있는 나이가 지났다(창 16 : 2). 아브라함 역시 그가 자녀의 아버지가 될 수 있는 나이가 지났다고 느꼈다(창 17 : 17).

오늘날 전문가들은 남자와 여자들이 이 기간 동안에 체험하는 "삶의 변화"는 불안과 호흡 곤란의 원인이 된다고 한다. 모든 종류의 염려들처럼 폐경기의 불안은 수많은 불합리하고 예기할 수 없는 반응의 근원이 된다.

육체적 변화의 다른 면은 에너지의 상실이다. 우리가 늙으면 늙을수록 체내의 에너지고도는 낮아지고, 우리가 해야 할만큼의 일을 할 수 없게 된다. 어떤 사람은 이 중년기를 "당신이 마땅히 기대한 만큼의 능력을 발휘하지 못한다는 느낌에 익숙한 때"라고 정의한다. 또 다른 사람은 이 중년기를 전날 밤의 숙취처럼 느끼는 때라고 말한다. 우리는 종종 인간의 가치를 그의 활동으로 측량하기 때문에 에너지의 고도가 이처럼 떨어지는 것은 남자나 여자 모두에게 위협을 주는 체험이다.

이 같은 육체적인 문제들 외에도 심리적인 문제들이 있다. 우리는 아브라함과 사라가 이 시기에 체험하고 있는 심리적인 혼란을 볼 수 있다. 아브라함이 처음 하란을 떠날 때(창 12 : 1-2), 하나님은 아브라함에게 자손이 뭇 별과 같아 큰 나라를 이룰 것이라고 하셨다. 그리고 창 12 : 7, 창 15 : 4, 창 15 : 5에서는 이 약속을 재확인했다. 그러나 그 후 10년이 지나도(창 16장) 자녀는 태어나지 않았다. 약속이 아직 성취되지도 않았는데 아브라함과 사라는 자신들의 죽음이 그리 멀지 않은 곳에 있다는 것을 보며 이 약속들은 결코 성취될 수 없으리라고 생각하기 시작했던 것이다.

(3) 배워야 할 점

"사는 것은 변화하는 것이고, 완전하게 되는 것은 자주 변화하는 것이다"라는 말이 있다. 즉, 매일 똑같은 시간을 부여받았어도 결코 그 모든 시간이 같을 수는 없다는 말이다. 결혼생활도 예외일 수는 없다. 때로는 자신들의 결혼생활이 가장 행복한 양 우쭐대지만 누구나 중년기에 접어들게 되면 자연히 대화가 제대로 이어지지 못하고 같이 얼굴 대하기를 꺼려하는 등 권태기에 사로잡히게 된다.

이 문제를 우리는 어떻게 대처해 나가야 할까? 먼저 부부가 같이 보낼 수 있는 시간들을 의식적으로 만들어야 한다. 하다못해 자질구레한 잡일이라도 반씩 나누어 거든다든지, 자녀를 매개체로 하여 좀더 새로운 관계를 맺을 수 있도록 힘써야 한다. 또한 한 가지 의견을 놓고 대화를 나누는 방법도 좋은 방법이다. 어쨌든 둘 사이에 가로놓여 있는 벽을 깨는 것은 가장 어려운 일 같으면서도 가장 손쉬운 방법으로 이루어진다는 점을 염두에 두자.

4) 결혼 생활에 위기가 왔는가?

'이삭과 리브가'에게서 배운다.

(1) 행복한 출발

성경에서 가장 흥미 있는 이야기 중 하나는 이삭과 리브가의 결혼이야기이다. 만일 천상에서 결혼이 이루어진 적이 있다면, 바로 이런 결혼이었을 것이다. 우물가에서 리브가와 상면하도록 종을 파견하는 일에서 시작하여, 리브가의 가족들과 단체교섭하는 일, 이삭의 천막에서 결합되는 절정에 이르기까지 모든 것은 계획에 따라 진행되었다. 이것은 언뜻 보아 진정한 사랑이었고, 하늘에서 배려한 결혼이며, 성공으로 이루어질 배합이었다. 그러나 어쩐 일인지 성공은 이삭과 리브가를 피해 갔다.

(2) 출발 후의 불행

아브라함은 이삭에게 아내를 구해 주고자 원할 때, 이삭의 아내가 될 여인은 그와 같은 종교, 같은 종족, 같은 혈육과 사회적인 배경을 가진 사람이기를 원했다. 왜냐하면 그는 적절한 조화가 성공적인 결혼에 절대로 필요한 기초라고 느꼈기 때문이다.

뿐만 아니라 공통된 영적인 배경도 중요하다. 서로의 믿는 종교가 다르다면 삶의 가장 중요한 영역에서 함께 친교를 가질 수 없기 때문이다. 그리고 배우자와의 공통된 관심사 또한 내포되어야 한다. 오늘날 대개의 경우 부부가 모두 일하는 것이 예사이기 때문에 부부가 함께 할 기회라고는 여가시간 뿐이다. 공통된 관심사가 없이는 그들을 하나로 묶어 줄 강한 관계가 이룩될 수 없다.

물론, 배우자와 어느 면에서나 똑같아야 한다는 것은 아니다. 두 사람이 아주 똑같다고 한다면 이처럼 지루한 관계는 또 없을 것이다. 단지 아브라함이 깨우쳤던 것처럼 닮은 것이 있으면 있을수록 보다 공통된 근거가 있게 될 것이며, 보다 완벽하게 조화를 이룰 것이고, 마땅히 조종해야 할 일들에서 외상을 덜 입게 될 것이라는 의미인 것이다.

그러나 이삭과 리브가의 체험에서 잘 어울림은 중요하지만 이것만으로는 충분하지 못하다는 것을 분명히 알 수 있다. 이삭과 리브가는 너무나 아름답게 어울려서 결혼은 성공으로 이어질 것 같았다. 그러나 그들은 강한 관계를 쌓아야 할 매일의 도전을 직면하는 데 실패했다. 그들은 결혼 생활이 어려운 과업이라는 것을 깨닫지 못하였다. 기초는 집을 짓는 첫 단계에 불과한 것처럼, 적절하게 어울린다는 것은 결혼을 이룩하는 첫 단계에 불과하다. 이삭과 리브가의 결혼 생활이 흔들리려 할 때 그들은 다시 초점을 맞추고자 노력하지 않았었다.

하니크 박사는 모든 부부가 결혼 2년부터 5년 사이에 심각한 시기를 거친다고 말한다. 밀월 여행은 끝나고, 모든 감추어져 있던 점들이 드러나게 된다. 이 시점에서 부부는 십자로에 서게 된다. 만일 이 때, 이 위기를 인정하고 이에 대처하기를 거부하던가, 아니면 이를 혼외의 관계를 맺음으로 처리한다면 결혼생활은 산산조각이 나게 된다. 반면에, 만일 저들이 이 위기를 보다 나은 것으로 옮겨질 기회, 이상에서 실제로 옮겨질 기회, 동거에서 진정한 결합으로 옮겨질 기회로 전환시킬 수 있다면 충분히 위기에서 벗어날 수 있다. 뿐만 아니라 보다 풍요로운 관계로, 또한 저들이 이전에 체험했던 것보다 더욱더 강한 결혼생활로 옮겨질 수 있을 것이다.

이삭과 리브가는 결코 각성의 계곡을 거치지 않았음이 분명하다. 결과적으로 성공으로 이끌어지도록 천상에서 맺어진 저들의 결혼은 무관심의 진흙탕 속으로 빠져 버렸다. 그들은 비록 함께 살기는 하지만 부부로서의 관계는 이미 끝난 것이다.

(3) 배워야 할 점

하워드 클라인 벨은 “함께 사는 데는 끈기가 필요하며 이를 실천하는 사람들은 영웅들이다”라고 말하였다. 그러면 이것을 실천하는 길은 어떤 것인가? 먼저 결혼 초에 가졌던 서로에 대한 신비감을 잃지 않는 것이다. 우리들은 결혼에 대해서 우리가 자라난 가정에서 보고, 결혼에 관한 책들을 읽고, 또 결혼한 친구들에게서 듣는 것으로 이해하게 된다. 이 모든 입력된 사실에서 각 사람은 그가 기대하는 기본적인 이해와 그가 결혼생활에서 그의 배우자가 해 주기 바라는 기대에 이르게 된다. 문제는 한 사람의 기대들이 다른 사람의 기대들과 완전하게 일치할 수 없다는 것이다.

따라서 자신이 생각하던 것과 다른 상대의 모습을 보며 때로는 실망하게도 될 것이다. 그러나 항상 결혼하기 전 상대에 대해 품었던 마음을 잃지 않으려 노력하고 끊임없이 옮은 신비감을 간직하고 있다면 그런 실망들은 무마되기 마련이다.

다음은 의사소통이 계속되게 해야 한다. 의사소통은 행복한 결혼생활에 중요한 열쇠 중의 하나라는 것을 잊지 말자. 의사가 원활하게 오가게 됨으로써 서로를 더욱 이해할 수 있고, 그 이해는 곧 행복으로 이어지는 것이다. 그리고 사랑이 계속 보이게 해야 한다. 사랑이란 자동적으로 자라는 것이 아니다. 사랑은 키워야만 한다.

그러면 어떻게 사랑을 키울 수 있는가? 당신이 다른 사람과 결혼했기를 바라는 대신, 배우자가 당신을 행복하게 해 주는 긍정적인 요소들을 찾도록 해야 한다. 행복한 결혼의 열쇠는 올바른 사람을 찾는 데 있는 것이 아니라, 올바른 태도를 지속하는 데 있다. 그리고 "나는 당신을 사랑하오"라는 말은 사랑의 행위가 따르지 않는 한, 빈 상투어에 불과하다는 점을 기억하자. 깜짝 놀랄 선물, 특별한 날의 외식, 좋지 않은 일을 자원하여 돕는 일, 즉 이런 것이 사랑을 행동으로 표현하는 방법들이다.

마지막으로 결혼생활이 어떻게 해야 바람직하게 될 수 있는가를 연구하도록 하자. 당신은 처음에 당신이 사랑하는 사람과 함께 사는 삶이 어떠할지 그려보았을 것이다. 당신이 영구히 지속되기 바라는 관계, 즉 기쁨과 성취감을 가져다 줄 관계를 그려보았을 것이다. 이것을 계속 유지하는 것이 성공적인 결혼생활의 또 하나 중요한 열쇠이다.

벤자민 프랭클린은 다음과 같이 말하였다. "결혼 전에는 당신의 눈을 크게 떠라. 그러나 결혼 후에는 당신은 눈을 반쯤 감아라." 이 말을 늘 의식적으로 새기도록 하자.

5) 진정한 상대자는 누구인가?

'야곱과 레아'에게서 배운다.

(1) 불행한 출발

야곱과 레아의 결혼은 사고로 시작되어 축복으로 끝났다. 이것은 야곱이 계획했던 것이 아니었다. 왜냐하면 처음에 그는 매혹적인 라헬에게 반했었기 때문이다. 그는 라헬을 아내로 맞아들이기 위하여 7년 동안 일할 것을 동의하였다. 그러나 정작 그가 신방에서 눈을 떴을 때는 라헬이 아닌 레아가 곁에 있었다. 그러자 그는 거기에서 만족하지 못하고 자신이 처음부터 원했던 라헬을 얻기 위해 다시 7년 동안 일을 하고 결국 그녀를 아내로 맞았다.

(2) 출발 후의 행복

야곱과 레아의 결혼은 분명히 그릇된 시작이었다. 야곱이 레아에게 장가들게 된 것은 레아의 아버지가 계획한 음모의 함정에 빠졌기 때문이다. 그런데 이 속임수에서 레아의 역할이 무엇인지 분명하지 않지만 그녀가 적어도 여기에 기꺼이 참여했다는 것은 어쩌면 그녀는 결혼에 대해 절망적인 상태였기 때문에, 이 기회를 마지막 희망으로 보았을는지 모른다. 야곱과 레아의 관계는 부정직과 속임수에서 시작되었다.

오늘날 수많은 결혼들이 이와 같은 불안정한 기초에 근거하여 이루어지는 것은 슬픈 일이지만 사실이다. 사람들은 종종 저들의 배우자를 잘 알지도 못하고 결혼한다. 왜냐하면 서로가 자신을 위장하기 때문이다. 자신의 개성의 밝은 면을 강조하고, 보다 더 매력 있게 보이기 위하여 어두운 면을 교묘하게 위장한다. 이에 덧붙여, 어떤 개인적인 성품과 결혼에 관한 개인적인 기대들은 토의되지 않는다. 우리들이 고의적으로 이것을 기피하는 것은 아니다. 종종 우리가 이것을 생각하지 못할 뿐이다.

그렇기 때문에 긴 구애 기간이 매우 중요하다. 이 기간 동안에 당신의 내심 깊은 곳에 자리하고 있는 감정과 욕망과 기대들을 충분히 발굴할 기회를 마련해 준다. 또한 당신이 가면을 벗어버리고 진정한 당신 자신을 드러낼 수 있게 한다.

결혼생활은 상호 의존, 동거, 피차 책임지는 관계이어야 한다. 그러나 우리가 결혼생활을 권력투쟁의 장으로 만들고, 유리한 고지를 점령하기 위하여 끊임없이 노력할 때, 우리들은 레아와 야곱처럼 불건전한 결혼 행위에 참여하게 된다.

그런데, 우리들이 계속되는 이야기에서 발견하는 놀라운 사실은 이 결혼이 처음에는 그토록 약하게 시작되었으나, 결국에는 강하게 끝난다는 사실이다. 이것은 우리가 창세기의 이야기를 계속 보면 알 수 있다. 창세기 30장 1절에서 라헬의 낭패는 그녀의 반응에서 나타났으며, 이 때 레아와 야곱은 견고한 관계를 수립하고 있음을 시사했다. 창세기 49장 31절에서 레아는 아브라함이 묻힌 가족묘지인 막벨라 굴에 야곱과 나란히 묻히게 된다. 이것 역시 그녀의 지위가 높아졌다는 것을 말해 준다.

우리가 야곱과 라헬이 아니라, 야곱과 레아의 관계를 통하여 메시아의 계열이 계승된다는 것을 생각하면, 우리들은 이 결혼에 희망이 전혀 없는 것처럼 시작되었으나, 결국은 건전하고 행복한 관계로 변모했다는 것을 깨닫게 된다.

(3) 배워야 할 점

사랑은 창조될 수 있다. 야곱과 레아가 결혼했을 때 저들은 전혀 사랑하지 않았다. 그러나 해가 지나면서 사랑은 싹트기 시작하였다. 저들이 발견한 것은 결혼이 사랑의 결과가 아니라 사랑의 기회라는 것이다. 그래서 마크 트웨인은 “사랑은 가장 빠른 것

같지만, 모든 자라나는 것들 중에서 제일 느린 것이다"라고 말하였다.

성공적인 결혼생활에서 가장 중요한 요소는 올바른 사람을 발견하는 것이 아니라 올바른 태도를 지속하는 것이다. 그것은 참으로 어려운 일이다. 결혼만큼 노여움을 발생케 하는 인간관계가 없기 때문이다. 실수를 하게 되고, 상처를 입게 마련이다. 그러나 진정으로 "미안하오"와 "나는 당신을 용서하오"라는 말을 게을리하지 않을 때, 분노가 짓누르는 원한으로 발전하는 것을 예방하는 최상의 처방이 된다.

결혼생활에 물론 유쾌하지 못한 요소들이 있을 것이다. 어두운 면, 그림자를 볼 수 있다. 그러나 될 수 있는 대로 밝은 면을 보도록 힘써야 한다. 전에 무슨 일이 일어났던지 상관없이 잘못된 시작이 극복될 수 있고, 사랑은 창조될 수 있으며, 강한 관계가 개발될 수 있다.

6) 새로운 출발을 원하는가?

'보아스와 룻'에게서 배운다.

(1) 첫 출발의 실패

학교에서 단체로 예방접종을 할 때 뺑소니를 치는 학생들이 한 반에 몇 명씩은 있게 마련인데, 그것은 앞으로 그 병에 걸리는 것보다 당장 주사 맞는 것이 더 고통스럽기 때문이다. 그러나 주사를 맞으면 한동안 팔이 붓고 열이 나지만 그 병에 걸리지 않는 것처럼, 한 번의 결혼생활 실패는 다음 행복을 위한 예방접종이라고 볼 수 있다.

사람은 어차피 혼자서는 살 수 없도록 이미 하나님께서 정해 주셨다(창 2 : 18). 그렇기 때문에 아무리 독신을 고집하던 사람이라 하더라도 결국은 결혼을 하게 되고, 결혼생활에 실패한 사람이라도 또다시 재혼하게 되는 것이다.

우리는 이러한 경우를 룻과 보아스에게서 볼 수 있다. 룻은 이스라엘에서 경제적으로 어려운 상황을 피하여 모압으로 피난 온 유대가정의 젊은이 말론에게 시집을 갔다. 그러나 집안 형편은 점차 너무 어려워졌고 결국은 나오미의 두 아들은 모두 목숨을 잃게 되었다. 남편과 두 아들을 잃은 시어머니가 고향으로 돌아갈 것을 결심했을 때 룻은 자신도 함께 갈 것을 택했다. 이렇게 전혀 이방인의 몸으로서 유대 땅으로 건너와 어떻게 다시 결혼세계에 뛰어들게 되었는지를 살펴보며 지혜를 얻도록 하자.

(2) 새로운 출발

① 가능성

룻의 이야기에서 우리는 재혼은 가능할 뿐만 아니라, 상당히 긍정적인 것임을 알 수 있다. 룻과 보아스의 결혼은 먼저 시어머니 나오미의 마음에서 비롯되었다(룻 2 : 19-22). 이미 결혼했던 사람에게는 친구나 친척이 중매하는 것이 성사되지 못하는 예가 흔하다. 그러나 이 경우는 그렇지 않았고, 계획은 거침없이 풀렸다.

저들의 관계에서는 불리한 요소들이 많았다. 룻은 이방인이었다. 그리고 그는 그녀보다 훨씬 나이가 많은 것이 분명하다(3 : 10). 어떤 의미에서는 그는 그녀의 가장 가까운 친척(그녀의 대속자)으로서 그녀와 결혼할 의무가 있었는지 모른다. 그래서 결혼은 성사가 되었고, 룻을 위한 재혼의 기쁜 종소리는 성공의 기쁜 소리와 더불어 울려 퍼졌다.

② 재혼으로 생겨난 문제들

결혼했었던 사람들에게는 많은 문제가 있다. 이것은 어쩌면 자연스러운 것인지도 모른다. 왜냐하면 결혼이라는 것은 서로에 대해 이미 모든 것을 알고 있는 사람과 하는 것이기 때문이다. 어쨌든, 재혼은 삶의 여러 가지 문제들을 해결해 주기보다는 새로운 문제를 더해 준다. 그것은 금전의 문제, 자녀의 문제 등을 들 수 있다.

이 중에서도 가장 큰 문제는 자녀의 문제라고 할 수 있겠다. 재혼 전의 배우자 사이에 태어난 자녀들에게 자기 자녀와 똑같은 사랑을 느끼기란 상당히 어렵다. 그래서 훈계의 모순된 방법, 혹은 수입을 불공평하게 배당하는 데에 일이 나타나게 된다. 그리고 예전의 배우자와 비교하게 되는 문제도 상당히 심각하다. 보통 의식적으로 비교를 하지 않으려고 노력하지만, 대개 재혼의 경우에서 이것은 바로 외피 아래에 잠복하고 있기 때문에 어쩔 수 없는 일이다.

재혼을 하는 사람들에게 있어서 성공의 여부는 이러한 문제들을 어떻게 다루는가에 따라 결정된다.

③ 불행을 극복한 방법

룻은 삶에 있어서 자기 연민을 기피했다. 자기연민은 나오미에게 있었다. 그녀는 남편을 얻기에는 자신이 너무 늙었으며, 자녀를 가질 기회가 지났다고 한탄했다(룻 1 : 11-12). 또한 여호와의 손이 그녀를 쳤다고 불평했다(13절). 심지어 그녀는 이름을 마라라고 고쳐 그녀의 형편이 좋지 않았음을 나타내려고 했다(20절). 여호와께서 그녀를 심하게 다루셔서 그녀가 고향을 떠날 때는 풍족했었으나, 이제 빈손으로 고향에 돌아오게 하셨다고 결론을 내렸다(21절). 이렇듯 나오미는 자기 연민에 흠뻑 젖었으나 룻에게는 이런 기미조차 없었다.

우리들은 룻이 그녀의 비탄을 어떻게 극복했는지에 대해서는 잘 알지 못한다. 그러나 그녀가 어떤 모습의 삶으로 끝났는지는 분명히 알 수 있다. 자기 연민은 사라졌고, 비통은 해소되었으며, 그녀는 자신의 모든 형편을 건전하게 받아들였던 것이다.

④ 배워야 할 점

일생을 나 아닌 다른 사람과 함께 생활해야 한다는 것은 어지간한 책임감으로는 이루기 힘든 일이다. 더욱이 한번 시작했다가 실패하고, 또 다시 일어서야 하는 경우는 두말할 것도 없다. 그러나 성경을 보면 그 두 번째 시도를 멋지게 해낸 여인을 볼 수 있다. 바로 룻이라는 여인이다.

그녀는 남편과 사별하고 오로지 시어머니 한 분만을 보고(물론 여기에는 하나님에 대한 경이도 포함된다고 할 수 있다), 이방 땅인 유대까지 건너와 인간의 궁극적인 삶의 목표인 행복을 추구하고자 노력하였다. 룻은 자신에게 주어진 불행을 극복하였고, 오히려 미래를 향하여 전진할 만반의 준비를 갖추고 있었던 것이다. 그녀가 이렇듯 새로운 삶에 대해 모든 것을 긍정적으로 받아들이고, 그 바탕을 여호와를 경외하고, 시어머니를 사랑함에 두었던 것이 더욱 큰 결실을 맺도록 이끌었다고 보겠다.

새로운 삶을 시작한다는 것은 물론 좋은 일이다. 그러나 그 바탕이 그리스도인으로서 하나님의 말씀에 두지 않는다면 그 새로운 삶은 이미 "하나님께서 보시기에 심히 좋았더라"의 삶이 아니라 "보시기에 악하였더라(삼하 11 : 27)"의 그릇된 삶이 되는 것임을 분명히 기억하도록 하자.

7) 성적으로 문제가 있는가?

'다윗과 밧새바'에게서 배운다.

(1) 즐거운 출발

성경에서는 성을 하나님의 착상이라고 선언한다. 하나님께서 아담과 하와를 성적인 성향을 갖게 지으시고, 바로 그들에게 자식을 낳고 번성하여 온 땅에 퍼져서 땅을 정복하라고 말씀하셨다. 그러므로 성은 타락의 결과가 아니라 그 이전의 일이라는 것을 기억해야 한다.

또한 '창 1 : 31'에서 성에 대해 "그 지으신 모든 것을 보시니 보시기에 심히 좋았다(남자와 여자 그리고 저들의 성적인 중요성이 포함된다)"라고 표현하였다. '잠 5 : 18-19'의 그림 같은 표현에서는 성은 남편과 아내가 즐겨야 하는 것을 함축하는 의미로 성의 긍정적인 가치를 강조한다.

또한 성경에서는 이 성의 중요한 표현의 장은 결혼임을 선언한다. '마 19 : 5'에서 예수는 인간의 결혼을 위한 하나님의 이상적인 목적을 말씀하시면서 '창 2 : 14'을 인용하신다. "이리하여 남자는 어버이를 떠나 아내와 어울려 한 몸이 되게 되었다." 그는 성(性)은 결혼을 위한 것이라고 말씀하신 것이다. '고전 7 : 2-5'에서 바울은 결혼의 이유 중의 하나가 두 사람이 서로의 성적인 욕구를 성취할 수 있게 하는 것이라고 말한다.

인간의 삶에서 성의 중요성이란 새 삶을 마련해 주고, 사람을 몸과 정신으로 결합시켜 주고, 배우자와 친밀한 방법으로 의사소통을 할 수 있는 기회를 마련해 준다는 것이다. 하나님은 이러한 모든 것이 영원한 결혼관계의 안전과 성결과 민감함에서 이루어지기를 의도하셨다. 성경이 성에 대해 확증하는 또다른 요소가 있다. 즉, 성이 남용되어서는 안 된다는 것이다. 성이 올바른 때에, 올바른 장소에서, 올바른 사람 사이에서, 올바른 이유로 체험될 때, 삶의 가장 생산적인 힘이 된다.

이것을 우리들은 다윗과 밧세바의 관계에서 볼 수 있다. 정력적인 다윗과 아름다운 밧세바의 결혼은 사랑이 아니라 음욕에 의하여, 즉 성에 의하여 이루어졌다. 성욕이 그들 관계의 시발적인 동기가 되었다. 다윗은 밧세바를 보자 그녀를 원했고, 사람을 보내 그녀를 불러 잠자리를 같이 했다. 불행스럽게도 이것은 그릇된 때와 장소에서 그릇된 사람과 그릇된 이유로 이루어졌던 성관계였다.

(2) 그릇된 출발

① 하나님께 불쾌감을 가져온다.

다윗과 밧세바의 관계를 성경에서는 "다윗이 행한 일이 여호와의 눈에 거슬렸다(삼하 11 : 27)"고 표현하였다. 또한 '왕상 15 : 5'에서는 "이는 다윗의 헷 사람 우리아의 일 외에는 평생에 여호와 보시기에 정직히 행하고 자기에게 명하신 모든 일을 어기지 아니하였음이라"고 하였다.

이처럼 하나님은 다윗과 밧세바가 행한 일은 좋아하시지 않으셨다. 그들의 불륜스러운 결합으로 인해 많은 불행이 야기되었고, 그 모든 요소가 하나님을 불쾌하게 할 뿐이었다. 하나님께서는 목적을 가지고 성을 만드셨으며, 이를 체험할 자리를 마련하셨다. 그럼에도 불구하고 우리가 하나님의 계획에서 벗어날 때마다 하나님은 불쾌하게 여기신다.

② 어려움들을 가져온다.

'삼하 12장'에서 하나님의 전령 나단은 다윗의 죄를 가지고 그와 직면했다. 다윗이 자신이 행한 일을 인정했을 때, 나단은 하나님의 심판의 말씀을 선포했다. "이제 네가 나를 업신여기고 헷 사람 우리아의 처를 빼앗아 네 처를 삼았은즉 칼이 네 집에 영영히 떠나지 아니하리라 하셨고, 여호와께서 또 이처럼 이르시기를 내가 네 집에 재화를 일으키고 내가 네 처를 가져 네 눈앞에서 다른 사람에게 주리니 그 사람이 네 처들로 더불어 백주에 동침하리라(10-11). 14절에서 나단은 다윗과 밧세바 사이에 태어나는 아기는 죽을 것이라고 덧붙였다. 그리고 그 외에도 15장, 18장 등에서 그의 삶에서 한 가지 어려움이 지나가면 또 다른 어려움이 오는 것을 볼 수 있다. 이것은 바로 다윗이 밧세바와 불륜의 관계를 맺은 그 순간부터 있게 된 죄과인 것이다.

③ 왜곡된 이해를 가져온다.

우리는 다윗과 밧세바의 이야기에서, 하나님께서 인간의 삶에 본래 계획하셨던 것이 일그러졌다는 것을 알 수 있다. 마찬가지로 오늘날 우리들도 성에 대해서 이와 같이 일그러져 있음을 인정해야 한다. 성은 하나님의 계획이었고, 또한 좋은 것이었다. 그러나 걷잡을 수 없이 내버려 둘 때, 이것은 하나님의 선물에 대한 이해를 왜곡시키는 것이며, 사랑에서 육욕으로, 성스러운 행위에서 부끄러운 행위로, 성취의 체험에서 두려움의 체험으로, 우리의 관계 일부분에서 전부로 변화시킬 것이다.

④ 여러 가지 파멸을 가져온다.

나단은 다윗에게 그의 죄 때문에 "칼이 네 집에 영영히 떠나지 아니하리라(삼하 12 : 10)"고 말하였다. 다윗의 인간성 때문에 그의 집안에 영향을 미치고 결국은 나라에도 영향이 미치게 되었다. 다윗이 지은 죄는 나라살림을 약화시켰고, 이것은 후손들을 낙심하게 하여 결국, 이스라엘을 파멸로 이끌었던 것이다.

(3) 배워야 할 점

우리가 성을 최상에 둘 때, 참으로 소중하고 은혜스러운 하나님의 선물이 된다. 그러나 성을 걷잡을 수 없이 내버려 둘 때 이것은 오히려 우리의 삶에 순간적인 열락을 주는 대신 평생의 비극을 가져오게 된다.

오늘날에는 과거와 달리 피임법과 의약의 사용으로 인해 문란한 성생활을 하게 되었다. 그런데 중요한 것은 이 좋지 못한 성생활로 인해 정신적인 면에 커다란 장애가 생긴다는 것이다. 〈미 정신의학지〉의 편집장은 혼전 성교가 "정신병원의 젊은이들 중에 크게 늘어났다"고 하였다. 그리고 심리학자 O. 호발트 모우리는 현대의 신경장애의 가장 많은 원인은 좌절이 아니라 죄책감이라는 것을 강조하였다.

우리의 모든 앞길을 정하시고 우리에게 어떻게 해서든지 기쁨과 행복을 주시고자 하시는 주님이 계시는 데 한낱 자신의 마음을 이기지 못하여 다윗과 같은 과오를 저지른다는 것은 참으로 어리석은 일이다. 그러나 그와 같은 잘못을 저질렀다 해도 속히 눈물로써 회개한다면 하나님께서는 우리의 통회를 외면하지 않으실 것이다(시 51편 참조).

〈활동자료〉

결혼생활에 대한 자가 채점

가. 결혼은 하나의 **과정**이다.

아래의 문장을 읽고 대답하십시오. 당신의 현재 상태와 맞는 것에 표시하면 됩니다. 오른쪽 칸의 다음과 같은 기호 가운데 당신에게 해당되는 곳에 동그라미를 치십시오.

○ **그렇다** (지금 그대로의 당신의 상태와 대체로 맞는 경우)

× **그렇지 않다** (아마도 당신의 현재 상태가 아닌 경우)

△ **잘 모르겠다** (조금 맞는 점도 있지만 '아마', '어느 정도', '모르겠다'라는 생각이 더 많은 경우)

※응답 하나에 동그라미 하세요.

1	배우자가 지난 몇 해 동안 변화한 모습이 내 마음에 든다.	○	×	△
2	나는 배우자와 함께 우리의 신체적 변화가 우리의 관계에 어떤 영향을 미치는가에 대해서 터놓고 이야기할 수가 없다.	○	×	△
3	나는 결혼생활에서는 부부관계의 성장을 택하든지 개인의 성장과 발전을 택하든지, 둘 중 하나를 택해야 한다고 생각한다.	○	×	△
4	배우자와 나는 우리 관계에 부정적으로 영향을 미치는 서로의 성격이나 태도의 변화에 대해서 쉽게 의논한다.	○	×	△
5	우리의 결혼생활을 튼튼히 해 주었다고 생각하는 사건들에 대해 배우자와 얘기해 보았다.	○	×	△
6	나의 배우자와 나는 결혼생활에서 우리 각자의 역할이 동등한 가치를 가진다고 생각한다.	○	×	△
7	현재의 우리 생활이 초기의 꿈과 얼마나 다른가를 이야기하는 것이 어렵다.	○	×	△
8	우리는 우리 부부관계의 성장에 많은 도움을 준 이들에 대해 얘기해 보았고 생각이 같다.	○	×	△
9	자녀들의 생활의 변화와 위기가 우리 결혼생활에 어려움을 가져온다.	○	×	△
10	나의 배우자는 외부의 변화가(직업이나 재정이) 우리 부부관계에 미치는 영향에 대해서 말하기를 꺼리는 것 같다.	○	×	△
11	나는 우리 각자가 신앙과 영성의 성숙면에서 서로 차이가 나는 것이 우리 부부관계에 부정적인 영향을 미치고 있다고 믿는다.	○	×	△
12	우리 생활방식에 영향을 미치는 중요한 결정에 대해서는 우리는 전부 의논하고 동의한다.	○	×	△
13	나는 변화와 위기에 처해 있을 때 배우자의 도움을 느낀다.	○	×	△
14	나는 건전한 부부관계는 불만과 불행의 날들을 피할 수 있다고 믿는다.	○	×	△
15	우리 생활의 변화로 배우자가 혼란을 느낄 때 나와 좀더 대화를 나누어 주었으면 좋겠다.	○	×	△
16	나는 우리의 부부관계에 대해 재협상을 하기 위하여 우리가 찾는 방법들에 만족한다.	○	×	△
17	우리는 해가 가면서 서약(헌신)의 뜻이 변하고 있는지를 대화하고 있다.	○	×	△

나. 결혼은 하나의 **친밀**이다.

아래의 문장을 읽고 대답하십시오. 당신의 현재 상태와 맞는 것에 표시하면 됩니다. 오른쪽 칸의 다음과 같은 기호 가운데 당신에게 해당되는 곳에 동그라미를 치십시오.

○ **그렇다** (지금 그대로의 당신의 상태와 대체로 맞는 경우)

× **그렇지 않다** (아마도 당신의 현재 상태가 아닌 경우)

△ **잘 모르겠다** (조금 맞는 점도 있지만 '아마', '어느 정도', '모르겠다'라는 생각이 더 많은 경우)

※ 응답 하나에 동그라미 하세요.

1	우리는 우리 관계가 자라는 데 가장 좋은 밑거름이 되는 것들에 대해 알고 대화해 보았다.	○	×	△
2	나는 우리 관계에서 친밀함에 대해 중요시하는 배우자의 태도가 마음에 든다. 어떤 점들은 우리 관계에 계속 습관적으로 나타난다.	○	×	△
3	어떤 점들은 우리 관계에 계속 습관적으로 나타난다.	○	×	△
4	나는 배우자가 자신의 가장 깊은 내면까지도 나와 나눌 수 있다고 생각한다.	○	×	△
5	나는 배우자가 나를 비난할 때 거부당하는 느낌을 가진다.	○	×	△
6	배우자는 과거에 그의 마음에 상처받은 일들을 쉽게 잊지 못하는 것 같다.	○	×	△
7	배우자와 나는 성에 대해 두려움, 희망, 더 좋아하는 것 등을 쉽게 이야기할 수 있다.	○	×	△
8	나는 배우자가 때로 성을 나 자신 또는 우리 관계의 조종수단으로 쓰는 것이 못마땅하다.	○	×	△
9	우리는 우리의 성행위나 습관된 방식에 대해 서로 찬성한다.	○	×	△
10	나는 과거의 성경험이 우리의 부부관계에 부정적인 영향을 미치는 것을 염려한다.	○	×	△
11	우리가 부부관계 안에서 자녀들에 대해 갖고 있는 꿈과 결정은 서로 동의한 것이다.	○	×	△
12	나는 배우자가 우리 부부관계보다 부모 역할을 더 중요시한다고 생각한다.	○	×	△
13	우리는 함께 기도할 수 있다.	○	×	△
14	종교나 가치관의 차이점 때문에 우리는 그만큼 더 가까워지기가 어렵다.	○	×	△
15	우리는 우리 직업이나 경력이 어떻게 우리 관계에 영향을 미치는가에 동의한다.	○	×	△
16	때로는 돈이 우리 부부관계에서 힘이나 가치를 혹은 둘 다를 결정하는 것 같다.	○	×	△
17	돈이 우리 부부 사이를 갈라놓는다.	○	×	△
18	배우자와 나는 우리 부부의 친밀함을 가장 위협했던 사건들에 대해 얘기해 봤다고 동의한다.	○	×	△
19	나는 우리 부부가 서로 좋은 친구도 되고 연인도 된다고 본다.	○	×	△

다. 결혼은 하나의 **조화**이다.

아래의 문장을 읽고 대답하십시오. 당신의 현재 상태와 맞는 것에 표시하면 됩니다. 오른쪽 칸의 다음과 같은 기호 가운데 당신에게 해당되는 곳에 동그라미를 치십시오.

○ **그렇다** (지금 그대로의 당신의 상태와 대체로 맞는 경우)

× **그렇지 않다** (아마도 당신의 현재 상태가 아닌 경우)

△ **잘 모르겠다** (조금 맞는 점도 있지만 '아마', '어느 정도', '모르겠다'라는 생각이 더 많은 경우)

※응답 하나에 동그라미 하세요.

1	나는 처음 결혼했을 때보다 배우자의 행동방식을 더욱 쉽게 받아들인다.	○	×	△
2	나는 배우자의 좋은 점이라고 생각하는 것들에 대해 배우자와 말해 보았다.	○	×	△
3	배우자의 소양이나 행동 중에는 우리 부부관계에 방해가 되는 것이 있다.	○	×	△
4	배우자가 내게 갖는 기대 중에 내 생각으로는 비현실적이고 부당한 것도 있다.	○	×	△
5	배우자는 내가 주위를 처리하고 정돈하는 방식에 만족한다.	○	×	△
6	배우자와 나는 각자 혼자 보내야 할 시간의 양 때문에 문제가 생길 때가 있다.	○	×	△
7	나는 나의 배우자가 애정을 충분히 나타낸다고 느낀다.	○	×	△
8	나와 배우자는 서로 털어놓고 얘기해야 되는 것과 자신의 마음 속에 간직해야 하는 것에 대한 필요성이 다르기 때문에 문제가 생길 때가 있다.	○	×	△
9	나는 나의 배우자가 어떤 결정을 할 때에 상대방의 느낌을 고려하는 방식이 마음에 들지 않는다.	○	×	△
10	우리 중 한 사람에게 혹은 둘 다에게 결혼생활을 풍요하게 하는 유머가 있다.	○	×	△
11	나는 배우자가 문제를 해결하는 방식이 마음에 안 든다.	○	×	△
12	우리가 자라 온 가정환경의 차이 때문에 우리 결혼생활에 어려운 점이 있다.	○	×	△
13	우리의 양가에 대한 혹은 한쪽 집안에 대한 배우자의 태도가 내 마음에 안 든다.	○	×	△
14	각자가 어려서부터 교육받은 것에 대해, 그리고 이로 인해 부모역할을 하는 데 어떠한 영향이 있는가에 대해 배우자와 이야기해 보았다.	○	×	△
15	돈과 지위와 소유에 대한 생각이 서로 다르다.	○	×	△
16	우리는 재정, 자녀의 성장, 질병 등과 같은 큰 변화를 겪은 후에 서로에 대한 기대에 적응하는 데 문제가 생겼다.	○	×	△
17	배우자와 나는 우리 부부관계에서 각자가 상대에게 기대하는 역할들에 대해 찬성한다.	○	×	△

라. 결혼은 하나의 **대화**이다.

아래의 문장을 읽고 대답하십시오. 당신의 현재 상태와 맞는 것에 표시하면 됩니다. 오른쪽 칸의 다음과 같은 기호 가운데 당신에게 해당되는 곳에 동그라미를 치십시오.

O **그렇다** (지금 그대로의 당신의 상태와 대체로 맞는 경우)

× **그렇지 않다** (아마도 당신의 현재 상태가 아닌 경우)

△ **잘 모르겠다** (조금 맞는 점도 있지만 '아마', '어느 정도', '모르겠다'라는 생각이 더 많은 경우)

※ **응답 하나에 동그라미 하세요.**

1	나는 우리가 의사소통을 하는 데 있어서 서로의 장점과 단점을 잘 조화시킨다고 생각한다.	○ × △
2	배우자는 나보다도 다른 사람과 더 잘 대화한다.	○ × △
3	나는 배우자에게 나 자신을 명백히 표현할 수 있다고 느낀다.	○ × △
4	나의 배우자는 때로 나의 기분을 몰라 준다.	○ × △
5	나의 배우자는 자기가 무엇을 필요로 하고 또 원하는 지를 직선적으로 명백히 말한다.	○ × △
6	배우자가 실제로 무엇을 얘기하고 있는 지를 듣는 것이 나로서는 예전보다 힘들다.	○ × △
7	우리는 어려운 점들을 털어놓고 정직하게 얘기할 수 있다.	○ × △
8	우리는 우리 관심사를 얘기할 수 있는 적당한 시간을 쉽사리 찾을 수가 없다.	○ × △
9	우리는 같은 일들에 대해서 자꾸 부딪힌다.	○ × △
10	나는 우리가 하고 있는 문제해결 방식 중에 바꾸고 싶은 것이 있다.	○ × △
11	우리는 우리가 자라 온 집안 환경에서의 문제해결 방식에 대해, 그리고 우리 결혼생활에서 문제를 해결하는 데 이것이 어떤 영향을 미치는가에 대해 의논해 보았다.	○ × △
12	나는 배우자가 거절 또는 분노를 표현하는 방식에 대해 만족한다.	○ × △
13	우리는 서로 충돌이 있을 때, 언제 타협하는가에 대해 동의한다.	○ × △
14	내 생각으로 우리 부부는 자주 '누구 책임인가'하는 일로 충돌한다.	○ × △
15	나는 충돌하여 둘 중 하나가 이길 경우 대개는 우리 관계에도 손상이 온다는 것을 안다.	○ × △
16	나는 배우자에게 "미안하다"라고 말하기가 힘이 든다.	○ × △
17	나는 우리가 더 좋은 관계를 이루면 서로 반대하는 일이 일어나지 않을 것이라고 믿는다.	○ × △
18	부부싸움 후에 다시 연결되기 위해 우리가 무엇을 할 필요가 있는가에 대해 의논했고, 서로 동의한다.	○ × △

제 9 장

부모와 자녀관계

1. 부모가 자녀에게 해야 할 일
2. 자녀가 부모에게 해야 할 일
3. 나는 얼마나 훌륭한 어머니일까?
4. 자녀들이 인식하는 부모상

부모와 자녀간의 관계에 대한 속담, 격언, 명언, 고사성어 등을 살펴봄으로써 나는 우리 부모님에게 어떤 자녀인가 한 번 생각해 볼 것이며, 나는 어떤 부모가 될 것인가도 생각해 보려 한다. 먼저 '부모가 자녀에게 해야 할 일'이나 고전 속의 격언을 중심으로 살펴본 후, '자녀가 부모에게 해야 할 일'도 살펴볼 것이다.

Gary Champman이 쓴 「행복한 가정을 만드는 5가지 사랑」에서도 ① 가르치고 훈련하는 부모 ② 부모에게 복종하고 부모를 존경하는 자녀 ③ 아버지가 바로 선 가정이 될 것 등을 강조하고 있다.

1. 부모가 자녀에게 해야 할 일

1) 부모의 양육태도가 자녀에게 미치는 결과

李栗谷 선생의 자경문에는 ① 뜻을 가진 자 ② 말을 적게 하는 자 ③ 마음을 안정시키는 자 ④ 혼자 있을 때 삼가는 자 ⑤ 항상 계획을 세우는 자 ⑥ 안이한 생각을 버리는 자 ⑦ 할 일과 해선 안 될 일을 분별하는 자 ⑧ 헛된 욕심을 버리는 자 ⑨ 남을 감화시키도록 정성을 다하는 자 ⑩ 함부로 눕지 않는 자 ⑪ 공부를 급히 서두르지 않는 자가 되라는 자녀교육 항목들이 들어 있다.

孔子도 이 세상에서 가장 싫어하는 네 종류의 사람을 ① 타인의 실패를 기뻐하는 자. ② 앞에서 "예"하고 뒤에서 헐뜯는 자 ③ 난폭을 용기로 착각하는 자 ④ 배은 망덕하고 감사할 줄 모르는 자라고 가르쳤다.

부모가 자녀에게 해야 할 일을 살펴보려는 이유는 부모의 행동이 자녀의 삶에 큰 영향을 주기 때문이다. 다음의 표를 통해, 부모의 행동이 자녀에게 어떤 영향을 주는지 단편적으로나마 살펴보도록 하자.

<부모의 행동이 자녀에게 미치는 영향>

양육 태도 유형	내 용	자녀의 결과적 반응
배척형	· 감정으로 자녀들을 대한다. · 자녀를 미워한다. · 자녀를 무시한다. · 자녀와의 접촉을 피한다. · 가혹한 벌을 가한다.	· 다른 사람의 말에 귀기울이지 않는다. · 불안감과 실패감에 휩싸인다. · 자신의 잘못에 대해 변명하기에만 급급하게 된다. · 공격적 행동과 비행을 저지른다. · 감정이 각박해진다. · 주위 사람들과 화합하지 못한다.
편애형	· 특정 자녀만을 사랑하고 편든다. · 다른 형제와 비교하여 비난하고 공격한다. · 다른 형제를 본받으라고 강요한다.	· 질투심이 강해진다. · 형제간에 싸움이 잦아지고 형제를 미워한다. · 가정 밖으로 방황한다.
방임형	· 상대해 주지 않는다. · 간섭하지 않는다. · 칭찬도 꾸중도 하지 않는다. · 비웃는다.	· 자기 중심적이 된다. · 제멋대로 하고 반성하지 않는다. · 부도덕한 행위를 하게 된다. · 기존 권위에 반항한다.
독재형	· 자녀의 현상에 불만이다. · 자녀의 의사와 행동을 반대한다. · 결점을 찾아 비난한다. · 의사를 무시하고 부모의 의도만을 강요한다. · 부모의 만족과 요구만을 충족하려 한다.	· 욕구 불만이 늘고 신경질적인 성격이 된다. · 자신감이 없어진다. · 불안과 염려의 강박 경향이 더해진다. · 신경성 증후가 나타난다(야뇨증 등). · 실패감, 죄책감에 빠진다.
과잉보호형	· 맹목적으로 사랑한다. · 극도로 희생한다. · 불필요하고 과도한 근심을 한다. · 지나치게 멋대로 버려 둔다. · 징계하기를 주저한다. · 모든 일을 대신해 준다.	· 정서적 성숙이 늦고 부모에게 의존한다. · 부모의 지배에서 벗어나지 못한다. · 안하무인(眼下無人)격의 건방진 행동을 한다. · 독립성의 결여로 사회 적응이 어려워진다. · 부모를 부담스럽게 생각하기도 한다. · 변명만 일삼는 무책임한 인간이 된다.

2) 부모가 유념해야 할 지침

(1) 자녀의 자존심을 건드리지 말자

첫째는 대화의 시간을 많이 가져야 한다. 대화를 하되 자녀들이 말을 많이 하도록 하고 부모는 듣는 태도를 취하는 것이 중요하다. '세구거이(細口巨耳; 입은 작게 하고 귀는 크게 한다)'라는 말을 참고하는 것이 좋다.

둘째는 일정한 행동에 대해서는 일정한 가르침을 내려야 한다. 자녀의 문제 행동에 대하여 부모가 서로 다른 말을 하면 신뢰 관계가 형성될 수 없다.

셋째는 자녀들과의 약속은 반드시 지켜야 한다. 자녀들과의 약속을 우습게 알고 실천하지 않는 것을 당연시하는 부모들이 있는데, 이것은 크게 잘못된 행동이다.

넷째는 부드러운 말을 사용해야 한다. 같은 내용의 말을 하더라도 딱딱한 말투보다는 부드러운 말이 더 설득력 있고 신뢰를 형성하는 데 도움이 된다.

다섯째는 화가 나더라도 인내심을 가지고 말해야 한다. 화를 참지 못하면 감정적인 차원에서 말을 하게 된다. 자녀의 자존심을 건드리는 말을 하면 신뢰 형성에 전혀 도움이 되지 않는다. 유계(兪棨)는 기쁠 때의 말은 신의를 잃기 쉽고 화났을 때의 말은 체통을 잃기 쉽다(喜時之言 多失信 怒時之言 多失體)고 일러 준다.

조수아 교수(서울대 소아정신과)는 부모가 항상 말을 조심스럽게 하는 모범을 보이고 이것을 자녀들과의 관계에서 실천하는 것, 이것이 자녀들을 대인관계에 있어서 신뢰받는 인간으로 키울 수 있는 유일한 방법이라고 한다.

(2) 자녀 징계시의 행동지침

- 악한 마음을 품고 감정적으로 징계하지 말고 자신을 이성적으로 통제할 수 있을 때에만 징계하라.
- 미리 징계 기준과 방법을 자녀에게 맞게 정하여 공평하고 일관성 있게 징계하라.
- 자녀에게 징계받는 이유를 납득시킨 후 징계하라.
- 손으로 직접 때리거나 얼굴이나 머리를 심하게 때림으로써 자녀에게 모욕감을 주지 말라.

· 아무도 없는 곳에서 징계하라. 많은 사람 앞에서 받는 징계는 심각한 수치심과 모멸감을 준다.
· 징계는 자녀가 잘못을 범한 즉시 시행하라.
· 징계 후에는 반드시 사랑과 용납의 자세로 자녀를 위로하고 감싸 줘라.
· 징계받았던 일에 대해 자녀가 행동 수정을 했을 때는 그에 따른 칭찬과 보상을 잊지 말라.

(3) 자녀 교육상 부모가 삼가야 할 사항

· 아주 어렸을 때부터 자녀가 원하는 것은 무조건 다 주라.
· 자녀가 나쁜 말을 사용할 때 그저 웃어 넘겨라.
· 어린 자녀에게는 신앙교육을 시키지 말라.
· 죄에 대한 강박 관념을 가질지 모르니 나쁘다는 말을 피하라.
· 자녀가 어질러 놓은 것은 언제나 부모가 정리해 주라.
· 자녀가 자신에 대한 모든 결정을 혼자 하게 하라.
· 어렵고 위험한 일은 항상 피하고 포기하도록 하라.
· 자녀가 곤란한 일이 생길 때마다 당신에게 달려오게 하라.
· 자녀가 아버지와는 아주 적은 시간만 보내도록 하라.
· 결코 자녀를 꾸짖지 말라.
· 자녀가 부모를 지배하고 조종하도록 허용하라.
· 자녀가 성질을 부릴 때 항상 양보하라.
· 자녀 앞에서 다른 사람에 대한 비난과 욕설을 자주 하라.
· 아주 많은 용돈을 주라.
· 자녀에게 결코 애정을 보이지 말라.
· 비난과 욕설을 퍼붓고 세속적 탐욕과 가치관을 주입하라.
· 항상 자녀를 무시하라.
· 절대 져서는 안됨을 가르치고 매사에 전투 정신을 갖게 하라.
· 부모의 술 주정과 불성실, 가식적인 모습만을 보게 하라.
· 공중 도덕과 준법정신을 무시하게 하라.

(4) 좋은 부모가 되기 위해 유념할 점

· 좋은 일로 대화하고 노부모를 공경하자.
· 똑같은 일로 두 번 야단치지 말자.
· 자녀의 손을 잡고 문방구나 서점에 가 보자.
· 집안의 하찮은 물건도 가정의 문화유산임을 일깨우자.
· 자녀를 손으로 때리지 말라(잘못한 일이 있으면 벌을 서게 하거나 회초리를 사용한다).
· 문화적 가풍을 세우자.
· 휴일이라고 놀러만 다니지 말자(음식점이나 노래방을 전전하지 말고 들판에 나가보고 박물관 견학도 하자).
· 가재도구 손질이나 독서지도도 보람찬 일이다.
· 자녀와 동등하게 할만한 경험을 늘려 대화의 소재를 축적하자.
· 남의 자녀도 내 자녀처럼 사랑하자(그래야만 자녀들이 더불어 사는 법을 배우게 된다).
· 자녀가 스스로 판단한 의사를 존중하자(어린이도 인격체임을 인정하고 자녀에게 결정권을 주면 자립심이 길러진다).
· 한번 한 약속은 반드시 지키자(얼떨결에 한 약속이라도 지켜야 한다).
· 자녀 앞에서 새치기 하지 말자.
· 가족끼리 식사할 때 신문을 보지 말자.
· 자녀 스스로 자기 일을 말할 수 있게 하자.
· 자녀가 좋아하는 책이나 어린이 프로그램을 같이 보자.
· 공부하라는 말을 적게 하자.

(5) 힘을 주는 부모의 말 한 마디

· 노력하면 너도 할 수 있어. 다음에는 더 잘 할거야.
· 너는 열심히만 하면 공부 잘할 텐데(네가 머리는 좋다는 뜻).
· 힘들더라도 참고 열심히 해라.

· 오늘밤은 외식이다.
· 용돈 안 모자라니?
· 역시 내 아들이 최고야. 넌 할아버지를 닮았다(아버지를 닮았다는 말보다 훨씬 좋다).
· 오늘은 일찍 자라. 건강이 중요하지, 공부가 중요하겠냐?
· 네 할 일은 네가 알아서 해라. 너를 믿는다.
· 같이 볼링 치러 가자. 네 덕분에 아빠 체면이 섰다.
· 조금만 참아라. 이제 며칠 안 남았다. 최선을 다하자.
· 아빠는 네 편이다. 소신껏 밀고 나가라(눈물이 쏙 빠진다).
· 오늘 힘들었지? 좋은 꿈꿔라.
· 사랑한다. 괜찮아.
· 힘들지? 놀면서 해라. 넌 할 수 있어.
· 지금부터 시작해도 늦지 않다. 누구 딸인데, 넌 마음만 먹으면 뭐든지 잘할 수 있을 거야, 나는 걱정 안한다. 힘내!
· 결과보다는 과정이 중요한 거야. 너무 집착하지 말고 여유를 가져라.
· 엄마는 너를 믿어(늦게 들어갔을 때, 이런 말 들으면 나쁜 짓을 하기가 힘들어진다).
· 나도 학창 시절 때 공부 잘 하지 못했다. 실망하지 말고 하는 데까지는 열심히 하자(이렇게 말씀해 주시면 정말 존경스럽다).
· 누구나 실수는 할 수 있는 거야, 넌 아직 어리잖니?

(6) 자녀를 대하는 부모의 태도

부모가 무엇보다도 마음에 새겨둘 점은 자녀도 독립된 인격체임을 인정하고 존중하는 태도로 대해야 하는 것이다. 먼저 지나치게 자녀에게 말을 낮추어 하거나, 어린 자녀의 말투를 흉내내어 말하지 않아야 한다. 자녀가 어리면 알아듣기 쉬운 말로 이야기 해야 하지만, 굳이 자녀의 말투로 말할 필요는 없다. 그렇게 하면 오히려 자녀가 커서도 줄곧 어린 자녀의 말투를 버리지 못하기 쉬우므로 좋지 않다.

자녀 앞에서 그 자녀에 관해 특히 나쁜 점을 이야기하는 것은 좋지 않다. 자녀의 행동에 대해서 그것이 어른에게 우스꽝스러워 보여도 자녀가 있는 곳에서 재미있다는 듯이 다른 사람에게 이야기하거나 자녀가 실수한 일을 가지고 웃음거리로 삼아서는 안 된다.

자녀를 하나의 인격체로 받아들이려면 자녀가 무엇을 할 수 있고 무엇을 할 수 없는

지를 먼저 파악해야 한다. 자녀의 능력을 얕잡아보거나 부모가 무엇이든지 자녀의 일을 대신해 주어 버릇하면, 자녀는 스스로 노력하려고 들지 않게 된다. 요즈음에 부모의 권위가 땅에 떨어졌다고 흔히 말하는데, 그 까닭은 부모들이 무턱대고 자녀의 동무가 되어 주려고만 하는 풍조 때문이다.

3) 「명심보감」이 부모에게 주는 가르침

(1) '훈자(訓子)'편의 구체적 내용

훈(訓)은 가르친다는 뜻이고 자(子)는 자식이라는 뜻이다. 이 편은 모두 10장으로 구성되어 있으며 부모는 반드시 자식을 가르쳐야 한다고 강조하고 있다.

① 손님이 찾아오지 않으면 집안이 속되어지고, 시서를 가르치지 않으면 자손이 어리석어진다(景行錄 云 賓客不來 門戶俗 詩書無敎 子孫愚).

② 일이 아무리 사소해도 실제로 하지 않으면 이룰 수가 없다. 자식이 아무리 똑똑해도 가르치지 않으면 현명해지지 않는다.

③ 한 상자의 황금을 자식에게 물려 주느니 경서 한 권을 가르쳐 주는 게 낫다. 천금의 돈을 자식에게 전해 주느니 재주를 하나 가르쳐 주는 게 낫다.

④ 최고의 즐거움은 책 읽는 즐거움이고, 무엇보다 중요한 일은 자식을 가르치는 일이다.

⑤ 안으로 훌륭한 부모 형제가 없고 엄한 스승과 친구가 없이 무언가 성취한 사람은 드물다.

⑥ 남자 자녀가 가르침을 받지 못하면 자라나 반드시 미련하고 어리석게 되고, 여자 자녀가 가르침을 받지 못하면 자라나 반드시 대충대충하고 꼼꼼하지 못하게 된다.

⑦ 남자 자녀가 크면서 풍악과 술을 익히게 하지 말고, 여자 자녀가 크면서 놀러만 다니게 하지 말라.

⑧ 엄한 아버지가 효자를 길러 내고, 엄한 어머니가 효녀를 길러 낸다(嚴父 出孝子 嚴母 出孝女).

⑨ 자녀를 사랑하거든 매를 많이 때려 주고, 자녀를 미워하거든 먹을 것을 많이 줘라.

⑩ 세상 사람이 모두 구슬과 옥을 사랑하지만 나는 다만 자손이 훌륭해짐을 사랑한다.

4) 「탈무드」에서 부모에게 주는 가르침

(1) 모범

"자녀를 가르치는 최선의 교육은 자기 스스로 모범을 보이는 것이다."

이 말은 유태 현자 중의 한 사람이 한 말이다.

부모라면 누구나 자기 자녀들이 많은 교양을 쌓으면서 신앙에 충실하고 경건한 유태인으로 성장하기를 기대한다. 그리고 그 자녀가 자라서 또 부모가 되면 역시 자기 아들이 경건한 유태인이 되기를 빈다. 하지만 부모 가운데는 자기 자신이 많은 교양을 쌓아 경건한 유태인이 되려고 애쓰는 사람은 자기 아들이 그렇게 되기를 바라는 부모들보다도 훨씬 적은 것이다.

(2) 근면함

"아들에게 근면함을 가르치지 않는 부모는 아들에게 절도를 가르치는 것과 다를 게 없다."

어느 날 학생이 랍비한테 물었다. "어째서 아들에게 부지런함을 가르치지 않는 부모는 아들을 도둑으로 만드는 것과 같다고 합니까?" 랍비는 다음과 같이 대답했다. "자기 자식에게 부지런히 일하는 것을 가르치는 부모는 자식에게 포도밭을 물려 주는 것과 같다. 울타리가 쳐진 포도밭에는 여우같은 동물이 들어가지 못하듯이 잘못된 생각이 자식의 마음 속으로 들어가지 못한다는 뜻이다."

(3) 어머니의 역할

"하나님은 항상 어느 곳에나 있을 수 없어서 어머니를 창조하셨다."

랍비 요셉이 어머니가 가깝게 다가오는 소리를 듣고 인사하기 위해 일어나 이렇게 말했다. "거룩하신 성령이 오고 있다. 나는 일어나 경의를 표해야만 한다."

자녀에게 있어서의 부모 특히 어머니는 존재 가치의 전부이다. 물론 유태인 가정에서도 남자인 아버지가 호주로서 모든 책임과 위엄을 갖추고 있다. 하지만 자녀에게 있어 어머니의 역할은 매우 막중하고 너무나도 큰 것이다.

어머니의 자녀에 대한 애정은 바닥이 없을 만큼 무한정이다. '어머니, 어머니', 이 말은 얼마나 위대하고 훌륭한 것인가? 그래서인지 어머니에 대한 격언은 많다.

"어머니를 잃은 자녀는 문고리가 없는 문과 같다."

어느 어머니든지 자기 자녀가 이 세상에서 제일 똑똑하고 잘나 보인다. 그래서 "어머니의 눈은 유리 눈이다. 그래서 자기 자녀의 잘못이나 결점은 보이지 않는다"라든지 "어머니가 두르고 있는 앞치마는 자기 아들의 잘못을 감싸 줄 만큼 크다", "어머니는 아들의 잘못이나 결점을 숨겨 주는 베일이다" 등의 격언도 있다.

(4) 어버이는 바보

어떤 사람이 아들에게 유서를 남겼다. "나의 전 재산을 아들에게 물려 줄 것이지만, 아들이 정말 바보가 되기 전에는 유산을 물려 줄 수 없다." 이 소식을 들은 랍비가 그 사람에게 이유를 물었다. "정말 이해할 수 없는 유언을 남겼군요. 당신의 아들이 정말 바보가 되지 않는 한 재산을 물려 줄 수 없다니, 도대체 무슨 까닭입니까?" 그러자, 그 사람은 아무 말 없이 갈대를 입에다 물고 괴상한 울음소리를 내며 마루 위를 엉금엉금 기어다니는 것이었다. 그의 행동은 자기 아들이 자녀를 낳아 그 자식을 귀여워하면 자기의 전 재산을 상속시켜 준다는 것을 암시하는 것이었다.

"자녀가 태어나면 인간은 바보가 된다"는 속담은 여기에서 비롯된 것이다. 유태인에게는 자녀는 매우 소중한 존재로서, 부모들은 자녀를 위하여 모든 것을 희생한다. 하나님이 유태 민족에게 십계명을 내리실 때, 유태민족은 반드시 그것을 지킬 것이라는 맹세를 그들로부터 받으려고 하였다.

그래서 유태인들은 그들의 위대한 조상인 아브라함과 이삭과 야곱의 이름을 걸고 반드시 십계명을 지키겠노라고 맹세했지만, 하나님은 허락하지 않았다. 그래서 유태인들은 앞으로 손에 넣게 될 모든 부귀를 걸고 맹세했지만 하나님은 역시 허락하지 않았다. 결국 끝에 가서, 유태인들은 자녀들에게 반드시 십계명을 전하겠노라고 자녀들을 앞세워 맹세하자 비로소 하나님은 좋다고 허락하여 주었다.

5) 부모가 유념해야 할 격언과 명언

· 자녀에게 충고하는 가장 좋은 방법은 자녀들이 원하는 것을 알아내고, 그들에게

그것을 하라고 충고하는 것임을 나는 알았다. — 트루먼

· 내 집이 이 세상에서 가장 따뜻한 보금자리라는 인상을 어린이에게 줄 수 있는 어버이는 훌륭한 부모이다. 어린이가 자기 집을 따뜻한 곳으로 알지 못한다면 그것은 부모의 잘못이며, 부모로서 부족함이 있다는 증거이다. — 워싱턴 어빙

· 부모는 자녀들에게 자신들의 희망을 억지로 떠 맡겨서는 안 된다. 그것이 실패의 원인이다. 부모가 해야 할 일은 스무 살 전의 자녀들의 기본적인 성격이나 기질을 변경하는 것이 아니고, 자녀들이 가진 그대로, 그가 표현하고 싶은 그대로를 존중해서 여러 가지 분야가 모여 전체를 이룬 사회에 적응하도록 하는 데 있다. 부모의 희망과는 다른 희망을 표시했다 하더라도 부모는 반대하지 말아야 한다. 찬성하고 반대하고에 따라 그 결과는 큰 차이가 있다. 찬성해 주면 자식은 용기를 얻을 것이며, 반대한다면 위축될 것이다. — 로렌스 굴드

· 자식들에게 아비가 없는 것은 집에 지붕이 없는 것이고, 밤길에 등불이 없는 것이다. — 조정래, 「아리랑」 3권 108면

· 내리사랑은 있어도 치사랑(손윗사람에 대한 사랑)은 없다. — 속담

· 부모가 온 효자가 되어야 자식이 반 효자라도 된다. — 속담

· 남에게 어떠한 행동을 했느냐에 따라 그 사람의 행복도 결정된다.
남에게 행복을 주려고 했다면 그만큼 자신에게도 행복이 온다.
자녀가 맛있는 것 먹는 것을 보고 어머니는 행복을 느낀다.
자기 자녀가 좋아하는 모습은 어머니의 기쁨이기도 하다.
그리고 이 이치는 부모나 자녀 사이에만 적용되는 것이 아니다. — 플라톤

· 이 세상에는 여러 가지 기쁨이 있지만, 그 가운데서 가장 빛나는 기쁨은 가정의 웃음이다. 그 다음의 기쁨은 어린이를 보는 부모들의 즐거움인데, 이 두 가지의 기쁨은 사람의 가장 성스러운 즐거움이다. — 페스탈로치

· 설사 자식에게 업신여김을 받아도 부모는 자식을 미워하지 못한다. — 소포클레스

· 부모의 사랑은 내려갈 뿐이고 올라오는 법이 없다. 즉 사랑이란 내리사랑이므로, 자식에 대한 부모의 사랑은 자식의 부모에 대한 사랑을 능가한다. —C. A. 엘베시우스

· 자녀에게 침묵하는 것을 가르치라. 말하는 것은 어느새 쉽게 배워 버린다. — B. 프랭클린

· 자녀에게 회초리를 들지 않으면 자녀가 아비에게 회초리를 든다.

—「성지」 풀러

· 모성은 하늘과 땅의 뜻을 표현한다. — 대망경세어록
· 우리들은 항상 자녀들을 위해서 무엇인가를 하고 있다고 말한다. 그러나 자녀들이 우리들을 위하여 무엇인가 해 주는 것도 보고 싶어한다. — 에디슨
· 어머니의 더할 나위 없는 귀염둥이였던 사람은 성공자의 기분을 일생 동안 가지고 살며, 그 성공에 대한 자신감은 그를 자주 성공으로 이끈다. — 프로이드
· 자녀에게 구타당한 아버지는 모두 죄가 있다. 이것은 그러한 자식을 자신이 만들었기 때문이다. — 페기
· 한 분의 아버지가 백 명의 스승보다 낫다. — 조지 허버트
· 그 아버지에 그 아들, 모든 좋은 나무는 좋은 열매를 맺는다. — 윌리엄 랭런드
· 자기 아들이 자기보다 더 나무랄 데가 없기를 바란다면 아버지 자신도 나무랄 데가 없어야 한다. — T. M. 플라우투스
· 자기 자녀를 알고 있는 아버지는 현명한 아버지이다. — 셰익스피어
· 열 명의 자식을 기르는 아버지가 있는가 하면, 한 명의 아버지를 돌보지 않는 열 명의 자식이 있다. — 법구경
· 어머니란 어린 자식의 입과 마음에서는 하나님과 같은 이름이다. — W. M. 대커리
· 어린 자녀를 안은 어머니만큼 깨끗한 것은 없으며, 많은 자식에게 둘러싸인 어머니만큼 경애를 느끼게 하는 것도 없다. — J. W. 괴테
· 어머니는 우리의 마음 속에 얼을 주고, 아버지는 빛을 준다. — 장 파울
· 자식을 기르는 부모야말로 미래를 돌보는 사람이라는 것을 가슴 속 깊이 새겨야 한다. 자식들이 조금씩 나아짐으로써 인류와 이 세계의 미래는 조금씩 진보하기 때문이다. — 칸트

2. 자녀가 부모에게 해야 할 일

자녀가 부모에게 해야 할 일은 대부분 효에 관한 내용으로 이것과 관련된 명심보감, 탈무드, 효경, 명언 · 격언을 살펴보자.

1) 「명심보감」에서 가르치는 효(孝)

· 효도하고 순한 사람은 또한 효도하고 순한 아들을 낳으며, 오역(불교의 지옥에 갈만한 큰 죄)한 사람은 또한 오역한 아들을 낳는다. 믿지 못한다면, 저 처마 끝의 낙수(落水)를 보라. 방울방울 떨어져 내림이 어긋남이 없다.

· 처자 사랑하는 마음으로 어버이를 섬기면 효도를 극진히 할 수 있다. 부귀를 보전할 마음으로 임금을 받든다면 그 어디에서도 충성되지 않음이 없을 것이다. 남을 책망하는 마음으로 자기를 책망한다면 허물이 적을 것이요, 자기를 용서하는 마음으로 남을 용서하면 남과 사귐을 온전히 할 것이다.

· 자식이 효도하면 어버이가 즐겁고, 집안이 화목하면 모든 일이 이루어진다.

· 아침에 일어나면서부터 밤에 잠들 때까지 충과 효를 생각하는 사람은 사람들이 알지 못하더라도 하늘이 반드시 알 것이다. 배불리 먹고 따뜻하게 입으며 안락하게 제 몸만 보호하는 사람은 몸은 비록 편안하나 그 자손이 어떻게 되겠는가.

· 어린 자식들은 아무리 말이 많아도 그대가 듣기에 늘 싫지 않고, 부모가 어쩌다 한 번 입을 열면 참견이 많다 한다. 참견이 아니라 부모는 걱정이 되어 그런 것이다. 흰머리가 되도록 긴 세월에 아시는 게 많으니라. 그대에게 권하노라, 늙은이의 말씀을 공경하여 받들고, 젖내 나는 입으로 옳고 그름을 다투지 말라.

· 어린 자식이 혹 나를 욕하면 내 마음에 기쁨을 느끼고, 부모가 화내어 나를 꾸짖으면 내 마음은 도리어 언짢아진다. 한쪽은 기쁘고, 한쪽은 언짢으니 자식을 대하는 마음과 어버이를 대하는 마음이 어찌 이리도 다른가. 그대에게 권하나니 오늘 어버이가 화를 내시면 자식 대하는 마음으로 어버이를 볼지니라.

· 어버이의 사랑은 십분 가득하나 그대는 그 은혜를 생각하지 않고, 자식이 조금이라도 효도함이 있으면 그대는 곧 그 이름을 자랑하려 한다. 어버이를 모시는 것은 어두우면서도 자식 대하는 것은 밝으니 어버이가 자식 기른 마음을 누가 알 것인가. 그대에게 권하나니 부질없이 자식들의 효도를 믿지 말라. 자식들이 어버이 사랑하기는 그대에게 달렸다.

· 시장에 있는 약방엔 오직 비아환(肥兒丸; 자녀 살찌우는 약)이 있을 뿐, 부모님 몸을 튼튼하게 만드는 약은 없으니 어찌 이 두 가지를 차별하는가. 자식도 병들고 부모 또한 병들었다면, 자식 병을 고치는 일을 부모 병 고치는 것에 비하지 못할

것이니라. 다리를 베더라도 원래 부모님의 살이니라. 그대에게 권하나니 부모의 목숨을 극진히 보중(保重)하라.

· 부귀할 때면 부모를 봉양하기가 쉬우나 부모는 늘 마음이 편치 않고, 가난하고 천하면 자식을 기르기 어렵지만, 자식에게 굶주리고 춥게 하지는 않는다. 한 가지 마음에 두 가지 길이니 자식 위하는 마음이 부모 위하는 마음 같지는 않네. 그대에게 권하나니 부모 섬김을 자식 기르듯 하고 무릇 집이 넉넉지 못한 데 미루지 말라.

· 부모를 봉양하는 것은 오직 두 분 뿐인데도 늘 형과 동생이 못 모시겠다고 다투고, 자식 기르는 것은 열 명이라도 모두 혼자서 맡느니라. 자식이 배부르고 따뜻한 것은 항상 물어 보면서도 부모가 배고프고 추운 것은 마음에 두지 않는다. 그대에게 권하나니, 부모를 받들고 섬기기에 힘을 다하여라. 그대를 기를 때 입는 것과 먹는 것을 그대에게 빼앗기었다네.

· 그대가 새벽에 저자로 나가 떡을 사는 것을 보았는데, 부모에게 드린다는 말은 듣지 못하고 자식에게 준다는 말만 들었다. 부모는 아직 먹지도 않았는데 자식이 먼저 배가 부르니 자식의 마음은 부모의 마음이 좋아하는 것에 비하지 못하리라. 그대에게 권하나니, 떡 살 돈을 많이 내어 사실 날도 얼마 안 남은 늙은 부모님을 잘 봉양하라.

2) 「탈무드」에서 가르치는 효(孝)

옛날 이스라엘의 다마라는 곳에 유태인이 아닌 사람이 살고 있었다. 그런데, 그는 금화 3000개의 값이 나가는 다이아몬드 한 개를 가지고 있었다. 어느 날, 랍비가 사원을 꾸미는데 쓰려고 금화 3000개를 가지고 그의 집으로 다이아몬드를 사러 갔다. 그 때 그 사람의 부친이 다이아몬드를 넣어 둔 금고의 열쇠를 베개 밑에 넣고 낮잠을 자고 있었다. 난처해진 아들은 '낮잠을 주무시는 아버지를 깨울 수 없으니 다이아몬드를 팔지 못하겠다'는 대답이었다.

그만큼 막대한 돈벌이가 되는 데도 낮잠을 주무시는 아버지를 깨우지 않으려는 것은 대단한 효도라고 감탄하여, 랍비는 널리 사람들에게 그 이야기를 알렸다.

그 밖에 탈무드에는 효에 대하여 다음과 같은 이야기들이 있다.

· 아버지에게 말대꾸를 해서는 안 된다.

· 아버지의 자리에 자식이 앉아서는 안 된다.
· 자녀는 아버지를 존경하지 않으면 안 된다.
· 부친을 존중하고 그에 순종하는 것은, 부친은 가족을 위해 식량을 구하고, 의복을 주기 때문이다.

3) 효에 관한 고사성어

· 견마지양(犬馬之養) : 공자가 한 말로, 진심으로 공경하는 마음이 없이 그냥 부양만 하는 것을 뜻함. 집에서 개나 말을 기르는 것과 같다는 뜻
· 구로(劬勞) : 아들·딸을 낳아 기른 어버이의 수고를 뜻함
· 구로지은(劬勞之恩) : 어버이의 은혜
· 노래지희(老萊之戲) : 70세에 어린이의 옷을 입고 어린애 장난을 하여 늙은 부모를 위안함
· 동온하청(冬溫夏凊) : 부모에게 효도함. 겨울은 따뜻하게 여름은 시원하게 해 드림
· 백유지효(伯兪之孝) : 한백유는 효성이 지극하여 어머니로부터 종아리를 맞아도 아프지 않다하여 어머니의 노쇠함을 탄식함
· 망운지정(望雲之情) : 멀리 떠나온 자식이 어버이를 사모하여 그리는 정, 객지에서 부모를 생각하는 마음
· 반포보은(反哺報恩) : 자식이 부모가 길러 준 은혜를 갚음
· 반포지효(反哺之孝) : 자식이 커서 어버이의 은혜에 보답하는 효성
· 백운고비(白雲孤飛) : 멀리 떠나는 자식이 어버이를 그리워함
· 부위자강(父爲子綱) : 아버지와 자식 사이에 지킬 떳떳한 도리. 삼강의 하나
· 부자유친(父子有親) : 아버지와 아들의 道는 친애에 있음. 五倫의 하나
· 부자천합(父子天合) : 부자관계는 자연에 의해서 결정된다는 뜻
· 사친이효(事親以孝) : 어버이를 섬김에 효도로써 함. 세속오계의 하나
· 신체발부 수지부모(身體髮膚 受之父母) : 건강이 효도의 으뜸임을 강조 한 말
· 왕연지효(王延之孝) : 왕연의 효, 왕연은 진(晋)나라 사람으로 효성이 지극했음
· 자오반포(慈烏反哺) : 까마귀도 반포(反哺)하는 정이 있다는 뜻. 까마귀는 어릴 때 먹여 주던 어미 까마귀가 늙어서 제 구실을 못하게 되면 자식 까마귀가 먹을 것을 물어다가 제 어미를 먹인다고 한다.
· 풍수지탄(風樹之嘆) : 효도하고자 할 때에 이미 부모는 돌아가셔서 효행을 다하지

못하는 슬픔(樹欲靜而風不止 子欲養而親不待)

· 출고반면(出告反面) : 출필고반필면(出必告反必面) : 밖에 나갈 때 가는 곳을 반드시 아뢰고, 되돌아와서는 반드시 얼굴을 보여 드린다.
· 호천망극(昊天罔極) : 끝없는 하늘과 같이 부모의 은혜가 크다는 것을 말함
· 혼정신성(昏定晨省) : 조석으로 부모의 안부를 물어 살핌
· 효조(孝鳥) : 까마귀도 반포(反哺)하는 정이 있다는 뜻으로 자오반포(慈烏反哺)를 이르는 말
· 효제충신(孝悌忠信) : 효도 · 우애 · 충성 · 신의를 아울러 이르는 말

4) 「효경」에서 가르치는 효(孝)

· 효도하고서 어질지 않은 사람이 없고, 효도하고서 의롭지 않은 사람이 없으며, 효도하고서 예의가 없고 지혜가 없고 신용이 없는 자가 있을 수 없는 것이다. 사람의 행위 가운데 효도보다 큰 것이 없고 어버이를 공경하는 것은 그를 하나님 옆에 모시는 것 보다 큰 것이 없다. 무릇 효도는 덕의 근본이다. 모든 가르침이 여기에서 시작되는 것이다.
· 살아 계실 때 사랑과 공경으로 하되, 봉양하는 데는 부모가 즐거워하도록 해야 한다.
· 공자께서 증자에게 일러 말씀하시기를 몸과 형체와 머리털과 살은 부모에게서 받은 것이다. 그러므로 감히 헐어 상하게(다치게) 하지 아니함이 효도의 비롯함(시작)이요, 몸을 세워 도리를 행하여 이름을 후세에 널리 드날리게 하여서 부모의 이름을 세상에 드러나게 함이 효도의 끝마침이니라.
· 어버이를 섬겨서 효(孝)가 되는 마음 그대로 임금에게 옮겨서 섬기면 그것이 곧 충(忠)이 되는 것이다.
· 부모를 사랑하는 사람은 감히 남을 미워하지 않는다. 부모를 공경하는 사람은 감히 남을 얕보지 않는다.

5) 효에 관한 격언 · 명언

· 네 부모를 공경하라. — 「성경」의 십계명

· 효가 백행(百行)의 근본이다. 효도의 시작은 건강에, 효도의 마침은 입신양명에 있다. — 소학언해
· 효자의 어버이 섬김은 살아서는 공경을 다하고, 봉양함에는 즐거움을 다하고, 병드신 때에는 근심을 다하고, 돌아가신 때는 슬픔을 다하고, 제사 지낼 때엔 엄숙함을 다해야 한다. — 공자
· 천하의 모든 물건 중에 내 몸보다 더 소중한 것이 없다. 그런데 이 몸은 부모가 주신 것이다. — 이이
· 자기 부모를 섬길 줄 모르는 사람과는 벗하지 말라. 왜냐하면 그는 인간의 첫걸음을 벗어났기 때문이다. — 소크라테스
· 자식은 부모를 다음과 같이 공경해야 한다. 받들어 봉양함에 모자람이 없게 하고, 자기의 할 일을 먼저 부모에게 여쭈며, 부모가 하시는 일에 순종하여 어기지 말며, 부모의 바른 말씀을 어기지 말 것이며, 부모가 하시는 일을 끊이지 않게 하는 것이다. — 선생경
· 자식은 부모님에게 말씀드려 설사 잘못을 고치지 않으시더라도 공경해야 한다. 속으로는 애태울지언정 부모를 원망해서는 안 된다. — 논어
· 자식을 길러 본 후에야 부모의 마음을 안다. — 왕양명
· 자식이 부친을 존경하지 않는 것은 혹 경우에 따라 용서될 수 있는 것이지만, 모친에게도 그렇다면 그 자식은 세상에 살아 있을 가치가 없는 못된 괴물이라고 말하지 않을 수가 없다. — 루소
· 저울의 한쪽 편에 세계를 실어 놓고 다른 한쪽 편에 나의 어머니를 실어 놓는다면, 세계의 편이 훨씬 가벼울 것이다. — 랑구랄
· 젖을 먹고 있는 아직 어린 돼지 새끼는 그 어미를 못 잊어하기 때문에 호랑이에게 가까이 가는 위험한 짓은 범하지 않는다(부모를 생각하는 자는 위험한 곳에 가까이 가지 않는다는 뜻). — 순자
· 아버님 날 낳으시고 어머님 날 기르시니 두 분 곧 아니시면 이 몸이 살았을까. 하늘같은 은덕을 어디대어 갚사오리. — 정철
· 아버지가 사랑하고 아들이 효도하며 형이 우애하고 아우가 공경하여 비록 극진한 경지에까지 이르렀다 할지라도 그것은 모두 마땅히 그렇게 해야 하는 것일 뿐인지라, 털끝만큼도 감격스런 생각으로 볼 것이 못되느니라. 만약 베푸는 쪽에서 덕으로 자임하고, 받는 쪽에서 당연지사로 생각한다면 이는 곧 길에서 오다가다 만난 사람이니 무릇 장사꾼의 관계가 되고 만다. — 채근담

· 아버지 나를 낳으시고 어머니 나를 기르시니, 슬프다! 부모님이여, 나를 낳아 기르시느라 애쓰고 수고하셨도다. 그 은혜 갚고자 한다면 넓은 하늘 같아 끝이 없다. — 「시경」
· 어버이께 효도하면 자식이 또한 효도하고, 이 몸이 효도하지 못했으면 자식이 어찌 효도하리요. — 강태공
· 5형에 속하는 죄가 3천 가지이지만, 그 죄가 불효보다 더 큰 것은 없다. — 공자
· 요즈음은 부모에게 물질로써 봉양함을 효도라 한다. 그러나 개나 말도 집에 두고 먹이지 않는가. 공경하는 마음이 여기에 따르지 않으면 짐승과 무엇이 다르겠는가. — 논어
· 슬프도다! 부모는 나를 낳았기 때문에 평생 고생만 했다. — 「시경」
· 신체발부(身體髮膚)는 부모에게서 받는다. 마땅히 훼손하지 않는 것이 효의 시작이다. — 「불경」
· 부모가 늙어 기력이 약해지면 의지할 사람은 자식과 며느리밖에 없다. 아침 저녁으로 부드러운 말로 위로하고, 따뜻하고 부드러운 음식과 잠자리와 즐겁게 말상대를 해드림으로써 노년의 쓸쓸함을 덜어 드리도록 하라. — 「부모은중경」
· 부모가 이미 세상을 떠나고 안 계시더라도, 무슨 일을 당했을 때 옳게 행동하는 것은 부모의 명예를 빛내는 것이니 힘을 주어 하게 되고, 한편으로는 나쁜 짓을 하려다가도 부모의 이름을 더럽히지 않으려고 다시 반성하여, 좋지 않은 일은 하지 않는 것이다. — 「예기」
· 부모님 모시기를 자녀 기르듯이 하라.
· 부모님이 살아 계실 때에는 되도록 멀리 가지 말아야 하며, 부득이 멀리 떠날 때에는 가는 곳을 분명히 알려 드려야 한다. — 「논어」
· 부모를 공경하는 효행은 쉬우나, 부모를 사랑하는 효행은 어렵다. — 장자
· 부모를 사랑하는 사람은 남을 미워하지 않으며, 부모를 공경하는 사람은 남을 얕보지 않는다. — 「불경」
· 부모를 왕위에 나아가게 한다해도 그 은혜는 다 갚지 못한다. — 석가모니
· 부모 앞에서는 결코 늙었다는 말을 해서는 안 되는 것이다. — 「소학」
· 부모에게 잘못이 있을 때는 공손히 간(諫)하라. 설사 간하는 말을 받아들이지 않으시더라도 공경해야 한다. 속으로는 애태우더라도 부모를 원망해서는 안 된다. — 공자
· 부모에게 효도하지 않으면 돌아가신 뒤에 후회한다. — 주희
· 부모의 나이는 반드시 기억하고 있어야 한다. 한편으로는 오래 사신 것을 기뻐하고,

또 한편으로는 나이 많은 것을 걱정해야 한다. — 「논어」

- 나를 낳아 고생하며 길러 주신 부모님! 그 은혜 보답하려 하나 길이 없도다. — 「부모은중경」
- 나무가 고요하고자 하나 바람이 멈추지 않고, 자식이 효도하고자 하나 어버이가 기다리지 않는다. — 「한시 외전」
- 내가 아버지께 효도하면 자식이 또한 나에게 효도한다. 내가 어버이께 효도하지 않는데, 자식이 어찌 나에게 효도하겠는가. — 강태공
- 네 자식들이 해 주기 바라는 것과 똑같이 네 부모에게 행하라. — 소크라테스
- 군자가 몸을 닦아서 가정을 다스리면 나라가 부강하지 아니할 수 없다. 능히 효와 제와 자를 다하여 가정이 화목하면 이웃사람이 모두 본받아 어질게 될 것이다. — 「대학」
- 처자식을 사랑하는 마음으로 부모님을 섬기면 그 효도는 마음과 힘을 다한 것이다. — 「경행록」
- 자녀들아, 아버지의 훈계를 잘 듣고, 어머니의 가르침을 저버리지 말아라. 진정 이것은 머리에 쓸 아름다운 관이요, 너의 목에 걸 목걸이니라. — (잠언 1 : 8-9)
- 어버이를 공경함은 으뜸가는 자연의 법칙이다. — 발레리우스
- 오오! 내 자식이여! 너 만약 부모의 근심을 모른다면 아무도 너의 벗이 되지 않을 것이다. — 소크라테스
- 은혜를 모르는 자식을 가지고 있는 아버지의 괴로움은 독사의 이빨에 물리는 것보다 더하다. — 셰익스피어
- 한국이 인류사회에 기여할 것이 있다면 부모를 공경하는 효자상(孝子像)일 것이다. — 토인비
- 부모를 공경하는 것은 으뜸가는 자연의 법칙이다. — 발렐리우스 막시무스
- 신에게 영광을, 부모에게 존경을. — 솔론

옛 성인들의 가르침

유리하다고 교만하지 말고, 불리하다고 비굴하지 말라. 무엇을 들었다고 쉽게 행동하지 말고, 그것이 사실인지 깊이 생각하여 이치가 명확할 때 과감히 행동하라. 벙어리처럼 침묵하고 임금처럼 말하며, 눈처럼 냉정하고 불처럼 뜨거워라. 태산 같은 자부심을 갖고, 누운 풀처럼 자기를 낮추어라. 역경을 참아 이겨내고, 형편이 잘 풀릴 때를 조심하라. 재물을 오물처럼 볼 줄도 알고, 터지는 분노를 잘 다스려라. 때로는 마음껏 풍류를 즐기고, 사슴처럼 두려워할 줄 알며, 호랑이처럼 무섭고 사나워라. 이것이 지혜로운 삶이니라.

–잡보장경 제3 : 4–436상

곧고 바른 것을 길(道)이라 하고 두려움 없는 곳을 목적지라 한다. 고요하고 한가한 수레를 타고 진실의 가르침을 덮개로 삼고 부끄러움을 고삐로 삼으며 바른 생각을 재갈로 하여 지혜를 훌륭한 말몰이 삼고 바른 소견을 안내자로 삼는다. 이 세상 어느 사람이라도 이것을 타면 생사의 험한 숲 속을 지나 편안하고 즐거운 열반에 도달하리라.

–잡아함경 제22 : 587경 : 2–156상, 별역잡아함경 제9 : 171경 : 2–437상

3. 나는 얼마나 훌륭한 어머니일까?

※ 이 세상에 훌륭하지 않은 어머니는 없다. 그러나 완벽한 어머니 또한 있을 수 없다는 게 사실이다.

어린이는 무엇보다도 어머니의 자애로운 사랑과 정성어린 보살핌, 그리고 지혜로운 가르침에 의해서 슬기롭게 자랄 수 있다. 이러한 어머니로서의 역할을 당신은 얼마나 다하고 있는가? 마음에 드는 설문에 솔직히 답해 봄으로써 자기 자신을 평가해 보자. 설문을 읽어 가면서 그 뜻이 자신의 생각과 일치하면 ○표, 틀리면 ×표, 그리고 잘 모르겠으면 ?로 답하시오.

1	우리 집 애는 어디에 내 놓아도 부끄럽지 않고, 장차 훌륭한 사람이 되리라는 확신을 가지고 있다.	
2	자녀들이 어머니의 품에 안기려고 하거나 매달리면 반사적으로 뿌리치는 일이 없다.	
3	자녀에 대하여 자신이 생각하기에도 너무 심하게 꾸짖거나 처벌을 준 일이 가끔 있다.	
4	자녀가 원하는 것은 그것이 그렇게 무리한 일이 아니면 들어 주고 그 의사를 존중하려고 한다.	
5	나쁜 애들의 영향을 받을까 걱정이 되어 동네 애들과는 일체 놀지 못하도록 하고 있다.	
6	'하지 말라'는 말보다는 무엇을 '해 보라'는 말을 더 많이 한다.	
7	부모와의 약속을 어기는 일이 있어도 '아직 어리니까'라는 생각으로 묵인하는 때가 많다.	
8	어린이가 자신의 생각을 말이나 그림으로 잘 나타냈을 때 그 자리에서 칭찬을 해 준다.	
9	하던 일은 뒤로 미루지 않고 끝을 맺도록 요구한다.	
10	어린이가 잘못을 저질렀을 때 아빠가 알게 되면 야단을 맞을까봐 될 수 있으면 덮어 둔다.	
11	어린이를 심하게 꾸짖은 다음에는 기분을 풀어 주기 위하여 되도록 친근하게 대해 준다.	
12	우리 집 애는 너무 엉뚱한 데가 있어서 그럴 때마다 야단을 친다.	
13	꼭 해야 할 일이라도 어린이가 싫어하면 묵인해 주는 일이 많다.	
14	자녀들이 무슨 놀이를 하거나 별로 상관하지 않는다.	
15	어린이의 힘에 겹거나 다소 위험한 모험은 일체 하지 못하도록 한다.	
16	어머니에게 귀찮을 정도로 질문을 해오는 경우 묵살하기보다는 성의껏 답변을 해 준다.	
17	어린이에게 유익하다고 생각되는 옛 이야기를 해 주거나 동화책을 읽어 주는 일이 가끔 있다.	
18	텔레비전의 어떤 프로그램이나 마음대로 보도록 어린이에게 맡겨 둔다.	
19	온 가족이 함께 노는 시간을 가끔 마련한다.	
20	화가 났을 때 자녀에게 화풀이를 하는 일이 가끔 있다.	

※ 이 테스트에서 몇 점을 얻느냐 하는 것은 그다지 중요하지 않다. 그 보다도 이 테스트에 있는 설문에 솔직히 대답해 봄으로써 자신을 돌이켜 보는 것이 보다 유익한 일이 될 것이다.

4. 자녀들이 인식하는 부모상

1) 아빠에 대한 설문 조사

(1) 아빠의 언행 중 가장 싫은 것은?

① 욕하는 아빠 — 92명/31%
② 폭력을 사용하는 아빠 — 78명/26%
③ 술 마시고 주정하는 아빠 — 55명/18%
④ 공부하라고 잔소리하는 아빠 — 45명/15%
⑤ 무시하는 아빠 — 10명/3%
⑥ 기타 : 담배 피우는 아빠, 남과 비교하는 아빠, 권위주의적 행동, 거짓말, 한 말 또 할 때 등)

(2) 아빠의 언행 중 가장 좋을 때는?

① 용돈을 주실 때 — 82명/27%
② 칭찬의 말을 해 주실 때 — 80명/27%
③ 없다 — 71명/24%
④ 사랑을 표현할 때 — 39명/13%
⑤ 위로의 말을 해 주실 때 — 18명/6%
⑥ 기 타 : 존대말 쓸 때, 장난칠 때, 자신감을 주실 때, 웃으실 때 등

(3) 아빠가 하신 말씀 중 가장 상처받았거나 기분 나빴던 말은?

① 무시하는 말투 — 110명/37%
② 욕설 — 89명/30%

③ 잔소리(주정) — 52명/16%
④ 다른 사람과 비교하는 말투 — 20명/7%
⑤ 공부하라는 말 — 18명/6%
⑥ 기타 : 바보 같다, 네가 잘 하는 게 뭐냐? 필요 없어, 넌 이래서 안돼 등

(4) 아빠가 하신 말씀 중 가장 기분 좋았던 말은?

① 칭찬해 주시는 말 — 78명/26%
② 격려의 말 — 60명/20%
③ 없다 — 56명/18%
④ 소원 들어주시는 말 —41/14%
⑤ 나를 인정해 줄 때 — 37명/12%
⑥ 기타 : 웃음을 보이실 때, 애가 날 닮아서 좋아, 용돈 주마, 수고한다 등

(5) 아빠와 가장 하고 싶었던 일은?

① 일대일 여행 및 외출 — 130명/43%
② 대화의 시간 — 101명/34%
③ 없다 — 34명/11%
④ 운동 — 12명/4%
⑤ 게임 — 11명/4%
⑥ 기타 : 쇼핑, 놀이동산, 같이 술 마시기, 영화보기 등

(6) 가출하고 싶은 마음이 든(가출했던) 적이 있습니까?

(가) 예 — 201명/67%　(나) 아니오 — 99명/33%

㈎를 답한 경우 그 이유는?
① 집에 있으면 답답하다 — 83명/41%
② 가정불화 때문에 — 62명/32%

③ 간섭이 심하다 — 25명/12%
④ 아빠가 싫어서 — 12명/6%
⑤ 욕을 많이 들어서 — 5명/2%
⑥ 기타 : 공부 때문에, 아빠의 다혈질, 가족들이 모두 내 편이 아닐 때 등

자녀를 위한 기도

저의 자녀를 이런 자녀가 되게 해 주소서.

넓고 푸른 하늘을 가슴에 품는
자녀가 되게 해 주시고,
대나무처럼 곧게 자라게 해 주시며,
이 땅의 자랑스런 일꾼이 되게 해 주소서.

좋은 책 한 권은
훌륭한 스승 한 분이라는 것을 깨닫게 해 주시고,
돈이나 지위보다 더 소중한 것은
명예임을 알게 해 주시며,
끊임없이 스스로를 갈고 닦아
투명한 수정처럼 되게 해 주소서.

이 세상에서 가장 소중한 것은 만남이며,
내가 만나는 사람의 좋은 면에서
그것을 배우고,
나쁜 면에서는
이러면 안 된다는 것을 깨우치게 해 주소서.

사람은 시련과 역경을 통하여
더욱 강해지다는 것을 알게 해 주시고,
권리주장에 앞서
책임완수가 더 중요하다는 것을 알게 해 주시며,
자신에게 주어진 1분, 1초는

자신의 생명임을 알고
그것을 소중히 쓸 줄 알게 해 주소서.

함부로 쓰는 1천원은
값지게 쓰는 1천만원보다 더 많다는 것을 깨닫고
검소와 절약만이
풍요한 미래를 만들어 준다는 것도 깨우쳐 주소서.

인생을 100미터처럼 숨가쁘게 살지 말고
마라톤을 뛰듯 끈기와 인내심으로 살아가게 해 주시며,
1등도 좋지만
완주처럼 값진 것도 없다는 것을 알게 해 주소서.

옳고 그름을 판별하는 지혜와,
자신의 약점 뒤에 있는
무한한 장점을 찾는
슬기를 갖게 해 주시며,
자신이 한 약속은 어떤 일이 있어도
꼭 지켜야 한다는 것도 깨우쳐 주소서.

앞길이 막막하게 느껴질 때는
여의도 63빌딩 전망대 엘리베이터를 타고 올라가면서
아래층에서 본 서울과
꼭대기 층에서 본 서울이
전혀 다르다는 것을 깨닫고
비바람 부는 날보다
맑고 쾌청한 날이 더 많다는 데
감사할 줄 알게 해 주소서.

그리하여 한번뿐인 삶을
한 점 부끄럼 없이 살아가는
그런 자녀가 되게 해 주소서.

2) 인간관계에서 사랑스런 이유들

(발췌 : 최관희(2002), 아버지가 사랑스러운 20가지 이유)

(1) 강신초등학교 편

가) 학생들이 말하는 '아빠가 사랑스런 스무 가지 이유'

① 아빠가 강아지를 사 주셔서 사랑스럽습니다.
② 내가 어렸을 때 자동차 장난감을 사 주셔서 사랑스럽습니다.
③ 아빠랑 가족이 놀러 갈 때 맛있는 걸 사 주셔서 사랑스럽습니다.
④ 아빠가 저를 키워 주셔서 사랑스럽습니다.
⑤ 아빠가 학원비를 내 주셔서 사랑스럽습니다.
⑥ 아빠가 자랑스럽고 사랑스럽습니다.
⑦ 아빠가 책도 사 주시고 정말 사랑스럽습니다.
⑧ 아빠는 제가 원하는 대로 해 주셔서 사랑스럽습니다.
⑨ 아빠가 컴퓨터를 사 주셔서 사랑스럽습니다.
⑩ 아빠가 용돈을 주셔서 사랑스럽습니다.
⑪ 아빠는 저의 아버지이셔서 사랑스럽습니다.
⑫ 아빠는 제가 잘 수 있는 침대를 사 주셔서 사랑스럽습니다.
⑬ 아빠가 재미있는 TV 오락게임기를 사 주셔서 사랑스럽습니다.
⑭ 아빠는 시원한 수박을 사 주셔서 사랑스럽습니다.
⑮ 아빠는 TV를 사 주셔서 사랑스럽습니다.
⑯ 아빠는 제가 아기일 때 젖병을 사 주셔서 사랑스럽습니다.
⑰ 아빠는 제가 춥지 않게 외투를 사 주셔서 사랑스럽습니다.
⑱ 아빠는 레고를 사 주셔서 사랑스럽습니다.
⑲ 아빠는 게임CD와 오락팩을 사 주셔서 사랑스럽습니다.
⑳ 아빠가 타잔 비디오를 사 주셔서 사랑스럽습니다

나) 학생들이 말하는 '엄마가 사랑스런 스무 가지 이유'

① 엄마가 돈을 벌으셔서 사랑스럽습니다.
② 엄마가 나의 어머니이셔서 사랑스럽습니다.
③ 엄마가 저에게 밥을 해 주셔서 사랑스럽습니다.
④ 엄마가 나를 PC방에 가게 해 주셔서 사랑스럽습니다.
⑤ 엄마가 내게 먹을 수 있는 수저와 젓가락을 챙겨 주셔서 사랑스럽습니다.
⑥ 엄마는 제가 학교에 갈 수 있게 해 주셔서 사랑스럽습니다.
⑦ 엄마는 제가 학원에 다닐 수 있게 해 주셔서 사랑스럽습니다.
⑧ 엄마는 제가 공부할 수 있게 책상을 사 주셔서 사랑스럽습니다.
⑨ 엄마가 컴퓨터 책상을 사 주셔서 사랑스럽습니다.
⑩ 엄마가 제 옷을 사 주셔서 사랑스럽습니다.
⑪ 엄마는 제가 먹을 수 있는 고기를 사 주셔서 사랑스럽습니다.
⑫ 엄마가 떡볶이를 사 주셔서 사랑스럽습니다.
⑬ 엄마가 라면을 사 주셔서 사랑스럽습니다.
⑭ 엄마가 제 생일 잔치를 해 주셔서 사랑스럽습니다.
⑮ 엄마가 준비물을 사 주셔서 사랑스럽습니다.
⑯ 엄마가 아이스크림을 사 주셔서 사랑스럽습니다.
⑰ 엄마가 과자를 사 주셔서 사랑스럽습니다.
⑱ 엄마가 여의도로 데리고 가 주셔서 사랑스럽습니다.
⑲ 엄마가 드라이브를 시켜 주셔서 사랑스럽습니다.
⑳ 엄마가 뽀뽀를 해 주셔서 사랑스럽습니다.

다) 아빠, 엄마가 말하는 '우리 아들, 딸이 사랑스런 스무 가지 이유'

① 아빠 엄마의 아들(딸)로 태어나서 사랑스럽습니다.
② 아빠 엄마에게 뽀뽀를 자주 해 줘서 사랑스럽습니다.
③ 엄마 심부름을 잘해서 사랑스럽습니다.
④ 그냥 바라만 봐도 사랑스럽습니다.
⑤ 잠자는 모습도 사랑스럽습니다.
⑥ 울고 화내는 모습도 사랑스럽습니다.
⑦ 사촌 동생들과 잘 어울려서 사랑스럽습니다.
⑧ 엄마를 웃기는 얘기를 자주해서 사랑스럽습니다.

⑨ 안마를 자주 해 줘서 사랑스럽습니다.
⑩ 집안 청소를 도와 줘서 사랑스럽습니다.
⑪ 엄마의 친구가 되어 줘서 사랑스럽습니다.
⑫ 아빠(엄마) 앞에서는 아빠(엄마) 편을 들어서 사랑스럽습니다.
⑬ 엄마 앞에서는 엄마 편을 들어서 사랑스럽습니다.
⑭ 어른들께 인사를 잘해서 사랑스럽습니다.
⑮ 친구들과 잘 어울려서 사랑스럽습니다.
⑯ 아빠(엄마)를 닮아서 사랑스럽습니다.
⑰ 엄마를 닮아서 사랑스럽습니다.
⑱ 이웃 형들과 잘 어울려서 사랑스럽습니다.
⑲ 현관에 있는 신발을 잘 정돈해서 사랑스럽습니다.
⑳ 아빠, 엄마 소리를 들어서 행복하고 사랑스럽습니다.

(2) 영훈고등학교 편

라) 아빠가 사랑스런 이유 스무 가지(1)
① 항상 나의 든든한 후원자이신 아빠가 사랑스럽습니다.
② 바쁜 삶 속에서도 늘 미소짓는 아빠가 사랑스럽습니다.
③ 당신의 어깨로 따뜻하게 안아 주시는 아빠가 사랑스럽습니다.
④ 저를 이 세상에 있게 해 주신 아빠가 사랑스럽습니다.
⑤ 퇴근길에도 늘 간식을 사다 주시는 아빠가 사랑스럽습니다.
⑥ 나의 아빠이기 때문에 사랑스럽습니다.
⑦ 나의 용돈을 챙겨 주시는 아빠가 사랑스럽습니다.
⑧ 가끔씩 손수 음식을 만들어 주시는 아빠가 사랑스럽습니다.
⑨ 아직은 정정하신 아빠가 사랑스럽습니다.
⑩ 나를 믿어 주시는 아빠가 사랑스럽습니다.
⑪ 잘못한 일을 꾸짖어 주시는 아빠가 사랑스럽습니다.
⑫ 엄마와 즐거운 삶을 사는 아빠가 사랑스럽습니다.
⑬ 우리 가정을 행복하게 이끄시는 아빠가 사랑스럽습니다.
⑭ 우릴 위해 기도해 주시는 아빠가 사랑스럽습니다.
⑮ 가끔씩 운동으로 땀흘리시는 아빠가 사랑스럽습니다.

⑯ 늘 그대로이신 아빠가 사랑스럽습니다.
⑰ 무슨 음식이든 맛있게 드셔서 사랑스럽습니다.
⑱ 아빠의 웃음소리가 사랑스럽습니다.
⑲ 독서하는 아빠의 모습이 사랑스럽습니다.
⑳ 아빠니까 그냥 사랑스럽습니다.

마) 아빠가 사랑스런 이유 스무 가지(2)

① 같이 놀자고 애쓰실 때 사랑스럽습니다.
② 인터넷 가르쳐 달라고 하실 때 사랑스럽습니다.
③ 엄마랑 곤히 주무시고 계실 때 사랑스럽습니다.
④ 가족끼리 화투치며 좋은 패 내주실 때 사랑스럽습니다.
⑤ 늦은 밤 배고플 때 맛있는 것을 사오셔서 사랑스럽습니다.
⑥ 용돈을 많이 주실 때 사랑스럽습니다.
⑦ 엄마대신 설거지하시는 모습이 사랑스럽습니다.
⑧ 늦게까지 일하셔서 지친 모습이지만 그 모습이 사랑스럽습니다.
⑨ 엄마한테 혼나고 있을 때 막아 주시는 아빠가 사랑스럽습니다.
⑩ 낚시 가서 고기 많이 잡아 오셔서 사랑스럽습니다.
⑪ 여행같이 가자고 조르실 때 사랑스럽습니다.
⑫ 가~~~끔 술 한 잔씩 주시는 아빠가 사랑스럽습니다.
⑬ 늦게 들어왔을 때 봐주셔서 사랑스럽습니다.
⑭ 외박 자주 시켜 줄 때 사랑스럽습니다.
⑮ 엄마한테 애교부릴 때 사랑스럽습니다.
⑯ 농협 가자고 하실 때 사랑스럽습니다.
⑰ 맛있는 요리를 직접 만들어 주실 때 사랑스럽습니다.
⑱ 나랑 장난치면서 놀아 주셔서 사랑스럽습니다.
⑲ 공부하라고 잔소리 안하실 때 사랑스럽습니다.
⑳ 경품 게임해서 자전거, 말하는 전기밥솥, 김치냉장고, 가스오븐렌지, 프라이팬 세트를 타와서 사랑스럽습니다.

바) 아빠가 사랑스런 이유 스무 가지(3)

① 가족을 지켜 주셔서 사랑스럽습니다.

② 저를 키워 주셔서 사랑스럽습니다.
③ 열심히 살아 주셔서 사랑스럽습니다.
④ 저의 모든 단점을 고쳐 주시고, 제가 잘하는 것을 더 격려해 주셔서 사랑스럽습니다.
⑤ 제가 학교에 다닐 수 있도록 친구를 사귈 수 있는 인격체로 만들어 주셔서 사랑스럽습니다.
⑥ 하나님을 믿고 따르셔서 사랑스럽습니다.
⑦ 불우이웃을 돕고 자녀와 엄마가 없는 자녀를 돌보는 사회의 일꾼이셔서 사랑스럽습니다.
⑧ 자식된 도리를 못하는 저를 사랑하고, 감싸 주셔서 사랑스럽습니다.
⑨ 물질적으로나 정신적으로나 부족함이 없으시며, 그것을 저에게 물려 주려고 노력하셔서 사랑스럽습니다.
⑩ 친구처럼 편안하게 해 주셔서 사랑스럽습니다.
⑪ 삶의 의미와 존재 이유를 알려 주셔서 사랑스럽습니다.
⑫ 하나님을 믿게 해 주셔서 감사드리고 사랑스럽습니다.
⑬ 이 곳에 살아 계셔서 사랑스럽습니다.
⑭ 저와 '부녀'라는 인연을 맺은 것이 사랑스럽습니다.
⑮ 남이 부러워하는 사랑, 그런 가족이어서 사랑스럽습니다.
⑯ 규범을 알려 주셔서 사랑스럽습니다.
⑰ '돈'을 주셔서 사랑스럽습니다.
⑱ 휴일에도 저에게 관심을 많이 써 주셔서 사랑스럽습니다.
⑲ 나이 차이도 많이 나는데, 저에게 많이 맞춰 주셔서 감사하고 또한 사랑스럽습니다.
⑳ 놀러 갈 때에도, 여행 갈 때에도, 아플 때에도, 건강할 때에도 언제나 함께 계셔서 사랑스럽습니다.

사) 아빠가 사랑스런 이유 스무 가지(4)

① 가족을 위해서 기꺼이 땀 흘려 주셔서 사랑스럽습니다.
② 언제나 저를 아껴 주셔서 사랑스럽습니다.
③ 나의 일을 자신의 일처럼 열심히 도와 주셔서 사랑스럽습니다.
④ 항상 건강하셔서 사랑스럽습니다.
⑤ 하찮은 생명이라도 소중히 대하시는 마음이 사랑스럽습니다.
⑥ 조금의 잘못을 저질렀더라도 엄히 꾸짖어 주셔서 사랑스럽습니다.

⑦ 가족과 함께 웃으시는 모습이 사랑스럽습니다.
⑧ 밤에 제 이불을 잘 덮어 주시는 아빠가 사랑스럽습니다.
⑨ 제가 힘들어 할 때마다 격려해 주셔서 사랑스럽습니다.
⑩ 저를 위해 돈을 아끼지 않는 모습이 사랑스럽습니다.
⑪ 가족을 즐겁게 해 주셔서 사랑스럽습니다.
⑫ 매일 저를 위해 응원해 주셔서 사랑스럽습니다.
⑬ 남을 먼저 생각하시는 모습이 사랑스럽습니다.
⑭ 힘드시지만 노력하는 모습이 사랑스럽습니다.
⑮ 저를 믿어 주셔서 사랑스럽습니다.
⑯ 내일을 위해서 잠자는 모습이 사랑스럽습니다.
⑰ 저에게 생명을 주셔서 사랑스럽습니다.
⑱ 가족을 사랑하고 저를 사랑해 주셔서 사랑스럽습니다.
⑲ 18년 동안 저를 바르게 키워 주셔서 사랑스럽습니다.
⑳ 언제나 제 곁에서 바라봐 주셔서 사랑스럽습니다.

아) 아빠가 사랑스런 이유 스무 가지(5)

① 우리 아빠는 무슨 일이든 잘 해결해서 사랑스럽습니다.
② 우리 아빠는 정말 믿음직스러워서 사랑스럽습니다.
③ 우리 아빠는 음식을 맛있게 해서 사랑스럽습니다.
④ 우리 아빠는 엄마에게 잘 해 주셔서 사랑스럽습니다.
⑤ 우리 아빠는 매우 엄해서 사랑스럽습니다.
⑥ 우리 아빠는 가정을 올바르게 이끌어 주셔서 사랑스럽습니다.
⑦ 우리 아빠는 나를 바른 길로 가게 해 주어서 사랑스럽습니다.
⑧ 우리 아빠는 나에게 먼저 말을 건네 주셔서 사랑스럽습니다.
⑨ 우리 아빠는 청소를 잘해 사랑스럽습니다.
⑩ 우리 아빠는 가족과 놀러가기를 좋아해서 사랑스럽습니다.
⑪ 우리 아빠는 지혜로우셔서 사랑스럽습니다.
⑫ 우리 아빠는 가끔 나를 아주 꼭 안아 주셔서 사랑스럽습니다.
⑬ 우리 아빠는 칭찬을 아끼지 않아 사랑스럽습니다.
⑭ 우리 아빠는 공부하라는 말을 잘하지 않아 사랑스럽습니다.
⑮ 우리 아빠는 담배를 끊으셔서 사랑스럽습니다.

⑯ 우리 아빠는 술을 드시지 않아 사랑스럽습니다.
⑰ 우리 아빠는 음식을 너무 맛있게 드셔서 사랑스럽습니다.
⑱ 우리 아빠는 노래를 잘 부르셔서 사랑스럽습니다.
⑲ 우리 아빠는 화초를 잘 가꾸셔서 사랑스럽습니다.
⑳ 나는 아빠의 웃는 모습이 너무 사랑스럽습니다.

자) 아빠가 사랑스런 이유 열다섯 가지

① 항상 당신 아들, 딸이 최고라고 말하시는 아빠가 사랑스럽습니다.
② 딸이 잘 때 방문을 살짝 닫고 나가시는 아빠가 사랑스럽습니다.
③ 새벽 두시 반부터 일어나 일 나가시는 아빠가 사랑스럽습니다.
④ 딸이 피곤할까봐 잘 안 깨우시는 아빠가 사랑스럽습니다.
⑤ 엄마한테 일주일에 한 번밖에 못 보는 딸이 보고 싶다고 하시는 아빠가 사랑스럽습니다.
⑥ 직접 표현은 못해도 군에 있는 오빠를 정말 사랑한다고 말하는 아빠가 사랑스럽습니다.
⑦ 엄마한테 뽀뽀하는 아빠가 사랑스럽습니다.
⑧ 항상 부족하지 않게 용돈을 주시는 아빠가 사랑스럽습니다.
⑨ 설거지하면서 사진 찍으라고 하시는 아빠가 사랑스럽습니다.
⑩ 요즘 부쩍 신앙이 성숙해진 아빠가 사랑스럽습니다.
⑪ 일 마치고 집에 들어오시는 아빠가 사랑스럽습니다.
⑫ 할머니, 할아버지를 사랑하시는 아빠가 사랑스럽습니다.
⑬ 밥을 맛있게 드시는 아빠가 사랑스럽습니다.
⑭ 교회에서의 아빠 모습이 사랑스럽습니다.
⑮ 우리 가족을 많이 사랑하는 아빠가 사랑스럽습니다.

차) 아빠가 사랑스런 이유 열두 가지

① 우리 식구를 먼저 생각하시는 아빠가 사랑스럽습니다.
② 남들보다 앞서가시는 아빠가 사랑스럽습니다.
③ 저를 바른 길로 인도하시는 아빠가 사랑스럽습니다.
④ 아빠의 경험담을 말씀해 주시는 아빠가 사랑스럽습니다.
⑤ 저와 같이 운동하시는 아빠가 사랑스럽습니다.

⑥ 외식을 시켜 주시는 아빠가 사랑스럽습니다.
⑦ 원하는 것을 사 주시는 아빠가 사랑스럽습니다.
⑧ 저를 늘 걱정해 주시는 아빠가 사랑스럽습니다.
⑨ 저랑 내기를 하시는 아빠가 사랑스럽습니다.
⑩ 저와 상담을 하시는 아빠가 사랑스럽습니다.
⑪ 늘 저의 건강을 생각해 주시는 아빠가 사랑스럽습니다.
⑫ 불평을 해도 늘 들어 주시는 아빠가 사랑스럽습니다.

카) 자녀가 사랑스런 이유 스무 가지(1)

① 나의 하나뿐인 아들이라 사랑스럽습니다.
② 자기 일을 자기 스스로 알아서 해서 사랑스럽습니다.
③ 많은 병치레를 극복한 지금의 건강함이 무척이나 사랑스럽습니다.
④ 학교생활을 무난히 잘해 준 것이 사랑스럽습니다.
⑤ 나에게 신뢰감을 줘서 사랑스럽습니다.
⑥ 늘 우리 가정 분위기에 만족하는 것이 사랑스럽습니다.
⑦ 자기 단점을 알고 개선하려고 노력하는 모습이 사랑스럽습니다.
⑧ 아빠인 나를 믿고 인정하는 것이 사랑스럽습니다.
⑨ 매사 긍정적인 사고를 가진 것이 사랑스럽습니다.
⑩ 주일에 가족과 교회를 같이 가는 것이 사랑스럽습니다.
⑪ 항상 침착해서 사랑스럽습니다.
⑫ 부모의 종교관에 함께 일치함이 사랑스럽습니다.
⑬ 자기 의견을 분명히 밝혀서 사랑스럽습니다.
⑭ 내가 좋아하는 야구 관람을 같이 할 수 있어서 사랑스럽습니다.
⑮ 원하는 대학에 들어가서 사랑스럽습니다.
⑯ 돈을 아낄 줄 알아서 사랑스럽습니다.
⑰ 예의가 바르기 때문에 사랑스럽습니다.
⑱ 잘 먹어서 사랑스럽습니다.
⑲ 정직해서 사랑스럽습니다.
⑳ 분별력이 있어서 사랑스럽습니다.

타) 자녀가 사랑스런 이유 스무 가지(2)

① 하나님의 자녀이기에 사랑스럽습니다.
② 찬송을 잘 해서 사랑스럽습니다.
③ 아빠의 아들이기에 사랑스럽습니다.
④ 동생을 사랑해 줘서 사랑스럽습니다.
⑤ 건강해서 사랑스럽습니다.
⑥ 달리기를 잘해서 사랑스럽습니다.
⑦ 피아노를 잘 쳐서 사랑스럽습니다.
⑧ 한자를 잘해서 사랑스럽습니다.
⑨ 학교생활을 성실하게 잘해서 사랑스럽습니다.
⑩ 친구들과 사이좋게 놀아서 사랑스럽습니다.
⑪ 노래를 잘해서 사랑스럽습니다.
⑫ 교회를 잘 다녀서 사랑스럽습니다.
⑬ 도토리라는 별명을 가져서 사랑스럽습니다.
⑭ 인사를 잘해서 사랑스럽습니다.
⑮ 축구를 좋아해서 사랑스럽습니다.
⑯ 공부를 열심히 해서 사랑스럽습니다.
⑰ 심부름을 잘해서 사랑스럽습니다.
⑱ 책을 잘 읽어서 사랑스럽습니다.
⑲ 우리 집 큰아들이기에 사랑스럽습니다.
⑳ 수영을 잘해서 사랑스럽습니다.

파) 자녀가 사랑스런 이유 스무 가지(3)

① 이제까지 입원하는 일 없이 건강하게 자라 주어서 사랑스럽습니다.
② 감성이 풍부하고 미적 감각이 있는 모습을 보면 사랑스럽습니다.
③ 그림을 잘 그리는 재능이 있으니 사랑스럽습니다.
④ 누구에게나 호감을 주는 착한 마음씨가 사랑스럽습니다.
⑤ 나쁜 친구를 사귀거나 하여 속을 썩인 일이 없으니 사랑스럽습니다.
⑥ 부모 말씀에 순종하는 아들이니 사랑스럽습니다.
⑦ 웃어른을 공경할 줄 아는 모습을 보니 사랑스럽습니다.
⑧ 항상 예의바르니 사랑스럽습니다.

⑨ 이제까지 엄마 아빠가 잘 돌보아 주지 않았는 데도 착하게 자라 주어서 사랑스럽습니다.
⑩ 술, 담배 등의 유혹에 넘어가지 않았으니 사랑스럽습니다.
⑪ 스스로 해야 할 일을 알아서 잘하고 있으니 사랑스럽습니다.
⑫ 동생을 아껴줄 줄 아는 마음이 있으니 사랑스럽습니다.
⑬ 열심히 공부하는 모습이 사랑스럽습니다.
⑭ 용돈이나 물건을 아껴 쓸 줄 알아 사랑스럽습니다.
⑮ 노래를 잘해서 사랑스럽습니다.
⑯ 사치하지 않고 검소한 생활을 즐길 줄 알아 사랑스럽습니다.
⑰ 키가 커서 작은 키로 걱정하지 않게 해 주어서 사랑스럽습니다.
⑱ 하나님을 믿는 마음이 있으니 사랑스럽습니다.
⑲ 항상 기도한다고 하니 사랑스럽습니다.
⑳ 그러나 아들아, 우리 아들이라는 하나만으로도 충분히 사랑스럽단다.

하) 자녀가 사랑스런 이유 스무 가지(4)

① 사람들 사이에서 편안함을 느끼게 하니 사랑스럽습니다.
② 명랑한 목소리로 찬양을 잘하니 사랑스럽습니다.
③ 스스럼 없이 아빠에게 다가와 매달리니 사랑스럽습니다.
④ 자녀의 마음 가운데 하나님의 사랑이 항시 있음을 느낄 때 더욱 사랑스럽습니다.
⑤ 운다고 해도 눈물 그치지 않고 더욱 따뜻한 눈물 흘릴 줄 아니 사랑스럽습니다.
⑥ 이름처럼 사랑스런 마음을 가지고 있으니 사랑스럽습니다.
⑦ 솜처럼 푹신하고 편안한 얼굴을 갖고 있으니 사랑스럽습니다.
⑧ 이모저모 동생을 돌봐 주니 사랑스럽습니다.
⑨ 늠름한 언니로서 동생과 놀아 주니 사랑스럽습니다.
⑩ 하나님께 기도할 줄 알고, 성경도 보고, 주일 예배도 열심히 참여하니 사랑스럽습니다.
⑪ 자신만 생각하지 않고 친구의 아픔을 생각하고 도와 주니 사랑스럽습니다.
⑫ 심중에 하나님 예수님을 가장 먼저 떠올리는 모습이 사랑스럽습니다.
⑬ 의롭고, 지혜롭고, 정직하고, 공평하게(잠언 1 : 3)라는 가훈으로 열심히 노력하는 모습이 사랑스럽습니다.
⑭ 예절 바르고 어른에게 인사 잘하고 공손하니 사랑스럽습니다.

⑮ 부잣집 딸이 아닌데도 마음도 부자고 모습도 부자처럼 넉넉하니 사랑스럽습니다.
⑯ 고민이 있을 때 모두 얘기해 주니 사랑스럽습니다.
⑰ 소중한 것이 무엇인지 알고 그것을 아낄 줄 아는 마음이 사랑스럽습니다.
⑱ 중요한 일을 먼저 해결하려 노력하니 사랑스럽습니다.
⑲ 한 하나님의 귀한 딸로 아름답게 성장하고 있는 모든 것이 사랑스럽습니다.
⑳ 딸아, 딸아, 아빠의 딸이라는 그 자체만으로도 사랑스럽단다.

(3) 칭찬이 중요한 이유

「물은 답을 알고 있다(江本勝)」라는 책이 일본과 한국에서 유행하고 있다. 그 내용을 통해 칭찬과 격려가 인간의 삶에 얼마나 중요한가 알아보자.

「파동의 인간학」을 쓴 일본의 에모토 마사루(江本 勝, 1943년생)는 미국에서 공명자장 분석기와 '마이크로 크러스터' 물(水)을 배운 대안의학 박사이다. 그는 눈(雪)의 결정모양이 제각각 다르다는 사실을 보고 그렇다면 물의 결정도 각각 다른 모양일거라고 생각했다. 그래서 물을 영하 20℃에서 얼린 후 그 결정을 사진으로 찍기 시작했다.

세 컵의 물을 놓고 다른 실험을 했다. ① '사랑한다, 감사하다'는 말을 계속 들려준 물은 육각형의 결정(육각수)으로 변했고 ② '악마, 망할 놈'이란 말을 들려준 물은 찌그러지고 험한 모양으로 변했으며 ③ 보이지 않는 곳에 내버려 둔 물은 썩어 있었다고 한다. 물에 음악을 들려주어도 비슷한 결과가 나왔다고 한다. 베토벤의 교향곡 「전원」을 들려주면 밝고 상쾌한 곡조에 어울리게 아름답고 잘 정돈된 결정으로 나타났고, 모차르트의 교향곡 40번은 아름다움에 대한 동경을 느끼게 하는 깊은 곡인데 화려한 결정으로 나타났다. 쇼팽의 「이별의 곡」을 들려주었을 때는 작고 아름다운 결정으로 분리되어 나타났다. 그런데 분노와 반항의 언어로 가득한 헤비메탈 곡을 들려주면 결정이 제멋대로 깨진 채 나타났다고 한다. 한 걸음 더 나아가 물에 글씨를 쓴 종이쪽지를 보여 줘도 반응이 달랐다고 한다. '고맙습니다'와 '망할 놈'이란 글자를 각각 컵에 붙여 놓으면 얼마 후 물의 결정이 다르게 나타났다고 한다. 일반적으로 자연수는 아름다운 결정을 보이는데 반해 수돗물은 거의 결정이 나타나지 않는다고 한다. 염소 소독이 아름다운 물의 결정 구조를 파괴했기 때문이다. 원래 물이 얼 때 그 분자가 질서 정연한 결정 모양을 만드는데 이것이 육각형 구조를 이루어 안정된 상태를 보이게 된다. 그러나 자연과 다른 정보가 들어오면 반듯한 육각형 구조를 만들지 못한다고 한다.

말은 마음의 표현이다. 어떤 마음으로 살아가는가가 우리 몸의 70%를 차지하는 물의 성질을 바꾸고 그 변화가 바로 몸에 나타난다. 건강한 몸을 가진 사람은 마음도 건강한 것이다. 그래서 '건전한 정신은 건강한 육체에 깃든다'는 말은 진리이다. 인간이 형성되는 최초 단계인 수정란 때는 몸의 99%가 물이며 막 태어 났을 때는 90%, 완전히 성장하면 70%, 죽을 때는 약 50%의 비율이 된다는 것이다. 우리 몸 속의 이 물이 대화와 상황에 따라 예민하게 반응하고 있는 것이다.

우리 마음을 사랑과 감사로 가득 채우면 사랑해야 하는 것, 감사해야 할 멋진 일들이 계속 나타나 건강하고 행복한 삶을 살게 된다. 그러나 원한이나 불만 또는 슬픔 같은 파동을 발생시키면 한층 더 원한을 품어야 할 상황이나 슬픔이 가중되는 세계로 빠져들게 될 것이다. 따라서 모든 것을 사랑하고 자기 형편에 감사할 때는(살전 5 : 16~18) 일의 능률도 올라가게 된다. 사랑으로 인해 조건과 상황이 바뀌게 되기 때문이다.

대개 훌륭한 업적을 쌓는 사람들은 긍정적인 사람, 감사하는 사람 그리고 다른 사람을 도와 주거나 주변사람을 좋아하는 사람들이다. 남을 위해 자원봉사 경험이 있는 사람들은 치매환자가 되지 않는다고 한다. 원래 인간은 자연현상과 공명할 수 있고 우주의 모든 것과 대화할 수 있으며 에너지를 주고받을 수 있는 존재로 창조되었다. 따라서 인간이 자기욕망만 채우려들면 자연과의 조화를 파괴하고, 파괴 에너지를 계속 뿜어 내어 지구환경을 오염시키게 된다. 산업혁명 이후 인간들은 자기생활의 편리와 이익만을 추구해 왔으나, 하나님이 창조하신 원래 상황으로 회복해야 한다(창 1 : 28, '정복'의 뜻은 '창조목적대로 질서 있게 관리하다' 라는 뜻이다).

대자연 속에는 원래 사랑과 감사라는 진동만 존재했다고 한다. 자연의 모습을 보면 그것을 알 수 있다. 나무나 풀은 서로를 존중하며 공생한다. 동물들도 마찬 가지다. 사자는 배가 고플 때를 제외하고는 다른 동물을 죽이지 않는다. 나무 아래에 있는 풀이 햇빛이 닿지 않는다고 불평하지도 않고 자기 혼자서 먹이를 독점하려는 동물도 없다.

오직 인간만이 욕심의 노예가 되어 필요 이상으로 빼앗고 저장하며, 서로 속이면서 마음에 상처를 주고받는 것이다. 우리나라에도 2011년에는 연간 20억 톤의 물이 부족할 것이라는데 이제 물을 연구해야 할 때이다. 물에 경의를 표하자. 물이 매우 섬세한 에너지 반응을 한다는 것도 이해하자. 그 동안 물을 소중히 여기지 않고 함부로 다루어 왔음을 회개하자.

스위스에서 30년간 강물을 연구해 온 전 취리히공대 교수인 조안 데이비스 여사는 하늘에서 내려온 비가 몇십 년 동안 흙을 통과하며 여러 가지 미네랄로부터 정보를 얻은 지하수가 된 것을 현명한 물(wise water), 방금 내린 빗물을 젊은 물(juvenile water)로 이름지었다. 또한 일본 쓰쿠바대학 명예교수인 무라카미 가즈오 씨는 인간이 지니고 있는 '레닌'이라는 효소 유전자 암호를 해독한 세계적인 학자인데, 그는 생명이 갖고 있는 유전자 정보를 읽으면 읽을수록 미세한 공간에 이렇게 치밀한 정보를 적어 넣은 어떤 존재(하나님)를 인정하지 않을 수 없다고 한다. 그는 이 위대한 존재를 'Something great'이라고 불렀으나 우리들은 '하나님'이라고 부르는 것이다. 물분자는 수소(H) 원자 둘과 산소(O) 원자 하나로 구성되어 있다(H2O). 인간관계도 감사 둘과 사랑 하나의 비율로 구성하면 최상이 될 것이다. 마치 귀는 둘, 입은 하나인 것과 같다.

사랑(능동적 삶)이 중요하다. 그러나 감사(수동적 삶)는 더욱 중요하다. 가지려는 마음보다 베풀려는 마음이 더욱 중요하기 때문이다. 인류는 지금까지 물질적 풍요를 얻기 위해 숲을 베고 사막과 싸우면서 문명을 이루어 왔다. 이 투쟁과 정복의 역사를 통해 너무 많은 것들을 희생시켰다.

이제부터는 감사 쪽으로 눈을 돌려야겠다. 환경에 감사하고 살아 있음에 감사하고 우리를 길러 준 물과 공기에 감사해야 한다. 그러면 우리 몸 속의 70%를 이루고 있는 물도 깨끗하고 빛나는 육각수로 바뀔 것이다. 그러면 건강한 몸과 건전한 정신 및 거룩한 영혼(살전 5 : 16~23)이 되어 장수할 수 있을 것이다.

제 **10** 장

시어머니와 며느리관계

1. 시어머니와 며느리
2. 사랑받는 며느리가 되는 열 가지 지혜
3. 고부갈등의 발생
4. 고부갈등 해소 방안
5. 노인세대의 성격유형
6. 노후생활을 위한 단계별 준비사항
7. 노인들의 건강관리

1. 시어머니와 며느리

전통적인 '양성 3세대' 가정에서는 부모 – 자녀, 남편 – 아내 외에 시부모와의 관계가 있다. 직접 모시고 살지 않아도 이 관계는 중요한 인간관계이다.

전통적으로 가족 내에서 가장 어려운 인간 관계가 시어머니와 며느리의 관계이다. 지금 종합병원 정신과에 입원하고 있는 기혼 여성환자 중 약 60% 내지 70%가 고부간 갈등으로 인한 경우라고 한다. 시어머니와 며느리 사이에는 부모와 자녀의 경우와 같은 혈연의 유대도 없고 남편과 아내의 경우와 같은 성적 일체감도 없다. 그뿐 아니라 내 품 안에서 키운 아들을 며느리에게 빼앗겼다는 심리가 시어머니에게 작용할 수도 있어서, 아들에 대한 모성애가 각별히 유난스러운 우리나라에서는 고부간의 갈등이 미묘하고 어려운 관계로 알려져 왔다.

옛날에는 시어머니의 일방적 우세 속에서 며느리는 시집살이라는 고난의 과정을 숙명적으로 받아들였다. 다만 며느리는 아들만 낳으면 장차 시어머니가 될 것이고, 시어머니가 되면 새로운 며느리에게 시집살이를 시켜 가며 기를 펴고 살 수 있다는 희망 속에서 위안을 삼으며 젊은 날을 보냈다.

오죽했으면 이런 노래가 다 생겨 났을까?

> "시집살이 개집살이 고추 당초 맵다해도 시집살이 더 맵더라. 외나무다리 어렵대야 시아버지같이 어려우랴. 동서 하나 할림새요, 시누이 하나 뾰족새요, 시아버지 뾰롱새요, 남편 하나 미련새요……."

세상에 가장 힘들고 어려운 관계가 고부관계라는 말이다. 혈연관계가 아닌 법적 관계(mother-in-law)이기 때문이다. 그래서 고부 갈등은 요단강이나 건너가야 해결된다고들 한다. 어느 사이 고부문제는 사회문제로까지 확대되어 가고 있다. 며느리증후군 환자가 늘고 시어머니 스트레스가 늘고 있다. 급기야는 부부갈등에다 이혼으로까지 치닫고 있는 실정이다.

물론, 오늘의 한국 가족에서는 시어머니가 젊을 때에는 며느리에게 시집살이를 시키고, 시어머니가 늙으면 도리어 며느리로부터 구박을 받는 경우가 많다. 아들과 며느리의 경제력이 일찌감치 부모의 그것을 능가할 경우에는 시어머니의 구차스러운 삶이 빨리 오기도 한다. 노후가 불안하다는 점에서 보면 옛날보다 더욱 불행한 시대가 아닐까 한다.

성경은 이토록 어려운 일에 대해 다음과 같은 해답을 주고 있다. 며느리 룻과 시어머니 나오미의 관계가 바로 좋은 해답이 된다. 사람들이 이들의 관계를 칭찬하며 부러워한다. “이는 네 생명의 회복자며 네 노년의 봉양자라 곧 너를 사랑하며 일곱 아들보다 귀한 자부라(룻 4 : 15)” 어떻게 이 둘은 이런 관계로 발전할 수 있었을까?

시어머니와 며느리의 관계를 나타내는 말이 있다.

‘붙좇았더라(룻 1 : 14)’는 말은 히브리어로 ‘다베카’로서 ‘찰싹 붙다’는 뜻이며 붙어서 떨어지지 않는 상태를 말한다. 더구나 ‘붙좇았더라’에서 ‘붙좇다’는 말은 굳게 잡고 늘어지다는 뜻으로 뗄래야 뗄 수 없는 친밀한 관계를 나타내는 말이다. 이 둘의 관계 속에서 발견하는 몇 가지 특징이 있다.

① 자신보다 상대의 입장에서 먼저 생각한다. ② 시어머니는 며느리를 딸처럼, 딸은 시어머니를 친정어머니처럼 친근하게 여긴다. ③ 사소한 일에도 의견을 주고받으며 대화를 나눈다. ④ 고난을 탓하거나 상대를 원망하지 않는다. ⑤ 근면하며 자신들의 일에 성실하다. ⑥ 시어머니는 오직 며느리의 행복한 내일을 위해 헌신한다. ⑦ 며느리는 시어머니의 말에 절대 순종한다.

그들에게도 많은 문화적 장벽이 있었을 것이다. 세대차도 있었을 것이다. 심지어 언어의 장벽까지 있었다. 하지만 그러한 차이에도 불구하고 둘을 하나되게 한 것은 하나님의 은혜였다. 나오미를 향한 룻의 고백을 다시 새겨 보자. “룻이 가로되 나로 어머니를 떠나며 어머니를 따르지 말고 돌아가라 강권하지 마소서. 어머니께서 가시는 곳에 나도 가고 어머니께서 유숙하는 곳에서 나도 유숙하겠나이다. 어머니의 백성이 나의 백성이 되고 어머니의 하나님이 나의 하나님이 되시리니(룻 1 : 16-17).”

결국 시어머니의 사랑이 며느리에게 감동을 주었고 며느리의 헌신이 시어머니를 감격하게 만들었다. 두 사람을 하나로 묶어 준 배경은 여기에 있다. 그래서 하나님이 개입된 관계에는 어떤 장애물도 존재할 수 없다.

룻기가 기록된 시대는 어두움의 시기였다. 사사시대의 종교적, 도덕적, 정치적 타락과 부패가 극에 달해 있었다. 하나님의 복된 나라가 붕괴될 위급한 상황에 놓여 있었다. 하지만 이 어두움의 시기 가운데서도 하나님의 역사는 중단되지 않았다. 무엇보다 아름답고 건강한 한 가정을 돌보심으로 그 역사를 이어 가고 있다.

며느리와 시어머니의 관계를 나타내는 속담을 알아보자.

① 가을볕에는 딸을 쬐고 봄볕에는 며느리를 쬐인다 : 가을 햇볕이 그만큼 부드럽다는 말이다. 가을볕은 선선하여 딸에게 쬐이고 봄볕은 따가우므로 며느리에게 쬐인다는 것은 시어머니가 며느리보다는 딸을 더 위한다는 말이다.

② 고양이 덕과 며느리 덕은 알지 못한다 : 별로 덕볼 것 없는 며느리를 두고 하는 말이다. 창고의 쥐를 잡아먹는 고양이의 덕과 항상 곁에서 시중드는 며느리의 덕은 쉽게 알지 못한다는 말로서 며느리를 얕게 본다는 것이다.

③ 귀머거리 삼 년 벙어리 삼 년 : 시집살이의 어려움을 표현한 말이다.

④ 배 썩은 것은 딸 주고, 밤 썩은 것은 며느리 준다(梨腐子女 栗朽子婦) : 며느리보다는 딸에게 더 애정이 간다는 뜻으로, 배 썩은 것은 그래도 먹을 것이 있으나 밤 썩은 것은 도저히 먹을 수가 없기 때문에 생겨난 말이다.

⑤ 죽 먹은 설거지는 딸 시키고 비빔그릇 설거지는 며느리 시킨다 : 딸을 며느리보다 더 아끼는 시어머니의 편애적 행동을 뜻한다.

⑥ 며느리가 미우면 발뒤축이 달걀 같아도 나무란다(婦無可短 踵如鷄卵) : 흠잡을 것이 없는데 공연히 트집을 잡아서 억지로 잘못을 지어 내는 것을 의미한다.

⑦ 안방에 가면 시어머니의 말이 옳고 부엌에 가면 며느리 말이 옳다 : 각각 일리가 있어 그 시비를 가리기 어렵다는 말이다.

⑧ 방망이로 맞은 시어미 홍두깨로 친다 : 제가 받은 피해보다 더 무섭게 한다는 뜻.

⑨ 며느리 늙어 시어미된다(婦老爲姑 靡不效尤) : 시어머니에게 고초를 당하던 며느리가 자신이 시어머니가 되면 더 심하게 행동한다는 뜻이다.

2. 사랑받는 며느리가 되는 열 가지 지혜

옛날부터 며느리 사랑은 시아버지 사랑이라고 했다. 이 말을 바꾸어 생각해 보면 며느리와 시아버지의 관계는 처음부터 어려움 없이 좋은 선입관으로 출발되기 때문에 그 관계는 특별한 사연이 없는 한 문제가 없다는 뜻일 수도 있다.

사랑받는 며느리가 되는 것은 결국 시어머니와의 관계가 어떤가에 달렸다고 할 수 있다. 지역 감정보다도 더 역사가 깊은 이 고부간의 갈등 해결이 없이는 멋진 가정이나,

행복한 부부 생활을 기대할 수 없다.

과연 이 고부간의 갈등은 하나님도 손을 쓸 수 없을 만큼 인간이 하나님을 괴롭히기 위해서 만든 기상 천외의 전매 특허품이란 말인가? 그래서 고부간의 갈등은 둘 중에 하나가 죽어야 해결되는 것일까?

"할 수 있거든이 무슨 말이냐 믿는 자에게는 능치 못할 일이 없느니라(막 9 : 23)."

그렇다. 우선 할 수 있다는 마음이 중요하다.

며느리는 시어머니에게 "당신은 내 앞에서 죽은 송장처럼 입을 다물고 살아 달라."는 주문을 하기 전에 내가 먼저 며느리로서의 해야 할 일을 다하고 그분들의 욕구를 충족시켜 드리도록 노력해야 한다. 넘치는 힘을 없애려고 할 것이 아니라 필요 적절하게 사용할 수 있도록 유도하는 것이 상책이기 때문이다.

아이들에게는 힘이 발에 있기 때문에 가만히 있지를 못하고 항상 돌아다니기를 좋아하고 젊은 사람들은 힘이 가슴에 있기 때문에 뜨거운 로맨스를 가슴으로 채워 가지만, 나이가 많으신 노인들에게 남아 있는 힘은 모두 입으로만 집중하여 몰린다는 사실을 잊어서는 안 된다.

노인들에게 남아도는 입의 힘마저 빼내려고 한다면 그분들에게서 살맛을 빼앗아 버리는 것이나 다름없기 때문이다.

그분들이 가지고 있는 입의 힘을 원망과 다툼으로 낭비하지 않고 기도와 찬송과 며느리를 칭송하는 말과 웃음으로 바꿀 수 있도록 기도하고 배려해 주는 며느리가 진짜 좋은 며느리인 것이다.

1) 시부모를 기도의 우선 순위에 두기

기도는 영혼의 숨소리이다. 시부모의 영혼과 내 영혼이 만나 어울리는 만남의 기도 광장에서 새벽을 깨우고, 저녁에 가족 예배로 하루를 마무리할 때 기도의 앞순서에 시부모를 모시는 삶을 살아야 할 것이다.

2) 사소한 것이라도 시어머니의 의견을 존중하기

시어머니는 내가 살아보지 않은 나의 미래를 지낸 경험의 소유자이다. 작은 것이라도 상의하고 그 어른의 지혜를 구하도록 한다. 나의 의견과 맞지 않는다고 즉석에서 반대

의견을 개진하지 말자.

말로 하는 싸움에서는 입심 좋은 노인을 당할 재주가 없기 때문이다.

3) 내 남편이기 이전에 시어머니의 아들이었다는 기득권을 인정하기

부모에게 있어서 자식에 대한 소유와 만족만큼 큰 것이 어디 있겠는가? 며느리에게 그것을 송두리째 빼앗긴 시부모의 입장도 생각해야 한다.

남편과 시어머니가 대화할 수 있도록 기회를 제공하며, 단 둘이서 지낼 수 있는 시간과 장소를 배려하는 현명한 며느리가 돼야 한다.

4) 만일 시어머니와 함께 살지 않는다면 자주 문안인사(전화와 편지) 드리기

말 한 마디로 천냥 빚을 갚는다고 했다. 함께 살더라도 나들이를 하고 돌아오는 시부모님에게는 기쁜 마음에서 우러나오는 환영의 인사를 드리자.

만일 떨어져 살고 있을 때는 전화를 이용하자. 노인들은 새벽잠이 없다. 아침 일찍 드리는 문안 인사 한 마디가 노인들에게 하루를 멋지게 살 수 있는 살맛을 제공할 수 있기 때문이다.

5) 시댁 식구들의 애경사를 정성으로 돌보기

년 초에 달력을 꺼내어 펜으로 시댁 식구들의 애경사 날짜와 연락처를 기입해 보자. 얼마나 많이 알고 있으며 정확하게 알고 있는가? 그 평가가 바로 당신이 시댁으로부터 얼마나 사랑을 받고 있는가를 알려 주는 중간 평가서가 될 것이다.

많은 용돈을 드리는 겉치레적인 형식보다는 정성과 사랑이 담겨 있는 말 한 마디와 몸으로 직접 참여하는 정성이 더 멋진 선물이 된다는 것을 잊지 말자.

6) 시부모의 건강을 염려해 주는 며느리가 되기

건강을 잃으면 모든 것을 잃는다고 한다. 나의 건강이 중요하면 부모의 건강도 중요한 것이다. 날이면 날마다 사시사철 보약 냄새가 풍기지 않아도 된다. 나의 작은 정성이 깃든 단 한 첩의 보약이 시어머니와 며느리 사이에 곤고한 관계를 회복시켜 주는 촉진제가 될 수 있기 때문이다.

7) 보는 재미와 먹는 재미를 채워 드리기

함께 나가서 시어머니의 옷을 사고 교회에 갈 때에 나의 얼굴에 바르는 좋은 것으로 시어머니의 얼굴과 머리를 다듬어 드려서 감격이 있게 하자. 새롭고 좋은 것이 들어오면 먼저 시부모님께 드리자.

노인들에게 있어서는 돈이 꼭 필요해서 있어야 하는 것이 아니다. 가지고 있다는 그것만으로도 마음의 풍요를 맛볼 수 있다. 손자들에게 쥐어 주는 용돈, 하나님께 감사 헌금을 드리는 기쁨이 바로 사는 즐거움이다.

용돈을 드리기로 작정했으면 정해진 날에 부족함이 없이 기쁜 마음으로 드리도록 한다.

8) 남편과 시댁의 전통을 기쁘게 듣고 계승하기

사람은 나이를 더해 갈수록 미래보다는 과거 속에 묻혀 살기를 원하는 경향이 있다. 남편의 어렸을 때의 이야기, 자자손손 이어서 연결시켜 나갈 가문의 빛나는 전통과 소중한 이야기들이 있을 것이다.

나이가 드신 부모에게 말할 기회를 드리고 경청하자. 그러면 훗날 바로 내가 나의 며느리에게 들려줄 멋진 이야깃거리가 생길 것이기 때문이다.

9) 시부모를 모시고 가끔 외식과 여행하기

한 번의 외식과 여행은 메마른 대지를 적셔 주는 시원한 소나기와도 같은 것이다. 가 보고 싶었던 곳, 맛있는 먹거리가 있는 곳에 시부모님을 모시고 가 보자.

함께 나들이를 한다는 그 순간부터 시부모님의 마음은 설레일 것이다. 그 기쁜 설레임이 바로 며느리를 사랑하고 싶은 진한 사랑의 보약이 되는 것이다.

10) 시부모님의 이름으로 헌금이나 헌물을 드리기

시부모님의 생신 기념이나, 시부모님의 결혼 기념일, 세례 기념일을 이용하여서 교회에 꽃꽂이를 한다거나 어떤 필요한 것을 헌납할 수 있는 기회를 갖는다.

시부모님께 직접 드리는 것보다도 더욱더 많은 효과를 얻을 수 있을 것이다.

며느리의 향기들

· 항상 예의 바른 말씨로 내가 하는 말은 짧게 하고 시댁 식구들의 말을 들을 때는 열심히 경청하라.
· 당신은 이 가정에 파송된 선교사이다. 매사에 조심하여 신앙으로 본을 보이라.
· 잔심부름이나 허드레 일거리가 있을 때는 다른 사람을 찾지 말고 스스로 앞장서서 행하라.
· 음식을 먹을 때는 맛있게 먹고, 시어머니의 솜씨에 항상 칭찬으로 일관하라.
· 친정의 자랑보다는 시댁 자랑을 늘어 놓아라.
· 시댁 식구에 관한 여러 가지 축일은 자세히 기록하여 두었다가 정성스럽게 축하해 주되 말로만 하는 것이 아니라 볼 수 있는 선물을 드리는 것을 잊지 말라.
· 방문할 때부터 나올 때까지 최상의 기분 좋은 모습을 보여 주어라.
· 시댁 식구들 중 나이 드신 분과 말상대가 되어 주어서 내 편으로 만드는 노력을 기울여라.
· 시댁 식구들과 게임(내기 등)을 할 때는 악착같이 이기려 하지 말고 잃거나, 져주는 미덕을 가져라.
· 갈 때마다 정성이 담긴 선물을 준비하라.

3. 고부갈등의 발생

이기숙 교수(부산여대)는 시어머니와 같이 살고 있는 며느리 324명을 대상으로 며느리가 생각하는 고부갈등의 발생 요인을 조사하여 일곱 가지로 분류해 놓았다.

첫째는, 비교함으로써 생기는 갈등이다. 시어머니가 며느리를 다른 집안의 며느리와 비교하거나, 옛날 자신의 시집살이와 비교하는 경우가 가장 큰 고부 불화의 요인으로 나타났다.

둘째는, 시어머니의 이기적 태도로 인한 갈등이다. 즉, 매사에 간섭하는 것을 말한다. 자기의 옷이나 약타령만 하거나, 친척이나 손님 앞에서만 며느리에게 잘하는 체하는 것이다.

셋째는, 며느리를 소외시키는 데서 오는 갈등이다. 집안에 중요한 일을 결정할 때 며느리를 제외시키는 것이다. 또한, 딸과 며느리를 너무 차별하는 것인데, 며느리는 안중에도 없다는 듯이 경멸하며 대하는 것 등이다.

넷째는, 대화의 결여에서 오는 갈등이다. 며느리에 대한 불평을 직접하지 않고, 다른 사람에게 하여 며느리에게 흘러 들어가게 하는 것이다.

다섯째는, 친척 및 가풍으로 인한 갈등이다. 제사나 손님접대에 지나치게 예법을 찾는 것인데, 며느리에게 일가친척에 대해 무조건 잘하도록 요구하는 것이다.

여섯째, 손자, 손녀로 인한 갈등이다. 시부모가 손자, 손녀를 버릇이 없어질 정도로 귀여워하는 것이다.

일곱째, 친정으로 인한 갈등이다. 친정 나들이와, 친정 식구들의 왕래가 너무 잦다고 지적하는 것 등이다.

현대의 고부간 갈등 발생 요인들을 살펴보면 대략 다음과 같다.

① 고부 관계에 대한 선입견으로 인한 갈등
② 상대적 비교로 인한 갈등
③ 시어머니 혹은 며느리의 이기적 태도로 인한 갈등
④ 소외감에서 오는 갈등
⑤ 대화 부족에서 오는 갈등
⑥ 친척과 가습(家習)으로 인한 갈등
⑦ 손자녀의 양육 문제로 인한 갈등
⑧ 친정으로 인한 갈등
⑨ 주부권의 소유 문제로 인한 갈등
⑩ 부부 관계에 대한 시모의 질투로 인한 갈등

이 밖에 고부갈등의 원인은 다음의 네 가지 측면에서도 살펴볼 수 있다.

① 가사권 / 권력구조 측면이다 : 과거에는 시어머니가 사망할 때까지 며느리는 그의 지배하에서 살았다. 그러나 요즈음의 젊은 세대는 비록 결혼 후 시어머니와 동거하더라도 가계 운영권은 자기가 소유하려는 태도를 보이는 반면, 시어머니로서는 자기가 소유해 온 가정 운영 및 가계관리에 관해서는 가능한 한 계속 권리를 행사하고자 하는 데서 고부갈등이 비롯된다.

② 역할기대 / 수행측면이다 : 과거 전통가정에서 시부모 봉양이 며느리 역할의 가장 중요한 역할이었다면 현대의 기혼 여성은 아내의 역할이나 자녀에 대한 어머니로서의 역할에 상대적인 비중을 두게 되었다. 뿐만 아니라 현대의 며느리들은 보다 과학적이고 합리적인 가사 처리를 주장하는 반면 시어머니는 경험과 전통을 중시함으로써 양자 사이의 역할기대와 역할 수행상에 차질이 생기고 갈등이 일어나게 되는 경향이 있다.

③ 애정구조 측면이다 : 시어머니와 아들과의 모자관계는 모성 본능에서 오는 강한 집착을 내포하는 데 반하여, 서구의 평등과 개인주의 사상에 영향을 받은 젊은 세대는 부부중심을 선호한다. 현대 교육을 받지 못한 과거의 며느리들 역시 시어머니의 아들 독점욕으로 인해 강력한 질투의 대상이 되어 왔다. 시어머니들의 아들에 대한 기대와 집착은 성취동기의 강약, 자신의 신혼 초의 시집살이 정도, 그리고 성격 등에 따라 다를 수 있겠지만 개인적으로 고생을 많이 하였거나 또는 경제적으로 공헌이 많았을 경우 더욱 심화될 수 있으며 이로써 고부갈등은 불가피해진다.

④ 세대 차이 측면이다 : 시어머니의 경우 연령이 높고 동거가정이며, 도시에 거주할 경우, 갈등이 빈번하게 야기되며 그 정도가 높았다. 반면 며느리의 경우는 연령이 높을수록, 직업을 가지고 있고, 학력이 높고, 동거기간이 짧을수록 갈등이 높았다. 갈등의 주원인은 며느리의 학력이 높을수록 성격 차이에서 오는 것으로, 시어머니의 경우는 소외감에서 비롯되는 것으로 나타났다.

4. 고부갈등 해소 방안

가부장적 부계가족에서 가장 강력한 관계가 부자관계라면 가장 취약한 관계는 고부관계이다. 시어머니와 며느리는 가족 내에서 동일한 조건과 유사한 입장에 처해 있으면서도 아들 또는 남편을 따르는 입장에서 보충적인 것이 아닌 경쟁자의 입장에 있으므로 흔히 갈등이 일어나게 된다.

1) 고부관계 적응

현대사회의 가정에서 효 개념의 가치는 변모하고 있으며, 새로운 가족 윤리를 요청하고 있다. 가족성원들 간의 주도권 싸움이 아닌, 상호존중이 중요시되는 현대 가정에서 가족의 민주화를 우선시하여 양 세대간에 적절한 양보와 타협과 수용을 이루어 내는 것이 필요하다. 특히 고부관계에서 남편(아들)은 어머니와 아내 사이에서 교량 역할을 성숙하게 수행해 나가야 한다.

(1) 시어머니의 역할

① 이웃 또는 친척의 다른 며느리들과 비교하지 않는다.
② 일마다 간섭하지 않는다.
③ 집안의 크고 작은 일을 며느리와 의논한다.
④ 딸처럼 애정과 신뢰를 가지고 인격을 존중한다.
⑤ 며느리와 속마음을 털어놓을 수 있는 기회를 만든다.
⑥ 취미생활이나 자원봉사 및 종교 생활을 통한 마음의 안정과 새로운 역할을 가진다.
⑦ 평생교육이나 사회교육에 참여한다.
⑧ 아들 내외의 가정관리 문제에 참견하거나 그들의 사생활을 침해하지 않는다.
⑨ 독립된 생활영역 및 생활공간을 가진다(제주도 풍습).
⑩ 아들 자신의 행복을 먼저 생각하며 처신하라.
⑪ 같은 꾸지람을 되풀이하지 말며 며느리의 흉을 보지 말라.
⑫ 시어머니는 며느리의 사생활을 존중해 주라.
⑬ 자기 딸 앞에서 며느리의 위신과 체면을 세워 주라.
⑭ 손자 교육은 며느리에게 일임하라.
⑮ 며느리로 하여금 자신에 대해 고마움을 느끼도록 처신하라.
⑯ 젊은 세대를 이해하는 방법으로 독서를 하라.

⑰ 며느리의 생일을 기억해 주고 그녀에 대한 칭찬에 인색하지 말라.
⑱ 가정에서 며느리로 하여금 주부답게 처신하도록 협조해 주라.
⑲ 시어머니는 며느리를 딸처럼 사랑하라.

(2) 며느리의 역할

① 자신이 시집오기 전에 시어머니가 해 놓은 업적을 인정해 준다.
② 시댁 쪽의 친척들과 사이좋게 지내도록 노력한다.
③ 음식을 준비할 때 시부모의 식성과 기호를 고려한다.
④ 시부모의 친구들을 자주 집에 모신다.
⑤ 가능한 자주 시어머니와 상의하도록 노력한다.
⑥ 시어머니 앞에서 남편을 깍듯이 존중해 주고 가능한 애정표시를 삼간다.
⑦ 시어머니의 일용품이나 선물을 대신 구입할 때에는 사전에 의논하고 취향을 여쭌다.
⑧ 시부모의 생활습관을 존중해 드리고 적절한 역할을 마련해 드린다.
⑨ 정기적으로 용돈을 드린다.
⑩ 시부모를 친부모처럼 생각하라.
⑪ 쇼핑이나 목욕 갈 때 꼭 따라 붙어라.
⑫ 믿음을 주어라. 예쁘고 세련된 며느리도 좋지만 시어머니는 언제나 아들 생각을 먼저 한다는 것을 잊지 말라.
⑬ 시댁 일을 내 일처럼 해라.
⑭ 애교가 없는 미련 곰퉁이 보다는 얘기해 주고 들어주고 애교떨어 주는 싹싹한 여우같은 며느리가 되어라.
⑮ 돈 안들이고 힘 안 드는 아부(칭찬)를 자주 해 주어라.
⑯ 남편을 독점하려고 시어머니와 소유 쟁탈전을 벌이지 말라. 설령, 분가하여 살더라도 남편이 시어머니를 만나러 가도록 권유해라.
⑰ 집안의 재정관리를 자신이 하게 되더라도 용돈만은 넉넉하게 드려라. 그리고 기분 좋게 드려라. 어디다 쓰는지, 왜 그렇게 써야 하는지 따지지 말라.

(3) 남편(아들)의 역할

① 시집 식구들 앞에서 지혜롭게 아내의 방패막이가 되어 준다.

② 장인, 장모에게 친부모에게 하듯 효도한다.
③ 처가의 애경사를 빠짐없이 기억한다.
④ 부모 앞에서 아내와 처가 식구들을 비판하지 않는다.
⑤ 부모와 아내 사이에서 방황하거나 회피하지 않는다.
⑥ 아내가 시댁 일로 마음이 답답해 할 때 그 이유를 끝까지 들어주고 이해시키며 위로한다.
⑦ 부모 앞에서 아내를 존중해 준다.
⑧ 부모 앞에서 부부싸움을 하지 않는다.
⑨ 부모님이나 아내가 궁금해하는 일에 충분한 설명을 제공한다.
⑩ 부모님의 불만과 문제점을 경청하며 이해시키고 위로한다.
⑪ 시댁 일로 분주한 아내에게 감사하며 수고한다는 말을 자주 한다.
⑫ 부모님과 아내에게 적절한 역할과 소일거리를 만들어 드린다.
⑬ 가끔 반찬투정으로 어머니와 아내의 '공동의 적' 노릇을 하며 고부관계를 단합시킨다.
⑭ 시부모와 아내 사이에 문제가 생겼을 때 한쪽 편을 들지 말고 중립을 유지하되 융통성 있게 행동한다.

2) 고부관계 개선방안

① 지식과 계몽 : 노인 혹은 젊은 세대의 심리와 역할 변화 및 가치관의 차이를 알게 함으로써 갈등요인에 대한 이해를 도모한다.
② 자원개발 : 자기조절(통제력)을 키우고 사회적 지지를 이해시켜 이를 활용하게 한다.
③ 특정기술의 습득 : 대화법과 갈등 해결법을 숙지하고 충분히 실습시켜 실생활에 적용하게 한다. 주부대학이나 경로대학 등에 나가 현대인의 교양 강좌를 듣게 한다.

고부갈등 해결을 위해서 우선 젊은 세대는 노년기의 성격 특성과 심리적 욕구, 그리고 노화에 대한 지식을 습득하는 것이 필요하다. 아울러 부모세대는 며느리들이 겪는 발달단계상의 심리와 신체적인 어려움에 대해 알아야 하며 젊은 세대를 인정, 격려하고 칭찬해 주며 상호 협조관계를 유지하려는 노력이 필요하다.

우리 사회에서 고부간의 갈등은 좀처럼 해결하기 어려운 것 중의 하나이다. 아들에 대한 지나친 사랑이 결혼한 뒤에도 아들 부부의 일에 끼어들게 되고, 며느리의 입장에서는 평생을 같이 할 배우자의 어머니로부터 받는 지나친 간섭으로 인해 점점 시어머니를 마음으로부터 멀리하게 된다. 남편과의 문제만으로도 힘이 들 때가 있는데 끝없이 이어지는 시어머니와의 갈등은 며느리를 한없이 못된 사람으로 만들어 버리게 된다. 그러나 이러한 어려운 문제는 성숙하고도 지혜롭게 풀어 가야 한다. 그렇지 않으면 불행한 결과를 낳기 때문이다. 며느리의 입장에서 시부모를 모시는 방법을 생각해 보면 다음과 같다.

① 결혼을 하게 되면 우선 시집의 풍습을 익히려고 노력한다. 집안마다 나름대로 가풍이 있기 때문에 지금까지 자신이 생활해 온 생활습관을 고집하기보다는 우선 새로운 변화에 순응하도록 노력하는 것이 바람직하다. 시어머니의 오랜 인생경험과 지혜를 자신의 결혼생활에 접목시키도록 노력하면 집안의 화목을 이룰 수 있고 또한 그런 노력을 시부모님으로부터 인정받는다면 시부모님도 며느리의 의견을 존중하게 될 것이다. 시어머니와 의견 충돌이 생기면 나이 드신 시어머니는 며느리가 자신을 무시한다는 생각을 하기 쉽다. 자신보다 젊고 예쁘고, 아들이 더 사랑한다고 생각하게 되면 시부모님은 자칫 열등감을 갖기 쉬우므로 며느리가 시부모를 존중하고, 항상 관심을 가져 주고, 모르는 것은 다정하게 물어 보며, 자신이 알고 있어도 모르는 척하고 여쭤 보면, 화목한 관계를 유지할 수 있다.

② 가족에 관한 일은 항상 함께 있는 곳에서 말하며 절대 전해 들은 이야기로 인해 감정을 앞세우면 안 된다. 말은 전해지는 과정에서 많은 변질을 낳기 때문이다.

③ 가족의 화합이나 취미생활에서 시부모들을 제외시키지 말고 노인 위주의 오락도 가끔 마련한다. 그리고 가끔은 여행이나 외식도 시부모와 함께 한다.

④ 서로 좋은 점을 발견하려고 노력하고 의견의 차이는 인내와 이해로써 조화를 이루도록 한다. 상황을 극단으로 몰고 가면 결과는 늘 불행임을 명심해야 한다. 시어머니와 며느리가 친 모녀처럼 지내려면 시어머니의 마음을 읽어야 한다. 시어머니의 '시(媤)'자만 들어가도 왠지 꺼려지는 며느리들. 그건 바로 시어머니의 진짜 속마음을 몰라서 생긴 일이다. 어떤이는 성경의 "시편"도 안 읽고 시금치나 시루떡도 안 먹는다고 한다. 소위 "시(媤)"자 공포증후군이다.

이 세상에서 가장 애매한 관계인 시어머니와 며느리는 어떻게 보면 제일 가까이 지내면서도 마음으로는 거리감을 느끼는 관계이다. 이러한 관계는 비단 우리나라 뿐만이 아니라, 서양에서도 마찬가지이다. 서양에서도 시어머니와 며느리의 관계가 좋지 않고 서로 어렵다고 한다. 그래서 서양에 전해 내려오는 격언 중에 이런 말이 있다. "에덴동산이 왜 그렇게 좋은 줄 알아? 에덴동산이 왜 낙원인줄 알아? 이유가 있지! 그 곳에는 시어머니가 없기 때문이지"라고 한다. 좋은 며느리가 되고 좋은 시어머니가 되는 것이 쉬운 일은 아니다. 그러나 우리가 노력하면 얼마든지 개선할 수 있는 관계다.

여기 좋은 며느리가 되는 비결 일곱 가지가 있다. 첫째, 무엇이든지 물어 보고 하라. 둘째, 물건과 살림을 아껴 써라. 셋째, 남편을 어머니 방에 자주 보내라. 넷째, 어머니의 친정 일에 관심을 가져라. 다섯째, 몸져누울 때 관심을 가져라. 여섯째, 말을 하면 절대 대꾸하지 말라. 일곱째, 종종 간식을 갖다 드려라.

한편, 좋은 시어머니가 되는 데도 10가지 비결이 있다. 첫째, 알면서도 모른척 하라. 둘째, 아들 시중은 며느리에게 맡겨라. 셋째, 외손자를 칭찬하지 말라. 넷째, 아침에 너무 일찍 일어나지 말라. 다섯째, 밤에 일찍 자라. 여섯째, 늘 젊은 기분을 가져라. 일곱째, 아들보다 며느리와 먼저 상의하라. 여덟째, 외출을 자주 하라. 아홉째, 시집간 딸에게 너무 관심을 갖지 말라. 열 번째, 밖에 가서 며느리 자랑만 하라.

시어머니와 며느리의 관계는 영원한 숙제다. 아무리 친하다고 해도 어렵게만 느껴지는 고부(姑婦)관계이다. 며느리의 무조건적인 복종이 요구됐던 시절도 있었지만 최근엔 고부 관계가 조금씩 달라지고 있다. 일방 통행식 시어머니의 지시보다 며느리와 시어머니의 의견 조화가 더 중요시되고 있는 것이다.

서혜경 교수(한림대학교 사회복지대학원)는 "최근의 고부갈등은 가부장적 고부관계에서 빚어지는 갈등이라기 보다 세대차 때문에 생기는 갈등 측면이 강하다"고 진단한다. 서 교수는 원만한 고부관계를 만들기 위한 방법으로 ① 서로 할말이 있을 땐 쌓아 두지 말고 그때 그때 풀기 ② 부부만의 '커피 타임'처럼 고부간의 '커피 타임' 만들기 ③ 아들과 남편이 모르는 고부만의 문화나 비밀 만들기 등을 제안했다.

또한, 변해 가는 고부관계 속에서 시어머니들이 가져야 할 가장 중요한 마음가짐은 며느리를 하나의 인격체로 인정하는 것이다. 김태현 교수(성신여대)는 "시어머니는 며느리의 삶의 공간과 방식을 존중하는 태도가 필요하다"고 조언했다.

시어머니 종자(種子)가 따로 있는 게 아니라 며느리가 늙으면 시어머니가 된다. 현재 아들을 기르고 있는 모든 며느리가 장차 시어머니인 것이다. 어떻게 보면 현대의 시어머니들은 옛날 철저히 고생스런 며느리 노릇을 한 사람들이다. 불쌍히 여기고 위로해 드려야 할 과도기적 세대들이다. 노후에 따뜻한 인간관계 속에서 며느리를 딸처럼 아끼고 그를 도와 주고 말로라도 축복하여 존경받는 노인이 되길 바란다. 한국사회의 영원한 숙제, 고부관계를 보다 지혜롭게 풀어 가는 지혜자가 되자.

5. 노인세대의 성격유형

임춘식 교수(2001)의 「고령화 사회의 도전」에서는 노인성격유형과 노후생활준비 단계에 대해 상세히 제시하고 있다.

노인은 노인 특유의 신체적 · 심리적 · 사회적 변화 때문에 노인만의 성격적 특징이 나타난다고 보는 것이 일반적인 견해이다. 인격조화가 잘 이루어져 있고 지적으로도 우수하여 기본적 성격의 변화가 없는 사람도 있지만 노인의 성격은 다양하다.

결국 체격, 신체기능, 흥미 등 정신능력에 주목할 만한 변화가 오는 노인의 성격은 ① 신체적 원인, ② 과거 경험에서 오는 원인 ③ 사회적 활동의 축소에서 오는 무료감과 무력감에서 오는 원인 ④ 노인에 대한 사회의 태도 등으로 형성된다 할 수 있다.

이러한 것은 노인 사회적 태도에 대한 자신의 인식에서 비롯된다고 볼 수 있는데, 일반적인 것에 대한 노인의 특성들은 대체로 다음과 같이 표현되고 있다.

① 자기중심성
② 보수성
③ 의심과 질투
④ 유연성의 부족
⑤ 융통성이 없고 고집이 강함
⑥ 적응력의 저하
⑦ 아는 체함
⑧ 심기성
⑨ 의존성
⑩ 과욕구의 증대 등

또한 노인의 특성은 젊었을 때 갖고 있지 않았던 것까지도 나타나는 경향이 있는데, 공통적으로 나타나는 현상은 학자에 따라 다양하게 거론되고 있으나 보편적 견해는 다음과 같다.

① 우울증 경향은 신체적 질병이나 배우자의 죽음, 경제적으로 악화된 상태, 사회와

가족들로부터의 소외 및 고립, 일상생활에 대한 자기통제의 불가능, 지나온 세월에 대한 회한 등으로 증가한다.

② 내향성 및 수동성의 증가로 노인들은 관심과 주의를 외부자극에 대한 반응보다는 내면적인 자기 자신의 사고나 감정에 의해서 사물을 판단하게 되는 경향이 많아진다. 모든 문제를 자신보다는 누군가의 도움을 받아서 수동적으로 해결하려 한다.

③ 어떤 문제해결에 있어 자기에게 익숙해 있는 습관적 태도나 방법을 고수하는 경직성이 있다.

④ 조심성의 증가는 시각, 청각 등 감각능력 감퇴로 조심성이 생기고, 또한 무슨 문제 결정에 대한 자신감 감퇴로 온다.

⑤ 생에 대한 회상의 경향은 노인 자신의 생명의 시간이 얼마 남지 않았음과 죽음이 가까워 옴을 자각할수록 지나온 생을 뒤돌아보는 회상의 시간이 많아진다.

⑥ 친근한 사물에 대한 애착심이 커진다.

⑦ 유산을 남기려는 경향, 즉 이름, 기술, 지식, 교훈, 문학작품, 예술작품 등 아름다운 기억 등을 자꾸 생각한다.

⑧ 시간을 말할 때 앞으로 남은 날을 계산하기 시작한다.

⑨ 의존성의 증가는 신체적 · 경제적 · 사회적 능력의 쇠퇴로 생기며, 의존성에는 경제적, 신체적, 정신적, 사회적, 심리적, 정서적, 의존성을 가지고 있다.

이와 같이 노인의 성격이 변화하는 원인은 생물학적 변화에 의한 것과 환경 및 생활에 의한 비생물적 원인으로 나눌 수 있으나 최근에는 오히려 심인성, 환경성에 대한 견해가 지배적이다.

한편 노인의 신체적 특징은 대체적으로 세포의 위축과 퇴화, 두발, 피부의 변화, 시청각, 운동, 중추 등의 기능과 학습능력, 기억력 감퇴 등 여러 가지 변화 양상으로 나타나며, 이는 고령화에 따른 신체조직의 변화상태이다. 노년기의 신체적 조건은 개인의 유전요소와 생활양식 및 환경요인의 복합적 요소에 의해 좌우된다는 것이 오늘날의 정설이다. 또 과로, 편식, 질병 등이 노화의 주요 원인이 되고 있다.

신체의 여러 구조는 서로 의존적이므로 노년기의 증상도 대단히 복잡하다. 신체적으로는 신진대사의 감소, 회복속도의 감퇴, 체세포 분열의 감퇴, 순환계통의 기능감퇴, 생리적 불균형 및 감퇴현상이 나타난다. 감각기관의 기능 감퇴와 함께 지적 기능에도 기억 · 지능 · 능률 등이 감퇴하고 정서적 · 감정적 경험의 통제력도 감퇴된다. 신체의 변화 중 골격의 변화로 뼈의 경화, 철분의 퇴적, 피부는 탄력성을 잃고 키가 줄고 몸무게도 줄어든다. 또한 눈과 귀는 노년기에 가장 큰 영향을 받는다.

이러한 퇴행성 노쇠현상은 체질이나 과거의 생활방식, 환경 등의 영향에 의해 개인차가 심하지만 공통적으로 정신력의 감퇴로 불만, 노여움이 많고 고독을 자주 느끼게 된다는 것이다.

결국 노년기는 쇠퇴하는 시간이며 노인은 공포, 괴로움 실망 및 분노가 유쾌한 정서보다 더 빈번히 오고, 노인의 성격은 바람직하지 못한 방향으로 변하여 이기적이고 자기중심적이며, 비열하고 인색하며, 싸우기 좋아하고 권위적이게 된다.

그리고 자기 자신을 불쌍히 여겨 자기연민에 빠져 있기도 하며, 심한 경우에는 우울증으로 정신의학적인 문제들을 야기한다.

그래서 노인은 대체로 자기 중심적이고 자기와 상이한 타인을 잘 수용하지 못하며, 또 자신의 생활계획을 새 시대에 맞추어 변경하는 데에 곤란을 느낀다.

한편 모든 분야에서 '젊은 노인'이 있는가 하면 '늙은 젊은이'가 있을 정도로 성격상, 정신상, 신체상으로 구분하기가 어렵다. 그래서 노인의 성격을 완고한 보수형과 젊은 사람에 지지 않는 진취적 원만형 등으로 대별할 수 있다.

1) 은퇴 의존형

타인에 의존하여 생활함에 안이감을 가지고 욕망도 그다지 없고, 과거에 머물러 현실을 경시하고, 매사에 수동적이고 책임지는 것을 싫어하는 성격을 말한다.

2) 자기방어형

자기의 불안이나 고민에 대한 방어가 강하나 그 표현은 직접적 · 공격적이 아니고 원만한 편이다. 인간 개인의 태만은 육체적, 지적, 또는 도덕적으로 인간을 패망케 하는 것이라 하여 이를 대단히 멸시하는 형을 말한다.

3) 잘 노여워하고 공격하는 형

자기의 불만과 실패를 타인의 탓으로 돌리고 이들에 적의를 표하거나 또는 비난공격을 하며 매사에 실망 또는 비관적이며 사회적응에 곤란이 있게 되고 일상생활에 있어 위안을 얻지 못하고 또 취미도 별로 없는 형을 말한다.

4) 자책형

자기 실패 또는 문제에 대하여 자책하는 태도가 강하므로 자기 생활에 대한 발전의욕도 없고 도피하는 경향이 많으므로, 때로는 자살에까지 이르는 수도 있다.

5) 원만형

모든 생활에 있어 적극적으로 참가하고 가정 및 사회활동에 있어 대인관계가 원만하고 또 부당한 불평이나 비관 등은 하지 않으며, 젊은 사람에 지지 않는 진취력으로 사회의 변천에 적응하는 형을 의미한다.

사람은 태어나면서 계속 성장, 발육하며 성숙한 후 중년을 지나면서부터는 장기(臟器)들이 쇠약하게 된다. 이와 같이 나이가 듦에 따라 쇠약해지는 과정을 노화라고 한다. 그러므로 노인에게는 정도의 차이는 있지만 노화에 의한 여러 가지 변화가 나타나기 마련이다.

예부터 나이가 듦에 따라 나타나는 노화현상이 과연 생리적인 것인지에 대해서는 학자들 간에도 의견이 분분하다.

생체는 나이가 들어감에 따라 세포수가 점차 줄어들고 이로써 남아있는 세포들이 없어진 세포의 몫까지 일을 해야 하므로 점차 과로하게 되고 예비력이 저하되어, 결국 대사부진으로 죽게 된다. 따라서 더 한층 세포가 죽게 되는 악순환이 되풀이되어 생체에 해로운 현상을 일으키게 된다. 이러한 노화현상은 외모에서 쉽게 알 수 있는데 특히 얼굴에 나타나는 주름, 피부의 탄력성 등은 나이를 알아내는 데 중요한 요소가 된다.

노년기를 넓은 의미로 40세 이후를 일컫기도 하며, 특히 40~60세를 초로기(初老期)라고 하기도 한다. 이 시기는 건전하고 의욕적으로 활동하는 기간이므로 초로기보다는 성인기(成人期)라고 하는 것이 바람직하다고 생각된다. 따라서 흔히 60~80세를 노년기(老年期)라 하며, 80세 이상을 고령기(高齡期)라고 구분한다.

노년기의 특징은 임상적으로는 성기능 감퇴를 비롯하여 서서히 진행되는 기능의 저하를 전신의 장기에서 볼 수 있다. 또한 외부에서 오는 자극-스트레스에 대한 저항력이 감소되고 질병에 걸리면 회복력도 감퇴되는 것을 볼 수 있다.

통계에 의하면 40세 이후에서부터 사망률이 갑자기 증가하는 것을 볼 수 있는데 이것은 바로 생명과 연결되는 중요한 노인성 질병이 많다는 것을 알 수 있다. 그러나 이러한 분류는 달력상의 연령이지 기능상의 연령은 아니다. 그리고 실상 어떤 사람은 '40세에 이미 늙은이'가 있는가 하면 '70세에도 청춘'이 있기 때문이다.

역년령(曆年齡)이란 개인의 발달에 따라 각각 다르며 또 사회 문화적 견지에서도 각각 다양하지만 이런 여러 가지 상황에도 불구하고 편의상 일률적인 사회측정의 기준을 필요로 하는 때가 많으므로 역년령으로 측정의 기준을 삼게 된 것이다.

6. 노후생활을 위한 단계별 준비사항

노인이 될수록 다른 사람의 지원에 대한 의존도가 더 많아진다. 이러한 지원은 주로 가족구성원, 친구, 이웃, 지역사회, 노인을 위한 시설 등으로부터 온다. 또한 노인들은 가능한 한 자기가 살던 지역사회로부터 사회적, 경제적으로 계속적인 참여를 하면서 살기를 원한다. 즉, 고립된 계층으로 취급되기보다는 지역사회 내에서 활동적 역할을 하는 노인으로서 대접받기를 원하는 것이다.

서구사회에서도 노인들을 위한 제도로서 노인시설이 절대 필요한 것으로 여겨 많은 시설을 노인들에게 제공하였다. 그러나 이 시설이 오히려 역기능적 요소가 많은 것을 발견하고는 요즈음에는 지역사회 내에서 노인들이 거주하면서 서비스를 받을 수 있는 '지역사회 지원 서비스' 제도를 많이 보급시키고 있다.

노인이 되어 스스로 원하는 곳에서 살기 위해서는 노후생활에 대한 준비가 절대 필요하다. 개인의 생애 중 어떤 특수한 시기에 행해야 하는 발달과업이 있다. 이 과업을 잘 성취하면 행복해지고 후일의 다른 과업도 잘 치르게 되지만, 실패하는 경우는 개인적 불행과 더불어 사회적 인정도 못 받고 후일의 과업도 원만히 치를 수 없다.

또한 확고한 가치관 없이 노인과 단절되어 살아온 젊은 세대들이 자신이 노인이 되었을 때 새로운 노인문화에의 적응이 용이치 못할 것은 명확하다.

그래서 다음과 같이 노년의 발달과업은 건강에 적응하며, 은퇴 후의 경제적인 면의 적응을 강조한다.

① 줄어 가는 체력과 건강에 적응하는 일

② 은퇴와 수입감소에 적응하는 일

③ 배우자의 사망에 적응하는 일

④ 자기의 동년배와 친밀한 관계를 맺는 일

⑤ 사회적 · 시민적 책임을 이행하는 일

⑥ 만족한 생활조건을 구비하는 일 등이다.

인생을 유아기부터 후기 성인기까지 구분하여, 후기 성인기(50살 이후)의 주요 과업으로서 '통합과 절망'을 지적한다. 그 시기에 맞는 과업을 잘 수행하면 성공적 인생을 살고, 그렇지 못하면 좌절된 삶이 된다.

우리나라에서 행한 노후생활에 대한 의식조사에서는 대체로 노후대책 수립에는 강한 긍정적 태도를 보였으나 실제 계획수립 · 행동에는 불일치가 있으며, 연령이 낮고 학력 · 소득 수준이 높을수록 '자립적 태도'를 가지고 있다.

대체로 노년기에는 거기에 알맞는 신체적, 사회적, 심리적 과업이 있으며 이를 위해서는 철저한 대비가 필요한 것으로 생각할 수 있다.

결과적으로 노인의 특성상 노인의 성격은 다음과 같이 허약, 빈곤, 고독을 원인으로 하는 신체적 · 심리적 · 사회적인 많은 장벽이 있고 적응능력의 저하와 함께 쉽사리 욕구불만에 찬 반응적 성격이 나타난다고 볼 수 있다.

① 체력이 노쇠하는 시기로 자꾸 피로감과 여러 가지 노환을 수반함으로써, 동년배 노인들과 친교하기, 가정과 직장에서 일과 책임을 합당하게 물려주기, 가정이나 사회에서 어른구실하기, 자녀 또는 손자들과 원만한 관계를 유지하여야 한다.

② 신체적 영역에서는 줄어 가는 체력과 건강에 적응하기, 노년기에 알맞은 운동을 규칙적으로 하기, 건강유지에 필요한 영양섭취하기 등으로 설명할 수 있다. 연령에 따른 후기인생의 발달과업은 대체로 56세에서 104살까지 각 부분에 걸친 발달과업으로 인생변화는 모든 연령에 흔한 것이며 변화를 위한 적응은 계속적인 과업이며, 몇 가지 과업은 유년, 중년, 노년기의 다양한 연령층을 거치는 동안 반복된다는 관점을 가진다. 이를 구체적으로 설명하면 다음 표와 같다.

<노인의 연령별 준비사항>

연령별	항 목	내 용
50대 일과 여가가치에 관한 변화 (56~64세)	직 업	· 일(작업) 역할 재정의 · 전일제(full-time job)직업을 떠남 · 부분제(part-time) 선택 · 생활스타일 변화에 대한 조정 · 타인을 돕는 일을 자원함 · 재정상태를 재평가
	여 가	· 여가의 세로운 정의를 획득함 · 여가시간, 활동을 운영함 · 신체적, 심리적 건강을 운영함 · 운동, 영양 프로그램을 조정함
	내적생활	· 자신(self)을 재획득해 감 · 외부 생활세력의 이해를 구축해 감 · 신체적, 정신적 변화에 대한 조정 · 스트레스를 관리함 · 자신의 삶을 재고 · 통합 추구
	가 족	· 배우자와의 관계를 새롭게 하고 강화시킴 · 가족의 손실을 수용함 · 고령의 부모를 돕기 · 기혼 자녀와의 관계를 가짐 · 조부모와 손주들의 역할을 조정
	친 밀 성	· 기존관계를 유지하고 강화함 · 새로운 교우관계를 구축함 · 독신상태에 대한 조정 · 자신이 타인과 교제할 수 있는 능력을 확장
60대 분주한 생활에 대한 재정의 (65~74세)	직 업	· 인생과 작업역할 재정의 · 전일제 직업을 떠남 · 부분제 직업을 고려 · 직업 재훈련 프로그램에 참여 · 지역사회에 포함되는 것을 찾음 · 재정 상태를 재고 · 자원봉사활동에 참여
	여 가	· 여가역할의 재정의

연령별	항 목	내 용
60대 분주한 생활에 대한 재정의 (65～74세)		· 여가시간과 활동을 관리함 · 신체적, 심리적 건강을 사정 · 운동과 영양 프로그램을 조정 · 의학적 약물의 재고와 제한
	내적생활	· 삶의 의미를 추구 · 개인적 강점, 약점 평가 · 외부 생활력과의 관계를 강화 · 죽음에 대한 개인적 태도의 재고 · 스트레스를 관리해 감 · 자신의 삶을 재고 · 통합추구
	가 족	· 부부와 자녀 관계를 재고 · 가족 내에서의 역할을 재평가 · 가족구성원과 친구의 상실을 받아들임 · 생활 거주지를 결정 · 가족구성원과 친구의 개인적 기대의 재사정 · 개인관계의 강화
	친 밀 성	· 기존 관계의 강화 · 새로운 교우관계를 구축함 · 독신상태에 대한 조정 · 자신을 타인과 나눌 수 있는 능력을 확장
70대 과거회상, 미래설계 (75～81세)	직 업	· 주요한 인생역할로서의 일로부터 해방 · 작업계획의 제한 · 직업에 포함되는 것을 줄임 · 재정상태를 재고
	여 가	· 여가에 대한 자기 자신의 개념 강화 · 신체적, 정신적 건강의 재사정 · 운동과 영양 프로그램의 조정 · 새로운 기술의 개발 · 생산성을 위한 기회 탐구
	내적생활	· 인생력의 성공담을 구축 · 삶의 의미를 강화 · 외부 생활 세력의 관계를 분류함 · 자신에 대해 더욱 만족해 감 · 현 인생 상황이라는 관점에서 자아상을 재창조 · 스트레스를 관리함

연령별	항 목	내 용
70대 과거회상, 미래설계 (75~81세)	가 족	· 통합성 추구 · 가족관계를 평가하고 강화 · 생활 배치의 재고 · 친구 집단의 조정 · 동년배 집단과 해제 · 조부모관계에 대해 투자함 · 운송자원에 대한 재고
	친 밀 성	· 성적 정체감 유지 · 성에 대한 태도 조정 · 지적 관심을 개발하고 분담 · 타인에 대해 돕는 감정을 배양함 · 타인과 의사소통하는 능력을 증진함
80대 자아감과 개인역량을 강화 (85~94세)	직 업	· 작업활동을 평가 · 작업 약속을 제한함 · 시간 사용의 재고 · 재정상태를 조사함
	여 가	· 운동과 영양 프로그램 유지 · 새로운 지적 경험을 위한 영역 선택 · 반추를 위한 시간을 가짐 · 창조적 활동의 확대
	내적생활	· 삶의 의미를 추구 · 죽음과 죽는다는 것에 대한 올바른 개념을 명확히 함 · 내적 평화를 개발 · 통합을 성취함
	가 족	· 가족 안에서의 개인역할을 명확히 함 · 가족성원에 대한 재정적 혹은 개인적 지원을 제공함 · 친구 집단의 강화 · 가족을 대체할 것을 창출함 · 조부모 상태를 즐김
	친 밀 성	· 타인과의 관계를 유지하고 확장함 · 사회 자원 집단에 참여 · 정서적 성숙을 사정함 · 육체적 변화에 대처 · 자신(self)에 대해 더욱 만족해 감

연령별	항 목	내 용
90대 영적 완전성 구축 (95~104세)	직 업	· 일과 여가활동의 결합 · 흥미를 끄는 취미를 강조 · 흥미를 끄는 경력에 관한 정보를 유지
	여 가	· 시간과 자원을 관리 · 일을 대신하는 여가활동을 구상
	내적생활	· 영적 완전감의 성취 · 관계를 가지고 의지해 온 외부세력과의 정리 · 통합을 유지하고 즐김
	가 족	· 가족관계의 확장 · 가족 역할을 즐김 · 가족 단위의 활동에 참여
	친 밀 성	· 타인과의 관계를 유지하고 확장함 · 정서적 만족감을 유지 · 육체적 변화에 대처

여기에서 언급한 과업들은 ① 인생과업은 긍정적이어야 한다. ② 나이가 들수록 활동에 참여하는 것은 건강한 접근을 나타낸다. ③ 우리의 삶에는 타인과의 관계와 자신과 자신의 관계로부터 평가되는 경향이 있다는 가정하에서 만들어졌다. 그러므로 몇몇 과업들은 모든 사람들에게 일률적으로 적용하기는 어려움이 있다.

하지만 각 연령별에 맞는 발달과업을 미리 숙지하고 미리 대비하는 것이 그렇지 못한 경우보다 훨씬 더 현명하게 미래를 대비할 수 있는 것이다.

위와 같이 현명한 노후생활을 대비하기 위해서는 자신이 곧 노인이 된다는 사실을 인정하고 또 노인연령 단계별로 요구되는 발달과업을 충분히 이해하는 것이 필요하다. 하지만 아직도 우리 사회에서는 노인에 대한 다음과 같은 그릇된 고정관념이 남아 있다.

① 고령층은 가난하다.

② 나이가 들수록 정신능력이 쇠퇴한다.

③ 모든 노인들은 노쇠하다.

④ 대부분의 노인들은 만성병을 가지고 있다.

⑤ 나이가 들면 병들게 될 것이다.

⑥ 65세 이상의 노인들은 은퇴하여야 한다.

⑦ 고령층은 '고독하다' 등이다.

이러한 그릇된 편견들은 젊은 세대 스스로가 자신의 미래를 예측하고 대비하는 데 큰 장애가 되는 것이다. 그래서 준비가 없는 사람들은 자신이 노인이 되었을 때 노년기 적응장애를 일으키기 쉽다.

흔히는 늙는다는 것을 억지로 거부하는 '거부형', 늙는 것이 한스러워 갑자기 이상행동을 하는 '늙기 위장형', 이제는 다 끝났다고 될 대로 되라는 '포기형' 등이 있다.

과연 어떤 모습이 우리가 택해야 될 유형인지 명확하지 않다. 늙는 사실을 긍정적으로 받아들이고 이것에 대해 슬기롭게 최선을 다해 자기 연령에 맞는 역할과업을 준비하는 사람만이 멋진 노후를 영위할 수 있는 것이다.

7. 노인들의 건강관리

노년기 정신문화의 꽃도 역시 '사랑'이다. 사랑은 절대로 젊은이나 불후의 문호 · 예술가들만의 전유물이 아닌 것이다. 누구든지 언제나 새로운 백지에 아름다운 수채화를 그릴 수 있듯 노인들도 젊은이와 똑같은 열정과 강도로 사랑을 꽃피울 수 있다. 단지 젊은이들과는 표현방법이 조금씩 다를 뿐이다.

그런데도 우리나라는 불필요한 체면과 부부문화 결핍 등으로 기나긴 노년기를 황량하게 보내는 경우가 허다하다. 노인들 중에는 옷차림과 언행은 물론 성생활을 비롯한 개인생활이 지나치게 체면에 얽매어 억제되는 경우가 많은데 이 같은 현상은 노년기 정신건강을 해치기 마련이다.

일반적으로 노인이 되면 우울증 환자에게서나 나타나는 수면장애 · 피로감 · 흥미상실 · 활동감소 등의 증상이 흔히 나타난다. 게다가 노년기는 이러 저런 신체적 질병을 갖기 쉬운데 신체적 질병이 있는 노인 중에서 20~30%가 우울증을 나타낸다. 이같은 상황을 극복할 수 있는 묘약이 바로 노년기 사랑이다.

특히 요즈음 같은 핵가족화 시대에서 가장 문제가 되는 것은 홀로된 할아버지다. 미국 통계에 의하면 65세 이상 노인의 자살률은 전체 자살률의 4배인데 특히 할아버지들의 자살률은 동년배 할머니들의 2배 이상 높게 나타난다. 실제로 홀로된 할머니는 평생동안 가사생활 · 자녀양육에 익숙해 혼자 살거나 갑자기 자녀들과 살게 되더라도 비교적 새로운 환경에 잘 어울린다.

반면 할아버지는 수발을 필요로 하는 경우가 많은데다 변화된 환경에 적응하는 능력도 할머니보다 뒤떨어져 소외되기 쉽다. 이 같은 문제점을 원만히 해결하려면 우선 할아버지 자신이 '할아버지 = 집안의 최고 어른'이라는 고식적 권위주의에서 탈피해야 한다.

사랑 이외에 노인 정신건강에 좋은 생활습관으로는 노화를 늦추고 신체적 건강을 유지시켜 주는 운동 · 취미생활을 꼽을 수 있다. 단 노인은 관절에 부담이 없는 종류의 운동을 낮은 강도로 오랫동안 하는 게 좋은데 물론 전문가에게 적절한 운동량을 처방받는 것이 좋다. 젊었을 때부터 해온 취미가 없다고 해서 '이 나이에……'하고 미리부터 포기 하는 것은 절대 금물이다. '늦었다고 생각할 때가 가장 빠른 때'라는게 노인의 취미생활 제1조다 (중앙일보, 1997. 9. 11).

1) 우울증 자가진단 방법

최근 우울증에 시달리는 사람들을 위한 우울증 자가진단표가 많이 개발되고 있는데, 우리나라에서는 고려대학교 안암병원 우울증 센터에서 개발한 것을 대부분 이용하고 있다. 다음의 '우울증 자가진단표'를 체크해 보면 우울증 정도를 알 수 있다.

채점 방법은 지난 1주일 동안 자신을 가장 잘 나타낸다고 생각되는 것을 체크한 다음 숫자의 합계가 총 21점이 넘으면 우울증이 의심되기 때문에 전문의를 방문 상담해야 한다.

<우울증 자가진단법 (1)>

항 목	체크
0 나는 슬프지 않다. 1 나는 슬프다. 2 나는 언제나 슬픔에 젖어 헤어날 수가 없다. 3 나는 너무나 슬프고 불행해서 도저히 견딜 수 없다.	
0 나는 앞날에 대해 별로 비관적이지 않다. 1 나는 앞날에 대해 비관적이다. 2 나는 앞날에 대한 기대가 아무것도 없다. 3 나의 앞날은 아주 절망적이고 나아질 가망도 없다.	
0 나는 실패자라고 생각하지 않는다. 1 나는 다른 사람들보다 더 많이 실패한 것 같다. 2 과거를 돌이켜 보면 생각나는 것은 실패뿐이다. 3 나는 인간으로서 완전한 실패자인 것 같다.	

항 목	체크
0 나는 전과 같이 일상생활에서 만족하고 있다. 1 나의 일상생활은 전처럼 즐겁지가 않다. 2 나는 더 이상 어떤 것에도 만족을 느끼지 못한다. 3 나의 모든 것이 다 불만스럽고 지겹다.	
0 나는 별로 죄책감을 느끼지 않는다. 1 나는 죄책감을 느낄 때가 많다. 2 나는 거의 언제나 죄책감을 느낀다. 3 나는 항상 죄책감을 느낀다.	
0 나는 벌을 받고 있다고 생각하지 않는다. 1 나는 벌을 받을지도 모르겠다. 2 나는 벌을 받아야 한다고 생각한다. 3 나는 지금 벌을 받고 있다고 생각한다.	
0 나 자신에게 실망하지 않는다. 1 자살할 생각은 하고 있으나, 실제론 하지 않을 것이다. 2 나는 자살하고 싶다. 3 나는 기회만 있으면 자살하겠다.	
0 나는 평소보다 더 울지는 않는다. 1 나는 평소보다 더 많이 운다. 2 나는 요즘 항상 운다. 3 전에는 울고 싶을 때 울 수 있지만, 요즘은 울래도 울 수 없다.	
0 나는 다른 사람들에게 여전히 관심을 갖고 있다. 1 나는 평소보다 다른 사람들에게 대한 관심이 줄었다. 2 나는 다른 사람들에게 거의 관심이 없어졌다. 3 나는 다른 사람들에게 관심이 완전히 없어졌다.	
0 나는 평소처럼 결정을 잘 내린다. 1 나는 평소보다 결정을 미루는 때가 많다. 2 나는 결정 내리는 것이 전보다 더 힘들다. 3 나는 이제 아무 결정도 내릴 수가 없다.	
0 나는 평소보다 내 모습이 더 나빠졌다고 생각하지 않는다. 1 나는 나이 들어 보이거나 호감을 못 줄 것 같아 걱정이다. 2 내 모습이 아주 볼품이 없어진 것 같다. 3 나는 내가 추하게 보인다고 생각하다.	
0 나는 평소처럼 일을 할 수 있다. 1 어떤 일을 하려면 평소보다 더 힘이 든다. 2 무슨 일이든 하려면 무척 힘이 든다. 3 나는 아무 일도 할 수 없다.	

항 목	체크
0 나는 평소처럼 잠을 잘 수 있다. 1 나는 평소처럼 잠을 자지 못한다. 2 평소보다 새벽에 일찍 깨고 다시 잠들기가 어렵다. 3 평소보다 몇 시간 일찍 깨고 다시 잠들 수가 없다.	
0 나는 평소보다 더 피곤하지 않다. 1 나는 평소보다 더 쉽게 피곤하지 않다. 2 나는 무엇을 해도 항상 피곤하다. 3 너무나 피곤해서 아무 일도 할 수가 없다.	
0 요즘 체중이 별로 줄지 않았다. 1 전보다 몸무게가 2kg 가량 줄었다. 2 전보다 몸무게가 5kg 가량 줄었다. 3 전보다 몸무게가 7kg 가량 줄었다.	
0 나는 건강에 대해 전보다 더 염려하고 있진 않다. 1 각종 통증, 소화불량, 변비 등으로 건강이 염려된다. 2 건강이 매우 염려돼 다른 일은 거의 생각할 수 없다. 3 건강이 너무 염려돼 다른 일은 아무것도 생각할 수 없다.	
0 성에 대한 관심이 과거와 별 차이가 없다. 1 나는 평소보다 성에 대한 관심이 줄었다. 2 나는 요즘 성에 대한 관심이 상당히 줄었다. 3 나는 성에 대한 관심을 완전히 잃었다.	

또 다른 우울증 자가진단척도가 있다. 다음에 제시된 '우울증 자가진단표'에 의한 우울증 정도는 총 30항목 중 14~18개는 가벼운 정도, 19~21개는 중간 정도, 22개 이상은 심각한 상태이며, 심각한 우울증은 정신병, 노인의 경우 치매로의 발전 가능성이 높기 때문에 전문의와 상담하는 것이 바람직하다.

<우울증 자가진단표 (2)>

항 목	예	아니오
⊙ · 쓸데없는 생각들이 자꾸 떠올라 괴롭다.		
⊙ · 아무것도 할 수 없는 것처럼 무기력하게 느껴진다.		
⊙ · 안절부절 못하고 초조할 때가 자주 있다.		
⊙ · 밖에 나가기보다는 주로 집에 있으려 한다.		

항 목	예	아니오
⊙ · 앞날에 대해 걱정할 때가 많다.		
⊙ · 지금 내가 살아있다는 것이 참 기쁘다.		
⊙ · 인생은 즐거운 것이다.		
· 아침에 기분 좋게 일어난다.		
· 예전처럼 정신이 맑다.		
· 건강에 대해서 걱정하는 일이 별로 없다.		
· 내 판단력은 여전히 좋다.		
· 내 나이의 다른 사람들 못지않게 건강하다.		
· 사람들과 잘 어울린다.		
⊙ · 정말 자신이 없다.		
· 즐겁고 행복하다.		
· 내 기억력은 괜찮은 것 같다.		
⊙ · 미쳐 버리지 않을까 걱정된다.		
⊙ · 별일 없이 얼굴이 화끈거리고 진땀이 날 때가 있다.		
⊙ · 농담을 들어도 재미가 없다.		
· 예전에 좋아하던 일들을 여전히 즐긴다		
· 기분이 좋은 편이다.		
· 앞날에 대해 희망적으로 느낀다.		
⊙ · 사람들이 나를 싫어한다고 느낀다.		
· 나의 잘못에 대하여 항상 나 자신을 탓한다.		
⊙ · 전보다 내 모습(용모)이 추해졌다고 생각한다.		
⊙ · 어떤 일을 시작하려면 예전보다 힘이 많이 든다.		
⊙ · 무슨 일을 시작하든지 곧 피곤해진다.		
⊙ · 요즈음 몸무게가 많이 줄었다.		
· 이성에 대해 여전히 관심이 있다.		

(⊙표 있는 항목의 "아니오"와 ⊙표 없는 항목의 "예" 숫자의 합을 세시오)

2) 치매환자 간호 요령

치매환자가 있으면 무엇보다도 치매가족들과의 교류를 통해 노인치매에 대한 이해를 높이고 가족들의 복지 향상에 신경을 써야 한다.

참고로 '치매환자를 어떻게 돌볼 것인가'에 대한 간단한 치매환자 간호 요령은 다음과 같다.

<치매환자 간호 요령>

항 목	내 용
목욕 위생	· 환자가 목욕을 싫어하면 기분이 좋을 때 다시 한번 시도한다. · 자신이 닦을 수 있는 부분은 스스로 하도록 한다. · 부끄러워하면 부분적으로 가려 준다.
옷 갈아 입기	· 입는 순서대로 옷을 둔다. · 입기 힘든 옷은 피한다. · 입는 방법을 반복해서 가르친다. · 미끄럽지 않은 신을 신긴다.
화장실 가기	· 시간표를 만든다. · 환자가 알아볼 수 있게 밝은색으로 화장실을 표시해 둔다. · 화장실 문을 열어 둔다. · 취침 전에 마실 것을 줄인다.
식사	· 식사법을 자세히 가르쳐 준다. · 손으로 집어 먹을 수 있는 음식을 준비한다. · 잘게 썰어 목이 막히지 않도록 한다. · 천천히 조금씩 먹게 한다.
성적 이상 행동	· 병으로 인해 이상행동을 하므로 과민반응을 보이지 않는다. · 다른 활동에 집중할 수 있도록 한다. · 옷을 벗으려 하면 조용히 타이르고 다른 데 관심을 돌린다.
배회	· 환자를 찾으면 화내지 말고 조용히 집으로 데려 온다. · 최근 사진을 찍어 둔다.

〈치매환자 점검표〉

항 목	내 용
일반 생활	· 자주 보는 친구나 친척을 바로 알아보지 못한다. · 물건을 어디에 두었는지 몰라서 찾게 된다. · 전에 가본 장소를 기억하지 못한다. · 방향 감각이 떨어졌다. · 길을 잃거나 헤맨 적이 있다. · 물건을 항상 두는 장소를 망각하고 엉뚱한 곳에서 찾는다. · 계산 능력이 떨어진다. · 돈 관리를 하는 데 실수가 있다. · 과거에 편안히 쓰던 기구 사용이 서툴어졌다.
숫자 감각	· 전화번호나 사람 이름을 기억하기 힘들다. · 어떤 일이 언제 일어났는지 기억하지 못할 때가 있다. · 며칠 전에 들었던 이야기를 잊는다. · 오래 전에 들었던 이야기를 잊는다. · 일상생활에 변화가 생겼을 때 금방 적응하기 힘들다. · 중요한 사항을 잊을 때가 있다. 배우자 생일, 결혼기념일 등 · 다른 사람들에게 같은 이야기를 반복할 때가 있다. · 어떤 일을 해 놓고도 잊어 버려서 다시 반복한 적이 있다. · 약 먹는 시간을 놓치기도 한다. · 여러 가지 물건을 사러 갔다가 한두 가지를 빠뜨리기도 한다. · 가스불 끄는 것을 잊거나 음식을 태운 일이 있다. · 남에게 같은 질문을 반복한다. · 어떤 일을 해 놓고도 했는지 안했는지 다시 확인해야 한다. · 물건을 두고 다니거나 또는 가지고 갈 물건을 놓고 간다.
언어	· 하고 싶은 말이나 표현이 금방 떠오르지 않는다. · 물건 이름이 금방 생각나지 않는다. · 개인적인 편지나 사무적인 편지를 쓰기 힘들다. · 갈수록 말수가 감소되는 경향이 있다. · 신문이나 잡지를 읽을 때 같은 문장을 여러 번 읽어야 이해가 된다. · 책을 읽을 때 같은 문장을 여러 번 읽어야 이해가 된다. · 텔레비전에 나오는 이야기를 따라가기가 힘들다.

<치매환자 자가진단표>

항 목	예	간혹의심	아니오
일상생활 수행 능력의 변화			
· 가사를 돌보지 못한다.	1	$\frac{1}{2}$	0
· 잔돈 계산도 못한다.	1	$\frac{1}{2}$	0
· 장보러 가야될 몇 가지 물건들도 기억을 못한다.	1	$\frac{1}{2}$	0
· 집에서 방향을 잊어버리는 일이 있다. (화장실, 자기방, 부엌)	1	$\frac{1}{2}$	0
· 매일 다니던 친숙한 거리에서 길을 못 찾는다.	1	$\frac{1}{2}$	0
· 환경에 대한 파악과 이해를 못한다.	1	$\frac{1}{2}$	0
· 최근 생활에 대한 파악과 이해를 못한다. (어제, 그저께, 며칠 전에 친구가 찾아온 일)	1	$\frac{1}{2}$	0
· 옛날 일이나 젊었을 때의 일들을 많이 이야기하는 등 과거 상황에만 몰두하여 현실과 맞지 않는다.	1	$\frac{1}{2}$	0
습관의 변화(해당 항목의 점수만 계산)			
· 식사 수저를 사용해서 깨끗하게 드신다. 수저만으로 지저분하게 드신다. 수저를 사용하지 못한다. 옆에서 먹여 줘야 한다.	0 1 2 3		
· 옷 입기 혼자 잘 입는다. 종종 단추를 잘못 끼운다. 옷 입는 순서가 틀린다. 혼자서 옷을 입지 못한다.	0 1 2 3		
· 대소변 가리기 대소변을 잘 가린다. 때때로 잠자리가 젖는다(대 · 소변). 자주 잠자리가 젖는다(대 · 소변). 대 · 소변을 전혀 가릴 수가 없다.	0 1 2 3		

<치매유형 분류방법>

항 목	예	간혹의심	아니오
· 최근 들어 증상이 갑자기 나타난다.	2		
· 한동안 괜찮다가 다시 악화되는 과정이 반복된다.	1		
· 증상이 심해질 때도 있고 좋아질 때도 있다.	2		
· 밤중에 심해지고, 잠도 잘 못 이룬다.	1		
· 성격 변화는 비교적 없다.	1		
· 먹지도 않고 움직임도 없고 우울증 상태다.	1		
· 신체적 합병증이 있다. 여기 저기 아프다고 신체 증상을 많이 호소한다.	1		
· 정서적으로 불안정 상태다.	1		
· 고혈압을 앓은 적이 있다.	1		
· 최근 몇 년 사이 의식을 잃고 쓰러진 적이 있다.	2		
· 동맥경화증과 관련된(고혈압, 팔다리 저림, 심장질환) 등 혈액 검사상 증거가 있다.	1		
· 국소적 신경이상 증상, 두통, 팔다리 저림 등의 증상이 있다.	2		
· 국소적 신경이상 징후, 좌우 근력약화, 보행이상, 안면신경 이상 등의 증상이 있다.	2		

아울러 미국의 브래스드 박사에 의해 개발된 위의 '환자진단표'를 이용 치매의 정도를 간단히 진단할 수 있다. 그런데 이 진단은 총 18점 중 점수의 합이 8점 이상인 경우에는 반드시 전문의에게 진단을 받아야 한다.

끝으로 위 표의 치매유형 분류 방법으로는 미국의 헤어친스키 박사가 개발한 방법이 있는데, 총점 18점 중 0~4점 알츠하이머형 치매, 4~6점 혼합형 치매, 7점 이상은 혈관성 치매로 분류하면 된다.

3) 젖은 낙엽족

노년기에 구체적인 자기관리 설계가 없으면 아내에게 전적으로 의존하는 젖은 낙엽족이 된다. 이 말은 도쿄대학의 한 여교수가 이름 붙인 것인데 젖은 낙엽이 빗자루에 달라 붙듯이 24시간 아내를 졸졸 따라 다닌다는 뜻이다.

(2001. 10. 31 조선일보 59쪽)

50대가 넘은 여자에게는 ① 건강 ② 돈 ③ 친구 ④ 딸 ⑤ 애완용동물이 필요하고 50대가 넘은 남자에게는 ① 아내 ② 妻 ③ 집사람 ④ 마누라 ⑤ wife가 필요하다고 한다.

자기진단을 위해 다음 항목에 ○, ×로 표시해 보라.

자가진단	○, ×
① 깨우지 않아도 혼자서 일어난다.	
② 스스로 이불을 펴고 갠다.	
③ 청소기 사용법을 알고 있다.	
④ 세탁기를 쓸 줄 안다.	
⑤ 빨래를 널고 갤 수 있다.	
⑥ 밥을 지을 줄 안다.	
⑦ 라면 끓이기, 계란 프라이 말고도 할 수 있는 요리가 있다.	
⑧ 설거지를 할 수 있다.	
⑨ 단추를 달 줄 안다.	
⑩ 구두를 닦을 줄 안다.	
⑪ 목욕물을 맞출 수 있다.	
⑫ 쓰레기 분리수거 일을 기억한다.	
⑬ 속옷, 양말, 양복이 어디 있는지 안다.	
⑭ 집안의 중요 서류가 어디 있는지 안다.	
⑭ 집안의 중요 서류가 어디 있는지 안다.	
⑮ 화장지를 값싸게 파는 곳을 알고 있다.	
⑯ 혼자 시장 보는 것을 할 수 있다.	
⑰ TV시청 외에도 혼자서 즐길 일이 있다.	
⑱ 동네 세탁소가 어디 있는지 안다.	
⑲ 가끔 화분에 물을 준다.	
⑳ 쌀과 야채의 가격을 알고 있다.	

○표가 11～16 이면 → 요주의형
○표가 17개 이상 이면 → 완전자립형
○표가 10개 미만 이면 → 젖은 낙엽족이 분명하다.

낮추면 높아지고 높이면 낮아져

힘만 믿고 날뛰는 사람은 제명에 못 죽는다. 이기기만 좋아하는 사람은 반드시 적수를 만난다. 도둑은 주인을 미워하고, 백성은 윗사람을 원망한다. 군자는 천하의 위가 될 수 없음을 알아 아래에 처하고, 뭇 사람의 선두가 될 수 없음을 알기 때문에 뒤에 선다. 江河가 비록 아래로 흐르지만, 온갖 시내의 우두머리가 되는 것은 자기를 낮추기 때문이다. 하늘의 도는 친함이 없다. 항상 착한 사람과 함께 한다. 경계할지어다.

-허목(許穆, 1595~1682), 〈기언서(記言序)〉

남을 꺾기 좋아하는 사람은 언젠가는 적수를 만나 큰 코 다친다. 지는 것을 못 견디는 사람은 마침내 제 발등을 찍고 만다. 주인된 자리, 윗자리는 지키기가 어렵다. 도둑이 노리고 아랫사람이 원망한다. 군자는 이를 잘 알아 자신을 낮추고 조금 뒤에 쳐져, 자신을 드러내지 않는다. 강하(江河)는 낮은 곳을 찾아 아래로 흘러간다. 낮추면 높아지고, 높이면 낮아진다. 하늘의 도는 특별히 편애함이 없다. 다만 착한 사람 편에 설 뿐이다. 나는 그것을 믿는다.

- 정민 · 한양대 국문과 교수

제 11 장

형제와 자매관계

1. 형제와 자매
2. 바람직한 관계
3. 경쟁심을 우애로 바꾸는 방법

1. 형제와 자매

자녀에게 형제가 있다는 것은 아주 바람직한 일이다. 자녀들은 형제들과 갖가지 생활을 하는 중에 많은 것을 배우고 익히게 된다. 즉, 동생은 형이나 오빠, 누나, 언니에게 짓눌림을 당할 때에 힘이 센 사람이 이 세상에 있다는 것을 알게 되고, 형 · 언니들에게 이끌리어 놀면서 다른 사람들과 같이 살아가는 법을 알게 된다. 또 동생의 시중을 들면서 자기보다 약하고 어린 자녀를 도와 주게 되고, 귀여워하는 법을 배우고, 연장자로서의 지위를 자각하게 된다. 그러나, 형제 · 자매가 없는 가정의 자녀들은 이러한 것들을 배울 수가 없다. 물론 형제의 경우는 혈연관계에 있어 특수한 관계이지만 가끔 싸우기도 한다. 그러나 형제끼리의 싸움은 자녀들에게 귀중한 경험이 되며, 형제 · 자매 간의 생활 속에서 경쟁심도 길러 주게 된다.

1) 출생 순위에 따른 성격차 발생

예로부터 출생 순위에 따라 자녀들의 성격에 차이가 있다고 전해 왔다. 장남의 경우에는 듬직하고 여유 있는 성품을 지니고, 막내둥이는 응석꾸러기의 소심한 자녀로 생각해 왔다. 둘째 자녀는 언제나 자기 위에 경쟁의 대상인 형이 있어 누구에게나 지고 싶지 않을 것이며, 부모의 애정도 첫째 자녀보다는 손이 덜 가게 되어 자기 스스로 모든 일을 하지 않을 수가 없으니 자립심도 빨리 싹트게 된다.

외동자녀에게는 부모가 아무리 자립심을 길러 주기 위해 방치하려 해도 곧 부모의 힘을 받게 되므로 신경질적, 의존적인 성격, 응석꾸러기 등의 성격을 갖기 쉽다.

2) 형제 · 자매 간의 싸움

형제 · 자매 간에도 싸움이나 의견 충돌이 있는 것이지만, 이러한 다툼이 심각할 정도에까지 이르게 되면 그 책임은 부모에게까지 미친다. 또한, 형제 간의 싸움에 있어서 그것이 자연적으로 일어나는 것이라면 크게 문제될 것이 없지만 형제들의 싸움에 부모가 개입된다면 예상 외로 심각한 문제로 커질 수도 있다.

여기에서 문제되는 형제끼리의 싸움은 대부분 부모들이 연장아인 언니나 형 쪽을 꾸중하게 되는데 꾸중을 듣는 자녀 쪽에서 볼 때는 잘못은 동생에게 있는데 항상 자기만 꾸중듣는 것에 대해 불만을 품게 되어 부모에 대한 반항심과 동생에 대한 증오심이 쌓이게 되므로 계속 싸움을 하게 된다. 어쨌든 부모로부터 차별 대우를 받고 있다는 불만을 갖게 되면 형제 간의 사이는 점점 험악하게 되고 극단적으로 치우칠 경우에 파괴적인 상태로 확대되게 된다(Cain complex).

그러므로 형제 간의 싸움을 못하게 하려면 무엇보다도 자녀들에게 부모가 편애한다는 인식을 주어서는 안 되겠다. 형제 간의 싸움을 말릴 때에는 큰 자녀만 야단치지 말 것이며 아래 자녀만 두둔하는 것도 삼가서 한쪽 자녀에게만 불만이 생기지 않도록 해야 한다. 싸움을 하는 것은 형도 동생도 잘못임을 인식시켜 주고 "사이좋게 지내야 한다"고 주의를 주는 것으로 끝내고 서로가 불만을 품지 않도록 해야 한다. 그 장소의 분위기를 잘 살펴서 싸움이 부드럽게 풀리도록 기술적인 조정이 필요하다. 마치 재판관처럼 "어떤 쪽이 먼저 손을 댔느냐", "왜 또 때렸냐"고 캐물어도 어린 자녀는 자기 주장이나 동기를 그럴듯하고 정확하게 설명할 수 없는 것이다. 무엇보다도 싸움을 속히 말리고 즐겁게 놀 수 있도록 분위기를 조성하여 주는 것이 보다 현명한 부모의 태도이다.

3) 질투심, 열등감

만일 혈연관계인 형제지간에 질투심이나 열등감을 갖게 된다면 그것은 매우 불행한 일이 될 것이다. 현재 기성인들에게 질문하여 보면 어렸을 때 그런 감정을 품고 있었다는 율이 의외로 많은데 놀라움을 금치 못한다. 이러한 감정은 그 사람의 성격 형성에도 영향을 미치게 된다.

질투심은 역시 형이 동생에게 갖는 편이 훨씬 많겠지만, 때로는 동생이 형에게 가질 때도 있다. 예를 들면, "형은 잘했는데 너는 왜 이 모양이냐?"라는 식으로 부모에게 꾸중을 들었을 때에도 형에 대한 질투심을 갖게 될 것이다. 특히 여자 자녀의 경우에는 용모에 대한 열등감도 무시할 수 없다. 부모는 자녀들을 모두 똑같이 사랑한다고 말하겠지만, 여러 가지 연구나 조사결과로 보면 반드시 그런 것만이 아니다. 부모들도 자신들이 뚜렷하게 의식적인 것은 아니지만, 비교적 마음 속으로 자녀들을 차별하고 있는 경우가 많다. 아빠의 경우 남자 자녀 중에서 능력이 있는 아들과 여자 자녀 중에서 장녀나 용모가 아름다운 딸에게 특별히 관심을 갖는 경향이 있으며, 엄마는 딸 자녀보다는 아들 쪽에 사랑이 기우는 등 그 차별은 갖가지 양상으로 나타나고 있다.

또한 어려서부터 이성 부모를 더 따르게 되므로 자연적으로 잘 따르는 자녀를 더 사랑하게 되는 것은 인간 본심이라 하겠다. 그러므로 전혀 자녀들에게 차별을 두지 않는다고 자신 있게 말하는 부모는 의외로 적을 것이다. 자녀들은 이 같은 부모의 심리를 재빠르게 느껴, 불만이나 적의를 갖거나 반항심을 갖기도 하고, 또한 심할 경우에는 모든 일에 자신을 잃게도 된다. 이런 일들은 자녀의 장래를 생각해서도 매우 불행한 일이니 아빠·엄마들은 개별적으로 자녀들의 인권을 인정해 주도록 유의해야겠다. 자녀들이 부모에게 증오심을 갖게 되면 다른 모든 사람도 미워하게 될 수 있으므로 특히 세심한 배려가 요청된다.

4) 연령차가 벌어진 형제

나이 차가 많이 벌어진 형제는 역시 외동자녀처럼 되어서 오히려 형제 관계가 원만치 못한 경우가 있다. 그러나 너무 차이가 적은 연년생에도 문제가 있는 것이니, 역시 2~3년 터울이 가장 이상적이라 하겠다. 이런 면에서 가족계획도 부모의 사정만 생각할 것이 아니라, 자녀들의 심리상태까지 고려해서 적절히 조정하는 것이 좋겠다.

2. 바람직한 관계

1) 성경 속의 형제·자매관계

옛 이야기들을 보면 풍요로울 때는 함께 어울리며 즐기는 친구들이 주변에 많이 있었지만 막상 자신이 어려울 때에는 모두 떠나감으로 진정 어려움을 함께 하며 도와 줄 친구가 없더라는 이야기가 있다. 그래서 사람들은 이런 일들을 겪고 나면 '내가 인생을 잘못

살았구나'하며 참된 친구 얻기를 갈망하기도 한다.

진정한 벗은 서로에게 기쁨과 참된 유익을 주고, 목숨까지도 아끼지 않으며, 어떤 상황에서도 그 사랑이 변하지 않는다. 성경에서 이런 승화된 사랑을 주고받았던 인물로는 바로 다윗과 요나단을 들 수 있다. 요나단은 생명을 걸고 위험에 처한 다윗을 지켜 주었으며(삼상 18 : 1-4, 삼상 14 : 45, 삼상 19 : 1-7), 다윗은 요나단이 죽었을 때에 "내 형 요나단이여 내가 그대를 애통함은 그대는 내게 심히 아름다움이라, 그대가 나를 사랑함이 기이하여 여인의 사랑보다 승하였도다"라고 고백하며 요나단의 아들 므비보셋을 찾아 자기의 아들 중 하나처럼 사랑을 베풀어 주었다.

이처럼 혈육이 아닌 친구 간에도 서로의 생명을 나눌 수 있는 것이 진실한 관계라고 할 때 더구나 피를 나눈 형제의 관계는 어떠해야 할까?

이보다 더한 사랑과 진실을 나누는 관계가 되어야 마땅할 것이다. 그래서 잠언 17 : 17을 보면 "친구는 사랑이 끊이지 아니하고 형제는 위급한 때까지 위하여 났느니라" 하여 생명을 줄 수 있는 영적인 사랑이 있어야 함을 교훈하고 있다.

그런데 과연 요즈음의 현실은 어떠한가? 오히려 형제 간의 우애가 친한 친구보다도 못한 모습을 많이 볼 수 있다. 한 핏줄을 타고난 형제라지만 막상 형제가 나에게 손해될 것 같으면 멀리하고, 심지어 금전 문제로 서로 다투고 등을 돌리며 의를 끊기까지도 한다. 그러나 사도 바울은 롬 9 : 3에서 "나의 형제 곧 골육의 친척을 위하여 내 자신이 저주를 받아 그리스도에게서 끊어질지라도 원하는 바로라"하며 죽음을 각오한 사랑을 고백하였고, 마 12 : 48-50을 보면 예수님께서 "아버지 하나님의 뜻대로 하는 사람이 진정한 형제요 자매라고 하시며 진정 우리가 추구해야 할 영적인 가족에 관하여 말씀하셨다.

그러므로 이러한 영적 사랑이 우리에게도 있어야 한다. 참된 하나님의 자녀라면 믿음의 형제들 간에 이런 진실한 사랑이 절실히 요구되는 것이다. 따라서 우리는 세상을 좇는 것이 아니라 하나님께서 창조하신 본래의 형상을 온전히 회복하며 그 선하신 뜻에 따라 진정한 사랑을 나누며 살아가야 할 것이다.

2) 고전 속의 형제 · 자매관계

「계몽편」에서의 형제 · 자매관계

• 형은 아우를 사랑하고 아우는 형을 공경하되 감히 성내거나 원망해서는 안 된다(兄友

弟恭 不敢怒怨).
- 형제끼리 옷과 음식을 사사롭게 챙기는 것은 오랑캐들의 짓과 같은 것이다(私其衣食 夷狄之徒).
- 형에게 과실이 있으면 온화한 기색으로 충고하고, 아우에게 잘못이 있으면 부드러운 음성으로 훈계한다(兄有過失 和氣以諫 弟有過誤 怡聲以訓).
- 형제 중에 질병이 있으면 근심하면서 서로 구해 줄 것을 생각하고, 형제 중에 나쁜 일이 있으면 서로 숨기면서 보지 말라(兄弟有疾 憫而思救 兄弟有惡 隱而勿視).
- 내가 앞장을 서서 모범을 보이면 형제들도 본받을 것이다(率先垂範 兄弟亦效).
- 내게 근심이 있으면 형제들도 역시 근심할 것이며, 내가 기쁘고 즐거우면 자매들도 즐거워한다(我有憂患 兄弟亦憂 我有歡樂 姉妹亦樂).
- '효제(孝悌)'란 "어버이에게 효도하고 형제간에 우애하라"는 뜻이다. 효제는 인륜(人倫)의 대본(大本)이오, 백행(百行)의 근본이며, 인위적(人爲的)이 아니라 자연적 애심(哀沈)에서 우러나오는 착한 마음으로 형께 공손을 바치는 것이요, 형께 공손을 바치는 일은 부모의 마음을 평안케 하여 효도를 바치는 일이 되는 것이다.
- 다같이 부모의 남은 기운을 받아서 사람이 된 것이 형제이다. 그리고 어렸을 적에 밥을 먹을 때에는 자리를 나란히 하고, 잠잘 때에는 같은 이불을 덮어서, 함께 부모의 은혜를 입은 것도 우리 형제만한 이가 없다. 그러므로 부모를 사랑하는 자는 반드시 또 그 형제도 사랑한다.

이와 같이 형제 자매는 같은 핏줄, 같은 부모, 같은 환경에서 살고 있는 사람들을 일컫는 말이다. 형제 자매는 촌수로 따지면 나와 2촌 간이니 부모(1촌) 다음으로 가까운 사이이다. 형제 자매간의 우애는 '서로 간에 가깝고 정답게 지내는 것'을 말한다. '형우제공(兄友弟恭)'이란 말이 있다. 이것은 '형은 아우를 사랑하고 아우는 형을 따르며 항상 화목하게 지내는 것'이란 말로 형제 간의 우애를 나타내는 것이다. 형제 자매 간에는 우애 있게 지내야 한다. 서로 우애 있게 지내면 건강한 가정을 이룰 수 있을 뿐만 아니라 부모님을 기쁘게 해 드릴 수 있다. 또한 힘들고 어려울 때 서로 의지하고 기댈 수 있다.

하지만 우애는 서로 간에 노력해야 지켜질 수 있고 서로 존중하는 마음이 있어야 가능하다. 우애를 지키는 방법에는 서로 간에 예의를 잘 지켜야 하며, 상대방의 입장에서 생각할 줄 알아야 한다. 또 서로 배려하는 마음을 가져야 하고, 형제 자매 간의 따뜻한 정과 관심을 가져야 한다.

이율곡은 「격몽요결」에서 형제간의 우애를 '형은 아우에 대하여 우애의 정을, 아우는 형에 대하여 공손한 마음을 가지는 것이 인간으로서 마땅히 해야 할 도리이자 부모를 섬기는 올바른 자세이다'라고 표현하기도 하였다.

'오륜(五倫)'에서도 형은 우애로서 아우를 대하고 아우는 공손과 공경으로써 형을 대하며 서로 사랑할 것을 권하고 있다.

「시경(詩經)」에는 다음과 같은 글이 있다.

"산 매자 꽃이 환히 밝지 않은가.
지금 세상 사람 중에서 형제 만한 이가 또 있는가.
죽음의 마당에서 형제는 간절히 생각하며,
송장이 쌓인 들판에서도 형제는 서로 찾는도다.
들에 있는 할미새가 바삐 날 듯, 형제는 위난을 급히 구하는도다.
매양 좋은 벗이 있으되, 이럴 땐 길게 탄식할 뿐이로다.
형제는 울 안에서 싸우다가도, 밖에선 업신여김을 함께 막는도다.
비록 좋은 친구가 있다 하여도, 누가 우리를 도와 주리오.
맛있는 음식을 늘어놓고, 취하도록 술을 마신다 하여도
형제가 갖추어 있어야, 화락하고,
또 아내와 아들이 뜻이 맞아 거문고와 비파가 어울림 같다 하여도,
형제가 한자리에 모여 있어야 즐겁고 또 기쁨이 길지니라."

다음과 같은 옛날 이야기가 있다.

"옛날에 농사를 짓는 두 형제가 살았다. 그런데 추수 때가 되니까 형이 생각하기를 '동생은 새살림을 났으니 나보다 어렵겠지'라고 생각하고, 아우는 '나야 식구가 적어서 괜찮지만 형은 자녀들도 많으니 나보다 살기가 힘들 꺼야'라고 서로 걱정을 하였다. 형제는 밤중에 몰래 각자가 추수한 볏짐을 날랐다. 형은 아우의 집으로 날랐다. 그러나 며칠이 지나도 볏짐이 줄지 않아 서로 이상히 생각했다. 어느 날 밤에 열심히 볏짐을 나르다가 드디어 마주치게 되었다. 형제는 서로 얼싸 안고 기뻐서 울었다."

성경말씀 중에 "이러므로 너희가 더욱 힘써 너희 믿음에 덕을, 덕에 지식을, 지식에 절제를, 절제에 인내를, 인내에 경건을, 경건에 형제 우애를, 형제 우애에 사랑을 공급하라(벧후 1 : 5-7)"란 내용이 있다.

이것은 신앙의 계단이라고 할 수 있다. 그러나 분리될 수 있는 것이 아니라 전체가 하나로 어우러진 신앙의 계단이다. 즉 믿음이 있다면 덕을 세워야 하고 덕이 있다면 지식을 갖추어야 하고 지식은 절제를 갖추어야 하고 절제가 있다면 인내를 가져야 하고 인내에는 경건을 갖추어야 하고 그 위에 형제 간에 우애를 하되 가장 중요한 사랑을 공급하여야 한다는 뜻이다. 사랑은 신앙의 최고봉에 해당된다. 사랑의 특성은 하나되게 하는 것(To be one)이다. 사랑의 수학은 1+1=1이다. 1+1+1……+1=1, 즉 아무리 더해도 마찬가지이다.

어떤 선교사가 아프리카의 한 마을에 전도하러 갔었다. 한 가정에 가니 3형제가 싸움을 하고 있었다. 까닭을 묻자 큰형이 설명하기를 "아버지가 말 17필을 유산으로 주시면서 장남은 1/2, 차남은 1/3, 삼남은 1/9을 가지라고 유언하셨는데 그 말씀대로 따르자니 장남인 저는 8과 1/2필이요, 차남은 5와 2/3필이요, 삼남은 1과 8/9필이 되어 말을 산채로 나누어야겠는데 아무도 양보하질 않아서 서로 양보하라고 싸우는 중이다."라고 하는 것이었다. 선교사는 "그렇습니까? 그러면 내가 타고 온 말을 여기에 보태 드릴테니 산채로 나누도록 하십시오."하고 자기가 타고 온 말을 제공하였다. 18필이 되니 나누기가 쉬웠다. 그리하여 장남은 9필, 차남은 6필, 삼남은 2필이 되었다. 그런데 이 모든 말을 합하니 교묘하게도 17필이 되었고, 선교사가 제공한 1필은 그대로 남았다. 17필로 싸우면서 나누려던 때보다 장남은 1/2필, 차남은 1/3필, 삼남은 1/9필을 더 가졌는 데도 1필이 그대로 남았으니 도무지 이상했다. 이 때 선교사는 입을 열었다. "내가 여러분들에게 드린 한 필은 사랑의 한 필이다. 이렇게 사랑이 있는 곳에는 모든 것이 원만하게 잘 해결될 뿐만 아니라 더욱 풍부해진다." 위의 숫자를 꼭 계산해 보시기 바란다.

3. 경쟁심을 우애로 바꾸는 방법

형제가 있는 사람이라면 누구나 어릴 때 형이나 누나, 혹은 동생이 자신보다 더 사랑받는다고 느껴 혼자 눈물 흘리거나 괜한 투정을 부린 기억을 갖고 있을 것이다. "넌 왜 형처럼 못하니", "네가 언니니까 참아야지"라는 식의 말을 들으면 자연스럽게 "엄만

나보다 형이나 동생을 더 좋아하는구나"라는 심각한 고민에 빠지게 마련이다.

그러나 막상 부모가 되고 나면 자녀들의 다툼이 짜증스러워질 뿐 자녀들의 눈 높이에서 이를 현명하게 대처하기가 쉽지 않다. 때론 어릴 때 그렇게 듣기 싫어하던 말을 자기도 모르게 내뱉어 자녀의 마음에 상처를 주기도 한다.

부모의 사랑과 관심을 받으려고 서로 경쟁하고 싸우는 자녀들을 어떻게 하면 우애 있는 관계로 바꿀 수 있을까. 미국의 육아전문가 어딜 페이버와 일레인 마즐리시가 지은 '엄마는 왜 나만 갖고 그래(서진영 옮김, 아름드리)'는 이 같은 부모들의 걱정을 덜어 주는 데 도움이 될 만한 책이다. 형제 간의 경쟁을 우애로 바꿀 수 있는 지혜 가운데 꼭 필요한 몇 가지를 소개한다.

1) 형제에 대한 부정적인 감정을 무시하지 말고 인정하라.

화가 나 있는 자녀를 설득하려거나 야단을 치는 대신 감정을 인정하는 말을 해 준다. 예를 들어, 자기 물건을 가져간 동생에게 화가 나있는 자녀에게 "화가 잔뜩 났구나", 혹은 "동생이 네 물건을 쓰기 전에 물어 봤으면 좋았을 텐테, 그렇지 ? "라고 말해 준다. 그리고 화난 감정을 상대방이 받아들이게 하려면 어떻게 표현해야 하는지 가르쳐 준다.

2) 비교하려는 충동을 눌러라.

자녀를 비교하면서 꾸짖지 말고 당신이 싫어하는 행동에 대해서만 얘기하라. "왜 네 형처럼 옷을 가지런히 걸지 못하니"라고 말하는 대신 "새로 산 외투가 떨어져 있네"라거나 "그건 엄마를 화나게 하는 일이야"라고 알려 준다. 칭찬할 때도 비교는 금물이다.

3) 공평하면 오히려 불공평해진다.

자녀들을 똑같이 대해 주는 것보다 각자의 개성을 평가해서 그것들 각각을 편애하는 것이 필요하다. "엄마는 너나 언니나 똑같이 사랑해"보다는 "이 세상에서 너는 딱 한 명밖에 없잖아"라고 말해 각자가 부모에게 특별한 존재로서 사랑받고 있다는 걸 보여 준다.

4) 자녀들이 싸울 때 잘 처리한다.

일상적인 일로 티격태격할 경우에는 무시한다. 상황이 달라져서 어른의 개입이 도움이 될 수 있는 상황이라면 우선 자녀들이 화가 났다는 걸 인정하고 각자의 입장을 표현해 준다. 그러면 자녀들이 스스로 문제를 해결할 수 있다는 확신을 갖게 된다. 어느 한쪽을 편들거나 "너희들 때문에 아빠가 힘들구나"라는 식으로 대하면 자녀들은 좌절하고 서로에게 적개심을 품게 된다.

5) 비교하거나 경쟁시키지 않는다.

연년생 자녀는 차이가 1년이 넘지 않는다. 그래서 발달 특성에 따라서 적게는 6개월에서 1년이 빠를 수도 있고 느릴 수도 있다. 그러므로 형과 동생을 너무 비교하지 말아야 한다. "형은 네 나이에 혼자서 밥을 먹었어", "동생은 잘 노는데 너는 왜 엄마만 따라다니니" 등 부모가 형제를 비교하면 자녀들의 시기심과 지나친 경쟁심을 부추기게 된다. 그러므로 되도록 비교하거나 경쟁시키지 말아야 한다.

흔히 식사시간에도 무의식적으로 "누가 먼저 먹나 보자", "누가 많이 먹나"하면서 경쟁을 시키는데 이는 잘못된 방법이다. 특히 큰 자녀가 발달이 늦은 경우는 큰 상처를 받을 수 있어 자녀들의 관계를 더 악화시킬 수 있다. 부모들은 자녀들에게 형제간의 우애를 강조하고 있으면서도 형제간의 우애를 해치는 역할을 많이 하고 있다.

6) 자연스럽게 화해를 시킨다.

싸움이 끝난 뒤에 무조건 화해를 시키는 경우가 많다. 하지만 자녀 생각에는 잘못한 것이 없고, 화해할 것도 없다고 생각하는데 하라고 하니까 억지로 하게 돼 화가 나며 앙금이 남는다. 자녀들의 화해를 유도하기 전에 먼저 생각하는 시간을 준다. 감정이 고조된 상태에서는 사과하고 받아들이기 힘들다. 감정을 가라앉힐 시간적 여유를 주고 "잘못했다고 생각하면 사과를 해라", "네가 화해하고 싶으면 악수를 해라"라고 해 준다.

적대적인 감정을 해소하려면 협력이 필요한 일을 함께 하도록 시켜 보는 것도 매우 효과적이다. 장난감 함께 치우기, 유리창 닦기, 콩나물 다듬기 등 함께 해야 할 일을 시키면 언제 싸웠느냐는 듯이 저절로 화해가 되는 경우가 많다. 또 싸움의 대상이나 싸우게 된 상황 등을 소재로 글을 쓰거나 그림을 그리게 해 본다. 자신을 괴롭힌 형제를 그린 다음 그것을 찢어 버림으로써 분노의 감정을 배출해 버리기도 한다. 글과 그림으로 감정이 가라앉으면 일부러 화해를 시키지 않더라도 저절로 친해진다.

7) 자녀들의 싸움에 크게 간섭하지 않는다.

자녀들은 싸우다가 감정이 격해져서 서로 맞고 싸우는 경우가 많다. 이 때는 엄마가 개입하는 것이 좋다. 문제를 폭력으로 해결하려는 나쁜 태도에 일침을 가해야 한다. 개입 시기는 초기가 좋다. 한 대쯤 때렸을 때 즉각 개입해서 싸움의 원인보다는 문제를 폭력적으로 해결하려고 했다는 점에 초점을 맞추어 혼을 낸다. 어떤 경우라도 폭력을 용납할 수 없다는 것을 가르친다.

엄마들이 자주 주는 벌 중의 하나가 팔 들고 꿇어 앉기다. 그러나 너무 오래 벌을 세우면 자녀가 육체적인 고통을 심하게 느껴 잘못을 느끼기보다는 분노와 적대감이 생기게 되어 역효과를 볼 수 있다. 둘이 싸울 때 잠깐 서로 떼어 놓고 고립시키면 감정을 가라앉히는 데 효과적이다. 싸움의 원인을 없애는 방법도 있다. 장난감을 서로 갖고 놀겠다고 싸울 때 장난감을 자녀들이 만지지 못하게 선반 위에 올려놓거나, 텔레비전 채널권으로 싸울 때는 잠시 보지 못하게 한다. 이렇게 하면 싸우는 것이 손해라는 것을 알게 되고 서로 협력하는 것이 낫다는 것을 깨닫게 된다.

형제 자매 간의 갈등은 재벌가에게만 있는 것이 아니다. 자녀간의 나이 터울이 적고 형과 동생 간의 위계의식이 사라지면서 형제간의 싸움은 더욱 잦아지는 추세다. 특히 터울이 적은 형제나 자매인 경우, 매일 일어나는 크고 작은 다툼이 부모에겐 큰 골칫거리이다.

김은혜(마음샘 소아청소년클리닉) 원장은 "자녀간의 싸움은 부모의 사랑을 독차지하려는 자녀들의 본능에서 비롯된다"고 설명한다. 자녀들은 서로가 서로의 라이벌이 되는 셈이다. 부모가 이들의 경쟁심리에 적절히 대응하면 서로의 능력을 키워 주는 효과가 있지만, 편애하거나 방관한다면 갈등을 증폭시키고 자녀를 공격적인 성격으로 만들 수도 있다. 형제갈등이 항상 나쁜 것만은 아니다. 서로 개성이 다른 자녀들이 한 공간에서 생기는 갈등을 풀어 가면서 사회에서 자신을 방어하고 주장하며 대인관계를 맺는 방법을 습득하게 된다.

그는 “갈등을 예방하기 위해서는 부모가 지혜롭게 자녀를 사랑하는 것”을 제안한다. 구체적으로 한 자녀를 부를 때 더 친근하거나 사랑이 담긴 호칭을 사용하지 말 것, 옷, 장난감을 사 주거나 학원을 보낼 때도 똑같이 존중해 줄 것 등이다. 심부름을 시키거나 집안일을 돕게 할 때도 역할을 공정하게 배분하는 것이 필요하다.

장애가 있는 자녀이거나 늦둥이인 경우 부모의 사랑이 쏠리기 쉽다. 그는 “장애가 있는 자녀도 과잉보호하지 않도록 하며 큰 자녀에게 과중한 역할을 떠맡기지 말 것”을 조언한다.

고자질도 흔한 싸움의 원인이다. 고자질은 대부분 힘으로 형이나 언니를 이기지 못하는 동생이 형의 잘못을 일러 자신에게 관심을 돌리도록 하는 방어수단, 이 때 부모는 심각하지 않은 문제라면 무시해 버려야 싸움의 고리를 끊을 수 있다. 고자질은 남을 비방하는 나쁜 행동이라는 것을 가르친다면 우리 사회에 만연한 비방문화를 고칠 수도 있을 것이다.

각각의 자녀에게 독립된 공간과 학용품 등을 주어 다툼이 일지 않도록 하는 것도 필요하다. 다른 사람의 물건을 소중히 다루도록 가르치는 것은 기본이다. 서로의 스케줄을 분리해 하루 중 몇 시간이라도 따로 지낼 수 있도록 한다면 더욱 좋다. 부모는 자녀들이 보고 배우는 모델이다. 부부싸움이 잦은 집의 자녀가 자주 다투는 것은 당연한 것, 가족이 함께 즐기는 시간을 자주 가져 서로에게 좋은 감정을 키워 주는 것이 필요하다.

싸움이 일어났을 때 부모의 중재 역할도 중요하다. 유미숙(원광아동상담센터) 소장은 “사소한 싸움인 경우 스스로 해결할 수 있도록 무시한다. 중재자가 됐을 때는 양쪽의 이야기를 골고루 듣고 공정한 해결을 제시할 것”을 제안한다.

서로에게 느끼는 분노를 억누르지 말고 표현하도록 하는 것이 중요하다. 자녀들이 자신의 격한 감정이 정상적이라고 생각하고 죄의식을 느끼지 않아야 성장 후 자신에 대해 긍정적인 자아상을 갖게 되기 때문이다. 질투심이 강한 자녀라면 상대방이 잠을 자거나 없을 때, 인형이나 장난감에게 스트레스를 풀게 해 주는 것도 하나의 방법이 될 수 있다. 다만 서로를 욕하고 때리는 행동은 엄격히 금하도록 한다.

슈베르트(Derenda Timmons Schubert) 박사는 자녀들이 다툴 때 그대로 둘 것인가 말릴 것인가에 대한 의문에 다음과 같이 설명했다.

자녀들끼리 다투는 문제를 가지고 상의를 하러 온 부모가 있었다. 부모에 따르자면 10살된 Joe와 11살이고 자폐증이라고 진단을 받은 Monica가 매일 다투는데 거의 미쳐 버릴 지경이라고 했다. 물건을 나누는 데서부터, 식탁에서 어디에 앉을 것인가, 차에서 어디에 탈 것인지(앞좌석이냐 뒷좌석이냐), 어떤 TV 방송과 영화를 볼 것인지, 모든 것을 Joe와 Monica는 다툰다고 했다. 만약 다툴 수 있다고 생각되는 것이 있기만 하면 둘은 틀림없이 다툰다고 했다. 그들은 이렇게 다투는 것을 놔두어도 괜찮은 것인지, 아니면 나중에 둘 사이의 관계에 문제가 생길 것인지 알고 싶어했다. 부모도 자녀들의 행동에 대해 이야기해 주거나, Joe에게 누나가 자폐증이라고 진단을 받았으니까 좀 잘 대해 주라고 이야기하는 데서부터 문제를 해결하는 데 관여하거나, 자녀를 갈라놓아도 보고, 다투는 것을 무시해 보기도 하고, 자녀들에게 소리를 지르기도 한다고 했다. 그들은 지쳐 있었다.

형제들끼리 다툰다는 것은 새로 태어난 자녀가 눈을 뜨는 것만큼이나 자연스러운 일이다. 우리가 자랄 때를 생각해 보면 항상 형제간에도 갈등이 있었다. 그것은 자녀 중의 하나가 장애가 있다고 진단을 받았을 경우에도 마찬가지이다. 실제로 어느 정도의 갈등은 건강한 증거로 보아야 할 것이다. 그것은 정상 자녀가 자폐증이 있는 형제를 장애를 가진 자녀가 아니라 정상적인 자녀로 취급하고 있다는 뜻이 되기 때문이다. 부모가 신경을 써 주어야 할 것은 심하게 때리거나, 치거나, 물거나, 차거나 해서 한 자녀가 공포감을 갖게 되거나, 적대감이 커지게 되는 경우이다. 형제간의 관계에 대한 연구를 보면 성별이 같고, 4살 이내의 나이 차이가 있으면 둘은 강한 감정적인 관계를 가지게 된다. 다시 말하자면 다투게 되는 것이다. 4년 이상 차이가 나고 성별이 서로 다르면 감정적인 관계는 훨씬 줄게 된다. 물론 자녀의 성격이라든지, 부모의 기대, 그리고 생활환경(부모의 죽음이나 장애) 등이 형제들 사이의 친밀감이나 갈등에 영향을 주게 된다.

이러한 사실들을 다 알고 나서도 Joe와 Monica의 부모들은 여전히 자녀들 사이의 레슬링과 다툼을 해결할 수 있는 실제적인 방법을 필요로 했다. Joe와 Monica의 부모는 올바른 방법을 택하고 있었다. 그들이 집안에 평화를 가져오기 위해 사용한 방법들을 토론해 본 결과는 다음과 같다.

① 자녀에게 장애에 관해 설명해 준다. 좀더 이야기를 해본 결과 Joe의 부모들은 Joe와 함께 누나의 의사소통 및 사회성의 어려움에 대해 충분히 토의하지 않았음이 드러났다. 누나 행동의 원인에 대해 더 많은 이야기를 나눈다면 저녁 식탁은 훨씬 더 참을 만 하게 될 것이다.

② 문제의 근본적인 원인을 찾아보라. Joe의 부모들은 자녀와 함께 앉아 왜 자주 다투게 되는지 그 이유를 찾아보려고 했다. Joe에 의하면 자신은 관심 밖에 밀려나 있고 누나와는 다르게 취급을 받는다고 느끼고 있었다. 한쪽 또는 두 부모와 혼자서 함께 있는 시간을 늘리고, 또 설명해 줌으로써 자녀는 훨씬 안정감을 찾게 되어 다투는 횟수가 줄어들었다. 또한 Monica와 이야기를 해본 결과, Monica는 왜 항상

Joe가 화를 내고 있는지 모르겠다고 했다. Monica는 Joe가 화가 날 때 자기에게 하는 대로 자기도 한다고 했다. Monica의 부모는 Monica와도 혼자서 아니면 둘이서 함께 있는 시간을 가지고 Joe가 화내는 것을 대처할 수 있는 다른 방법을 가르치도록 노력했다. 예를 들어, 식탁에 앉아서 Joe의 접시 위로 손을 뻗어 소금이나 후추병을 가져오는 대신 말로 달라고 하는 것을 가르쳤다. 점차 시간이 지남에 따라 Monica는 다른 사회적 기술들을 익히게 되었고, 동생에게 소리치거나 때리는 것을 그치게 되었다.

③ 가족의 모임을 갖는다. 전체 가족에게 중요한 일에 대해 서로 이야기하기 위해 가족이 모두 모이는 것이다. 주제는 어떤 문제를 같이 풀어 나가는 것이 될 수도 있고, 가족 휴가를 어디로 갈 것인가 하는 계획도 세울 수 있다. 매주 한 번씩 할 수도 있고 한 달에 두 번 할 수도 있지만, 중요한 것은 자주 할수록 가족끼리의 의견교환에 더 큰 도움을 주게 된다는 것이다. 시간은 가족들끼리 정해도 좋고, 각자 이야기할 주제를 가지고 모인다. 공식적일 수도 있고 비공식적이 될 수도 있다. 목적은 가족들 간의 의사소통을 도움으로서 가족의 일체감을 높이는 데 있다.

④ 서로 떼어 놓는다. 이도 저도 안 되면 서로 떨어져 있는 것도 방법이 될 수 있다. 시간이 지나면 좀 더 냉정해질 수 있다. 서로 식히는 시간을 가진 후에, 자녀들끼리 아니면 부모와 함께 그 문제를 이야기해 볼 수 있다.

특히 기독교 신앙인들은 형제(자매) 사랑의 수평적 신앙이 하나님 사랑의 수직적 신앙과 함께 균형을 이루어야 한다. 인간관계와 신인(神人)관계가 모두 중요하다. 형제를 바보라 하면 인격적으로 살인한 것과 같다. 제물을 차려 놓고도 먼저 형제와 화해 할 것이 있으면 그것을 해결한 후에 제사(예배)를 드리라고 권한다. 땅에서 풀면(인간관계) 하늘에서도 풀겠다고 하였다. "아담아 어디 있느냐? (창 3 : 9)"는 존재론적 질문과 "가인아, 네 동생 아벨이 어디 있는냐? (창 4 : 9)"는 관계론적 질문은 현대인에게 던지는 하나님의 질문이며 도전이다. 인간은 하나님 앞에서 자기의 존재 좌표를 확인함과 동시에 주변에 있는 인간들에 대한 안부를 물어야 한다. 이것이 상하좌우를 서로 연결하는 십자가 신앙이다.

당신에게 달린 일

① 한 곡의 노래가 순간에 활기를 불어넣을 수 있다.
② 한 송이의 꽃이 꿈을 일깨울 수 있다.
③ 한 그루의 나무가 숲의 시작을 알릴 수 있다.
④ 한 마리의 새가 봄을 알릴 수 있다.
⑤ 한 번의 악수가 영혼에 기운을 줄 수 있다.
⑥ 한 개의 별이 바다에서 배를 인도할 수 있다.
⑦ 한 줄기 햇살이 방을 비출 수 있다.
⑧ 한 자루의 촛불이 어둠을 몰아낼 수 있다.
⑨ 한 번의 웃음이 우울함을 날려 보낼 수 있다.
⑩ 한 걸음이 모든 여행의 시작이다.
⑪ 한 단어가 모든 기도의 시작이다.
⑫ 한 가지 희망이 당신의 정신을 새롭게 한다.
⑬ 한 번의 손길이 당신의 마음을 보여줄 수 있다.
⑭ 한 사람의 가슴이 무엇이 진실인가를 보일 수 있다.
⑮ 한 사람의 인생이 세상에 차이를 가져올 수 있다.
이 모든 것이 당신의 결정에 따라 좌우될 수 있다.

여유를 가지라(Take a time)

① 생각할 여유를 가지라.(Take a time to think)
이것은 힘의 원천이다.
② 책을 읽을 수 있는 여유를 가지라.(Take a time to read)
이것은 지혜의 기초이다.
③ 놀 수 있는 여유를 가지라.(Take a time to play)
이것은 젊음을 유지시켜 주는 비결이다.
④ 묵상의 시간을 가지라.(Take a time to be quiet)
이것은 하나님을 만나는 시간이다.
⑤ 살피는 시간을 가지라.(Take a time to be aware)
이것은 자신의 결점을 고칠 수 있는 기회이다. 또 다른 사람을 도울 수 있는 기회이기도 하다.

⑥ 사랑을 주고받을 여유를 가지라.(Take a time to love and beloved)
　애정은 하나님의 위대한 선물이다.
⑦ 웃는 여유를 가지라.(Take a time to laugh)
　웃음은 혼의 음악이다.
⑧ 교재하는 여유를 가지라.(Take a time to be friendly)
　이것은 행복의 동반자를 만드는 길이다.
⑨ 꿈을 갖는 여유를 가지라.(Take a time to dream)
　이것은 미래를 자기 것으로 하는 일이다.
⑩ 기도하는 시간을 가지라.(Take a time to pray)
　기도는 세상의 가장 큰 힘이다.

제 **12** 장

스승과 제자관계

1. 스승
2. 제자
3. 스승과 제자관계
4. 사제관계에 관한 격언 · 속담
5. 스승과 제자관계의 실예

1. 스 승

1) 스승의 역할

사제 관계는 오랜 시간을 두고 두 사람 사이에 맺어지는 긴밀하고 비경쟁적인 심오한 개인적 관계이다. 이 관계를 통해 관련되는 사람 모두가 풍요로워짐을 느낄 수 있다. '스승'은 '현명하고 경험 많고 신뢰할만한 상담자로서 미숙하고 어린 제자의 성장을 위해 적극적인 지도를 수행하는 자'를 말한다. '스승'은 제자의 전문가적, 지적, 인간적 발달을 지도한다.

어원은 Homer의 Iliad, Odyssey로 거슬러 간다. Odysseus가 전쟁터로 떠나게 되자, 그는 Mentor라는 이름의 절친한 친구에게 아들을 부탁했다. Odysseus가 전쟁터에서 돌아오지 못하자, Mentor는 아버지를 찾아 떠나는 아들을 도와 어려운 상황에서는 조언을 하고, 독자적으로 생각하는 법을 가르치고, 강인한 성격과 정신적 모범을 보여 주었다. 지혜의 여신인 Athena는 때때로 Mentor의 모습으로 나타나 험난한 여행 도중에 중요한 조언을 해 주었다. 여신을 통해 우리는 이러한 인간 관계가 '신의 선물'임을 알 수 있다. 이 같은 어원의 유래를 통해 우리는 '스승'의 성격을 알 수 있다. 즉 보육자, 지지자, 조언자, 평가자, 재능, 기술 및 지식의 육성자인 것이다. 'Mentor'라는 용어는 종종 'role model', 'preceptor', 'advisor' 등과 같은 뜻으로 사용되지만 이들은 비록 일부는 되더라도 모두가 아니고 '스승'이라는 최고의 영예를 향해 진화해 가는 역할 규정의 일부분이다. 가르치는 자와 배우는 자 서로의 관계는 '행동모델'로부터 시작하여 '조언자'가 되고 결국에는 '스승'으로 이어진다.

'스승과 제자'의 관계는 인간관계의 초석인 신뢰에 기초한다. 각자는 서로의 성격, 성실함, 고결성을 진정으로 믿으면서 발전한다. 믿음은 어려운 상황에서도 허심탄회한 대화를 가능케 한다. 또 제자로서는 거부의 두려움 없이 '스승'의 조언을 구하고, 이를 진심으로 받아들이고, 행동을 선택할 수 있다. 스승은 적극적 지원이라 할 정도로 제자에 대한 신뢰를 발전시켜 나아간다. '조언자'와 '스승'의 확연한 차이는 '스승'은 제자를 지도하고 조언할 뿐 아니라 발전의 기회를 제공함으로써 제자의 성장에 적극적으로 참여한다는 점이다. '스승'은 제자가 경험을 쌓고 발전과 성공을 꾀할 수 있는 기회를 찾는다. '스승'은 제자의 흥미를 유발하고, 힘을 기르게 하고 약점에 도전해 볼 기회로의 이끌음을 통해 제자의 목표달성을 북돋운다. '스승'은 제자들 자신이 못 보는 것을 보고, 가능성뿐인 상황을 성공적 결과로 일구어 내는 데 적극적으로 참여한다. 제자가 성장하여 자신의 수준을 넘어선 성취를 달성하는 것을 지켜보면서 '스승'은 부모로서의 긍지와 흡사한 느낌을 갖게 된다. 스승은 절대로 제자의 성공을 시기하지 않는다(청출어람/靑出於藍).

이렇게 제자로서 도달해야 할 발달수준은 '스승'이 되기 위해 지켜야만 하는 계명으로 인간관계에서 진정한 성실성을 대변한다. 오로지 매우 특별하고 헌신적인 사람만이 다른 이를 진심에서 우러난 생산적인 길로 인도할 수 있다. 그러한 경험을 통해 다져진 성실과 신뢰는 상대에 대한 서로의 믿음을 공고히 하여 보통사람으로서는 도달할 수 없는 진정한 우정에 이르는 길을 열어 준다. 즉 권력구조가 개입되지 않은 영원한 우정의 결합으로 결국 각자는 서로의 선생과 제자가 된다. 이러한 관계는 세월이 지나도 변치 않는다. 제자는 '스승'에게 조언을 얻는 것이 항상 즐겁다. 문은 항상 열려 있으며 확고한 '스승과 제자관계'에서는 정기적 만남이 더 이상 중요하지 않다. 필요나 욕구가 있다면 각자는 서로를 반갑게 만난다. Daloz는 이 관계를 다음과 같이 설명하였다. '스승'은 안내자이다. 그들은 우리와 인생여정을 같이 가며 인도한다. 우리는 그곳에 가 본 적이 있는 그들을 신뢰한다. 그들은 인생여정 내내 우리의 희망을 구체화시키고, 앞길을 밝혀 주고, 비밀의 신호를 해석해 주고, 숨어 있는 위험에 대해 경고 해 주고, 예상치 못했던 환희를 알려 준다.

2) '스승'이 된다는 것

사람을 따르기에 앞서 그를 사랑해야 한다. 사람들은 자신이 그들을 얼마나 사랑하는지를 알기까지는 자신이 얼마나 아는 지에 관심이 없다. 제자는 여러 스승을 가질 수 있지만 결국 그들과 같이 되고 싶은 욕구와 함께 스승이 보여주는 인격에 대한 존경으로 스승을 선택한다.

(1) 성실/신뢰(Sincerity/trust)

성실은 신뢰의 핵심이고 신뢰는 중요한 인간관계의 기초가 된다. 사람들은 다른 이들이 관심을 가질 때와 그렇지 않을 때를 안다. 성실과 신뢰는 마음가짐을 형성하고 이 마음가짐은 그들의 일생을 만든다. 사람의 마음가짐은 해당 집단을 강화시키거나 파괴할 수 있다. 이러한 마음가짐은 강력한 지도자에 의해 강조되고 전해진다. 최고의 마음가짐은 모든 구성원들을 한 팀으로 뭉치게 한다. 그리고 개인적으로 요구되는 시간만 쓰지 않고 공통의 목표를 향해 일할 수 있는 믿음의 환경을 창조한다. 성실과 신뢰는 어려운 일을 헤쳐나가는 지침의 기반을 형성한다.

(2) 완벽함(Integrity)

완벽함이 항상 올바른 선택을 할 수 있게 하지는 않는다. 그러나 잘못하고 있음을 깨달았을 때 어떻게 할지를 알려 준다. 다른 사람들에게 매력 있어 보이는 자리에 있는 사람은 그 자리가 바람직하던지 않던지 간에 role model이고 스승이 될 수 있다. 어떤 자리나 직종으로 성공하기를 바라는 사람들은 이미 그 자리에 있는 누군가의 특질에 주의한다. 후배의 눈에 절대 실수하지 않는 전문의는 role model이자 스승이 될 수 있다. 그 전문의가 본받을 만한 사람인지 아닌지는 그의 판단이다. 전공의나 젊은 의사들의 교육, 근무환경 내지 발전에 영향을 줄 수 있는 자리에 있는 사람은 또한 모범이 되는 책임도 받아들여야 한다. 따라서 완벽함과 성실한 성격을 후배들에게 보여줘야 한다. 이 기준은 전문의사의 성공적인 판단과 실수에 대한 처리과정에서 드러날 수 있다.

일단 스승과 제자의 관계가 형성되면 스승은 제자에게 계속적인 성장을 가능케 하는 성공을 생산적이고 우아한 태도로 받아들이도록 행동과 조언으로 교육해야 한다. 또한 실수를 인지하고, 책임을 지고, 교정하는 매우 어려운 과정에서 제자를 교육시킨다. 이것은 아마도 스승이 보여주고 전수하는 가장 위대하고도 보람있는 학습일 것이다. 전문가 정신과 완벽함으로 올바르게 성공과 실수를 다루는 것은 제자에게 전문가로서 그리고 개인의 삶에 필요로 하는 계획이나 상황보다 더 큰 영향을 미친다. John Maxwell은 이를 "사람들은 그들이 본 것을 실행한다. 그들은 당신의 말은 잊을 수 있지만 당신의 발자국은 잊지 않는다."라고 일렀다.

백범 김구(白凡 金九) 선생이 즐겨 썼던 한시(漢詩) 한 구절을 소개한다.

"踏雪野中去, 不須胡亂行, 今日我行蹟, 遂作後人程(눈 덮힌 들길을 걸을 때라도 이리저리 혼란스럽게 걷지 말라. 오늘 내가 지나간 발자국은 뒷사람들이 이정표 삼아 따라오기 때문이다.)"

(3) 유용성(Availability)

유용성은 접근할 수 있고, 시간을 낼 수 있어야 한다는 것이다. 관계의 시작은 상황에 따라 다를 수 있다. 가령 의대에서 젊은 전문의나 상급 전공의는 마음 속에 나름대로의 계획이 있을 수 있고 그들의 목표는 같은 기관 내의 선임 전문의와 다를 수 있다. 젊은 전문의는 그 자신의 관심분야에서 업적을 쌓았지만 외부기관에 있는 선배에게 조언을 구할 수 있다. 그러나 인턴같이 덜 확고한 기반을 가진 사람은 그러기가 어렵다. 많은 신참 전공의나 전문의들은 새로운 책임에 압도되어 가족과 친구로부터 격리된 감정을 느낀다. 그들은 학과의 기대에 못 미칠까 걱정하고 그들이 가장 존경하는 사람들에게 접근하는 데 어려움을 느낀다. 이들에 대한 스승들의 반응 내지 초기단계의 지도는 이후의 관계형성에 매우 중요하게 작용한다. 긍정적이고 격려하는 자세는 제자들에게 나중에 조언이나 지도가 필요하면 스승에게 접근해도 좋다는 허락이 될 수 있다. 스승은 그 자신이 언제나 이용 가능하고 제자들이 어떻게 하고 있는 지를 알고 싶어한다는 것을 강조해야 한다. 항상 이용할 수 있다는 것은 성실함을 보여주고, 일관됨을 제공하고, 신뢰를 나타내어 강력한 사제관계를 형성하는 데 도움이 된다.

(4) 평가자 / 수용자(Assessor / Acceptor)

효과적인 스승은 자유로운 지적(feedback)을 준다. 스승은 제자의 강점과 약점에 대한 성찰을 제공함으로써 제자에게 최선의 이익을 도모한다. 이 두 가지의 자질은 격려와 성실한 관심으로 이루어진다. Osler는 Cushing에게 보냈던 편지에서 이를 보여 주었다. 그의 대인관계의 기술이 취약함을 걱정하고 "너의 성공에 매우 치명적이 될 수도 있다. 나는 마음 속으로 네가 잘 되기를 바라기에 이런 말을 해도 괘념치 않을 것을 안다."라고 덧붙였다. 제자는 한 분야에서는 우수할지 몰라도 다른 분야에서는 부족할 수 있다. 제자는 지도를 원하고 스승은 이를 제공한다. 그러나 주어진 모든 권유가 단숨에 시행되지 않을 수 있다. 스승은 또한 제자의 약점들이 변화하지 않을 수도 있음을 알아야 한다. 요즈음에는 스승이 제자를 받아들이고 그의 결정을 인정함이 중요하다. 당장의 결과는 제자가 보기에 최선의 이익이 아닐 수도 있다. 그러나 스승은 큰 그림을 본다. 어떤 공부는 제자 자신이 스스로 배워야 하기 때문이다. 비록 스승이 제자의 결정에 동의하지 않고 실패할 것을 예측했다 하더라도 제자를 지지하고 더 큰 배움을 이해하도록 지원하는 것이 스승의 책임이다. 좋은 결정은 종종 잘못된 판단에서 기인하고 진정한 힘은 결코 실패하지 않는 게 아니라 실패한 후에 다시 일어서는 데 있다. 경험 많은 스승에 의한 균형과 방향설정은 제자의 성공적인 여행을 보장한다.

(5) 믿어주는 사람 / 후원자(Believer / Supporter)

진정 위대한 스승들은 제자 자신도 그렇게 위대해질 수 있다고 느끼도록 해 준다. 효과적인 스승은 장점을 키워 주고 약점을 강화하도록 항상 격려한다. 사람들은 그들을 진정으로 믿어 주는 소수의 존경하는 사람들의 기대만큼 성장한다. 위대한 힘은 다른 이들의 믿음에서 나온다. 스승의 믿음은 제자의 자신감과 능력을 배양시키고 결국에는 이전에 상상하지 못했던 성취를 가능케 한다. 이 같은 예는 세상에 큰 업적을 남긴 두 사람에게서 찾아볼 수 있다.

Hellen Keller와 Albert Einstein은 진정한 스승의 보살핌을 받았고 세계인들의 마음까지도 움직이게 되었다. 두 사람 모두 막다른 골목에 닥쳤을 때 다른 누구에 의해 인도되고 격려받았다. 세상 모두가, 심지어 그들 자신들까지도 자신을 믿지 않았을 때 그들을 믿어 준 사람이 있었다. 두 사람은 '평범한 사람' 혹은 '성공할 가망이 없는 사람'도 새로운 차원의 세계에 봉사할 가능성을 가질 수 있음을 보여 주었다. 그들은 기꺼이 격려하고, 지원하고, 도전시키고 믿어 준 스승의 영향과 힘을 증명해 보였다. "명장(名將)밑에 약졸(弱卒)없다"는 명언은 스승의 위력을 대변해 주고 있다.

2. 제 자

1) 내적 성찰 / 자기평가(Introspection / Assessment)

제자로서의 의무 중 하나는 자신이 해 왔던 일을 계속 하면서도 다른 결과를 얻을 수 있다고 믿는 것이다. 다른 사람과의 관계형성에 앞서서, 자신의 내적 성찰이 필요하다.

어떤 이가 바른 방향으로 가고 있는지를 알기 위해서는 어떤 종류의 사람이 되고자 하는가를 확인해야 한다. 자신에게 물어 보아야 한다. "나는 미래에 전문분야에서, 개인적으로, 학문적으로 그리고 영적으로 어떤 사람이 될 것인가?" 그리고 보다 어려운 일이지만, 현재의 자신이 어떤 사람이고 현재의 길이 자신이 원하는 미래상으로 인도해 줄 수 있는지를 점검해야 한다. 일단 개개인이 가야 할 바른 길을 알 수만 있다면 거기에 필요한 적절한 안내자를 찾고 실제로 그들의 도움을 받을 수 있다.

2) 수용성, 감수성(Receptiveness)

불굴의 의지와 고집불통 간의 차이란 전자는 강력한 의지에 기인하고, 후자는 강력한 거부에서 기인한다는 점이다. 개인의 마음가짐은 자신에게 지원자 혹은 방해자가 될 수 있다. 마음가짐은 초점을 이끌고, 특징을 정의하고, 실행을 격려한다. 잘못된 마음가짐은 어려운 것에 초점이 맞추어진다. 긍정적인 마음가짐에서는 해결에 초점이 맞추어져 있다. 해결책은 새로운 해결과 실행으로의 길을 열어 준다. 매일의 영적, 지적, 전문가적 향상을 실행해야 한다.

수월성의 개인적 기준을 정하고 이의 실천에 필요한 행동을 한다. 마음가짐, 초점, 실행은 기회를 만들어 준다. 어떤 사람이 그것을 받아들이려고만 한다면 지도가 제공된다. 종종 불굴의 의지는 제자로서 필요한 겸허함을 발전시키는 데 비생산적으로 작용한다. 사람은 표면적인 자아를 지키면서도 건설적인 비판과 바람직한 지도를 받아들이는 데 기꺼이 그리고 겸손히 나서야 한다.

3) 자원(Resources)

흥미와 목표가 정해지면 자연히 그 분야에서 성공한 사람에게 끌리게 된다. 조언자를 우선 찾아야 한다. 두 사람 사이의 관계가 원만하다면 종종 그가 스승이 될 수도 있다. 때로는 두 사람 이상의 스승이 있고 각자 나름의 분야에 대한 지도를 할 수도 있다. 스승의 지도는 제자의 미래상을 만들고 성장의 기회를 제공해 준다. 스승은 같은 학교 내부에 있을 수도 있지만 멀리서 전자우편, 전화통화, 학회 등을 통해 관계가 이루어질 수도 있다. 미래의 스승은 자신이 선택한 분야에 업적을 쌓은 사람으로 성장을 북돋아 주는 능력을 갖고 있다. 좋은 스승의 필수적인 조건들을 가진 사람을 열심히 찾아야 한다.

4) 의사소통(Communication)

스승이 기회를 제공하면 제자는 이를 순종하고 평가를 구한다. 제자는 스승에게 무엇이 수행되었고 어떻게 되어 가고 있는지를 알려야 한다. 또한 제공받은 기회에 대한 감사를 표하는 것도 바람직하다. 스승은 제자의 성공에 자부심을 가지고 성취에서 즐거움을 발견한다. 스승은 도움과 지도에 대한 인정과 감사를 받아야 한다. 축하와 임무완수의 만족을 나누는 것은 관계를 더욱 강화시키고 제자의 성취는 두 사람 모두의 성공이 될 것이다.

5) 책임(Responsibility)

스승이 목적지에 더욱 효율적으로 도달하는 데 도움은 되나 결국에 여행의 책임은 제자 자신에게 있다. 다른 이가 도와줄 수 있지만 노력은 자신이 해야 한다. 스승은 길을 보여주고 기회를 제공하나 성공에 필요한 임무를 수행하는 것은 제자 자신이다. 스승이 제공한 기회를 받아들인다는 것은 이미 제자는 그 자신 뿐 아니라 자기의 스승도 대변한다는 것을 깨달아야 한다. 어떤 경우든 그 기회는 제자가 아닌 스승의 명성 때문에 생겼을 수 있다. 제자 나름대로의 스타일이 있을 수 있지만, 그에게서 기대되는 것은 스승의 연구 수준과 완벽 정도의 연장선에 자기가 있다는 사실을 알아야 한다.

3. 스승과 제자관계

1) 유교사상에서의 사제관계

청출어람(靑出於藍 ; 남색에서 더 고운 청색이 나온다)이란 말이 있다. 스승은 자기가 아는 모든 것을 제자에게 아낌없이 주려 하고, 자기가 미처 마치지 못한 것을 제자가 이루기를 기대한다. 어느 스승이 자기 제자가 못하기를 바라겠는가? 스승은 모든 것을 아낌없이 준다. 그래서 스승에게는 남는 것이 없다. 남는 것이라곤 제자들의 뒤치다꺼리에 가슴 졸이고 애가 바작바작 탄 흔적 뿐이다. 오죽이나 노심초사(勞心焦思), 속이 다 타 버렸으면 옛 속담에 "선생의 똥은 개도 안 먹는다."라고 했을까? 스승이 되어 무엇을 남긴다면 그것은 훌륭한 제자여야 한다. 스승이 되어 남길 수 있는 것은 재물과 명예가 아니다.

세상이 아무리 변해도 스승의 빛은 여기에서 밝게 빛난다. 동서고금(東西古今)을 막론하고 스승이 자신의 처지를 불평하지 않는 이유는 여기에 있다. 다른 직업과 비교하여 스승됨을 한탄하는 스승이 있다면, 그것은 크게 잘못된 일이다. 스승은 제자에게 무엇을 더 주지 못하는 데서 불평이 나와야 한다. 제자를 위해서 더 많은 것을 주지 못한다는 것 때문에 괴로워하고 슬퍼해야 하는 사람이 스승이다.

스승은 뒤돌아보지 않는다. 세상 사람들이 재물에 눈 뜨고 권세에 굽실거리고 향락에 들떠 있어도 스승은 앞만 보고 살아야 한다. 그 제자들이 스승의 주변에 머물러 있는 한, 제자들이 어떻게 성장하여 어떻게 발전하여 갈 것인가를 뒷전에서 지켜봐야 한다. 그래서 스승에게는 그 무엇으로도 얻을 수 없는 보상이 따른다. 많은 제자들이 마음으로 그 스승을 존경하고, 세상 사람들이 스승을 특별하게 대우한다. 또, 그 제자들이 대나무 순이 자라듯 쭉쭉 곧게 자라 훌륭하게 되면 스승은 희열에 가슴 떨며 즐거워한다.

스승은 이렇듯 즐거움이 많아 항상 마음이 평화롭고 자유롭다. 그래서 스승의 길은 성(聖)스러운 것이다. 인류를 구원하는 목회자의 길이나, 중생을 구제하는 불가(佛家)의 길이나, 제자의 앞날을 밝히는 스승의 길이나 모두 그 보람은 한결같다.

그 누가 스승도 생활인이어야 함을 강조하는가? 그 누가 팔매질로 세속의 때에 절은 생활인이어야 함을 스승에게 강요하는가? 스승은 글만 가르치는 데에 그치지 않고, 그 행동 하나하나가 영원히 제자에게 미침을 안다. 그래서 스승은 속되지도 않고, 치사하지도 않으며, 스스로 청빈(淸貧)과 정직(正直)과 겸허(謙虛)함을 미덕으로 여기며 사는 것이다.

세상의 많은 사람들이 처세라는 허울을 앞세워 스승의 주변머리 없음을 탓해도, 스승은 오불관언(吾不關焉), 눈 하나 깜짝 않는다. 그래서 스승은 동서고금을 막론하고 이 땅의 빛이다. 그리스 철학자 아리스토텔레스는 "사람은 나면서부터 알기를 좋아한다"라고 하였다. 무릇, 사람이 태어나 한평생을 여러 욕망에 휘둘리다 가지만, 앎에 대한 욕망이 남아 있는 한 그 사람은 영원한 제자다. 총명한 두 눈을 뜨고 제자가 말한다.

"스승이여, 아는 것이 정말 힘이 됩니까?"

때때로 세상의 힘이 앎에 있지 않다는 것을 스승도 알고 제자도 안다. 그러나, 제자는 스승의 말을 믿는다. 세상의 뜬구름 같은 이야기가 많아도 제자가 철썩 같이 믿는 것은 스승의 말씀이다. 그 제자가 죽을 때까지 거쳐 가는 수많은 스승은 그에게 진실만을 가르치고, 그 진실의 힘만이 옳다고 말하며, 제자는 그 말을 조금도 부정하지 않는다. 세상이 변하여 극히 자기 중심으로 이기적인 탈바꿈을 해도, 제자는 스승의 말을 신뢰하여 흔들리지 않는다. 제자는 스승에게서 믿음과 사랑을 느낀다. 옛말에 '스승의 그림자도 밟지 않는다.'는 말은 이에서 비롯하여, 제자는 스승을 우러러 대하며, 어버이처럼 섬긴다.

혹시 제자가 스승의 말을 의심한다 하면, 그 누구의 말을 믿어야 할까?

제자는 스승을 통해서 알아야 할 것을 배우고, 진실함을 배우고, 멋을 배운다.

제자는 사람이 살아가는 일이 어떠한 의미를 갖는가에 대해서도 스승을 통해서 배운다.

세상 사람들이 점점 신의를 잃어가고 사람 사이의 인정이 메말라 갈수록 제자는 더욱 더 스승을 신뢰하고 따뜻하게 느껴야 한다.

그리하여 제자는 자라서 이 땅의 빛이 되는 것이다.

예로부터 교육은 백년지대계(百年之大計)라 하여 그 중요성을 강조하여 왔다. 군사부일체(君師父一體)란 임금과 스승과 어버이는 동일한 존재로 몸과 마음을 다해 섬겨야만 함을 강조하는 말이며, 처음 출가한 스님들의 수행 지침서인 「사미율의」 가운데 "항상 스승을 뒤에서 따르되 절대로 그림자를 밟지 말아야 한다(常隨師後 不得以足踏師影)"는 말은 제자의 스승에 대한 마음가짐과 태도를 설명한 것이다. 사람이 배우지 않으면 의를 알지 못하고, 옥은 다듬지 않으면 보석을 이룰 수 없다(人不學不知義 玉不琢不成器). 배움의 목적은 깊은 지혜를 자신의 것으로 소유함으로써 의(義)와 인(仁)을 알고 인생에 대한 올바른 시야를 갖는 데에 있다.

그러므로 의(義)와 인(仁)을 체득하기 위한 첫 단계가 바로 스승과 제자의 예의를 갖추는 데서부터 시작하는 것이다. 「화엄경」에서는 스승에 대하여 다음과 같이 정의하고 있다.

"선지식(善知識)이란 곧 자애로운 어머니와 같으니 부처님을 탄생시키는 집이기 때문이다. 선지식이란 자비로운 아버지와 같으니 한량없는 일들로 중생들을 유익하게 하기 때문이다. 선지식이란 곧 양육하고 보살펴 주는 자가 되는 것이니 일체의 악(惡)을 행하지 않게 하기 때문이다. 선지식이란 곧 위대한 스승과 같으니 교화(敎化)하여 보살계를 배우게 하기 때문이다. 선지식이란 곧 길을 인도해 주는 사람과 같으니 교화하여 피안(彼岸)의 길에 이르게 하기 때문이다. 선지식이란 곧 어질고 현명한 의사와 같으니 모든 번뇌의 근심을 치료해 주기 때문이다. 선지식이란 곧 설산(雪山)과 같으니 밝고 맑은 지혜의 약을 장양시키기 때문이다. 선지식이란 곧 용맹스러운 장수와 같으니 일체의 모든 공포를 방호(防護)하기 때문이다. 선지식이란 곧 크고 단단한 배와 같으니 모든 중생을 생사(生死)의 바다를 넘어 건너가게 하기 때문이다. 선지식이란 곧 노를 젓는 사공과 같으니 모든 지혜의 법보(法寶)의 섬에 이르게 하기 때문이다."

이와 같이 스승은 제자에게 있어 자모(慈母)·자부(慈父)·양육수호자(養育守護者)·대사(大師)·도사(導師)·양의(良醫)·설산(雪山)·용장(勇將)·뇌선(牢船)·선사(船師)와 같은 존재이다. 다시 말해서 스승은 인격을 탄생시키는 모태이며, 여러 가지로 이익을 주는 자이며, 모든 악으로부터 보호해 주는 최선의 교육자이며, 살아가면서 스스로를 경계하도록 가르쳐 주는 존재이다. 또한 진리에 이르게 하는 길잡이이며 번뇌의 병을 고쳐 주는 훌륭한 의사인 동시에 밝음의 지혜를 장양시켜 주는 터전이며 모든 공포를 막아 주는 장수이고, 생사의 고해에서 건네주는 배이며, 진리의 섬에 이르도록 도와주는 사공과 같은 존재이다. 스승은 우리의 인격완성의 실현에 있어 이처럼 중요한 존재이므로, 그에 상응하는 공경심으로 스승을 모셔야 함을 강조하셨다. 부처님께서 싱갈라에게 세속적 인간관계의 이상적인 지침과 방도를 설하여 주신 「육방예경(六方禮經)」에서는 스승을 남방에 할당하여 다음과 같은 예의로 존중해야 한다고 말씀하셨다.

첫째, 자리에서 일어나 예를 행해야 한다. 제자는 스승이 멀리서부터 오는 것을 보면 일어나 기쁜 마음으로 맞이해야 하며 자리를 만들어 앉으시게 하고 부채질을 해 드려야 한다.

둘째, 곁에서 모셔야 한다. 제자는 스승을 하루에 세 번 가까이에서 모셔야 한다. 또한 기술을 습득하고자 할 때에는 반드시 스승 곁으로 가야만 한다. 이것은 오늘날 수업에 규칙적으로 출석하는 것과 가르침을 받고자 하는 제자라면 스승을 자주 방문해야 하는 것을 의미한다.

셋째, 열심히 들으려고 해야 한다. 스승의 말을 한 구절도 놓치지 않고 듣고 배우고자 하는 마음가짐으로 스승에 대한 신뢰를 뜻한다.

넷째, 안부인사를 드린다.

다섯째, 공손한 태도로 학문과 예술을 익힌다.

공손한 태도로 스승을 모신다는 것은 우리의 현실에 있어서 무엇보다도 중요시되어야 한다. 존경하는 사람에 대해서는 공경하는 태도가 자연히 우러나오는 것이다. 제자들에게 존경받는 스승이 되기 위해서 제자를 사랑하는 방법에 대해서도 다음과 같이 언급하셨다.

첫째, 잘 훈육한다. 이렇게 앉고, 이렇게 일어서고, 나쁜 친구를 피하고 좋은 친구와 친해야 한다는 등의 행실을 가르치는 것을 말한다.

둘째, 습득한 것을 잊지 않게 한다. 한번 습득한 것은 잊어버리지 않고 잘 가지고 있도록, 뜻과 문구를 바르게 알아 가지고 활용하는 방법을 보여서 받아들이게 한다.

셋째, 모든 학문과 기술의 지식을 설명한다. 자신이 알고 있는 모든 학문과 기술을 제자에게 합당한 방편으로 설명하고 전수하여 제자의 지혜가 스승보다 뛰어나기를 바란다.

넷째, 친구나 동료들에게 제자들을 널리 알린다. "이들은 내 제자인데 재주가 뛰어나고 학식이 깊어 스승인 나와 맞먹을 정도이니 잘 이끌어 주십시오"라고 제자들의 장점을 말해서 스승이 제자를 감싸 주는 것을 말한다.

다섯째, 모든 방면에서 아껴 준다. 기능을 가르쳐 그것을 배워 익힌 제자를 추천해서 그에게 존경과 이익이 생기도록 해 주며 항상 그를 키워 주는 것을 의미한다.

중국 고전 「예기(禮記)」의 '학기(學記)'편에 '교학상장(敎學相長)'이라는 말이 실려 있다. "가르치고 배우면서 서로 성장한다."는 뜻이겠는데, 가르치는 스승이나 배우는 제자가 다같이 성장한다는 것은 결국 각자의 본분에 충실하여 열심히 배우고 가르칠 때 교육의 참된 의미가 있다는 뜻이 아닌가 싶다.

2) 불교사상에서의 사제관계

스승은 다섯 가지 일로 제자를 돌보아야 한다. 첫째는 불법에 의지해 조어(調御)함이요, 둘째는 그 배우지 못한 것을 가르침이요, 셋째는 그 질문하는 바를 따라 망념을 잘 풀어 줌이요, 넷째는 그 선지식을 보여 줌이요, 다섯째는 자기의 아는 것을 다 가르쳐 아끼지 않음이다. 그럼, 불교사상에 나타난 스승과 제자관계를 살펴보자.

(1) 선생자경

스승은 다섯 가지 일로 제자를 측은히 여기며 가르쳐야 한다. 다섯 가지란 ① 학문을 배우게 하며, ② 지극한 기예(技藝)를 가르치며, ③ 배움에 민첩케 하며, ④ 선도(善道)를 가지고 인도하며, ⑤ 현명한 친구를 따르게 함이다.

(2) 불치신경

가르침을 펴면서 듣는 자를 위해 대비(大悲)의 마음을 일으키지 않는다면, 악마의 소행이다.

(3) 마역경

다섯 가지의 꾸짖는 법이 있으니 ① 함께 말하지 않음, ② 이로운 것과 해로운 것을 가려서 가르쳐 주지 않음, ③ 그가 바치는 것을 받지 않음, ④ 착한 이를 칭찬하지 않음과 ⑤ 의지가 되어 주지 않음이다.

(4) 근본설일체유부 비나야잡사

제자에게 다음과 같은 다섯 가지 일이 있을 때는 꾸짖어 가르쳐 주어야 한다. 첫째는 신심이 없음이요, 둘째는 게으름이요, 셋째는 거친 말이요, 넷째는 부끄러움이 없음이요, 다섯째는 악지식(惡知識)과 가까이 지냄이다. 다만 이 다섯 가지 일 중의 하나가 있는 경우라도 엄하게 꾸짖어 가르쳐야 한다.

(5) 유부근본비나야율

스승은 공양과 공경을 받고서 다음의 다섯 가지 일로 보답하는데, ① 속히 가르쳐서 때를 놓치지 않게 하고, ② 다 가르쳐서 모자람이 없게 하며, ③ 제자가 자신을 능가함에 질투하지 않으며, ④ 엄한 스승과 착한 벗을 소개해 주며, ⑤ 임종에 이르러 재물을 주는 것이다.

(6) 우바새계경

제자는 스승 있는 곳에서 거친 말을 하지 못하며, 스승의 꾸짖음에 대꾸해서는 안 되며, 스승의 상석을 먼저 닦아서 먼지나 개미 따위가 없게 해야 하며, 스승에게 자주 가서 필요한 것을 물어야 한다. 제자는 스승 앞에서 눈물을 흘리거나 침을 뱉지 못하며, 스승의 경행(經行)하는 곳은 늘 쓸어야 하며, 스승의 하는 일을 힘껏 도와야 하며, 남 있는 곳에서 스승의 과실을 말하지 않아야 한다.

(7) 선공경경

제자는 마땅히 다섯 가지 일로 스승을 바르게 존경하고 바르게 봉양해야 한다. 다섯 가지란, ① 모르는 점은 반드시 밝혀서 질문하며, ② 배움을 반드시 사랑하며, ③ 일을 반드시 민첩히 처리하며, ④ 그릇된 행위가 반드시 없게 하며, ⑤ 스승을 반드시 공양함이다.

(8) 선생자경

제자가 스승을 공경해 받드는 데는 다섯 가지 일이 있어야 한다. 첫째는 필요한 물건을 공급함이요, 둘째는 존경해 봉사함이요, 셋째는 존중해 기대함이요, 넷째는 가르침을 따라서 어기지 않음이요, 다섯째는 스승으로부터 들은 가르침을 잘 숙지해 잊지 않음이다.

(9) 장아함경

스승 공경하기를 부처님 공경하듯 해야 한다.

(10) 무진의보살경

스승의 은혜를 아는 사람은, 스승을 보았을 때는 곁에서 섬기고 보지 못할 때는 가르침을 생각하여, 효자가 부모를 생각하는 것같이 하며, 사람들이 음식을 생각하는 것같이 해야 하느니라.

3) 기독교 사상에서의 사제관계

열왕기하 2장에서 훌륭한 스승과 제자 한 사람을 만날 수가 있는데 이는 스승 엘리야와 제자 엘리사이다.

하나님은 아합왕의 타락 때에 까마귀를 통해 아침저녁으로 엘리야에게 먹을 양식을 주셨다. 엘리야는 우상숭배에 대하여 하나님의 심판을 구한 선지자로서 땅에 비가 내리게 도 하고 멈추게도 하는 하나님의 능력과 은사를 가진 사람이었다. 엘리야는 비가 내리지 않아 가뭄에 처했을 때, 그리고 과부의 아들이 병들어 죽었을 때 하나님께 기도하여 살리게 하는 기도의 응답을 받은 사람이었고, 바알 선지자 450명과 아세라 선지자 400명을 갈멜산으로 불러모아 하나님께 기도하여 영적인 싸움에서 이긴 영적 승리자였다.

그러나 엘리야에게도 고뇌와 갈등이 있었다. 엘리야가 끊임없이 복음을 외치고 전했지만 갈수록 고난과 괴로움이 엄습해 왔을 때 로뎀나무 아래 앉아서 비관하면서(왕하 19 : 4), 죽기를 구하여 가로되 "여호와여 지금 내 생명을 취하옵소서 하며 절규했고(왕하 19 : 4)", "오직 나만 남았거늘 저희가 내 생명을 찾아 취하려 하나이다(왕하 19 : 10)." 하며 외로움을 고백했다. 그러나 엘리야는 이렇게 어려울 때 하나님의 음성을 들었다.

이러한 좋은 스승 밑에서 좋은 제자가 배출되었는데 그가 엘리사이다.

(1) 삶으로 가르치는 스승, 삶으로 배우는 제자(왕하 2 : 1-2)

표현의 아름다움은 삶의 내용과 변화가 되어야 한다. 효과 있는 가르침은 말과 생활이 일치되어야 한다. 지도자의 이름과 권위만 가지고는 아무런 감동을 줄 수가 없다.

(2) 스승의 영적인 가르침에 순종하는 제자

엘리야가 저에게 이르되 "엘리사야 청컨대 너는 여기 머물라" 엘리사가 가로되 "내가 당신을 떠나지 않겠나이다(왕하 2 : 4)." 제자는 스승을 존경하고 그의 가르침을 따르는 신뢰가 있어야 한다. 자기 기분이나 감정으로 가르치는 스승은 나약한 제자, 비굴한 제자를 만든다.

(3) 스승의 능력을 물려받은 제자

"엘리야가 겉옷을 취하여 말아 물을 치매 물이 이리저리 갈라지고 두 사람이 육지 위로 건너더라(왕하 2 : 8)"

"……엘리사가 엘리야의 몸에서 떨어진 겉옷을 주워 가지고 돌아와서…… 그 겉옷을 가지고 물을 치매…… 물이 이리저리 갈라지고 엘리사가 건너니라(왕하 2 : 13)"

(4) 세상적 지식과 지혜보다 영적인 것을 나누는 스승과 제자

"엘리야가 엘리사에게 이르되 나를 네게서 취하시기 전에 내가 네게 어떻게 할 것을 구하라 엘리사가 가로되 당신의 영감이 갑절이나 내게 있기를 구하나이다(왕하2 : 9)"

(5) 마지막까지 영광스러움으로 있는 스승과 제자

"두 사람이 행하며 말하더니 홀연히 불수레와 불말들이 두 사람을 격하고 엘리야가 회리바람을 타고 승천하더라(왕하 2 : 11)"

구약시대 오바댜의 동굴교육(왕상 18 : 4), 신약시대 예수님과 12제자도 좋은 스승의 모범이다. 세속과 구별된 성별교육의 좋은 사례이다.

4) 사도강령(師道綱領)

민주국가의 주인은 국민이므로 나라의 주인을 주인답게 길러 내는 교육은 가장 중대한 국가적 과업이다. 우리는 겨레가 오랜 역사의 찬란한 문화를 계승, 발전시키며, 선진제국과 어깨를 나란히 하여 인류복지 증진에 주도적으로 기여하려면 무엇보다도 문화국민으로서의 의식 개혁과 미래 사회에 대비한 창의적이고 민주적인 인간육성에 온 힘을 기울여야 한다. 인적자원의 개발과 교육만이 우리나라의 살 길이다.

그러기 위하여 우리나라 교육자는 국가발전에 민족 중흥의 선도자로서의 사명과 긍지를 지니고 교육을 통하여 제자의 능력을 최대한으로 개발하며, 개인의 자아실현과 국력의 신장, 그리고 민족의 번영에 열과 성을 다하여야 한다. 또한 교육자의 품성과 언행이 제자의 성장발전을 좌우시킬 뿐만 아니라 국민윤리 재건의 관건이 된다는 사실을 명심하고, 사랑과 봉사, 정직과 성실, 청렴과 품위, 준법과 질서에 바탕을 둔 사도 확립을 위해 우리 스스로 헌신하여야 한다.

교육자의 이러한 뜻은 교직에 종사하는 모든 스승들이 주체의식을 가지고 노력하여야만 이루어질 수 있다는 것을 인식하고, 사도헌장 제정에 때 맞추어 스승의 행동지표인 옛날의 '교원윤리강령'을 '사도강령'으로 개정하여 이를 실천함으로써 국민의 사표가 될 것을 다짐한 바 있다.

〈제1장〉 스승과 제자

스승의 주된 임무는 제자로 하여금 고매한 인격과 자주 정신을 가지고 사회에 봉사할 수 있는 유능한 국민을 육성하는 데 있다. 그러므로

1. 우리는 제자를 사랑하고 그 인격을 존중한다.
2. 우리는 제자의 심신발달이나 가정의 환경에 따라 차별을 두지 아니하고 공정하게 지도한다.
3. 우리는 제자의 개성을 존중하며, 그들의 개인차와 욕구에 맞도록 지도한다.
4. 우리는 제자에게 직업의 존귀함을 깨닫게 하고, 그들의 능력에 알맞는 직업을 선택하도록 지도한다.
5. 우리는 제자 스스로 원대한 이상을 세우고, 그 실현을 위하여 정진하도록 사제동행한다.

〈제2장〉 스승의 자질

스승은 스승다워야 하며 제자의 거울이 되고 국민의 사표가 되어야 한다. 그러므로

1. 우리는 확고한 교직관과 긍지를 가지고 교직에 종사한다.
2. 우리는 언행이 건전하고 생활이 청렴하여 제자와 사회의 존경을 받도록 한다.
3. 우리는 단란한 가정을 이룩하고 국법을 준수하여 사회의 모범이 된다.
4. 우리는 학부모의 경제적, 사회적 지위를 이용하지 아니하며, 또 이에 좌우되지 아니한다.
5. 우리는 자기 향상을 위하여 전문적인 지식과 전문화된 기술을 계속 연마하는 데 주력한다.

〈제3장〉 스승의 책임

스승은 제자교육에 열과 성을 다하여 맡은 바 책임을 다하여야 한다. 그러므로

1. 우리는 사회의 일원으로 모든 책임과 의무를 다한다.
2. 우리는 교재연구와 교육자료 개발에 만전을 기하여 수업에 최선을 다한다.
3. 우리는 생활지도의 중요성을 인식하여 제자들이 올바른 사람이 될 수 있도록 철저히 지도한다.
4. 우리는 교육의 성과를 공정하게 평가하고 이를 교육에 충분히 활용한다.

5. 우리는 제자와 성인들을 위한 정규교과 외의 활동에 적극 참여한다.

〈제5장〉 스승과 사회

스승은 제자의 성장 발달을 돕기 위하여 학부모와 협력하여 학교와 사회 간의 상호작용의 원동력이 되고 국가발전의 선도자가 된다. 그러므로

1. 우리는 학교방침과 제자의 발달상황을 가정에 알리고, 학부모의 정당한 의견을 학교교육에 반영시킨다.
2. 우리는 사회의 실정을 정확하게 파악하고 지역사회의 생활과 문화향상을 위하여 봉사한다.
3. 우리는 사회적 요구를 교육계획에 반영하며 학교의 교육활동을 사회에 널리 알린다.
4. 우리는 국민의 평생교육을 위하여 광범위하게 협조하고 그 핵심이 된다.
5. 우리는 확고한 국가관과 건전한 가치관을 가지고 국민의식 개혁에 솔선수범하며, 국가발전의 선도자가 된다.

이 시대 우리 교사의 다짐

국민으로부터 2세 교육을 떠맡은 우리 교사는 민족의 자주적이고 민주적인 교육을 실현하기 위하여 다음과 같이 10개항을 실천할 것을 다짐한다.

· 우리 교사는 학교를 공동체의 의식이 가득한 진리 탐구의 마당으로 만든다.
· 우리 교사는 학생 위에 군림하지 않는다.
· 우리 교사는 인간 관계를 허무는 입시중심의 경쟁교육을 단호히 거부한다.
· 우리 교사는 학생과 학부모의 교육적 요구를 올바르게 구현한다.
· 우리 교사는 학부모의 비정상적 교육비 부담을 줄이는 데 앞장선다.
· 우리 교사는 진취적 민족문화 정책을 위해 노력한다.
· 우리 교사는 민족동질성 회복을 위한 교육에 매진한다.
· 우리 교사는 겸허한 자세로 참교육을 위해 끊임없이 연구한다.
· 우리 교사는 부당한 지배와 간섭을 의연히 물리친다.
· 우리 교사는 신뢰와 애정으로 굳게 단결한다.

내가 사랑하는 사랑의 교육

교육은 하나님께서 맡기신 귀한 직분이다.

나는 학생이 하나님을 경외하고, 이웃을 사랑하며, 정직하고 성실하게 생활하고, 소질과 꿈을 마음껏 가꾸어, 자유 민주사회의 발전과 하나님 나라의 확장에 이바지하도록 돕는다. 이에 사랑의 교육을 실천하는 다음 열 가지를 힘써 지켜 나간다.

학생에 대하여는

· 자녀처럼 사랑하고 편애하지 아니한다.
· 격려와 칭찬을 자주하여 재능을 키워 준다.
· 열심히 가르쳐서 성장을 도와 준다.
· 언제나 친절하고 공정하게 대해 준다.
· 밝고 고운 말로 잘못을 일깨운다.

교사 자신은

· 정직하고 품위 있게 행동한다.
· 검소하고 겸손하게 생활한다.
· 봉사정신을 가지고 앞장서서 일한다.
· 성실한 자세로 책임을 다한다.
· 기도로 시작하고 감사하며 교육한다.

5) 인도의 마하르쉬(Maharsh)가 말하는 사제관계

스승(Guru)이란 말은 흔히 넓게 사용되어, 영적인 도움말을 주는 사람이면 누구나 스승이라고 하지만, 스리 라마나는 이 말을 상당히 제한된 의미로 사용하였다. 그에게 있어서 진정한 스승이란, 진아(眞我)를 깨달은 자로서, 자신의 힘으로 다른 사람들을 진아의 깨달음(self-realization)이라는 목표에 도달할 수 있도록 도와줄 수 있는 사람이다. 스리 라마나는 종종 신, 스승 그리고 진아가 같은 것이라고 말했다. 즉, 스승은 인간의 형상을 한 신(God in human form)이며, 동시에 모든 헌신자(devotee)의 심장 속에 있는 진아(眞我)이다. 스승은 안에도 있고 밖에도 있으므로, 그의 힘도 두 가지 상이한 방식으로 작용한다. 외부의 스승은 가르침을 주며, 헌신자로 하여금 진아에 그의 주의를 집중하도록 한다. 그리고 내면의 스승은 헌신자의 마음을 그 근원으로 끌어당겨 진아 속으로 흡수하고, 마침내 그것을 파괴해 버린다.

진아의 영원한 자각을 향해 노력하는 거의 모든 사람들에게 스승이 필요하다는 것이, 스리 라마나의 가르침에서 하나의 기본 항목이다. (수행자의) 영적인 발전에 있어서 스승의 촉매적 역할은 대단히 중요하다. 왜냐하면 아주 드문 경우를 제외하고는, 진아에 대한 무지가 워낙 뿌리 깊어서 수행자 개인이 자신의 노력만으로 벗어날 수가 없기 때문이다. 스리 라마나가 비록 깨달음을 구하는 사람들에게는 스승이 꼭 있어야 한다고 가르치기는 했지만, 그는 또한 스승이라고 해서 힘써 깨달음을 구하지 않는 사람에게 깨달음을 가져다 주는 것은 아니라고 하였다. 수행자가 진아를 발견하기 위해 진지하게 노력할 때에 스승의 은총과 힘이 자동적으로 흐르기 시작한다. 그러나 그러한 노력을 하지 않을 때에는 스승도 어쩔 수 없다는 것이다.

여기에서는 스승의 본질과 역할에 대한 마하르쉬의 견해를 요약한다.

- **질문** : 스승의 은총(Guru's grace)이란 무엇입니까? 그것은 어떻게 제자를 깨달음에 이르게 합니까?
- **답변** : 스승은 진아(眞我)입니다(Guru is the Self). 사람은 그의 인생에 있어서 때때로 불만을 느끼고 그가 가진 것들로써도 마음이 흡족하지 않을 때 神(God)에 대한 기도를 통해 그의 바램을 충족시키려고 합니다. 그러면서 그의 마음은 점차 정화되어 신을 알고자 하게 되고, 자신의 세속적 욕망을 만족시키기보다는 은총을 얻고자 하게 됩니다. 그때 신의 은총(God's grace)이 나타나기 시작합니다. 신은 스승의 형상을 하고 그 헌신자에게 나타나서 진리를 가르치고, 나아가 그와의 친교를 통해 그의 마음을 정화합니다. 그러면 헌신자의 마음은 강해져서 내면으로 향할 수 있게 됩니다. 그리고 명상에 의해 더욱 정화되어 작은 물결 하나도 일어나지 않게 고요해집니다. 그 고요한 세계가 진아입니다. 스승은 외부적인 동시에 내면적인 존재입니다. 그는 밖에서 제자의 마음을 안으로 향하도록 밀어 넣습니다. 또 그는 안에서 그 마음을 진아 쪽으로 끌어당기고 마음이 고요해지도록 도와 줍니다. 이것이 스승의 은총입니다. 신과 스승과 진아 사이에는 아무런 차이도 없습니다.
- **질문** : 신지학회(神智學會)에서는 그들을 인도해 줄 스승들(masters)을 찾기 위하여 명상을 합니다.
- **답변** : 스승(the master)은 내면에 있습니다. 명상은 스승이 외부에만 있다는 무지한

관념을 제거하기 위한 것입니다. 만약 스승이 그대가 기다리는 어떤 딴 사람이라면 그는 또 사라지게 되어 있습니다 그와 같이 잠시 지나가는 존재라면 무슨 소용이 있겠습니까? 그러나 그대가 자신을 진아와 분리되어 있다고 생각하거나 자신을 육체라고 여기는 한, 외부적인 스승도 필요하며 그는 육체를 가지고 있는 것으로 보일 것입니다. 자신을 육체라고 여기는 그릇된 동일시가 사라지면, 스승은 다름 아닌 진아라는 것을 알게 될 것입니다.

• **질문** : 스승(the Guru)은 전수(傳授 : initiation)를 통해 저희들이 진아를 깨달을 수 있도록 도와 줍니까?

• **답변** : 스승이 그대의 손을 잡고 귓속말이라도 해 준다는 것입니까? 그대는 스승도 그대와 같으리라고 생각할지 모르겠습니다. 그대는 자신이 육체를 가지고 있다고 생각하기 때문에 그도 역시 육체를 가지고 있으며, 그대에게 뭔가 구체적인 것을 해줄 것이라고 생각합니다. 그러나 그의 작업은 내면에서, 즉 영적인 영역에서 이루어집니다.

• **질문** : 스승을 어떻게 찾습니까?

• **답변** : 내면에 있는 신은 그의 은총으로, 그를 사랑하는 헌신자에게 연민을 느끼고 헌신자의 발전 정도에 따라 자신의 모습을 다룹니다. 헌신자는 스승이 한 사람의 인간이라고 여기고 두 육신 간의 어떤 관계를 기대합니다. 그러나 신 또는 진아의 화신(化身)인 스승은 내면에서 그의 일을 하며, 헌신자가 수행 방법상의 오류를 깨닫도록 도와 주고 그를 올바른 길로 인도하며 마침내 내면의 진아를 깨닫게 합니다.

• **질문** : 진정한 스승(Sadguru)의 특징은 무엇입니까?

• **답변** : 진아 안에 항상 안주하며 언제, 어느 장소, 어떤 상황에서도 흔들리지 않는 용기를 가지고 모든 것을 평등한 눈으로 바라보는 것입니다.

• **질문** : 여러 가지 길을 가르치는 많은 스승들이 있습니다. 어떤 이를 자기의 스승으로 삼아야 합니까?

• **답변** : 그에게서 내면의 평안을 얻는 이를 스승으로 삼으십시오.

• **질문** : 그의 가르침도 고려해야 하지 않습니까?

• **답변** : 열렬한 구도자에게 이래라 저래라 하고 지시하는 사람은 진정한 스승이 아닙니다. 구도자는 이미 자신의 행위들로 인하여 고통받고 있으며 평안과 휴식을 원합니다. 다른 말로, 그는 자신의 행위들이 끝나기를 원합니다. 만약 가르치는 이가 그에게 그의 행위들에 추가하여, 아니면 그 대신에 어떤 것을 하라고 한다면 그것이 구도자에게 도움이 되겠습니까? 행위는 자신의 본래적인 행복을 파괴하는 것입니다. 만약

행위를 하라고 가르친다면 그는 스승이 아니라 살인자(killer)입니다. 그런 경우라면 창조의 신(Brahman)이나 죽음의 신(Yama)이 스승을 가장하고 끼여든 것이라고 말할 수 있을지도 모릅니다. 그러한 사람은 구도자를 해탈시킬 수 없으며, 속박만 가중시킬 것입니다.

- **질문** : 저는 제 스승을 어떻게 찾을 수 있습니까?
- **답변** : 집중적인 명상으로써 찾을 수 있습니다.
- **질문** : 스승이 바로 자신의 진아라는 것이 사실이라면, 제자가 아무리 많이 배웠고 어떤 초능력을 가지고 있다 해도 스승의 은총 없이는 깨달음을 성취할 수 없다는 가르침의 본뜻은 무엇입니까?
- **답변** : 절대적 진리의 견지에서 보면 스승의 상태가 자기 자신의 상태이지만 무지 때문에 개인이 되어버린 자아로서는, 스승의 은총 없이는 자신의 진정한 상태 또는 성품을 깨닫기가 매우 어렵습니다.
- **질문** : 스승의 은총의 특징은 무엇입니까?
- **답변** : 그것은 말과 생각을 넘어서 있습니다.
- **질문** : 만약 그렇다면 어떻게 제자가 스승의 은총에 의해 자신의 진정한 상태를 깨닫는다는 것입니까?
- **답변** : 그것은 마치 코끼리가 꿈 속에서 사자를 보고 놀라서 깨어나는 것과 같습니다. 코끼리가 사자를 보자마자 깨어날 수 있듯이, 제자도 스승의 자비로운 은총의 눈길에 의해서 무지의 잠으로부터 진지의 깨어 있음(wakefulness of true knowledge)으로 깨어날 수 있는 것이 확실합니다.
- **질문** : 진정한 스승의 성품은 바로 '지고의 주(主)의 성품 그것'이라고 하는 말의 의미는 무엇입니까?
- **답변** : 우선, 신의 상태 또는 진지의 상태에 도달하고자 하는 개인(individual soul)은 부단한 헌신을 수행합니다. 그의 헌신이 어느 정도 성숙한 단계에 도달하면, 그 개인을 지켜보아 온 자로서 또한 그와 동일한 주(主)가 나타납니다. 그는 그의 세 가지 본질적 속성인 존재 – 의식 – 지복(Sat-chit-ananda)의 도움 하에 형상과 이름까지 우아하게 갖추고 사람의 모습으로 나타나는 것입니다. 그는 제자를 축복하는 듯 하면서 제자를 자신의 안으로 흡수합니다. 이러한 이치에 따라서 스승은 진정 주(主)로 불리는 것입니다.
- **질문** : 그러면 위대한 사람들은 어떻게 스승 없이 진지를 성취했습니까?
- **답변** : 소수의 성숙된 사람들에게는 주(主)가 형상 없는 지(知)의 빛으로 나타나서

진리의 자각을 전해 줍니다.

- **질문** : 자기에게 맞는 스승을 어떻게 알 수 있습니까? 스승의 진면목(swarupa : 참된 성품 또는 진정한 형상)이란 어떤 것입니까?
- **답변** : 그대의 마음이 동조(同調)하는 이가 그대에게 맞는 스승입니다. 만약 그대가 '어떤 사람이 스승이며 그의 진면목이 어떤 것이냐'고 묻는다면, 그는 평온(tranquility), 인내(patience), 관용(forgiveness), 기타의 덕(德, virtues)이 있어야 하고, 자석이 쇠붙이를 끌어당기듯이 눈빛만으로도 사람들을 끌어당길 수 있어야 하며, 모든 것에 대해 평등한 자세를 가지고 있어야 합니다. 이러한 덕목을 갖춘 이가 진정한 스승이지만, 그대가 스승의 진면목을 알려면 먼저 그대 자신의 진면목을 알아야 합니다. 먼저 자기 자신의 참된 성품을 모르고서, 스승의 참된 성품을 어떻게 알 수 있겠습니까? 만약 그대가 스승의 참된 성품 또는 형상을 알아내려고 하면, 먼저 이 우주 전체를 스승의 형상(Guru rupam)으로 보는 법부터 배워야 합니다. 그대는 살아 있는 모든 존재 속에서 스승을 보아야 합니다. 신의 경우도 마찬가지입니다. 그대는 모든 대상을 신의 형상(God's rupa)으로 보아야 합니다. 자기 자신의 진아를 모르는 사람이 어떻게 신의 진정한 형상 혹은 스승의 진정한 형상을 알아볼 수 있겠습니까? 어떻게 그가 그것을 판단할 수 있겠습니까? 따라서 무엇보다 먼저 그대 자신의 진정한 형상과 성품을 아십시오.
- **질문** : 그것을 알기 위해서도 스승이 필요하지 않습니까?
- **답변** : 맞습니다. 세상에는 위대한 사람들이 많이 있습니다. 그들 중에 그대의 마음이 동조하는 사람을 스승으로 삼으십시오. 그대가 믿음(faith)을 가질 수 있는 사람이 그대의 스승입니다.
- **질문** : 해탈을 성취하는 데 있어서 스승의 은총이 갖는 의미는 무엇입니까?
- **답변** : 해탈은 그대 바깥의 어디에도 있지 않습니다. 그것은 오직 내면에 있습니다. 만약 어떤 사람이 벗어나기를 갈망하면, 내면의 스승은 그를 진아 안으로 끌어당기고 외부의 스승은 그를 진아 안으로 밀어 넣습니다. 이것이 스승의 은총입니다.
- **질문** : 어떤 사람들은 스승께서 스승이란 필요하지 않다고 말씀하셨다고 하고, 다른 사람들은 그와 반대로 이야기합니다. 마하르쉬(Maharshi)님께서는 어떻게 말씀하십니까?
- **답변** : 저는 스승이 필요하지 않다는 말을 한 적이 없습니다.
- **질문** : 스리 오로빈도(Sri Aurobindo)나 그 외의 다른 분들은 마하르쉬 님에게 스승이 없었다고 합니다.

• **답변** : 그것은 무엇을 스승이라고 부르느냐에 달려 있습니다. 스승이 반드시 사람의 모습을 하고 있을 필요는 없습니다. 닷따뜨레야(Dattatreya)에게는 지(地), 수(水) 등 5대 원소를 포함해서 스물 네 명의 스승이 있었습니다. 이 세상의 모든 사물이 그의 스승이었습니다. 스승은 절대적으로 필요합니다. 우파니샤드에서는 오직 스승만이 사량분별(思量分別)과 감각 지각(sense-perceptions)의 밀림으로부터 인간을 건져낼 수 있다고 했습니다. 그러니 스승은 반드시 있어야 합니다.

• **질문** : 제 말은 인간으로서의 스승을 의미합니다. 당신에게는 한 분도 없었지 않습니까?

• **답변** : 내게도 한때 언젠가는 스승이 있었을 것입니다. 또 저는 아루나찰라(Arunachala)를 찬송하지 않았습니까? 스승이란 무엇입니까? 스승은 신(神)이며 진아입니다. 처음에 인간은 자신의 욕망을 이루고자 신에게 기원합니다. 그러다가 더 이상 물질적 욕망을 충족하기 위해서가 아니라, 신 자신을 위해서 기원하는 때가 옵니다. 그때 신은 이런 저런 형상, 즉 인간이거나 인간이 아닌 모습으로 나타나 그의 기원에 응답하고 그의 필요에 맞추어 그를 자신에게로 인도합니다.

• **질문** : 한 스승에게 헌신하면서 다른 스승들을 존경할 수도 있습니까?

• **답변** : 스승(Guru)은 오직 하나입니다. 그는 육체적인 존재가 아닙니다. 제자의 힘이 약한 한, 스승이 힘을 받쳐줄 필요가 있습니다.

• **질문** : 크리슈나무르티(J. Krishnamurti)는 '스승은 필요하지 않다'고 말합니다.

• **답변** : 그는 그것을 어떻게 알았습니까? 깨달은 뒤에는 그렇게 말할 수 있으나 그 전에는 그럴 수 없습니다.

• **질문** : 저희들이 진리를 깨닫도록 도와 주실 수 있습니까?

• **답변** : 도움은 항상 있습니다.

• **질문** : 그러면 제가 이렇게 질문을 드릴 필요가 없겠지요. 저는 항상 있는 그 도움을 느끼지 못합니다.

• **답변** : 귀의하십시오. 그러면 그것을 발견할 것입니다.

• **질문** : 저는 항상 당신께 귀의하고 있습니다. 제가 따를 얼마간의 가르침을 주십시오. 그렇지 않으면 여기서 600마일이나 떨어진 데 사는 제가 어떻게 도움을 받겠습니까?

• **답변** : 참된 스승은 내면에 있습니다.

• **질문** : 제가 그것을 이해할 수 있도록 인도해 줄 참 스승이 필요합니다.

• **답변** : 참 스승은 내면에 있습니다.

• **질문** : 저는 눈으로 볼 수 있는 스승을 원합니다.

• **답변** : 그 눈으로 볼 수 있는 스승이 자기는 내면에 있다고 말하고 있습니다.
• **질문** : 수행의 성공 여부는 스승의 은총에 달려 있습니까?
• **답변** : 예, 그렇습니다. 그대의 수행 자체가 그런 은총의 결과입니다. 「카이발야」에 이런 구절이 있습니다. "오, 스승이시여, 당신은 항상 저와 함께 계셨고, 여러 생을 통해 저를 지켜보셨으며, 제가 해탈할 때까지 저의 길을 정해 주셨습니다." 진아는 필요한 때가 되면 외부적인 스승의 모습으로 나타나고, 그렇지 않으면 항상 내면에 있으면서 필요한 일을 합니다.
• **질문** : 쉬르디 사이 바바(Shirdi Sai Baba)의 어떤 제자들은 그의 사진을 숭배하면서 그것이 그들의 스승이라고 합니다. 어떻게 그럴 수 있습니까? 그들은 그것을 신으로 숭배할 수도 있겠지요. 그러나 그것을 그들의 스승으로 숭배한다고 해서 무슨 이익이 있겠습니까?
• **답변** : 그들은 그렇게 함으로써 집중하는 힘을 얻습니다.
• **질문** : 그럴 수도 있겠군요. 어느 정도 집중하는 훈련은 될 것 같습니다. 그러나 그러한 집중을 위해서도 스승이 필요하지 않겠습니까?
• **답변** : 물론입니다. 그러나 결국 스승(Guru)이란 집중을 의미할 뿐입니다.
• **질문** : 생명 없는 사진이 어떻게 깊은 집중을 계발하는 데 도움이 됩니까? 깊은 집중은 그것을 실제로 보여 줄 수 있는 살아 있는 스승을 필요로 합니다. 당신 같으시면 아마 살아있는 스승 없이도 완전에 도달하겠지만, 저 같은 사람들에게도 그것이 가능하겠습니까?
• **답변** : 맞는 말입니다. 그렇지만 생명 없는 사진을 숭배하는 것으로도 어느 정도까지는 마음을 집중할 수 있습니다. 그러나 탐구에 의해 자신의 진아를 알지 못하면 그러한 집중은 지속되지 않습니다. 그 탐구를 위하여 스승의 도움이 필요한 것입니다.
• **질문** : 스승이 자신의 힘을 제자에게 전해 줌으로써 제자가 진아를 깨닫게 할 수 있다고 하는 데, 그것이 사실입니까?
• **답변** : 사실입니다. 그러나 스승이 깨달음을 가져다 주지는 않습니다. 다만 깨달음의 장애물을 제거할 뿐입니다. 진아는 항상 깨달은 상태입니다.
• **질문** : 깨달음을 구함에 있어서 스승을 갖는다는 것이 절대적으로 필요합니까?
• **답변** : 그대가 깨달음을 구하는 한 스승은 필요합니다. 스승이 진아입니다. 스승을 진정한 자기(진아)로 본다면 그대의 자아는 개인적 자아입니다. 이 이원성의 느낌(sense of duality)이 사라지는 것이 바로 무지의 소멸입니다. 그대에게 이원성이 지속되는 한 스승은 필요합니다. 그대는 자신을 육체와 동일시하기 때문에, 스승도

역시 하나의 육체일 것이라고 생각합니다. 그러나 그대는 육체가 아니며 스승 또한 육체가 아닙니다. 그대는 진자녀이며 스승 또한 진아입니다. 이러한 앎은 이른바 깨달음에 의해서 얻어집니다.

- **질문** : 어떤 특정인이 스승의 자격이 있는지 여부를 어떻게 알 수 있습니까?
- **답변** : 그와 함께 있을 때 느끼는 마음의 평안과 그대가 그에게 느끼는 존경심에 의해서 알 수 있습니다.
- **질문** : 만약 그 스승이 자격이 없는 것으로 판명된다면 그를 절대적으로 믿었던 제자들의 운명은 어떻게 됩니까?
- **답변** : 각자가 그의 복력(福力 : merits) 나름입니다.
- **질문** : 제가 당신의 은총을 받을 수 있겠습니까?
- **답변** : 은총은 항상 있습니다.
- **질문** : 그러나 저는 그것을 느끼지 못합니다.
- **답변** : 귀의하면 은총을 알게 될 것입니다.
- **질문** : 저는 혼신을 다해 귀의합니다. 저는 제 양심을 누구보다도 잘 판단합니다. 그런데도 저는 은총을 느끼지 못합니다.
- **답변** : 만약 그대가 진정으로 귀의했다면 그런 의문은 일어나지 않았을 것입니다.

4. 사제관계에 관한 격언 · 속담

1) 「탈무드」

- 배우려는 학생은 부끄러워해서는 안 된다.
- 인내력이 없는 사람은 스승이 될 수 없다.
- 스승에게서 배우는 것보다 친구에게서 배우는 것이 더 크고, 제자로부터 배우는 것은 더더욱 크다.

2) 영어속담

- Nothing is more tiresome than a superannuated pedagogue(시대에 뒤떨어진

선생만큼 딱한 것도 없다.).

- Teachers, who educate children, deserve more honor than parents, who merely gave them birth ; for the latter provided mere are convertible(자녀들을 가르치는 선생은 단지 자녀를 낳기만 한 부모보다도 더 큰 존경을 받을 수 있다. 부모는 단지 생명을 안겨 준 것뿐이지만 선생은 자녀들의 훌륭한 생활을 위해 힘쓰기 때문이다.).
- The first duty of a lecture - to hand you after an hour's discourse a nugget of pure truth to pure truth to wrap up between the pages of your notebooks and keep on the mantelpiece for ever(강사의 첫째 임무는 한 시간의 강의로 끝난 다음 학생들이 그들의 노트갈피에 살짝 끼워 벽난로 위에 놓고서 오랫동안 간직할 수 있는 순수하고 진실한 가치의 덩어리를 건네 주는 것이다.).
- The whole secret of teacher's force lies in conviction that men are convertible(교사가 지닌 능력의 비밀은 인간을 변모시킬 수 있다는 확신이다.).

3) 위인들의 명언

- 암시하는 법을 아는 것이 가르치는 큰 기술이다. — 아미엘 「일기」
- 주는 자는 가르치고, 받아들이는 자는 배운다. — 에머슨 「수필집」
- 가르치는 것은 두 번 배우는 것이다. — J. 주베르 「명상록」
- 어려운 일을 쉽게 만들 수 있는 사람이 교육자이다. — 아미엘 「일기」
- 안으로 훌륭한 부형이 없고, 밖으로 엄한 사우가 없이 능히 성공한 사람은 드물다. — 「명심보감」, 훈자편
- 가르친다는 허영심은 때로는 인간으로 하여금 자신이 바보라는 사실을 잊도록 유도한다. — 핼리팩스 「작품집」
- 우리를 신뢰하는 자가 우리를 교육한다. — G. 엘리어트 「다니엘 데론다」
- 배운다는 것은 사치다. 그러나 배움의 사치가 가르침의 사치와 비교될 수는 없다. — R. D. 히치코크 「영원한 속죄」
- 학문은 잠시도 쉬어서는 안 된다. 푸른 색깔은 쪽에서 나오지만 쪽보다 더 푸르고, 얼음은 물이 만들지만 물보다 더 차다. — 순자 「권학편」
- 한 명의 훌륭한 교사는, 때로는 타락자를 건실한 시민으로 바꿀 수 있다. — P.

월리 「독사들의 세대」
- 행할 수 있는 자는 행하게 하고, 행할 수 없는 자는 가르치게 한다. — G. B. 쇼 「인간과 초인간」
- 세 사람이 걸어가면 반드시 나의 스승이 있다. — 공자 「논어」
- 스승은 종과 같다. — 「예기」
- 사람의 번거로움은 즐겨 남의 스승이 되려는 데에 있다. — 「맹자」
- 전에 일어난 일을 잊지 않는 것은 훗날에 있을 일의 스승이다. — 「사기」

5. 스승과 제자관계의 실례

잊지 못할 李善珪 선생님

김형태(한남대학교 교육학과 교수/총장)

이선규(李善珪) 선생님과 김형태 학생의 만남은 이 세상에 흔치 않은 축복의 만남이요, 남다른 사제관계의 사례일 것이다. 예수님과 베드로의 만남, 플라톤과 아리스토텔레스의 만남, 바울과 디모데의 만남, 공자와 그 제자들의 만남처럼. 은혜와 감사로 기억되는 만남이다. 나(김형태)를 주어로 그 과정을 설명하겠다.

이 특별한 만남은 나의 초등학교 6학년 때부터 시작된 것이다. 1959년 충남 논산시 노성초등학교 6학년생이었던 나는 5~6학년 두 해를 계속 담임교사로 가르쳐 주신 이선규 선생님 반(6학년 1반)의 반장이었다. 노성초등학교는 내가 42회 졸업생이니까 지역 내에서는 꽤 역사가 오래된 학교로 학년 당 2학급씩의 전형적인 농촌 학교였다. 나는 노성면 두사리에서 6km쯤 되는 통학거리를 6년 개근으로 다녔다. 그 때는 겨울 날씨가 매섭게 춥던 시절이었다. 겨울철엔 눈이 발목 위까지 덮을 정도의 폭설도 자주 내렸으나 학교를 재미있게 다녔다. 초등학교 3학년이 되던 해 어린이날에 경찰서장 표창을 받았는데 태극기와 무궁화 문양을 도안한 8절지 크기의 상장도 대단했지만 노트 10권, 연필 2다스, 크레용, 화첩 등 학용품을 한 보따리 부상으로 받고 보니 그 기쁨과 자긍심이 대단하였다.

5학년이 되서야 논산으로 통학하던 중·고교생 선배들의 소개로 「전과」와 「수련장」이란 참고서를 처음 보게 되었다. 그러나 그것들을 사기 위해선 여러 가지 노력이 필요했다. 달걀 1개와 노트 1권을 물물교환해서 쓸 때였으니까 말이다. 6학년 때 난 보충수업을 받지 못했다. 돈이 없어서였다. 학생들은 보충수업을 못 받는 자는 중학교 진학을 포기한 경우라고 말하곤 했다. 나 자신도 중학교 진학은 상상도, 기대도 못했다. 졸업하면 지게 지고 계룡산 중턱까지 먼산 나무나 하러 다닐 팔자였다.

기독교 신앙인(현재 대전중앙감리교회 장로)이었던 이선규 선생님은 우리 집 가정방문을 통해 나의 안타까운 형편을 소상히 파악하시고 그 후 모종의 결단을 내리신 것 같다. 6학년 2학기도 거의 끝나갈 때 나를 부르시더니 이제부터라도 보충수업에 참여하라고 하셨고 중학교 입학시험이라도 보라고 하셨다. 목도장과 반명함판 사진만 준비해 오면 원서대와 전형료는 선생님이 내 주시겠다고 하셨다. 이렇게 하여 1960년 논산 대건중학교에 입학 시험을 치렀다. 입시성적은 300명 중 3등이었다. 다행히 그 해부터 10등까지 장학 혜택이 주어져 입학할 수 있게 됐다. 하지만 교과서 살 돈이 없었다. 다시 이선규 선생님께서는 동료선생님들을 설득하여 나를 돕는 일을 추진하셨다. 그 결과 노성초등학교 교사들로 구성된 '김형태 장학회'가 결성되었다. 입회비로 거두셨는지 목돈을 주셨다. 교과서 대금에 해당되는 돈이었다. 나는 그 돈으로 헌 교과서를 사고, 남은 돈으로 참고서 몇 권과 학용품을 샀다. 밥은 부모님이 먹여 주시고 교과서는 모교 은사들이 사 주셨고, 통학은 10km 거리를 새벽밥 먹고 걸어서 다녔다. 그래도 너무너무 기뻤다. 갈 수 없었던 중학교에 다니게 된 것이……. 그때 참여한 선생님들은 김용민 교장, 김성만 교감, 이선규, 윤익중, 윤석규, 정우택, 도재광, 임영규, 한용규, 김정래, 김종석, 양영덕, 박영석, 이숙형, 한인숙, 윤찬희, 성은용 선생님 등이었다.

선생님들의 경제사정도 빈약한 형편이었다. 집에서 자녀들이 과자 사먹을 돈좀 달라해도 없다고 대답할 형편이었는데 매달 봉급받을 때마다 일정액의 장학금을 각출한다는 것이 결코 쉽지 않았을 것이다.

또한 대학생이나 되면 모르거니와 이제 겨우 초등학교 졸업생인 내가 커서 사람다운 사람이 될지, 동물같은 존재가 될지 참으로 예측 불허의 모호한 상황인데 이런 제자를 위해 장학금을 계속 낸다는 것은 어떤 면에서 모험이요, 무모한 일이기까지 한 것인데 이 장학회가 계속 진행이 되었다. 자그마치 10년 동안, 내가 한남대학을 졸업할 1970년까지 변함없이 매달 소정의 장학금을 보내 주셨다. 그 10년 동안 교장선생님만도 3분이나 바뀌었다. 김용민 교장, 강응구 교장, 서영환 교장 선생님으로 바뀌고 나중에는 내가 초등학교 다닐 때 계시던 선생님은 한 분도 안 계시고 모두 전보되셨는데도 장학회는 계속되었다. 이선규 선생님께서 다른 학교로 옮기셨어도 계속 관리를 해 주신 덕분이었다.

고마움의 인사를 드리려고 모교를 찾아가 각 교실을 찾아 감사를 드리면 어떤 선생님께서는 운동회 때 상으로 주고 남은 노트를 주시기도 했고 좋은 격려의 말씀도 해 주셨다. 정말로 힘이 되고 용기가 생겼다. 어머님께서는 늘 나에게 일러 주시는 말씀이 있었다. "형태야, 넌 부모가 돈 대서 가르치는 다른 집 자녀들과는 다르다. 여러 선생님이 공동으로 가르쳐 주시니 반듯하게 커야 된다."는 말씀이었다. 중학교 3년간 학교 성적이 장학생권에 들었기에 학교 등록금은 면제되었고, 교과서 · 학용품 · 참고서는 노성초등학교 '김형태 장학회'에서 주시는 것으로 해결되었다. 대건고등학교 3년 생활도 비슷하게 진행되었다. 단 고등학교 3년간은 논산시내에서 입주 가정교사를 하면서 장거리 통학부담을 덜 수 있었다. 밥 먹는 일과 잠자는 것을 도움받고 중학생 한 명을 가르쳐 주게 되었다. 신앙생활도 순조롭게 이루어졌다. 초등학교 6년간 이선규 선생님과 한 교회(두사감리교회)에서 유년부와 초등부 과정을 정식으로 거쳤고 중학교 시절도 중등부 회장까지 지내면서 교회생활에 임했다.

고등학교 시절엔 교회학교 서기와 교사로 일하면서 주일학교 끝날 때 각 반 성적발표, 구연동화 해 주기와 공과지도를 통해 교사로서의 리더십 훈련을 받게 되었다. 이선규 선생님께서는 설교를 자주 해 주셨는데 이런 것이 기억난다. "하나님께서는 어디 계신지 아는가? 천장에 계신다. 그래서 하나님은 항상 우리를 보고 계신다. 천장 없는 곳이 어디 있는가? 방에 가도, 변소에 가도, 천장이 있고 밖에 나오면 하늘이 천장이니까 어디서나 하나님을 피할 곳이 없단다." 무소부재하시는 하나님의 편재성을 쉽게 오래 기억나게 가르쳐 주셨다.

이선규 선생님은 항상 웃는 얼굴이시고 언제나 불평불만을 모르신다. 모든 이에게 정월 초하루처럼 반갑게 대하시고 긍정적으로 말씀하신다. 4남 1녀의 자녀들도 곱게 길러 내셨고 1973년 내가 여고 교사를 할 때는 선생님의 따님(이순희)을 내가 담임 맡아 가르친 적도 있어서 서로 깊은 인연을 재연하기도 했다.

교회생활도 모범적으로 감당하고 계신다. 기드온협회 대전지역 회장도 맡으시고, 기독교연합회 임원도 맡으셔서 지역 복음화와 평신도 연합행사 등에 헌신하고 계시다. 지금도 생신 때나 스승의 날 또는 성탄이나 새해가 되면 아무 스스럼없이 우리 부부가 찾아뵈올 수 있고 가기만 하면 친자녀처럼 반가워 해 주신다. 꼭 부모자녀 사이 같다. 1973년 결혼 후 내 아내가 첫 자녀를 임신했을 때는 이선규 선생님 사모님이 닭을 고와 가지고 오셔서 먹게 해 주신 것을 내 아내는 두고두고 못잊어한다.

자상하신 배려, 올곧게 살아가시는 모습, 신앙적으로 모범을 보이시는 삶에서 교과서를 가르치고 지식을 전하는 경사(經師)가 아니라 인간됨됨이를 길러 주시는 인사(人師)의 전형적인 모델을 발견하게 된다.

福이란 무엇인가? 한국인들은 특히 福에 대한 애착이 깊다고 하겠다. 돌 때의 자녀가 쓴 초립동 모자나 여자 한복의 소매끝단, 젓가락, 숟가락의 손잡는 부분과 밥그릇 외곽의 문양에도 복이 씌어 있다. 자부동 자수나 화문석자리 끝단이나 횃대보 그림에도 福이 써 있다.

다식판 문양과 절편 장식 무늬도 福이란 글자가 보인다. 명복, 강복, 축복 등 산 자와 죽은 자나 각종 종교생활에도 福이란 말은 흔한 말이다. 그러나 이 같은 福의 내용이 과연 무엇일까? 값비싼 고급 옷을 입고 사는 것이 福일까? 고급 요리로 식사하는 것이 福일까?

내 생각으로는 좋은 만남, 생산적인 인간 관계, 즉 만남의 축복이 제일 귀한 福이라고 생각된다. 손가락이 다섯 개이니까 5대 만남, 즉 부모와 자녀, 남편과 아내, 스승과 제자, 고용주와 고용인, 목회자와 평신도의 만남이 중요한 관계라고 생각한다. 스승으로서 좋은 제자를 만나는 것도 행복이 되겠고, 어린 제자들에게 훌륭한 선생님의 존재 또한 소중한 것이다 특별히 한 손에 교과서를 들고, 또 한 손에 성경을 들고 사랑하는 제자의 행복과 성공을 조력하는 선생님의 존재는 어디서도 비할 수 없는 소중한 존재이다.

철부지, 동서남북 분간 못하는 원료상태의 미완성 존재인 제자들이 하나님 은혜 안에서 비전을 가지고 역사와 인간을 사랑하는 선생님 한 분을 만난다는 것이 이토록 중요한 福이다. 예수님도 지상 사역의 여러 역할 중 특히 선생님으로서의 역할에 충실하셨다. 12제자와 70문도를 가르치셨고 철저히 사제동행으로서 체험학습을 실시했으며 비유법 등 현대 교육 방법으로 제자들의 통찰과 각성을 도와 주셨다. 제자의 더러워진 발을 손수 씻기시며 선생된 내가 이렇게 했으니 저희도 서로 사랑하라고 가르치신 것을 잘 기억하고 있다.

이선규(李善珪) 선생님도 신앙적인 모범과 사랑으로 가르치고 길러 주신 교육적 시범을 보여 주셨다. 노동부 통계로 12,045개의 직업 계열 중 나 또한 가르치는 교수의 길을 걷게 된 데는 이같은 은사의 영향이 있었기 때문이다. 내 일생에 이런 선생님을 만날 수 있게 도와 주신 하나님의 은혜에 감사한다. 하나님의 대리자로 나를 오늘까지 도와주고 길러 주시는 이선규 선생님의 사랑에도 감사 드린다. 나 또한 이런 선생이 되기 위하여 더 노력할 것이다. 신앙 안에서의 만남, 축복으로 기억되는 이 만남을 다시 한번 감사드리고 싶다. 이 장학회는 지금도 노성초등학교에서 계속 운영되어 후진양성의 장학사업을 이어가고 있다.

朱子의 勸學詩를 읽어 보도록 하자.

“少年易老學難成, 一寸光陰不可輕, 未覺池塘春草夢, 階前梧葉已秋聲(소년은 늙기 쉽고 학문은 이루기 어렵나니, 조그만 시간인들 가벼이 여길소냐? 앞뜰의 잔디가 봄꿈을 깨기도 전에 계단 앞의 오동나무는 가을 소리를 내는구나)”

조선의 왕세자 교육

“난잡한 놀이를 즐기지 말고 아침에 일찍 일어날 것, 환관들의 말을 듣지 말고 뜻을 고상하고 원대하게 가질 것.” 서울대 규장각 학예연구사 김문식 씨와 아동문학가 김정호 씨가 함께 쓴 ‘조선의 왕세자 교육’에는 조선왕실의 체계적 교육제도와 교과과정, 왕실예법, 왕세자의 생활기록부까지 ‘왕자님 만들기’의 모든 것이 담겨 있다. 단 한 명을 위한 특별과외, 조선시대 최고 엘리트 교육, 500년이라는 풍상을 이겨낸 조선의 이면에는 이 같은 군주교육 시스템이 존재했다.

- 교사만 70명 : 20명의 과외 교사, 39명의 학습도우미, 13명의 개인사서, 3정승을 비롯한 당대의 학자 70명이 넘는 인원이 투입되었다.
- 왕자의 일과 : 아침식사 후 조강(朝講), 낮은 주강(晝講), 저녁에는 석강(夕講), 관리를 불러 공부하는 소대(召對), 침상에서 하는 야대(夜對)가 있었다. 또 경서에 대한 지식을 평가하는 구술시험과, 5일에 한번씩 시험, 방학도 없다. 세자로 책봉되면 본격적 제왕수업을 위한 세자시강원이 설치됐다. 「효경」과 「소학」을 쉽게 풀어 쓴 ‘효경소학초해’나 역대 국왕의 행적 가운데 모범되는 사례를 모은 ‘조감’ 등 특별 편찬된 책을 교재로 택했다. 활쏘기, 말타기, 사냥 등 체력 단련뿐만 아니라 친히 밭을 가는 친경례와 누에를 치는 친잠례 등을 통해 백성의 삶 체험에도 동참했다. 왕의 업무를 대신하는 대리청정이 왕세자 교육의 마지막 코스였다.

제 **13** 장

가정법률문제

1. 약혼문제
2. 부부별산제
3. 가정폭력의 심각성
4. 강간죄, 강제추행죄, 혼인빙자간음죄 등

옛 어른들은 "부부는 정으로 살아야 편하다. 법으로 살려면 힘들다"라고 가르쳤다. 그러나 살다보면 법으로 해결해야 되는 문제가 생길 수 있다. 기독교법학자인 박동명(朴東明) 박사는 이런 사람들을 위해 「클릭! 가정법률(전남대 출판부, 2002)」을 저술했다. 그분이 방송상담을 통해 다루었던 것을 그대로 써 놓아 매우 유익한 책이 되었다. 그 중 일부분을 발췌해 여기 소개하고자 한다.

1. 약혼문제

(1) 최근에 결혼 풍속도가 변화하고 있다지요?

☞ 네, 여성의 초혼연령이 높아지고 있는 것이 특징입니다. 여자의 초혼연령은 70년 22.6세에서 99년에는 26.3세로 높아졌어요.

보통 결혼하는 유형은 남자 쪽 연령이 많고, 여자 쪽이 상대적으로 나이가 두세 살 정도가 어리잖아요. 그런데 우리나라 부부 5쌍 중 1쌍이 '연상의 아내'와 함께 사는 걸로 나타나고 있어요(통계청이 발간한 '통계로 보는 한국의 모습'). 부부가 동갑이거나 부인이 연상인 경우가 90년엔 17.9%였으나 99년에는 22.5%로 늘었어요.

그리고 어떤 설문조사 〈전국 5개 도시 거주 미혼남녀(320명)를 대상〉을 보면, 32.8%(105명)가 "연상여성 – 연하남성"을 선호한다고 응답하고 있어요.

이렇게 "연상女 – 연하男"에 대한 선호도가 큰 폭으로 상승하고 있는 이유는 남성과 여성이 각각 다릅니다. 즉 남성의 경우 '이해심(54.5%)', '모성애(27.3%)', '경제적 안정(18.2%)' 등을, 여성들은 '젊은 기분(43.8%)', '남성 권위주의 탈피(31.3%)', '귀여움(18.8%)' 등을 각각 제시하고 있어요.

또 "연상女 – 연하男" 사이에 허용되는 최대 나이 차이에 대해서는 남성 응답자들이 평균 3.0살, 여성들이 평균 2.7살로 나타났어요. 여성 "재혼"자가 남성 "초혼"자와 혼인하는 경우가, 남성 "재혼"자가 여성 "초혼"자와 결혼하는 비율보다 높아지고 있는 것도 큰 특징이지요. 이렇게 과거와는 다르게 결혼에 대한 "의식"이랄지 "풍속도"가 크게 변화하고 있는 거죠.

(2) 결혼 전 단계가 "약혼"인데요. "약혼"과 "정혼"은 어떻게 다른가요?

☞ 네, 약혼은 장래 혼인할 것을 목적으로 하는 남성과 여성 간의 계약입니다.

그런데 약혼과는 다른 "정혼(定婚)"이 있어요.

정혼은 과거에 행해졌던 혼인제도인데요. 이를테면 신랑 신부의 부모들 간에 합의하는 것인데요. "내 아들을, 자네 딸하고 결혼시키세"라고 합의해서 혼인할 것을 미리 정해 놓은 거지요. 그런데 현행 우리민법상 "정혼"은 혼인당사자 간의 합의가 없는 점에서 무효가 되는 거지요.

(3) 약혼에는 특별한 형식이 필요합니까?

☞ 약혼에 특별한 요건이 있는 것은 아닙니다.

관행적으로 "예물교환"이랄지 "약혼식"이 행해지기도 하지만, 이러한 것은 법률상의 요건이 아닙니다. 다만, "이중으로 약혼"을 한다거나 "배우자 있는 자가 약혼"한 경우에는 무효가 된다는 거예요.

또, 약혼은 당사자 사이에 "합의"에 의해서 성립이 되는 겁니다.

그래서 약혼할 때 "당사자 사이에 합의"가 없으면 무효가 되는 거지요.

(4) 약혼을 하면 어떤 법률상의 효과가 발생하나요?

☞ 네, 약혼이 성립되면 부부공동체를 성립시킬 의무를 지게 됩니다.

만약 약혼자가 이 의무를 위반하면, 그 약혼자에게 손해배상 청구를 할 수 있어요.

그러나 강제 이행을 청구하지는 못하지요. 왜냐하면 약혼을 강제당하면 혼인의 자유를 침범할 소지가 많기 때문이죠.

만약에 약혼 중에 자녀가 태어나면 그 약혼 중의 자녀는 "혼인외 출생자"가 됩니다. 그러나 그 후에 약혼당사자가 혼인하면 그 자녀는 "혼인 중 출생자"로 되는데, 이것을 준정(準正)이라고 합니다.

(5) 약혼을 해제할 수 있는 사유가 정해져 있습니까?

☞ 네, 약혼은 약혼 당사자가 언제나 해제할 수 있도록 해 놓고 있어요.

다만, 정당한 사유 없이 약혼이 해제된 경우에는 과실 있는 상대방에 대하여 손해배상을 청구하게 됩니다.

약혼을 해제할 수 있는 "정당한 사유"를 보면(민법 제804조),

① 약혼 후 자격정지 이상의 형의 선고를 받은 때,

② 약혼 후 금치산 또는 한정치산의 선고를 받을 때,

③ 성병, 불치병의 정신병, 기타 불치의 악질이 있는 때(종전의 '폐병'이 1989년 민법의 개정으로 불치의 정신병으로 변경),

④ 약혼 후 타인과 약혼 또는 혼인을 한 때,

⑤ 약혼 후 1년 이상 그 생사가 불분명한 때,

⑥ 정당한 이유 없이 혼인을 거절하나 그 시기를 지연하는 때,

⑦ 기타 중대한 사유가 있는 때,

⑧ 약혼 후 타인과 간음할 때 등이 있어요.

이와 같은 "약혼의 해제 사유"가 있을 때, 약혼 해제 "사유를 가지고 있는 자"에게 상대방이 의사표시로 약혼해제를 행사할 수 있게 됩니다.

(6) 파혼 후에 약혼예물을 반환하라고 청구할 수 있을까요?

☞ 네, 약혼이 해제되면 "과실 있는 쪽"이 손해배상책임을 지게 되고 약혼당시에 교환한 "약혼예물"을 반환하여야 합니다(부당이득의 법리).

그러나 약혼 파기에 "책임이 없는 쪽"은 약혼 예물의 반환 청구권을 갖고 반환의무를 지지 않습니다. 즉 "책임이 있는 쪽"은 반환의무를 지고 예물반환청구권을 가지지 못합니다.

(7) 다른 사례가 있으시면 소개해 주시겠습니까?

☞ 혼전에 임신하고 예물도 마음에 차지 않는다며 약혼 "여"와의 결혼을 미룬 것은

부당한 약혼 파기인 만큼 약혼 "남"측이 손해를 배상해야 한다는 법원의 판결(혼전임신이유 결혼지연 배상판결 ; 2001. 02. 26)이 나왔어요.

서울에서 있었던 일인데요.

A(31, 여)씨가 약혼을 부당하게 파기했다며 약혼남 B(32)씨와 B씨의 어머니(55)를 상대로 낸 손해배상 청구소송에서 "남자와 그 어머니는 약혼녀에게 5천500여만 원을 지급하고 아이 양육비로 매달 30만원을 지급하라"며 원고 일부 승소 판결을 내렸어요.

재판부는 판결문에서 "약혼 후 남자 측에서 약혼예물과 혼전 임신을 트집잡아 약혼녀를 구박하고 아이와 약혼녀을 찾아보지 않으면서 정당한 이유없이 결혼을 거절하거나 미룬 것은 약혼을 부당하게 파기한 것"이라고 밝혔습니다.

A(女)씨는 96년 회사동료로 만난 B(男)씨와 약혼했으나 B(男)씨 측이 약혼 예물과 혼전 임신을 못마땅하게 생각해 낙태를 요구하는 등 구박하고 아이의 출생신고와 결혼날짜를 잡는 데도 응하지 않았다며 소송을 냈다고 합니다.

2. 부부별산제

(1) 요즘 부부들은 결혼하더라도, 각자의 재산을 가지려는 경향이 있는데요. 이것이 법적으로 가능한가요 ?

☞ 네, 가능합니다. 예전에 비해 여성들의 경제활동이 증가하면서 이런 현상이 두드러지게 나타나고 있지요. 예컨데, "부부재산계약"이나 "부부별산제"라는 것이 있습니다.

부부재산계약은 "결혼하기 전"에 미리, 부부재산에 대해서 "계약"을 맺는 것입니다.

계약이니까 문서로 할 수도 있고 구두로서 할 수도 있지요.

그렇지만 확실하게 해 두기 위해서는 "등기"를 해야 합니다.

이 부부재산계약은 부부가 될 사람 중 특히 여자 쪽에서 요구하고 있어요.

또, 부부별산제는 부부가 별도로 "각자"가 "자기 재산"을 가질 수 있다는 겁니다. 즉 "결혼 전"부터 자기가 가지고 있던 재산은 "결혼 후"에도 '자기 자신의 것'이라는 것이죠. 예컨대, 결혼 전에 자기가 벌어서 저축해 둔 예금, 결혼할 때 가지고 온 장신구나 의복

또는 귀금속, 결혼할 때 부모가 사준 자동차나 아파트 등은 "결혼 후"에도 자신의 특유재산이 되는 것이죠. 그래서 상속이랄지 증여받은 재산이 많은 경우에, "혼인 후"에도 자신의 고유 재산으로 확보할 수 있는 것이죠.

(2) 여자 쪽에서 "재산에 관한 부분"을 너무 따지게 되면 사회적으로 부정적으로 보는 시각도 있을 것 같은데요?

☞ 네, 이런 재산적인 부분을 너무 따지다 보면 여자가 "기가 세다"면서 부정적으로 보는 시각도 다분히 있지요.

그런데 부부가 되기 전에 "부부재산계약"이랄지, 부부가 되어서 "부부별산제" 등을 이야기하게 되면 정신적인 면이나 경제적인 면에서 각자가 좀더 많은 책임의식을 가질 수도 있을 겁니다. 사실 과거 "1960년" 이전에는 "처"를 "무능력자"로 규정하여 "처"가 소유하는 특유재산은 "남편"이 관리 · 사용 · 수익 · 처분하게 되어 있었어요.

이제는 사회적인 변화에 따라서 얼마든지 "처"도 자신의 특유재산을 가질 수 있습니다.

(3) 결혼생활을 하는 도중에 자기의 명의로 취득한 재산은 어떻게 될까요?

☞ 네, 결혼생활을 하는 도중에 직장생활을 하면서 취득한 재산은 역시 "자기 자신"의 소유가 됩니다. 예컨대, 맞벌이 부부의 경우에 각자가 벌어들인 소득은 '각자'의 것이며, 자기 개인재산으로 부동산 투자나 주식투자를 하여 벌어들인 수익도 자신의 것이 되는 겁니다. 결혼 후에 부모가 사준 승용차도 자기만의 것이 되고 출가 후에 부모가 사망하여 상속받은 유산도 역시 자기만의 개인소유가 됩니다.

그렇지만 명의는 부부 중 "한 사람" 앞으로 되어 있지만 "실질적"으로는 부부의 공유에 속한다고 보아야 할 재산들이 있어요. 예컨대, 남편의 단독명의로 되어 있는 가옥이나 대지, 아파트 등도 사실은 부부가 함께 협력하여 취득한 경우에는 부부가 공동재산으로 보아야 합니다. 그리고 부부공동생활의 기금이 되는 "아내 명의의 예금", "남편 명의의 주식" 등도 부부의 공유라고 해야 할 것입니다.

(4) 혼인 후에 형성된 재산에 대해서 "처"는 어느 정도의 지분을 가질까요?

☞ 글쎄요. 부부가 공동으로 사업을 경영한다든가 또는 부동산을 부부가 절반 정도씩 분담해서 구입한 경우에는 "절반" 정도의 지분을 인정할 수 있지요.

보통 원만한 부부생활을 할 때에는 "부부 재산" 중에서 어느 정도를 남편, 또는 아내의 재산으로 인정할 것인가는 문제가 되지 않아요. 문제가 되는 것은 이혼할 때입니다.

재산분할에 있어서 "전업주부"에게 얼마를 인정할 것인가가 애매합니다.

판례를 보면 재산분할에 있어서 전업주부는 10～30%, 맞벌이 주부나 가업을 공동으로 운영한 경우에는 30～48%까지 인정해 주고 있어요.

재산분할 비율의 기준이 명확치 않기 때문에 이혼을 앞두고 가끔 이혼 전에 "남편"이 일방적으로 재산을 처분해도 아무런 법적 조치를 취할 수 없는 경우도 있어요.

(5) 부부의 누구에 속한 것인지 불분명한 재산은 누구의 것으로 보나요?

☞ 부부 중 누구에게 속한 것인지 분명치 않은 재산은 부부의 "공유재산"으로 추정하도록 되어 있어요. 이것도 과거 1977년 민법 개정 전에는 "남편"의 특유재산으로 인정했던 것이 "부부"의 공유(共有)로 바뀐 것입니다.

그런데 부부의 공동생활에 필요한 가재도구 등은 부부 중 일반의 수입으로 구입한 것이라도 부부의 "공동소유"로 보기 때문에 이혼할 때에는 반씩 나누어 가져야 합니다.

(6) (법률용어해설) "공소시효"와 "취득시효"에 대해서 간단히 말씀해 주시겠습니까?

☞ 네, 공소시효란 일정한 기간이 흐르면 공소를 제기할 수 없는 것인데요. 죄에 따라서 그 기간이 정해져 있어요.

예를 들면, 간통죄 · 낙태죄 · 영아유괴죄 · 혼인빙자간음죄 등은 3년, 아동혹사죄는 5년, 부녀매매죄 · 강간죄 · 강제추행죄 등은 7년으로 되어 있지요.

취득시효는 남의 물건을 일정기간 점유함으로써 그 물건을 취득하는 시효를 말하지요.

예를 들면, 부동산의 경우에 20년간 소유 의사로 평온 · 공연하게 부동산을 점유하는 자가 등기함으로써 그 소유권을 취득하게 됩니다.

(7) 부부생활에 있어서의 비용은 누가 부담하게 될까요?

☞ 부부의 공동생활에 필요한 비용 부담은 당사자 간에 특별한 약정이 없으면 "부부가 공동"으로 부담하도록 되어 있어요. 이 규정은 "1990년"에 개정되었습니다. 그 전에는 "남편이 부담한다"에서 "부부가 공동으로 부담한다"로 바뀌었지요.

혼인생활비용은 의식주 비용을 비롯해서 미성숙 자녀의 양육비, 의료비, 장례비, 조세, 교제비, 각종 부조금 및 문화생활비 등 혼인생활을 영위하기 위해서 필요한 모든 비용을 말합니다. 비용부담 방법은 부부가 협의해서 정하고 협의가 되지 않을 경우에는 가정법원의 조정과 심판에 의해서 정합니다.

3. 가정폭력의 심각성

(1) 가정폭력은 얼마나 심각합니까?

☞ 가정폭력에 대한 대응은 다른 폭력행위에 비해서 매우 소극적입니다.

그래서 경우에 따라서는 폭력이 대물림이 되고 폭력을 경험한 가정의 자녀들은 공격성이 두드러지게 나타납니다. 그렇지만 가정폭력을 개인적인 문제로 묻어 두고 이를 감추려는 생각이 우리 주변에 많이 있어요.

한 통계자료에 의하면 우리나라 부부 중 34.1%에 달하는 것으로 조사되고 있습니다.

특히 우리나라 가정에서 일어나는 부부간 폭력은 연령과 교육수준, 소득과 관계없이 나타난다는 것이 특징입니다.

결국 가정폭력은 가정에서 일어나는 "개인적인 문제"가 아니라 "사회적인 범죄"로 판단해야 합니다. 그래서 국가가 나서서 명백한 범죄행위로 규정해 처벌을 크게 강화해야 할 것입니다.

(2) 가정폭력범죄에 대한 우리나라의 법률은 어떤게 있습니까?

☞ 네, 가정폭력방지 및 피해자 보호 등에 관한 법률(1997년 제정), 가정폭력범죄의 처벌 등에 관한 특례법(1997년 제정), 아동복지법 등이 있어요. 그 중에서 가정폭력범죄의 처벌 등에 관한 특례법의 목적은 폭력행위자의 가정보호처분과 형사제재 등 적절한 조처를 강구함으로써 위기에 처한 가정의 평화와 안정을 회복하고 개인의 존엄과 양성의 평등을 기초로 한 건전한 가정을 육성하기 위하여 제정되었다고 볼 수 있어요.

한편, 몇 가지 특징을 살펴보면 국가와 지방단체에게 가정폭력의 예방을 위한 노력을 기울일 의무를 부과하고 있고(동법 3조), 가정폭력 사건을 알게 된 자는 누구든지 이를 수사기관에 신고할 수 있도록 규정하고 있어요(동법 4조).

또, 신고를 받은 사법경찰관리는 즉시 출동하여 폭력행위의 제지 및 범죄 수사, 피해자의 가정폭력관련 상담소 또는 보호시설에의 인도, 긴급치료가 필요한 피해자의 의료기관의 인도 등의 제반조치를 취해야 합니다(동법 5조).

(3) 법원에서는 어떠한 조치를 할 수 있습니까?

☞ 법원에서는 가정폭력행위에 대해서 "임시조치"와 "보호처분"을 취할 수 있어요.

즉, 판사는 가정보호사건의 원활한 조사 · 심리 또는 피해자의 보호를 위하여 필요하다고 인정할 때 i) 피해자 또는 가정구성원의 주거 또는 점유하는 방실로부터의 퇴거 등 격리, ii) 피해자의 주거, 직장 등에서 100미터 이내의 접근금지, iii) 의료기관 기타 요양소에의 위탁, iv) 경찰관서 유치장 또는 구치소에의 유치 등의 임시조치를 취할 수 있어요(29조). 또, 심리의 결과 보호처분이 필요하다고 인정한 때에는 결정으로서 i) 행위자가 피해자에게 접근하는 행위의 제한, ii) 친권자인 행위자의 피해자에 대한 친권행사의 제한, iii) 보호관찰 등에 관한 법률에 의한 사회봉사, 수강 명령, iv) 보호관찰 등에 관한 법률에 의한 보호관찰, v) 가정폭력방지 및 피해자보호 등에 관한 법률이 정하는 보호시설에의 감호위탁, vi) 의료기관에의 치료위탁, vii) 상담소에의 상담위탁(40조)을 명할 수 있도록 하고 있어요.

(4) 가정폭력에 대한 외국의 사례는 어떻습니까?

☞ 독일과 일본의 경우만 간단히 살펴보기로 하겠습니다.

① 독일의 경우도 20세에서 59세 사이 독일 여성의 3분의 1이 적어도 1번 이상 가정폭력을 경험하는 등 가정폭력 문제가 심각한 양상을 보이고 있어요.

독일은 매를 맞는 아내가 남편을 일시적으로 혹은 영구적으로 집에 접근하지 못하도록 하는 '긴급명령'을 법원에 신청할 수 있도록 규정하고 있습니다. 긴급명령을 신청하는 절차도 대폭 간소화해서 매맞는 아내는 즉각 폭력 남편을 집에 들어오지 못하게 할 수 있다고 합니다.

② 일본의 경우는 정부가 폭력 남편을 피해 도망치는 여성에게 '여비'를 지급하고 있어요. 왜냐하면, 몸에 걸친 옷 그대로 급하게 도망친 여성들은 대부분 돈이 없기 때문이죠. 먼 곳으로 도망치는 경우 등을 돕기 위한 것이지요. 또, 부인 상담소에 야간 경비원을 배치하고 있구요. 야간 시간대에 남성들이 뒤쫓아 오는 경우를 대비해서 보호소 마다 2명씩의 경비원을 두고 있기도 해요. 그리고 남성으로부터 받은 정신적 피해를 치료받고 재활할 수 있도록 "심리요법 전문가"도 두고 있어요.

(5) 가정폭력에 대한 판례가 있다면 소개해 주시죠.

☞ 네, '아들 못 낳는다'고 구박받던 아내가 이혼소송에서 승소한 사례가 있습니다.

박모(40, 여)씨는 지난 83년 유모(41)씨와 결혼한 뒤 결혼 첫해와 88년 내리 두 딸을 낳았다고 해요. 그런데 박씨는 딸을 낳을 때마다 남편과 시댁식구들로부터 구박을 받았고 두 아이 역시 딸이라는 이유로 남편의 사랑과 보살핌을 제대로 받지 못했다는 겁니다.

남편은 아들을 낳으라고 강요하면서 폭언, 폭행은 날로 심해져 갔고, 심지어는 생활비는 물론 두 딸의 교육비마저 주지 않아서 참다 못한 박씨는 결국 이혼소송을 냈는데요.

서울 가정법원에서는 "남편의 장기간에 걸친 폭행 등으로 인해 부부관계가 더 이상 회복하기 어려운 상황에 이르렀다며 두 사람은 이혼하고 양육자로 아내 박씨를 지정한다"고 판시하고 또, "남편은 아내에게 위자료 3천만 원을 주고 두 딸에게 매월 1인당 30만 원씩 지급하는 동시에 집은 부부가 반씩 나눠 갖도록 하라"고 판결한 사례가 있었어요.

(6) 최근에 자녀를 망월동 묘지에서 폭행한 아버지가 붙잡혔는데, 아동학대법이 아닌 살인미수죄가 적용되었다지요?

☞ 네, 가출한 아내를 찾기 위해 아내와 함께 집을 나간 아들을 붙잡아 밧줄로 목을 묶는 등 폭력을 휘두른 아버지에 대해 경찰이 살인미수 혐의를 적용했습니다.

이것은 한 마디로 아들의 목을 밧줄로 묶어 실신시키는 행위는 "아동학대" 차원의 아동복지법으로 다루는 것이 아니라 좀더 엄중한 책임을 물을 수 있는 형법상의 범죄, 즉 살인의 미수로 보겠다는 겁니다.

(7) 아동에게 절대로 해서는 안 되는 행위가 있습니까?

☞ 네, 우리 아동복지법에는 아동보호를 위한 절대 금지행위(아동의 건전한 보호 · 육성을 위하여 누구든지 다음의 행위를 하여서는 아니된다)를 규정하고 있어요(아동복지법 29조).

즉, 아동을 구타하거나 신체에 손상을 주는 행위, 아동에게 성적 수치심을 주는 성희롱, 성폭행, 아동의 의식주를 포함한 기본적 보호양육 및 치료를 소홀히 하는 행위, 아동에게 구걸을 시키거나 아동을 이용해 구걸하는 행위 등을 규정하고 있습니다.

이에 위반한 자는 최고 10년 이하의 징역 또는 3천만 원 이하의 벌금에서 최소 1년 이하의 징역 또는 300만 원 이하의 벌금에 처하도록 하고 있어요(동법 40조).

(8) 아동학대만을 전문으로 하는 신고센터가 있습니까?

☞ 네, 전문기관에는 전문상담요원이 배치되어 있고 전국 어디서나 국번없이 통화 가능한 긴급전화(1391번)가 개설돼 아동학대 신고접수를 받고 있습니다. 전문상담요원이나 경찰은 신고를 받은 즉시 현장에 출동해서 현장 조서를 작성하고 격리 및 치료 등이 필요한 경우 인근 보호시설이나 병원에 응급조치를 의뢰할 수 있도록 하고 있어요.

4. 강간죄, 강제추행죄, 혼인빙자간음죄 등

(1) 청소년 성매매(원조교제)를 했던 사람들이 공개되었다지요?

☞ 네, 청소년보호위원회가 2001년 8월 30일 성매매사범 169명의 신상을 공개했습니다. 범죄유형별로는 10대 청소년을 대상으로 성폭행을 저지른 강간범이 65명(38.4%)으로 가장 많았습니다. 61명으로 36.1%를 차지한 강제추행범이 강간범에 이어 두 번째로 많았으며 매매춘 알선도 16명(6%)이었습니다.

이번 신상공개를 규정한 청소년보호법 제정 배경이 됐던 이른바 '원조교제'로 불리는 청소년 대상 성매매 범죄자는 27명으로 16%를 차지했어요.

이들의 성명, 연령, 생년월일, 직업, 주소(시·군·구까지), 범죄사실 등의 신상공개와 관련해서 찬성과 반대의견이 분분했는데, 공개를 반대하는 사람들도 많았어요. 반대론자들의 주장은, 다른 범죄자와의 형평성을 이유로 다른 범죄를 저지른 살인범들이나 가정파괴범은 신상공개를 하지 않았다는 것이죠. 법대로 심판을 받았는데 또 사회적 심판을 받게 되는 것이고 가족·주변사람들에게 또 다른 고통을 준다는 것입니다.

그러나 공개를 찬성하고 있는 쪽은 청소년보호위원회와 여성단체인데요. "청소년 성범죄 방지의 실효성을 거두기 위해서는 신상공개가 필요하다"고 주장하고 있어요.

(2) 강간죄는 어떻게 성립되나요?

☞ 네, 강간죄는 폭행 또는 협박으로 피해자의 의사에 반하여 부녀를 강간함으로써 성립하는 범죄입니다. 남자가 여자를 강간하는 것이기 때문에 강간죄의 객체는 "여자"가 되는 거예요. 그래서 "여자"가 잘 생긴 남자를 보고 주먹으로 몇 대 때리고 나서 그 남자의 의사에 반하여 간음한 경우에는 강간죄가 성립되지 않아요. 남자는 강간죄의 객체가 될 수 없다는 얘기가 되는 거지요. 이런 경우에는 강제추행으로는 처벌이 될 수는 있게 됩니다.

그래서 여성이라면 기혼, 미혼, 성년, 미성년을 따지지 않고 강간죄의 객체가 될 수 있는 것이지요. 중요한 것은 13세 미만의 여자 아이의 동의나 승낙을 얻고 간음한 경우에도 이 강간죄가 성립이 된다는 겁니다(미성년자의 제 강간).

또 사람의 심신상실 또는 항거불능의 상태를 이용하여 간음 또는 추행을 한 자는 강간죄에 준하여 처벌하는 경우가 있지요(준강간죄, 준강제추행죄).

(3) 최근에 부부간에도 강간죄를 신설하자는 움직임이 있는데요. 무슨 내용이죠?

☞ 여성부가 성폭력 종합대책을 내놓았는데 그 부분 중에 몇 개를 살펴보면, 강간죄를 비(非)친고죄로 하고 남성도 강간죄의 피해자가 될 수 있도록 하며 부부간에도 강간죄를 적용하자는 것이예요.

아내 강간과 관련해서 예를 들면, ⅰ) 폭력이 동반된 부부싸움 후, 남편이 '화해'를 구실로 아내에게 성 행위를 강요하거나, ⅱ) 이혼을 앞둔 사실상 남남인 관계에서 남편이 아내를 성폭행하는 경우가 있어요.

이렇게 남편이 가정에서 아내를 강간할 때 나타날 수 있는 문제점으로는 사회적 문제로 부각되지 않는다는 것, 아내 강간을 성폭력으로 보지 않는다는 것, 또 정신 피해 등 후유증이 심각하다는 겁니다. 그래서 종전에는 부부 사이에 있어서 처를 강간죄의 객체로 인정할 수 있는지의 여부가 논란이 되어 왔었다는데 최근에 부부간에도 강간죄를 명문으로 규정하여 강간죄를 인정하자는 것이지요.

(4) 방금 상담 사례처럼, 강간피해를 당한 여성은 피해사실을 감추려는 경향이 있는데 이럴 경우 가해자는 처벌받을 수 있나요?

☞ 네, 성폭력에 관련된 범죄는 피해를 당한 여성들이 드러내 놓기를 꺼려합니다.

왜냐하면 피해를 당한 여성이 경찰, 검찰 또는 법원에 오고 가면서 조사 과정이나 재현과정에서 수치심을 느끼기 때문이죠.

그래서 강간죄를 비롯한 강제추행죄, 혼인빙자간음죄, 업무상 위력 등에 의한 간음죄 등은 고소권자(피해자)의 고소가 있어야 만이 처벌할 수 있는 죄입니다. 이를 "친고죄"라고 하지요. 고소권자의 고소가 없으면, 가해자를 처벌할 수 없습니다.

강간죄는 보통 폭행이나 협박이라는 수단이 행해지는데요, '13세 미만'의 어린 여성의 경우에는 비록 합의에 의해서 성 관계를 갖더라도 강간죄에 준해 처벌받는 경우가 있습니다(미성년자의 제 강간). 이 때에는 간음을 할 때에 폭행이나 협박을 하지 않았더라도 가능하지요. 이 때 행위자는 피해자가 13세 미만이라는 사실을 인식해야 합니다.

(5) "강간"과 "추행"은 어떤 차이가 있나요 ?

☞ "강간"은 폭행 또는 협박으로 피해자의 의사에 반하여 부녀를 간음해서 성적인 자유를 침해하는 범죄입니다.

"추행"이란 성욕의 흥분, 자극 또는 만족을 목적으로 하는 행위를 말해요. 즉, 일반인의 성적 수치심이나 혐오감을 느끼게 하는 일체의 행위를 말합니다. ⅰ) 타인의 주거에 침입하여 취침 중인 부녀의 신체를 포옹하는 행위, ⅱ) 신체의 특정부위를 만지는 행위 등이 추행이라고 할 수 있겠죠. 큰 차이점은 강간죄의 객체는 부녀이지만, 추행죄의 객체는 여자는 물론 남자도 될 수 있어요.

(6) (법률용어) "보석"이란 무엇인가요. "가석방"과 "형집행정지"에 대해서도 말씀해 주시죠 ?

☞ 네, 보석이란 구속 기소된 피고인이 재판을 담당하고 있는 법원에 보증금을 납부할 것을 조건으로 석방해 줄 것을 청구할 수 있는데 이를 보석이라고 합니다. 보석은 피고인, 변호인, 피고인의 법정대리인, 배우자, 직계친족, 형제 자매, 호주 등이 청구할 수 있어요.

법원은 피고인의 재산 정도와 범죄의 성질, 증거 인멸 여부 등을 고려하여 상당한 보증금을 납부할 것과 주거를 제한하는 등의 조건을 붙여서 보석을 허가하는 것이 보통입니다.

한편, 가석방이란 징역 또는 금고의 형을 집행 중에 있는 사람 가운데 복역 성적이 양호하고 뉘우침이 있는 때에는 무기형에 있어서는 10년, 유기형에 있어서는 형기의 3분의 1을 경과한 후 법무부장관이 가석방할 수 있습니다.

가석방된 사람은 가석방 기간 중 보호관찰을 받는데 가석방규칙을 어기거나 다시 죄를 저지르면 가석방이 취소 또는 실효되어 남은 형기를 복역해야 하는 거죠.

그리고 형집행 정지란, 형의 집행으로 생명을 보전할 수가 없거나 잉태 후 6개월 이상인 때 또는 연령이 70세 이상인 때 기타 중대한 사유가 있으면 검사는 형집행을 정지시키고 석방할 수 있습니다.

제 **14** 장

날마다 행복해지는 50가지 방법

– 나카자와 텐도(中澤天童)의 「행복론」에서 발췌

1 지도를 펼치면 머리 속도 넓어진다.

지도를 펼치면, 눈앞에 넓은 신세계가 열리듯이 머릿속도 넓어집니다.

지금 살고 있는 우리 마을을 다른 마을과 비교도 해 보고 내가 있는 곳이 어디쯤인지 내려다 보고 확인하는 사이에 어느덧 머리 속의 뽀오얀 안개가 걷힐 것입니다.

특히 사고의 전환을 하고 싶을 때에는 대단히 효과적입니다.

2 소리내어 동화 읽기

꿈과 환상의 동화가 되었든 호랑이 담배 피우던 시절의 옛날 얘기가 되었든 재미있는 것은 재미있지요. 물론 그 얘기들은 다 자란 어른이 된 지금 읽어도 충분히 재미있답니다.

저 옛날 어린 시절에는 미처 몰랐던 이야기의 깊이나 재미를 하나도 놓치지 않고 맛볼 수 있으니까요. 게다가 글씨도 크고 그림까지 그려져 있어서 머리를 비우고 싶을 때에는 더할 나위 없이 좋답니다.

가끔 소리내어서 읽으면 스트레스 해소도 되고 동심으로 돌아간 듯 모든 근심, 걱정이 사라질 거예요.

3 가끔 거울 앞에서 긴장해 보기

'요즘 게을러졌구나'하고 생각되면 거울 앞에서 잠시 동안만 긴장해 보세요.

눈을 조금 크게 뜨고 입가를 바짝 당기고는 등을 곧게 펴 보세요. 그리고 눈 앞의 한 점을 응시하면서 숨을 크게 들이마셨다 내쉬어 보세요.

이렇게 하면 새로운 '의욕'이 머리 위에 내려 앉는 것이 느껴질 거예요.

4 스스로 자신의 후광이 되자.

부모의 후광이라든가, 다른 사람의 후광, 혹은 회사의 후광과 같은 그런 남의 덕을 보려고 하지 말고 스스로 자신의 후광이 되어 보세요.

가령, 첫 번째는 남들의 부러움을 살 만한 화장법. 두 번째는 자유자재로 구사할 수 있는 영어회화실력. 세 번째는 그를 사로잡는 멋진 몸매.

이런 식으로 당신의 장점을 하나, 둘 꼽아 보는 거예요. 그것이 훗날 자신만의 밝은 후광이 되어 당신을 환히 드러내 줄 거예요.

5 데뷔 · 데뷔 · 데뷔라고 3번 외치면 기운이 충전

'데뷔'라는 말을 천천히 입 밖으로 소리내어 말하면 온몸에서 새로운 힘이 용솟음치는 것 같아요.

더욱이 '데뷔 · 데뷔 · 데뷔'하고 3번 외치고 나면 정말로 지금까지의 자신은 온데 간데 없이 사라지고 다시 태어나는 환희마저 느끼게 된답니다.

6 이상한 날에는 바다에 가자.

성난 태풍의 손길이 스치고 지나간 뒤의 바닷가나 비 개인 수영장이라도 좋아요. 아니면 가을바다, 정적이 찾아든 야간 수영장이라도 좋겠지요.

그 곳에 가면 반드시 새로운 발견이나 감동을 만날 수 있을 거예요.

7 천사는 피곤해

세상의 모든 사람들에게 항상 천사의 미소를 지어 보이려고 한다면 피곤하겠어요. 물론 자기 자신한테도 그렇겠죠.

희로애락도 순수함과 추악함도 모두 당신의 모습입니다. 가능하면 천사의 미소도 좋지만 솔직한 모습의 당신으로 있기를 바랍니다.

8 행복해지는 지름길은 운이 좋은 사람 곁에 있는 것

행복해지는 요령…….

그것은 조금도 어려운 일이 아니랍니다. 항상 운이 좋은 사람 곁에서 그의 행동을 아주 잠깐 보고 배우기만 하면 되는 거예요. 그가 다른 사람의 얘기를 끝까지 잘 들어주는 사람이라면 자신도 그러겠다고 결심하면 돼요.

그런 작은 노력만으로도 당신의 행복지수는 쑥쑥 상승할 것입니다.

9 감동이 큰 영화는 놓치지 말고 볼 것

영원히 마음 속에 새겨 두고 싶다. 한 장면 한 장면을 잊고 싶지 않다. 그런 영화를 만났다면 놓치지 말고 다시 한번 보러 가세요.

두 번째 찾아든 사랑처럼 조금은 여유로운 마음으로 볼 수도 있겠지만, 그만큼 더 애절하고, 재미있고, 슬프다는 사실을 알기에 가슴이 벅차 오르지요. 하지만 그 감동이 이제 영원히 당신의 마음 속에 둥지를 틀게 될 것입니다.

10 웃을 때는 최대한 유쾌하게

마음껏 웃어도 될 때는 최대한 즐겁게 웃어 보세요. 그 유쾌한 에너지가 온몸에 퍼져서 자신은 물론 주변까지도 한결 밝아질 테니까요.

11 좋은 생각이 떠오르지 않으면 동서남북을 바꿔 본다.

가령, 동쪽으로 앉아 있다가 좋은 생각이 떠오르지 않는다면 남쪽방향으로 바꿔 보는 거예요. 서쪽이라면 북쪽으로…….

단지 그 방향만 바꾸었을 뿐인데도 왠지 머리 속도 맑아지고 번뜩이는 아이디어도 조금 전과는 다른 걸 느낄 거예요.

12 무리한 노력을 하지 않는 용기

"이렇게 하지 않으면 아무도 날 사랑해 주지 않을거야", "저렇게 하지 않으면 아무도 날 상대해 주지 않을 거야" 하지만 그런 일은 없습니다.

당신은 당신의 모습 그대로가 좋아요. 그대로 충분히 매력적이랍니다. 아무도 아무 말도 하지 않는데 "열심히 해야 한다"고 생각하며 무리하고 있지는 않나요?

13 짐을 줄이고 걷기

가까운 집 앞의 시장에 가는데도 버스를 타거나 얼마 안 되는 거리를 자전거로 가거나 너무 편한 것만을 밝히고 있지는 않나요?

알고 있기는 한데……하는 분은 가능한 한 짐을 가볍게 줄여 보세요. 그렇게 하면 몸이 가벼워져서 '좀 걸어볼까'하는 생각이 저절로 들게 될 테니까요. 걸으면 몸에도 좋고 지구환경에도 좋잖아요.

14 맑은 날 아름다운 무지개 상상하기

구름 한 점 걸리지 않은 맑은 날에 하늘을 올려다 보고 아름다운 무지개를 상상해 보세요. 마음의 문이 열려서 무슨 일이건 적극적인 마음으로 받아들일 수 있을 테니까요.

바로 전날까지만 해도 '절대 용서 못해'하던 일이 지금 같으면 '그럴 수도 있지 뭐' 할 수 있을 것 같고 이거나 저거나 아무래도 상관없이 보일 거예요.

날씨가 궂은 날에는 되도록 끙끙거리지 말고 맑은 날, 활짝 마음의 문을 열어 보세요.

15 혼자만의 시간을 소중히 여기는 사람은 사랑받을 자격이 있다.

혼자만의 시간을 충실하고 즐겁게 보낼 수 있다는 건 곧 고독을 즐길 줄 안다는 얘기지요. 그런 사람은 타인을 자신의 꼭두각시로 만들거나 하지 않고 상대의 개인적인 시간도 존중할 줄 알기 때문에 자연히 그들로부터도 사랑을 받게 되는 거랍니다.

16 가끔씩 일기 쓰기

일기를 쓸 때 주로 연애 얘기를 쓸 것인지 아니면 친구 관계에 대해 쓸 것인지 그것도 아니면 자신의 생활의 작은 느낌들을 써 내려갈 것인지 그것을 먼저 결정하는 편이 좋을 거예요.

그것이 결정되면 마음 속에 꾸려 두었던 꾸러미들을 기억 속에서 사라지기 전에 일기장 여기저기에 마음대로 풀어 놓는 거예요. 가장 좋은 때와 장소는 깊은 밤 잠자기 전, 머리맡에서랍니다. 그 곳에서 일기장을 펼치도록 하세요.

그 곳은 가장 안심할 수 있는 나만의 공간이기 때문에 하고 싶은 얘기도 많을 것이고 일기에도 애정을 듬뿍 쏟을 수 있으니까요.

17 땅에 구멍 파기

가령 삽을 들고 마당에 나가서 구멍을 파보면 무엇보다 먼저 흙내음이 코끝을 간지럽힙니다. 벌레며 작은 돌이며 풀뿌리 등, 알 수 없는 조각들이 흙 속에서 빠끔히 얼굴을 내밀지요. 재미가 붙어서 좀더 깊이 파보면, 이번에는 흙빛이 변합니다. 좀 큼지막한 돌에 탁 부딪히기도 하면서…….

또 누가 알겠어요? 운이 좋으면 한번도 본 적 없는 화석을 발견할지. 땀을 닦아가며 땅을 파는 일은 마치 잊고 있던 소중한 마음으로 찾아가는 작업과도 같아서 새로운 많은 것과 마주치게 될 거예요.

평소 무심히 바라보고 있는 땅이지만 조금만 파도 이렇게 뜻밖의 기쁨과 발견을 안겨줄 것입니다.

18 모닥불에 작은 감사를

마음이 잘 통하는 친구끼리 모이면 때로는 강가나 호숫가에 가서 화사한 봄날의 오후, 나른하고 기나긴 낮을 활기차게 보내세요. 스포츠에, 자연감상에, 낚시도 하면서 말이에요.

그러다가 기분이 내키면 나무 그늘 의자에 앉아서 책 속에 흠뻑 빠져 보는 것도 좋겠지요. 그리고 이윽고 밤이 찾아오면 모닥불을 둘러싸고 조촐한 파티……. 그 자리에 모인 친구들의 눈을 한번 들여다보세요. 일상의 복잡함을 잊고 어린 자녀처럼 반짝반짝 빛나고 있지 않나요.

바로 그 순간, 모닥불에도 작은 고마움을 느끼게 된답니다.

19 망설여지는 쇼핑은 미련 없이 통과

사고 싶은 마음도 있기는 한데 조금 망설여진다. 하지만 이대로 안 사자니 화가 나고 나중에 후회할지도 몰라. 살까, 말까…….

그런 때는 망설이지 말고 미련 없이 그냥 지나가세요. 그것이 옷이건 신발이건 가방이건 액세서리이건 아니면 맨션, 자동차, 가구라도 마찬가지예요.

나중에 틀림없이 뜻밖의 값싼 물건이나 바로 '저거다'하는 물건을 만날 테니까요.

20 제2의 방 찾아내기

당신만의 특별한 공간을 하나 더 가져 보세요. 쾌적하게 지낼 수 있다면 어디라도 상관없어요. 새로 찾아낸 찻집의 한구석, 조용한 호텔 로비, 자신의 차 안, 자주 찾는 노래방…….

곰곰이 생각해 보면 많이 있겠지만 그런 공간을 소유하고 있다는 사실만으로도 기분전환이 한결 쉬워질 거예요.

골치 아픈 문제를 떠 안고 있거나 할 때, 제2의 방은 무엇보다 큰 마음의 여유가 되어 줄 겁니다.

21 식빵 가장자리 맛있게 먹는 방법

특히 바삭바삭하게 구워서 잼을 바른 토스트는 가장자리부터 먹어야 맛있답니다. 빵의 가운데 부분과 가장자리의 미묘한 맛이 입안 가득히 퍼져서 이 축복받은 아침에 대한 감사의 마음과 더할 나위 없는 행복의 기분을 맛볼 수 있을 거예요.

22 대형 편의점 두 배로 즐기기

야간 점포나 포장마차가 불야성을 이루는 축제의 마당처럼 그 곳에 가기만 해도 기운이 나는 곳…….

그것이 대형 편의점의 매력이지요. 축제의 마당 입구에는 달콤한 솜사탕이 등장하고 여기저기 정신없이 주위를 구경하다가 "문득 정신을 차려보니 처음부터 끝까지 걸어 왔더라"하는 경우가 흔히 있잖아요.

마찬가지로 대형편의점에도 '손님의 동선(動線)'이라는 것이 있어서 가령, 입구의 할인 상품부터 시작해서 머리 손질, 피부손질, 다이어트를 비롯한 멋내기 관련상품, 그리고 약품에 이르기까지…… 하나의 흐름이 형성되어 있답니다.

그 동선을 따라 한번 걸어 보세요. 즐거움이 두 배로 커질 거예요. 기분이 우울할 때는 대형편의점을 향해 출발!

23 손을 잡으면 마음과 말이 가까워진다.

소중한 사람과 함께 걸어 보세요. 걷다가 눈길이 머무는 꽃이나 풀이 있으면 그 사람의 손을 잡고 둘이서 가까이 다가가 보세요. 손을 잡고 있을 때는 되도록 천천히 얘기하고 서로 마주 볼 때는 아무 말 없이 가만히 손을 잡아보세요.

그렇게 하면 평소보다 더욱 서로를 가깝게 느낄 수 있을 거예요. 손과 손을 마주 잡음으로써 말 한 마디, 한 마디가 가슴 속에 와 닿는 것 같으니까요.

24 순수한 자신으로 돌아가고 싶을 때는 추억의 장소가 최고

당신이 지금 가장 돌아가고 싶은 곳은 어디인가요?

당신이 가장 좋아했던 자신은 지금 어디에 있나요?

마음이 한없이 우울할 때, 실의와 눈물로 앞이 가려서 잘 보이지 않을 때, 그런 때는 가장 좋아했던 자신으로 되돌아갈 수 있는 추억의 장소에 가 보세요.

25 그림자 드리우는 구름 속에 별은 빛나고

이 말은 프랑스의 시인 빅토르 위고의 말이지만, 왠지 음미할수록 읽는 이로 하여금 용기를 갖게 합니다.

마음을 사로잡는 뛰어난 언어에는 달의 조력이나 별의 인력과 같은 신비한 힘이 있어서, 그것이 읽는 이에 따라서 때로는 용기도 되고 희망도 되고 진실이 됩니다. 당신은 어떤 말에 마음이 끌리나요?

26 책 냄새 맡기

책의 냄새를 맡으면, 그 책이 소중해진답니다. 마치 책갈피에서 지은이의 숨결이나 손끝의 움직임이 느껴지듯이 말이지요.

읽으면서 감동을 받거나 점점 깊이 빠져들게 되는 책은 지금의 당신과 뭔가 통하는 점이 있는 거니까.

그 책의 주인은 바로 당신이며 또한 그 책은 당신의 친구이기도 합니다. 어떤 촉감과 어떤 냄새를 갖고 있는지 그것을 하나도 남김없이 맛보는 것도 독서의 즐거움 중 하나가 아닐까요.

27 늦더위의 정성이 담긴 안부편지

더위의 절정은 한여름이지만 피로의 절정은 늦더위에 찾아오지요. 그 사실을 알고 있는 사람은 정말로 다른 사람의 마음을 위로할 줄 아는 다정한 사람이랍니다.

28 미지근한 물로 머리를 맑게

피로나 졸음으로 머리나 눈이 멍할 때, 손을 씻으면 정신이 번쩍 들지요. 여름에는 찬물로 겨울에는 미지근한 물로 손에 가벼운 자극을 줘 보세요. 효과가 곧 나타난다는 점에서는 그 어떤 강장제나 안약보다도 효과적일 거예요.

29 하이힐을 신고 뛰지 말라.

하이힐을 신고 전력질주하는 것과 같은 노력은 노력이 아니라 단순한 발버둥에 불과하답니다. 진짜 노력은 자신에게 성실히 맞서는 것이며 정성을 다해 맛깔스러운 요리를 만들 때와 같은 행복감을 말하는 거죠.

하루에 한 가지씩 즐거운 일을 찾아내려는 노력이나 새로운 환경에 뛰어드는 용기 등……. 중요한 것은 '괴롭다'거나 '고통스럽다'라는 생각이 들만큼 억지로 하지 않는 것입니다.

30 "미안해요"라고 가장 먼저 말하고 싶은 사람

자신의 염치없는 행동으로 상대에게 깊은 상처를 입히거나 쓸데없는 고집을 피우는 바람에 소중한 사람을 잃었다…….

혹시 그런 경험은 없나요? 인생을 살다보면 누구나 한두 번은 그런 괴로운 시련을 겪기도 할 거예요. 만약 신께서 딱 한 사람만 재회의 기회를 주겠다고 한다면 당신은 가장 먼저 용서를 빌고 싶은 사람을 만나야 합니다. 그 순간은 쑥스럽고 겸연쩍겠지만 죄의식이나 꺼림칙한 감정은 영원히 사라질 테니까요.

31 베개를 가리지 않고 자면 위기에 강해진다.

늘 쓰던 베개가 아니면 잠을 잘 수 없다는 사람보다는 어떤 베개를 베든 잘 자는 사람이 훨씬 더 위기 대처능력이 뛰어나답니다. 언제 어디서나 잘 수 있는 사람은 수면 부족을 걱정할 필요도 없으니까 위기를 극복할 수 있는 체력과 기력이 축적되어 있지요.

자, 이제부터 '오로지 한 베개'만을 고집하는 사람도 시험삼아 다른 베개를 사용해 보는 거예요.

32 관심 밖의 책 사기

주로 연애소설을 읽는 사람이라면 경제라든가 환경문제에 관한 책을 읽어 보세요. 코믹물이나 에세이를 즐겨 읽는 사람이라면 전혀 낯선 순수문학이나 역사물을 골라서 읽어 보든지…….

이해가 되든 안 되든 훌훌 책장을 넘겨 가며 보기만 해도 머리 체조는 물론 마음까지 깨끗이 씻겨질 거예요.

33 부지런히 세차하면 마음도 반짝반짝

잔뜩 먼지를 뒤집어 쓴 차를 반짝반짝하게 닦아 주면 어쩐지 차가 활짝 웃으며 기뻐하고 있는 것 같아서 자기 마음까지 즐거워지지는 않나요? 마음에 드는 신발을 부지런히 닦으면 기분이 좋은 것처럼 차도 그와 똑같이 신경써 주기 바래요.

특히 흐린 날은 세차하기에 아주 좋답니다. 강한 자외선이나 반사가 없기 때문에 왁스도 잘 먹고 자외선에 피부가 상할 걱정도 없으니까요.

34 마법의 거울 앞에서 웃기

마법의 거울 속에 비친 자신의 모습은 어딘지 모르게 다른 사람 같은 어색한 기분이 들어 조금 쑥스럽지요. 거울 저쪽에서 "누군가가 나를 보고 있을지도 모른다"라고 하는 생각이 그런 기분을 더욱 부채질한답니다.

하지만 공연히 짜증이 나거나 할 때는 오히려 마법의 거울 앞에서 웃어 보세요. 그만한 용기가 있다면 기분은 언제든지 상쾌해질 수 있으니까요.

35 화성에서 하루를 보낸다면?

21세기의 어느 날인가, 화성은 붉은 별에서 푸른 별로 다시 태어날지도 모른다고 하는군요. 화성의 녹화계획이 성공해서 이주가 가능해지면 당신도 한 번쯤은 그 곳에 가보고 싶지 않으세요? 그 때, 화성에서 하루를 보내게 된다면 무슨 생각을 하고, 무엇을 할까요.
분명 좀 엉뚱한 얘기이기는 하지만 잠시 상상해 보는 것도 그리 나쁘지는 않을 거예요.

36 추억 정리하기

역사 연대표와 같이 한가운데서 가로로 한 줄 긋고 위에는 좋은 추억, 그 아래에는 기억하고 싶지 않은 추억을 각각 연대순으로 써 내려가 보세요.
자신이 어떤 때에 행복을 느끼고 어떤 때에 우울했었는지 다큐멘터리 영화처럼 뒤돌아볼 수 있으니까요. 그렇게 추억을 정리하다 보면 자신의 기호나 사고방식의 습관 같은 것이 뚜렷이 나타날 거예요.

37 아름다운 흐름을 소중히

도도하게 흘러가는 큰 강물은 곧게 흘러갈 때는 흐트러짐 없이 곧게 흘러갑니다. 그러나 또 굽이칠 때는 끝없이 굽이치지요. 그저 있는 그대로 당당히, 태연하게…….
그것이 큰 강이 지닌, 아름다운 흐름이랍니다.
따라서 당신에게 무슨 일이 일어나든 가령, 당신이 그 일로 휘청거릴지라도 저 '아름다운 흐름'만 잊지 않는다면 원만히 해결될 거예요.

38 목적 없는 여행을 떠나자.

동행을 따라 떠나는 길도 아니고 그렇다고 해서 뭔가 목적이 있는 것도 아니고 그냥 훌쩍 여행을 떠나 보는 거예요.
그 곳에서 뻔한 관광 코스에 시달리지 말고 자신만의 세계를 여행해 보세요. 특별히 뭘 하는 것도 아니지만 그냥 그 곳에 가 보고 싶어서 가 보는 여행.
열차에 흔들리며 일상을 잊고 자신의 눈과 귀와 감성만을 믿고 정처 없이 걸어다니는 여행. 그런 여행이 좋아요.

39 재능은 누군가에게 발견되어야 재능

지금까지 스스로는 미처 깨닫지 못했던 점을 칭찬받는다는 건 굉장히 기쁜 일이랍니다. “이 스프 맛 좋은데” 하는 그의 말 한 마디에 자신도 모르게 입가에 미소가 번지는 것도 그렇고 “너 생각보다 운전 잘하는구나” 하는 친구의 칭찬도 그렇지요.

의식을 하든 안하든 관계없이 누구나 어떤 종류의 재능은 다 갖고 있기 마련입니다. 하지만 그것을 찾아내서 평가해 주는 사람이 없다면 재능도 보통의 가능성에 지나지 않을 거예요.

그러니까 생각하는 바가 있으면, 가능한 한 많이 재능을 향상시키세요.

40 녹음 목소리 들어보기

자신의 목소리를 테이프에 녹음해서 들어보면 어딘지 모르게 낯선 느낌이 들지요. 마치 자기와 닮은 다른 사람이 그 속에서 자신에게 말을 걸고 있는 듯한…….

그래서 재미있는 실험을 하나 해 볼까요. 뭐든 좋으니까 당신 자신에게 들려줄 격려의 말이나 메시지를 녹음하세요. 뭣하면 모노드라마나 농담이라도 좋아요. 그 녹음한 목소리를 듣고 있는 동안 내내 숨을 멈추었다가 끝나면 크게 숨을 내쉬는 거예요.

효과의 정도는 사람마다 다르지만 틀림없이 그 목소리가 그치지 않고 머리 속에서 들려올 겁니다. 뭔가 자신에게 타일러 주고 싶은 말이 있는 사람에게는 좋은 방법이 아닐까요.

41 습관이나 본심의 각도를 조금만 바꾸면 인생이 편하다.

다른 사람의 충고에 보통 때 같으면 당장 반론을 제기했을 텐데 숨 한번 삼키고 나서 한다던가, 본심을 그대로 다 드러내 보일 뻔한 상황에서 그 반 자락은 접어두고 얘기한다면 의외로 일은 순조로워질 거예요.

몸에 배인 습관이나 본심의 각도를 아주 조금만 바꿔도 새로운 습관이 생긴답니다. 그게 신나서 계속하다 보면 결국 자신도 변하고 주위도 변하게 되는 거지요.

42 때로는 손을 들어 인사하자.

조용히 평소대로 나누는 인사도 좋지만 때로는 손을 들어, "자, 그럼……"하고 말하며 인사해 보세요. 별 것 아닌 것 같지만 상대의 반응도 달라져서 오늘 하루, 유쾌한 인간관계를 유지할 수 있을 거예요.

43 혼자서 노래방 즐기기

기분이 우울할 때, 신이 나지 않을 때, 무엇을 해야 좋을지 모를 때, 그런 때는 혼자서 노래방에 가 보세요. 친구들로 시끌벅적할 때와는 달리 차분히 자신과 마주하고 자신만을 위해서 노래를 부를 수 있답니다.

좋아하는 노래만 처음부터 끝까지 불러도 좋고 평소 전혀 부르지 않는 것 같은 전통가요나 록을 당당히 불러도 좋구요. 큰 소리, 작은 소리, 좀 과장된 바이브레이션 뭐든지 좋아요.

아무도 칭찬해 주는 사람은 없지만 당신을 비판하거나 야유하는 사람도 없답니다. 그러니 안심하고 끝까지 마음 내킬 때까지 해 보세요.

그렇게 1시간이 지나고 나면, 신기하게도 조금 전까지의 자신이 거짓말처럼 온몸에 에너지를 느끼고 있을 거예요.

44 자신에게 쓰는 러브레터

기분이 형편없이 우울하고 무거울 때는 자신에게 러브레터를 써 보세요. 또 다른 자신에게 살짝 질문을 던지듯이 다정한 눈빛으로.

생각을 숨김없이 써내려 가는 거예요. "지금 당신은 어떻게 하고 있나요? 잘 지내나요, 아니면 우울해 하고 있나요. 괜찮아요. 언제나 나는 당신 편이에요. 그러니까 안심해요……."

이런저런 얘기를 쓰는 사이에 자신도 모르게 정말로 연인에게 위로받고 있는 듯한 착각에 빠지게 된답니다. 항상 곁에 누군가 머물러 주는…… 그런 기분을 느낄 수 있을 거예요.

45 저녁놀을 향해 달리기

청춘드라마처럼 저녁놀을 향해 달리는 건 꼴불견이라고 생각할지도 모르지요. 하지만 현재를 열심히 사는 것도 그와 마찬가지로 남 보기에 결코 멋진 그림은 아니랍니다.

좋은 직업, 구슬땀, 웃음 띤 아름다운 얼굴은 한결같이 열심히 뛴 결과일 겁니다.

뭔가 변화를 원하는 사람은 가령 일요일에만 아르바이트를 한다던가, 일일 봉사활동을 한다던가, 가능한 한 일상과 멀리 떨어진 곳에서 땀을 흘려 보세요.

46 진짜 좋아하는 노래만 편집하기

한번 잘 정리해야지 하면서도 어느 사이에 쌓여 버린 음악 CD와 레코드, 샀을 때부터 지금까지 변함없이 좋아하는 곡, 원래 있으나 마나 한 것 같은 앨범 속의 곡, 그런 것이 수납선반 속에 가득 들어 있답니다.

이것을 과감히 정말로 좋아하는 노래만 편집해 보는 건 어떨까요? 휴일마다 하나의 테마로 정리하는 방법도 좋겠지요. 자신이 좋아하는 노래만 편집했으니까 스피커를 타고 흘러나오는 선율에 마음도 몸도 편안해질 수 있을 거예요.

47 자신의 이름과 얼굴을 소중히

○○회사의 '아무개'도 아니고, △△과 소속의 '아무개'도 아닌, 진짜 살아 있는 '나'로 승부해 보세요.

사람들이 물으면 자신의 이름을 당당히 말할 수 있는, 그런 사람이 되자구요. 지위나 임무도 중요하지만 결국 마지막에 남는 건 당신의 이름과 얼굴 뿐이랍니다.

회사의 위상이나 브랜드는 그 곳을 떠나 버리면 사라지지만 당신의 이름과 얼굴은 영원히 당신의 것이니까요.

48 그치지 않는 비는 없다.

무슨 일에나 감사하는 마음이 있으면 그것은 언젠가 반드시 당신의 귀중한 보물이 될 거예요.

아무리 울고 웃어도 최후에 활짝 웃는 여유만 있다면 마음은 자연히 희망으로 넘치지요.

어떤 세찬 비라도 또는 차갑고 슬픈 비라도 그치지 않는 비는 없답니다.

49 당신이 함께 늙고 싶은 사람은?

당신이 가식 없는 모습 그대로 울기도 하고 웃기도 할 수 있는 사람, 즉 그가 소중한 사람입니다.

50 어른의 청춘은 거꾸로 매달린 T셔츠

어른의 청춘은 거꾸로 매달린 T셔츠처럼 마음이 없으면 좀처럼 입을 수가 없답니다. 어른이 되어도 십대와 같은 신선한 감성과 발랄한 행동력을 유지하기 위해서는 항상 새로운 뭔가에 도전해야겠지요. 거꾸로 매달린 T셔츠를 귀찮아하지 않고 훌쩍 손을 뻗어서 입어 버릴 정도의 가벼운 기세를 몰아서…….

제 15 장

성경 말씀대로 사는 생활

1. 말씀대로 사는 가정생활
2. 말씀대로 사는 사회생활
3. 말씀대로 사는 교회생활

— 유동준의 「말씀대로 사는 생활」에서 발췌

1. 말씀대로 사는 가정생활

001 "주님 저를 거룩한 자녀로 변화시켜 주십시오." 이 기도를 먼저 하십시오. 그리고 시간이 남으면 "누구누구도 변화시켜 주십시오."라는 기도도 하십시오. 내가 변하면, 그 사람더러 변하지 말라고 해도 그도 변합니다. 내가 문제입니다(벧후 3 : 11).

002 자식은 때려야 할 경우 때려서 키우십시오. "오냐! 오냐!"해서 키우면 자식의 인생을 망칩니다. 미련함을 쫓아내기 위해 따끔하게 징계하면서 키우시되, 자식한테 화풀이하는 것이 되지 않도록 조심하십시오(잠 22 : 15).

003 자녀의 조언을 업신여기지 마십시오. 가정의 대소사를 의논할 때 그들의 의견도 들어 보십시오. 그것이 천번 만번 잘하시는 것입니다(딤전 4 : 12).

004 자녀들한테 "바보"라든가 "못난이"라든지 "밥통"이라든지 하는 말을 쓰지 마십시오(골 4 : 6).

005 지금 가지고 있는 직업, 집, 가족에게 만족하고 감사하십시오(딤전 6 : 7-8).

006 집안을 과다하게 치장하지 마십시오. 집은 그저 깨끗하면 되고 부엌은 그저 맛나게 밥해 먹을 수만 있으면 됩니다(약 5 : 5).

007 혼자 있다고 별의별 상상 특히, 순결하지 못한 상상을 하지 마십시오. 하나님께서 다 보시고 알고 계십니다(시 94 : 11).

008 빚을 지면서까지 의복과 가구 마련에 낭비하지 마십시오. 기본적인 생필품을 사는 데 지출하는 것 외에 남는 돈은 빚을 갚는 데 쓰십시오(잠 21 : 17).

009 굶어죽지 않는 한 빚낼 생각은 마십시오. 신앙인은 가능한 한 빚을 얻어야 하는 상황을 피해야 됩니다(롬 13 : 8).

010 가정에 신앙인들이 자주 드나들게 하십시오. 가능하면 식당이나 다방에서 만나지 말고 집으로 오게 하십시오. 당신의 가정을 손님대접의 장소로 활용하십시오(롬 12 : 13).

011 조금이라도 저축하며 사십시오. 오직 믿음으로 산다든지, 적은 소득이라 못한다고 하지 말고, 소득보다 지출을 적게 하여 소액이라도 저축하는 습관을 갖추십시오(잠 21 : 20).

012 남편의 월급봉투에 만족하십시오. 생활규모를 가계소득에 맞추십시오. 이것이 현숙한 아내의 지혜입니다(잠 31 : 10-12).

013 자녀들에게 정해진 시간에만 TV를 보게 하십시오. 가끔 TV를 끄고 대화하는 시간을 가져야 합니다(잠 29 : 15).

014 자녀에게 일관성 있게 대하십시오. 기분이 좋을 때는 용돈도 많이 주고 기분 나쁠 때는 사소한 일에도 두들겨 패고 하면 하나님이 싫어하십니다(잠 13 : 24).

015 자녀를 편애하지 마십시오. 부모의 사랑을 뺏긴다 싶으면 다른 형제에게 심술을 부려 우애가 깨집니다(창 37 : 4).

016 부부간에 원만하고 성의있는 성관계를 즐기십시오. 거룩하게 산다고 성생활까지 죄악시하면 안 됩니다. 서로의 성감대를 정확히 아는 것이 좋습니다(고전 7 : 4-5).

017 큰 지출이나 목돈이 들어가는 일은 혼자 결정하지 마십시오. 주위에 경영관련 전문가와 의논하여 결정하십시오(잠 15 : 22).

018 시부모도 부모입니다. 잘 섬기고 순종하십시오. 자녀들이 지켜보고 있습니다. 그들이 장차 본대로 당신에게 할 것입니다(엡 6 : 1-3).

019 먼저 자식에게, 배우자에게, 며느리에게, 시부모에게 인정받는 신앙인이 되십시오(딤전 3 : 5).

020 아무리 작은 규모라도 가정예산을 세우십시오. 그리고 가계부를 적어 월별로 종합평가를 하십시오. 합리적인 경제운용은 중요합니다(눅 14 : 28).

021 자녀에게 실수했을 때 솔직히 인정하십시오. 그리고 양해를 구하십시오. 잘못했을 때는 자식에게도 용서를 구하는 것이 용기 있는 부모의 태도입니다(약 5 : 16).

022 TV를 많이 보지 마십시오. 성이나 폭력 등이 많을 수밖에 없습니다. TV시청의 통제가 어려우면 차라리 없애는 것이 낫습니다(시 101 : 3).

023 어떻게든 말씀대로 살아보려는 아내는 그 가정의 보배입니다. 그런 아내의 말을 경청하십시오(잠 19 : 14).

024 음식을 너무 많이 삼으로 인해 냉장고에 장기간 보관하는 일이 없도록 하십시오. 낭비도 되고 신선도도 떨어집니다(요 6 : 12).

025 절제하며 구입하십시오. 한번 쓰고 버릴 것이면 사기 전에 다시 생각해 보십시오(잠

11 : 16).

026 TV나 비디오 등을 다룰 때 자녀교육에 해롭지 않은지를 살펴서 챙기십시오(마 5 : 29).

027 자녀를 무조건 감싸지 마십시오. 꾸짖어야 할 때는 눈이 팽팽 돌 정도로 엄하게 대하십시오. 그냥 두면 패륜아가 될 수 있습니다(잠 29 : 15).

028 자녀가 비행을 저지르고 있는데도 공부를 잘 한다는 이유만으로 묵인하지 마십시오. 공부와 행실은 별개의 것입니다(딤전 5 : 20).

029 집에 오는 손님을 따뜻하게 대접하십시오. 사람들이 당신 집에 오는 것을 꺼려한다면 당신에게 문제가 있는 것입니다(히 13 : 12).

030 자녀를 꾸짖을 때 경위도 알아보기 전에 고함부터 지르지 마십시오. 그것은 자녀의 인격을 짓밟는 일입니다(잠 19 : 18).

031 신자는 성격, 목표가 달라도 음행을 한 연고 외에는 갈라서지 마십시오(마 19 : 9).

032 믿지 않는 사람하고 결혼했어도 이혼은 생각지 마십시오. 그 영혼구원을 위해 오랫동안 기도하고 하나님의 선하심을 간구하십시오(고전 7 : 16).

033 자녀를 기르고 밥하고 빨래하는 일도 애국하는 일입니다. 의미를 찾고 기쁜 마음으로 감당하십시오(딛 2 : 4-5).

034 과식은 음식에 대한 탐욕입니다. 맛있어도 위에 부담이 갈 정도로 먹지 않는 절제를 실천하십시오(고전 8 : 8).

035 할 수만 있으면 생활을 절약하십시오. 쓸 것을 다 쓰면서 구제나 헌금을 제대로 할 수는 없습니다(마 6 : 20).

036 서두르지 마십시오. 서두르면 실수가 생깁니다. 하루에 몇 분만이라도 한적한 곳에 가서 쉬는 시간을 가지십시오(막 6 : 31).

037 잘난 체하면 싸움만 생기고 외로워집니다. 자랑하고 싶은 욕망을 억제하십시오(잠 13 : 10).

038 부모님은 재산을 자녀에게 물려주지 않는 것이 좋습니다. 부모 재산 때문에 형제끼리 다투고 의절하는 일이 많습니다(잠 17 : 1).

039 "넌 왜 남들처럼 그렇게 못하니 ? ", "내가 네 나이 때는 그렇게 안 했어!", "이 멍청아 ○○ 좀 봐라!" 등 자녀를 남과 비교하는 말을 삼가기 바랍니다(고후 10 : 12).

040 거짓말을 하기 시작하면 버릇이 되어 이해관계 없이 술술 나오게 됩니다. 하나님은

거짓을 싫어합니다(잠 21 : 29).

041 다른 사람과 전화할 때 누군가를 흉보거나 판단하거나 정죄하지 마십시오. 그러지 않으면 당신도 그 누군가가 될 수 있습니다(롬 2 : 1).

042 충동구매를 하지 마십시오. 당장 필요한 것이 아니거나 살 형편이 아니면 애당초 쳐다보지도 마십시오(잠 25 : 28).

043 내일도 내가 살아 있을지는 알 수 없습니다. 오늘이 내 인생의 마지막이라 생각하고 모든 것을 정리하며 사십시오(잠 27 : 1).

044 나에게만 기회가 안 온다고 불평하는 대신에 무엇인가를 준비하십시오. 하나님은 준비된 자를 사용하십니다(갈 6 : 9).

045 "결혼하고 나면 믿겠다.", "결혼하고 나서 믿게 하겠다." 이 말의 성공률은 매우 낮습니다. 신앙인끼리 결혼하는 것이 권고사항입니다(고후 6 : 14).

046 신앙인은 점, 손금, 사주팔자, 관상, 토정비결을 보지 마십시오. 신문에 실린 오늘의 운세도 보지 않는 것이 좋습니다(신 18 : 10-11).

047 태아를 위해 기도하십시오. 임신 순간부터 그 자녀를 위해 기도하고 축복하는 것이 제일 좋은 태교입니다(시 71 : 6).

048 누가 당신을 험담하고 몹쓸 짓을 해도 맞서 싸우지 마십시오. 그가 하나님을 몰라서 그러는 것이니 불쌍하게 생각하십시오(눅 23 : 34).

049 부모들의 말과 하는 행동이 서로 다르면 자녀는 빗나가기 쉽습니다. 하나님 앞에서 올바르게 사는 것이 최고의 자녀교육입니다(엡 6 : 4).

050 자녀를 일류대학에 안 보냈다고 하나님이 책망하지 않습니다. 그것에 목숨을 걸지 마십시오. 오히려 건강한 몸, 건전한 정신, 거룩한 영혼이 되도록 노력하십시오(마 16 : 26).

051 할 수만 있으면 이혼하지 마십시오. 고통이 따라도 인내하십시오. 못을 박았다 뽑으면 못자국은 영원히 남습니다(고전 7 : 15).

052 자녀들은 부모의 말을 듣기보다 행동을 보고 큽니다. 내가 하는 행동이 자녀교육의 내용입니다(빌 4 : 9).

053 신용카드로 빚지지 마십시오. 신용카드의 종이 되어 질질 끌려다니는 것은 자유의 굴레가 된답니다(잠 22 : 7).

054 손잡고 걸으며, 영화보고, 외식하는 것만 부부사랑은 아닙니다. 서로에게 무한대로 참으십시오. 집에 불이 나지 않는 한 배우자에게 고함지르지 마십시오(엡 5 : 33).

055 아내의 말을 무조건 무시하지 마십시오. 아내의 조언 중에 하나님께서 주시는 지혜도 있을 수 있습니다(벧전 3 : 7).

056 사람들 앞에서 남편을 면박 주고 깎아 내리지 마십시오. 무슨 일이든 남편을 앞세우고 그의 가장됨을 인정하십시오(고전 11 : 3).

057 믿지 않는 남편이나 아내가 혹 탈선했더라도 용서를 구하고 같이 살기를 원하면 이혼하지 마십시오(고전 7 : 12-13).

058 결혼을 전제로 사귀는 사람이 믿지 않는 사람이면 믿을 때까지 기다리되 계속 기다려도 안 믿으면 교제를 중단하십시오(고후 6 : 14).

059 믿지 않는 배우자를 위해 인내를 갖고 계속 기도하십시오. 하나님의 선하심이 그를 구원해 주실 것입니다(갈 6 : 9).

060 혼자 사는 것이 편하다는 이유로 독신을 고집하지 마십시오. 독신으로 살려면 하나님께서 그 은사를 주셔야 합니다(마 19 : 10-11).

061 이혼한 사이라도 자녀들 앞에서 배우자를 비난하지 마십시오. 떠났어도 부모가 분명한 이상 공경하도록 가르치는 것이 마땅합니다(잠 23 : 22).

062 아내를 때리면 안 됩니다. 아내를 때리는 것은 가장 못난 짓이요, 치사한 행동입니다(딤전 3 : 3).

063 가능하면 좀 늦게 먹는 한이 있더라도 온 식구가 함께 식사하도록 하십시오(신 14 : 26).

064 집에서 아내나 자녀에게 호통치고 싶을 땐 〈막 10 : 44〉을 다시 한번 생각해 보십시오.

065 하나님의 자녀로서 어느 분야의 일을 하던 최선을 다해 감당하면 모두 성직이 되는 것입니다(창 1 : 31).

066 '하늘에 계신 영혼의 아버지께만 잘하면 된다'는 생각을 고치십시오. 육신의 부모에게도 잘하십시오. 부모님을 근심시키고 괴롭게 하지 마십시오(잠 17 : 25).

067 남편한테 먼저 싸움을 걸지 마십시오. 먼저 대들거나 꼬박꼬박 말대답하지 마십시오(잠 21 : 9).

068 결혼할 사이라고 해도 결혼 전에 성관계를 갖지 마십시오. 순결을 지키고 결혼한 후 축복 중에 시작해도 늦지 않습니다(히 13 : 4).

069 각종 공과금 고지서를 받으면 체납하지 말고 납기일 내에 내십시오 (롬 13 : 7).

070 빚 갚을 능력이 없으면서 무모하게 가게나 사업을 확장하며 보증을 서 달라고

하면 정중하게 거절하십시오. 보증서는 나 자신을 볼모로 만들기 때문입니다(잠 20 : 16).

071 부부가 함께 하는 시간을 많이 갖고 함께 즐길 취미나 프로그램을 개발하십시오(고전 7 : 3).

072 고운 머리를 염색하거나 지나치게 변장하지 마십시오. 잘 감고 곱게 빗으면 그것으로 아름다운 것입니다(고전 11 : 15).

073 남편들이여! 아내를 진심으로 그리고 자주 칭찬해 주십시오. 칭찬은 신앙인의 특징입니다(잠 31 : 28-29).

074 자녀의 말을 잘 들으십시오. 그 속에 하나님께서 주신 자녀의 재질과 특기가 숨어 있답니다(눅 2 : 51).

075 바겐세일(할인판매)이란 이유로 필요하지도 않고 급한 것도 아닌 물건을 사지 마십시오. 그것은 허영과 사치입니다(잠 21 : 17).

076 교회에 가거나 외출할 때 불가피한 상황이 아니면 아내의 손을 잡아 주거나 팔짱을 끼고 가는 것을 연습하십시오(골 3 : 19).

077 매일 자녀를 안아 주십시오. 특히 야단을 친 후에는 따뜻하게 안아 주고 축복하는 기도를 하십시오(막 10 : 16).

078 과거에 모르거나 불가피해서 낙태시킨 일이 있어도 죄책감에 빠지지 마십시오. 자백하면 하나님께서 용서해 주십니다. 그러나 이후로는 낙태시킬 생각을 하지 마십시오(히 8 : 12).

079 아내와 어머니의 자리는 소중합니다. 잘 지키십시오. 시어머니, 올케와도 다투지 마십시오. 식구들이 가정을 그리워하게 만드십시오(잠 19 : 13).

080 부부간 대화의 소재를 개발하여 많이 즐기십시오. 집에 와서 "밥줘!", "손수건 어디 있어" 정도의 말뿐이라면 너무 가난한 남편입니다(암 3 : 3).

081 육체의 쾌락을 사고 파는 유흥접객업소 같은 데서 자녀가 일하게 하지 마십시오(레 19 : 29).

082 자녀가 부모 몰래 부모지갑에서 돈을 꺼내 가거나 장롱, 화장대 등을 뒤져서 물건이나 돈을 가져가면 더 늦기 전에 엄히 꾸짖어 고치십시오(잠 28 : 24).

083 자녀를 책망할 때 부부의 태도가 서로 일치해야 합니다. 어머니는 야단치고 아버지가 감싸는 식의 모순된 모습을 보이면 자녀는 혼돈에 빠집니다(엡 6 : 4).

084 재수해서도 대학입시에 떨어진다면 삼수를 하면 됩니다. 그러나 한번 지옥에

떨어지면 그것으로 끝입니다. 안 믿는 자녀를 위해 진심으로 기도하십시오(마 26 : 24).

085 낳아 주신 부모님께 욕이 나오려고 하거든 혀를 깨무십시오. 그것은 악한 일입니다(잠 20 : 20).

086 부모님의 영혼을 위해 기도하고 마음을 기쁘게 해 드리고 맛있는 음식으로 보양해 드리십시오(잠 23 : 24-25).

087 성관계는 결혼 안에서만 해야 됩니다. 외간 남자, 외간 여자와 관계를 갖는 것은 인간이 아니라 동물이라는 뜻입니다(잠 5 : 18-20).

088 자녀를 일류대에 보내 세상적으로 성공했어도 그리스도의 보혈로 구원받지 못하면 모두 허사가 됩니다(살전 5 : 14).

089 자녀교육에 비결은 없습니다. 참고 참고 참으면서 양육하는 것입니다 (살전 5 : 14).

090 가정의 최종 결정권자는 남편입니다. 어머니의 의견이나 아내의 의견을 참고하되 최종 결정은 가장이 하게 해야 됩니다(창 2 : 24).

091 자녀를 편애하지 마십시오. 둘 다 버립니다. 형제간 우애도 깨지고 서로 고자질하게 됩니다(창 37 : 2).

092 자녀는 하나님의 소유이며, 대신 양육을 위탁받은 것입니다. 부부싸움을 자녀 앞에서 하면 하나님의 기업을 망가뜨리는 것입니다(시 127 : 3).

093 TV에서 음란, 폭력 장면을 보거나 연습하지 않도록 프로그램 선택을 신중히 하십시오(엡 6 : 12).

094 외간 남자와 외간 여자를 성적 의도로 대하지 마십시오. 사소한 동기가 커다란 불행의 씨앗이 됩니다(마 5 : 28).

095 찡그리고 다니면 인상이 참혹해집니다. 할 수만 있으면 웃고 즐거운 표정을 지으십시오(잠 17 : 22).

096 할수록 느는 것이 잠과 노름입니다. 일찍 자고 일찍 일어나며 노름은 연습으로라도 하지 마십시오(잠 23 : 21).

097 남이 말할 때 끼여들거나 말을 재촉하거나 억지를 부리지 마십시오. 모두 경우에 어긋나는 일입니다(잠 25 : 11).

098 시간관리에 원칙을 세우십시오. 오늘 꼭해야 될 일, 다음에 해도 될 일, 안해도 무방한 일로 나누어서 처리하십시오(시 90 : 12).

099 흥분하지 않고 침착하게 말하는 연습을 하십시오(잠 15 : 1).

100 자녀를 야단칠 때 낙심할 정도까지 혹은 기억과 마음 속에 사무칠 정도까지 심하게 하지 마십시오(골 3 : 21).

2. 말씀대로 사는 사회생활

001 누구에 대해 원한을 품고 드리는 기도는 하나님께서 듣지 않으십니다. 먼저 용서하십시오. 그리고 기도하십시오(막 11 : 25).

002 어떤 사람에 대해서도 나쁘게 얘기하지 마십시오. 아무리 바보 같은 사람도 한 가지 좋은 점이 있기 마련입니다. 그 점을 발견해 칭찬하십시오(롬 14 : 10).

003 세상적인 잡담을 목적으로 이웃집에 자주 가지 마십시오. 나중에는 천덕꾸러기 취급을 당하게 됩니다(잠 25 : 17).

004 뻔히 아는데도 누가 여러분을 기어이 속이려 들면 모른 체하고 그냥 속아 주십시오. 두 눈을 부릅뜨고 어디 속나 보라고 덤비지 말고 한 번쯤 속아 주십시오. 알면서 속아 주는 여유도 멋있답니다(고전 6 : 7).

005 '어떻게 하면 남에게 그리고 우리에게 유익을 줄까?'를 항상 생각하며 처신하십시오(고전 10 : 24).

006 좋은 자동차를 탈 자격이 되더라도 내가 좋은 자동차를 타는 것 때문에 다른 사람이 시험에 든다면 내가 삼가는 것이 좋습니다(고전 8 : 13).

007 상대방의 기분을 소홀히 하지 마십시오. 상대방에게 반말을 하지 마십시오. 내 감정만 생각하고 상대방을 배려하지 않는 것은 무쇠토막 같은 사람입니다(잠 15 : 4).

008 상대방의 귀만 즐겁게 하는 말은 아첨입니다. 아첨은 상대방과 자신을 함께 망치는 일입니다(잠 29 : 5).

009 '여건이 얼마나 좋은가'가 중요한 것이 아니라 '얼마나 낙심하지 않고 인내했는가'가 성공을 좌우합니다(갈 6 : 9).

010 길을 가다가 구걸하는 사람이 있으면 비난하거나 나쁘게 생각지 말고 힘 닿는

대로 단돈 얼마라도 주십시오(잠 19 : 17).

011 '내가 번 돈인데 내 맘대로 쓰면 어때!'라고 생각지 마십시오. 건강, 시간, 재능, 직장을 주신 분이 섭섭해 하십니다(고전 4 : 7).

012 가난한 사람에게 돈을 빌려 줬을 때 이자를 받지 마십시오. 그 사람의 불쌍한 처지를 이용해 금전적인 이득을 취하면 하나님이 싫어하십니다(출 22 : 25-27).

013 뇌물은 주지도 말고 받지도 마십시오. 사업상 불이익을 당하더라도 정당한 절차대로 사는 것을 연습하십시오(출 23 : 8).

014 탈세하지 마십시오. 신앙인이 할 일은 아닙니다(롬 13 : 7).

015 직장에서 성실히 일하고, 전화 한 통화라도 사적으로 쓰지 마십시오. 남들 모두 일 하는데 혼자 성경책을 읽거나 기도하지 마십시오. 직장에서는 열심히 일하는 것이 신앙입니다(골 3 : 23).

016 돈을 못 갚아 쩔쩔매는 사람에게 돈 갚도록 독촉하지 마십시오. 그 마음에 답답함을 느낀답니다(신 15 : 2).

017 초상집과 잔치집, 둘 다 가야 하는데 시간이 겹치는 경우엔 가능한 초상집으로 가십시오(전 7 : 2).

018 세상적으로 볼 때 작은 사람, 보잘 것 없는 사람, 즉 고아, 과부, 장애자, 노인, 어린이, 말단사원에게 더 잘해 주십시오(마 25 : 40).

019 남을 속여 얻은 돈을 쓰는 것은 모래를 씹는 것과 같습니다. 처음부터 속임수를 써서 돈 벌 생각은 단념하십시오(잠 20 : 17).

020 사업을 할 때는 종업원에게 잘해 주십시오. 더 부려먹고 덜 주려고 하지 말고 덜 부려먹고 더 주려고 하십시오. 이것이 신앙인의 사업 태도입니다(딤전 5 : 18).

021 직장의 사무용품을 집으로 가져오는 것, 점심시간 전에 나가서 점심시간이 지난 후에 들어오는 것, 거래처에서 부당한 향응을 받는 것 등도 속이는 행위이므로 하지 마십시오(잠 11 : 1).

022 돈 때문에 형제를 세상 법정으로 끌고 가지 마십시오. 정 안 되면 떼인 셈치고 기다리는 것이 하나님 앞에 잘하는 것입니다(고전 6 : 7).

023 음행을 용기로 알거나 음담패설을 재주로 아는 사람과 가까이 하지 마십시오. 생활도 전염될 수 있습니다(고전 5 : 11).

024 돈은 생기는 대로 쓸 데가 생기는 법이니 돈에 대해 지나친 욕심을 갖지 마십시오(전 5 : 11).

025 직장에서 윗사람과 좋은 관계를 유지하십시오. 그가 당신의 일에 대해 평가하는 것을 묻고, 지적받은 일을 고치십시오(골 3 : 22).

026 빚을 지면서까지 사업을 확장하지 마십시오. 크게 벌이는 것보다 견고히 지키는 것이 더 중요합니다(눅 6 : 48).

027 낙찰계, 피라미드 판매, 땅투기, 가명금융투자, 환치기 등 부당한 방법으로 부자가 되려고 하지 마십시오. 그렇게 얻은 돈은 쉽게 나가거나 올무가 된답니다(잠 23 : 4-5).

028 여자의 미니스커트만 봐도 마음이 흔들리면 의도적으로 그런 장면을 보지 않도록 하십시오(딤전 4 : 7).

029 가짜 물건을 팔지 마십시오. 수입쇠고기를 한우라고, 외제도 아닌 것을 외제라고 속여서 거래하지 마십시오(잠 20 : 10).

030 듣기에 좋은 아첨을 하지 마십시오. 진실을 말해 주어야 진정한 인간관계가 지속됩니다(시 12 : 3).

031 다른 사람의 명예를 훼손하지 마십시오. 본인이 없는 데서 그의 험담을 하는 것은 비열한 일입니다(출 20 : 16).

032 어려움에 처한 이웃을 너그럽게 선대하십시오. 도와줄 수 있는 것은 미루지 말고 도우십시오(잠 11 : 17).

033 부동산 투기나 아파트 매매의 차액을 챙기지 마십시오. 당신의 이익이 상대방의 피눈물이라는 것을 기억하십시오(사 5 : 8).

034 떡, 김치 등 특별한 음식을 만들었으면 이웃과 나눠 먹으십시오. 나눠 주는 기쁨도 큰 행복이 됩니다(히 13 : 16).

035 바가지 요금, 과대광고, 거짓광고, 불공정 유통은 신앙인이 할 일이 아닙니다. 버리십시오(레 19 : 35-36).

036 모르는 것이 있으면 자녀, 제자, 아랫사람에게 물으십시오. 몰라서 묻는 것은 부끄러운 일이 아닙니다(빌 2 : 3).

037 통치자들을 비방하지 마십시오. 비판할 때도 극한 용어를 삼가고 그들이 바로 직무를 수행하도록 기도로 도와 주십시오(출 22 : 28).

038 아무리 원수라도 직접 원수 갚을 생각을 하지 마십시오. 우리에게 그런 권리가 허락되지 않았습니다(롬 12 : 19).

039 땀흘려 일하지 않고 거저 얻는 공짜를 좋아하지 마십시오. 손으로 수고하여

얻은 대가가 소중한 것입니다(살후 3 : 10).

040 파렴치한 사람을 보거든 정죄하지 말고 불쌍히 여기십시오. 하나님이 붙잡아 주시지 않으면 나도 그런 사람이 될 수 있습니다(눅 22 : 31).

041 버스나 사람을 기다리는 쪼가리 시간들을 생산적으로 활용하십시오. 단어나 성경 구절을 외우고 묵상하는 것도 큰 유익을 줍니다(신 6 : 7).

042 모든 일을 돈과 연관지어 생각하지 마십시오. 그러다가는 하나님도 돈으로 보입니다. 하나님 중심의 관점에서 생각하십시오(고후 10 : 5).

043 당신의 어떤 점이 다른 사람을 화나게 하고 시험에 들게 하는지 찾아보십시오. 그리고 그것을 고치려고 노력하십시오(마 7 : 5).

044 급히 가려고 서두르지 마십시오. 급히 가는 것보다 더 중요한 것은 바로 가는 것입니다(잠 19 : 2).

045 이 세상 일, 죽기 전까지의 일만 생각하면 선하게 살기가 어렵습니다. 이 세상은 잠깐 있다 가는 나그네 길인 것을 알아야 양보할 수 있고, 선하게 살 수 있습니다(벧전 2 : 11).

046 남의 단점이 보이면 그를 나무라기 전에 나에게도 그런 점이 있는가를 점검하십시오(마 7 : 3).

047 아내가 아닌 다른 여자와 식사할 일이 생기면 공개된 홀에서 하고 한적한 방으로 들어가지 마십시오. 냉정하다는 오해를 받더라도 그것이 좋습니다(딤전 5 : 2).

048 상스런 농담, 성을 소재로 한 야한 말들을 상습적으로 하는 것은 좋지 않습니다. 그런 자리에 가면 신속히 피하는 것이 좋습니다(엡 5 : 4).

049 부정한 방법을 돈을 얻거나 일을 이루고 나서 평생 마음에 부담을 갖는 일이 없도록 하십시오. 마음의 평화가 경제적 풍요보다 더 중요합니다(잠 15 : 16).

050 만날 때마다 세상적인 자랑만 하여 당신의 사기를 저하시키는 사람은 얼마간 만나지 말고 피하십시오. 그것이 좋습니다(고전 5 : 11).

051 가만히 앉아서 기도만 한다고 돈이 하늘에서 떨어지지 않습니다. 돈을 벌려면 손발을 움직여 성실히 일해야 됩니다(잠 12 : 14).

052 문서를 위조하거나 학력을 허위로 조작하지 마십시오. 자기를 거짓으로 꾸미는 것은 외식이고 큰 죄입니다(딤전 4 : 2).

053 어떤 사람을 친구로 만들고 싶으면 먼저 그 사람에게 관심을 가져 주십시오. 그의 좋은 점을 찾아 칭찬해 주고 존경하십시오(롬 12 : 10).

054 어떤 사람을 도와 주어 일이 잘되었는데도 감사의 인사가 없을 때 너무 섭섭해하지 마십시오. 도와줄 때는 아무것도 바라지 말고 도와 주십시오(눅 6 : 35).

055 사실과 달리 꾸며대거나 과장하고 한 말을 안했다고 하거나 안한 말을 했다고 하는 사람들이 추한 인생입니다(잠 28 : 23).

056 누구에게 무엇을 줄 때 아까운 마음이 들면 힘써서 주십시오. 작은 것이라도 주는 연습을 해야 합니다(행 20 : 35).

057 인생을 너무 조급하게 생각하지 말고 현재 여기에서 맡은 일에 최선을 다 하십시오(마 6 : 34).

058 마음 속 깊은 곳에 있는 '내가 누군데!'하는 교만함까지 파 내 버리십시오. 잘난 체하면 반드시 싸움이 일어납니다(잠 13 : 10).

059 상대방이 99를 잘못했고 내가 1을 잘못했더라도 그 하나 잘못에 대해 애통하게 생각하고 용서를 구하십시오. 상대방과 비교하지 말고 절대자와 비교하십시오(약 4 : 9).

060 말하는 도중에 누가 끼어든다 해도 그로 인해 마음 상하지 마십시오. 조급하게 처신하는 것은 지혜롭지 못합니다(잠 14 : 29).

061 남의 실수를 기억하거나 들춰 내지 말고 신속히 잊어 버리십시오. 당신의 기억 속에 담고 있을 것 중에 좋은 것만도 너무 많답니다(잠 17 : 9).

062 세상 법규를 잘 지키는데 특히 교통신호, 차선, 속도를 잘 지키십시오. 국가의 질서를 잘 지키는 것도 신앙인의 책임입니다(롬 13 : 7).

063 사업할 때 폭리를 취하려고 매점매석하지 마십시오. 남의 눈물로 돈을 버는 것은 신앙적인 태도가 아닙니다(잠 11 : 26).

064 누가 도움을 청하거든 가능한 당장 도와 주십시오. 내일 다시 오라고 하지 마십시오. 돕는 것도 기회가 지나면 할 수 없게 된답니다(잠 3 : 27-28).

065 보증을 서 줄 입장도 아니면서 다른 사람의 재정보증을 서 주지 마십시오. 만약 보증을 섰으면 여러 번 사과를 하더라도 신속히 취소하십시오(잠 6 : 1-5).

066 성적인 유혹이 생기는 장소는 의도적으로 피하십시오. 성적인 유혹을 느끼는 사람이 있으면 당분간 그와 만나는 기회를 피하십시오 (잠 5 : 7-8).

067 무슨 일을 하다가 큰 다툼이 예상되거든 양보하고 피하십시오. 서로 갈라서면서까지 꼭 얻어야 되는 것은 별로 없습니다(엡 4 : 3).

068 모든 사람에 대해 모든 일에서 참으십시오. 기막힌 상황에 처하더라도 한번

더 참아내는 미덕을 발휘하십시오(고전 13 : 7).

069 "아니오"라고 말해야 할 때는 우물쭈물하지 말고 딱 부러지게 "아니오"라고 말하십시오(약 5 : 12).

070 부당하게 얻은 재산은 쉽게 떠나갑니다. 자동차가 고장나던지, 건강이 나빠지든지, 사고가 나던지하여 지출요인이 생기게 됩니다(잠 13 : 11).

071 생각 없이 말하지 마십시오. "진실한 말인가? 이 상황에 적합한가? 듣는 이에게 유익한가?"를 짚어 보고 나서 말하도록 하십시오(잠 15 : 28).

072 소비자를 속이지 않고 정직하게 장사하면 성공은 자연스럽게 이루어집니다(잠 4 : 11-12).

073 마음에 있는 것을 모두 말해 버리는 것은 총알은 다 쏜 사람이 이제 맞을 일만 남은 것과 같습니다(잠 29 : 11).

074 부자라는 이유만으로 미워하거나 비난하지 마십시오(레 19 : 16).

075 자기를 자랑하지 마십시오. 자랑하는 사람 앞에서 기분 좋은 사람은 별로 없습니다(시 12 : 3).

076 고용주와 종업원은 일정한 규칙과 약속을 정하고 서로 지켜야 합니다. 서로의 입장과 이해관계가 반대이기 때문입니다(잠 29 : 19).

077 가능하면 약속한 날짜에 종업원의 봉급을 지불해야 됩니다(약 5 : 4).

078 빨리 부자가 되기를 바라지 마십시오. 잘못하면 올무에 걸려 후회하게 됩니다(잠 28 : 20).

079 남의 비밀을 공개하지 마십시오. 비밀을 지킬 땐 당신이 주인이지만 일단 말해 버리고 나면 당신이 노예가 됩니다(잠 25 : 9-10).

080 예수님은 30년을 준비하여 3년 동안 활동했습니다. 긴 시간 알차게 준비하여 멋있게 활용하십시오(잠 24 : 27).

081 이웃에 초상이 났거나 결혼을 하거나 돌잔치를 한다고 하면 반드시 가서 같이 슬퍼하고, 함께 즐거워하십시오(롬 12 : 15).

082 한번 지나가면 다시 안 오는 짧은 시간에 누구를 미워하지 마십시오. 그러기에는 시간이 너무 아깝습니다(요일 3 : 15).

083 가난한 사람이 원하면 돈을 빌려주십시오. 그리고 재촉하지 말며 이자받을 생각을 하지 마십시오. 그 이자는 하나님에게서 받을 수 있는 축복이랍니다(출 22 : 25).

084 자족하고 대범하십시오. 일이 뜻대로 안 되어도 초조해 하지 말고, 일이 잘 되어도 교만하지 마십시오(빌 4 : 11).

085 할 수만 있으면 일찍 출근해 일을 준비하고 늦게 퇴근하더라도 마무리하고 나오십시오(전 9 : 10).

086 매사에 부정적이고 비판적인 사람과는 할 수만 있으면 만날 기회를 피하십시오(고전 15 : 33).

087 모든 일을 나 혼자 다하려고 하는 것은 거만함입니다. 그러다 보면 상관없는 일에 간섭하게 되어 다툼이 생깁니다(잠 22 : 10).

088 우리의 눈이 밖을 향해 있으니 남의 일만 보이고 죄인이므로 잘못한 것만 보입니다. 나를 바라보고 내 잘못을 먼저 보아야 합니다(마 7 : 1).

089 부자에게 굽실거리고 가난한 자를 깔보는 것은 온당하지 않습니다. 하나님 앞에서는 다 귀중합니다(약 2 : 4).

090 가능하면 사람과 싸우지 마십시오. 싸울수록 영적으로 매이게 됩니다. 지고 살아야 영적으로 자유롭습니다(마 16 : 19).

091 무슨 일이든 시작한 일은 끝을 맺어야 합니다(전 7 : 8).

092 보수가 적다고 일감을 거부하지 마십시오. 악조건의 일에 최선을 다하면 선한 조건의 일이 뒤따라 옵니다(잠 19 : 15).

093 바다를 쳐다만 봐서는 고기를 잡을 수 없습니다. 바다로 나아가야 고기를 얻을 수 있답니다(사 43 : 16).

094 실패와 좌절의 경험이 없이 성공하는 사람도 없거니와 그런 성공은 귀하지도 않습니다(시 40 : 2).

095 남의 악한 일을 기억하지 마십시오. 내 몸과 마음이 먼저 상합니다. 남에게 던지려고 불덩이를 집으면 먼저 내 손이 데는 법입니다(고전 13 : 5).

096 세상에 억울한 소문이 나돈다 해도 일일이 변명하지 마십시오. 그것이 헛소문을 가장 빨리 가라앉히는 비결입니다(잠 17 : 28).

097 아무 대가도 바라지 않고 작은 선물이라도 주는 연습을 하십시오. 인간관계를 부드럽게 하는 비결이 됩니다(잠 19 : 6).

098 마음에 꺼려지는 사람, 불편한 관계에 있는 사람, 심지어 원수된 사람이라도 길에서 만나면 먼저 인사하십시오(마 5 : 47).

099 하루 벌어 하루 사는 사람들의 품삯을 그 날 주십시오. 경제적 여유가 없는

자들에게 제때 품삯을 주는 것도 선행입니다(신 24 : 15).

100 누구 자녀가 잘됐다거나 성공했다고 하면 시샘하지 말고 바로 가서 축하해 주십시오(고전 13 : 4).

3. 말씀대로 사는 교회생활

001 신앙생활을 잘 하면서도 불행과 험한 일을 만날 수 있습니다. 하나님이 치셨다든지, 저주하셨다든지 하는 말을 하지 마십시오(마 5 : 12).

002 신앙적으로 잘못했다 싶으면 머뭇거리지 말고 신속히 회개하고 돌이키십시오. 빠를수록 좋습니다(시 32 : 3-4).

003 매일 말씀을 읽고 듣고 암송하고 묵상하십시오. 특히 묵상할 때 복있는 자의 삶이 이루어집니다(히 4 : 12).

004 힘들어도 푸념이 넋두리, 신세 한탄을 삼가십시오. 힘들 때마다 받은 축복을 헤아려 보십시오(빌 4 : 6).

005 모든 일에 때가 있고, 그 때는 하나님이 정하십니다. 최선을 다하되 하나님의 때를 기다리는 것도 배우십시오(전 3 : 1).

006 겉보기엔 무익한 것 같아도 하나님에게는 모두 소용이 있습니다. 다른 사람의 가치도 인정해야 됩니다(고전 12 : 21).

007 하나님의 일이라고 해서 무조건 밀어붙이지 마십시오. 관계되는 이와 상의하여 중지를 모으는 것이 좋습니다. 다소 늦어지더라도 그 과정을 거치는 것이 성경적입니다(롬 12 : 4-5).

008 이분법적 사고로 불신자나, 이 세상을 마귀 운운하지 마십시오. 그들도 하나님이 사랑하시는 귀한 생명입니다(겔 33 : 11).

009 주일이라도 긴급환자의 치료, 공공시설 운영, 기차와 고속버스의 운행 등 필수적인 일은 해야 됩니다(마 12 : 5).

010 주일에 자신은 예배보며 종업원들은 출근하게 하는 것은 교묘하게 주일을 범하는 것입니다(출 20 : 10).

011 주일은 구별하여 지키십시오. 범죄, 오락, 쾌락 등에 쓰지 마십시오(출 20 : 8).

012 사람이나 환경 또는 말씀을 통해 양심에 걸리는 일이 있으면 바로 돌이키기 바랍니다. 묵인하다 보면 호미로 막을 것을 가래로도 못 막습니다(잠 16 : 18).

013 가능하면 성경 말씀들을 암송하십시오. 죄의 유혹을 물리치는 데 결정적인 도움을 얻습니다(시 119 : 11).

014 어떻게든지 하나님 말씀대로 살려고 노력하십시오. 하나님께서 그런 사람을 도우십니다(대하 16 : 9).

015 구역예배(속회예배) 드리는데 음식 준비한다고 빠져 나가지 마십시오. 음식이 늦어도 좋으니 예배에 전념하십시오(눅 10 : 41-42).

016 신앙인은 남녀구별 안 되는(unisex) 옷이나 머리 모양을 하지 마십시오. 정숙한 것도 신앙인의 책임입니다(신 22 : 5).

017 하나님 말씀을 정기적으로 읽고, 듣고, 보고, 묵상하면 믿음이 자라나게 됩니다(롬 10 : 17).

018 하나님께서는 어떤 방법을 통해서든 심지어 투표나 제비뽑는 것을 통해서도 하나님 백성들을 인도합니다(잠 16 : 33).

019 큰 성공만 중요하게 여기지 말고 작은 일에 대해서도 기뻐하는 연습을 하십시오(잠 17 : 22).

020 작은 것이라도 죄짓지 마십시오. 바위뿐만 아니라 모래알도 바다에 넣으면 똑같이 가라앉듯이 작은 죄도 인생을 붕괴시킵니다(롬 6 : 23).

021 사람은 보고 들은 것을 내놓는 것이니 보는 것과 듣는 것을 가려서 채우십시오(잠 4 : 23).

022 일을 자기 고집대로만 하려고 하지 마십시오. 자기 고집대로 성공하더라도 대신 인심을 잃고 따돌림을 받는다면 어리석은 것입니다(잠 12 : 1).

023 세상에서 가장 미련한 사람은 잘못인 줄 알면서도 신속히 돌이키지 않는 사람입니다(잠 27 : 22).

024 십일조 헌금은 출석교회에 내는 것이 좋습니다. 나누어서 다른 곳에 드리지 않는 것이 좋습니다(말 3 : 10).

025 최선을 다해 수고했는데 관계된 사람들이 알아주지 않는다고 섭섭해하지 마십시오. 은밀한 중에 보시는 하나님은 선악 간에 진실을 아십니다(골 3 : 23).

026 성경말씀대로 살면 백전불위(百戰不危)이니 가장 안전하고 지혜로운 사람입니다

(시 119 : 105).

027 교회에서 재정을 다룰 때에 성경적 원리에 합당한지 검토해야 됩니다. 십일조는 바치는 것 뿐 아니라 사용하는 것도 중요합니다(출 20 : 20).

028 신앙 때문에 먹지 못하고(술, 담배), 가지 못하고(유흥장), 하지 못하는 것(타락)이 곧 복받은 증거입니다(시 48 : 17).

029 기도하는 시간은 낭비가 아니라 재충전이요, 바로 살기 위한 우선 멈춤입니다(고전 9 : 25).

030 한 번만 더 참으면 모든 사람이 화평해지는데 분에 못 이겨 안 할 말을 하지는 않았는지 생각해 보십시오(잠 21 : 23).

031 기도를 멋있게 하려고 애쓰지 마십시오. "나는 부족하고 못났으나 하나님이 나의 아버지니까 담대히 나왔습니다."라고 말하십시오(히 4 : 16).

032 하나님을 대적하는 것이 아닌 한 모든 기도는 헛되지 않습니다. 하나님께 아뢰었으면 그분의 조치를 믿고 기다리십시오(눅 18 : 7).

033 집, 교회, 직장에서 궂은 일은 내가 도맡아 한다는 생각으로 봉사하십시오(갈 5 : 13).

034 교회에서 어떤 성도에게 성적으로 마음이 끌리면 우선 그와 만나는 기회를 피하십시오. 봉사를 하더라도 당분간 같은 부서에서 하지 마십시오(잠 6 : 25).

035 십일조는 한 달간 모든 소득의 1/10입니다. 다른 기준으로 삭감하지 마십시오(히 7 : 2).

036 소득이 있을 때마다 먼저 십일조를 구분해 놓는 것이 좋습니다. '뒤에 한몫으로 드리지'하고 미루다가 온전한 십일조를 못하게 될 수 있습니다(고전 16 : 2).

037 나에게 발생한 일의 이유를 모른다 해도 하나님의 선하심을 믿고 함부로 부정적인 생각을 히지 마십시오(전 11 : 5).

038 우리 인생은 하나님이 결정하시는데, 그분은 우리를 사랑하고 계십니다. 그러니 어떤 일이 와도 두려워 마십시오(삼상 2 : 6-7).

039 내가 할 수도 안 할 수도 있는 일이라도 주변 사람에게 시험이 될 수 있을 때는 하지 않는 것이 좋습니다(고전 8 : 9).

040 돈 때문에 걱정하고 근심하게 만들어 성도의 관심을 하나님께서 돌리게 만드는 것이 마귀 책략입니다(딤전 6 : 10).

041 주일 1부예배만 보고 가게 문 여는 것을 생각해 보십시오. 매상이 준다해도

하나님 말씀대로 살면 하나님께서 책임져 주십니다(출 20 : 10).

042 내 자존심이 무너지고 경제적인 손해를 보더라도 하나님 명령대로 살아가는 이가 복을 받습니다(전 12 : 13).

043 효과 없는 걱정, 무익한 두려움을 버리십시오. 하나님께 맡긴 채 평안을 누리십시오(잠 3 : 25-26).

044 일단 하나님과 약속한 것을 그대로 지키십시오(시 15 : 4).

045 아침에 화가 났더라도 저녁까지 끌고 가지 마십시오(엡 4 : 26-27).

046 성도들이 성경대로 살지 않으면 세상사람들이 성도를 깔보고 멸시합니다(마 5 : 13).

047 말을 조심하십시오. 후회할 말을 홧김에 쏟아 놓지 않도록 매일 기도로 대비하십시오(시 141 : 3).

048 성도가 겪을 고난과 연단에는 하나님께서 그 한계를 정해 놓습니다 (고전 10 : 13).

049 「一口二言」 한 말을 안 했다거나 안한 말을 했다고 거짓말하지 마십시오. 하나님과 멀어집니다(잠 4 : 24).

050 내일 일을 모르고 살므로 선하신 하나님을 절대적으로 믿고 살아야 합니다(약 4 : 14).

051 누구든지 자기 나름대로의 아픔과 고난이 있습니다. 나만 당한다고 생각지 마십시오(벧전 5 : 9).

052 성도는 사람들과 부딪힐 때마다 성장하므로 사람들과 충돌하는 것을 이상히 여기지 마십시오(잠 27 : 17).

053 피곤하면 새벽기도를 못 갈 수 있습니다. 그런 때에 잠자리에서 일어나 "하나님! 인도해 주십시오!"라고 기도하고 하루를 시작하십시오(시 63 : 1).

054 말 못하는 짐승이라고 학대하지 마십시오(신 25 : 4).

055 어떤 사람 때문에 정 괴롭거든 어디 한적한 데 가서 실컷 울고 오십시오. 그 사람과 맞서서 싸우지 마십시오(사 53 : 7).

056 하지 않겠다고 결심하고 그 일을 번복해 하는 것은 개가 토한 것을 다시 핥아먹는 것과 같습니다. 죄의 유혹이 올 때마다 멀리하려고 노력하십시오(잠 26 : 11).

057 원하는 것이 없거나 원치 않는 것이 있을 때 괴롭습니다. 그러나 곰곰이 생각해 보면 내가 이해 못한 결과적 유익이 될 때가 많습니다 (마 6 : 32).

058 내가 이해되지 않는다고 하나님을 원망하지 마십시오. 나에게 절대로 손해가

아니기에 그 일을 허락한 것입니다(욥 23 : 10).

059 억울하고 고통스런 일을 당할 때 너무 좌절하지 마십시오. 하나님은 항상 당신 곁에 계시니 외로워하지 마십시오(빌 4 : 6).

060 원수를 직접 갚으려 하지 마십시오. 한번 틀어진 사람의 마음은 쉽게 움직여지지 않습니다. 하나님께서 움직이도록 맡기십시오(잠 16 : 7).

061 자기를 낮추십시오. 남이 잘되는 일이라면 다소 손해를 봐도 허용하십시오. 바보가 되는 것이 필요할 때가 있습니다(마 23 : 12).

062 어떤 사람에 대해서도 나쁘게 얘기하지 마십시오. 악한 사람도 빨리 판단하지 마십시오. 하나님께서도 심판 날까지 그를 정죄하지 않으십니다(롬 14 : 10).

063 과거에 너무 집착하지 마십시오. 미래를 중시하십시오. 우리의 남은 인생은 과거가 아니라 다가올 미래이기 때문입니다(빌 3 : 13-14).

064 신앙인은 나를 음해하고 모함하는 사람들의 입이 다물어질 때까지 선하게 살아야 합니다(벧전 2 : 12).

065 우리의 운명은 우리 손에 좌우되지 않고 우리를 사랑하시는 하나님의 장중에 있습니다(사 49 : 15).

066 고난을 당할 때 자기를 돌아보고 "이제부터라도 말씀대로 살아야겠구나!"하는 결심을 했다면 그것은 복된 고난입니다(시 119 : 67).

067 삶의 전 분야를 하나님께서 관리하시게 하십시오. 일거수일투족을 하나님께서 주장하시게 하십시오(약 4 : 7).

068 무슨 일이 잘못되었을 때 서로 탓하지 마십시오. 서로 원망하지 마십시오. 그러면 일이 두 번 잘못됩니다(약 5 : 9).

069 뜻하게 않은 욕을 당하지 않으려면 말하기 전에 상대방의 말을 끝까지 들으십시오(잠 18 : 13).

070 우리의 몸은 성령의 전입니다. 턱을 깎아 내고, 가슴을 부풀리고, 눈을 째는 성형수술보다 원래 모습 그대로를 아끼고 가꾸십시오(고전 6 : 19-20).

071 세상일도 부지런해야 성공합니다. 신앙생활도 부지런하고 게으르지 않아야 됩니다(잠 10 : 4).

072 신앙인은 인간관계가 좋아야 합니다. 인간관계를 좋게 가지려면 남을 인정하고 소중하게 생각해야 됩니다(빌 2 : 3).

073 하나님이 기뻐하실 일이면 그 일로 한 우물을 파십시오. 뒤를 보거나 좌우에

한눈팔지 마십시오(눅 9 : 62).

074 신앙인은 7번 넘어지면 8번째 일어나야 합니다. 현재의 상태에 주저앉아 있지 말고 빨리 일어나십시오(잠 24 : 16).

075 누구에게 원한을 품고 드리는 시도는 하나님이 듣지 않으십니다. 먼저 용서하고 화해하십시오. 당신이 먼저 손을 내미십시오(잠 24 : 16).

076 최악의 상황이라 생각돼도 절대 낙심하지 마십시오. 악을 선으로 바꿔 전화위복의 결과로 만든 예는 얼마든지 있습니다(시 107 : 29).

077 자신이 별것 아닌 것처럼 생각될 때마다 "나는 주님의 보혈로 사신 바 된 존재"임을 재확인하십시오(고전 6 : 19-20).

078 현재 시련 중에 있습니까? 하나님이 나를 더욱 훌륭한 존재로 다듬기 위해 단련시키고 계심을 믿으십시오(잠 17 : 3).

079 스스로 "나는 못났다. 나 같은 것이 무슨 일을 하겠는가?"라고 생각지 마십시오. 사람은 생각한 대로 된답니다(잠 23 : 7).

080 얼굴생김새 · 옷차림새 · 직업이나 직책 등만 보고 사람을 판단하지 마십시오. 그 내면을 봐야 됩니다(요 7 : 24).

081 죄를 지적해 주는 것은 좋으나 그를 기죽이진 마십시오. 죄책감 때문에 힘들어할 때는 권면이 먼저 필요합니다(히 3 : 13).

082 1주일에 한끼를 금식하고 그 절약한 돈으로 가난한 이웃을 섬기는 습관을 가져보십시오(사 58 : 6-7).

083 하나님을 의지하고 그 말씀대로 사는 것! 이것이 최고, 최선의 길입니다. 다른 길은 없습니다(잠 3 : 5).

084 친한 사람이라도 그의 일이 하나님 앞에 옳지 않으면 동조하지 마십시오. 아무리 미운 사람이라도 그의 하는 일이 하나님 앞에 옳으면 도와 주고 축복해 주십시오(시 1 : 1-2).

085 무엇이든 죄를 범한 것이 있으면 즉시 하나님께 자백하십시오. '다음에 하지'란 생각을 하지 말고 바로 그 자리에서 자백하십시오(요일 1 : 9).

086 말씀대로 살려고 노력하는 사람과 친구가 되십시오. 자주 만나십시오. 영적 유익이 클 것입니다(잠 27 : 17).

087 큰 일만 하려고 하지 마십시오. 성가대원, 교사, 구역장(속장), 차량 안내원 등 무엇이든 하나님은 똑같이 여기시니 성실한 마음으로 최선을 다하십시오(고전

12 : 18).

088 오늘 이 하루는 어제 죽은 사람 입장에서 보면 그토록 살고 싶어했던 하루입니다. 하나님이 주신 시간이니 소중하게 아껴서 쓰십시오 (행 17 : 28).

089 악한 사람이라도, 손해를 끼친 사람이라도 먼저 용서하십시오. 먼저 말을 건네십시오. 먼저 용서한 사람이 이기는 것입니다(엡 4 : 32).

090 이 세상에 흠 없는 사람은 하나도 없습니다. 흠 없는 사람만 찾다가는 외톨이가 됩니다. 흠이 있더라도 관용하고 품으며 사십시오(빌 4 : 5).

091 응급한 때에만 밥을 먹는 것이 아니라 평상시에도 먹듯이 문제가 있을 때만 아니라 항상 해야 하는 것이 기도입니다. 기도를 생활의 한 부분으로 삼으십시오(엡 6 : 18).

092 남의 불행을 보고 고소해하지 마십시오. 장애인을 보고 조롱하지 마십시오. 하나님께서는 그런 사람을 더 사랑하십니다(잠 17 : 5).

093 어중간하게 양다리에 걸치지 말고 기왕 믿을 바에는 철저하게 믿으십시오(약 1 : 8).

094 말실수 때문에 일평생 어려움을 당하는 사람이 많습니다. 혀를 잘 관리하십시오(약 3 : 6).

095 악한 사람이 세상적으로 성공하는 것을 부러워마십시오. 독버섯이 더 곱고 잡초가 더 무성해도 끝에 가서 실패하는 것이니 부러워마십시오(잠 23 : 17-18).

096 아무도 안보는 데서 내가 어떤 행위를 취하는가? 이것이 '실제의 나'라고 보면 틀림 없습니다.

097 "사람들이 당신을 어떻게 보는가" 보다 "하나님께서 당신을 어떻게 보시는가"에 유의하십시오(행 5 : 29).

098 사람을 볼 때 "나는 옳고 저 사람은 틀리다"라고 생각지 말고 "그와 나는 서로 다를 뿐이다"라고 생각하십시오. "틀리다"와 "다르다"를 잘 구별하십시오(롬 12 : 4-5).

099 몰래 골방에서 한 일, 은밀히 생각한 일도 하나님 앞에선 모두 공개될 것입니다. 누가 보든 안 보든 부끄럽지 않은 인생을 사십시오 (눅 12 : 3).

100 하나님께 충성한다는 신앙을 핑계대어 사람을 아프게 하지 마십시오. 자기 이웃을 하나님처럼 대하는 것이 신앙생활입니다(신 14 : 29).

제 **16** 장

신앙인이 지켜야 할 95가지 다짐

1. 개인의 삶에서
2. 가정생활에서
3. 직장생활에서
4. 사회생활에서
5. 국가생활에서
6. 교회생활에서

1. 개인의 삶에서

① 신앙의 목표를 정한다.
② 신앙서적을 한 달에 한 권 이상 읽는다.
③ 매일 30분 이상 성경을 묵상하고 기도한다.
④ 1년에 한 사람 이상 전도한다.
⑤ 교회의 성경공부와 신앙공동체 활동에 참여한다.
⑥ 장애인을 비롯한 불우한 이웃을 적극 돕는다.
⑦ 교회나 단체를 통해 지역사회 봉사에 참여한다.
⑧ 할 수 있는 한 모든 사람과 화평을 도모한다.
⑨ 장기기증 운동에 참여, 사랑의 문화를 만들어 간다.
⑩ 쓰레기를 줄이고 재활용 운동에 앞장선다.
⑪ 어떠한 이유로도 불의한 재물을 손에 넣지 않는다.
⑫ 한 달 생활비를 계획하에 사용하고 가능한 한 가계부를 적는다.
⑬ 백화점보다는 바자회나 알뜰시장을 이용한다.
⑭ 의복을 검소하게 입는다.
⑮ 충동구매를 하지 않도록 신용카드 사용을 억제한다.
⑯ 자가용보다는 가능한 한 대중교통을 이용한다.
⑰ 반기독교 사상과 문화에 대해 관심을 갖고 그 입장을 단체나 매체를 통해 알린다.
⑱ 신앙적인 영화, 연극, 음악회, 전시회 등을 관람한다.
⑲ 신문이나 잡지를 정기 구독해 사회에 대한 이해와 비판 능력을 기른다.

2. 가정생활에서

① 가정예배를 매일 또는 정기적으로 드린다.
② 가족회의를 거쳐 신앙적 가훈을 만든다.
③ 주일예배에 반드시 참여하고 교회서 봉사의 직분을 한 가지 이상 갖는다.
④ 이웃가정 전도하기를 힘쓴다.
⑤ 자녀교육을 위한 몇 가지 원칙을 만들어 지킨다.
⑥ 가족구성원 모두가 귀가시간을 정해 지키도록 한다.
⑦ 부모를 항상 공경하교 효를 자녀에게 가르친다.
⑧ 부부간 대화시간을 중요시하며 1년 1회 부부의 날을 정해 지킨다.
⑨ 이혼은 하나님이 맺은 것을 나누는 일이므로 생각하지 않는다.
⑩ 자녀와 매일 30분 이상 대화하도록 노력한다.
⑪ 자녀의 취미나 특기를 공유할 수 있도록 함께 배운다.
⑫ 정기적으로 가족회의를 연다.
⑬ 휴가는 가족과 함께 보내도록 힘쓴다.
⑭ 성차별적인 말을 삼간다.
⑮ 가족구성원이 모두 집안의 일을 분담하도록 한다.
⑯ 가족 대소사를 앞두고 점이나 사주 등 미신에 의지하지 않는다.
⑰ 성경적인 추도식이 되도록 지혜롭게 행한다.
⑱ 종교가 다른 가족과는 분쟁보다 모범적인 생활로 전도에 이르게 한다.
⑲ 사후에 재산의 사회환원이나 복지기관, 교회 기탁을 신중히 결정한다.

3. 직장생활에서

① 항상 기도로 업무를 시작하고 기도로 마친다.
② 주어진 업무를 성실히 수행해 동료들의 본이 된다.
③ 상사에게 최대한 순종하되 불의한 명령은 단호히 거부한다.
④ 동료들의 어려운 일에 앞장서 도와 준다.
⑤ 동료들과의 화합에 최선을 다한다.
⑥ 동료를 전도하기 위해 노력한다.
⑦ 업무시간 내에 사적인 전화사용, 사무용품의 사적인 활용을 자제한다.
⑧ 회식에는 참여하나 술은 마시지 않는다.
⑨ 모두에게 친절히 대한다.
⑩ 성희롱이나 폭력 행사를 안할 뿐 아니라 그런 행동을 하지 않도록 권고한다.
⑪ 주일성수가 성경적임을 알되, 당장 시행하기 어려울 때는 기도하며 동료의 이해를 구한다.
⑫ 뇌물을 받고 상대의 편의를 도모해 주는 일을 하지 않는다.
⑬ 지나친 부를 축적하는 데 마음을 두지 않고 일용할 양식을 주신 데 감사한다.
⑭ 투기와 도박을 삼가고 거짓으로 물건을 팔아 이익을 취하지 않는다.
⑮ 신우회 또는 기독직업인 단체의 회원이 되어 적극 참여한다.
⑯ 장애인을 고용하고 외국인 노동자를 차별하지 않는다.

4. 사회생활에서

① 청소년에 대한 술, 담배, 음란물 판매를 막는 데 힘쓴다.

② 청소년의 일탈행위는 내 자녀의 일로 생각하고 지도한다.
③ 인공유산(낙태)을 행하거나 권유하지 않는다.
④ 인명경시 풍조에 반대하는 입장을 널리 알린다.
⑤ 안락사를 반대한다.
⑥ 단체나 교회의 환경보전 사업에 동참한다.
⑦ 공해유발 업소를 이용하지 않는다.
⑧ 기초자치 단체가 민주적으로 운영되도록 참여한다.
⑨ 청소년 유해업소를 감시한다.
⑩ 교통질서를 반드시 지킨다.
⑪ 학교운영위원회 등에 적극 참여, 기독교적 교육정신이 학교에서도 실현되도록 노력한다.
⑫ 타종교의 시설물이나 상징에 대해 불필요한 적대감을 갖지 않는다.
⑬ 기독교 시민운동에 적극 참여한다.
⑭ 교회나 사회의 부정선거 사례를 적극 고발한다.
⑮ 합리적인 정치의식을 기른다.
⑯ TV, 라디오, 신문 등을 모니터하고, 부당한 내용에는 해당매체에 항의 전화를 한다.
⑰ 사회의 경제적 정의가 이루어지도록 노력한다.

5. 국가생활에서

① 각종 투표에 적극 참여한다.
② 기독교적 국가관과 역사의식을 갖기 위해 노력한다.
③ 납세 등 국민의 의무를 정직하고 성실하게 준수한다.
④ 법을 지키고 잘못을 저질렀을 때 제재를 피하려 들지 않는다.
⑤ 특권이나 인맥 등을 이용해 이익을 추가하지 않는다.
⑥ 정부의 부당한 처사는 교회나 시민단체의 도움으로 시정을 요구한다.

6. 교회생활에서

① 신앙의 체험을 위해 말씀대로 실천한다.
② 무속주의, 신비주의 신앙을 멀리한다.
③ 청소년과 청년들이 신앙성숙을 위한 별도의 공간과 프로그램을 제공한다.
④ 기독교 학교에 장학금을 지원한다.
⑤ 지체장애인을 위한 시설을 마련한다.
⑥ 복지시설 방문을 정기적으로 실시한다.
⑦ 빈민지역 학생들을 위한 공부방을 운영한다.
⑧ 교회의 낭비와 사치를 추방하고 성도들에게 절제를 권유한다.
⑨ 구제와 선교 예산을 우선 책정한다.
⑩ 농어촌 교회가 생산한 농수산물을 구입해 농어촌 교회를 돕는다.
⑪ 목회자는 대외활동에 앞서 성도들의 신앙성숙이 우선 과제임을 인식하고 목양에 힘쓴다.
⑫ 잘못된 기복신앙을 지양한다.
⑬ 유아, 어린이, 청소년 예배와 행사에 담임목회자가 정기적으로 나서고, 지도자와 학생의 고민을 듣는 시간을 마련한다.
⑭ 교회시설을 학교나 지역사회 등 일반에 공개하며 편의도모에 힘쓴다.
⑮ 교회 내에 장애인을 위한 시설을 갖춘다.
⑯ 교회 내에서 권징이 공정하게 이루어지도록 한다.
⑰ 비성경적 교세확장을 지양한다.
⑱ 기독교계 신문, 잡지, 방송을 구독 청취하고 그에 대해 의견을 개진하며, 수용과 건전한 비판을 한다.

욕구강도 프로파일

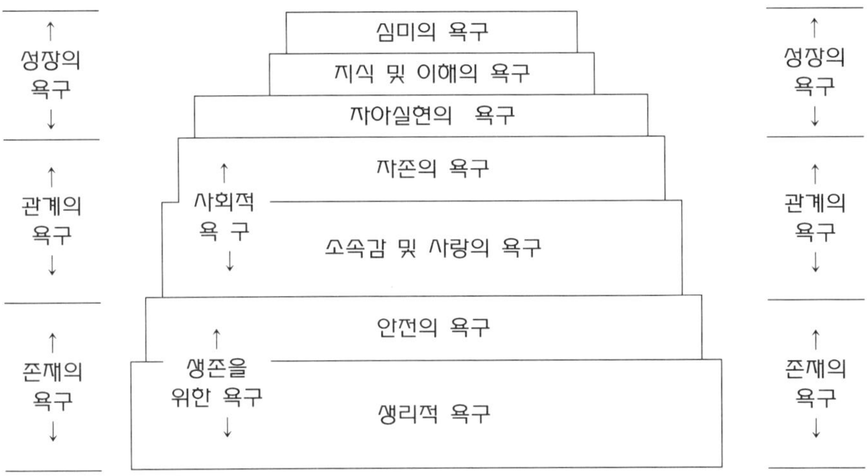

〈Alderfer의 위계〉

〈 Maslow의 위계욕구〉

※ 아래 질문에 대해 대답을 해 보고 다음과 같이 점수를 주세요.

· 전혀 그렇지 않다 : 1	· 자주 그렇다 : 4
· 별로 그렇지 않다 : 2	· 언제나 그렇다 : 5
· 때때로 그렇다 : 3	

1. 생존 욕구

- 돈이나 물건을 절약하는가? ( )
- 돈으로 살 수 있는 것에 각별한 만족을 느끼는가? ( )
- 자신의 건강유지에 관심을 가지고 있는가? ( )
- 균형잡힌 식생활을 하려고 노력하는가? ( )
- 성적인 관심을 많이 지니고 있는가? ( )
- 매사에 보수적인 편인가? ( )

- 안정된 미래를 위해 저축하거나 투자하는가? ( )
- 부득이한 경우가 아니면 모험을 피하고 싶은가? ( )
- 외모를 단정하게 가꾸는 데 관심이 있는가? ( )
- 쓸 수 있는 물건을 버리지 않고 간직하는가? ( )

2. 사랑과 소속의 욕구
- 나는 사랑과 친근감을 많이 필요로 하는가? ( )
- 다른 사람의 복지에 관심이 있는가? ( )
- 타인을 위한 일에 시간을 내는가? ( )
- 장거리 여행 때 옆자리의 사람에게 말을 거는가? ( )
- 사람들과 함께 있는 것을 좋아하는가? ( )
- 아는 사람과는 가깝고 친밀하게 지내는가? ( )
- 배우자가 내게 관심을 가져 주기를 바라는가? ( )
- 다른 사람이 나를 좋아해 주기 바라는가? ( )
- 다른 사람들에게 친절하게 대하는가? ( )
- 배우자가 나의 모든 것을 좋아해 주기 바라는가? ( )

3. 힘과 성취의 욕구
- 내가 하는 가사나 작업에 대해 사람들로부터 인정받고 싶은가? ( )
- 다른 사람에게 충고나 조언을 잘 하는가? ( )
- 다른 사람에게 무엇을 하라고 잘 지시하는가? ( )
- 경제적으로 남보다 잘 살고 싶은가? ( )
- 사람들에게 칭찬 듣는 것을 좋아하는가? ( )
- 내 밑에서 일하는 사람이 문제가 있을 때 쉽게 해고하는가? ( )
- 내 분야에서 탁월한 사람이 되고 싶은가? ( )
- 어떤 집단에서든 지도자가 되고 싶은가? ( )
- 자신을 가치있는 인간이라고 느끼는가? ( )
- 내 성취의 재능을 자랑스럽게 여기는가? ( )

4. 자유의 욕구
- 사람들이 내게 어떻게 하라고 지시하는 것이 싫은가? ( )

- 내가 원하지 않는 일을 하라고 하면 참기 어려운가? ( )
- 다른 사람에게 어떻게 살아야 한다고 강요하면 안 된다고 믿는가? ( )
- 누구나 다 인생을 살고 싶은 대로 살 권리가 있다고 믿는가? ( )
- 인간의 자유로운 선택능력을 믿는가? ( )
- 내가 하고 싶은 일을 하고 싶은 때 하고 싶은가? ( )
- 누가 무어라고 해도 내 방식대로 살고 싶은가? ( )
- 인간은 모두 자유롭다고 믿는가? ( )
- 배우자의 자유를 구속하고 싶은 생각이 없는가? ( )
- 나는 열린 마음을 지니고 있다고 믿는가? ( )

5. 즐거움의 욕구
- 큰 소리로 웃기 좋아하는가? ( )
- 유머를 사용하거나 듣는 것이 즐거운가? ( )
- 나 자신에 대해서도 웃을 때가 있는가? ( )
- 뭐든지 유익하고 새로운 것을 배우는 것이 즐거운가? ( )
- 흥미 있는 게임이나 놀이를 좋아하는가? ( )
- 여행보기를 좋아하는가? ( )
- 독서하기를 좋아하는가? ( )
- 영화보기를 좋아하는가? ( )
- 음악감상하기를 좋아하는가? ( )
- 새로운 방식으로 일하거나 생각해 보는 것이 즐거운가? ( )

바른삶 실천 채점표

* 다음 질문에 정직하게 대답해 주십시오.

자기 자신의 현재 삶이 질문에 아주 가까우면 ○표, 다소 거리가 있으면 △표, 아주 거리가 멀면 ×표를 해 주십시오(문제 중에 타인에게는 해당되나 자신에게는 해당되지 않는 문제가 있을 수 있습니다. 이런 경우에는 자신을 그 입장에 놓고서 그렇게 되기를 희망하면 ○표, 확답을 못하겠으면 △표, 그렇게 되기를 희망하지 않으면 ×표를 하시면 됩니다.).

1. (　　) 자녀들의 담임선생에게 불필요한 간섭을 않는다.
2. (　　) 좋은 학군을 찾아 위장전입을 하지 않는다.
3. (　　) 부동산 투기를 하지 않는다.
4. (　　) 전세, 월세값을 지나치게 올려받지 않는다.
5. (　　) 주택전매 차익을 위해 이사하지 않는다.
6. (　　) 주택을 한 채 이상 갖지 않는다.
7. (　　) 부모의 유산을 바라지도 않고 자녀에게 주지도 않는다.
8. (　　) 노부모와 자녀가 함께 사는 것을 좋아한다.
9. (　　) 귀가 시간이 늦지 않도록 최선의 노력을 한다.
10. (　　) 부부간, 자녀간에 대화를 자주한다.
11. (　　) 부부간에 존대말을 즐겨 사용한다.
12. (　　) 가족을 위해 밥을 지을 줄 안다.
13. (　　) 호화혼수를 반대한다.
14. (　　) 자녀의 호화 결혼식을 반대한다.
15. (　　) 함값을 절대로 주지 않는다.
16. (　　) 외제사치품(외국상품)을 구입하지 않는다.
17. (　　) 어떤 천재지변에도 사재기(매점매석)를 하지 않는다.
18. (　　) 우리 농산물을 즐겨 먹는다.
19. (　　) 샴푸, 린스, 스프레이, 세제를 쓰지 않는다.
20. (　　) 쓰레기는 타는 것과 안타는 것을 분리해서 버린다.

21. (　　) 무엇이든 일회용은 쓰지 않는다.
22. (　　) 공무원에게 부당한 급행료나 뇌물을 주지 않는다.
23. (　　) 어떤 경우에도 암표를 사지 않는다.
24. (　　) 범죄와 폭력현장을 보면 용감한 시민정신을 발휘한다.
25. (　　) 공공장소에서 줄서기를 좋아한다.
26. (　　) 유원지에서 쓰레기를 아무데나 버리지 않는다.
27. (　　) 잔디밭에 함부로 들어가지 않는다.
28. (　　) 선거시에 향응과 돈봉투를 절대 받지 않는다.
29. (　　) 어떤 경우라도 지역편견(지역감정)을 갖지 않는다.
30. (　　) 고스톱(화투)을 할 줄 모른다.
31. (　　) 술, 담배를 하지 않는다.
32. (　　) 음란비디오를 보지 않는다.
33. (　　) 마약을 절대 복용하지 않는다.
34. (　　) 불량만화를 보지 않는다.
35. (　　) 퇴폐 이발소에 가지 않는다.
36. (　　) 퇴폐 향락업소에 가지 않는다.
37. (　　) 승용차는 결코 혼자 타지 않는다.
38. (　　) 대중교통 수단을 자주 이용한다.
39. (　　) 하루에 평균 4km 이상 걷는다.
40. (　　) 차량운전을 할 때 규정속도를 위반하지 않는다.
41. (　　) 내 자신이 소유한 차량의 전용주차장을 가지고 있다.
42. (　　) 절대로 음주운전을 하지 않는다.
43. (　　) 사회봉사단체에 참여하고 있다.
44. (　　) 고아원이나 양로원을 정기적으로 방문하고 있다.
45. (　　) 소년소녀 가장을 도와 주고 있다.
46. (　　) 불우청소년을 위해 장학금을 내고 있다.
47. (　　) 흉금을 털어놓을 좋은 친구가 있다.
48. (　　) 다른 사람에게 좋은 일이 생기거나 상을 받으면 나도 기쁘다.
49. (　　) 인생에 있어서 가장 중요한 것은 남을 돕는 일이라고 생각한다.
50. (　　) 내 무덤은 30년 후에 화장해도 좋다.

※ 채점

(1) ○표 하나에 2점, △표 하나에 1점, ×표 하나에 0점씩 계산하여 100~80점은 모범시민, 79~60점은 보통시민, 59~40점은 아차시민, 39점 이하는 불량시민

(2) 자신의 점수는 남에게 공개하지 않는게 좋습니다.

우리들의 목표는 1년 내에 모범시민이 되는 것입니다.

<신앙지수 측정표>

다음 질문에 정직하게 대답해 주십시오.

(1~9 중에서 한 숫자를 써 주십시오. 질문에 대해 수긍하는 강도가 강할수록 번호가 높아집니다.)

1. 교회에 너무 많은 모임이 있다고 생각한다. (　　)
2. 주일이 되면 교회 가기가 짜증이 난다. (　　)
3. 예배 시간이 너무 답답하다. (　　)
4. 기도할 시간이 없다. (　　)
5. 식사 기도 외에는 하지 않는다. (　　)
6. 교회 안에 꼴 보기 싫은 사람이 있다. (　　)
7. 예수 믿는 사람들 모두가 위선적으로 보인다. (　　)
8. 자기 앞가림도 못 하는 사람이 교회 일을 열심히 하는 것을 보면 미련스럽게 보인다. (　　)
9. 바쁠 때는 주일 예배에 빠질 수도 있다. (　　)
10. 기도회는 여유 있을 때만 참석한다. (　　)
11. 성경을 모두를 하나님의 말씀이라고는 생각지 않는다. (　　)
12. 예배드릴 때 '아멘' 하는 사람들이 우습게 보인다. (　　)
13. 가족 가운데 누가 교회 일을 열심히 하는 것이 못마땅하다. (　　)
14. 헌금은 형편에 맞게 드려야 한다고 생각한다. (　　)
15. 바친 헌금이 하늘나라에 쌓인다고는 생각지 않는다. (　　)
16. 시간을 내어 성경을 보지는 않는다. (　　)
17. 교회에서 허드렛일을 하는 것이 자존심 상한다. (　　)
18. 전도는 하고 픈 사람만 하는 것이라고 생각한다. (　　)
19. 담임 목사로부터 부탁을 받는 것이 싫다. (　　)
20. 전화를 해서 누가 기도를 함께 하자고 할 때가 가장 싫다. (　　)
21. 성경 공부를 하는 것이 무척 부담이 된다. (　　)
22. 누가 나를 가르치려고 할 때 기분이 나쁘다. (　　)
23. 바쁜 시대다. 이제는 교회에 모이기보다는 시대에 맞는 신앙생활을 해야 한다. (　　)
24. 선교는 여유 있을 때 해야 한다. (　　)
25. 금식을 한다고 하는 것은 어리석은 일이다. (　　)

합 계 :

*총점이 25점에 가까울수록 신앙지수는 높아지고 225점에 가까울수록 낮아집니다. 125점 전후일 경우 신앙지수는 보통입니다.

즐거운 삶의 비결

샤워할 때는 노래를 하라.
일년에 적어도 한 번은 해오름을 보라.
완벽함이 아닌 탁월함을 위해 노력하라.
세 가지 새로운 유머를 알아두어라.
매일 세 사람을 칭찬하라.
단순히 생각하라.
크게 생각하되, 작은 기쁨을 즐겨라.
당신이 알고 있는 가장 밝고 정열적인 사람이 되라.
항상 치아를 청결히 하라.
당신이 승진할 만하다고 생각될 때 요구하라.
부정적인 사람들을 멀리하라.
잘 닦인 구두를 신어라.
지속적인 자기발전에 전념하라.
악수는 굳게 나누어라.
상대방의 눈을 보라.
먼저 인사하는 사람이 되라.
새로운 친구를 사귀되, 옛친구를 소중히 하라.
비밀은 반드시 지켜라.
상대방이 내미는 손을 거부하지 마라.
남을 비난하지 마라.
당신 삶의 모든 부분을 책임져라.
사람들이 당신을 필요로 할 때 거기에 있어라.
때로는 모르는 사람의 주차요금을 대신 내주어라.
삶이 공정할 거라고 기대하지 마라.
사랑의 힘을 얕보지 마라.
가끔은 아무런 이유가 없음을 이유로 샴페인을 터뜨리라.
설명하기 위해서가 아닌 주장할 수 있는 삶을 살아라.
실수했다고 말하는 것을 두려워하지 말아라.
남의 작은 향상에도 칭찬해 주어라.
약속은 꼭 지켜라.
오직 사랑만을 위해서 결혼하라.
옛 우정을 불붙게 하라.
자신의 행운을 기다려라.

제 17 장

Home, Sweet home

1. January
2. February
3. March
4. April
5. May
6. June
7. July
8. August
9. September
10. October
11. November
12. December

〈356 days with proverbs〉
— Laura Mauk의 「Home, Sweet home」에서 발췌

1. January

1) A house is built of logs and stones, of tiles and posts and piers; a home is built of loving deeds that stand a thousand years(Victor Hugo).
2) He is happiest, be he king or peasant, who finds peace in his home(Goethe).
3) -Homemade bath oil-1 pt. corn or peanut oil, 2Tbsp. detergent shampoo, few drops of favorite perfume Mix with beater and store in bottle. Two tablespoons should be added under running tap(Barb Kahl).
4) A hundred men can make an encampment, but it requires a woman to make a home.
5) To a small boy, home is merely a filling station.
6) When winter seems so gloomy, and it's the coldest day this year, remember to be grateful for family and may your warm home bring you good cheer.
7) The secret of contentment is knowing how to enjoy what you have, and to be able to lose all desire for things beyond your reach(Yutang).
8) Home is a place where I can be myself and where I can practice in private to be my best.
9) When the weather outside is frightful, stay in! Bake bread, make soup, put a log on the fire. The feeling of warmth and well-being will be wonderful!
10) Memories hide in every corner of my house, and I take great delight every time I stumble across one.
11) Every house where love abides and friendship is a guest, is surely home, and home, sweet home, for there the heart can rest(Henry Van Dyke).
12) There's always room for improvement, you know-it's the biggest room in the house(Louise Heath Leber).

13) Curses are like young chickens, they always come home to roost(The curse of Kehama).

14) A man travels the world over in search of what he needs and returns home to find it(George Moore).

15) Seek home for rest for home is best(Thomas Tusser).

16) A man's home is his castle and his scepter is the remote control.

17) If only the walls of this old house could talk, the stories they would tell! But everyone knows that houses keep secrets, and when asked, the walls keep still.

18) My mother made a quilt. In it is carefully stitched all the memories of my childhood home. I knew I would sleep peacefully under it.

19) Family tradition. On a cold winters night we gather together around the fireplace, drink hot chocolate and eat popcorn and talk.

20) Sweet is the smile of home; the mutual look,
When hearts are of each other sure;
Sweet all the joys that crowd the household nook,
The haunt of all affections pure(John Keble).

21) A small house well-filled is better than an empty palace(Thomas Chandler Haliburton).

22) Do not forget to entertain strangers, for by so doing some people have entertained angels without knowing it(Hebrews 13 : 2 NIV).

23) Hospitality consists of a little fire, a little food, and an immense quiet(Ralph Waldo Emerson).

24) In many a mountain fastness,
By many a river's foam,
And through the gorgeous cities,
Twas loneliness to roam;
For the sweetest music in my heart
Was the olden song of home(Bayard Taylor).

25) We need not power or splendor;
Wide hall or lordly dome;

The good, the true, the tender,

These form the wealth of home(Sarah J. Hale).

26) I want a house that has got over all its troubles; I don't want to spend the rest of my life bringing up a young and inexperienced house(Jerome K. Jerome).

27) Have nothing in your home that you do not know to be useful of believe to be beautiful(William Morris).

28) Houses are built to live in, and not to look on; therefore, let use be preferred before uniformity(Frances Bacon).

29) A comfortable house is a great source of my happiness. It ranks immediately after health and a good conscience(Sidney Smith).

30) The family that prays together stays together.

31) A little house-a house of my own-out of the wind's and the rain's way(Padraic Colum).

2. February

1) The fellow that owns his own house is always just coming out of a hardware store(Kin Hubbard).

2) Home interprets heaven. Home is heaven for beginners(Charles Henry Parkhurst).

3) When you enter into a house, leave the anger ever at the door(George Herbert).

4) House cleaning. When it becomes important enough, you'll make time! It usually becomes important enough about an hour before company comes.

5) The garage. Home to numerous items! Everything you don't know what to do with in the house is stored here. This is why most of us park in the driveway.

6) The Dining Room. This is usually located in the family room, in front of the television.

7) The living room is the prettiest and cleanest room in most homes. It is saved

for company. When company comes, we take them to the family room so they will feel at home.

8) Sweep the snow from your own door before you complain of the frost on your neighbor's tiles.
9) Homc is where part of the family waits until the rest of the family brings back the car.
10) Home is where the heart can bloom.
11) There were six people in my family. We had only one bathroom. Life was sometimes tricky, but never boring.
12) The number of accidents in the home are rising; people aren't spending enough time there to know their way around.
13) To fill a house with children is to fill your home with treasure!
14) Valentine's Day has been a custom since the 17th century. Instead of buying a card, sit down and write a special love letter. This is your opportunity to show your loved one just how much you really care.
15) Home is where you scratch anything that itches.
16) Can you remember when mothers worked at home, taking care of family and it was considered the thing to do ?
17) The easiest way to feel at home is to stay there.
18) Homes are now being built with every known convenience except low payments.
19) The factory that produces the most important product is the home.
20) Blessed is the mother who treats her child as she would be treated, for her home shall be filled with happiness(Lenora Zearfoss).
21) Prayer is the mortar that holds our house together.
    Bless the four corners of this house,
    And be the lintel blest;
    And bless the hearth, and bless the board,
    And bless each place of rest…(Arthur Guiterman).
22) The words a father speaks to his children in the privacy of the home are not overheard at the time, but as in whispering galleries, they will be heard

at the end and by posterity(Jean Richter).

23) This is the true nature of home-it is the place of peace(John Ruskin).

24) Practice Hospitality(Romans 12 : 13 NIV).

25) But what on earth is half so dear-so longed for-as the hearth of home ? (Emily Bronte)

26) The warmth of a home is not necessarily determined by its heating system.

27) Home is where you can take off your new shoes and put on your old manners.

28) Intelligence and courtesy not always are combined;
Often in a wooden house, a golden room we find(Henry Wadsworth Longfellow).

29) The Lord's curse is on the house of the wicked, but he blesses the home of the righteous(Proverbs 3 : 33 NIV).

3. March

1) When you enter a house, first say,
Peace to this house(Luke 10 : 5 NIV).

2) He who gives a child a home builds palaces in Kingdom come(John Masefield).

3) Every human being should have three homes; a domestic home, a church home, and an eternal home.

4) Some of today's happiest reunions occur when the children find their parents at home.

5) What it takes to make a house look lived in is children.

6) Happy homes are built with blocks of patience using love for mortar.

7) The nicest thing about going home is that I don't have to ask anyone's permission to go there.

8) It doesn't matter if you have a small home as long as you are big on love.

9) A man's home is his castle. At least that's how it seems when he pays taxes on it.

10) A home filled with children may be friendly and happy, but never peaceful.
11) The bad thing about being a home owner is that no matter what room you are in, you always see something that needs to be done!
12) I would rather have my family live in our home and have to replace the carpet, then to have them afraid to move at all!
13) We shape our dwellings, and afterwards our dwellings shape us(Winston Churchill).
14) How was quite a place when people stayed there(E. B. White).
15) Can you remember coming home from school to the smell of fresh baked cookies ?
16) There's always a woman telling you when you have to be home-first your mother, then your wife, then your baby-sitter.
17) There's no place like home, especially when you haven't got the money to go out.
18) Home is where everybody has the right to talk, and nobody bothers to listen. Especially the kids!
19) The best way to keep teenagers at home is to make home pleasant-and to keep the car keys.
20) Home is where the mortgage is.
21) The wife who is perfectly at home in art, music, and literature is probably at home everywhere-except at home.
22) Cleaning your house while your kids are still growing is like shoveling the walk before it stops snowing(Phyllis Diller).
23) The only way some men can get away from their families is to stay at home.
24) The rich spend more money on their homes, while the poor spend more time in theirs.
25) Home is the place where everything sooner or later wears out, including your nerves.
26) Three corners of the home rest upon the wife, and the fourth upon the husband.
27) Home is the only place where a man can do as he pleases, when his wife

is away.

28) There is no place like home when you are not invited anywhere.

29) All that keeps some families from having a home of their own is a popular teen-age daughter.

30) Sometimes we need to leave home long enough to get homesick.

31) Never knew how much fun owning a home could be until I had to paint the house.

4. April

1) This is the end of the calendar.
April Fools!

2) Strength of character may be acquired at work, but beauty of character is learned at home(Henry Drummond).

3) If you can't find the time to do it right the first time, when are you going to find the time to do it over?

4) You only get what you give yourself-so give yourself the best.

5) Do not judge a house by its appearance but by the warmth of the welcome(Russian Proverb).

6) To make an overnight guest's visit special place, fresh flowers next to their bed, have reading materials nearby and an array of special bath essentials for their pleasure.

7) Between the dark and the daylight,
When the night is beginning to lower,
Comes a pause in the day's occupations,
That is known as the Children's Hour(Henry Wadsworth Longfellow).

8) Where we love is home,
Home that our feet may leave but not our hearts(Oliver Wendell Holmes).

9) In our hurry to see a childhood stage go, we might miss unexpected joys

we'd treasure so.

10) I should count myself fortunate if my home were remembered for some inspiring quality of faith, charity and aspiring intelligence(Hamilton Wright Mable).

11) The most essential element in any home is God(Frank Crane).

12) Why should our thoughts to distant countries roam, when each refinement may be found at home ? (Royall Tyler)

13) To a do-it-yourselfer, a man's home is not his castle, but his project.

14) More and more married women are working nowadays, some of them even at home.

15) Tidy house, sharp mind.
Messy house, no time!
Clean house, smells fine!
In need of repair, too tired to care.

16) (Prayer) Father, help me to make this house a home, a warm and loving place my family can come home to. And when I am gone, let home be a good memory they can cling to.

17) The owner should bring honor to the house, not the house to the owner(Cicero).

18) Home life has its own rule of courtesy-a code more intimate, more subtle, more sensitive, and therefore, in some ways more difficult, than that of the outer world(C. S. Lewis).

19) If a house is divided against itself, that house cannot stand(Mark 3 : 25 NIV).

20) A happy home is more than a roof over your head-it's a foundation under your feet. For no one can lay any foundation other than the one already laid, which is Jesus Christ(1 Corinthians 3 : 11 NIV).

21) One way to bring outdoors into your living room is by a picture window; another is by your children's shoes.

22) The trouble with a dream house is that it costs twice as much as you dreamed it would.

23) At work, you think of the children you have left at home. At home, you think of the work you've left unfinished. Such a struggle is unleashed within yourself. Your heart is rent(Golda Meir).

24) A modern home is a place to go to get ready to go somewhere else.

25) A happy home is a peaceful home. A warm home is a friendly home.

26) Life is made up, not of great sacrifices of duties, but of little things, in which smiles and kindness, and small obligations given habitually, are what win and preserve the heart and secure comfort(Sir Humphrey Davy).

27) The lintel low enough to keep out pomp and pride; the threshold high enough to turn deceit aside; the door band strong enough from robbers to defend; the door will open at a touch to welcome every friend(Henry Van Dyke).

28) I've never been homesick. I always knew when I was well off(Eubie Blake).

29) Carry
O these feet of mine
Carry me to there
To where the road meets
The road that's overhang
With leaves both thick and moving
It is a long time since I have seen
My father and mother(Flavien Ranaivo, "Carry Me").

30) The ache for home lives in all of us, the safe place where we can go as we are and not be questioned(Maya Angelou).

5. May

1) The beauty of a house is harmony. The security of a house is loyalty. The joy of a house is love. The plenty of a house is in children. The maker of a house, of a real human house, is God himself, the same who made the stars and built the world(Frank Crane).

2) Long years you've kept the door ajar to greet me, coming from afar. Long years in my accustomed place I've read my welcome in your face(Robert Bridges).

3) Temptation is sure to ring your doorbell, but do not ask it to stay for dinner.
4) Instead of seeking happiness by going out of our place, our skill should be to find it where we are(Henry Ward Beecher).
5) But what on earth is half so dear-
So longed for-as the hearth of home ? (Emily Bronte)
6) Whether you're a woman of a man, when you're out there fighting the world, you want to come home and find peace(John H. Clarke).
7) Home is where the hope is(John McCluskey).
8) To Adam paradise was home. To the good among his descendants home is paradise(Hare).
9) Peace and rest at length have come,
All the day's long toil is past;
And each heart is whispering "Home, Home at last!"(Hood)
10) Fools build houses, and wise men buy them(English Proverb).
11) He that lives in a glass house must not throw stones(English Proverb).
12) Home building, home decoration and furnishing, and home marking, in fact, is the most outstanding phase of modern civilization(Edward Bok).
13) A child's sense of security and well-being is primarily rooted in the stability of his home and family(Dr. James Dobson).
14) Our sons and daughters will be grown so quickly and these days at home together will be nothing but a distant memory. Let's make the most of every moment.
15) There is a garden in my back yard. The memories of fragrant summers past always seem to sustain me through winter's dreariness. I welcome Spring with open arms.
16) Every spring we make our annual trek to the nursery to see what wondrous plants awaits us. Every summer, while pulling weeds and clipping hedges we come to realize the true meaning of spring fever.
17) A flower garden, in front of my window. A touch of spring and summer to see. A gentle rain I hear falling to give drink to all in need.
18) He promised me a trellis, a garden and a deck. He promised me morning

glories I have to see as of yet. He promised me a garden, I had to dig the holes. He promised me a fence, surrounding our beloved home.

19) (An American Suburb Proverb)

It is easy to make promises to do work around the house, but it is not easy to get your husband to keep such promises.

20) For those of us who love to watch the tulips come up in spring, last fall was the time to plant them.

21) The way children behave is a reflection of their respect for their parents(Dr. James Dobson).

22) When love and skill work together expect a masterpiece(Ruskin).

23) Adults should devote their creative energies to the teaching of love and dignity at home(Dr. James Dobson).

24) When you choose flowers to plant in your garden this spring, choose those you may want to press and keep forever, or those you may want to dry and use in flower arrangements.

25) Plant lots of baby's breath. It dries beautifully and looks good in any flower arrangement.

26) Let us, then, be up and doing,
With a heart for any fate;
Still achieving, still pursuing,
Learn to labor and to wait(Henry W. Longfellow).

27) Life is like music; it must be composed by ear, feeling, and instinct, not by rule(Samuel Butler).

28) If you have built castles in the air, your work need not be lost; that is where they should be. Now put the foundations under them(Thoreau).

29) My mother always told me happiness is a perfume you cannot pour on others without getting a few drops on yourself.

30) She always learned to watch for us,
Anxious if we were late,
In winter by the window,
In summer by the gate(Margaret Widdemer).

31) Curling smoke from a chimney low,
And only a few more steps to go.
Faces pressed at a window pane
Watching for someone to come again.
And I am the someone they want to see
These are the joys life gives to me.

6. June

1) Biblical principles offer the most healthy approach to family living-even turning stress to our advantage(Dr. James Dobson).
2) So let me come home at night and rest
With those who know I have done my best;
Let the wife rejoice and my children smile,
And I'll know by their love that I'm worthwhile.
For this is conquest and world success, a home where abided happiness(Edger Guest).
3) If we had paid no more attention to our plants than we have to our children, we would now be living in a jungle of weeds(Luther Burbank).
4) He who helps a child helps humanity with an immediateness which no other help given to human creature in any other stage of human life can possibly give again(Phillips Brooks).
5) To an open house in the evening, home shall men come(Gilbert Chesterton).
6) The strength of a nation is derived from the integrity of its homes(Confucius).
7) The modern idea of home has been well expressed as the place one goes from the garage(George Wickersham).
8) Nobody shoulders a rifle in defense of a boarding house(Bret Harte).
9) Growth is the only evidence of life.
10) We've got to love each brick an'stone from cellar up t'dome :

It takes a heap o'livin in a house t'make it home.

11) The Universal Declaration of Human Rights describes the family as the natural and fundamental unit of society(United Nations).

12) The reason parents no longer lead their children in the right direction is because the parents aren't going that way themselves(Frank Hubbard).

13) Every bird likes its own nest best(Randle Cosgrave).

14) I remember, I remember
The house where I was born,
The little window, where the sun
Came peeping in at morn(Thomas Hood).

15) Allow a pig to sit at your table, and it will put its feet on your plate(Russian Proverb).

16) Happiness is a strange place that immediately feels like home.

17) When houseplants need moisture, water them thoroughly and then let the soil dry out. Daily watering does more harm than good.

18) Since 1910, the third Sunday in June has been made special for all fathers. Happy Father's Day(Edgar A. Guest).

19) The smile, the cheerful, happy smile, were made for home, and fireside, peace and happiness.

20) You have not fulfilled every duty unless you have fulfilled that of being pleasant(Charles Buxton).

21) Yes! In the poor man's garden grow far more than herbs and flowers;
Kind thoughts, contentment, peace of mind, and joy for weary hours(Mary Howitt).

22) God, we thank You for this food,
For rest and home and all things good,
For wind and rain and sun above,
But most of all for those we love(Frost).

23) Did you know that babies carried close to their moms become literally closer to them? Don't hesitate to hold and snuggle as much as you can.

24) Home is where the love light shines.

25) Thank you God for summer, with all its flowers gay, and birds that sing and green grass, and butterflies that play!

26) If you want to create the illusion of more space in your home, add bright surfaces and more light. Visually, your narrow space has just been expanded.

27) To bring up a child in the way he should go, travel that way yourself once in a while(Josh Billings).

28) Instant availability without continuous presence is probably the best role a mother can play(Lotte Bailyn).

29) The formula for complete happiness is to be very busy with the unimportant(E. Newton).

30) The hardest thing to learn in life is which bridge to cross and which to burn(David Russell).

7. July

1) This is my country,
Land of my birth;
This is my country,
Grandest on earth!
I pledge thee my allegiance,
America the bold;
For this is my country to have and to hold!(Don Raye)

2) High towering mountains, fields gold with grain,
Rich, fertile farmlands, flocks on the plain,
Homes blest with peace, with love, without fears :
This is the heritage we've kept trough the years(Helen Steele).

3) Oh beautiful for pilgrim feet,
Whose stern, impassioned stress
A thoroughfare for freedom beat

Across the wilderness(Katherine Lee Bates).

4) Tis the star-spangled banner;
O long may it wave.
O'er the land of the free, and the home of the brave(Francis Scott Key).

5) She rises each morning to see her household; she looks toward the future with joy.
She teaches her children true lessons of kindness;
And shares with them wisdom the world can't destroy(Elizabeth de Gravelles).

6) Except the Lord build the house, they labour in vain that built it…(Psalm 127 : 1 KJV).

7) Bless be that spot, where cheerful guests retire
To pause from toil, and trim their evening fire.
Blest that abode, where want and pain repair,
And every stranger finds a ready chair(Oliver Goldsmith).

8) A small house well-filled is better than an empty palace(Thomas Chandler Haliburton).

9) I am surprised that intelligent men do not see the immense value of good temper in their homes; and I am amazed that they will take such pains to have costly houses, and yet sometimes neglect to bring home with them good temper(Theodore Parker).

10) The earth is all the home I have,
The heavens my wide roof-tree(W. E. Aytown).

11) Oh Thou, who dwellest in so many homes, possess Thyself of this. Bless the life that is sheltered here. Grant that trust and peace and comfort abide within, and that love and life and usefulness may go out from this home forever.

12) In every room I have something from the past. Each object is a chance to tell a fascinating story.

13) Old houses creek and groan with age. So it is with people.

14) Happiness grows at our own firesides and is not to be picked in stranger's gardens(Douglas Jerrold).

15) Give a child seven nannies, and it is sure to be neglected(Russian Proverb).

16) However humble the home may be,
Or tried with sorrow by Heaven's decree,
The blessings that never were bought or sold,
And center there are better than gold(Father Ryan).

17) The accent of one's birth place lingers in the mind and in the heart as it does in one's speech(Duc de La Rochefoucauld).

18) Half to forget the wandering and pain, half to remember the days that have gone by, and dream and dream that I am home again!(James Elroy Flecker)

19) I hate housework! You make the beds, do the dishes-and six months later you have to start all over again(Joan Rivers).

20) Wouldn't it be great if you could find a house for sale in the neighborhood where you'd like to live ?

21) The world needs more parents who will tuck their children into bed at night and read aloud to them before they fall asleep.

22) A child asleep on a father's shoulder is a picture of sweet contentment.

23) Let the one you would welcome to your hospitality be one you can welcome to your respect and esteem, if not to your personal friendship.

24) To thee I'll return, over-burdened with care;
The heart's dearest solace will smile on me there
No more from that cottage again will I roam;
Be it ever so humble, there's no place like home!(John Howard Payne)

25) Every traveler has a home of his own, and he learns to appreciate it the more from his wanderings(Charles Dickens).

26) Ripe peaches on a summer's eve, the stone's the only part you leave.

27) The less of routine, the more of life(A. B. Alcott).

28) Birds in their little nest agree;
And'tis a shameful sight,
When children of one family
Fall out, and chide, and fight(Isaac Watts).

29) Home life ceases to be free and beautiful as soon as it is founded on borrowing

and debt(Henrik Ibsen).

30) Home is where one starts from(T. S. Eliot).

31) Happy the man whose wish and care a few paternal acres bound,
Content to breathe his native air
In his own ground(Alexander Pope).

8. August

1) When you're safe at home you wish you were having an adventure; when you're having an adventure you wish you were safe at home(Thornton Wilder).

2) Home is the place where, when you have to go there, they have to take you in(Robert Frost).

3) My house, my house, though thou art small, thou art to me the Escurial(Jacula Prundentum).

4) Man is the head of the family, woman the neck that turns the head.

5) Who loves a garden, loves a greenhouse too.

6) His home, the spot of earth supremely blest, A dearer, sweeter spot than all the rest(James Montgomery).

7) Sweet is the smile of home; the mutual look, when hearts are of each other sure;
Sweet all the joys that crowd the household nook,
The haunt of all affections pure(John Keble).

8) True happiness is to no place confined, but yet is found in a contented mind.

9) Stay, stay at home, my heart, and rest;
Home-keeping hearts are happiest,
For those that wander they know not where are full of trouble and full of care;
To stay at home is best(Henry Wadsworth Longfellow).

10) But with love brooding there,
    Why, no place can compare
    With my little grey home in the west(D. Eardley Wilmot).

11) To make a happy fireside chime
    To wean & wife,
    That's the true pathos and sublime of human life(Robert Burns).

12) I love everything that's old : old friends, old times, old manners, old books, old wines(Oliver Goldsmith).

13) Go out into the highways and hedges and compel them to come in, that my house may be filled(Bible).

14) Hospitality consists in a little fire, a little food, and an immense quiet(Ralph Waldo Emerson).

15) What is more kindly than the feelings between host and guest ?

16) The family, that dear octopus from whose tentacles we never quite escape, nor, in our in most hearts, ever quite wish to(Dodie Smith).

17) What families have in common the world around is that they are the place where people learn who they are and how to be that way(Jean Illsley Clarke).

18) Heirlooms we don't have in our family. But stories we've got(Rose Chernin).

19) Family life! The united Nations is child's play compared to the tugs and splits and need to understand and forgive in any family(May Sarton).

20) A child's attitude toward everything is an artist's attitude(Willa Cather).

21) What its children become, that will the community become(Suzanne LaFollette).

22) There's a time when you have to explain to your children why they're born, and it's a marvelous thing if you know the reason by then(Hazel Scott).

23) A house can have integrity, just like a person(Ayn Rand).

24) A house that does not have one worn, comfy chair in it is soulless(May Sarton).

25) One's own surroundings mean so much to one, when one is feeling miserable(Edith Sitwell).

26) A house is no home unless it contains food and fire for the mind as well as for the body(Margaret Fuller).

27) I don't know exactly why the notion of home ownership has such a grasp on the American imagination. Perhaps as descendants of landless immigrants we turn our plots into symbols of stability(Ellen Goodman).
28) The ideal of happiness has always taken material from in the house, whether cottage or castle; it stands for permanence and separation from the world(Simone De Beauvoir).
29) "Home" is any four walls that enclose the right person(Helen Rowland).
30) Townfolk know pleasures, country people joys(Minna Thomas Antrim).
31) People need joy quite as much as clothing. Some of them need it far more(M. Graham).

9. September

1) If you stop to be kind, you must swerve often from your path(Mary Webb).
2) We cannot really love anybody with whom we never laugh(Agnes Repplier).
3) Life was meant to be lived, and curiosity must be kept alive. One must never, fot whatever reason, turn his back on life(Eleanor Roosevelt).
4) Every home should have music at least once a day. It changes moods from bad to good and chases blues away.
5) Learning to live with what you're born with is the process, the involvement, the making of life(Diane Wakoski).
6) You leave home to seek your fortune and when you get it you go home and share it with your family(Anita Baker).
7) Your relationships with people begin in the home where you learn values. It's the responsibility of the family(Melba Moore).
8) It is the family that gives us a deep private sense of belonging. Here we first begin to have our self defined for us(Howard Thurman).
9) Grandparent's Day. This tradition isn't old enough. They took time to teach us and tell us stories of they way things used to be. Honor them while we

still have time.

10) My grandmothers are full of memories. Smelling of soap and onions and wet clay. With veins rolling roughly over quick hands. They have many clean words to say.

11) I loved their home. Everything smelled older, worn but safe; the food aroma had baked itself into the furniture.

12) A true accolade was not only my father saying he was pleased, but that my grandmother would have been proud of me(William H. Hastie).

13) Hug your grandparents and way "I want to thank you for what you've done to make me and my life(Alex Haley)".

14) Grandparents somehow sprinkle a sense of stardust over grandchildren(Alex Haley).

15) At the worst, a house unkept cannot be so distressing as a life unlived(Rose McCaulay).

16) Old houses, I thought, do not belong to people, ever, not really, people belong to them(Gladys Taber).

17) Old houses have more character than new houses. Maybe this is due to so many people having lived in them.

18) A cloudy day, or a little sunshine have as great an influence on many constitutions as the most real blessings or misfortunes(Joseph Addison).

19) Did you ever wander through an empty house? Each room holds many secrets and there are never any answers.

20) I prefer a warm house filled with people. There won't be much peace and you can't keep any secrets.

21) The air was cold, the wind did blow I walked in silence and alone. As the wind came by, I heard a sigh, and realized, I had walked back home!

22) The first day of autumn. Open your curtains and you can literally watch the leaves turn magical colors. Let the colors of harvest be reflected in your home.

23) Delicious autumn! My very soul is wedded to it, and if I were a bird I would fly about the earth seeking the successive autumns(George Elliot).

24) Tis the last rose of summer
Left blooming alone;
All her lovely companions
Are faded and gone(Thomas Moore).

25) I saw old autumn in the misty morn
Stand shadowless like silence, listening to silence(Thomas Hood).

26) Autumn arrives in the early morning, but spring at the close of a winter day(Elizabeth Bowen).

27) This is my favorite time of year. It is a time of change and everywhere you look, there is something beautiful to look at.

28) Autumn is poetry in motion.

29) You see much more of your children once they leave home(Lucille Ball).

30) It is not a bad thing that children should occasionally, and politely, put parents in their place(Colette).

10. October

1) To most men their early home is no more than a memory of their early years. The image is never marred. There's no disappointment in memory, and one's exaggerations are always on the good side(George Eliot).

2) Hard indeed, in a world which has come to feel that it is more important to have an automobile to get away from the home with, than to have a home which you might like to stay in(Katherine F. Gerould).

3) We need not power or splendor,
Wide hall or lordly dome;
The good, the true, the tender,
These form the walth of home(Sarah Hale).

4) Autumn is a second spring when every leaf is a flower(Camus).

5) Having family responsibilities and concerns just has to make you a more

understanding person(Sandra Day O'Connor).

6) The strength of a nation, especially of a republican nation, is in the intelligent and well-ordered homes of the people(Lydia H. Sigourney).

7) We flatter those we scarcely know,
We please the fleeting guest,
And deal full many a thoughtless blow
To those who love us best(Ella Wilcox).

8) Truly there is nothing in the world so blessed or so sweet as the heritage of children(Carolina Oliphant).

9) In the autumn husbands get their fall clothes out of moth balls, and wives get theirs out of the dress shops.

10) There are approximately 77 shopping days until Christmas.

11) What is sad for women of my generation is that they weren't supposed to work if they had families. What were they to do when the children were grown-watch the raindrops coming down the windowpane ? (Jacqueline K. Onassis)

12) My parents always told me that people will never know how long it takes you to do something. They will only know how well it is done(Nancy Hanks).

13) I think housework is the reason most women go to the office(Heloise).

14) The little things
That make life sweet
Are worth their weight in gold;
They can't be bought
At any price
And neither are they sold.(Estelle Hoover)

15) Four goals for a meaningful life :
- seek out a need of the world
- work
- forget self
- trust God(Jennie Fowler Willing)

16) Through charity to God we conceive virtues, and through charity toward

our neighbors, they are brought to the birth(St. Catherine of Siena).

17) Even my mother didn't like me all the time, but she let me come home anyway(Ann McKay Thompson).

18) A mother is a person who seeing there are only four pieces of pie for five people, promptly announces she never did care for pie(Tenneve Jordan).

19) If you have knowledge, let others light their candles at it(Margaret Fuller).

20) It's not what you do once in a while, it's what you do day in and day out that makes the difference(Jenny Craig).

21) I feel it is important for children to feel like a very important part of the family, so that's why I make mine clean the bathroom.

22) It takes a lot of courage to get up early on a Saturday morning to clean house!

23) The past is written! Close the book
On pages sad and gay;
Within the future do not look,
But live today(Lydia A. C. Ward).

24) I try to teach my children to be careful how they treat each other because not all memories will be good ones.

25) Old years and new years
With all their pain and strife,
Are but the bricks and steel and stone
With which we fashion life.

26) Most of us become parents long before we have stopped being children(Mignon McLaughlin).

27) Lord help me keep my priorities straight. First comes you, all else can wait.

28) One sweetly solemn thought
Comes to me o'er and o'er
I am nearer home today
Than I ever have been before(Phoebe Cary).

29) Talk happiness. The world is sad enough without your woe. No path is wholly rough(Ella Wheeler Wilcox).

30) Give truth, and your gift will be paid in kind,
And honor will honor meet;
And the smile which is sweet will surely find a smile that is just as sweet(Madeline Bridges).

31) What of October, that ambiguous month, the month of tension, the unendurable month ?

11. November

1) Come, ye thankful people, come,
Raise the song of harvest-home;
All is safely gathered in,
Ere the winter storms begin(Henry Alford).

2) I asked, "What, a mouse in the house ? " He said, "The crumbs I eat, so you don't have to sweep!" I said, "You can stay."

3) God, we thank You for this food,
For rest and home and all things good,
For wind and rain and sun above, But most of all for those we love(Frost).

4) Memories obscured and softened, not by the mists of time, but by the fragrant stream rising slowly from innumerable savory dishes(John Tremaine).

5) Tis not the food, but the content,
That makes the table's merriment(Robert Herrick).

6) The year rolls round its circle,
The seasons come and go.
The harvest days are ended,
And chilly north winds blow.

7) The sense of home-coming-that strange passion for a particular set of inanimate things; or, at the most, for an association of ideas-has no parallel in human emotions(R. H. Benson).

8) Something like home, that is not home, is to be desired; it is to be found in the house of a friend(Sir William Temple).

9) Who loves the rain
And loves his home,
And looks on life with quiet eyes,
Him will I follow through the storm;
And at his hearth-fire keep me warm(Frances Wills Shaw).

10) A frugal plenty should my table spread; it healthy, not luxurious dishes fed;
Enough to satisfy, and something more
To feed the stranger, and the neighb′ring poor(John Pomfret).

11) November's sky is chill and drear, November's leaf is read and sear(Sir Walter Scott).

12) If winter comes, can spring be far behind? (Percy B. Shelley)

13) In winter I get up by night
And dress by yellow candlelight.

14) It snowed and snowed, the whole world over, snow swept the world from end to end.
A candle burned on the table;
A candle burned(Boris Pasternak).

15) November is the most disagreeable month in the whole year(Louisa May Alcott).

16) Children require guidance and sympathy far more than instruction(Annie Sullivan).

17) If you bungle raising your children, I don't think whatever else you do well matters very much(Jacqueline Kennedy Onassis).

18) Likely as not, the child you can do least with will do the most to make you proud(Mignon McLaughlin).

19) Children have a way of prioritizing priorities.

20) Orchards have lent their treasures,
And fields their yellow grain,
So open wide the doorway,
Thanksgiving comes again.

21) Family Tradition. My husband always cooks Thanksgiving dinner. I clean up. I cook Christmas dinner and I clean up.
22) The happiest moments of my life have been the few which I have passed at home in the bosom of my family(Jefferson).
23) There is little less trouble in governing a private family than a whole kingdom(Montaigne).
24) We feast at Thanksgiving, not for the sake of gluttony, but together, in remembrance of all we have to be thankful for. Let us take time to pause and remember if not for the ones who went before we would not be sitting here now.
25) In every house in America, the best and worse cooks alike are now searching through their recipes for the file on turkey leftovers.
26) How dear to this heart are the scenes of my childhood,
 When fond recollection presents them to view(Samuel Woodworth).
27) There are only 27 shopping days left until Christmas. At this point, television shopping channels are looking more appealing.
28) Make a memory with your children,
 Spend some time to show you care;
 Joys and trinkets can't replace those
 Precious moments that you share(Elaine Hardt).
29) When your house rings with the sound of children's laughter and you look around to find no one there, you will know a memory has tugged at your heart.
30) A family is a unit composed not only of children but of men, women, an occasional animal, and the common cold(Ogden Nash).

12. December

1) Blessed is the season which engages the whole world in a spirit of love.

2) When love adorns a home other ornaments are secondary matter.
3) The Christmas season is only as meaningful as we make it.
4) The best Yuletide decoration is being wreathed in smiles.
5) I like to think that the Spirit of Christmas lives in my home, so I wrap my front door up like a big gift, sort of a gift of love for all who enter.
6) A family is where the father does the providing, the mother the deciding, and the children the overriding.
7) A family is a form of government where the father is the chief executive, and the mother is the speaker of the house.
8) The trouble with the family is that children grow out of childhood but the parents never grow out of parenthood.
9) The thing most needed in the American home today is the family.
10) If you are going away for the holidays don't forget to pack love, joy and cheer. The greatest gift is a portion of yourself.
11) Fill your home with Christmas magic. The charm of personal touches give your home a warm welcome to your holiday visitors.
12) Give what you have to someone, it may be better than you dare to think!(Henry Wadsworth Longfellow)
13) A great way to give away your homemade Christmas cookies is to place them in a basket lined with colorful quilted placemats. Use the plastic from window sealing kits. Your blow dryer will shrink wrap the plastic around the basket and keep those cookies fresh.
14) There is something about giving to others that takes the spotlight off your own pain(Dr. James Dobson).
15) At Christmas all people smile in the same language.
16) Gifts can be found on the seashore, created out of scraps, or baked in the oven, as long as they are made with love.
17) The world is filled with the sounds of Christmas when you open your heart to hear them.
18) Make Christmas morning extra special by fixing a special breakfast. Have each member of the family help plan the menu in advance. Pick your favorite

Christmas music and have your camera ready.

19) Remember when the biggest decision in your life was which china pattern to choose ?

20) The ornaments of our house are the friends that frequent it(Ralph Waldo Emerson).

21) Christmas is the season for kindling the fire of hospitality in the hall, the genial flame of charity in the heart(Washington Irving).

22) When home is ruled according to God's word, angels might be asked to stay with us, and they would not find themselves out of their element(Charles Spurgeon).

23) To be ready means more than a house swept clean.
Yes, more than the giving of gifts and a tree.
It's the heart swept clean that He wanted to see,
A heart that is free from rancor and sin,
So be ready for Christmas and ready for Him.

24) For centuries men have kept an appointment with Christmas. Christmas means fellowship, feasting, giving and receiving, a time of good cheer, home(W.J. Ronald Tucker).

25) Christmas; awake, salute the happy morn, whereon the Savior of the world was born!

26) It is the day after the holiday when the holiday is most needed.

27) A good holiday is one spent among people whose notions of time are vaguer than yours(J. B. Priestley).

28) After the Christmas holidays most of us are way behind on our bills, but way ahead on our calories.

29) How wonderful holidays would be if there wasn't the day after.

30) Your Merry Christmas may depend upon what others do for you, but your Happy New Year depends upon what you do for others.

31) Love and joy at Christmas can last all year long until the rest of the family brings back the car.

참고 문헌

도서

· 고마태오(1990), 고부간 사랑의 십계명. 도서출판 빛들.
· 고마태오(1991), 부부사랑의 십계명. 서울 : 가톨릭출판사.
· 김기섭(1995), 세계 명언 5000선. 서울 : 유정.
· 김동호(2001), 자식의 은혜를 아는 부모. 서울 : 규장.
· 김만홍(2001), 행복한 결혼준비. 서울 : 가족사랑치유상담연구원.
· 김순기(2002), 결혼 : 그 후회없는 만남을 위하여. 서울 : 낮은울타리.
· 김영아(1987), 사랑과 결혼의 매너. 서울 : 녹원출판사.
· 김요한(1998), 행복한 결혼생활. 서울 : 기독교출판사.
· 김용태(2000), 가족치료 이론. 서울 : 학지사.
· 김인자(1997), 사람의 마음을 여는 열쇠 8가지. 서울 : 사람과 사람.
· 김항안(1994), 여보 이제 우리도 이런 부모가 되어봅시다. 서울 : 글로리아.
· 남상민(1996), 예절학. 서울 : 박영사.
· 박동명(2002), 클릭! 가정법률. 광주 : 전남대학교출판부.
· 생명의삶 편집부(1993), 사랑의 묘약. 서울 : 두란노.
· 서정웅(1996), 가정을 새롭게 화목하게 가꾸어요. 서울 : 예찬사.
· 설기문(1998), 인간관계와 정신건강. 서울 : 학지사.
· 송길원(2000), 행복의 수레바퀴. 서울 : 국민일보.
· 신연식(1983), 위인의 어머니들. 서울 : 학문사.
· 신재훈 편(1991), 재미있는 애정심리. 서울 : 기린원.
· 오성춘(1991), 행복한 부부의 비결을 아십니까?. 서울 : 대한예수교장로회총회 출판부.
· 우애령(2002), 결혼은 결혼이다. 서울 : 하늘재.
· 원동연(1998), 달란트 교육. 서울 : 성현출판사.
· 원종익(1987), 남녀교제의 에티켓. 서울 : 녹원출판사.
· 유기혁(2003), 인간관계론. 서울 : 무역경영사.
· 유동수(1985), 인간관계는 이렇게 개선하자. 서울 : 경영문화원.
· 유동준(2000), 말씀대로 살면 인생이 즐겁다 1-3. 서울 : 국민일보.

· 이도선(1997), 관계중심 교육. 서울 : 나침반사.
· 이동원(1999), 새 가정행전. 서울 : 규장.
· 이상헌(1985), 사랑받는 법 · 사랑하는 법. 서울 : 중앙적성출판사.
· 이성호(1994), 지금 당신의 자녀가 흔들리고 있다. 서울 : 문이당.
· 이지현(1997), 가정행복지수 높이는 66가지 지혜. 서울 : 규장문화사.
· 이태영(1990), 어떻게 할까요?. 가정법률상담사례집. 한국가정법률상담소.
· 이해인(1997), 사랑할 땐 별이 되고. 서울 : 샘터사.
· 이화여대 사회사업학과(1995), 가족치료 총론. 서울 : 도서출판 동인.
· 임춘식(2001), 고령화 사회의 도전 : 나남출판
· 장재홍(2002), 청소년의 세계와 상담. 서울 : 한국청소년상담원.
· 정문자 · 김연희(2002), "가족생활주기별 내담자의 문제와 가족치료 기법 분석". 한국가족치료학회지 제8권 1호 pp. 3-30.
· 조숙현 · 노현숙(1988), 부부생활성경공부. 서울 : 두란노서원.
· 최관희(2002), 아버지가 사랑스러운 20가지 이유. 도서출판 예향.
· 최요한(1974), KBS 마음의 샘터. 서울 : 신교사.
· 최재웅(1994), 동서양 명언집. 서울 : 오성출판사.
· 추 적(1996), 명심보감. 서울 : 홍신문화사.
· 한경직 외(1998), 신랑 · 신부에게. 도서출판 기가연.
· 한국여성개발원(1992), 평등한 부부. 서울 : 한국여성개발원.
· 한명수 · 최대준(1988), 그리스도인 인간관계 훈련 교재. 서울 : 크리스찬문화원.
· 호태석 · 황정혜(1999), 청지기 훈련을 위한 부모교육. 서울 : 쿰란출판사.
· 홍자성(1999), 채근담. 서울 : 홍익출판사.
· 황영란(1998), 엄마편지. 서울 : 규장.
· 황필호 외(1988), 아버지의 열쇠. 서울 : 고려원.
· E. Fromm 지음; 이원용 옮김(1974), 사랑의 예술. 서울 : 삼신서적.
· G. Champman 지음; 장동숙 옮김(2002), 행복한 가정을 만드는 5가지 사랑. 서울 : 오늘의 책.
· I. Goldenberg & H. Goldenberg 지음; 장혁표 외 2인 옮김(1988), 가족치료. 서울 : 중앙적성출판사.
· J. Gray(2002), 여자는 차마 말 못하고 남자는 전혀 모르는 것들. 서울 : 프리미엄북스.
· K. Gibran 지음; 정소성 옮김(1982), 예언자. 서울 : 거암.
· Laura Mauk(1995), Home, Sweet home.
· M. Tokayer 지음; 강인학 옮김(1991), 탈무드. 서울 : 을지출판사.
· Washington Irving 지음; 삼중당편집부 옮김(1987), 스케치북. 서울 : 삼중당.
· William A. Griffin & Shanon M. Greene 지음; 한국가족상담치료연구회 옮김(2001), 가족치료 모델 : 핵심가이드. 서울 : 도서출판 하우.
· 高崎能樹 지음; 기현빈 옮김(1983), 어머니들을 위하여. 서울 : 생명의 말씀사.
· 國分康孝 지음; 최광선 옮김(1991), 재미있는 여성심리. 서울 : 기린원.
· 國分康孝 지음; 최광선 옮김(1991), 재미있는 인간심리. 서울 : 기린원.
· 國分康孝 · 國分久子 지음; 최광선 옮김(1991), 재미있는 남성심리. 서울 : 기린원.

· 나카자와 텐도(中澤天童) 지음; 가토 히로시(加藤大) 그림; 최정윤 옮김(1998). 날마다 행복해지는 50가지 방법. 서울 : 현재.
· 노만 라이트 지음; 차호원 · 차혜숙 옮김(1985), 행복한 부부 대화의 열쇠. 서울 : 두란노서원.
· 베리네 지음; 윤공 옮김(1975), 부모의 십계. 서울 : 성바오로출판사.
· 브루스 & 캐롤 브리튼 지음; 황을호 옮김(1993), 아름다운 부부생활. 서울 : 생명의말씀사.
· 와타나베 가즈코 지음; 신영언 옮김(1993), 아름다운 사람에게. 서울 : 성바오로출판사.
· 웨인 맥 지음; 조숙현 · 노현숙 옮김(1988), 부부생활 성경 공부. 서울 : 두란노서원.
· 윌리엄 글라써 지음; 김인자 · 우애령 옮김(1998), 행복의 심리. 서울 : 한국심리상담연구소.
· 코쿠부 야스타카 지음; 최광선 옮김(1991), 재미있는 결혼심리. 서울 : 기린원.
· 파울 코네르츠 지음; 윤공 옮김(1976), 사랑과 결혼. 서울 : 가톨릭출판사.
· 페데리꼬 바브바로 지음; 안철구 옮김(1970), 사랑을 구하는 마음. 서울 : 성바오로출판사.
· 프랭클린 홀 지음; 권명달 옮김(1975), 그리스도인의 성생활. 서울 : 보이스사.
· 피에르 뒤프와예 지음; 김창석 옮김(1991), 자녀의 인생지도. 서울 : 성바오로출판사.
· 하워드 클라인벨 지음; 이종헌 옮김(1990), 부부성장과정. 서울 : 대한기독교서회.

웹 사이트

· http : //www.hometopia.com
· http : //www.Hometopia.com/proverb/indexpro.html/
· http : //www.kmryel.com.ne.kr
· http : //www.man.dongil.net/
· http : //www.maximlee.x-y.net/
· http : //www.maximless.x-y.net/
· http : //www.members.tripod.lycos.co.kr
· http : //www.myhome.netsgo.com/ouroboros/
· http : //www.user.chollian.net/~hyunwc/wise
· http : //www.allwrites.com
· http : //www.changsung.chonnam.kr/
· http : //www.whitestory.co.kr/

집필후기

金九선생님의 時 한 구절을 외우고 싶다.

영욕에 초연하여 그윽이 뜰 앞을 보니
꽃은 피었다 지고,
가고 머무름에 얽매이지 않고 하늘가 바라 보니
구름은 모였다 흩어지는구나
맑은 창공 밝은 달 아래 마음껏 날아 다닐 수 있어도
불나비는 유독 촛불만 좇는다
맑은 물 푸른 숲에 먹을 것 가득 하련만
수리는 유난히 썩은 쥐만 즐긴다
아! 세상에 불나비와 수리 아닌 자
그 얼마나 될 것인고

여행길에 남원역 휴게실에 들르니 다음의 글귀가 내 눈을 끈다.

"어른을 공경하고 덕 있는 이를 받들며
지혜로운 이를 따르고, 모르는 이를 너그럽게 용서하라.
오는 것을 거절말고, 가는 것을 잡지말며
이익 없는 말을 실없이 하지 말며
내게 상관없는 일을 부질없이 시비하지 말라
내 몸 대우 없음에 바라지 말고
일이 지나갔음에 원망하지 말라
남을 손해하면 마침내 그것이 자기에게 돌아오고
세력을 의지하면 도리어 재화(災禍)가 따르느니라."

아름다운 기도

-삶의 기도 중에서-

날마다 하루 분량의 즐거움을 주시고
일생의 꿈은 그 과정에 기쁨을 주셔서
떠나야 할 곳에서는 빨리 떠나게 하시고
머물러야 할 자리에는
영원히 아름답게 머물게 하소서

누구 앞에서나 똑같이 겸손하게 하시고
어디서나 머리를 낮춤으로써
내 얼굴이 드러나지 않게 하소서

마음을 가난하게 하여 눈물이 많게 하시고
생각을 빛나게 하여 웃음이 많게 하소서

인내하게 하소서 인내는 잘못을 참고
그냥 지나가는 것이 아니라
사랑으로 깨닫게 하고 기다림이 기쁨이 되는
인내이게 하소서

용기를 주소서 부끄러움과 부족함을
드러내는 용기를 주시고 용서와 화해를
미루지 않는 용기를 주소서

음악을 듣게 하시고 햇빛을 좋아하게 하시고
꽃과 나뭇잎의 아름다움에 늘 감탄하게 하소서

누구의 말이나 귀 기울일 줄 알고
지켜야 할 비밀은 끝까지 지키게 하소서

사람을 외모로 평가하지 않게 하시고
그 사람의 참 가치와 모습을 빨리 알게 하소서

사람과의 헤어짐을 자연스럽게 받아들이되
그 사람의 좋은 점만 기억하게 하소서

나이가 들어 쇠약하여질 때도 삶을 허무나
후회나 고통으로 생각하지 않게 하시고
나이가 들면서 찾아오는 지혜와 너그러움과
부드러움을 좋아하게 하소서

삶을 잔잔하게 하소서 그러나 폭풍이 몰려와도
쓰러지지 않게 하시고
고난을 통해 성숙하게 하소서

건강을 주소서 그러나 내 삶과 생각이
건강의 노예가 되지 않도록 하소서

질서를 지키고 원칙과 기준이 확실하며
균형과 조화를 잃지 않도록 하시고
성공한 사람보다 소중한 사람이 되게 하소서

언제 어디서나 사랑만큼 쉬운 길이 없고
사랑만큼 아름다운 길이 없다는 것을 알고
늘 그 길을 택하게 하소서.

저자 소개

저자
김 형 태 박사

- **현 직** : 한남대학교 제14대 총장/한남대학교 사범대 교육학과 교수
- **학 력** : 충남 논산 대건중 · 고등학교 졸업
  한남대학교 및 동 대학원 졸업(문학석사)
  De La Salle University(M.S. in Guidance & Counseling)
  충남대학교 대학원 졸업(교육학 박사)
  한국심리학회 공인 상담심리전문가
  한국상담학회 공인 학교상담/집단상담/대학상담/교정상담 슈퍼바이저
- **경 력** : 한국상담학회 회장(現)/한국카운슬러협회 직전회장(現)
  한국 5차원전면교육협의회 원동연 박사와 공동회장(現)
  한국 기독교육자선교총연합회(KCEM) 부회장(現)
  한국 교육자선교회 부회장 겸 대전지방회장(現)
  한국 기독교학교연맹 연구위원(現)
  한국 기독교리더십연구원 연구위원(現)
  대전 발전연구원 이사(現)/학교법인 대성학원 이사(現)
  국제대학선교협의회(CMI) 이사(現)
  한국장로신문과 복음신문 및 CM메시지 칼럼니스트(現)
  평신도 신문 논설위원(現)/대전광역시청소년지도위원(現)
  한국교육학회 부회장(역임)
  한국대학상담학회장 · 학교상담학회장 역임
  전국대학부총장협의회 부회장 역임
  한국 기독상담 · 심리치료학회 부회장 역임
  전국 대학 학생생활연구소장 협의회장 역임
  한남대학교 기획처장(4년), 법인처장(2년) 역임
  한남대학교 교육학과장, 교직과장 및 학생생활연구소장(9년) 역임
  한남대학교 교육대학원장(2년) 역임
  한남대학교 평생교육원장 겸 인재개발원장(2년) 역임
  한남대학교 부총장(3년) 취임
  한국교총 청소년 복지문화위원장(2년) 역임

❑ 저 서 : ◦ 교육의 심리학적 이해
◦ 집단상담의 이론과 실제
◦ 상담이론 알아보기
◦ 가르치는 기쁨 · 배우는 보람
◦ 청소년 문화와 인성교육
◦ 21세기 자녀교육
◦ 기독교문화와 생활신앙
◦ 상담의 이론과 실제
◦ 집단상담 프로그램
◦ 교육실습의 이론
◦ 신앙과 교육의 만남
◦ 학교상담의 이론과 실제
◦ 청소년 자아정체감 연구
◦ 21세기를 위한 상담심리학
◦ 청소년 세대 교육론
◦ Counseling & Group Dynamics(영문저서)
◦ 청소년교육의 재조명
◦ 사색하는 행동인 · 행동하는 사색인
◦ 결혼, 가족 그리고 인간관계
◦ 청소년교육의 재조명
◦ 21세기를 위한 교육심리학
◦ 청소년 교육잠언

❑ 공 저 : ◦ 청소년 문제론(상담학총서)
◦ 청소년 학업상담(상담학총서)
◦ 하나님 중심교육
◦ 가꾼대로 거두는 자녀의 행복
◦ 인생의 3대 질문
◦ 크리스챤 Pax Koreana의 비전
◦ 성 교육학
◦ 현대사회와 인성교육
◦ 하나님 중심 지도자
◦ 새천년 · 새선민 · 새비전
◦ 나의 꿈, 나의 대학생활
◦ 정보혁명과 크리스챤의 비전
◦ 우리들의 자녀교육문제와 그 해결방안 모색
◦ 동방의 새선민

❑ 신 앙 : 대전 삼성장로교회 장로

가정생활과 인간관계

초판인쇄 2008년 6월 20일
초판발행 2008년 6월 25일

저자와의 협의 하에 인지 생략

저 자 김 형 태
발행인 김 현 태
발행처 태영출판사

주 소 (152-705) 서울 구로구 구로동 104-10 동남오피스텔 201호
전 화 02 · 839-3757, 839-3752
팩 스 02 · 837-3754
등 록 2005년 5월 30일 제12-421호
http://www.taeyeongbook.co.kr
E-mail tys2005@paran.com
ISBN 978-89-91777-92-7 93370
정 가 25,000원

* 잘못 만들어진 책은 교환해 드립니다.